W0201301

Steuerrichtlinien

Anweisung zum Einordnen

185. Ergänzungslieferung September 2022

(Anschluss an die 184. Ergänzungslieferung Mai 2022)

Herauszunehmen:	Zahl der Blätter	Einzufügen:	Zahl der Blätter
Titelblatt, Geleitwort	2	Titelblatt, Geleitwort	2
Inhalt 1/2	1	Inhalt 1/2	1
Abkürzungen 1–**Vor 1** 2	8	Abkürzungen 1–**Vor 1** 2	9
1 137/138	1	**1** 137/138	1
171/172	1	171/172	1
209/210	1	209/210	1
229/230	1	229/230	1
309/309a	1	309/309a	1
317/318	1	317/318	1
351/352	1	351/352	1
361/362	1	361/362	1
407/408	1	407/408	1
447/448	1	447/448	1
469/470	1	469/470	1
485/486	1	485/486	1
525/526	1	525/526	1
20 17/18	1	**20** 17/18	1
147/148	1	147/148	1
159–162	2	159–162	2
209–214	3	209–214	3
100 1–**100**/100 12	65	**100** 1–**100**/100 12	65
200 61/62	1	**200** 61/62	1
250 39/39a	1	**250** 39/39a	1
65/66	1	65/66	1
94/94a	1	94/94a	1
105/106	1	105–106a	2
261/262	1	261/262	1
297/298	1	297/298	1
325/326	1	325/326	1
Übertrag:	104	Übertrag:	106

Herauszunehmen:	Zahl der Blätter	Einzufügen:	Zahl der Blätter
Übertrag:	104	Übertrag:	106
337/338	1	337/338	1
345–348	2	345–348	2
479–484	3	479–484	3
250 **Anl. 2** 15/**Anl. 3** 16	1	**250** **Anl. 2** 15/**Anl. 3** 16	1
450 35/36	1	**450** 35/36	1
77–82	3	77–82	3
500 1–4	2	**500** 1–4	2
15/16	1	15/16	1
89/90	1	89/90	1
123–128	3	123–128	3
195–198	2	195–198	2
299–310	6	299–310a	7
359/360	1	359/360	1
409/410	1	409/410	1
507–510	2	507–510a	3
541–548	4	541–548	4
571/572	1	571/572	1
705/706	1	705/706	1
711/712	1	711/712	1
735/736	1	735/736	1
785/786	1	785/786	1
799/800	1	799/800	1
881–884	2	881–884a	3
895/896	1	895/896	1
935–946	7	935–948	7
800 1/2	1	**800** 1/2	1
11/11a	1	11/11a	1
53/54	1	53/54	1
100–101a	2	100–101a	2
113–116	2	113–116a	3
133/134	1	133/134	1
143–146	3	143–146	3
154–156	2	154–156	2
185/186	1	185–186a	2
199/199a	1	199/199a	1
221/222	1	221/222	1
252–254a	3	252–254a	3
289–292	3	289–292	3
329/330	1	329/330	1
397–399a	2	397–399a	2
Insgesamt herauszunehmen:	179	Insgesamt einzufügen:	186

STEUERRICHTLINIEN

Einkommensteuer-Richtlinien, Lohnsteuer-Richtlinien,
Wohnungsbau-Prämienrichtlinien, Körperschaftsteuer-Richtlinien,
Bewertungsrichtlinien, Erbschaftsteuer-Richtlinien,
Grundsteuer-Richtlinien, Gewerbesteuer-Richtlinien,
Umsatzsteuer-Anwendungserlass,
Anwendungserlass zur Abgabenordnung

Textsammlung
der Richtlinien des Bundes zum Steuerrecht
mit Verweisungen und Sachverzeichnissen

Stand: 30. September 2022
(185. Ergänzungslieferung)

C.H.BECK

Dieses Titelblatt stammt aus der 185. Ergänzungslieferung September 2022
ISBN 978 3 406 79380 6
die an die 184. Ergänzungslieferung Mai 2022 anschließt.

Redaktioneller Hinweis

Vom Verlag erstellte Fußnoten sind urheber- und wettbewerbsrechtlich geschützt; amtliche Fußnoten sind als solche gekennzeichnet.
Die Angaben zum Stand der Sammlung auf dem Titelblatt beziehen sich auf das Verkündungsdatum der maßgeblichen Veröffentlichungsblätter.
Verbesserungsvorschläge und Fehlerhinweise sind jederzeit willkommen.

Verlag C. H. Beck
Wilhelmstraße 9, 80801 München
Fax: (0 89) 3 81 89-3 98 · Internet: www.beck.de
E-Mail: kundenservice@beck.de

www.beck.de

ISBN 978 3 406 46020 3 (Grundwerk zur Fortsetzung)
ISBN 978 3 406 73770 1 (Grundwerk ohne Fortsetzung)
Ergänzt bis 978 3 406 79380 6

© 2022 Verlag C. H. Beck oHG
Wilhelmstraße 9, 80801 München
Druck: Druckerei C. H. Beck Nördlingen
(Adresse wie Verlag)

CO_2 neutral
chbeck.de/nachhaltig

Gedruckt auf säurefreiem, alterungsbeständigem Papier
(hergestellt aus chlorfrei gebleichtem Zellstoff)

Geleitwort

zur 185. Ergänzungslieferung September 2022

Mit der vorliegenden 185. Ergänzungslieferung erhält die Sammlung den Stand 30. September 2022.

Hauptbestandteil der Lieferung sind die unter dem Datum vom 22. April 2022 im Bundessteuerblatt in der Sondernummer 1/2022 veröffentlichten neuen Körperschaftsteuer-Richtlinien 2022 (KStR 2022) mit den im August veröffentlichten neuen Körperschaftsteuer-Hinweisen 2022 (KStH 2022). Hinzuweisen ist außerdem auf den Umsatzsteuer-Anwendungserlasses (UStAE), der wieder mehrfach geändert wurde, zuletzt durch BMF-Schreiben vom 24.6.2022, sowie auf den Anwendungserlass zur AO, geändert durch BMF-Schreiben vom 18.5.2022, anzuwenden ab 1.1.2023.

In den Bereichen Lohnsteuer, Erbschaftsteuer und Gewerbesteuer waren Hinweise auf aktuelle Rechtsprechung und Verwaltungsanweisungen einzuarbeiten.

Informationen zu aktuellen Gesetzen und Verwaltungsanweisungen sowie sonstige aktuelle steuerliche Fachinformationen finden Sie in der Rubrik Fach-News auf unseren Internetseiten unter www.dstr.de.

München, im Oktober 2022 VERLAG C. H. BECK

Systematisches Inhaltsverzeichnis

(Fortsetzung S. 3)

Abkürzungsverzeichnis

Mit Anhang: Hinweise auf zitierte Beck'sche Loseblatt-Textausgaben

A	Abschnitt
a. a. O.	am angegebenen Ort
ABD	Ausfuhrbegleitdokument
AbgrE	Abgrenzungserlass
ABl.	Amtsblatt
ABMG	Autobahnmautgesetz
Abs.	Absatz
Abschn.	Abschnitt
AdV	Aussetzung der Vollziehung
AEAO	Anwendungserlass zur Abgabenordnung
AEBewGrSt	Anwendungserlass zur Bewertung des Grundbesitzes
AEErbSt 2017	Koordinierter Anwendungserlass zu den geänderten Vorschriften des ErbStG v. 22.6.2017 (BStBl. I 2017, 902)
AEGrStG	Erlass zur Anwendung des Grundsteuergesetzes ab 1.1.2025
AES	Automated Export System
AEUV	Vertrag über die Arbeitsweise der Europäischen Union
a. F.	alte(r) Fassung
AfA	Absetzungen für Abnutzung
AfaA	Absetzungen für außergewöhnliche Abnutzung
AFG	Arbeitsförderungsgesetz
AfS	Absetzungen für Substanzverringerung
AfZSt	Ausfuhrzollstelle
AG	Aktiengesellschaft
AGS	Amtlicher Gemeindeschlüssel
AgZSt	Ausgangszollstelle
AIF	Alternative Investmentfonds
AIG	Auslandsinvestitionsgesetz
AktG	Aktiengesetz
ALG	Gesetz über die Alterssicherung für Landwirte
AltTZG	Altersteilzeitgesetz
AltZertG	Altersvorsorgeverträge-Zertifizierungsgesetz
AMBlFin	Amtliches Mitteilungsblatt der Verwaltung für Finanzen des Vereinigten Wirtschaftsgebietes
ÄndG	Änderungsgesetz
AnfG	Anfechtungsgesetz
angef.	angefügt
Anh.	Anhang
Anl.	Anlage
Anm.	Anmerkung
AO	Abgabenordnung

Abkürzungen

AOA	Authorized OECD Approach (OECD-autorisierter Ansatz)
ArbMedVV	Verordnung zur arbeitsmedizinischen Vorsorge
ArbSchG	Arbeitsschutzgesetz
Art.	Artikel
ASiG	Gesetz über Betriebsärzte, Sicherheitsingenieure und andere Fachkräfte für Arbeitssicherheit
ASpG	Altsparergesetz
ASRG	Agrarsozialreformgesetz 1995
AStBV (St)	Anweisungen für das Straf- und Bußgeldverfahren (Steuer)
AStG	Außensteuergesetz
ATE	Auslandstätigkeitserlass
ATLAS	Automatisiertes Tarif- und Lokales Zollabwicklungssystem
aufgeh.	aufgehoben
AÜG	Arbeitnehmerüberlassungsgesetz
AusfFördG	Gesetz über steuerliche Maßnahmen zur Ausfuhrförderung
AusglMechV	Verordnung zur Weiterentwicklung des bundesweiten Ausgleichmechanismus
AuslInvestmG	Auslandinvestment-Gesetz
AUV	Auslandsumzugskostenverordnung
AVG	Angestelltenversicherungsgesetz
AVmG	Altersvermögensgesetz
AWG	Außenwirtschaftsgesetz
AWV	Außenwirtschaftsverordnung

BA	Bundesagentur für Arbeit
BadGVBl.	Badisches Gesetz- und Verordnungsblatt
BAföG	Bundesausbildungsförderungsgesetz
BAG	Bundesarbeitsgericht
BAnz.	Bundesanzeiger
BAT	Bundesangestellten-Tarifvertrag
BauGB	Baugesetzbuch
BauNVO	Baunutzungsverordnung
Ba-Wü	Baden-Württemberg
BayLfSt	Bayerisches Landesamt für Steuern
BB	Zeitschrift „Betriebs-Berater“
BBauG	Bundesbaugesetz (siehe jetzt BauGB)
BBesG	Bundesbesoldungsgesetz
BBG	Bundesbeamtengesetz
BeamtVG	Beamtenversorgungsgesetz
BEEG	Bundeselterngeld- und Elternzeitgesetz
BerlinFG	Berlinförderungsgesetz
BetrAVG	Gesetz zur Verbesserung der betrieblichen Altersversorgung (Betriebsrentengesetz)
BetrKV	Betriebskostenverordnung

BewDV	Durchführungsverordnung zum Bewertungsgesetz
BewG	Bewertungsgesetz
BewRGr	Richtlinien für die Bewertung des Grundvermögens
BewRL	Richtlinien für die Bewertung des land- und forstwirtschaftlichen Vermögens v. 17.11.1967 (BAnz. Nr. 224 v. 30.11.1967, BStBl. I S. 397) und v. 17.1.1968 (BAnz. Nr. 17 v. 25.1.1968, BStBl. I S. 223)
BFD	Bundesfinanzdirektion
BfF	Bundesamt für Finanzen (siehe jetzt BZSt)
BFH	Bundesfinanzhof
BFHE	Sammlung der Entscheidungen des Bundesfinanzhofs
BFH/NV	Zeitschrift „Sammlung amtlich nicht veröffentlichter Entscheidungen des Bundesfinanzhofs“
BgA	Betrieb gewerblicher Art
BGB	Bürgerliches Gesetzbuch
BGBl. I/II	Bundesgesetzblatt Teil I/Teil II
BGBl. III	Bereinigte Sammlung des Bundesrechts, abgeschlossen am 31.12.1968 (in Nachweisform fortgeführt durch FNA)
BGH	Bundesgerichtshof
BGHZ	Sammlung der Entscheidungen des Bundesgerichtshofs in Zivilsachen
BHO	Bundeshaushaltordnung
BildscharbV	Bildschirmarbeitsverordnung
BilMoG	Bilanzrechtsmodernisierungsgesetz
BiRiLiG	Bilanzrichtlinien-Gesetz
BKGG	Bundeskindergeldgesetz
BKrFQG	Berufskraftfahrer-Qualifikationsgesetz
BMF (BdF)	Bundesminister(ium) der Finanzen
BMWF	Bundesminister für Wirtschaft und Finanzen
BNatschG	Bundesnaturschutzgesetz
BNotO	Bundesnotarordnung
BPflV	Bundespflegesatzverordnung
BpO	Betriebsprüfungsordnung
BR-Drucks.	Bundesrats-Drucksache
BRKG	Bundesreisekostengesetz
BSG	Bundessozialgericht
BSGE	Sammlung der Entscheidungen des Bundessozialgerichts
BSHG	Bundessozialhilfegesetz
BStBl. I/II/III	Bundessteuerblatt Teil I/Teil II/(Teil III – bis 1967)
BT-Drucks.	Bundestags-Drucksache
BuchO	Buchungsordnung für Finanzämter
Buchst.	Buchstabe
BUKG	Bundesumzugskostengesetz
BV	Berechnungsverordnung
BVerfG	Bundesverfassungsgericht
BVerfGE	Sammlung der Entscheidungen des Bundesverfassungsgerichts
BVerfGG	Gesetz über das Bundesverfassungsgericht

BVerwG	Bundesverwaltungsgericht
BVerwGE	Sammlung der Entscheidungen des Bundesverwaltungsgerichts
BVG	Bundesversorgungsgesetz
BWGöD	Gesetz zur Regelung der Wiedergutmachung nationalsozialistischen Unrechts für Angehörige des öffentlichen Dienstes
bzw.	beziehungsweise
BZSt	Bundeszentralamt für Steuern
CEREC	Ceramic Reconstruction (Keramische Rekonstruktion)
cif	costs, insurance, freight (Kosten, Versicherung, Fracht) – Lieferbedingung –
COM	Computer-Output-Microfilm
CpD-Konto	Conto-pro-Diverse (kombiniertes Forderungs- und Verbindlichkeitskonto)
DA	Dienstanweisung
DA-KG	Dienstanweisung zum Kindergeld nach dem Einkommensteuergesetz
DB	Durchführungsbestimmungen; Zeitschrift „Der Betrieb"
DBA	Abkommen zur Vermeidung der Doppelbesteuerung (Doppelbesteuerungsabkommen)
DDR	Deutsche Demokratische Republik
DEGT	Deutscher Eisenbahngütertarif
d. h.	das heißt
DJH	Deutsches Jugendherbergswerk
DKfAG	Dienstrechtliches Kriegsfolgen-Abschlussgesetz
DMBG (1948)	D-Markbilanzgesetz 1948
DMBG-EG (1961)	4. D-Markbilanzergänzungsgesetz 1961
DMBilG	D-Markbilanzgesetz
DMEB	D-Markeröffnungsbilanz
DSGVO	Datenschutz-Grundverordnung (Verordnung (EU) Nr. 2016/679 des Europäischen Parlaments und des Rates v. 4.5.2016, ABl. EU 2016 Nr. L 119, 1, ber. ABl. EU 2018 Nr. L 127, 2)
DStR	Zeitschrift „Deutsches Steuerrecht"
DStRE	Zeitschrift „DStR-Entscheidungsdienst"
DV	Datenverarbeitung
DV (DVO)	Durchführungsverordnung
EALG	Entschädigungs- und Ausgleichsleistungsgesetz
EBKrG	Eisenbahnkreuzungsgesetz
ECS	Export Control System
EDIFACT	Electronic Data Interchange For Administration, Commerce and Transport (Branchenübergreifender internationaler Standard für das Format elektronischer Daten im Geschäftsverkehr)

EDV	Elektronische Datenverarbeitung
EEG	Gesetz über den Vorrang erneuerbarer Energien
EEX	European Energie Exchange
EFG	Zeitschrift „Entscheidungen der Finanzgerichte“
EFTA	European Free Trade Association (Europäische Freihandelsassoziation)
e.G.	eingetragene Genossenschaft
EG	Europäische Gemeinschaft(en); Vertrag zur Gründung der Europäischen Gemeinschaft (EG-Vertrag)
EGAO	Einführungsgesetz zur Abgabenordnung
EGBGB	Einführungsgesetz zum Bürgerlichen Gesetzbuch
EGE	Europäische Größeneinheit
EGHGB	Einführungsgesetz zum Handelsgesetzbuch
EGInsO	Einführungsgesetz zur Insolvenzordnung
EGStGB	Einführungsgesetz zum Strafgesetzbuch
EGV	Vertrag zur Gründung der Europäischen Wirtschaftsgemeinschaft (EG-Vertrag)
EigZulG	Eigenheimzulagengesetz
eingef.	eingefügt
einschl.	einschließlich
EK	Eigenkapital
ELSTER	Elektronische Steuererklärung
EnergieStG	Energiesteuergesetz
EnergieStV	Energiesteuer-Durchführungsverordnung
ENeuOG	Eisenbahnneuordnungsgesetz
EnEV	Energieeinsparverordnung
EntschG	Entschädigungsgesetz
EntwLStG	Entwicklungsländer-Steuergesetz
ErbbRG	Gesetz über das Erbbaurecht
ErbStDV	Erbschaftsteuer-Durchführungsverordnung
ErbStG	Erbschaftsteuer- und Schenkungsteuergesetz
ErbStH	Erbschaftsteuer-Hinweise
ErbStR	Erbschaftsteuer-Richtlinien
Erl.	Erlass
EStDV	Einkommensteuer-Durchführungsverordnung
EStG	Einkommensteuergesetz
EStH	Einkommensteuer-Hinweise
EStR	Einkommensteuer-Richtlinien
EU	Europäische Union
EuGH	Europäischer Gerichtshof
EuGHE	Sammlung der Entscheidungen des Europäischen Gerichtshofs
EURLUmsG	EU-Richtlinien-Umsetzungsgesetz
EUSt	Einfuhrumsatzsteuer
EUStBV	Einfuhrumsatzsteuer-Befreiungsverordnung
EUV	Vertrag über die Europäische Union
e.V.	eingetragener Verein
EVO	Eisenbahnverkehrsordnung

EWG	Europäische Wirtschaftsgemeinschaft
EWIV	Europäische Wirtschaftliche Interessenvereinigung
EWR	Europäischer Wirtschaftsraum
EZ	Erhebungszeitraum
FA	Finanzamt
FahrlG	Fahrlehrergesetz
FELEG	Gesetz zur Förderung der Einstellung der landwirtschaftlichen Erwerbstätigkeit
FeuerschStG	Feuerschutzsteuergesetz
Ffm	(Oberfinanzdirektion) Frankfurt am Main
FGO	Finanzgerichtsordnung
fifo	first in – first out
FIU	Zentralstelle Finanztransaktionsuntersuchungen (Financial Intelligence Unit)
FKAustG	Finanzkonten-Informationsaustauschgesetz
FKPG	Gesetz zur Umsetzung des Föderalen Konsolidierungsprogramms
FlüHG	Flüchtlingshilfegesetz
FlurbG	Flurbereinigungsgesetz
FM	Finanzminister(ium)
FMBl.	Amtsblatt des Bayerischen Staatsministeriums der Finanzen
FN	Fußnote
FNA	Bundesgesetzblatt Teil I, Fundstellennachweis A (Bundesrecht ohne völkerrechtliche Vereinbarungen)
fob	free on board (frei an Bord) – Lieferbedingung –
FÖJG	Gesetz zur Förderung eines freiwilligen ökologischen Jahres (FÖJ-Förderungsgesetz)
FördG	Gesetz über Sonderabschreibungen und Abzugsbeträge im Fördergebiet (Fördergebietsgesetz)
FortschrR	Fortschreibungsrichtlinien
FR	Zeitschrift „Finanz-Rundschau“
FSen.	Finanzsenator (Senatsverwaltung für Finanzen)
Fstj.	Feststellungsjahr
FVerlV	Funktionsverlagerungsverordnung
FVG	Finanzverwaltungsgesetz
FzgLiefgMeldV	Fahrzeuglieferungs-Meldeverordnung
FZV	Fahrzeugzulassungsverordnung
G	Gesetz
GasNZV	Verordnung über den Zugang zu Gasversorgungsnetzen
GAufzV	Gewinnabgrenzungsaufzeichnungsverordnung
GAV	Gewinnabführungsvertrag
GBBerG	Grundbuchberichtigungsgesetz
GBl.	Gesetzblatt
GBO	Grundbuchordnung
GbR	Gesellschaft des bürgerlichen Rechts
GdB	Grad der Behinderung

G. d. E.	Gesamtbetrag der Einkünfte
GDPdU	Grundsätze zum Datenzugriff und zur Prüfbarkeit digitaler Unterlagen (siehe jetzt GoBD)
gem.	gemäß
GemSOGB	Gemeinsamer Senat der obersten Gerichtshöfe des Bundes
GemV	Gemeinnützigkeitsverordnung
GenG	Genossenschaftsgesetz
GesO	Gesamtvollstreckungsordnung
GewO	Gewerbeordnung
GewStDV	Gewerbesteuer-Durchführungsverordnung
GewStG	Gewerbesteuergesetz
GewStH	Gewerbesteuer-Hinweise
GewStR	Gewerbesteuer-Richtlinien
GFZ	Geschossflächenzahl
GG	Grundgesetz für die Bundesrepublik Deutschland
G 131	Gesetz zu Art. 131 GG
ggf.	gegebenenfalls
GKG	Gerichtskostengesetz
GmbH	Gesellschaft mit beschränkter Haftung
GmbHG	Gesetz betreffend die Gesellschaften mit beschränkter Haftung
GmbH & Co. KG	Kommanditgesellschaft mit Komplementär-GmbH
GMBl.	Gemeinsames Ministerialblatt
GoB	Grundsätze ordnungsmäßiger Buchführung (siehe jetzt GoBD)
GoBD	Grundsätze zur ordnungsmäßigen Führung und Aufbewahrung von Büchern, Aufzeichnungen und Unterlagen in elektronischer Form sowie zum Datenzugriff
GoBS	Grundsätze ordnungsmäßiger DV-gestützter Buchführungssysteme (siehe jetzt GoBD)
GOZ	Gebührenordnung für Zahnärzte
GrdstVG	Grundstücksverkehrsgesetz
GrEStG	Grunderwerbsteuergesetz
GrStDV	Grundsteuer-Durchführungsverordnung
GrStG	Grundsteuergesetz
GrStR	Grundsteuer-Richtlinien
GVBl., GVOBl.	Gesetz- und Verordnungsblatt
GVG	Gerichtsverfassungsgesetz
gVV	gemeinsames Versandverfahren EU-EFTA
GwG	Geldwäschegesetz
H	Einzelhinweis (der Einkommensteuer-, Erbschaftsteuer-, Gewerbesteuer-, Körperschaftsteuer- bzw. Lohnsteuer-Hinweise)
ha	Hektar
HAG	Heimarbeitsgesetz
HBeglG	Haushaltsbegleitgesetz
HB-Gewinn	Handelsbilanz-Gewinn

HeimG	Heimgesetz
Hess.	Hessen, hessisch
HFR	Zeitschrift „Höchstrichterliche Finanzrechtsprechung“
HGB	Handelsgesetzbuch
HOAI	Honorarordnung für Architekten und Ingenieure
HöfeO	Höfeordnung
Hs.	Halbsatz
HwO	Handwerksordnung
IATA	International Air Transport Association (Internationale Flug-Transport-Vereinigung)
i. d. F.	in der Fassung
i. d. R.	in der Regel
i. H. v.	in Höhe von
IKS	Internes Kontrollsystem
InsO	Insolvenzordnung
InvG	Investmentgesetz
InVorG	Investitionsvorranggesetz
InvStG	Investmentsteuergesetz
InvZul.	Investitionszulage
InvZulG	Investitionszulagengesetz
InvZulVO	Investitionszulagenverordnung
IOSS	Import-One-Stop-Shop (Umsatzsteuer)
i. R. d.	im Rahmen des/der
i. S. d. (v.)	im Sinne des/der (von)
IStR	Zeitschrift „Internationales Steuerrecht“
i. V. m.	in Verbindung mit
IZA	Informationszentrale für steuerliche Auslandsbeziehungen beim BZSt
JÖSchG	Gesetz zum Schutz der Jugend in der Öffentlichkeit
jPöR	juristische Person des öffentlichen Rechts
JuSchG	Jugendschutzgesetz
JStErgG	Jahressteuer-Ergänzungsgesetz
JStG	Jahressteuergesetz
JVA	Justizvollzugsanstalt
JVEG	Justizvergütungs- und -entschädigungsgesetz
KAGB	Kapitalanlagegesetzbuch
KAGG	Gesetz über Kapitalanlagegesellschaften
KapErhG	Kapitalerhöhungsgesetz
KapErhStG	Kapitalerhöhungssteuergesetz
KapErtrSt	Kapitalertragsteuer
KBV	Kleinbetragsverordnung
Kfz	Kraftfahrzeug
KG	Kommanditgesellschaft
KGaA	Kommanditgesellschaft auf Aktien
KHBV	Krankenhaus-Buchführungsverordnung

KHG .... Krankenhausfinanzierungsgesetz
Kj. .... Kalenderjahr
km .... Kilometer
KO .... Konkursordnung
KostO .... Kostenordnung (freiwillige Gerichtsbarkeit)
KraftStDV .... Kraftfahrzeugsteuer-Durchführungsverordnung
KraftStG .... Kraftfahrzeugsteuergesetz
KStDV .... Körperschaftsteuer-Durchführungsverordnung
KStG .... Körperschaftsteuergesetz
KStH .... Körperschaftsteuer-Hinweise
KStR .... Körperschaftsteuer-Richtlinien
KVBEVO .... Krankenversicherungsbeitragsanteil-Ermittlungsverordnung
KVLG 1989 .... Zweites Gesetz über die Krankenversicherung der Landwirte
KVStG .... Kapitalverkehrsteuergesetz
KWG .... Gesetz über das Kreditwesen (Kreditwesengesetz)
kWh .... Kilowattstunde
KWK .... Kraft-Wärme-Kopplung
KWKG .... Kraft-Wärme-Kopplungsgesetz

LAG .... Lastenausgleichsgesetz
lifo .... last in – first out
LStDV .... Lohnsteuer-Durchführungsverordnung
LStH .... Lohnsteuer-Hinweise
LStR .... Lohnsteuer-Richtlinien
LuftVG .... Luftverkehrsgesetz

MaBV .... Makler- und Bauträgerverordnung
MDK .... Medizinischer Dienst der Krankenkassen
MIAS .... Mehrwertsteuer-Informationsaustausch-System
MinBlFin. .... Ministerialblatt des Bundesministers der Finanzen
MOSS-Verfahren .. Mini-One-Stop-Shop (Umsatzsteuer)
MRN .... Master Reference Number
M-V .... Mecklenburg-Vorpommern
MwStR .... Zeitschrift für das gesamte Mehrwertsteuerrecht
MwStSystRL .... Richtlinie 2006/112/EG des Rates v. 28.11.2006 über das gemeinsame Mehrwertsteuersystem (Mehrwertsteuer-Systemrichtlinie; ABl. EU 2006 Nr. L 347, 1)
MwStVO .... Verordnung (EU) Nr. 282/2011 des Rates v. 15.3.2011 zur Festlegung von Durchführungsvorschriften zur RL 2006/112/EG über das gemeinsame Mehrwertsteuersystem (Mehrwertsteuer-Verordnung; ABl. EU 2011 Nr. L 77,1)
mWv .... mit Wirkung vom

NATO .... North Atlantic Treaty Organization (Organisation für den Nord-Atlantik-Vertrag)

NATO-ZAbK	Zusatzabkommen zur North Atlantic Treaty Organization
Nds.	Niedersachsen, niedersächsisch
neugef.	neugefasst
nF	neue(r) Fassung
NJW	Neue Juristische Wochenschrift
NordÖR	Zeitschrift für Öffentliches Recht in Norddeutschland
Nr.	Nummer
NRW (NW)	Nordrhein-Westfalen
NV-Bescheinigung	Nichtveranlagungs-Bescheinigung
NVwZ	Neue Zeitschrift für Verwaltungsrecht
OECD	Organisation für wirtschaftliche Zusammenarbeit und Entwicklung (Organization for Economic Co-operation and Development)
OFD	Oberfinanzdirektion
OFH	Oberster Finanzgerichtshof
OGAW	Organismen für gemeinsame Anlagen in Wertpapieren
OHG	Offene Handelsgesellschaft
OLGZ	Entscheidungen der Oberlandesgerichte in Zivilsachen
OSS	One-Stop-Shop (Umsatzsteuer)
OVG	Oberverwaltungsgericht
OWiG	Gesetz über Ordnungswidrigkeiten
PartG	Parteiengesetz
PBefG	Personenbeförderungsgesetz
PC	Personalcomputer
PDF	Portable Document Format (plattformunabhängiges Dokumentenformat)
PflegeVG	Pflege-Versicherungsgesetz
ProstSchG	Prostituiertenschutzgesetz
PTNeuOG	Postneuordnungsgesetz
PSVaG	Pensionssicherungs-Verein auf Gegenseitigkeit
PUDLV	Post-Universaldienstleistungsverordnung
PZU	Postzustellungsurkunde
R..........................	Einzelrichtlinie (der Einkommensteuer-, Erbschaftsteuer-, Körperschaftsteuer- bzw. Lohnsteuer-Richtlinien)
RAnz.	Reichsanzeiger
RAO	Reichsabgabenordnung
RAV	Rentenanpassungsverordnung
RdF	Reichsminister der Finanzen
Rdnr. (Rn.)	Randnummer
RennwLottAB	Ausführungsbestimmungen zum Rennwett- und Lotteriegesetz
RennwLottG	Rennwett- und Lotteriegesetz
RepG	Reparationsschädengesetz
RFH	Reichsfinanzhof

RG	Reichsgericht
RGBl.	Reichsgesetzblatt
Rh-Pf	Rheinland-Pfalz
RiStBV	Richtlinien für das Strafverfahren und das Bußgeldverfahren
RKnappG	Reichsknappschaftsgesetz
RKT	Reichskraftwagentarif
RL	Richtlinie
RMBl.	Reichsministerialblatt
RPflG	Rechtspflegergesetz
RRG	Rentenreformgesetz
Rs.	Rechtssache
Rspr.	Rechtsprechung
RStBl.	Reichssteuerblatt
RÜG	Rentenüberleitungsgesetz
RVG	Gesetz über die Vergütung der Rechtsanwältinnen und Rechtsanwälte
RVO	Reichsversicherungsordnung
Rz.	Randziffer
S.	Satz; Seite
s.	siehe
SachbezV	Sachbezugsverordnung, siehe jetzt SvEV
SaDV	Sammelantrags-Datenträger-Verordnung
ScheckG	Scheckgesetz
Schl-H	Schleswig-Holstein
SchwbG	Schwerbehindertengesetz
SGB I	Sozialgesetzbuch, Erstes Buch, Allgemeiner Teil
SGB II	Sozialgesetzbuch, Zweites Buch, Grundsicherung für Arbeitsuchende
SGB III	Sozialgesetzbuch, Drittes Buch, Arbeitsförderung
SGB IV	Sozialgesetzbuch, Viertes Buch, Gemeinsame Vorschriften für die Sozialversicherung
SGB V	Sozialgesetzbuch, Fünftes Buch, Gesetzliche Krankenversicherung
SGB VI	Sozialgesetzbuch, Sechstes Buch, Gesetzliche Rentenversicherung
SGB VII	Sozialgesetzbuch, Siebtes Buch, Gesetzliche Unfallversicherung
SGB VIII	Sozialgesetzbuch, Achtes Buch, Kinder- und Jugendhilfe
SGB IX	Sozialgesetzbuch, Neuntes Buch, Rehabilitation und Teilhabe behinderter Menschen
SGB X	Sozialgesetzbuch, Zehntes Buch, Sozialverwaltungsverfahren und Sozialdatenschutz
SGB XI	Sozialgesetzbuch, Elftes Buch, Soziale Pflegeversicherung
SGB XII	Sozialgesetzbuch, Zwölftes Buch, Sozialhilfe
SGB XIV	Sozialgesetzbuch, Vierzehntes Buch, Soziale Entschädigung

Abkürzungen

SigG .... Signaturgesetz
sog. .... sogenannt
SolZ .... Solidaritätszuschlag
SolZG .... Solidaritätszuschlaggesetz
SortSchG .... Sortenschutzgesetz
StahlInvZulG .... Stahlinvestitionszulagengesetz
StÄndG .... Steueränderungsgesetz
StandOG .... Standortsicherungsgesetz
StAnpG .... Steueranpassungsgesetz
StAnz. .... Staatsanzeiger
StBerG .... Steuerberatungsgesetz
StBereinG .... Steuerbereinigungsgesetz
StBGebV .... Steuerberatergebührenverordnung, jetzt StBVV
StBlNRW .... Steuerblatt Nordrhein-Westfalen
StBVV .... Steuerberatervergütungsverordnung
StDAV .... Steuerdaten-Abrufverordnung
StDÜV .... Steuerdaten-Übermittlungsverordnung
StEd. .... Zeitschrift „Steuer-Eildienst"
StEntlG .... Steuerentlastungsgesetz
StGB .... Strafgesetzbuch
StiftFöG .... Gesetz zur weiteren steuerlichen Förderung von Stiftungen
StMBG .... Missbrauchsbekämpfungs- und Steuerbereinigungsgesetz
StNr. .... Steuernummer
Stpfl. .... Steuerpflichtiger
StPO .... Strafprozessordnung
StRefG .... Steuerreformgesetz
StSenkG .... Steuersenkungsgesetz
StuZBl. .... Steuer- und Zollblatt
StVergAbG .... Steuervergünstigungsabbaugesetz
StVollzG .... Strafvollzugsgesetz
StVZO .... Straßenverkehrs-Zulassungs-Ordnung
StZBl. Bln. .... Steuer- und Zollblatt für Berlin
SvEV .... Sozialversicherungsentgeltverordnung
SVG .... Soldatenversorgungsgesetz
SVLFGG .... Gesetz zur Errichtung der Sozialversicherung für Landwirte, Forsten und Gartenbau

TEHG .... Treibhausgas-Emissionshandelsgesetz
TierZG .... Tierzuchtgesetz
TIR .... Transports Internationaux Routiers (Internationaler Straßengütertransport)
TV-L .... Tarifvertrag für den öffentlichen Dienst der Länder
Tz. .... Textziffer

u. a. .... unter anderem
UmwG .... Umwandlungsgesetz
UmwStG .... Umwandlungssteuergesetz

UNO .... United Nations Organization (Organisation der Vereinten Nationen)
UR .... Zeitschrift „Umsatzsteuer-Rundschau"
UrhG .... Urheberrechtsgesetz
URüV .... Unternehmensrückgabeverordnung
USG .... Unterhaltssicherungsgesetz
UStAE .... Umsatzsteuer-Anwendungserlass
UStDV .... Umsatzsteuer-Durchführungsverordnung
UStG .... Umsatzsteuergesetz
USt-IdNr. .... Umsatzsteuer-Identifikationsnummer
UStR .... Umsatzsteuer-Richtlinien
UStZustV .... Umsatzsteuerzuständigkeitsverordnung
UZK .... Unionszollkodex (Verordnung (EU) Nr. 952/2013 des Europäischen Parlaments und des Rates zur Festlegung des Zollkodex der Union v. 9.10.2013, ABl. EU 2013 Nr. L 269 S. 1)
UZK-DA .... Delegierte Verordnung (EU) Nr. 2015/2446 der Kommission zur Ergänzung des UZK mit Einzelheiten zur Präzisierung von Bestimmungen des UZK v. 28.7.2015
UZK-IA .... Durchführungsverordnung (EU) Nr. 2015/2447 der Kommission mit Einzelheiten zur Umsetzung von Bestimmungen des UZK v. 24.11.2015

V .... Verordnung
VA .... Verwaltungsakt
VAG .... Versicherungsaufsichtsgesetz
VAK .... Vollarbeitskraft
Vb. .... Verfassungsbeschwerde
VE .... Vieheinheit
vEK .... Verwendbares Eigenkapital
VerglO .... Vergleichsordnung
VermBDV .... Verordnung zur Durchführung des Fünften Vermögensbildungsgesetzes
VermBG .... (Fünftes) Vermögensbildungsgesetz
VermG .... Vermögensgesetz
VersStG .... Versicherungsteuergesetz
Vfg. .... Verfügung
vGA .... Verdeckte Gewinnausschüttung
VGH .... Verwaltungsgerichtshof
vgl. .... vergleiche
VO .... Verordnung
VOB .... Vergabe- und Vertragsordnung für Bauleistungen
VStG .... Vermögensteuergesetz
VStR .... Vermögensteuer-Richtlinien
VVaG .... Versicherungsverein auf Gegenseitigkeit
VVG .... Versicherungsvertragsgesetz
VwV .... Verwaltungsvorschrift
VwZG .... Verwaltungszustellungsgesetz

Abkürzungen

VZ	Veranlagungszeitraum
WBFBl.	Amtsblatt des Finanzministeriums Württemberg-Baden
WEG	Wohnungseigentumsgesetz
WertR	Wertermittlungs-Richtlinien
WertV	Wertermittlungs-Verordnung
WFG	Wachstums- und Beschäftigungsförderungsgesetz
WG	Wechselgesetz
WGG	Wohnungsgemeinnützigkeitsgesetz
WiGBl.	Gesetzblatt der Verwaltung des Vereinigten Wirtschaftsgebiets
Wj.	Wirtschaftsjahr
WoBauFördG	Wohnungsbauförderungsgesetz
WoBauG	Wohnungsbaugesetz (Wohnungsbau- und Familienheimgesetz)
WoEigG	siehe WEG
WoFG	Wohnraumförderungsgesetz
WoFlV	Wohnflächenverordnung
WoPDV	Verordnung zur Durchführung des Wohnungsbau-Prämiengesetzes
WoPG	Wohnungsbau-Prämiengesetz
WoPR	Richtlinien zum Wohnungsbau-Prämiengesetz
WpHG	Wertpapierhandelsgesetz
WÜD	Wiener Übereinkommen über diplomatische Beziehungen
WÜK	Wiener Übereinkommen über konsularische Beziehungen
z. B.	zum Beispiel
ZDG	Zivildienstgesetz
ZerlG	Zerlegungsgesetz
ZEV	Zeitschrift für Erbrecht und Vermögensnachfolge
ZfZ	Zeitschrift für Zölle und Verbrauchsteuern
ZInsO	Zeitschrift für das gesamte Insolvenzrecht
ZK	Zollkodex (Verordnung (EWG) Nr. 2913/92 des Rates v. 12.10.1992, ABl. EG Nr. L 302 S. 1) – siehe jetzt UZK
ZK-DVO	Zollkodex-Durchführungsverordnung (Verordnung (EWG) Nr. 2454/93 der Kommission v. 2.7.1993, ABl. EG Nr. L 253 S. 1) – siehe jetzt UZK-DA und UZK-IA
ZKF	Zeitschrift für Kommunalfinanzen
ZM	Zusammenfassende Meldung
ZPO	Zivilprozessordnung
ZRFG	Zonenrandförderungsgesetz
ZollV	Zollverordnung
ZollVG	Zollverwaltungsgesetz
z. T.	zum Teil
ZugabeVO	Zugabe-Verordnung

ZuSEG	Gesetz über die Entschädigung von Zeugen und Sachverständigen, siehe jetzt JVEG
ZuwG	Zuwendungsgesetz
z. v. E.	zu versteuerndes Einkommen
ZVG	Gesetz über die Zwangsversteigerung und die Zwangsverwaltung
zzgl.	zuzüglich

Anhang

Fußnotenhinweise beziehen sich auf folgende Beck'sche Loseblatt-Textausgaben:

Aichberger, SGB	Sozialgesetzbuch mit Nebengesetzen, Ausführungs- und Verfahrensvorschriften
Arbeitsrecht	Beck'sche Textausgabe Arbeitsrecht (ehemals Nipperdey I)
Doppelbesteuerungsabkommen	OECD-Musterabkommen, DBA, Sonderabkommen Schifffahrt u. Luftfahrt, Verwaltungsanweisungen
Habersack *(mit Ergänzungsband)*	Deutsche Gesetze; Zivil-, Straf- und Verfahrensrecht (ehemals Schönfelder)
Habersack II	Zivil-, Wirtschafts- und Justizgesetze für die neuen Bundesländer (ehemals Schönfelder II)
Sartorius *(mit Ergänzungsband)*	Verfassungs- und Verwaltungsgesetze
Steuererlasse	Wichtige Erlasse zum gesamten Steuerrecht
Steuergesetze	Bundesgesetze zum Steuerrecht
Strafrecht	Wichtige Straf- und strafverfahrensrechtliche Vorschriften
Wirtschaftsgesetze	Wichtige Gesetze für Juristen und Wirtschaftsfachleute
Zölle und Verbrauchsteuern	EU- und nationale Vorschriften zum Zollrecht, Verbrauchsteuerrecht, Umsatzsteuerrecht, Verfahrensrecht

Vor 1. Euro-Umrechnungskurse

Die unwiderruflich festgelegten Umrechnungskurse betragen:

Belgien	1 EUR	40,3399	BEF	(Belgische Franken)
Deutschland	1 EUR	1,95583	DEM	(Deutsche Mark)
Estland	1 EUR	15,6466	EEK	(Estnische Kronen)
Finnland	1 EUR	5,94573	FIM	(Finnmark)
Frankreich	1 EUR	6,55957	FRF	(Französische Franken)
Griechenland	1 EUR	340,75	GRD	(Griechische Drachmen)
Irland	1 EUR	0,787564	IEP	(Irische Pfund)
Italien	1 EUR	1936,27	ITL	(Italienische Lire)
Kroatien[1)]	1 EUR	7,53450	HRK	(Kroatische Kuna)
Lettland	1 EUR	0,702804	LVL	(Lettische Lats)
Litauen	1 EUR	3,45280	LTL	(Litauische Litas)
Luxemburg	1 EUR	40,3399	LUF	(Luxemburgische Franken)
Malta	1 EUR	0,4293	MTL	(Maltesische Lira)
Niederlande	1 EUR	2,20371	NLG	(Niederländische Gulden)
Österreich	1 EUR	13,7603	ATS	(Österreichische Schilling)
Portugal	1 EUR	200,482	PTE	(Portugiesische Escudos)
Slowakei	1 EUR	30,126	SKK	(Slowakische Kronen)
Slowenien	1 EUR	239,64	SIT	(Slowenische Tolar)
Spanien	1 EUR	166,386	ESP	(Spanische Peseten)
Zypern	1 EUR	0,585274	CYP	(Zyprische Pfund)

1) Ab 1.1.2023 Beitritt zur Europäischen Währungs- und Wirtschaftsunion.

Das tatsächliche Kassenvermögen von bisher 720 000 € würde nach der Zuwendung von 124 200 € – b) aa) – insgesamt 844 200 € betragen und damit das zulässige Kassenvermögen von (415 200 € + 336 000 € + 15 000 € =) 766 200 € um 78 000 € übersteigen. Es sind deshalb nicht 124 200 €, sondern nur (124 200 € – 78 000 € =) 46 200 € der Zuwendungen als Betriebsausgaben abziehbar. Unter Berücksichtigung des Zuwendungsumfangs unter b) bb) beträgt das zulässige Kassenvermögen nur (415 200 € + 48 000 € + 15 000 € =) 478 200 €. In diesem Fall kann die Zuwendung in 02 nicht als Betriebsausgabe abgezogen werden.

R 4d (14)

Sonderfälle

(14) [1]Bei Konzern- und Gruppenkassen ist die Bemessungsgrundlage für die Zuwendungen zum Reservepolster für jedes Trägerunternehmen gesondert nach den bei diesen Unternehmen vorliegenden Tatbeständen zu errechnen. [2]Die auf das einzelne Trägerunternehmen entfallenden Teile des tatsächlichen und zulässigen Kassenvermögens sind ebenfalls jeweils getrennt festzustellen.

H 4d (14)

Zuwendungen an mehrere Kassen. Leistet ein Trägerunternehmen Zuwendungen an mehrere Unterstützungskassen, sind diese Kassen bei der Ermittlung der Höhe der steuerbegünstigten Zuwendungen i. S. v. § 4d EStG als Einheit zu behandeln (→ § 4d Abs. 1 Satz 3 EStG). Soweit danach der Betriebsausgabenabzug nach § 4d Abs. 1 Satz 3 EStG beschränkt ist, gilt dies auch für den Fall, dass bei getrennter Betrachtung infolge der Unterdotierung einer oder mehrerer Kassen der Abzug nicht beschränkt wäre. Daran ändert sich selbst dann nichts, wenn sich der durch die Kassen begünstigte Kreis der Arbeitnehmer nicht überschneidet (→ BFH vom 8.11.1989 – BStBl. 1990 II S. 210).

R 4d (15)

(15) [1]Bei der Berechnung der Zuwendungen können neben den Arbeitnehmern auch Personen berücksichtigt werden, die nicht Arbeitnehmer sind, z. B. Handelsvertreter, wenn ihnen nach der Satzung der Unterstützungskasse Leistungen aus Anlass ihrer Tätigkeit für ein Trägerunternehmen zugesagt worden sind (§ 17 Abs. 1 Satz 2 Betriebsrentengesetz).[1)] [2]Die Provisionszahlungen oder sonstigen Entgelte an diese Personen sind zur Lohn- und Gehaltssumme i. S. d. § 4d Abs. 1 Satz 1 Nr. 2 EStG zu rechnen.

Zu § 4e EStG

H 4e

Pensionsfonds. Als Pensionsfonds i. S. d. § 236 VAG sind nur rechtsfähige Versorgungseinrichtungen in der Rechtsform einer AG oder eines Pensionsfondsvereins auf Gegenseitigkeit anzusehen, die den Leistungsberechtigten (Arbeitnehmer, ehemalige Arbeitnehmer und Personen i. S. d. § 17 Abs. 1 Satz 2 Betriebsrentengesetz)[1)] einen eigenen Anspruch ausschließ-

---

[1)] **Steuergesetze** Nr. **70**.

lich auf Altersversorgungsleistungen gegen den Pensionsfonds einräumen (→ §§ 236, 237 VAG).[1]

Übertragung von Versorgungszusagen auf Pensionsfonds. Zur Übertragung von Versorgungsverpflichtungen und Versorgungsanwartschaften auf Pensionsfonds nach § 4e Abs. 3 EStG i. V. m. § 3 Nr. 66 EStG → BMF vom 26.10.2006 (BStBl. I S. 709) und vom 10.7.2015 (BStBl. I S. 544).

Zu § 4f EStG

H 4f

Aufwandsverteilung bei Verpflichtungsübertragungen. Zur steuerlichen Berücksichtigung des Aufwandes im Zusammenhang mit der Übertragung von Verpflichtungen, mit Schuldbeitritten und Erfüllungsübernahmen mit vollständiger oder teilweiser Schuldfreistellung → BMF vom 30.11.2017 (BStBl. I S. 1619).

Zu § 4h EStG[2]

H 4h

Anwendungsschreiben. → BMF vom 4.7.2008 (BStBl. I S. 718).

Zu § 4j EStG[3]

Zu § 5 EStG

R 5.1 Allgemeines zum Betriebsvermögensvergleich nach § 5 EStG

(unbesetzt)

H 5.1

Besonderes, laufend zu führendes Verzeichnis. → BMF vom 12.3.2010 (BStBl. I S. 239), Rn. 19 ff.

Betriebsvermögensvergleich für gewerbliche Betriebe. → R 4.1 Abs. 2.

Bodengewinnbesteuerung. → H 55 (Abschreibung auf den niedrigeren Teilwert, Bodengewinnbesteuerung).

Buchführungspflicht einer Personenhandelsgesellschaft für ihr gesamtes Betriebsvermögen (→ R 4.2 Abs. 2) einschließlich etwaigen Sonderbetriebsvermögens der Gesellschafter ergibt sich aus § 141 AO (→ BFH vom 23.10.1990 – BStBl. 1991 II S. 401 und vom 11.3.1992 – BStBl. II S. 797).

---

[1] **Wirtschaftsgesetze** Nr. 90.

[2] Zu ernstlichen Zweifeln an der Verfassungsmäßigkeit des § 4h EStG siehe AdV-Beschluss des BFH v. 18.12.2013 I B 85/13, BStBl. II 2014, 947, und BMF v. 13.11.2014, BStBl. I 2014, 1516. – Siehe nun BFH v. 14.10.2015 I R 20/15, BStBl. II 2017, 1240, zur Vorlage an das BVerfG (Az. 2 BvL 1/16).

[3] Anwendungsregelungen zu § 4j EStG: Zu nicht Nexus-konformen Präferenzregelungen in den VZ 2018, 2019 und 2020 siehe BMF v. 6.1.2022, BStBl. I 2022, 103; zur Lizenzschranke siehe BMF v. 5.1.2022, BStBl. I 2022, 100.

(2) Zum **Umlaufvermögen** gehören die Wirtschaftsgüter, die zur Veräußerung, Verarbeitung oder zum Verbrauch angeschafft oder hergestellt worden sind, insbesondere Roh-, Hilfs- und Betriebsstoffe, Erzeugnisse und Waren, Kassenbestände.

H 6.1

Anlagevermögen.
- Begriff → § 247 Abs. 2 HGB.
- Umfang → Gliederungsschema in § 266 Abs. 2 HGB.

Baumbestand. Der in einem selbständigen Nutzungs- und Funktionszusammenhang stehende Baumbestand gehört als Wirtschaftsgut zum nicht abnutzbaren Anlagevermögen eines Forstbetriebs (→ BMF vom 16.5.2012 – BStBl. I S. 595).

Digitale Wirtschaftsgüter. Zur Nutzungsdauer von Computerhardware und Software zur Dateneingabe und -verarbeitung → *BMF vom 26.2.2021 (BStBl. I S. 298).*[1]

Erwerb von Wirtschaftsgütern kurz vor Betriebsveräußerung. Wirtschaftsgüter, die zum Zweck der dauerhaften Einbindung in einen bereits bestehenden Geschäftsbetrieb erworben werden, sind auch dann im Anlagevermögen auszuweisen, wenn die gesamte organisatorische Einheit (Betrieb einschließlich erworbener Wirtschaftsgüter) kurze Zeit später mit der Absicht der Weiterführung veräußert wird (→ BFH vom 10.8.2005 – BStBl. 2006 II S. 58).

Filme. In echter Auftragsproduktion hergestellte Filme sind immaterielle Wirtschaftsgüter des Umlaufvermögens (→ BFH vom 20.9.1995 – BStBl. 1997 II S. 320).

Geschäfts- oder Firmenwert.
- Zur bilanzsteuerlichen Behandlung des Geschäfts- oder Firmenwerts und sog. firmenwertähnlicher Wirtschaftsgüter → BMF vom 20.11.1986 (BStBl. I S. 532).
- → H 5.5 (Geschäfts- oder Firmenwert/Praxiswert).

Gewerblicher Grundstückshandel. → BMF vom 26.3.2004 (BStBl. I S. 434), Tz. 33.

Grund und Boden eines land- und forstwirtschaftlichen Betriebs. → BMF vom 26.3.2004 (BStBl. I S. 434), Tz. 27.

Halbfertige Bauten auf fremdem Grund und Boden
- werden als Vorräte dem Umlaufvermögen zugeordnet (→ BFH vom 7.9.2005 – BStBl. 2006 II S. 298).
- → H 6.7.

Leergut in der Getränkeindustrie.
- → BFH vom 9.1.2013 (BStBl. 2019 II S. 150):
  - Leergut ist nach seiner Art unterschiedlich zu beurteilen: Der Eigentumsübergang erstreckt sich bei Einheitsleergut nicht nur auf den Inhalt, sondern auch auf die Flaschen und die Kästen selbst (BGH-Urteil vom 9. Juli 2007 II ZR 233/05, BGHZ 173, 159). Bei Brunnenein-

[1] Siehe jetzt BMF v. 22.2.2022, BStBl. I 2022, 187.

heitsleergut und Individualleergut erstreckt sich der Eigentumsübergang allein auf den Inhalt der Flaschen und Kästen.

- Für die Verpflichtung zur Rückzahlung des erhaltenen **Pfandgeldes** für Brunneneinheitsleergut und Individualleergut ist eine Verbindlichkeit auszuweisen. Die Pfandverbindlichkeiten können um Bruch und Schwund zu mindern sein.
- Ausführungen zu Mehr- und Minderrücknahmen bei einem Leergutpool.

– Zur Anwendung des BFH-Urteils vom 9.1.2013 (BStBl. 2019 II S. 150) und zur Vereinfachungsregelung bei Einheitsleergut → BMF vom *9.12. 2020* (BStBl. I S. 1367).[1]

Musterhäuser rechnen zum Anlagevermögen (→ BFH vom 31.3.1977 – BStBl. II S. 684).

Praxiswert/Sozietätspraxiswert. → BFH vom 24.2.1994 (BStBl. II S. 590).[2]

Rohstoff. Zum Begriff des Rohstoffs und seiner Zuordnung zum Umlauf-(Vorrats-)vermögen → BFH vom 2.12.1987 (BStBl. 1988 II S. 502).

Umlaufvermögen. Umfang → Gliederungsschema in § 266 Abs. 2 HGB.

Vorführ- und Dienstwagen rechnen zum Anlagevermögen (→ BFH vom 17.11.1981 – BStBl. 1982 II S. 344).

R 6.2 Anschaffungskosten

[1]Wird ein Wirtschaftsgut gegen Übernahme einer Rentenverpflichtung erworben, kann der als Anschaffungskosten zu behandelnde Barwert der Rente abweichend von den §§ 12 ff. BewG auch nach versicherungsmathematischen Grundsätzen berechnet werden. [2]Dagegen sind die Anschaffungskosten eines Wirtschaftsgutes, das mittels Ratenkauf ohne gesonderte Zinsvereinbarung erworben wird, stets mit dem nach §§ 12 ff. BewG ermittelten Barwert im Zeitpunkt der Anschaffung anzusetzen.

H 6.2

Ablösezahlungen im Profifußball. Zahlungen an den abgebenden Verein für den Transfer von Spielern sind aktivierungspflichtige Anschaffungskosten. Zu aktivieren sind auch die an Spielervermittler gezahlten Provisionen, soweit sie im Zusammenhang mit Vereinswechseln von Spielern gezahlt werden. Hingegen sind gezahlte Provisionen, die für Spieler gezahlt werden, die ablösefrei zu einem anderen Verein wechseln, als sofort abziehbare Betriebsausgaben zu behandeln. Gleiches gilt für Ausbildungs- und Förderungsentschädigungen, die für ablösefrei zu einem anderen Verein gewechselte Spieler gezahlt werden (→ BFH vom 14.12.2011 – BStBl. 2012 II S. 238).

Anschaffungskosten. Begriff und Umfang → § 255 Abs. 1 HGB.

Ausländische Währung.

– Bei einem Anschaffungsgeschäft in ausländischer Währung ist der Wechselkurs im Anschaffungszeitpunkt für die Berechnung der Anschaffungskosten maßgebend (→ BFH vom 16.12.1977 – BStBl. 1978 II S. 233).

---

[1] *Redaktionsversehen,* richtig: BMF v. 8.12.2020, BStBl. I 2020, 1367.

[2] Siehe auch BMF v. 15.1.1995, BStBl. I 1995, 14.

gewinnerhöhend aufzulösen; Entsprechendes gilt, wenn sich der Verpflichtungsumfang innerhalb des Auflösungszeitraums verringert.

H 6.11

Abzinsung.[1] Grundsätze für die Abzinsung von Rückstellungen nach § 6 Abs. 1 Nr. 3a Buchstabe e EStG → BMF vom 26.5.2005 (BStBl. I S. 699).

Altersteilzeitverpflichtungen. Zur Bewertung von Rückstellungen für Altersteilzeitverpflichtungen nach dem Altersteilzeitgesetz (AltTZG) → BMF vom 28.3.2007 (BStBl. I S. 297) unter Berücksichtigung der Änderungen durch BMF vom 11.3.2008 (BStBl. I S. 496) und vom 22.10.2018 (BStBl. I S. 1112).

Ansammlung. Bei Ansammlungsrückstellungen ist das Stichtagsprinzip zu beachten. Wird beispielsweise das einer Beseitigungspflicht für Bauten auf fremdem Grund und Boden zugrunde liegende Rechtsverhältnis über das Vertragsende hinaus fortgesetzt (Änderung des bisherigen Vertrages oder Begründung eines neuen Rechtsverhältnisses), ist der verlängerte Nutzungszeitraum bei der Rückstellungsbewertung zu berücksichtigen (→ BFH vom 2.7.2014 – BStBl. II S. 979).

Arbeitsfreistellung. Rückstellungen für Verpflichtungen zur Gewährung von Vergütungen für die Zeit der Arbeitsfreistellung vor Ausscheiden aus dem Dienstverhältnis und Jahreszusatzleistungen im Jahr des Eintritts des Versorgungsfalls → BMF vom 11.11.1999 (BStBl. I S. 959).

Aufbewahrung von Geschäftsunterlagen.

– Die Rückstellung ist in Höhe des voraussichtlichen Erfüllungsbetrags zu bilden. Hierbei ist zu berücksichtigen, welche Unterlagen tatsächlich aufbewahrungspflichtig sind und wie lange die Aufbewahrungspflicht für die einzelnen Unterlagen noch besteht. Für die Berechnung der Rückstellung sind nur diejenigen Unterlagen zu berücksichtigen, die zum betreffenden Bilanzstichtag entstanden sind (→ BFH vom 18.1.2011 – BStBl. II S. 496).
– Eine Rückstellung für die Verpflichtung zur Aufbewahrung von Geschäftsunterlagen kann Finanzierungskosten (Zinsen) für die zur Aufbewahrung genutzten Räume auch dann enthalten, wenn die Anschaffung/Herstellung der Räume nicht unmittelbar (einzel)finanziert worden ist, sondern der Aufbewahrungspflichtige seine gesamten liquiden Eigen- und Fremdmittel in einen „Pool“ gegeben und hieraus sämtliche Aufwendungen seines Geschäftsbetriebs finanziert hat (sog. Poolfinanzierung). Voraussetzung für die Berücksichtigung der Zinsen (als Teil der notwendigen Gemeinkosten) ist in diesem Fall, dass sie sich durch Kostenschlüsselung verursachungsgerecht der Anschaffung/Herstellung der Räume zuordnen lassen und dass sie angemessen sind (→ BFH vom 11.10.2012 – BStBl. 2013 II S. 676).

Deponien. Zur Bewertung der Rückstellungen für Aufwendungen zur Stilllegung, Rekultivierung und Nachsorge von Deponien → BMF

---

[1] Zu den Auswirkungen der Abzinsung auf Rückstellungen für „bergrechtliche“ Verpflichtungen siehe BMF v. 9.12.1999, BStBl. I 1999, 1127.

vom 25.7.2005 (BStBl. I S. 826) und BFH vom 5.5.2011 (BStBl. 2012 II S. 98).

Eiserne Verpachtung. Zur Gewinnermittlung bei der Verpachtung von Betrieben mit Substanzerhaltungspflicht des Pächters nach §§ 582a, 1048 BGB → BMF vom 21.2.2002 (BStBl. I S. 262).

Gratifikationen. Bei der Rückstellung für die Verpflichtung zur Gewährung einer Gratifikation ist die Fluktuation mindernd zu berücksichtigen (→ BFH vom 7.7.1983 – BStBl. II S. 753).

Jubiläumszuwendungen. Zur Bewertung von Rückstellungen für Zuwendungen anlässlich eines Dienstjubiläums → BMF vom 8.12.2008 (BStBl. I S. 1013) unter Berücksichtigung der Änderungen durch BMF vom 27.2. 2020 (BStBl. I S. 254).[1]

Maßgeblichkeit der Handelsbilanz. Der Handelsbilanzwert für eine Rückstellung bildet gegenüber einem höheren steuerrechtlichen Rückstellungswert die Obergrenze (→ BFH vom 20.11.2019 – BStBl. 2020 II S. 195).

Nachbetreuung abgeschlossener Versicherungen.

- Zur Bewertung von Rückstellungen für Verpflichtungen zur Nachbetreuung bereits abgeschlossener Versicherungen → BMF vom 20.11.2012 (BStBl. I S. 1100).
- Ist der Stpfl. vertraglich zur Betreuung von Versicherungsverträgen verpflichtet und erbringt er tatsächlich auch entsprechende Nachbetreuungsleistungen, hat er Aufzeichnungen zu führen, die so konkret und spezifiziert sein müssen, dass eine angemessene Schätzung der Höhe der zu erwartenden Betreuungsaufwendungen sowie des Zeitraums bis zum Beginn der erstmaligen Durchführung von Betreuungsmaßnahmen (Abzinsungszeitraum) möglich ist. Kann er keine der Rechtsprechung entsprechenden Aufzeichnungen über den Umfang der Betreuungsleistungen vorlegen, muss sich die dann vorzunehmende Schätzung des Betreuungsaufwandes im Hinblick auf die den Stpfl. treffende Darlegungs- und Beweislast im unteren Rahmen bewegen (→ BFH vom 12.12.2013 – BStBl. 2014 II S. 517).

Rückabwicklung. → H 5.7 (1).

Rückgriffsansprüche. (Unbestrittene) Rückgriffsansprüche sind bei der Bewertung von Rückstellungen zu berücksichtigen, wenn sie nicht als eigenständige Forderung zu aktivieren sind und derart in einem unmittelbaren Zusammenhang mit der drohenden Inanspruchnahme stehen, dass sie dieser wenigstens teilweise spiegelbildlich entsprechen, sie in rechtlich verbindlicher Weise der Entstehung oder Erfüllung der Verbindlichkeit zwangsläufig nachfolgen und sie vollwertig sind (→ BFH vom 17.2.1993 – BStBl. II S. 437 und vom 3.8.1993 – BStBl. 1994 II S. 444).

Schadenrückstellungen der Versicherungswirtschaft. → BMF vom 20.10.2016 (BStBl. I S. 1145).

---

[1] Geänd. durch BMF v. 2.5.2022, BStBl. I 2022, 631, zur Anwendung von BFH v. 20.11.2019 XI R 42/18, BStBl. II 2020, 271.

diesem Alter gerechnet werden kann (erstes Wahlrecht). [3]Bei der Ermittlung des Teilwertes der Pensionsanwartschaft nach § 6a Abs. 3 EStG kann mit Rücksicht auf § 6 Betriebsrentengesetz[1)] anstelle des vertraglichen Pensionsalters nach Satz 1 für alle oder für einzelne Pensionsverpflichtungen als Zeitpunkt des Eintritts des Versorgungsfalles der Zeitpunkt der frühestmöglichen Inanspruchnahme der vorzeitigen Altersrente aus der gesetzlichen Rentenversicherung angenommen werden (zweites Wahlrecht). [4]Voraussetzung für die Ausübung des zweiten Wahlrechtes ist, dass in der Pensionszusage festgelegt ist, in welcher Höhe Versorgungsleistungen von diesem Zeitpunkt an gewährt werden. [5]Bei der Ausübung des zweiten Wahlrechtes braucht nicht geprüft zu werden, ob ein Arbeitnehmer die sozialversicherungsrechtlichen Voraussetzungen für die vorzeitige Inanspruchnahme der Altersrente erfüllen wird. [6]Das zweite Wahlrecht kann unabhängig von der Wahl des Pensionsalters für die Berechnung der unverfallbaren Versorgungsanwartschaften nach § 2 Betriebsrentengesetz ausgeübt werden. [7]Das erste Wahlrecht ist in der Bilanz des Wirtschaftsjahres auszuüben, in dem mit der Bildung der Pensionsrückstellung begonnen wird. [8]Das zweite Wahlrecht ist in der Bilanz des Wirtschaftsjahres auszuüben, in dem die Festlegung nach Satz 4 getroffen worden ist. [9]Hat der Stpfl. das zweite Wahlrecht ausgeübt und ändert sich danach der Zeitpunkt der frühestmöglichen Inanspruchnahme der vorzeitigen Altersrente aus der gesetzlichen Rentenversicherung (z.B. Beendigung des Arbeitsverhältnisses), ist die Änderung zum Ende des betreffenden Wirtschaftsjahres zu berücksichtigen; ist in diesem Wirtschaftsjahr die Festlegung nach Satz 4 für den neuen Zeitpunkt nicht getroffen worden, ist das vertragliche Pensionsalter nach Satz 1 bei der Ermittlung des Teilwertes der Pensionsanwartschaft zugrunde zu legen. [10]Die gegenüber einem Berechtigten getroffene Wahl gilt einheitlich für die gesamte Pensionsverpflichtung, einschließlich einer etwaigen Entgeltumwandlung im Sinne von § 1 Abs. 2 Betriebsrentengesetz.[1)·2)] [11]Der Rückstellungsbildung kann nur die Pensionsleistung zugrunde gelegt werden, die zusagegemäß bis zu dem Pensionsalter erreichbar ist, für das sich der Stpfl. bei Ausübung der Wahlrechte entscheidet. [12]Setzt der Arbeitnehmer nach Erreichen dieses Alters seine Tätigkeit fort und erhöht sich dadurch sein Ruhegehaltsanspruch, ist der Rückstellung in dem betreffenden Wirtschaftsjahr der Unterschiedsbetrag zwischen der nach den vorstehenden Sätzen höchstzulässigen Rückstellung (Soll-Rückstellung) und dem versicherungsmathematischen Barwert der um den Erhöhungsbetrag vermehrten Pensionsleistungen zuzuführen. [13]Hat der Stpfl. bei der Ermittlung des Teilwertes einer Pensionsanwartschaft bereits bisher vom zweiten Wahlrecht Gebrauch gemacht, ist er bei einer Änderung des frühestmöglichen Pensionsalters auf Grund einer gesetzlichen Neuregelung auch künftig an diese Entscheidung gebunden; Satz 4 ist zu beachten. [14]Für die sich wegen der Änderung des frühestmöglichen Pensionsalters ergebende Änderung der Teilwerte der Pensionsanwartschaft gilt das Nachholverbot, das sich aus § 6a Abs. 4 EStG herleitet, nicht. [15]Liegen die in Satz 4 genannten Voraussetzungen für die Anwendung des zweiten Wahlrechtes am Bilanzstichtag nicht vor, ist das vertragliche Pensionsalter nach Satz 1 bei der Ermittlung des Teilwertes der Pensionsanwartschaft zugrunde zu legen.

---

1) **Steuergesetze** Nr. **70**.

2) R 6a Abs. 11 Satz 10 EStR ist nicht weiter anzuwenden; siehe BMF v. 2.5.2022, BStBl. I 2022, 631, zur Anwendung von BFH v. 20.11.2019 XI R 42/18, BStBl. II 2020, 271.

H 6a (11)

Pensionsalter. Zum maßgebenden Pensionsalter bei der Bewertung von Versorgungszusagen → BMF vom 9.12.2016 (BStBl. I S. 1427).

R 6a (12)

Entgeltumwandlungen

(12) [1]Für Pensionsverpflichtungen, die auf nach dem 31.12.2000 vereinbarten Entgeltumwandlungen im Sinne von § 1 Abs. 2 Betriebsrentengesetz[1)] beruhen, ist vor Vollendung des 28. Lebensjahres (für nach dem 31.12.2008 erstmals erteilte Pensionszusagen: des 27. Lebensjahres) des Pensionsberechtigten eine Rückstellung in Höhe des Barwerts der nach den §§ 1 und 2 Betriebsrentengesetz unverfallbaren künftigen Pensionsleistungen zu bilden (§ 6a Abs. 2 Nr. 1 zweite Alternative und § 6a Abs. 3 Satz 2 Nr. 1 Satz 6 zweiter Halbsatz EStG); nach Vollendung des 28. Lebensjahres (für nach dem 31.12.2008 erstmals erteilte Pensionszusagen: des 27. Lebensjahres) des Pensionsberechtigten ist für diese Pensionsverpflichtungen für die Ermittlung des Teilwertes nach § 6a Abs. 3 Satz 2 Nr. 1 Satz 1 EStG eine Vergleichsrechnung erforderlich. [2]Dabei sind der Wert nach § 6a Abs. 3 Satz 2 Nr. 1 Satz 1 erster Halbsatz EStG und der Barwert der unverfallbaren künftigen Pensionsleistungen zu berechnen; der höhere Wert ist anzusetzen. [3]Bei der Vergleichsrechnung sind die für einen Berechtigten nach dem 31.12.2000 vereinbarten Entgeltumwandlungen als Einheit zu behandeln. [4]Die Regelungen des Satzes 1 gelten nicht für Pensionsverpflichtungen, soweit sie auf Grund einer vertraglichen Vereinbarung unverfallbar sind.

H 6a (12)

Beherrschender Gesellschafter-Geschäftsführer einer Kapitalgesellschaft. Der Ansatz einer Pensionsrückstellung mit dem Barwert nach § 6a Abs. 3 Satz 2 Nr. 1 Satz 1 2. Halbsatz EStG setzt eine Entgeltumwandlung nach § 1 Abs. 2 BetrAVG[1)] voraus. Diese Voraussetzung ist bei einem beherrschenden Gesellschafter-Geschäftsführer nicht erfüllt, da er kein Arbeitnehmer im Sinne des § 17 Abs. 1 Satz 1 oder 2 BetrAVG ist (→ BFH vom 27.5.2020 – BStBl. II S. 802).

Maßgebendes Finanzierungsendalter. Bei im Rahmen von Entgeltumwandlungen erteilten Pensionszusagen mit jeweils unterschiedlichen Pensionsaltern ist hinsichtlich des jeweiligen Finanzierungsendalters auf den in den einzelnen Zusagen festgelegten Leistungszeitpunkt abzustellen (→ BFH vom 20.11.2019 – BStBl. 2020 II S. 271).

Übertragung von Pensionszusagen auf Pensionsfonds. Zur Übertragung von Versorgungsverpflichtungen und Versorgungsanwartschaften auf Pensionsfonds nach § 4e Abs. 3 EStG i. V.m. § 3 Nr. 66 EStG → BMF vom 26.10.2006 (BStBl. I S. 709) und vom 10.7.2015 (BStBl. I S. 544).

---

1) **Steuergesetze** Nr. **70**.

Begrenzung des Verlustabzugs

(2) [1]Die Begrenzung des Verlustrücktrags auf *511 500 Euro*[1)] (Höchstbetrag) bezieht sich auf den einzelnen Stpfl., der die negativen Einkünfte erzielt hat. [2]Bei zusammenveranlagten Ehegatten verdoppelt sich der Höchstbetrag auf *1 023 000 Euro*[2)] und kann unabhängig davon, wer von beiden Ehegatten die positiven oder die negativen Einkünfte erzielt hat, ausgeschöpft werden. [3]Bei Personengesellschaften und Personengemeinschaften gilt der Höchstbetrag für jeden Beteiligten. [4]Über die Frage, welcher Anteil an den negativen Einkünften der Personengesellschaft oder Personengemeinschaft auf den einzelnen Beteiligten entfällt, ist im Bescheid über die gesonderte und einheitliche Feststellung zu entscheiden. [5]Inwieweit diese anteiligen negativen Einkünfte beim einzelnen Beteiligten nach § 10d EStG abziehbar sind, ist im Rahmen der Einkommensteuerveranlagung zu beurteilen. [6]In Organschaftsfällen (§ 14 KStG) bezieht sich der Höchstbetrag auf den Organträger. [7]Er ist bei diesem auf die Summe der Ergebnisse aller Mitglieder des Organkreises anzuwenden. [8]Ist der Organträger eine Personengesellschaft, ist Satz 3 zu beachten. [9]Die Sätze 1 bis 8 gelten entsprechend bei der Begrenzung des Verlustvortrags.

Wahlrecht

(3) [1]Der Antrag nach § 10d Abs. 1 Satz 5 EStG kann bis zur Bestandskraft des auf Grund des Verlustrücktrags geänderten Steuerbescheids an das nach § 19 AO zuständige Finanzamt gestellt werden. [2]Wird der Einkommensteuerbescheid des Rücktragsjahres gem. § 10d Abs. 1 Satz 3 EStG geändert, weil sich die Höhe des Verlusts im Entstehungsjahr ändert, kann das Wahlrecht nur im Umfang des Erhöhungsbetrags neu ausgeübt werden. [3]Der Antrag nach § 10d Abs. 1 Satz 5 EStG kann der Höhe nach beschränkt werden.[3)]

Verfahren bei Arbeitnehmern

(4) [1]Soll bei einem Arbeitnehmer ein Verlustabzug berücksichtigt werden, muss er dies beantragen, es sei denn, er wird bereits aus anderen Gründen zur Einkommensteuer veranlagt. [2]Erfolgt für einen VZ keine Veranlagung, kann der in diesem VZ berücksichtigungsfähige Verlustabzug vorbehaltlich Satz 4 nicht in einem anderen VZ geltend gemacht werden. [3]Der auf den Schluss des vorangegangenen VZ festgestellte verbleibende Verlustvortrag ist in diesen Fällen in Höhe der positiven S. d. E. des VZ, in dem keine Veranlagung erfolgte, ggf. bis auf 0 Euro, zu mindern und gesondert festzustellen. [4]Für den VZ der Verlustentstehung erfolgt jedoch keine Minderung des verbleibenden Verlustvortrags, soweit der Arbeitnehmer nach § 10d Abs. 1 Satz 5 EStG auf den Verlustrücktrag verzichtet hat.

Änderung des Verlustabzugs

(5) [1]Der Steuerbescheid für den dem Verlustentstehungsjahr vorangegangenen VZ ist vorbehaltlich eines Antrags nach § 10d Abs. 1 Satz 5 EStG

[1)] Ab VZ 2013 und ab VZ 2024: 1 000 000 €, für VZ 2020 bis 2023: 10 000 000 €, siehe § 10d Abs. 1 Satz 1 iVm § 52 Abs. 18b EStG.

[2)] Ab VZ 2013 und ab VZ 2024: 2 000 000 €, für VZ 2020 bis 2023: 20 000 000 €, siehe § 10d Abs. 1 Satz 1 iVm § 52 Abs. 18b EStG.

[3)] Wahlrecht zum teilweisen Verzicht auf den Verlustrücktrag durch das Vierte Corona-Steuerhilfegesetz v. 19.6.2022 (BGBl. I 2022, 911) ab dem VZ 2022 abgeschafft.

nach § 10d Abs. 1 Satz 3 EStG zu ändern, wenn sich bei der Ermittlung der abziehbaren negativen Einkünfte für das Verlustentstehungsjahr Änderungen ergeben, die zu einem höheren oder niedrigeren Verlustrücktrag führen. [2]Auch in diesen Fällen gilt die Festsetzungsfrist des § 10d Abs. 1 Satz 4 Halbsatz 2 EStG. [3]Wirkt sich die Änderung eines Verlustrücktrags oder -vortrags auf den Verlustvortrag aus, der am Schluss eines VZ verbleibt, sind die betroffenen Feststellungsbescheide i. S. d. § 10d Abs. 4 EStG nach § 10d Abs. 4 Satz 4 EStG zu ändern. [4]Die bestandskräftige Feststellung eines verbleibenden Verlustvortrags kann nur nach § 10d Abs. 4 Satz 4 und 5 EStG geändert werden, wenn der Steuerbescheid, der die in die Feststellung eingeflossenen geänderten Verlustkomponenten enthält, nach den Änderungsvorschriften der AO zumindest dem Grunde nach noch geändert werden könnte.

Zusammenveranlagung von Ehegatten

(6) [1]Bei der Berechnung des verbleibenden Verlustabzugs ist zunächst ein Ausgleich mit den anderen Einkünften des Ehegatten vorzunehmen, der die negativen Einkünfte erzielt hat. [2]Verbleibt bei ihm ein negativer Betrag bei der Ermittlung des G. d. E., ist dieser mit dem positiven Betrag des anderen Ehegatten auszugleichen. [3]Ist der G. d. E. negativ und wird dieser nach § 10d Abs. 1 EStG nicht oder nicht in vollem Umfang zurückgetragen, ist der verbleibende Betrag als Verlustvortrag gesondert festzustellen. [4]Absatz 1 findet entsprechende Anwendung. [5]Bei dieser Feststellung sind die negativen Einkünfte auf die Ehegatten nach dem Verhältnis aufzuteilen, in dem die auf den einzelnen Ehegatten entfallenden Verluste im VZ der Verlustentstehung zueinander stehen.

Gesonderte Feststellung des verbleibenden Verlustvortrags

(7) [1]Bei der gesonderten Feststellung des verbleibenden Verlustvortrags ist eine Unterscheidung nach Einkunftsarten und Einkunftsquellen nur insoweit vorzunehmen, als negative Einkünfte besonderen Verlustverrechnungsbeschränkungen unterliegen. [2]Über die Höhe der im Verlustentstehungsjahr nicht ausgeglichenen negativen Einkünfte wird im Steuerfestsetzungsverfahren für das Verlustrücktragsjahr und hinsichtlich des verbleibenden Verlustvortrags für die dem Verlustentstehungsjahr folgenden VZ im Feststellungsverfahren nach § 10d Abs. 4 EStG bindend entschieden. [3]Der Steuerbescheid des Verlustentstehungsjahres ist daher weder Grundlagenbescheid für den Einkommensteuerbescheid des Verlustrücktragsjahres noch für den Feststellungsbescheid nach § 10d Abs. 4 EStG. [4]Der Feststellungsbescheid nach § 10d Abs. 4 EStG ist nach § 182 Abs. 1 AO Grundlagenbescheid für die Einkommensteuerfestsetzung des Folgejahres und für den auf den nachfolgenden Feststellungszeitpunkt zu erlassenden Feststellungsbescheid. [5]Er ist kein Grundlagenbescheid für den Steuerbescheid eines Verlustrücktragsjahres (§ 10d Abs. 1 EStG). [6]Der verbleibende Verlustvortrag ist auf 0 Euro festzustellen, wenn die in dem Verlustentstehungsjahr nicht ausgeglichenen negativen Einkünfte in vollem Umfang zurückgetragen werden. [7]Der verbleibende Verlustvortrag ist auch dann auf 0 Euro festzustellen, wenn ein zum Schluss des vorangegangenen VZ festgestellter verbleibender Verlustvortrag in einem folgenden VZ „aufgebraucht“ worden ist.

die Zahlungen fällig und geleistet worden sein (→ BFH vom 24.7.1986 – BStBl. 1987 II S. 16).[1] Auf die Fälligkeit im Jahr der wirtschaftlichen Zugehörigkeit kommt es nicht an (→ BFH vom 23.9.1999 – BStBl. 2000 II S. 121).

– Für den **Abfluss von Ausgaben** gelten diese Grundsätze entsprechend.
– Bei einer nach § 108 Abs. 3 AO hinausgeschobenen Fälligkeit ist eine regelmäßig wiederkehrende Steuerzahlung nur dann im Jahr ihrer wirtschaftlichen Zugehörigkeit abziehbar, wenn sie innerhalb des Zehn-Tages-Zeitraums geleistet wurde (→ BFH vom 11.11.2014 – BStBl. 2015 II S. 285 und vom 27.6.2018 – BStBl. II S. 781).

Arbeitslohn. → § 38a Abs. 1 Satz 2 und 3 EStG, R 38.2 LStR 2015.[2]

Arzthonorar.
– Die Honorare fließen dem Arzt grundsätzlich erst mit Überweisung seines Anteils durch die kassenärztliche Vereinigung zu (→ BFH vom 20.2.1964 – BStBl. III S. 329).
– Die Einnahmen von der **kassenärztlichen Vereinigung** stellen regelmäßig wiederkehrende Einnahmen dar (→ BFH vom 6.7.1995 – BStBl. 1996 II S. 266).

Aufrechnung. Die Aufrechnung mit einer fälligen Gegenforderung stellt eine Leistung i. S. d. § 11 Abs. 2 EStG dar (→ BFH vom 19.4.1977 – BStBl. II S. 601).

Damnum.
– Bei **vereinbarungsgemäßer** Einbehaltung eines Damnums bei Auszahlung eines Tilgungsdarlehens ist im Zeitpunkt der Kapitalauszahlung ein Abfluss anzunehmen (→ BFH vom 10.3.1970 – BStBl. II S. 453). Bei ratenweiser Auszahlung des Darlehens kommt eine entsprechende Aufteilung des Damnums nur in Betracht, wenn keine Vereinbarung der Vertragsparteien über den Abflusszeitpunkt des Damnums vorliegt (→ BFH vom 26.6.1975 – BStBl. II S. 880).
– Soweit für ein Damnum ein **Tilgungsstreckungsdarlehen** aufgenommen wird, fließt das Damnum mit den Tilgungsraten des Tilgungsstreckungsdarlehens ab (→ BFH vom 26.11.1974 – BStBl. 1975 II S. 330).
– Ein Damnum, das ein Darlehensschuldner vor Auszahlung eines aufgenommenen Darlehens zahlt, ist im VZ seiner Leistung als Werbungskosten abziehbar, es sei denn, dass die Vorauszahlung des Damnums von keinen sinnvollen wirtschaftlichen Erwägungen getragen wird (→ BFH vom 3.2.1987 – BStBl. II S. 492). Ist ein Damnum nicht mehr als drei Monate vor Auszahlung der Darlehensvaluta oder einer ins Gewicht fallenden Teilauszahlung des Darlehens (mindestens 30% der Darlehensvaluta einschließlich Damnum) geleistet worden, kann davon ausgegangen werden, dass ein wirtschaftlich vernünftiger Grund besteht (→ BMF vom 20.10.2003 – BStBl. I S. 546, RdNr. 15).
– Damnum-/Disagiovereinbarungen mit Geschäftsbanken sind regelmäßig als marktüblich anzusehen. Diese Vermutung kann durch besondere Umstände wie beispielsweise Kreditunwürdigkeit des Darlehensnehmers, aty-

[1] Fälligkeitserfordernis bei regelmäßig wiederkehrenden Einnahmen und Ausgaben bestätigt durch BFH v. 16.2.2022 X R 2/21, BStBl. II 2022, 448.
[2] Nr. 20.

pische Vertragsgestaltungen oder persönliche Beziehungen der Beteiligten zueinander widerlegt werden (→ BFH vom 8.3.2016 – BStBl. II S. 646).

Entschädigung für Flutungsrecht. Entschädigungen für die Eintragung einer beschränkt persönlichen Dienstbarkeit, die das Recht dinglich absichert, dass ein zum Betriebsvermögen des Eigentümers gehörendes Grundstück als Überflutungsfläche zur Hochwasserrückhaltung genutzt werden darf, sind im Zuflusszeitpunkt als Betriebseinnahmen zu erfassen; es handelt sich nicht um eine Einnahme aus einer Nutzungsüberlassung i. S. d. § 11 Abs. 2 Satz 3 EStG (→ BFH vom 21.11.2018 – BStBl. 2019 II S. 311).

Forderungsübergang. Zufluss beim Stpfl., wenn der Betrag beim neuen Gläubiger eingeht (→ BFH vom 16.3.1993 – BStBl. II S. 507).

Gesamtgläubiger. Stehen mehreren Stpfl. als Gesamtgläubigern Einnahmen zu und vereinbaren sie mit dem Schuldner, dass dieser nur an einen bestimmten Gesamtgläubiger leisten soll, so tritt bei jedem der Gesamtgläubiger anteilsmäßig ein Zufluss in dem Zeitpunkt ein, in dem die Einnahmen bei dem bestimmten Gesamtgläubiger eingehen (→ BFH vom 10.12.1985 – BStBl. 1986 II S. 342).

Gewinnausschüttung. → H 20.2 (Zuflusszeitpunkt bei Gewinnausschüttungen).

Gutschrift. Zufluss beim Stpfl. im Zeitpunkt der Gutschrift in den Büchern des Verpflichteten (Schuldners), wenn eine eindeutige und unbestrittene Leistungsverpflichtung des Schuldners besteht (diesem also insbesondere kein Leistungsverweigerungsrecht zusteht oder er sich erkennbar auf zivilrechtliche Einwendungen und Einreden gegen die Forderung des Stpfl. nicht berufen will) und der Schuldner in diesem Zeitpunkt zur Zahlung des Betrages in der Lage gewesen wäre, also nicht zahlungsunfähig war (→ BFH vom 10.7.2001 – BStBl. II S. 646 und vom 30.10.2001 – BStBl. 2002 II S. 138).

Leasing-Sonderzahlung. Verwendet ein Arbeitnehmer einen geleasten Pkw für berufliche Zwecke und macht er dafür die tatsächlichen Kosten geltend, gehört eine bei Leasingbeginn zu erbringende Sonderzahlung in Höhe der anteiligen beruflichen Nutzung des Pkw zu den sofort abziehbaren Werbungskosten; es handelt sich bei ihr nicht um Anschaffungskosten des obligatorischen Nutzungsrechts an dem Pkw, die nur in Form von Absetzungen für Abnutzung als Werbungskosten berücksichtigt werden könnten (→ BFH vom 5.5.1994 – BStBl. II S. 643).

Novation. Vereinbaren Gläubiger und Schuldner, dass der Geldbetrag fortan aus einem anderen Rechtsgrund geschuldet wird (Novation), kann ein Zufluss und gleichzeitiger Wiederabfluss des Geldbetrages beim Gläubiger vorliegen (→ BFH vom 10.7.2001 – BStBl. II S. 646 und vom 30.10.2001 – BStBl. 2002 II S. 138).

Nutzungsrechte. Räumt der Arbeitgeber dem Arbeitnehmer im Hinblick auf das Dienstverhältnis unentgeltlich ein Nutzungsrecht an einer Wohnung ein, fließt dem Arbeitnehmer der geldwerte Vorteil nicht im Zeitpunkt der Bestellung des Nutzungsrechts in Höhe des kapitalisierten Wertes, sondern

Versicherungsvertreter.
– Selbständige Versicherungsvertreter üben auch dann eine gewerbliche Tätigkeit aus, wenn sie nur für ein einziges Versicherungsunternehmen tätig sein dürfen (→ BFH vom 26.10.1977 – BStBl. 1978 II S. 137).
– → Generalagent.

R 15.2 Nachhaltigkeit *(unbesetzt)*

H 15.2

Einmalige Handlung.
– Eine einmalige Handlung stellt keine nachhaltige Betätigung dar, wenn sie nicht weitere Tätigkeiten des Stpfl. (zumindest Dulden, Unterlassen) auslöst (→ BFH vom 14.11.1963 – BStBl. 1964 III S. 139).
– → Wiederholungsabsicht.

Mehrzahl selbständiger Handlungen. Nachhaltig sind auch Einzeltätigkeiten, die Teil einer in organisatorischer, technischer und finanzieller Hinsicht aufeinander abgestimmten Gesamttätigkeit sind (→ BFH vom 21.8.1985 – BStBl. 1986 II S. 88).

Nachhaltigkeit – Einzelfälle.[1)]
– Bankgeschäfte eines **Bankangestellten,** die in fortgesetzter Untreue zu Lasten der Bank getätigt werden, sind nachhaltig (→ BFH vom 3.7.1991 – BStBl. II S. 802).
– Zur Nachhaltigkeit bei Veräußerung von Grundstücken im Rahmen eines **gewerblichen Grundstückshandels** → BMF vom 26.3.2004 (BStBl. I S. 434).[2)]
– → H 18.1 (Nachhaltige Erfindertätigkeit).
– Zu den Voraussetzungen, unter denen der Erwerb eines Wirtschaftsguts **zum Zweck** der späteren **Veräußerung** als nachhaltige Tätigkeit zu beurteilen ist → BFH vom 28.4.1977 (BStBl. II S. 728) und vom 8.7.1982 (BStBl. II S. 700).

Wertpapiere. Besteht beim An- und Verkauf festverzinslicher Wertpapiere eine Wiederholungsabsicht, kann die Tätigkeit nachhaltig sein (→ BFH vom 31.7.1990 – BStBl. 1991 II S. 66 und vom 6.3.1991 – BStBl. II S. 631).

Wiederholungsabsicht. Eine Tätigkeit ist nachhaltig, wenn sie auf Wiederholung angelegt ist. Da die Wiederholungsabsicht eine innere Tatsache ist, kommt den tatsächlichen Umständen besondere Bedeutung zu. Das Merkmal der Nachhaltigkeit ist daher bei einer Mehrzahl von gleichartigen Handlungen im Regelfall zu bejahen (→ BFH vom 23.10.1987 – BStBl. 1988 II S. 293 und vom 12.7.1991 – BStBl. 1992 II S. 143). Bei **erkennbarer** Wiederholungsabsicht kann bereits eine einmalige Handlung den Beginn einer fortgesetzten Tätigkeit begründen (→ BFH vom 31.7.1990 – BStBl. 1991 II S. 66).

Zeitdauer. Die Zeitdauer einer Tätigkeit allein lässt nicht auf die Nachhaltigkeit schließen (→ BFH vom 21.8.1985 – BStBl. 1986 II S. 88).

---

1) Zur Einordnung von Einkünften im Zusammenhang mit virtuellen Währungen als Einkünfte aus Gewerbebetrieb siehe BMF v. 10.5.2022, BStBl. I 2022, 668.

2) Ergänzend siehe BFH v. 19.2.2009 IV R 10/06, BStBl. II 2009, 533, und v. 30.9.2010 IV R 44/08, BStBl. II 2011, 645.

Zurechnung der Tätigkeit eines Anderen. Bedingen sich die Aktivitäten zweier selbständiger Rechtssubjekte gegenseitig und sind sie derart miteinander verflochten, dass sie nach der Verkehrsanschauung als einheitlich anzusehen sind, können bei der Prüfung der Nachhaltigkeit die Handlungen des Einen dem Anderen zugerechnet werden (→ BFH vom 12.7.2007 – BStBl. II S. 885).

R 15.3 Gewinnerzielungsabsicht *(unbesetzt)*

H 15.3

Abgrenzung der Gewinnerzielungsabsicht zur Liebhaberei[1]

– bei einem **Architekten** → BFH vom 12.9.2002 (BStBl. 2003 II S. 85),
– bei einem **Bootshandel** mit langjährigen Verlusten → BFH vom 21.7.2004 (BStBl. II S. 1063),
– bei einem **Erfinder** → BFH vom 14.3.1985 (BStBl. II S. 424),
– bei Vermietung einer **Ferienwohnung** → BFH vom 5.5.1988 (BStBl. II S. 778),
– beim Betrieb eines **Gästehauses** → BFH vom 13.12.1984 (BStBl. 1985 II S. 455),
– bei einem als sog. **Generationenbetrieb** geführten Unternehmen → BFH vom 24.8.2000 (BStBl. II S. 674),
– bei einem **gewerblichen Grundstückshandel** → BFH vom 5.4.2017 (BStBl. II S. 1130),
– bei einem unverändert fortgeführten regelmäßig Verluste bringenden **Großhandelsunternehmen** → BFH vom 19.11.1985 (BStBl. 1986 II S. 289),
– bei einem **Künstler** → BFH vom 6.3.2003 (BStBl. II S. 602),
– bei Vercharterung eines **Motorbootes** → BFH vom 28.8.1987 (BStBl. 1988 II S. 10),
– bei einer **Pferdezucht** → BFH vom 27.1.2000 (BStBl. II S. 227),
– bei kleinen **Photovoltaikanlagen** und vergleichbaren Blockheizkraftwerken → BMF vom 29.10.2021 (BStBl. I S. 2202),
– bei einem hauptberuflich tätigen **Rechtsanwalt** → BFH vom 22.4.1998 (BStBl. II S. 663) und vom 14.12.2004 (BStBl. 2005 II S. 392),
– bei Betrieb einer **Reitschule** → BFH vom 15.11.1984 (BStBl. 1985 II S. 205),
– bei einem **Schriftsteller** → BFH vom 23.5.1985 (BStBl. II S. 515),
– bei einem **Steuerberater** → BFH vom 31.5.2001 (BStBl. 2002 II S. 276),
– bei Betrieb eines **Trabrennstalls** → BFH vom 19.7.1990 (BStBl. 1991 II S. 333).

Anlaufverluste.

– Verluste der Anlaufzeit sind steuerlich nicht zu berücksichtigen, wenn die Tätigkeit von Anfang an erkennbar ungeeignet ist, auf Dauer einen Gewinn zu erbringen (→ BFH vom 23.5.1985 – BStBl. II S. 515 und vom 28.8.1987 – BStBl. 1988 II S. 10).

---

[1] „Liebhaberei“ ist erst nach Festlegung der Einkunftsart zu überprüfen; siehe BFH v. 29.3.2001 IV R 88/99, BStBl. II 2002, 791.

Energieerzeugung

(12) [1] Bei der Erzeugung von Energie, z. B. durch Wind-, Solar- oder Wasserkraft, handelt es sich nicht um die planmäßige Nutzung der natürlichen Kräfte des Bodens i. S. d. Absatzes 1 Satz 1. [2] Der Absatz von Strom und Wärme führt zu Einkünften aus Gewerbebetrieb. [3] Die Erzeugung von Biogas kann eine Tätigkeit i. S. d. Absatzes 3 sein.[1)]

Beherbergung von Fremden

(13) [1] Die Abgrenzung der Einkünfte aus Gewerbebetrieb gegenüber denen aus Land- und Forstwirtschaft richtet sich bei der Beherbergung von Fremden nach den Grundsätzen von R 15.7. [2] Aus Vereinfachungsgründen ist keine gewerbliche Tätigkeit anzunehmen, wenn weniger als vier Zimmer und weniger als sechs Betten zur Beherbergung von Fremden bereitgehalten werden und keine Hauptmahlzeit gewährt wird.

(14) Soweit sich aus den Absätzen 1 bis 13 für einen Stpfl. Verschlechterungen gegenüber R 15.5 EStR 2008 ergeben, kann R 15.5 EStR 2008 für diejenigen Wirtschaftsjahre weiter angewandt werden, die vor der Veröffentlichung der EStÄR 2012 im Bundessteuerblatt beginnen.[2)]

H 15.5

Abgrenzung.

Beispiel zur Prüfung der Umsatzgrenzen:

Ein land- und forstwirtschaftlicher Betrieb erzielt aus eigenen und fremden Erzeugnissen insgesamt einen Umsatz von 130 000 € zuzüglich Umsatzsteuer. Davon wurde ein Umsatzanteil in Höhe von 45 000 € zuzüglich Umsatzsteuer aus der Veräußerung zugekaufter Erzeugnisse und zugekaufter Handelswaren erzielt. Ferner führt der Betrieb Dienstleistungen mit eigenen Maschinen für andere Land- und Forstwirte und die örtliche Gemeinde aus. Daraus werden jeweils 15 000 € Umsatz zuzüglich Umsatzsteuer erzielt.

Lösung:

Die gekauften und weiterveräußerten Erzeugnisse, Produkte und Handelswaren sind fremde Erzeugnisse (R 15.5 Abs. 5 Satz 7 EStR), da sie nicht im Rahmen des Erzeugungsprozesses im eigenen Betrieb verwendet wurden. Die Summe der Betriebseinnahmen ohne

---

1) Zur ertragsteuerlichen Behandlung von Biogasanlagen und zur Erzeugung von Energie aus Biogas siehe BMF v. 11.4.2022, BStBl. I 2022, 633.

2) Veröffentlicht im BStBl. I 2013 Nr. 5 v. 28.3.2013. **R 15.5 EStR 2008** lautet:

„Zukauf fremder Erzeugnisse

(5) [1] Fremde Erzeugnisse sind nicht solche Erzeugnisse, die im Rahmen des Erzeugungsprozesses im eigenen Betrieb verwendet werden (z.B. Saatgut, Jungpflanzen oder Jungtiere). [2] Als fremde Erzeugnisse gelten solche für die Weiterveräußerung zugekauften betriebstypischen Erzeugnisse, die nicht im eigenen Betrieb im Wege des Erzeugungsprozesses bearbeitet werden, und die nach der Verkehrsauffassung noch als land- und forstwirtschaftliche Produkte zu qualifizieren sind. [3] Dazu gehören auch Handelswaren zur Vervollständigung einer für die Art des Erzeugungsbetriebs üblichen Produktpalette, wie z. B. Töpfe und erden in einer Gärtnerei, sofern der Einkaufswert dieser Handelswaren 10% des Gesamtumsatzes nicht übersteigt. [4] Beträgt der Zukauf fremder Erzeugnisse im Sinne der Sätze 2 und 3, aus Vereinfachungsgründen gemessen an deren Einkaufwert, insgesamt bis zu 30% des Umsatzes, ist grundsätzlich ein Betrieb der Land- und Forstwirtschaft anzuerkennen. [5] Die vorstehende Vereinfachungsregelung findet nur Anwendung, wenn der Umsatzanteil, der auf die Veräußerung der Fremderzeugnisse entfällt, nicht erkennbar überwiegt."

Umsatzsteuer aus eigenen Erzeugnissen und fremden Erzeugnissen sowie der Dienstleistungen (R 15.5 Abs. 9 und 10 EStR) beträgt 160 000 €.
Die Umsätze aus fremden Erzeugnissen in Höhe von 45 000 € ohne Umsatzsteuer überschreiten weder die relative Grenze von einem Drittel des Gesamtumsatzes (= 53 333 €) noch die absolute Grenze von 51 500 € (R 15.5 Abs. 11 Satz 1 EStR).
Die Umsätze aller Dienstleistungen in Höhe von 30 000 € ohne Umsatzsteuer überschreiten weder die relative Grenze von einem Drittel des Gesamtumsatzes (= 53 333 €) noch die absolute Grenze von 51 500 € (R 15.5 Abs. 11 Satz 2 EStR). Es ist unerheblich, ob es sich beim Leistungsempfänger um einen Land- und Forstwirt handelt.
Die Umsätze aus den Tätigkeitsbereichen Absatz von fremden Erzeugnissen und Dienstleistungen überschreiten mit insgesamt 75 000 € nicht die Grenze von 50 % des Gesamtumsatzes (= 160 000 € × 50 % = 80 000 €; R 15.5 Abs. 11 Satz 3 EStR). Damit liegt insgesamt ein land- und forstwirtschaftlicher Betrieb vor.

Beispiel zur Abgrenzung der Tätigkeiten und Zuordnung von Wirtschaftsgütern:

Landwirt L richtet im Wj. 2013/2014 in einem zum Betriebsvermögen gehörenden Wirtschaftsgebäude einen Hofladen ein, der zu 40% dem Verkauf von eigenen land- und forstwirtschaftlichen Erzeugnissen dient und zu 60% dem Verkauf von fremden Erzeugnissen. Die Umsätze des Betriebs entwickeln sich wie folgt:

	Nettogesamtumsatz	Nettoumsatz fremde Erzeugnisse
2013/2014	175 000 €	25 000 €
2014/2015	190 000 €	40 000 €
2015/2016	205 000 €	55 000 €
2016/2017	210 000 €	60 000 €
2017/2018	210 000 €	60 000 €

Lösung:

a) Abgrenzung

Der im Wj. 2013/2014 eingerichtete Hofladen steht aufgrund des Verkaufs eigener land- und forstwirtschaftlicher Erzeugnisse in engem sachlichem Zusammenhang mit dem land- und forstwirtschaftlichen Betrieb. Nach R 15.5 Abs. 6 EStR ist der Zu- und Verkauf fremder Erzeugnisse grundsätzlich eine gewerbliche Tätigkeit. Nach R 15.5 Abs. 11 Satz 1 EStR werden sämtliche im Hofladen erzielten Umsätze der Land- und Forstwirtschaft zugerechnet, wenn der nachhaltige Umsatzanteil sämtlicher Verkäufe von fremden Erzeugnissen (R 15.5 Abs. 5 Satz 7 EStR) nicht mehr als ⅓ des Gesamtumsatzes des land- und forstwirtschaftlichen Betriebs und nicht mehr als 51 500 € im Wj. beträgt.
In den Wj. 2013/2014 bis 2014/2015 sind die Voraussetzungen für eine Zurechnung zur Land- und Forstwirtschaft erfüllt. Ab dem Wj. 2015/2016 wird die absolute Grenze von 51 500 € überschritten. Nach R 15.5 Abs. 2 EStR entsteht jedoch erst mit Ablauf des Wj. 2017/2018 ein gesonderter Gewerbebetrieb (Drei-Jahres-Frist; allmählicher Strukturwandel).

b) Behandlung des Wirtschaftsgebäudes

Das Wirtschaftsgebäude wird eigenbetrieblich zu 60 % für gewerbliche Tätigkeiten genutzt, so dass der Hofladen mit dem dazu gehörenden Grund und Boden grundsätzlich gewerbliches Betriebsvermögen wäre. Da die Nutzung für land- und forstwirtschaftliche Tätigkeiten jedoch mindestens 10 % beträgt (→ R 15.5 Abs. 9 Satz 3 EStR), hat es der Stpfl. in der Hand, den Umfang seiner betrieblichen Tätigkeit und seiner Betriebsausgaben zu bestimmen (→ BFH vom 4.7.1990 – BStBl. II S. 817 und vom 22.1.2004 – BStBl. II S. 512). Das Wirtschaftsgebäude kann deshalb aufgrund der Funktionszuweisung des Stpfl. auch über das Wj. 2017/2018 hinaus dem land- und forstwirtschaftlichen Betriebsvermögen zugeordnet werden.

Baumschulen. R 15.5 Abs. 5 gilt auch für Baumschulbetriebe. In solchen Betrieben ist die Aufzucht von sog. Kostpflanzen üblich. Kostpflanzen sind Pflanzen, die der Baumschulbetrieb aus selbst gestelltem Samen oder selbst

- Sieht der Gesellschaftsvertrag einer GmbH & Co. KG einen Vorabgewinn der Komplementär-GmbH für die Übernahme der Geschäftsführung der KG vor, die von einem Kommanditisten der KG als Geschäftsführer der Komplementär-GmbH erbracht wird, ist der betreffende Betrag nach § 15 Abs. 1 Satz 1 Nr. 2 EStG nicht der Komplementär-GmbH, sondern dem die Geschäfte führenden Kommanditisten zuzurechnen. Dies gilt unabhängig davon, ob die GmbH dem Kommanditisten ein Entgelt für seine Tätigkeit schuldet (→ BFH vom 28.5.2020 – BStBl. II S. 641).
- Erbringt ein Kommanditist, der zugleich Alleingesellschafter und Geschäftsführer der Komplementär-GmbH und einer Schwester-Kapitalgesellschaft der GmbH & Co. KG ist, über die **zwischengeschaltete Schwester-Kapitalgesellschaft** Dienstleistungen an die KG, sind die hierfür gezahlten Vergütungen als Sonderbetriebseinnahmen des Kommanditisten zu erfassen (→ BFH vom 6.7.1999 – BStBl. II S. 720).
- Die von einem **Drittunternehmer** geleisteten Zahlungen sind Tätigkeitsvergütungen, wenn die Leistung des Gesellschafters letztlich der Personengesellschaft und nicht dem Drittunternehmen zugute kommen soll, sich hinreichend von der Tätigkeit des Gesellschafters für den übrigen Geschäftsbereich des Drittunternehmens abgrenzen lässt und wenn die Personengesellschaft dem Drittunternehmer die Aufwendungen für die Leistungen an den Gesellschafter ersetzt (→ BFH vom 7.12.2004 – BStBl. 2005 II S. 390).
- **Arbeitgeberanteile zur Sozialversicherung** eines Mitunternehmers, der sozialversicherungsrechtlich als Arbeitnehmer angesehen wird, gehören – unabhängig davon, ob sie dem Mitunternehmer zufließen – zu den Vergütungen, die er von der Gesellschaft für seine Tätigkeit im Dienste der Gesellschaft bezogen hat (→ BFH vom 30.8.2007 – BStBl. II S. 942).

Tod eines Gesellschafters. Ein bei Ableben eines Gesellschafters und Übernahme aller Wirtschaftsgüter der Personengesellschaft durch die verbleibenden Gesellschafter nach R 4.5 Abs. 6 zu ermittelnder Übergangsgewinn ist anteilig dem verstorbenen Gesellschafter zuzurechnen, auch wenn er im Wesentlichen auf der Zurechnung auf die anderen Gesellschafter übergehender Honorarforderungen beruht (→ BFH vom 13.11.1997 – BStBl. 1998 II S. 290).

Verzicht auf einen Gewinnanteil zwecks Tilgung einer Kaufpreisverpflichtung. → BFH vom 27.10.2015 (BStBl. 2016 II S. 600).

Vorabanteile. Wird bei einer KG im Zusammenhang mit einer Erhöhung des Kommanditkapitals der gesellschaftsvertragliche Gewinn- und Verlustverteilungsschlüssel dahin geändert, dass künftige Gewinne oder Verluste in begrenztem Umfang nur auf die Kommanditisten verteilt werden, die weitere Kommanditeinlagen erbringen, oder dass diese Kommanditisten „Vorabanteile" von künftigen Gewinnen oder Verlusten erhalten, ist der neue Gewinn- und Verlustverteilungsschlüssel im Allgemeinen auch der einkommensteuerrechtlichen Gewinn- und Verlustverteilung zu Grunde zu legen (→ BFH vom 7.7.1983 – BStBl. 1984 II S. 53 und vom 17.3.1987 – BStBl. II S. 558).

R 15.8 (4)

Einkommensteuerliche Behandlung des persönlich haftenden Gesellschafters einer Kommanditgesellschaft auf Aktien *(unbesetzt)*

H 15.8 (4)

Allgemeines. Der persönlich haftende Gesellschafter einer KGaA ist nach § 15 Abs. 1 Satz 1 Nr. 3 EStG wie ein Gewerbetreibender zu behandeln. Der von ihm im Rahmen der KGaA erzielte anteilige Gewinn ist ihm einkommensteuerrechtlich unmittelbar zuzurechnen (→ BFH vom 21.6.1989 – BStBl. II S. 881).

Ausschüttungen. Ausschüttungen auf die Kommanditaktien sind im Zeitpunkt des Zuflusses als Einnahmen aus Kapitalvermögen zu erfassen (→ BFH vom 21.6.1989 – BStBl. II S. 881).

Gewinnermittlungsart. Der Gewinnanteil des persönlich haftenden Gesellschafters einer KGaA einschließlich seiner Sondervergütungen, Sonderbetriebseinnahmen und Sonderbetriebsausgaben ist durch Betriebsvermögensvergleich zu ermitteln (→ BFH vom 21.6.1989 – BStBl. II S. 881).

Sonderbetriebsvermögen. Der persönlich haftende Gesellschafter kann wie ein Mitunternehmer (§ 15 Abs. 1 Satz 1 Nr. 2 EStG) Sonderbetriebsvermögen haben. Die ihm gehörenden Kommanditaktien sind weder Betriebsvermögen noch Sonderbetriebsvermögen (→ BFH vom 21.6.1989 – BStBl. II S. 881).

Wirtschaftsjahr. Das Wj. stimmt mit dem Wj. der KGaA überein (→ BFH vom 21.6.1989 – BStBl. II S. 881).

R 15.8 (5)

Umfassend gewerbliche Personengesellschaft[1]

(5) [1]Personengesellschaften i. S. d. § 15 Abs. 3 Nr. 1 EStG sind außer der OHG und der KG diejenigen sonstigen Gesellschaften, bei denen die Gesellschafter als Unternehmer (Mitunternehmer) des Gewerbebetriebs anzusehen sind. [2]Auch die Partenreederei und die Unterbeteiligungsgesellschaft sind Personengesellschaften i. S. d. § 15 Abs. 3 Nr. 1 EStG. [3]Die eheliche Gütergemeinschaft ist nicht umfassend gewerblich tätig i. S. d. § 15 Abs. 3 Nr. 1 EStG.

H 15.8 (5)

Ärztliche Gemeinschaftspraxen. → BMF vom 14.5.1997 (BStBl. I S. 566) und BFH vom 19.2.1998 (BStBl. II S. 603).[2]

Atypisch stille Gesellschaft. Übt der Inhaber einer Steuerberatungspraxis neben seiner freiberuflichen auch eine gewerbliche Tätigkeit aus, und ist an

---

[1] Die sog. Abfärberegelung nach § 15 Abs. 3 Nr. 1 EStG ist verfassungsgemäß; siehe BVerfG v. 15.1.2008 1 BvL 2/04, DStRE 2008, 1003. – Zur Anwendung von § 15 Abs. 3 Nr. 1 EStG bei einer Personengesellschaft, die ausschließlich Anteile an einer anderen Personengesellschaft hält, siehe BMF v. 14.1.2022, BStBl. I 2022, 160.

[2] Zur integrierten Versorgung nach §§ 140a ff. SGB V bei ärztlichen Gemeinschaftspraxen und der Anwendung der Abfärberegelung siehe OFD Ffm v. 16.8.2016 – S 2241A – 65 – St 113, DStR 2016, 2591; zur umsatzsteuerlichen Behandlung siehe A 4.14.9 UStAE (Nr. **500**).

Parzellenweise Verpachtung. Die parzellenweise Verpachtung der Grundstücke eines land- und forstwirtschaftlichen Betriebs steht der Annahme einer Betriebsverpachtung nicht grundsätzlich entgegen (→ BFH vom 28.11.1991 – BStBl. 1992 II S. 521).

Personengesellschaft. Das Verpächterwahlrecht kann bei Personengesellschaften nur einheitlich ausgeübt werden (→ BFH vom 17.4.1997 – BStBl. 1998 II S. 388).

Produktionsunternehmen. Wird bei Verpachtung eines Produktionsunternehmens der gesamte, umfangreiche Maschinenpark veräußert, hat unbeschadet einer möglichen kurzfristigen Wiederbeschaffbarkeit einzelner Produktionsmaschinen der Verpächter jedenfalls eine wesentliche Betriebsgrundlage nicht zur Nutzung überlassen, so dass die übrigen Wirtschaftsgüter zwangsweise entnommen werden und eine Betriebsaufgabe vorliegt (→ BFH vom 17.4.1997 – BStBl. 1998 II S. 388).

Rechtsnachfolger. Im Fall des unentgeltlichen Erwerbs eines verpachteten Betriebs hat der Rechtsnachfolger des Verpächters das Wahlrecht, das erworbene Betriebsvermögen während der Verpachtung fortzuführen (→ BFH vom 17.10.1991 – BStBl. 1992 II S. 392).

Sonderbetriebsvermögen. Ein Wirtschaftsgut des Sonderbetriebsvermögens, das bisher alleinige wesentliche Betriebsgrundlage des Betriebs einer Personengesellschaft war, kann auch dann Gegenstand einer Betriebsverpachtung sein, wenn die Personengesellschaft liquidiert wurde (→ BFH vom 6.11.2008 – BStBl. 2009 II S. 303).

Umgestaltung wesentlicher Betriebsgrundlagen.

– Werden anlässlich der Verpachtung eines Gewerbebetriebs die wesentlichen Betriebsgrundlagen so umgestaltet, dass sie nicht mehr in der bisherigen Form genutzt werden können, entfällt grundsätzlich die Möglichkeit, das Betriebsvermögen fortzuführen; damit entfällt auch die Möglichkeit der Betriebsverpachtung (→ BFH vom 15.10.1987 – BStBl. 1988 II S. 257, 260).
  → Branchenfremde Verpachtung.
– Veräußerungen und Entnahmen von Grundstücken berühren das Fortbestehen eines im Ganzen verpachteten land- und forstwirtschaftlichen Betriebs nur dann, wenn die im Eigentum des Verpächters verbleibenden Flächen nicht mehr ausreichen, um nach Beendigung des Pachtverhältnisses einen land- und forstwirtschaftlichen Betrieb zu bilden. Das Schicksal der Wirtschaftsgebäude ist für die Annahme einer Zwangsbetriebsaufgabe unerheblich (→ BMF vom 1.12.2000 – BStBl. I S. 1556). Ein verpachteter landwirtschaftlicher Betrieb wird nicht mit der Folge einer Zwangsbetriebsaufgabe dadurch zerschlagen, dass der Verpächter nach einem Brandschaden die mitverpachteten Wirtschaftsgebäude nicht wieder aufbaut, sondern die landwirtschaftlichen Nutzflächen nach Auflösung der ursprünglichen Pachtverträge erneut verpachtet und die Hofstelle veräußert (→ BFH vom 26.6.2003 – BStBl. II S. 755).

Verpächterwahlrecht.[1]

– Zweifelsfragen im Zusammenhang mit der Ausübung des Verpächterwahlrechts → BMF vom 17.10.1994 (BStBl. I S. 771).
– Wird ein im Ganzen verpachteter Betrieb teilentgeltlich veräußert, setzt sich das Verpächterwahlrecht beim Erwerber fort (→ BFH vom 6.4.2016 – BStBl. II S. 710).
– Die Grundsätze über das Verpächterwahlrecht gelten sowohl bei Beendigung einer echten als auch einer unechten Betriebsaufspaltung (→ BFH vom 17.4.2019 – BStBl. II S. 745).

Wesentliche Betriebsgrundlagen.

– Wesentliche Betriebsgrundlagen sind jedenfalls die Wirtschaftsgüter, die zur Erreichung des Betriebszwecks erforderlich sind und denen ein besonderes wirtschaftliches Gewicht für die Betriebsführung zukommt (→ BFH vom 17.4.1997 – BStBl. 1998 II S. 388). Dabei ist maßgeblich auf die sachlichen Erfordernisse des Betriebs abzustellen – sog. funktionale Betrachtungsweise (→ BFH vom 11.10.2007 – BStBl. 2008 II S. 220). Für diese Beurteilung kommt es auf die Verhältnisse des verpachtenden, nicht auf diejenigen des pachtenden Unternehmens an (→ BFH vom 28.8.2003 – BStBl. 2004 II S. 10).
– Bei einem Autohaus (Handel mit Neu- und Gebrauchtfahrzeugen einschließlich angeschlossenem Werkstattservice) sind das speziell für dessen Betrieb hergerichtete Betriebsgrundstück samt Gebäuden und Aufbauten sowie die fest mit dem Grund und Boden verbundenen Betriebsvorrichtungen im Regelfall die alleinigen wesentlichen Betriebsgrundlagen. Demgegenüber gehören die beweglichen Anlagegüter, insbesondere die Werkzeuge und Geräte, regelmäßig auch dann nicht zu den wesentlichen Betriebsgrundlagen, wenn diese im Hinblick auf die Größe des Autohauses ein nicht unbeträchtliches Ausmaß einnehmen (→ BFH vom 11.10.2007 – BStBl. 2008 II S. 220 und vom 18.8.2009 – BStBl. 2010 II S. 222).
– → Produktionsunternehmen.

R 16 (6)

Unentgeltliche Betriebsübertragung[2] *(unbesetzt)*

H 16 (6)

Betriebsaufgabe. Werden nicht die wesentlichen Grundlagen eines Betriebs oder Teilbetriebs, sondern nur Teile des Betriebsvermögens unentgeltlich übertragen, während der andere Teil der Wirtschaftsgüter in das Privatvermögen übernommen wird, liegt eine Betriebsaufgabe vor. Der begünstigte Veräußerungsgewinn ist in diesem Fall der Unterschiedsbetrag zwischen den Buchwerten und den gemeinen Werten sowohl der unentgeltlich übertragenen als auch der in das Privatvermögen übernommenen Wirtschaftsgüter, vermindert um etwaige Veräußerungskosten (→ BFH vom 27.7.1961 – BStBl. III S. 514).

---

[1] Zur Übertragung und Überführung von luf Vermögen aus einer Mitunternehmerschaft und zum Verpächterwahlrecht bei luf Betrieben siehe BMF v. 17.5.2022, BStBl. I 2022, 678.

[2] Zur Fortführung einer § 6b-Rücklage siehe BFH v. 22.9.1994 IV R 61/93, BStBl. II 1995, 367.

lich-rechtlichen) Rechtsgeschäfts bereits eine rechtlich geschützte, auf den Erwerb des Rechts gerichtete Position erworben hat, die ihm gegen seinen Willen nicht mehr entzogen werden kann, und die mit dem Anteil verbundenen wesentlichen Rechte sowie das Risiko der Wertminderung und die Chance einer Wertsteigerung auf ihn übergegangen sind. Diese Voraussetzungen müssen nicht in vollem Umfang erfüllt sein; entscheidend ist das Gesamtbild der Verhältnisse (→ BFH vom 11.7.2006 – BStBl. 2007 II S. 296).

– Bei dem Verkauf des Geschäftsanteils an einer GmbH ist regelmäßig erforderlich, dass dem Erwerber das Gewinnbezugsrecht und das Stimmrecht eingeräumt werden. Für den Übergang des Stimmrechts ist ausreichend, dass der Veräußerer verpflichtet ist, bei der Stimmabgabe die Interessen des Erwerbers wahrzunehmen (→ BFH vom 17.2.2004 – BStBl. II S. 651).
– Auch eine kurze Haltezeit kann wirtschaftliches Eigentum begründen, wenn dem Stpfl. der in der Zeit seiner Inhaberschaft erwirtschaftete Erfolg (einschließlich eines Substanzwertzuwachses) zusteht (→ BFH vom 18.5.2005 – BStBl. II S. 857).
– Erwerbsoptionen können die Annahme wirtschaftlichen Eigentums nur begründen, wenn nach dem typischen und für die wirtschaftliche Beurteilung maßgeblichen Geschehensablauf tatsächlich mit einer Ausübung des Optionsrechts gerechnet werden kann (→ BFH vom 4.7.2007 – BStBl. II S. 937). Hierauf kommt es nicht an, wenn nicht nur dem Käufer ein Ankaufsrecht, sondern auch dem Verkäufer ein Andienungsrecht im Überschneidungsbereich der vereinbarten Optionszeiträume zum selben Optionspreis eingeräumt wird, sog. wechselseitige Option oder Doppeloption (→ BFH vom 11.7.2006 – BStBl. 2007 II S. 296).
– Auch eine einjährige Veräußerungssperre von erhaltenen Anteilen hindert den Übergang des wirtschaftlichen Eigentums nicht (→ BFH vom 28.10.2008 – BStBl. 2009 II S. 45).
– Ein zivilrechtlicher Durchgangserwerb (in Gestalt einer logischen Sekunde) hat nicht zwangsläufig auch einen steuerrechtlichen Durchgangserwerb i. S. d. Innehabens wirtschaftlichen Eigentums in der Person des zivilrechtlichen Durchgangserwerbers zur Folge (→ BFH vom 26.1.2011 – BStBl. II S. 540).
– Besteht die Position eines Gesellschafters allein in der gebundenen Mitwirkung an einer inkongruenten Kapitalerhöhung, vermittelt sie kein wirtschaftliches Eigentum an einem Gesellschaftsanteil (→ BFH vom 25.5.2011 – BStBl. 2012 II S. 3).
– Werden im Rahmen eines Gesamtvertragskonzepts (= mehrere zeitgleich abgeschlossene, korrespondierende Verträge) GmbH-Anteile übertragen und deren Höhe durch eine Kapitalerhöhung auf weniger als 1% reduziert, vermittelt die einer Kapitalerhöhung vorgreifliche Anteilsübertragung kein wirtschaftliches Eigentum an einer Beteiligung i. S. v. § 17 EStG, wenn nach dem Gesamtvertragskonzept die mit der übertragenen Beteiligung verbundenen Rechte von vorneherein nur für eine Beteiligung von weniger als 1% übergehen sollten (→ BFH vom 5.10.2011 – BStBl. 2012 II S. 318).

– Wem Gesellschaftsanteile im Rahmen einer vorweggenommenen Erbfolge unter dem Vorbehalt des Nießbrauchs übertragen werden, erwirbt sie nicht i. S. v. § 17 Abs. 2 Satz 5 EStG, wenn sie weiterhin dem Nießbraucher nach § 39 Abs. 2 Nr. 1 AO zuzurechnen sind, weil dieser nach dem Inhalt der getroffenen Abrede alle mit der Beteiligung verbundenen wesentlichen Rechte (Vermögens- und Verwaltungsrechte) ausüben und im Konfliktfall effektiv durchsetzen kann (→ BFH vom 24.1.2012 – BStBl. II S. 308).

R 17 (5)

Anschaffungskosten der Anteile[1)]

(5) [1]Eine Kapitalerhöhung aus Gesellschaftsmitteln erhöht die Anschaffungskosten der Beteiligung nicht. [2]Die Anschaffungskosten sind nach dem Verhältnis der Nennbeträge auf die vor der Kapitalerhöhung erworbenen Anteile und die neuen Anteile zu verteilen (→ § 3 Kapitalerhöhungssteuergesetz).[2)] [3]Für Anteile i. S. d. § 17 Abs. 1 EStG, die sich in Girosammelverwahrung befinden, sind die Anschaffungskosten der veräußerten Anteile nicht nach dem Fifo-Verfahren, sondern nach den durchschnittlichen Anschaffungskosten sämtlicher Anteile derselben Art zu bestimmen.

H 17 (5)

Ablösung eines Vorbehaltsnießbrauchs. Zahlungen für die Ablösung eines Vorbehaltsnießbrauchs an einer Beteiligung i. S. v. § 17 EStG stellen nachträgliche Anschaffungskosten auf die Beteiligung dar (→ BFH vom 18.11.2014 – BStBl. 2015 II S. 224).

Absenkung der Beteiligungsgrenze. Bei der Ermittlung des Veräußerungsgewinns ist der gemeine Wert der Anteile zum Zeitpunkt der Absenkung der Beteiligungsgrenze anzusetzen (→ BVerfG vom 7.7.2010 – BStBl. 2011 II S. 86 und BMF vom 20.12.2010 – BStBl. 2011 I S. 16 unter Berücksichtigung der Änderungen durch BMF vom 16.12.2015 – BStBl. 2016 I S. 10).

Allgemeines. → R 6.2.

Bezugsrechte/Gratisaktien.

– Das anlässlich einer Kapitalerhöhung entstehende konkrete Bezugsrecht auf neue Aktien führt zu einer Abspaltung der im Geschäftsanteil verkörperten Substanz und damit auch zu einer Abspaltung eines Teils der ursprünglichen Anschaffungskosten für die Altanteile; dieser Teil ist dem Bezugsrecht zuzuordnen (→ BFH vom 19.4.2005 – BStBl. II S. 762).
– Werden Kapitalgesellschaftsanteile im Anschluss an eine mit der Gewährung von kostenlosen Bezugsrechten oder von Gratisaktien verbundene

---

[1)] Siehe jetzt auch § 17 Abs. 2a, § 52 Abs. 25a EStG idF des G v. 12.12.2019, BGBl. I 2019, 2451. – Zur ertragsteuerlichen Behandlung von Gesellschafterdarlehen (§ 17 Abs. 2a EStG), Bürgschaftsregress- und vergleichbaren Forderungen siehe BMF v. 7.6.2022, BStBl. I 2022, 897.

[2)] **Steuergesetze** Nr. **141**.

einzigen Kunden überträgt (→ BFH vom 26.4.1995 – BStBl. 1996 II S. 4).

2. **Mitunternehmeranteil.** Wird der gesamte Mitunternehmeranteil an einer freiberuflich tätigen Personengesellschaft veräußert, muss die Tätigkeit im bisherigen Wirkungskreis für eine gewisse Zeit eingestellt werden (→ BFH vom 23.1.1997 – BStBl. II S. 498).

3. **Teilbetrieb.**
   - Eine begünstigte Teilbetriebsveräußerung setzt neben der Ausübung mehrerer ihrer Art nach verschiedener Tätigkeiten auch eine organisatorische Selbständigkeit der Teilbetriebe voraus. Ist ein Arzt als Allgemeinmediziner und auf arbeitsmedizinischem Gebiet tätig, übt er zwei verschiedene Tätigkeiten aus. Die Veräußerung eines dieser Praxisteile stellt eine tarifbegünstigte Teilpraxisveräußerung dar, sofern den Praxisteilen die notwendige organisatorische Selbständigkeit zukommt (→ BFH vom 4.11.2004 – BStBl. 2005 II S. 208).
   - Eine begünstigte Teilpraxisveräußerung kann vorliegen, wenn ein Steuerberater eine Beratungspraxis veräußert, die er (neben anderen Praxen) als völlig selbständigen Betrieb erworben und bis zu ihrer Veräußerung im Wesentlichen unverändert fortgeführt hat (→ BFH vom 26.6.2012 – BStBl. II S. 777).
   - Keine Teilbetriebsveräußerung bei Veräußerung der „Großtierpraxis" und Rückbehalt der „Kleintierpraxis" (→ BFH vom 29.10.1992 – BStBl. 1993 II S. 182).[1]

Verpachtung. Beim Tod des Freiberuflers führt die vorübergehende Verpachtung einer freiberuflichen Praxis durch den Erben oder Vermächtnisnehmer bei fehlender Betriebsaufgabeerklärung nicht zur Betriebsaufgabe, wenn der Rechtsnachfolger im Begriff ist, die für die beabsichtigte Praxisfortführung erforderliche freiberufliche Qualifikation zu erlangen (→ BFH vom 12.3.1992 – BStBl. 1993 II S. 36).[2]

Zu § 20 EStG

R **20.1** Werbungskosten bei Einkünften aus Kapitalvermögen

(1) [1] Aufwendungen sind, auch wenn sie gleichzeitig der Sicherung und Erhaltung des Kapitalstamms dienen, insoweit als Werbungskosten zu berücksichtigen, als sie zum Erwerb, Sicherung und Erhaltung von Kapitaleinnahmen dienen. [2] Aufwendungen, die auf Vermögen entfallen, das nicht zur Erzielung von Kapitaleinkünften angelegt ist oder bei dem Kapitalerträge nicht mehr zu erwarten sind, können nicht als Werbungskosten berücksichtigt werden.

(2) [1] Nach den allgemeinen Grundsätzen können u. a. Bankspesen für die Depotverwaltung, Gebühren, Fachliteratur, Reisekosten zur Hauptversammlung, Verfahrensauslagen und Rechtsanwaltskosten als Werbungskosten berücksichtigt werden. [2] Zum Abzug ausländischer Steuern wie Werbungskosten → R 34c.

---

1) Ebenso bei Veräußerung einer Kassenpraxis unter Beibehaltung der Privatpatienten; siehe BFH v. 6.3.1997 IV R 28/96, DStRE 1997, 712.

2) Siehe auch BFH v. 14.12.1993 VIII R 13/93, BStBl. II 1994, 922.

(3) Absatz 1 und 2 gelten vorbehaltlich des § 2 Abs. 2 Satz 2 EStG.

H 20.1

Abgeltungsteuer – Allgemeines. Zu Einzelfragen zur Abgeltungsteuer → *BMF vom 18.1.2016 (BStBl. I S. 85)*[1] *unter Berücksichtigung der Änderungen durch BMF vom 20.4.2016 (BStBl. I S. 475), vom 16.6.2016 (BStBl. I S. 527), vom 3.5.2017 (BStBl. I S. 739), vom 19.12.2017 (BStBl. 2018 I S. 52), vom 12.4.2018 (BStBl. I S. 624), vom 17.1.2019 (BStBl. I S. 51), vom 10.5.2019 (BStBl. I S. 464), vom 16.9.2019 (BStBl. I S. 889) und vom 19.2.2021 (BStBl. I S. 296).*

Anschaffungskosten.

– Ein beim Erwerb einer stillen Beteiligung an den Geschäftsinhaber entrichtetes Ausgabeaufgeld gehört zu den Anschaffungskosten der stillen Beteiligung (→ BFH vom 23.11.2000 – BStBl. 2001 II S. 24).
– Gutachtenkosten im Zusammenhang mit der Anschaffung von GmbH-Geschäftsanteilen sind Anschaffungsnebenkosten, wenn sie nach einer grundsätzlich gefassten Erwerbsentscheidung entstehen und die Erstellung des Gutachtens nicht lediglich eine Maßnahme zur Vorbereitung einer noch unbestimmten, erst später zu treffenden Erwerbsentscheidung darstellt (→ BFH vom 27.3.2007 – BStBl. 2010 II S. 159).
– Zahlt ein Stpfl., der einem Vermögensverwalter Vermögen zur Anlage auf dem Kapitalmarkt überlässt, ein gesondertes Entgelt für die Auswahl zwischen mehreren Gewinnstrategien des Vermögensverwalters (sog. Strategieentgelt), ist das Entgelt den Anschaffungskosten für den Erwerb der Kapitalanlagen zuzurechnen (→ BFH vom 28.10.2009 – BStBl. 2010 II S. 469).

Bond-Stripping. → BMF vom 11.11.2016 (BStBl. I S. 1245).

Gesellschafterdarlehen.[2] Ein Verzicht des Gesellschafters auf ein Gesellschafterdarlehen gegen Besserungsschein kann für Schuldzinsen, die auf ein Refinanzierungsdarlehen gezahlt werden, bis zum Eintritt des Besserungsfalls zu einem Wechsel des Veranlassungszusammenhangs der Aufwendungen hin zu den Beteiligungserträgen gem. § 20 Abs. 1 Nr. 1 EStG führen. Dieser tritt insbesondere dann ein, wenn der Gesellschafter durch den Verzicht auf Zins- und Tilgungsansprüche aus dem Gesellschafterdarlehen die Eigenkapitalbildung und Ertragskraft der Gesellschaft stärken will (→ BFH vom 24.10.2017 – BStBl. 2019 II S. 34).

Sinngemäße Anwendung des § 15a EStG.

– Erst wenn die Gesellschaft endgültig von einer Schuld befreit wird, handelt es sich im Falle der Übernahme einer Gesellschaftsschuld durch den stillen Gesellschafter um die allein maßgebliche „geleistete Einlage" i. S. d. § 15a Abs. 1 Satz 1 EStG. Eine erst später erteilte Genehmigung einer Schuldübernahme durch den Gläubiger wirkt steuerrechtlich nicht

---

[1] Neugef. durch BMF v. 19.5.2022, BStBl. I 2022, 742; zur zeitlichen Anwendung siehe Rn. 324 und 325.

[2] Zur Berücksichtigung von Verlusten aus Gesellschafterdarlehen bei den Einkünften aus Kapitalvermögen siehe BMF v. 7.6.2022, BStBl. I 2022, 897, Rn. 21 ff.

Freigrenze – höchstens jedoch bis zur Höhe seiner Einkünfte i. S. d. § 22 Nr. 3 EStG – zu berücksichtigen.

H 22.8

Allgemeines.

- Leistung i. S. d. § 22 Nr. 3 EStG ist jedes Tun, Dulden oder Unterlassen, das Gegenstand eines entgeltlichen Vertrags sein kann und das eine Gegenleistung auslöst (→ BFH vom 21.9.2004 – BStBl. 2005 II S. 44 und vom 8.5.2008 – BStBl. II S. 868), sofern es sich nicht um Veräußerungsvorgänge oder veräußerungsähnliche Vorgänge im privaten Bereich handelt, bei denen ein Entgelt dafür erbracht wird, dass ein Vermögenswert in seiner Substanz endgültig aufgegeben wird (→ BFH vom 28.11.1984 – BStBl. 1985 II S. 264 und vom 10.9.2003 – BStBl. 2004 II S. 218).
- Für das Vorliegen einer Leistung i. S. d. § 22 Nr. 3 EStG kommt es entscheidend darauf an, ob die Gegenleistung (das Entgelt) durch das Verhalten des Stpfl. ausgelöst wird. Allerdings setzt § 22 Nr. 3 EStG wie die übrigen Einkunftsarten die allgemeinen Merkmale der Einkünfteerzielung voraus. Der Leistende muss aber nicht bereits beim Erbringen seiner Leistung eine Gegenleistung erwarten. Für die Steuerbarkeit ist ausreichend, dass er eine im wirtschaftlichen Zusammenhang mit seinem Tun, Dulden oder Unterlassen gewährte Gegenleistung als solche annimmt (→ BFH vom 21.9.2004 – BStBl. 2005 II S. 44).
- Hat der Stpfl. nicht die Möglichkeit, durch sein Verhalten (Leistung) das Entstehen des Anspruchs auf die Leistung des Vertragspartners positiv zu beeinflussen, genügt die Annahme der Leistung der Gegenseite nicht, um den fehlenden besteuerungsrelevanten Veranlassungszusammenhang zwischen Leistung und Gegenleistung herzustellen (→ BFH vom 13.3.2018 – BStBl. II S. 531).

Einnahmen aus Leistungen i. S. d. § 22 Nr. 3 EStG sind:[1]

- **Bindungsentgelt (Stillhalterprämie),** das beim Wertpapieroptionsgeschäft dem Optionsgeber gezahlt wird (→ BFH vom 17.4.2007 – BStBl. II S. 608),
- **Einmalige Bürgschaftsprovision** (→ BFH vom 22.1.1965 – BStBl. III S. 313),
- Entgelt für ein freiwilliges **Einsammeln und Verwerten leerer Flaschen** (→ BFH vom 6.6.1973 – BStBl. II S. 727),
- Entgelt für eine **Beschränkung der Grundstücksnutzung** (→ BFH vom 9.4.1965 – BStBl. III S. 361 und vom 26.8.1975 – BStBl. 1976 II S. 62),
- Entgelt für die **Einräumung eines Vorkaufsrechts** (→ BFH vom 30.8.1966 – BStBl. 1967 III S. 69 und vom 10.12.1985 – BStBl. 1986 II S. 340); bei späterer Anrechnung des Entgelts auf den Kaufpreis entfällt der Tatbestand des § 22 Nr. 3 EStG rückwirkend nach § 175 Abs. 1 Satz 1 Nr. 2 AO (→ BFH vom 10.8.1994 – BStBl. 1995 II S. 57),

[1] Zu Einzelfragen zur ertragsteuerrechtlichen Behandlung von virtuellen Währungen und von sonstigen Token siehe BMF v. 10.5.2022, BStBl. I 2022, 668.

- Entgelt für den **Verzicht** auf Einhaltung des gesetzlich vorgeschriebenen **Grenzabstands** eines auf dem Nachbargrundstück errichteten Gebäudes (→ BFH vom 5.8.1976 – BStBl. 1977 II S. 26),
- Entgelt für die **Abgabe eines zeitlich befristeten Kaufangebots** über ein Grundstück (→ BFH vom 26.4.1977 – BStBl. II S. 631),
- Entgelt für den **Verzicht** des Inhabers eines eingetragenen Warenzeichens auf seine **Abwehrrechte** (→ BFH vom 25.9.1979 – BStBl. 1980 II S. 114),
- Entgelt für ein vertraglich vereinbartes umfassendes **Wettbewerbsverbot** (→ BFH vom 12.6.1996 – BStBl. II S. 516 und vom 23.2.1999 – BStBl. II S. 590),
- Entgelt für eine Vereinbarung, das **Bauvorhaben** des Zahlenden zu **dulden** (→ BFH vom 26.10.1982 – BStBl. 1983 II S. 404),
- Entgelt für die regelmäßige **Mitnahme eines Arbeitskollegen** auf der Fahrt zwischen Wohnung und Arbeitsstätte (→ BFH vom 15.3.1994 – BStBl. II S. 516),
- Vergütungen für die **Rücknahme des Widerspruchs** gegen den Bau und Betrieb eines Kraftwerks (→ BFH vom 12.11.1985 – BStBl. 1986 II S. 890),
- Entgelt für die **Duldung der Nutzung** von Teileigentum zum Betrieb eines Spielsalons an einen benachbarten Wohnungseigentümer (→ BFH vom 21.11.1997 – BStBl. 1998 II S. 133),
- **Eigenprovisionen,** wenn sie aus einmaligem Anlass und für die Vermittlung von Eigenverträgen gezahlt werden (→ BFH vom 27.5.1998 – BStBl. II S. 619),
- Entgelt für die **zeitweise Vermietung eines Wohnmobils** an wechselnde Mieter (→ BFH vom 12.11.1997 – BStBl. 1998 II S. 774); zur gewerblichen Wohnmobilvermietung → H 15.7 (3) Wohnmobil,
- **Bestechungsgelder,** die einem Arbeitnehmer von Dritten gezahlt worden sind (→ BFH vom 16.6.2015 – BStBl. II S. 1019),
- **Provision** für die Bereitschaft, mit seinen Beziehungen einem Dritten bei einer geschäftlichen Transaktion behilflich zu sein (→ BFH vom 20.4.2004 – BStBl. II S. 1072),
- Belohnung für einen **„werthaltigen Tipp"** (Hinweis auf die Möglichkeit einer Rechtsposition) durch Beteiligung am Erfolg bei Verwirklichung (→ BFH vom 26.10.2004 – BStBl. 2005 II S. 167),
- **Fernseh-Preisgelder,** wenn der Auftritt des Kandidaten und das gewonnene Preisgeld in einem gegenseitigen Leistungsverhältnis stehen (→ BMF vom 30.5.2008 – BStBl. I S. 645 und BFH vom 24.4.2012 – BStBl. II S. 581),
- Nachträglich wegen fehlgeschlagener Hofübergabe geltend gemachte **Vergütungen für geleistete Dienste** (→ BFH vom 8.5.2008 – BStBl. II S. 868),
- Provisionen aus der ringweisen **Vermittlung von Lebensversicherungen** (→ BFH vom 20.1.2009 – BStBl. II S. 532),
- Vergütungen, die ein an einem Darlehensverhältnis nicht beteiligter Dritter dafür erhält, dass er einen GmbH-Anteil zur **Sicherung des Darlehens** verpfändet, soweit sie nicht zu den Einkünften nach § 22 Nr. 1 Satz 1 1. Halbsatz EStG gehören (→ BFH vom 14.4.2015 – BStBl. II S. 795),
- Vergütungen aus (echten) **Edelmetall-Pensionsgeschäften im Privatvermögen** (→ BFH vom 23.4.2021 – BStBl. II S. 687).

	Gezahlte Aufwandsentschädigung	Steuerliche Behandlung nach R 3.12 Abs. 3 Satz 3 LStR		Steuerliche Behandlung bei Übertragung nicht ausgeschöpfter steuerfreier Monatsbeträge	
		Steuerfrei sind:	Steuerpflichtig sind:	Steuerfreier Höchstbetrag:	Steuerpflichtig sind:
März	205 €	205 €	0 €	3 × 250 € = 750 €	0 € (275 + 75 + 205 – 750)
April	325 €	250 €	75 €	4 × 250 € = 1000 €	0 € (275 + 75 + 205 + 325 – 1000)
Mai	500 €	250 €	250 €	5 × 250 € = 1000 €	130 € (275 + 75 + 205 + 325 + 500 – 1250)
Summe	1380 €	1030 €	350 €	5 × 250 € = 1250 €	130 €

Bei Verrechnung des nicht ausgeschöpften Freibetragsvolumens mit abgelaufenen Lohnzahlungszeiträumen ist im Februar der Lohnsteuereinbehalt für den Monat Januar zu korrigieren.

Werbungskostenabzug bei Dienstaufwandsentschädigungen. Sollen steuerfrei gewährte Dienstaufwandsentschädigungen den gesamten beruflich veranlassten Aufwand ersetzen, können Werbungskosten nur insoweit berücksichtigt werden, als diese die Entschädigung übersteigen. Dies gilt auch für die nicht durch die steuerfreie Reisekostenvergütung nach § 3 Nr. 13 EStG abgegoltenen Reisekosten, wenn auch diese durch die Dienstaufwandsentschädigung abgegolten werden (→ BFH vom 19.10.2016 – BStBl. 2017 II S. 345).

R 3.13 Reisekostenvergütungen, Umzugskostenvergütungen und Trennungsgelder aus öffentlichen Kassen (§ 3 Nr. 13 EStG)

(1) [1]Nach § 3 Nr. 13 EStG sind Leistungen (Geld und Sachbezüge) steuerfrei, die als Reisekostenvergütungen, Umzugskostenvergütungen oder Trennungsgelder aus einer öffentlichen Kasse gewährt werden; dies gilt nicht für Mahlzeiten, die dem Arbeitnehmer während einer beruflichen Auswärtstätigkeit oder im Rahmen einer doppelten Haushaltsführung vom Arbeitgeber oder auf dessen Veranlassung von einem Dritten zur Verfügung gestellt werden. [2]Die Steuerfreiheit von Verpflegungszuschüssen ist auf die nach § 9 Abs. 4a EStG maßgebenden Beträge begrenzt. [3]R 3.16 Satz 1 bis 3 ist entsprechend anzuwenden.

(2) [1]Reisekostenvergütungen sind die als solche bezeichneten Leistungen, die dem Grunde und der Höhe nach unmittelbar nach Maßgabe der reisekostenrechtlichen Vorschriften des Bundes oder der Länder gewährt werden. [2]Reisekostenvergütungen liegen auch vor, soweit sie auf Grund von Tarifverträgen oder anderen Vereinbarungen (z.B. öffentlich-rechtliche Satzung) gewährt werden, die den reisekostenrechtlichen Vorschriften des Bundes oder eines Landes dem Grund und der Höhe nach vollumfänglich entsprechen. [3]§ 12 Nr. 1 EStG bleibt unberührt.

(3) [1] Werden bei Reisekostenvergütungen aus öffentlichen Kassen die reisekostenrechtlichen Vorschriften des Bundes oder der Länder nicht oder nur teilweise angewendet, können auf diese Leistungen die zu § 3 Nr. 16 EStG erlassenen Verwaltungsvorschriften angewendet werden. [2] Im Übrigen kann auch eine Steuerbefreiung nach § 3 Nr. 12, 26, 26a oder 26b EStG in Betracht kommen; → R 3.12 und 3.26.

(4) [1] Die Absätze 2 und 3 gelten sinngemäß für Umzugskostenvergütungen und Trennungsgelder nach Maßgabe der umzugskosten- und reisekostenrechtlichen Vorschriften des Bundes und der Länder. [2] Werden anlässlich eines Umzugs Verpflegungszuschüsse nach dem Bundesumzugskostengesetz (BUKG)[1)] gewährt, sind diese nur im Rahmen der zeitlichen Voraussetzungen des § 9 Abs. 4a EStG steuerfrei. [3] Trennungsgeld, das bei täglicher Rückkehr zum Wohnort gewährt wird, ist nur in den Fällen des § 9 Abs. 1 Satz 3 Nr. 4a Satz 1 EStG steuerfrei. [4] Trennungsgeld, das bei Bezug einer Unterkunft am Beschäftigungsort gewährt wird, ist regelmäßig nach Maßgabe von § 9 Abs. 1 Satz 3 Nr. 5 und Abs. 4a EStG steuerfrei. [5] R 9.9 Abs. 2 Satz 1 ist entsprechend anzuwenden.

H 3.13

Beamte bei Postunternehmen. → § 3 Nr. 35 EStG.

Klimabedingte Kleidung. Der Beitrag zur Beschaffung klimabedingter Kleidung (§ 19 AUV) sowie der Ausstattungsbeitrag (§ 21 AUV) sind nicht nach § 3 Nr. 13 Satz 1 EStG steuerfrei (→ BFH vom 27.5.1994 – BStBl. 1995 II S. 17 und vom 12.4.2007 – BStBl. II S. 536).

Mietbeiträge anstelle eines Trennungsgelds sind nicht nach § 3 Nr. 13 EStG steuerfrei (→ BFH vom 16.7.1971 – BStBl. II S. 772).

Öffentliche Kassen. → H 3.11.

Pauschale Reisekostenvergütungen. Nach einer öffentlich-rechtlichen Satzung geleistete pauschale Reisekostenvergütungen können bei Beachtung von R 3.13 Abs. 2 Satz 2 auch ohne Einzelnachweis steuerfrei sein, sofern die Pauschale die tatsächlich entstandenen Reiseaufwendungen nicht ersichtlich übersteigt (→ BFH vom 8.10.2008 – BStBl. 2009 II S. 405).

Prüfung, ob Werbungskosten vorliegen. Es ist nur zu prüfen, ob die ersetzten Aufwendungen vom Grundsatz her Werbungskosten sind (→ BFH vom 12.4.2007 – BStBl. II S. 536). Daher sind z.B. Arbeitgeberleistungen im Zusammenhang mit Incentive-Reisen nicht nach § 3 Nr. 13 EStG steuerfrei (→ R 3.13 Abs. 2 Satz 3), soweit diese dem Arbeitnehmer als geldwerter Vorteil zuzurechnen sind (→ H 19.7).

H 3.15[2)] Zu § 3 Nr. 15 EStG

Allgemeine Grundsätze. → BMF vom 15.8.2019 (BStBl. I S. 875).

Zusätzlichkeitsvoraussetzung. → § 8 Abs. 4 EStG.

[1)] Nr. **29**.

[2)] Zu Zuschüssen des Arbeitgebers zu den Aufwendungen des Arbeitnehmers für den ÖPNV während der 9-Euro-Ticket-Phase siehe BMF v. 30.5.2022, BStBl. I 2022, 922.

Durch die Weiterleitung im Jahr 2023 verbleibt B ein Anteil an den Versorgungsbezügen von 1000 €. Hierauf entfällt ein Versorgungsfreibetrag in Höhe von 144 € (14,4% von 1000 €) zuzüglich eines Zuschlags zum Versorgungsfreibetrag von 324 €, also steuerpflichtige Versorgungsbezüge von 532 €. Bei B sind in 2023 negative Einnahmen in Höhe von 2568 € (3100 € ./. 532 €) anzusetzen.

Zu § 19a EStG

R 19a. Steuerbegünstigte Überlassung von Vermögensbeteiligungen[1]

Soweit § 19a EStG nach der Übergangsregelung in § 52 Abs. 27 EStG weiter anzuwenden ist, gelten die Anweisungen in R 19a LStR 2008 fort.

H 19a

Allgemeines → BMF vom 16.11.2021 (BStBl. I S. 2308).

Zu § 24a EStG

H 24a

Allgemeines. → R 24a EStR, H 24a EStH.[2]

Zu § 24b EStG

H 24b

Allgemeine Grundsätze. → BMF vom 23.10.2017 (BStBl. I S. 1432).

Freibetrag bei mehreren Kindern. → H 39a.1 (Beispiele).

Zu § 32 EStG

H 32

Berücksichtigung von Kindern. → R 32 EStR, H 32 EStH.[2]

Zu § 32b EStG

H 32b

Progressionsvorbehalt. → R 32b EStR, H 32b EStH.[2]

Zu § 33 EStG

H 33

Außergewöhnliche Belastungen allgemeiner Art. → R 33 EStR, H 33 EStH.[2]

---

[1] Überholt.
[2] Nr. **1**.

Zu § 33a EStG[1]

H 33a

Außergewöhnliche Belastung in besonderen Fällen. → R 33a EStR, H 33a EStH.[1]

Zu § 33b EStG

H 33b

Nachweis des Merkmals der „Hilflosigkeit“. → BMF vom 19.8.2016 (BStBl. I S. 804).

Pauschbeträge für Menschen mit Behinderung, Hinterbliebene und Pflegepersonen. → R 33b EStR, H 33b EStH.[2]

Zu § 34 EStG

H 34

Abzug des Arbeitnehmer-Pauschbetrags. → H 34.1 EStH.[2]

Allgemeines. → BMF vom 1.11.2013 (BStBl. I S. 1326) unter Berücksichtigung der Änderung durch BMF vom 4.3.2016 (BStBl. I S. 277).

Arbeitslohn für mehrere Jahre. → H 34.4 EStH.[2]

Arbeitslohn für mehrjährige Tätigkeiten.[3] → R 34.4 EStR und H 34.4 EStH.[2]

Entschädigungen. → R 34.3 EStR und H 34.3 EStH.[2]

Ermittlung der Einkünfte. → R 34.4 EStR.[2]

Fünftelungsregelung im Lohnsteuerabzugsverfahren. → H 39b.6 (Fünftelungsregelung).

Jubiläumszuwendungen. → H 34.4 EStH.[2]

Tantiemen. → H 34.4 EStH.[2]

Verbesserungsvorschläge. → H 34.4 EStH.[2]

Versorgungsbezüge, Nachzahlungen von V. → H 34.4 EStH.[2]

Zusammenballung von Einkünften. → H 34.4 EStH.[2]

---

[1] Zur Berücksichtigung ausländischer Verhältnisse (Ländergruppeneinteilung ab 1.1.2021) vgl. BMF v. 11.11.2020, BStBl. I 2020, 1212; zur Berücksichtigung von Unterhaltsaufwendungen vgl. BMF v. 6.4.2022, BStBl. I 2022, 617; zur Berücksichtigung von Aufwendungen für den Unterhalt von Personen im Ausland vgl. BMF v. 6.4.2022, BStBl. I 2022, 623.

[2] Nr. **1**.

[3] Zu einer Prämie für einen Verbesserungsvorschlag und zu anstelle einer Bonusleistung gewährten Versorgungsleistungen siehe BFH v. 31.8.2016 VI R 53/14, BStBl. II 2017, 322. – Vergütungen für eine mehrjährige Tätigkeit i. S. d. § 34 Abs. 2 Nr. 4 EStG setzen die zweckbestimmte Verknüpfung der Vergütung mit der Tätigkeitsdauer voraus, siehe BFH v. 16.12.2021 VI R 10/18, BFH/NV 2022, 325.

früheren Dienstverhältnissen, mit dem er der beschränkten Einkommensteuerpflicht unterliegt, hat das Finanzamt in der Bescheinigung für das zweite und jedes weitere Dienstverhältnis zu vermerken, dass die Steuerklasse VI anzuwenden ist. [4]Bei Nichtvorlage der Bescheinigung hat der Arbeitgeber den Lohnsteuerabzug nach Maßgabe des § 39c Abs. 1 und 2 EStG vorzunehmen.

R **39.4** Lohnsteuerabzug bei beschränkter Einkommensteuerpflicht

Freibetrag oder Hinzurechnungsbetrag bei beschränkter Einkommensteuerpflicht

(1) [1]Nach § 39a Abs. 2 Satz 8 i. V. m. Abs. 4 EStG ist ein vom Arbeitnehmer zu beantragender Freibetrag oder Hinzurechnungsbetrag durch Aufteilung in Monatsbeträge, erforderlichenfalls in Wochen- und Tagesbeträge, jeweils auf die voraussichtliche Dauer des Dienstverhältnisses im Kalenderjahr gleichmäßig zu verteilen. [2]Dabei sind ggf. auch die im Kalenderjahr bereits abgelaufenen Zeiträume desselben Dienstverhältnisses einzubeziehen, es sei denn, der Arbeitnehmer beantragt die Verteilung des Betrags auf die restliche Dauer des Dienstverhältnisses. [3]Bei beschränkt einkommensteuerpflichtigen Arbeitnehmern, bei denen § 50 Abs. 1 Satz 4 EStG anzuwenden ist, sind Werbungskosten und Sonderausgaben insoweit einzutragen, als sie die zeitanteiligen Pauschbeträge (→ § 50 Abs. 1 Satz 5 EStG) übersteigen.

Ausübung oder Verwertung (§ 49 Abs. 1 Nr. 4 Buchstabe a EStG)

(2) [1]Die nichtselbständige Arbeit wird im Inland ausgeübt, wenn der Arbeitnehmer im Geltungsbereich des EStG persönlich tätig wird. [2]Sie wird im Inland verwertet, wenn der Arbeitnehmer das Ergebnis einer außerhalb des Geltungsbereichs des EStG ausgeübten Tätigkeit im Inland seinem Arbeitgeber zuführt. [3]Zu der im Inland ausgeübten oder verwerteten nichtselbständigen Arbeit gehört nicht die nichtselbständige Arbeit, die auf einem deutschen Schiff während seines Aufenthalts in einem ausländischen Küstenmeer, in einem ausländischen Hafen von Arbeitnehmern ausgeübt wird, die weder einen Wohnsitz noch ihren gewöhnlichen Aufenthalt im Inland haben. [4]Unerheblich ist, ob der Arbeitslohn zu Lasten eines inländischen Arbeitgebers gezahlt wird. [5]Arbeitgeber i. S. d. Satzes 2 ist die Stelle im Inland, z. B. eine Betriebsstätte oder der inländische Vertreter eines ausländischen Arbeitgebers, die unbeschadet des formalen Vertragsverhältnisses zu einem möglichen ausländischen Arbeitgeber die wesentlichen Rechte und Pflichten eines Arbeitgebers tatsächlich wahrnimmt; inländischer Arbeitgeber ist auch ein inländisches Unternehmen bezüglich der Arbeitnehmer, die bei rechtlich unselbständigen Betriebsstätten, Filialen oder Außenstellen im Ausland beschäftigt sind.

Befreiung von der beschränkten Einkommensteuerpflicht

(3) Einkünfte aus der Verwertung einer außerhalb des Geltungsbereichs des EStG ausgeübten nichtselbständigen Arbeit bleiben bei der Besteuerung außer Ansatz,

1. wenn zwischen der Bundesrepublik Deutschland und dem Wohnsitzstaat ein Doppelbesteuerungsabkommen besteht und nach R 39b.10 der Lohnsteuerabzug unterbleiben darf oder

2. in anderen Fällen, wenn nachgewiesen oder glaubhaft gemacht wird, dass von diesen Einkünften in dem Staat, in dem die Tätigkeit ausgeübt worden ist, eine der deutschen Einkommensteuer entsprechende Steuer tatsächlich erhoben wird. [2]Auf diesen Nachweis ist zu verzichten bei Arbeitnehmern, bei denen die Voraussetzungen des → Auslandstätigkeitserlasses vorliegen.

Künstler, Berufssportler, unterhaltend und ähnlich darbietende Personen sowie Artisten

(4) [1]Bezüge von beschränkt einkommensteuerpflichtigen Berufssportlern, darbietenden Künstlern (z. B. Musikern), werkschaffenden Künstlern (z. B. Schriftstellern, Journalisten und Bildberichterstattern), anderen unterhaltend oder ähnlich Darbietenden sowie Artisten unterliegen dem Lohnsteuerabzug, wenn sie zu den Einkünften aus nichtselbständiger Arbeit gehören und von einem inländischen Arbeitgeber i. S. d. § 38 Abs. 1 Satz 1 Nr. 1 EStG gezahlt werden. [2]Von den Vergütungen der Berufssportler, darbietenden Künstler, Artisten und unterhaltend oder ähnlich darbietenden Personen (§ 50a Abs. 1 Nr. 1 EStG) wird die Einkommensteuer nach Maßgabe der §§ 50a, 50d EStG erhoben, wenn diese nicht von einem inländischen Arbeitgeber gezahlt werden.

H **39.4**

Arbeitnehmer mit Wohnsitz

- **in Belgien.** → Grenzgängerregelung nach dem Zusatzabkommen zum DBA Belgien (BGBl. 2003 II S. 1615);[1)]
- **in Frankreich.** Zur Verständigungsvereinbarung zur 183-Tage-Regelung und zur Anwendung der Grenzgängerregelung → BMF vom 3.4.2006 (BStBl. I S. 304);
- **in Luxemburg.** Verständigungsvereinbarung betreffend die Besteuerung von Berufskraftfahrern; Erweiterung der Verständigungsvereinbarung auf Lokomotivführer und Begleitpersonal → BMF vom 19.9.2011 (BStBl. I S. 849);
- **in den Niederlanden.** Zur steuerlichen Behandlung von Alterseinkünften → BMF vom 24.1.2017 (BStBl. I S. 147);[1)]
- **in Österreich.** Zur Anwendung der Grenzgängerregelung → BMF vom 18.4.2019 (BStBl. I S. 456);
- **in der Schweiz.** → Artikel 3 des Zustimmungsgesetzes vom 30.9.1993 (BStBl. I S. 927);[1)] → Einführungsschreiben zur Neuregelung der Grenzgängerbesteuerung vom 19.9.1994 (BStBl. I S. 683) unter Berücksichtigung der Änderungen durch BMF vom 18.12.2014 (BStBl. 2015 I S. 22); → BMF vom 7.7.1997 (BStBl. I S. 723) unter Berücksichtigung der Änderungen durch BMF vom 30.9.2008 (BStBl. I S. 935).[1)] → Zur Verständigungsvereinbarung zur Behandlung von Arbeitnehmern im internationalen Transportgewerbe → BMF vom 29.6.2011 (BStBl. I S. 621). → Zur Verständigungsvereinbarung zur Behandlung über die Besteuerung von fliegendem Personal → BMF vom 23.7.2012 (BStBl. I S. 863);
- **in der Türkei.** Zur steuerlichen Behandlung von Alterseinkünften → BMF vom 11.12.2014 (BStBl. 2015 I S. 92).

---

1) Abgedruckt in **Doppelbesteuerungsabkommen** bei den jeweiligen Ländern.

Auslandstätigkeitserlass. → *BMF vom 31.10.1983 (BStBl. I S. 470).*[1), 2)]

Entschädigung. → BMF vom 3.5.2018 (BStBl. I S. 643), Tz. 5.5.5.

Künstler. → BMF vom 31.7.2002 (BStBl. I S. 707) unter Berücksichtigung der Änderungen durch BMF vom 28.3.2013 (BStBl. I S. 443).

Öffentliche Kassen. → H 3.11.

Verwertungstatbestand.

– → BFH vom 12.11.1986 (BStBl. 1987 II S. 377, 379, 381, 383).

– **Beispiel:**

Ein lediger Wissenschaftler wird im Rahmen eines Forschungsvorhabens in Südamerika tätig. Seinen inländischen Wohnsitz hat er aufgegeben. Er übergibt entsprechend den getroffenen Vereinbarungen seinem inländischen Arbeitgeber einen Forschungsbericht. Der Arbeitgeber sieht von einer kommerziellen Auswertung der Forschungsergebnisse ab. Der Wissenschaftler ist mit den Bezügen, die er für die Forschungstätigkeit von seinem Arbeitgeber erhält, beschränkt einkommensteuerpflichtig nach § 1 Abs. 4 i. V. m. § 49 Abs. 1 Nr. 4 Buchstabe a EStG; sie unterliegen deshalb dem Lohnsteuerabzug.

Zu § 39a EStG

R 39a.1 Verfahren bei der Bildung eines Freibetrags oder eines Hinzurechnungsbetrags

Allgemeines

(1) Soweit die Gewährung eines Freibetrags wegen der Aufwendungen für ein Kind davon abhängt, dass der Arbeitnehmer für dieses Kind einen Anspruch auf einen Freibetrag nach § 32 Abs. 6 EStG oder auf Kindergeld erhält, ist diese Voraussetzung auch erfüllt, wenn dem Arbeitnehmer im Lohnsteuer-Abzugsverfahren ein Kinderfreibetrag zusteht, er aber auf die an sich mögliche Bildung einer Kinderfreibetragszahl für dieses Kind verzichtet hat oder Anspruch auf einen ermäßigten Freibetrag nach § 32 Abs. 6 EStG besteht.

Antragsgrenze

(2) Für die Feststellung, ob die Antragsgrenze nach § 39a Abs. 2 EStG[3)] überschritten wird, gilt Folgendes:

1. Soweit für Werbungskosten bestimmte Beträge gelten, z. B. für Verpflegungsmehraufwendungen und pauschale Kilometersätze bei Auswärtstätigkeit, für Wege zwischen Wohnung und erster Tätigkeitsstätte (→ § 9 EStG) sind diese maßgebend.
2. [1]Bei Sonderausgaben i. S. d. § 10 Abs. 1 Nr. 1a, 1b und 4 EStG[4)] sind die tatsächlichen Aufwendungen anzusetzen, auch wenn diese Aufwendungen

---

[1)] Ersetzt durch BMF v. 10.6.2022, BStBl. I 2022, 997, anzuwenden ab VZ 2023 bzw. auf laufenden Arbeitslohn für nach dem 31.12.2022 endenden Lohnzahlungszeitraum und auf nach dem 31.12.2022 zufließende Bezüge.

[2)] Zu den durch den ATE begünstigten Tätigkeiten siehe BFH v. 5.10.2021 I B 18/21, BFH/NV 2022, 323 (hier: Restaurierung von historischen Gebäuden).

[3)] Antragsgrenze: 600 €.

[4)] Jetzt § 10 Abs. 1 Nr. 4 und Abs. 1a Nr. 2 bis 4 EStG.

geringer sind als der Pauschbetrag. [2]Für Sonderausgaben i. S. d. § 10 Abs. 1 Nr. 1, 5, 7 und 9 EStG[1)] sind höchstens die nach diesen Vorschriften berücksichtigungsfähigen Aufwendungen anzusetzen.

3. Zuwendungen an politische Parteien sind als Sonderausgaben auch zu berücksichtigen, soweit eine Steuerermäßigung nach § 34g Satz 1 Nr. 1 EStG in Betracht kommt, nicht hingegen Zuwendungen an Vereine i. S. d. § 34g Satz 1 Nr. 2 EStG.
4. Bei außergewöhnlichen Belastungen nach § 33 EStG ist von den dem Grunde und der Höhe nach anzuerkennenden Aufwendungen auszugehen; bei außergewöhnlicher Belastung nach § 33a und § 33b Abs. 6 EStG sind dagegen nicht die Aufwendungen, sondern die wegen dieser Aufwendungen abziehbaren Beträge maßgebend.
5. Vorsorgeaufwendungen (§ 10 Abs. 1 Nr. 2, 3 und 3a EStG) bleiben in jedem Fall außer Betracht, auch soweit sie die Vorsorgepauschale (§ 39b Abs. 2 Satz. 5 Nr. 3 EStG) übersteigen.
6. [1]Bei Anträgen von Ehegatten, die beide unbeschränkt einkommensteuerpflichtig sind und nicht dauernd getrennt leben, ist die Summe der für beide Ehegatten in Betracht kommenden Aufwendungen und abziehbaren Beträge zugrunde zu legen. [2]Die Antragsgrenze ist bei Ehegatten nicht zu verdoppeln.
7. Ist für beschränkt antragsfähige Aufwendungen bereits ein Freibetrag gebildet worden, ist bei einer Änderung dieses Freibetrags die Antragsgrenze nicht erneut zu prüfen.

(3) Die Antragsgrenze gilt nicht, soweit es sich um die Bildung eines Freibetrags für die in § 39a Abs. 1 Satz 1 Nr. 4 bis 7 EStG bezeichneten Beträge handelt.

(4) [1]Wird die Antragsgrenze überschritten oder sind Beträge i. S. d. Absatzes 3 zu berücksichtigen, hat das Finanzamt den Jahresfreibetrag festzustellen. [2]Bei der Berechnung des Jahresfreibetrags sind Werbungskosten nur zu berücksichtigen, soweit sie den maßgebenden Pauschbetrag für Werbungskosten nach § 9a Satz 1 Nr. 1 EStG übersteigen, Sonderausgaben mit Ausnahme der Vorsorgeaufwendungen nur anzusetzen, soweit sie den Sonderausgaben-Pauschbetrag (§ 10c EStG) übersteigen, und außergewöhnliche Belastungen (§ 33 EStG) nur einzubeziehen, soweit sie die zumutbare Belastung (→ Absatz 5) übersteigen. [3]Zuwendungen an politische Parteien sind auch zu berücksichtigen, soweit eine Steuerermäßigung nach § 34g Satz 1 Nr. 1 EStG in Betracht kommt, nicht hingegen Zuwendungen an Vereine i. S. d. § 34g Satz 1 Nr. 2 EStG.

Freibetrag wegen außergewöhnlicher Belastung

(5) [1]Die zumutbare Belastung ist vom voraussichtlichen Jahresarbeitslohn des Arbeitnehmers und ggf. seines von ihm nicht dauernd getrennt lebenden, unbeschränkt einkommensteuerpflichtigen Ehegatten gekürzt um den Altersentlastungsbetrag (§ 24a EStG), die Freibeträge für Versorgungsbezüge (§ 19

---

1) Jetzt § 10 Abs. 1 Nr. 5, 7 und 9 sowie Abs. 1a Nr. 1 EStG.

Land	Finanzamt	Adresse
	Oberfinanzbezirk Köln: Finanzamt Bonn-Innenstadt für die Bezirke aller Finanzämter des Oberfinanzbezirks Köln	Welschnonnenstraße 15 53111 Bonn
	Oberfinanzbezirk Münster: Finanzamt Dortmund-Unna für die Bezirke aller Finanzämter des Oberfinanzbezirks Münster	Trakehnerweg 4 44143 Dortmund
Rheinland-Pfalz	–	keine zentrale Zuständigkeit
Saarland	Finanzamt Saarbrücken	Am Stadtgraben 2–4 66111 Saarbrücken
Sachsen	Finanzamt Chemnitz-Süd	Paul-Bertz-Str. 1 09120 Chemnitz
Sachsen-Anhalt	Finanzamt Magdeburg	Tessenowstraße 10 39114 Magdeburg
Schleswig-Holstein	–	keine zentrale Zuständigkeit
Thüringen	Finanzamt Mühlhausen	Martinistr. 22 99974 Mühlhausen

Zu § 41a EStG

R 41a.1 Lohnsteuer-Anmeldung

(1) [1]Der Arbeitgeber ist von der Verpflichtung befreit, eine weitere Lohnsteuer-Anmeldung einzureichen, wenn er dem Betriebsstättenfinanzamt mitteilt, dass er im Lohnsteuer-Anmeldungszeitraum keine Lohnsteuer einzubehalten oder zu übernehmen hat, weil der Arbeitslohn nicht steuerbelastet ist. [2]Dies gilt auch, wenn der Arbeitgeber nur Arbeitnehmer beschäftigt, für die er lediglich die Pauschsteuer nach § 40a Abs. 2 EStG an die Deutsche Rentenversicherung Knappschaft-Bahn-See entrichtet.

(2) [1]Für jede Betriebsstätte (→ § 41 Abs. 2 EStG) und für jeden Lohnsteuer-Anmeldungszeitraum ist eine einheitliche Lohnsteuer-Anmeldung einzureichen. [2]Die Abgabe mehrerer Lohnsteuer-Anmeldungen für dieselbe Betriebsstätte und denselben Lohnsteuer-Anmeldungszeitraum, etwa getrennt nach den verschiedenen Bereichen der Lohnabrechnung, z. B. gewerbliche Arbeitnehmer, Gehaltsempfänger, Pauschalierungen nach den §§ 37a, 37b, 40 bis 40b EStG, ist nicht zulässig.

(3) Der für den Lohnsteuer-Anmeldungszeitraum maßgebende Betrag der abzuführenden Lohnsteuer (→ § 41a Abs. 2 EStG) ist die Summe der nach § 38 Abs. 3 EStG im Zeitpunkt der Zahlung einbehaltenen und übernommenen Lohnsteuer ohne Kürzung um das ihr entnommene Kindergeld (→ § 72 Abs. 7 EStG).

(4) [1]Das Betriebsstättenfinanzamt hat den rechtzeitigen Eingang der Lohnsteuer-Anmeldung zu überwachen. [2]Es kann bei nicht rechtzeitigem Eingang der Lohnsteuer-Anmeldung einen Verspätungszuschlag nach § 152 AO festset-

zen oder erforderlichenfalls die Abgabe der Lohnsteuer-Anmeldung mit Zwangsmitteln nach §§ 328 bis 335 AO durchsetzen. [3] Wird eine Lohnsteuer-Anmeldung nicht eingereicht, kann das Finanzamt die Lohnsteuer im Schätzungswege ermitteln und den Arbeitgeber durch Steuerbescheid in Anspruch nehmen (→ §§ 162, 167 Abs. 1 AO). [4] Pauschale Lohnsteuer kann im Schätzungswege ermittelt und in einem Steuerbescheid festgesetzt werden, wenn der Arbeitgeber mit dem Pauschalierungsverfahren einverstanden ist.

(5) [1] Bemessungsgrundlage für den Steuereinbehalt nach § 41a Abs. 4 EStG ist die Lohnsteuer, die auf den für die Tätigkeit an Bord von Schiffen gezahlten Arbeitslohn entfällt, wenn der betreffende Arbeitnehmer mehr als 183 Tage bei dem betreffenden Reeder beschäftigt ist.[1)] [2] Der Lohnsteuereinbehalt durch den Reeder nach § 41a Abs. 4 EStG gilt für den Kapitän und alle Besatzungsmitglieder – einschl. des Servicepersonals –, die über ein Seefahrtsbuch[2)] verfügen und deren Arbeitgeber er ist. [3] Der Lohnsteuereinbehalt kann durch Korrespondent- oder Vertragsreeder nur vorgenommen werden, wenn diese mit der Bereederung des Schiffes in ihrer Eigenschaft als Mitgesellschafter an der Eigentümergesellschaft beauftragt sind. [4] Bei Vertragsreedern ist dies regelmäßig nicht der Fall. [5] Bei Korrespondentreedern ist der Lohnsteuereinbehalt nur für die Heuern der Seeleute zulässig, die auf den Schiffen tätig sind, bei denen der Korrespondentreeder auch Miteigentümer ist.

H 41a.1[3)]

Änderung der Lohnsteuer-Anmeldung durch das Finanzamt. Eine Erhöhung der Lohnsteuer-Entrichtungsschuld ist unter den Voraussetzungen des § 164 Abs. 2 Satz 1 AO auch nach Übermittlung oder Ausschreibung der Lohnsteuerbescheinigung zulässig (→ BFH vom 30.10.2008 – BStBl. 2009 II S. 354).[4)]

Anfechtung der Lohnsteuer-Anmeldung durch den Arbeitnehmer. Ein Arbeitnehmer kann die Lohnsteuer-Anmeldung des Arbeitgebers aus eigenem Recht anfechten, soweit sie ihn betrifft (→ BFH vom 20.7.2005 – BStBl. II S. 890).

Elektronische Abgabe der Lohnsteuer-Anmeldung. Die Verpflichtung eines Arbeitgebers, seine Steueranmeldung dem Finanzamt grundsätzlich elektronisch zu übermitteln, ist verfassungsgemäß (→ BFH vom 14.3.2012 – BStBl. II S. 477).

Förderbetrag zur betrieblichen Altersversorgung. → BMF vom 12.8. 2021 (BStBl. I S. 1050), Rn. 100 ff.

Härtefallregelung. Ein Härtefall liegt vor, wenn dem Arbeitgeber die elektronische Datenübermittlung wirtschaftlich oder persönlich unzumutbar ist. Dies ist z. B. der Fall, wenn ihm nicht zuzumuten ist, die technischen

---

1) **[Amtl. Anm.:]** Überholt durch Neufassung des § 41a Abs. 4 Satz 1 EStG.

2) **[Amtl. Anm.:]** Jetzt: eine Dienstbescheinigung.

3) Zum Muster der geänderten Lohnsteuer-Anmeldung 2022 siehe BMF v. 18.7.2022, BStBl. I 2022, 1205.

4) Ebenso BFH v. 13.11.2012 VI R 38/11, BStBl. II 2013, 929.

Voraussetzungen für die elektronische Übermittlung einzurichten (→BFH vom 14.3.2012 – BStBl. II S. 477).

Lohnsteuereinbehalt durch Reeder.

– Arbeitgeber i. S. d. § 41a Abs. 4 EStG ist der zum Lohnsteuereinbehalt nach § 38 Abs. 3 EStG Verpflichtete. Dies ist regelmäßig der Vertragspartner des Arbeitnehmers aus dem Dienstvertrag (→BFH vom 13.7.2011 – BStBl. II S. 986).

– Eine Kürzung der einbehaltenen Lohnsteuer nach § 41a Abs. 4 Sätze 1 und 2 EStG kommt nicht in Betracht, wenn das Schiff im maßgebenden Lohnzahlungszeitraum nicht im internationalen Verkehr betrieben wird. Ein qualifizierter Betrieb an wenigen Tagen im Jahr reicht nicht aus, um die einbehaltene Lohnsteuer für das gesamte Wirtschaftsjahr zu kürzen (→BFH vom 18.12.2019 – BStBl. 2020 II S. 289).

– Zur Anwendung der Neuregelung des § 41a Abs. 4 EStG →BMF vom 29.6.2021 (BStBl. I S. 854).

Schätzungsbescheid. Wenn ein Arbeitgeber die Lohnsteuer trotz gesetzlicher Verpflichtung nicht anmeldet und abführt, kann das Finanzamt sie durch Schätzungsbescheid festsetzen. Die Möglichkeit, einen Haftungsbescheid zu erlassen, steht dem nicht entgegen (→BFH vom 7.7.2004 – BStBl. II S. 1087).

R 41a.2 Abführung der Lohnsteuer

[1] Der Arbeitgeber hat die Lohnsteuer in einem Betrag an die Kasse des Betriebsstättenfinanzamts (→ § 41 Abs. 2 EStG) oder an eine von der obersten Finanzbehörde des Landes bestimmte öffentliche Kasse (→ § 41a Abs. 3 EStG) abzuführen. [2] Der Arbeitgeber muss mit der Zahlung angeben oder durch sein Kreditinstitut angeben lassen: die Steuernummer, die Bezeichnung der Steuer und den Lohnsteuer-Anmeldungszeitraum. [3] Eine Stundung der einzubehaltenden oder einbehaltenen Lohnsteuer ist nicht möglich (→ § 222 Satz 3 und 4 AO).

Zu § 41b EStG

R 41b. Abschluss des Lohnsteuerabzugs

Lohnsteuerbescheinigungen

(1) Die Lohnsteuerbescheinigung richtet sich nach § 41b EStG und der im Bundessteuerblatt Teil I bekannt gemachten Datensatzbeschreibung für die elektronische Übermittlung sowie dem entsprechenden Vordruckmuster.

Lohnsteuerbescheinigungen von öffentlichen Kassen

(2) [1] Wird ein Arbeitnehmer, der den Arbeitslohn im Voraus für einen Lohnzahlungszeitraum erhalten hat, während dieser Zeit einer anderen Dienststelle zugewiesen und geht die Zahlung des Arbeitslohns auf die Kasse dieser Dienststelle über, hat die früher zuständige Kasse in der Lohnsteuerbescheinigung (→ Absatz 1) den vollen von ihr gezahlten Arbeitslohn und die davon einbehaltene Lohnsteuer auch dann aufzunehmen, wenn ihr ein Teil des Arbeitslohns von der nunmehr zuständigen Kasse erstattet wird; der Arbeitslohn darf nicht um die Freibeträge für Versorgungsbezüge (→ § 19 Abs. 2 EStG)

und den Altersentlastungsbetrag (→ § 24a EStG) gekürzt werden. ²Die nunmehr zuständige Kasse hat den der früher zuständigen Kasse erstatteten Teil des Arbeitslohns nicht in die Lohnsteuerbescheinigung aufzunehmen.

H 41b[1]

Ausstellung von elektronischen Lohnsteuerbescheinigungen für Kalenderjahre ab 2020; Ausstellung von Besonderen Lohnsteuerbescheinigungen durch den Arbeitgeber ohne maschinelle Lohnabrechnung für Kalenderjahre ab 2020.[2] → BMF vom 9.9.2019 (BStBl. I S. 911).

Bekanntmachung des Musters für den Ausdruck der elektronischen Lohnsteuerbescheinigung 2022. → *BMF vom 18.8.2021 (BStBl. I S. 1079).*[3]

Berichtigung der Lohnsteuerbescheinigung.
- Der Arbeitnehmer kann nach Übermittlung oder Ausschreibung der Lohnsteuerbescheinigung deren Berichtigung nicht mehr verlangen (→ BFH vom 13.12.2007 – BStBl. 2008 II S. 434).
- Zur Berichtigung der Lohnsteuerbescheinigung bei Änderung der Lohnsteuer-Anmeldung zu Gunsten des Arbeitgebers → § 41c Abs. 3 Satz 4 und 5 EStG.

Bescheinigung zu Unrecht einbehaltener Lohnsteuer. Wird von steuerfreien Einnahmen aus nichtselbständiger Arbeit (zu Unrecht) Lohnsteuer einbehalten und an ein inländisches Finanzamt abgeführt, ist auch diese Lohnsteuer in der Lohnsteuerbescheinigung einzutragen und auf die für den VZ festgesetzte Einkommensteuerschuld des Arbeitnehmers anzurechnen (→ BFH vom 23.5.2000 – BStBl. II S. 581).

Finanzrechtsweg. Bei einer Nettolohnvereinbarung ist für Streitigkeiten über die Höhe des in der Lohnsteuerbescheinigung auszuweisenden Bruttoarbeitslohns der Finanzrechtsweg nicht gegeben (→ BFH vom 13.12.2007 – BStBl. 2008 II S. 434).

Unzutreffender Steuerabzug. Ein unzutreffender Lohnsteuerabzug kann durch Einwendungen gegen die Lohnsteuerbescheinigung nicht berichtigt werden (→ BFH vom 13.12.2007 – BStBl. 2008 II S. 434).

Zu § 41c EStG

R 41c.1 Änderung des Lohnsteuerabzugs

(1) ¹Unabhängig von der Verpflichtung des Arbeitgebers, nach § 39c Abs. 1 und 2 EStG den Lohnsteuerabzug für vorangegangene Monate zu überprüfen und erforderlichenfalls zu ändern, ist der Arbeitgeber in den in § 41c Abs. 1 EStG bezeichneten Fällen zu einer Änderung des Lohnsteuerabzugs bei der

[1] Zur Arbeitgeberbescheinigung für steuerfreie Arbeitgeberzuschüsse i.Z.m. dem 9-Euro-Ticket siehe BMF v. 30.5.2022, BStBl. I 2022, 922.
[2] Zur Aufteilung der an ausländische Sozialversicherungsträger geleisteten Globalbeiträge zu Altersvorsorgeaufwendungen siehe BMF v. 19.11.2021, BStBl. I 2021, 2275.
[3] Siehe jetzt BMF v. 15.7.2022, BStBl. I 2022, 1203.

jeweils nächstfolgenden Lohnzahlung berechtigt. [2]Die Änderung ist zugunsten oder zuungunsten des Arbeitnehmers zulässig, ohne dass es dabei auf die Höhe der zu erstattenden oder nachträglich einzubehaltenden Steuer ankommt. [3]Für die nachträgliche Einbehaltung durch den Arbeitgeber gilt der Mindestbetrag für die Nachforderung durch das Finanzamt (§ 41c Abs. 4 Satz 2 EStG) nicht.

(2) [1]Der Arbeitgeber ist zur Änderung des Lohnsteuerabzugs nur berechtigt, soweit die Lohnsteuer von ihm einbehalten worden ist oder einzubehalten war. [2]Bei Nettolöhnen (→ R 39b.9) gilt dies für die zu übernehmende Steuer.

(3) [1]Die Änderung des Lohnsteuerabzugs auf Grund rückwirkender Lohnsteuerabzugsmerkmale ist nicht auf die Fälle beschränkt, in denen das Finanzamt die Lohnsteuerabzugsmerkmale mit Wirkung von einem zurückliegenden Zeitpunkt an ändert oder ergänzt. [2]Die Änderung des Lohnsteuerabzugs ist ebenso zulässig, wenn der Arbeitgeber wegen fehlender Lohnsteuerabzugsmerkmale den Lohnsteuerabzug gemäß § 39c Abs. 1 Satz 1 bis 3 oder Abs. 2 Satz 1 EStG vorgenommen hat und dem Arbeitgeber erstmals Lohnsteuerabzugsmerkmale zur Verfügung gestellt werden bzw. der Arbeitnehmer erstmals eine Bescheinigung für den Lohnsteuerabzug vorlegt oder wenn bei Vorauszahlung des Arbeitslohns der Geltungsbeginn der Lohnsteuerabzugsmerkmale in einen bereits abgerechneten Lohnzahlungszeitraum fällt.

(4) [1]Die Änderung des Lohnsteuerabzugs ist, sofern der Arbeitgeber von seiner Berechtigung hierzu Gebrauch macht, bei der nächsten Lohnzahlung vorzunehmen, die dem Abruf von rückwirkenden Lohnsteuerabzugsmerkmalen oder auf die Vorlage einer Bescheinigung für den Lohnsteuerabzug mit den rückwirkenden Eintragungen oder dem Erkennen einer nicht vorschriftsmäßigen Lohnsteuereinbehaltung folgt. [2]Der Arbeitgeber darf in Fällen nachträglicher Einbehaltung von Lohnsteuer die Einbehaltung nicht auf mehrere Lohnzahlungen verteilen. [3]Die nachträgliche Einbehaltung ist auch insoweit zulässig, als dadurch die Pfändungsfreigrenzen unterschritten werden; wenn die nachträglich einzubehaltende Lohnsteuer den auszuzahlenden Barlohn übersteigt, ist die nachträgliche Einbehaltung in Höhe des auszuzahlenden Barlohns vorzunehmen und dem Finanzamt für den übersteigenden Betrag eine Anzeige nach § 41c Abs. 4 EStG zu erstatten.

(5) [1]Im Fall der Erstattung von Lohnsteuer hat der Arbeitgeber die zu erstattende Lohnsteuer dem Gesamtbetrag der von ihm abzuführenden Lohnsteuer zu entnehmen. [2]Als Antrag auf Ersatz eines etwaigen Fehlbetrags reicht es aus, wenn in der Lohnsteueranmeldung der Erstattungsbetrag kenntlich gemacht wird. [3]Macht der Arbeitgeber von seiner Berechtigung zur Lohnsteuererstattung nach § 41c Abs. 1 und 2 EStG keinen Gebrauch, kann der Arbeitnehmer die Erstattung beim Finanzamt beantragen.

(6) [1]Nach Ablauf des Kalenderjahres ist eine Änderung des Lohnsteuerabzugs in der Weise vorzunehmen, dass die Jahreslohnsteuer festzustellen und durch Gegenüberstellung mit der insgesamt einbehaltenen Lohnsteuer der nachträglich einzubehaltende oder zu erstattende Steuerbetrag zu ermitteln ist. [2]Eine Erstattung darf aber nur im Lohnsteuer-Jahresausgleich unter den Voraussetzungen des § 42b EStG vorgenommen werden. [3]Wenn der Arbeitgeber nach § 42b Abs. 1 EStG den Lohnsteuer-Jahresausgleich nicht durchführen darf, ist auch eine Änderung des Lohnsteuerabzugs mit Erstattungsfolge nicht möglich; der Arbeitnehmer kann in diesen Fällen die Erstattung im Rahmen einer Veranlagung zur Einkommensteuer erreichen. [4]Soweit der Arbeitgeber auf Grund einer Ände-

rung des Lohnsteuerabzugs nach Ablauf des Kalenderjahres nachträglich Lohnsteuer einbehält, handelt es sich um Lohnsteuer des abgelaufenen Kalenderjahres, die zusammen mit der übrigen einbehaltenen Lohnsteuer des abgelaufenen Kalenderjahres in einer Summe in der Lohnsteuerbescheinigung zu übermitteln oder anzugeben ist. [5]Die nachträglich einbehaltene Lohnsteuer ist für den Anmeldungszeitraum anzugeben und abzuführen, in dem sie einbehalten wurde.

(7) [1]Hat der Arbeitgeber die Lohnsteuerbescheinigung übermittelt oder ausgestellt, ist eine Änderung des Lohnsteuerabzuges nicht mehr möglich. [2]Die bloße Korrektur eines zunächst unrichtig übermittelten Datensatzes ist zulässig. [3]Die Anzeigeverpflichtung nach § 41c Abs. 4 Satz 1 Nr. 2 EStG bleibt unberührt.

(8) [1]Bei beschränkt Steuerpflichtigen ist auch nach Ablauf des Kalenderjahres eine Änderung des Lohnsteuerabzugs nur für die Lohnzahlungszeiträume vorzunehmen, auf die sich die Änderungen beziehen. [2]Eine Änderung mit Erstattungsfolge kann in diesem Falle nur das Finanzamt durchführen.

H **41c.1**

Änderung der Festsetzung. Eine Erhöhung der Lohnsteuer-Entrichtungsschuld ist unter den Voraussetzungen des § 164 Abs. 2 Satz 1 AO auch nach Übermittlung oder Ausschreibung der Lohnsteuerbescheinigung zulässig (→ BFH vom 30.10.2008 – BStBl. 2009 II S. 354).[1]

Erstattungsantrag.[2] Erstattungsansprüche des Arbeitnehmers wegen zu Unrecht einbehaltener Lohnsteuer sind nach Ablauf des Kalenderjahres im Rahmen einer Veranlagung zur Einkommensteuer geltend zu machen. Darüber hinaus ist ein Erstattungsantrag gemäß § 37 AO nicht zulässig (→ BFH vom 20.5.1983 – BStBl. II S. 584). Dies gilt auch für zu Unrecht angemeldete und abgeführte Lohnsteuerbeträge, wenn der Lohnsteuerabzug nach § 41c Abs. 3 EStG nicht mehr geändert werden kann (→ BFH vom 17.6.2009 – BStBl. 2010 II S. 72).

Minderung der Lohnsteuer. Steht eine Lohnsteuer-Anmeldung nicht mehr unter dem Vorbehalt der Nachprüfung, hindert § 41c Abs. 3 Satz 4 EStG nicht eine Änderung der Lohnsteuer-Anmeldung nach den allgemeinen Korrekturvorschriften der §§ 172 ff. AO (→ BFH vom 30.9.2020 – BStBl. II S. 446).

R **41c.2 Anzeigepflichten des Arbeitgebers**

(1) [1]Der Arbeitgeber hat die Anzeigepflichten nach § 38 Abs. 4, § 41c Abs. 4 EStG unverzüglich zu erfüllen. [2]Sobald der Arbeitgeber erkennt, dass der Lohnsteuerabzug in zu geringer Höhe vorgenommen worden ist, hat er dies dem Betriebsstättenfinanzamt anzuzeigen, wenn er die Lohnsteuer nicht nachträglich einbehalten kann oder von seiner Berechtigung hierzu keinen Gebrauch macht; dies gilt auch bei rückwirkender Gesetzesänderung. [3]Der

---

[1] Ebenso BFH v. 13.11.2012 VI R 38/11, BStBl. II 2013, 929.

[2] Aufgehoben für DBA-rechtliche Lohnsteuererstattung bei zu Unrecht einbehaltener Lohnsteuer; siehe BMF v. 27.6.2022, BStBl. I 2022, 956, anzuwenden auf laufenden Arbeitslohn für nach dem 31.12.2020 endenden Lohnzahlungszeitraum und für sonstige Bezüge nach dem 31.12.2020; Weitergeltung für die übrigen Fälle.

100. Körperschaftsteuer-Richtlinien 2022 (KStR 2022)

Allgemeine Verwaltungsvorschrift zur Anwendung des Körperschaftsteuerrechts

Vom 13. April 2022 (BStBl. I 2022 Sondernummer 1 S. 2)

Mit den Körperschaftsteuer-Hinweisen 2022

Nach Artikel 108 Absatz 7 des Grundgesetzes erlässt die Bundesregierung folgende Allgemeine Verwaltungsvorschrift:

Inhaltsverzeichnis

Einführung[1)]

(1) [1] Die Körperschaftsteuer-Richtlinien 2022 (KStR 2022) behandeln Anwendungs- und Auslegungsfragen von allgemeiner Bedeutung, um eine einheitliche Anwendung des Körperschaftsteuerrechts durch die Behörden der Finanzverwaltung sicherzustellen. [2] Sie geben außerdem zur Vermeidung unbilliger Härten und aus Gründen der Verwaltungsvereinfachung Anweisungen an die Finanzämter, wie in bestimmten Fällen verfahren werden soll.

---

1) [**Amtl. Anm.** zu den Körperschaftsteuer-Hinweisen:] Redaktionsschluss für die KStH 2022: 21.4.2022.

(2) Die Körperschaftsteuer-Richtlinien 2022 gelten, soweit sich aus ihnen nichts anderes ergibt, vom VZ 2022 an.

(3) Anordnungen, die mit den nachstehenden Richtlinien im Widerspruch stehen, sind nicht mehr anzuwenden.

(4) Diese Allgemeine Verwaltungsvorschrift tritt am Tag nach ihrer Veröffentlichung in Kraft.[1)]

Zu § 1 KStG

R 1.1 Unbeschränkte Steuerpflicht

(1) [1]Die Aufzählung der Körperschaften, Personenvereinigungen und Vermögensmassen in § 1 Abs. 1 KStG ist abschließend. [2]Sie kann nicht im Wege der Auslegung erweitert werden.

(2) [1]Zu den sonstigen juristischen Personen des privaten Rechts i. S. d. § 1 Abs. 1 Nr. 4 KStG gehören eingetragene Vereine (§ 21 BGB), wirtschaftliche Vereine (§ 22 BGB) und rechtsfähige privatrechtliche Stiftungen (§ 80 BGB). [2]Rechtsfähige Stiftungen des öffentlichen Rechts (§ 89 BGB) fallen nicht unter § 1 Abs. 1 Nr. 4 KStG; insoweit ist ggf. § 1 Abs. 1 Nr. 6 KStG zu prüfen.

(3) [1]§ 1 Abs. 1 Nr. 6 KStG bezieht sich ausschließlich auf inländische jPöR. [2]Die Steuerpflicht ausländischer jPöR richtet sich nach § 2 Nr. 1 KStG.

(4) [1]Die Steuerpflicht beginnt bei Genossenschaften (§ 1 Abs. 1 Nr. 2 KStG) nicht erst mit der Erlangung der Rechtsfähigkeit durch die Eintragung in das Genossenschaftsregister (§ 13 GenG), sondern erstreckt sich auch auf die mit Abschluss des Statuts (§ 5 GenG) errichtete Vorgenossenschaft, d. h. die Genossenschaft im Gründungsstadium. [2]Für rechtsfähige Vereine sind die vorgenannten Grundsätze sinngemäß anzuwenden. [3]Genossenschaften i. S. d. § 1 Abs. 1 Nr. 2 KStG sind sowohl eingetragene als auch nichtrechtsfähige Genossenschaften. [4]Bei Versicherungsvereinen auf Gegenseitigkeit (§ 1 Abs. 1 Nr. 3 KStG) beginnt die Steuerpflicht mit der aufsichtsbehördlichen Erlaubnis zum Geschäftsbetrieb, bei den anderen juristischen Personen des privaten Rechts (§ 1 Abs. 1 Nr. 4 KStG) durch staatliche Genehmigung, Anerkennung oder Verleihung. [5]Nichtrechtsfähige Vereine, Anstalten, Stiftungen oder andere Zweckvermögen des privaten Rechts (§ 1 Abs. 1 Nr. 5 KStG) entstehen durch Errichtung, Feststellung der Satzung oder Aufnahme einer geschäftlichen Tätigkeit. [6]JPöR werden mit ihren BgA (§ 1 Abs. 1 Nr. 6 KStG) mit der Aufnahme der wirtschaftlichen Tätigkeit unbeschränkt steuerpflichtig.

(5) [1]Ein Zweckvermögen des Privatrechts i. S. d. § 1 Abs. 1 Nr. 5 KStG liegt vor, wenn ein selbständiges Sondervermögen gebildet wird, das durch Widmung einem bestimmten Zweck dient. [2]Dazu gehören u. a. Sammelvermögen i. S. d. § 1914 BGB. [3]Inländische Investmentfonds und inländische Spezial-Investmentfonds gelten nach § 6 Abs. 1 Satz 1 und § 29 Abs. 1 InvStG als Zweckvermögen. [4]Ausländische Investmentfonds und ausländische Spezial-

[1)] Veröffentlicht am 22. April 2022, BStBl. I 2022 Sondernummer 1 S. 2.

Investmentfonds gelten nach § 6 Abs. 1 Satz 2 und § 29 Abs. 1 InvStG als beschränkt steuerpflichtige Vermögensmassen.

H 1.1

Ausländische Gesellschaften, Typenvergleich. Tabellen 1 und 2 zu → BMF vom 24.12.1999, BStBl. I S. 1076 ff. (insbes. S. 1114 und 1119) unter Berücksichtigung der Änderungen durch BMF vom 20.11.2000 (BStBl. I S. 1509), BMF vom 29.9.2004 (BStBl. I S. 917) und BMF vom 25.8.2009 (BStBl. I S. 888)[1] und → BMF vom 19.3.2004, BStBl. I S. 411 unter Berücksichtigung der Änderungen durch → BMF vom 26.9.2014, BStBl. I S. 1258 Rn. 4.1.4.2.

Beginn der Steuerpflicht. Die Steuerpflicht beginnt bei Kapitalgesellschaften (§ 1 Abs. 1 Nr. 1 KStG) nicht erst mit der Erlangung der Rechtsfähigkeit durch die Eintragung in das Handelsregister (§§ 41, 278 AktG, § 11 GmbHG), sondern erstreckt sich auch auf die mit Abschluss des notariellen Gesellschaftsvertrags (§ 2 GmbHG) oder durch notarielle Feststellung der Satzung (§ 23 Abs. 1, § 280 Abs. 1 AktG) errichtete Vorgesellschaft, d. h. die Kapitalgesellschaft im Gründungsstadium (→ BFH vom 13.12.1989, I R 98–99/86, BStBl. 1990 II S. 468; → BFH vom 14.10.1992, I R 17/92, BStBl. 1993 II S. 352).

Von Todes wegen errichtete Stiftungen sind im Falle ihrer Anerkennung auf Grund der in § 84 BGB angeordneten Rückwirkung bereits ab dem Zeitpunkt des Vermögensanfalls subjektiv körperschaftsteuerpflichtig nach § 1 Abs. 1 Nr. 4 KStG (→ BFH vom 17.9.2003, I R 85/02, BStBl. 2005 II S. 149, BFH vom 6.6.2019, V R 50/17, BStBl. II S. 782).

Drittstaaten-Kapitalgesellschaft. → BFH vom 8.9.2010, I R 6/09, BStBl. 2013 II S. 186.

GmbH & Co. KG. Eine GmbH & Co. KG, deren alleiniger persönlich haftender Gesellschafter eine GmbH ist, ist nicht als Kapitalgesellschaft i. S. v. § 1 Abs. 1 Nr. 1 KStG anzusehen. Eine Publikums-GmbH & Co. KG ist kein nichtrechtsfähiger Verein i. S. v. § 1 Abs. 1 Nr. 5 KStG. Sie ist auch nicht als nichtrechtsfähige Personenvereinigung nach § 3 Abs. 1 KStG körperschaftsteuerpflichtig, da ihr Einkommen bei den Gesellschaftern zu versteuern ist (→ BFH vom 25.6.1984, GrS 4/82, BStBl. II S. 751).

Kameradschaft einer Freiwilligen Feuerwehr. Die Kameradschaft einer Freiwilligen Feuerwehr kann ein nichtrechtsfähiger Verein i. S. d. § 1 Abs. 1 Nr. 5 KStG sein, sofern ein Personenzusammenschluss für Zwecke gebildet wurde, die über die Aufgaben der gemeindlichen Einrichtung hinausgehen, z. B. Einrichtung einer Kameradschaftskasse zum Zwecke der Kameradschaftspflege und Veranstaltung jährlicher Feste (→ BFH vom 18.12.1996, I R 16/96, BStBl. 1997 II S. 361).

Limited. Zur verfahrensrechtlichen Behandlung nach dem 31. Dezember 2020 → BMF vom 30.12.2020, BStBl. 2021 I S. 46.

---

[1] Weiter geänd. durch BMF v. 16.4.2010, BStBl. I 2010, 354, v. 20.6.2013, BStBl. I 2013, 980, v. 26.9.2014, BStBl. I 2014, 1258, v. 22.12.2016, BStBl. I 2017, 182.

REIT-AG. → REITG vom 28.5.2007 (BGBl. I S. 914) und → BMF vom 10.7.2007, BStBl. I S. 527.

Stiftung. → H 1.1 Beginn der Steuerpflicht.

Unechte Vorgesellschaft. Eine unechte Vorgesellschaft unterliegt mangels zivilrechtlicher Rechtsform einer Körperschaft i. S. d. § 1 Abs. 1 KStG nicht der Körperschaftsteuerpflicht. Um eine unechte Vorgesellschaft handelt es sich, wenn die Gründer nicht die Absicht haben, die Eintragung ins Handelsregister zu erreichen, wenn die Eintragungsabsicht wegfällt, jedoch die werbende Tätigkeit fortgesetzt wird, wenn aufgrund von Eintragungshindernissen die Vorgesellschaft zum Dauerzustand wird oder wenn nach Ablehnung des Eintragungsantrags eine Auseinandersetzung unter den Gesellschaftern nicht erfolgt (→ BFH vom 7.4.1998, VII R 82/97, BStBl. II S. 531 und → BFH vom 18.3.2010, IV R 88/06, BStBl. II S. 991).

Vorgesellschaft. → H 1.1 Beginn der Steuerpflicht; → H 1.1 Unechte Vorgesellschaft.

Vorgründungsgesellschaft. Die Vorgründungsgesellschaft erstreckt sich auf die Zeit zwischen der Vereinbarung über die Errichtung einer Kapitalgesellschaft bis zur notariellen Beurkundung des Gesellschaftsvertrags bzw. der Satzung. Sie ist weder mit der Vorgesellschaft noch mit der später entstehenden Kapitalgesellschaft identisch. Es handelt sich, von Ausnahmen abgesehen, nicht um ein körperschaftsteuerpflichtiges Gebilde (→ BFH vom 8.11.1989, I R 174/86, BStBl. 1990 II S. 91). Die Vorgründungsgesellschaft kann als nichtrechtsfähiger Verein oder Personenvereinigung i. S. d. § 3 Abs. 1 KStG steuerpflichtig sein, wenn ein größerer Kreis von Personen, eine Verfassung und besondere Organe vorhanden sind (→ BFH vom 6.5.1952, I 8/52 U, BStBl. III S. 172).

R 1.2 Familienstiftungen

[1]Die Verordnung über die Steuerbegünstigung von Stiftungen, die an die Stelle von Familienfideikommissen getreten sind, vom 13.2.1926 (RGBl. I S. 101) ist noch anzuwenden. [2]Da die Verordnung sich auf einen Sondertatbestand bezieht, kann sie auf andere als die in ihr bezeichneten Stiftungen nicht entsprechend angewendet werden.

Zu § 1a KStG

H 1a

Anwendungsschreiben zur Option zur Körperschaftsbesteuerung. → BMF vom 10.11.2021, BStBl. I S. 2212.

Zu § 2 KStG

R 2. Beschränkte Steuerpflicht

(1) [1]Die beschränkte Körperschaftsteuerpflicht beginnt bei Personen i. S. d. § 2 Nr. 1 KStG, sobald inländische Einkünfte i. S. d. § 49 EStG vorliegen; bei Personen i. S. d. § 2 Nr. 2 KStG, sobald inländische Einkünfte insbesondere

i. S. d. § 43 EStG vorliegen, von denen ein Steuerabzug vorzunehmen ist. [2]Sie endet, wenn keine inländischen Einkünfte mehr erzielt werden.

(2) § 2 Nr. 2 KStG gilt aufgrund der Vorschrift des § 3 Abs. 2 KStG nicht für Hauberg-, Wald-, Forst- und Laubgenossenschaften und ähnliche Realgemeinden.

H **2**

Ausländische Gesellschaften, Typenvergleich. Tabellen 1 und 2 zu → BMF vom 24.12.1999, BStBl. I S. 1076 ff. (insbes. S. 1114 und 1119) unter Berücksichtigung der Änderungen durch BMF vom 20.11.2000 (BStBl. I S. 1509), BMF vom 29.9.2004 (BStBl. I S. 917) und BMF vom 25.8.2009 (BStBl. I S. 888)[1)] und → BMF vom 19.3.2004, BStBl. I S. 411 unter Berücksichtigung der Änderungen durch → BMF vom 26.9.2014, BStBl. I S. 1258 Rn. 4.1.4.2.

Buchführungspflicht ausländischer Gesellschaften. „Andere Gesetze" i. S. des § 140 AO können auch ausländische Rechtsnormen sein → BFH vom 14.11.2018, I R 81/16, BStBl. 2019 II S. 390.

Zu § 3 KStG

H **3**

GmbH & Co. KG. Eine Publikums-GmbH & Co. KG ist weder als nichtrechtsfähiger Verein i. S. v. § 1 Abs. 1 Nr. 5 KStG noch als nichtrechtsfähige Personenvereinigung nach § 3 Abs. 1 KStG körperschaftsteuerpflichtig (→ BFH vom 25.6.1984, GrS 4/82, BStBl. II S. 751).

Steuerpflicht einer Vorgründungsgesellschaft. → H 1.1 Vorgründungsgesellschaft.

Zu § 4 KStG

R 4.1 Betriebe gewerblicher Art von juristischen Personen des öffentlichen Rechts

Betrieb gewerblicher Art

(1) [1]JPöR sind insbesondere die Gebietskörperschaften (Bund, Länder, Gemeinden, Gemeindeverbände), Zweckverbände, die öffentlich-rechtlichen Religionsgesellschaften, die Innungen, Handwerkskammern, Industrie- und Handelskammern und sonstige Gebilde, die aufgrund öffentlichen Rechts eigene Rechtspersönlichkeit besitzen. [2]Dazu gehören neben Körperschaften auch Anstalten und Stiftungen des öffentlichen Rechts, z. B. Rundfunkanstalten des öffentlichen Rechts.

(2) [1]Der Begriff → Einrichtung setzt nicht voraus, dass die Tätigkeit im Rahmen einer im Verhältnis zur sonstigen Betätigung verselbständigten Abtei-

1) Weiter geänd. durch BMF v. 16.4.2010, BStBl. I 2010, 354, v. 20.6.2013, BStBl. I 2013, 980, v. 26.9.2014, BStBl. I 2014, 1258, v. 22.12.2016, BStBl. I 2017, 182.

lung ausgeübt wird; sie kann auch innerhalb des allgemeinen Betriebs miterledigt werden. [2]Die Beteiligung einer jPöR an einer Kapitalgesellschaft begründet grundsätzlich keinen eigenständigen BgA. [3]Die Beteiligung einer jPöR an einer Kapitalgesellschaft stellt einen BgA dar, wenn mit ihr tatsächlich ein entscheidender Einfluss auf die laufende Geschäftsführung des Unternehmens ausgeübt wird. [4]Eine geringfügige Beteiligung stellt einen BgA dar, wenn die jPöR zusammen mit anderen jPöR die Kapitalgesellschaft beherrscht und im Zusammenwirken mit diesen jPöR tatsächlich einen entscheidenden Einfluss auf die Geschäftsführung der Gesellschaft ausübt. [5]Die Beteiligung an einer ausschließlich vermögensverwaltend tätigen Kapitalgesellschaft ist kein BgA.[1)]

(3) [1]Die verschiedenen Tätigkeiten der jPöR sind für sich zu beurteilen. [2]Lässt sich eine Tätigkeit nicht klar dem hoheitlichen oder dem wirtschaftlichen Bereich zuordnen, ist nach § 4 Abs. 5 KStG auf die → überwiegende Zweckbestimmung der Tätigkeit abzustellen. [3]Verschiedene wirtschaftliche Tätigkeiten sind als Einheit zu behandeln, wenn dies der Verkehrsauffassung entspricht.

(4) [1]Eine Einrichtung kann auch dann angenommen werden, wenn Betriebsmittel, z. B. Maschinen oder Personal, sowohl im hoheitlichen als auch im wirtschaftlichen Bereich eingesetzt werden, sofern eine zeitliche Abgrenzung (zeitlich abgegrenzter Einsatz für den einen oder anderen Bereich) möglich ist. [2]Ein wichtiges Merkmal für die wirtschaftliche Selbständigkeit der ausgeübten Tätigkeit und damit für die Annahme einer Einrichtung ist darin zu sehen, dass der Jahresumsatz i. S. v. § 1 Abs. 1 Nr. 1 UStG aus der wirtschaftlichen Tätigkeit den Betrag von 130 000 Euro übersteigt. [3]Für die wirtschaftliche Selbständigkeit der Einrichtung ist es unerheblich, wenn die Bücher bei einer anderen Verwaltung geführt werden.

(5) [1]In der Tatsache, dass der Jahresumsatz i. S. v. § 1 Abs. 1 Nr. 1 UStG 45 000 Euro nachhaltig übersteigt, ist ein wichtiger Anhaltspunkt dafür zu sehen, dass die Tätigkeit von einigem → wirtschaftlichen Gewicht ist. [2]I. d. R. kann deshalb bei diesem Jahresumsatz davon ausgegangen werden, dass die Tätigkeit sich innerhalb der Gesamtbetätigung der jPöR wirtschaftlich heraushebt. [3]Dagegen kommt es für das Gewicht der ausgeübten Tätigkeit weder auf das im BFH-Urteil vom 11.1.1979 (V R 26/74, BStBl. II S. 746) angesprochene Verhältnis der Einnahmen aus der wirtschaftlichen Tätigkeit zum Gesamthaushalt der jPöR noch auf das im BFH-Urteil vom 14.4.1983 (V R 3/79, BStBl. II S. 491) angesprochene Verhältnis der Einnahmen aus der wirtschaftlichen Tätigkeit zu einem bestimmten Teil des Gesamthaushalts der jPöR an. [4]Wird ein nachhaltiger Jahresumsatz von über 45 000 Euro im Einzelfall nicht erreicht, ist ein BgA nur anzunehmen, wenn hierfür besondere Gründe von der Körperschaft vorgetragen werden. [5]Solche Gründe sind insbesondere gegeben, wenn die jPöR mit ihrer Tätigkeit zu anderen Unternehmen unmittelbar in Wettbewerb tritt. [6]In den Fällen der Verpachtung eines BgA ist darauf abzustellen, ob die Einrichtung beim Verpächter einen BgA darstellen würde. [7]Dabei kommt es für die Frage, ob die Tätigkeit von einigem Gewicht ist, auf die Umsätze des Pächters an.

---

1) Siehe auch BFH v. 29.11.2017 I R 83/15, BStBl. II 2018, 495.

(6) [1]Zu den BgA gehören nicht → land- und forstwirtschaftliche Betriebe von jPöR. [2]Den land- und forstwirtschaftlichen Betrieben zuzurechnen sind auch die land- und forstwirtschaftlichen Nebenbetriebe. [3]Auch die Verpachtung eines land- und forstwirtschaftlichen Betriebs durch eine jPöR begründet keinen BgA. [4]Dagegen sind Einkünfte aus land- und forstwirtschaftlicher Tätigkeit, die in einem BgA anfallen, steuerpflichtig.

Kapitalgesellschaften

(7) Kapitalgesellschaften, an denen die jPöR beteiligt ist, werden nach den für diese Rechtsform geltenden Vorschriften besteuert.

H 4.1

Allgemeines. Nach § 1 Abs. 1 Nr. 6 KStG sollen im Grundsatz alle Einrichtungen der öffentlichen Hand der Körperschaftsteuer unterworfen werden, die das äußere Bild eines Gewerbebetriebs haben (→ BFH vom 22.9.1976, I R 102/74, BStBl. II S. 793). Hat die jPöR mehrere BgA, ist sie Subjekt der Körperschaftsteuer wegen jedes einzelnen Betriebs (→ BFH vom 13.3.1974, I R 7/71, BStBl. II S. 391 und → BFH vom 8.11.1989, I R 187/85, BStBl. 1990 II S. 242).

Anwendungsfragen zur Besteuerung von BgA und Eigengesellschaften von jPöR. → BMF vom 12.11.2009, BStBl. I S. 1303.[1)]

Beteiligungen von jPöR an Personengesellschaften. Die Beteiligung einer jPöR an einer Mitunternehmerschaft führt zu einem BgA (→ BFH vom 25.3.2015, I R 52/13, BStBl. 2016 II S. 172).[2)] Wegen Anwendungsfragen zu dieser Entscheidung → BMF vom 21.6.2017, BStBl. I S. 880. Die Beteiligung einer jPöR an einer gewerblich geprägten vermögensverwaltenden Personengesellschaft begründet keinen BgA (→ BFH vom 29.11.2017, I R 83/15, BStBl. 2018 II S. 495).

Einkommensermittlung bei BgA. → R 8.2.

Einrichtung.

- Die Einrichtung kann sich aus einer besonderen Leitung, aus einem geschlossenen Geschäftskreis, aus der Buchführung oder aus einem ähnlichen, auf eine Einheit hindeutenden Merkmal ergeben (→ BFH vom 26.5.1977, V R 15/74, BStBl. II S. 813).
- Sie kann auch dann gegeben sein, wenn nicht organisatorische, sondern andere Merkmale vorliegen, die die wirtschaftliche Selbständigkeit verdeutlichen (→ BFH vom 13.3.1974, I R 7/71, BStBl. II S. 391).
- Insbesondere kann die Einrichtung gegeben sein, wenn der Jahresumsatz i. S. v. § 1 Abs. 1 Nr. 1 UStG aus der wirtschaftlichen Tätigkeit beträchtlich ist bzw. wegen des Umfangs der damit verbundenen Tätigkeit eine organisatorische Abgrenzung geboten erscheint (→ RFH vom 20.1.1942, I 235/41, RStBl. S. 405 und → BFH vom 26.2.1957, I 327/56 U, BStBl. III S. 146).

---

1) Geänd. durch BMF v. 6.7.2021, BStBl. I 2021, 914, und v. 15.12.2021, BStBl. I 2021, 2483, mit Anwendungsregelung.

2) Siehe aber auch BFH v. 29.11.2017 I R 83/15, BStBl. II 2018, 495, zu einer gewerblich geprägten vermögensverwaltenden Personengesellschaft.

– Die Einbeziehung der wirtschaftlichen Tätigkeit in einen überwiegend mit hoheitlichen Aufgaben betrauten, organisatorisch gesondert geführten Betrieb schließt es nicht aus, die einbezogene Tätigkeit gesondert zu beurteilen und rechtlich als eigenständige Einheit von dem sie organisatorisch tragenden Hoheitsbetrieb zu unterscheiden (→ BFH vom 26.5.1977, V R 15/74, BStBl. II S. 813 und → BFH vom 14.4.1983, V R 3/79, BStBl. II S. 491).

Kapitalertragsteuer bei BgA. → H 8.2 Kapitalertragsteuer sowie → *BMF vom 9.1.2015, BStBl. I S. 111.*[1]

Kirchliche Orden. Kirchliche Orden können Körperschaften des öffentlichen Rechts sein (→ BFH vom 8.7.1971, V R 1/68, BStBl. 1972 II S. 70).

Kriterien zur Abgrenzung hoheitlicher von wirtschaftlicher Tätigkeit einer jPöR. → BMF vom 11.12.2009, BStBl. I S. 1597.

Land- und forstwirtschaftliche Betriebe. Abgrenzung zum Gewerbebetrieb → R 15.5 EStR.[2]

Überwiegende Zweckbestimmung.[3] Eine überwiegend hoheitliche Zweckbestimmung liegt nur vor, wenn die beiden Tätigkeitsbereiche derart ineinander greifen, dass eine genaue Abgrenzung nicht möglich oder nicht zumutbar ist, wenn also die wirtschaftliche Tätigkeit unlösbar mit der hoheitlichen Tätigkeit verbunden ist und eine Art Nebentätigkeit im Rahmen der einheitlichen, dem Wesen nach hoheitlichen Tätigkeit darstellt (→ BFH vom 26.5.1977, V R 15/74, BStBl. II S. 813).

Wirtschaftliches Gewicht. Ein BgA ist nur anzunehmen, wenn es sich um eine Tätigkeit von einigem wirtschaftlichem Gewicht handelt (→ BFH vom 26.2.1957, I 327/56 U, BStBl. III S. 146 und → BFH vom 24.10.1961, I 105/60 U, BStBl. III S. 552).

R 4.2 Zusammenfassung von Betrieben gewerblicher Art

[1]Die Zusammenfassung mehrerer BgA ist unter den Voraussetzungen des § 4 Abs. 6 KStG zulässig. [2]Das gilt auch für die Zusammenfassung von Einrichtungen, die mangels Gewicht keinen BgA darstellen, zu einem BgA, und die Zusammenfassung solcher Einrichtungen mit BgA. [3]Die Zusammenfassung von Verpachtungsbetrieben ist jedoch ausschließlich nach § 4 Abs. 6 Satz 1 Nr. 1 KStG zulässig; hierfür ist die jeweilige Tätigkeit des Pächters maßgeblich. [4]Ein BgA, der auch Dauerverlustgeschäfte i. S. d. § 8 Abs. 7 KStG ausübt, kann Organträger sein, wenn er insgesamt ein gewerbliches Unternehmen i. S. d. § 14 Abs. 1 KStG ist. [5]Eine Zusammenfassung von Gewinn- und Verlustbetrieben mittels Organschaft ist auch in diesen Fällen nur zulässig, wenn diese als BgA nach § 4 Abs. 6 KStG hätten zusammengefasst werden können.

---

[1] Siehe jetzt BMF v. 28.1.2019, BStBl. I 2019, 97, mit Anwendungsregelung, geänd. durch BMF v. 4.4.2022, BStBl. I 2022, 645 (Anpassung an BFH v. 30.9.2020 I R 12/17, BStBl. II 2022, 269).

[2] Nr. 1.

[3] Zur steuerrechtlichen Behandlung der Gutachterausschüsse siehe OFD Magdeburg v. 27.1.2012 – S 2706-39 – St 217, StEd 2012, 142.

H 4.2

Enge wechselseitige technisch-wirtschaftliche Verflechtung. → BFH vom 16.12.2020, I R 41/17, BStBl. 2021 II S. 872.

Zusammenfassung von Betrieben gewerblicher Art mittels eines Blockheizkraftwerks. → BMF vom 11.5.2016, BStBl. I S. 479.[1]

R 4.3 Verpachtungsbetriebe gewerblicher Art[2] *(unbesetzt)*

H 4.3

Anwendungsschreiben zu Verpachtungen durch die öffentliche Hand. Zu den Grundsätzen der Verpachtung → BMF vom 12.11.2009, BStBl. I S. 1303, Rdnr. 15 ff.[3]

Aufgabe des Verpachtungsbetriebs. Ein Verpachtungsbetrieb gewerblicher Art kann nur dadurch mit der Folge der Auflösung der in dem verpachteten Betriebsvermögen enthaltenen stillen Reserven aufgegeben werden, dass der Verpachtungsbetrieb eingestellt oder veräußert wird (→ BFH vom 1.8.1979, I R 106/76, BStBl. II S. 716).

Einkunftsart. → H 8.2 Einkunftsart.

Inventar. Sind keine Räume, sondern nur Inventar verpachtet, kommt es für die Steuerpflicht auf die Umstände des Einzelfalls an (→ BFH vom 6.10.1976, I R 115/75, BStBl. 1977 II S. 94). Das gilt auch für die Verpachtung eines einer Gemeinde gehörenden Campingplatzes (→ BFH vom 7.5.1969, I R 106/66, BStBl. II S. 443).

Wirtschaftliches Gewicht. → R 4.1 Abs. 5 Satz 6 und 7.

R 4.4 Hoheitsbetriebe

(1) [1]Eine Ausübung der öffentlichen Gewalt kann insbesondere anzunehmen sein, wenn es sich um Leistungen handelt, zu deren Annahme der Leistungsempfänger aufgrund gesetzlicher oder behördlicher Anordnung verpflichtet ist. [2]Zu den Hoheitsbetrieben können z. B. gehören: Wetterwarten, Schlachthöfe in Gemeinden mit Schlachtzwang, Anstalten zur Lebensmitteluntersuchung, zur Desinfektion, zur Straßenreinigung und zur Abführung von Abwässern und Abfällen.

(2) [1]Die Verwertung bzw. Veräußerung von Material oder Gegenständen aus dem hoheitlichen Bereich einer jPöR (sog. Hilfsgeschäfte) ist dem hoheitlichen Bereich zuzuordnen. [2]Das gilt z. B. für den An- und Verkauf von Dienstkraftfahrzeugen auch dann, wenn die Veräußerung regelmäßig vor Ablauf der wirtschaftlichen Nutzungsdauer erfolgt. [3]Die Anzahl der von der Beschaffungsstelle vorgenommenen An- und Verkäufe ist dabei unbeachtlich.

---

[1] Siehe hierzu Arbeitshilfe der OFD Karlsruhe v. 27.3.2017 – S 270.6/265 – St 213.

[2] BFH v. 10.12.2019 I R 58/17, BStBl. II 2021, 945: Entgeltlichkeit liegt nicht vor, wenn bei wirtschaftlicher Betrachtung nicht der Pächter, sondern der Verpächter die wirtschaftliche Last des vereinbarten Pachtzinses zu tragen hat.

[3] Geänd. durch BMF v. 6.7.2021, BStBl. I 2021, 914, und v. 15.12.2021, BStBl. I 2021, 2483, mit Anwendungsregelung.

H 4.4

Beistandsleistung. Eine ihrem Inhalt nach wirtschaftliche Tätigkeit wird auch nicht dadurch zur Ausübung hoheitlicher Gewalt, dass sie im Wege der Amtshilfe für den wirtschaftlichen Bereich eines anderen Hoheitsträgers erfolgt (→ BFH vom 14.3.1990, I R 156/87, BStBl. II S. 866).

Hoheitsbetrieb.

- **Ausübung öffentlicher Gewalt.** Ausübung öffentlicher Gewalt ist eine Tätigkeit, die der öffentlich-rechtlichen Körperschaft eigentümlich und vorbehalten ist. Kennzeichnend für die Ausübung öffentlicher Gewalt ist die Erfüllung öffentlich-rechtlicher Aufgaben, die aus der Staatsgewalt abgeleitet sind und staatlichen Zwecken dienen (→ BFH vom 21.11.1967, I 274/64, BStBl. 1968 II S. 218). Dies ist nicht schon dann der Fall, wenn der jPöR Tätigkeiten durch Gesetz zugewiesen werden (→ BFH vom 30.6.1988, V R 79/84, BStBl. II S. 910). Ausübung öffentlicher Gewalt liegt nicht vor, wenn sich die Körperschaft durch ihre Einrichtungen in den wirtschaftlichen Verkehr einschaltet und eine Tätigkeit entfaltet, die sich ihrem Inhalt nach von der Tätigkeit eines privaten gewerblichen Unternehmens nicht wesentlich unterscheidet (→ BFH vom 21.11.1967, I 274/64, BStBl. 1968 II S. 218, → BFH vom 18.2.1970, I R 157/67, BStBl. II S. 519 und → BFH vom 25.1.2005, I R 63/03, BStBl. II S. 501).
- **BgA im Rahmen eines Hoheitsbetriebs.** Besteht im Rahmen eines Hoheitsbetriebs auch ein BgA (z.B. Kantine, Verkaufsstelle, Erholungsheim), ist die jPöR insoweit steuerpflichtig (→ BFH vom 26.5.1977, V R 15/74, BStBl. II S. 813).

Kriterien zur Abgrenzung hoheitlicher von wirtschaftlicher Tätigkeit einer jPöR. → BMF vom 11.12.2009, BStBl. I S. 1597.

R 4.5 Abgrenzung in Einzelfällen

(1) [1] Die Behandlung der Mitglieder eines → Trägers der Sozialversicherung in seinen eigenen Rehabilitationseinrichtungen ist eine hoheitliche Tätigkeit. [2] An dieser Zuordnung zum Hoheitsbereich ändert sich nichts, wenn die Tätigkeit von einem anderen Sozialversicherungsträger übernommen wird. [3] Eine wirtschaftliche Tätigkeit, die unter den Voraussetzungen des R 4.1 Abs. 2 bis 5 ein BgA ist, liegt jedoch dann vor, wenn ein Sozialversicherungsträger in seinen Rehabilitationseinrichtungen gegen Entgelt auch Mitglieder privater Versicherungen oder Privatpersonen behandelt. [4] Von der Prüfung dieser Frage kann abgesehen werden, wenn die Anzahl der Behandlungen von Mitgliedern privater Versicherungen oder von Privatpersonen 5% der insgesamt behandelten Fälle nicht übersteigt.

(2) Sind Schülerheime öffentlicher Schulen erforderlich, um den Unterrichts- oder Erziehungszweck zu erreichen, ist der Betrieb der Schülerheime als Erfüllung einer öffentlich-rechtlichen Aufgabe anzusehen.

(3) Gemeindeeigene Schlachtviehmärkte sind im Gegensatz zu gemeindeeigenen (Nutz- und Zucht-) → Viehmärkten Hoheitsbetriebe.

(4) [1] Der Betrieb von Parkuhren oder von Parkscheinautomaten ist als Ausübung öffentlicher Gewalt anzusehen, soweit er im Rahmen der Straßenver-

kehrsordnung durchgeführt wird. [2]Die Bereitstellung von öffentlichen Parkflächen in Parkhäusern, Tiefgaragen oder zusammenhängenden Parkflächen außerhalb öffentlicher Straßen ist dagegen als wirtschaftliche Tätigkeit anzusehen (Verkehrsbetrieb i. S. d. § 4 Abs. 3 KStG); dies gilt auch dann, wenn sich die jPöR aufgrund einer Benutzungssatzung oder einer Widmung zum öffentlichen Verkehr der Handlungsform des öffentlichen Rechts bedient. [3]Die Parkraumüberlassung durch eine jPöR an ihre Bediensteten bzw. durch eine öffentlich-rechtliche Hochschule an ihre Studenten ist als Vermögensverwaltung anzusehen, soweit sie ohne weitere Leistungen erfolgt.

(5)[1)] [1] Wird ein gemeindliches Schwimmbad sowohl für das Schulschwimmen als auch für den öffentlichen Badebetrieb genutzt, ist unabhängig davon, welche Nutzung überwiegt, die Nutzung für den öffentlichen Badebetrieb grundsätzlich als wirtschaftlich selbständige Tätigkeit i. S. d. R 4.1 Abs. 4 anzusehen. [2]Unter den Voraussetzungen des R 4.1 Abs. 5 ist ein BgA anzunehmen.

(6) [1]Die Verwertung und Beseitigung von in ihrem Gebiet anfallenden und überlassenen Abfällen aus privaten Haushaltungen durch öffentlich-rechtliche Entsorgungsträger nach § 20 Abs. 1 Kreislaufwirtschaftsgesetz (Abfallentsorgung) ist eine hoheitliche Tätigkeit. [2]Für Abfälle aus anderen Herkunftsbereichen als privaten Haushaltungen (sog. Gewerbemüll) gilt dies nur, soweit es sich um Abfälle zur Beseitigung handelt. [3]Deshalb ist auch die entgeltliche Abgabe dieser Abfälle selbst oder der aus diesen Abfällen gewonnenen Stoffe oder Energie steuerlich dem hoheitlichen Bereich zuzuordnen und als hoheitliches Hilfsgeschäft (→ R 4.4 Abs. 2) anzusehen. [4]Eine wirtschaftliche Tätigkeit, die unter den Voraussetzungen des R 4.1 Abs. 2 bis 5 zur Annahme eines BgA führt, liegt allerdings dann vor, wenn die veräußerten Stoffe oder die veräußerte Energie nicht überwiegend aus Abfällen gewonnen werden. [5]Bei der Abgrenzung ist vom Brennwert der eingesetzten Abfälle und sonstigen Brennstoffe auszugehen. [6]Das getrennte Einsammeln wiederverwertbarer Abfälle und die entgeltliche Veräußerung dieser Abfälle oder der aus den Abfällen gewonnenen Stoffe oder Energie durch die auf Grund von Vorgaben aus Abfallverordnungen entsorgungspflichtige Körperschaft ist steuerlich ebenfalls als hoheitliche Tätigkeit anzusehen. [7]Dagegen sind die entsorgungspflichtigen Körperschaften wirtschaftlich tätig, wenn sie aufgrund von privatrechtlichen Vereinbarungen Aufgaben im Rahmen des in § 22 Abs. 3, 4 und 9 des Verpackungsgesetzes vom 5.7.2017 (BGBl. I S. 2234) bezeichneten Systems durchführen. [8]Dies gilt auch für die folgenden Leistungen, die die entsorgungspflichtigen Körperschaften für das System erbringen: Erfassung von Verkaufsverpackungen, Öffentlichkeitsarbeit, Wertstoffberatung, Zurverfügungstellung und Reinigung von Containerstellplätzen. [9]Soweit der öffentlich-rechtliche Entsorgungsträger sich gegenüber dem Gewerbetreibenden vertraglich dazu verpflichtet, den bei diesem anfallenden Gewerbemüll zu verwerten, liegt insoweit kein Abfall zur Beseitigung vor, so dass insoweit eine wirtschaftliche Tätigkeit anzunehmen ist.[2)]

[1)] Zum Schulschwimmen im Rahmen der Spartenrechnung kommunaler Eigengesellschaften siehe BFH v. 16.12.2020 I R 50/17, BStBl. II 2021, 443.

[2)] Zur steuerlichen Behandlung der Abfallentsorgung durch die öffentliche Hand siehe OFD Karlsruhe v. 3.7.2020 – S 270.6/256 – St 213.

(7) [1] → Kurbetriebe einer Gemeinde stellen unter den Voraussetzungen der R 4.1 Abs. 2 bis 5 BgA dar. [2] Das gilt unabhängig davon, ob eine Kurtaxe z. B. als öffentlich-rechtliche Abgabe erhoben wird.

(8) [1] Die entgeltliche Übertragung des Rechts, Werbung an Fahrzeugen des Fuhrparks einer jPöR anzubringen, stellt grundsätzlich keine einen BgA begründende Tätigkeit dar. [2] Das Entgelt erhöht jedoch die Einnahmen eines BgA, wenn die Fahrzeuge diesem zugeordnet sind. [3] Ein eigenständiger BgA kann im Einzelfall vorliegen, wenn im Zusammenhang mit der Werbung Leistungen erbracht werden, die über die bloße Zurverfügungstellung der Werbeflächen hinausgehen.

(9) Bei der Tätigkeit der Gutachterausschüsse i. S. d. §§ 192 ff. BauGB für Privatpersonen (z. B. Wertermittlungstätigkeit) handelt es sich um eine wirtschaftliche Tätigkeit.[1)]

H 4.5

Arbeitsbetriebe von Straf- und Untersuchungshaftanstalten. Arbeitsbetriebe einer Strafvollzugsanstalt entfalten keine wirtschaftliche Tätigkeit, weil die Beschäftigung von Strafgefangenen zur hoheitlichen Tätigkeit gehört. Für Arbeitsbetriebe einer Untersuchungshaftvollzugsanstalt gilt entsprechendes, wenn die Gefangenen nur in derselben Weise wie Strafgefangene beschäftigt werden (→ BFH vom 14.10.1964, I 80/62 U, BStBl. 1965 III S. 95).

Auftragsforschung. → § 5 Abs. 1 Nr. 23 KStG.

Campingplatz. Die Unterhaltung eines Zeltplatzes oder Campingplatzes (→ H 4.3 Inventar) stellt eine wirtschaftliche Tätigkeit dar (→ BFH vom 20.5.1960, III 440/58 S, BStBl. III S. 368).

Friedhofsverwaltung, Grabpflegeleistungen u. ä. Die Friedhofsverwaltung ist ein Hoheitsbetrieb, soweit Aufgaben des Bestattungswesens wahrgenommen werden. Dazu gehören neben dem eigentlichen Vorgang der Bestattung die Grabfundamentierung, das Vorhalten aller erforderlichen Einrichtungen und Vorrichtungen sowie die notwendigerweise anfallenden Dienstleistungen wie Wächterdienste, Sargaufbewahrung, Sargtransportdienste im Friedhofsbereich, Totengeleit, Kranzannahme, Graben der Gruft und ähnliche Leistungen. Ferner sind dem Hoheitsbetrieb solche Leistungen zuzuordnen, die kraft Herkommens oder allgemeiner Übung allein von der Friedhofsverwaltung erbracht oder allgemein als ein unverzichtbarer Bestandteil einer würdigen Bestattung angesehen werden, z. B. Läuten der Glocken, übliche Ausschmückung des ausgehobenen Grabes, musikalische Umrahmung der Trauerfeier. Dagegen sind Blumenverkäufe und Grabpflegeleistungen wirtschaftliche, vom Hoheitsbetrieb abgrenzbare Tätigkeiten (→ BFH vom 14.4.1983, V R 3/79, BStBl. II S. 491).

Kindergärten und Kindertagesstätten. Von einer Kommune betriebene Kindergärten sind unbeschadet des Rechtsanspruchs von Kindern ab dem vollendeten dritten Lebensjahr auf Förderung in Tageseinrichtungen nach

---

1) Zur Abgrenzung siehe auch OFD Magdeburg v. 27.1.2012 – S 2706-39 – St 217, StEd 2012, 142.

§ 24 SGB VIII keine Hoheitsbetriebe, sondern BgA (→ BFH vom 12.7.2012, I R 106/10, BStBl. II S. 837).

Kommunales Krematorium. Auch wenn eine wirtschaftliche Betätigung durch landesrechtliche Regelungen in einem einzelnen Land ausschließlich der öffentlichen Hand vorbehalten ist, handelt es sich nur dann um einen Hoheitsbetrieb i. S. v. § 4 Abs. 5 Satz 1 KStG, wenn der Markt für die angebotene Leistung örtlich so eingegrenzt ist, dass eine Wettbewerbsbeeinträchtigung steuerpflichtiger Unternehmen in anderen Ländern oder EU-Mitgliedstaaten ausgeschlossen werden kann (→ BFH vom 29.10.2008, I R 51/07, BStBl. 2009 II S. 1022).
Hierzu nachfolgend → BMF vom 11.12.2009, BStBl. I S. 1597.

Kurbetriebe. Die Gemeinde kann Parkwege, soweit sie öffentlich-rechtlich gewidmet sind, nicht dem Kurbetrieb als BgA zuordnen (→ BFH vom 26.4.1990, V R 166/84, BStBl. II S. 799).

Marktveranstaltungen (Wochen- und Krammärkte). Die Überlassung von Standplätzen an die Beschicker von Wochen- und Krammärkten stellt einen BgA der Gemeinde dar (→ BFH vom 26.2.1957, I 327/56 U, BStBl. III S. 146). Das gilt auch dann, wenn die Marktveranstaltungen auf öffentlichen Straßenflächen stattfinden (→ BFH vom 17.5.2000, I R 50/98, BStBl. 2001 II S. 558).

Parkraumbewirtschaftung.

– **Bewachte Parkplätze.** Die Unterhaltung von bewachten Parkplätzen erfüllt die Merkmale eines BgA (→ BFH vom 22.9.1976, I R 102/74, BStBl. II S. 793).
– **Öffentliche Tiefgarage.** Eine von einer jPöR betriebene öffentliche Tiefgarage ist ein dem öffentlichen Verkehr dienender Betrieb i. S. d. § 4 Abs. 3 KStG (→ BFH vom 8.11.1989, I R 187/85, BStBl. 1990 II S. 242).

Träger der Sozialversicherung. Die öffentlich-rechtlichen Träger der Sozialversicherung werden in Ausübung öffentlicher Gewalt tätig (→ BFH vom 4.2.1976, I R 200/73, BStBl. II S. 355).

Vermittlungstätigkeit gesetzlicher Krankenversicherungen. Gesetzliche Krankenversicherungen unterhalten einen BgA, wenn sie ihren Mitgliedern private Zusatzversicherungsverträge vermitteln und dafür von den privaten Krankenversicherungen einen Aufwendungsersatz erhalten (→ BFH vom 3.2.2010, I R 8/09, BStBl. II S. 502).

Viehmärkte. Der Betrieb von städtischen Nutz- und Zuchtviehmärkten ist als BgA anzusehen (→ BFH vom 10.5.1955, I 124/53 U, BStBl. III S. 176).

Wasserbeschaffung, Wasserversorgung. Bei der Wasserversorgung handelt eine Gemeinde, anders als bei der Wasserbeschaffung, nicht in Ausübung öffentlicher Gewalt (→ BFH vom 15.3.1972, I R 232/71, BStBl. II S. 500 und → BFH vom 28.1.1988, V R 112/86, BStBl. II S. 473). Wird die Wasserbeschaffung zusammen mit der Wasserversorgung durchgeführt, liegt eine einheitliche, untrennbare wirtschaftliche Tätigkeit vor (→ BFH vom 30.11.1989, I R 79-80/86, BStBl. 1990 II S. 452).

Zu § 5 KStG
(§§ 1–4 KStDV)

R 5.1 Kapitalertragsteuer bei wirtschaftlichen Geschäftsbetrieben

(unbesetzt)

H 5.1

Kapitalertragsteuer bei wirtschaftlichen Geschäftsbetrieben. → BMF vom 2.2.2016, BStBl. I S. 200 sowie → BMF vom 21.7.2016, BStBl. I S. 685.

R 5.2 Allgemeines zu Pensions-, Sterbe-, Kranken- und Unterstützungskassen

(1) [1]Als Pensionskassen sind sowohl die in § 1b Abs. 3 Satz 1 BetrAVG als solche bezeichneten rechtsfähigen Versorgungseinrichtungen als auch rechtlich unselbständige Zusatzversorgungseinrichtungen des öffentlichen Dienstes i. S. d. § 18 BetrAVG anzusehen, die den Leistungsberechtigten (Arbeitnehmer und Personen i. S. d. § 17 Abs. 1 Satz 2 BetrAVG sowie deren Hinterbliebene) auf ihre Leistungen einen Rechtsanspruch gewähren. [2]Bei Sterbekassen handelt es sich um Einrichtungen, welche die Versicherung auf den Todesfall unter Gewährung eines Rechtsanspruchs auf die Leistung betreiben. [3]Krankenkassen fallen unter die Vorschrift, wenn sie das Versicherungsgeschäft betriebsbezogen wahrnehmen. [4]Eine Unterstützungskasse ist eine rechtsfähige Versorgungseinrichtung, die auf ihre Leistungen keinen Rechtsanspruch gewährt (§ 1b Abs. 4 BetrAVG).

(2) Für die Steuerbefreiung genügt es, wenn die Voraussetzungen des § 5 Abs. 1 Nr. 3 Buchstabe d KStG am Ende des VZ erfüllt sind.

(3) [1]Die Art der Anlage oder Nutzung des Kassenvermögens darf nicht dazu führen, dass die Kasse sich durch die mit der Vermögensverwaltung verbundene Tätigkeit selbst einen weiteren satzungsgemäß nicht bestimmten Zweck gibt. [2]Kassen, die als Bauherr auftreten, werden körperschaftsteuerpflichtig, wenn sie sich durch diese Tätigkeit einen neuen Zweck setzen.

H 5.2

Abgrenzung einer Pensionskasse und einer Unterstützungskasse. → BFH vom 5.11.1992, I R 61/89, BStBl. 1993 II S. 185.

Einschränkung der Befreiung. → § 6 KStG und → R 6.

Überdotierung einer Gruppenunterstützungskasse, kassenbezogene Beurteilung. Für die Frage, ob eine Gruppenunterstützungskasse überdotiert ist, sind das zulässige und das tatsächliche Vermögen der gesamten Kasse maßgebend (→ BFH vom 26.11.2014, I R 37/13, BStBl. II 2015 S. 813).

R 5.3 Leistungsempfänger bei Pensions-, Sterbe-, Kranken- und Unterstützungskassen

(1) [1]Steuerbefreite Kassen müssen sich auf Zugehörige oder frühere Zugehörige einzelner oder mehrerer wirtschaftlicher Geschäftsbetriebe oder der

Spitzenverbände der freien Wohlfahrtspflege einschließlich deren Untergliederungen, Einrichtungen und Anstalten und sonstiger gemeinnütziger Wohlfahrtsverbände oder auf Arbeitnehmer sonstiger Körperschaften, Personenvereinigungen oder Vermögensmassen beschränken. [2]Unter dem Begriff der Zugehörigen sind einerseits Arbeitnehmer und die in einem arbeitnehmerähnlichen Verhältnis stehenden Personen zu verstehen, andererseits aber auch solche Personen, für die der Betrieb durch ihre soziale Abhängigkeit oder eine sonstige enge Bindung als Mittelpunkt der Berufstätigkeit anzusehen ist (z. B. Unternehmer und Gesellschafter). [3]Frühere Zugehörige müssen die Zugehörigkeit zu der Kasse durch ihre Tätigkeit in den betreffenden Betrieben oder Verbänden erworben haben. [4]Es ist nicht notwendig, dass die Kasse schon während der Zeit der Tätigkeit des Betriebsangehörigen bestanden hat. [5]Als arbeitnehmerähnliches Verhältnis ist i. d. R. ein Verhältnis von einer gewissen Dauer bei gleichzeitiger sozialer Abhängigkeit, ohne dass Lohnsteuerpflicht besteht, anzusehen. [6]Arbeitnehmer, die über den Zeitpunkt der Pensionierung hinaus im Betrieb beschäftigt werden, sind Zugehörige i. S. d. Gesetzes.

(2) Nach § 1 Nr. 1 KStDV darf die Mehrzahl der Personen, denen die Leistungen der Kasse zugutekommen sollen (Leistungsempfänger), sich nicht aus dem Unternehmer oder dessen Angehörigen und bei Gesellschaften nicht aus den Gesellschaftern oder deren Angehörigen zusammensetzen.

(3) [1]Der Pensions- oder Unterstützungskasse eines inländischen Unternehmens geht die Steuerfreiheit nicht dadurch verloren, dass zu ihren Leistungsempfängern Arbeitnehmer gehören, die das inländische Unternehmen zur Beschäftigung bei seinen ausländischen Tochtergesellschaften oder Betriebsstätten abgeordnet hat. [2]Auch die Mitgliedschaft anderer, auch ausländischer, Arbeitnehmer der ausländischen Tochtergesellschaften oder Betriebsstätten des inländischen Unternehmens ist für die Kasse steuerunschädlich, wenn für diese Arbeitnehmer von der ausländischen Tochtergesellschaft oder Betriebsstätte entsprechende Beiträge (Zuwendungen) an die Kasse des inländischen Unternehmens abgeführt werden.

(4) Bei Unterstützungskassen muss den Leistungsempfängern oder den Arbeitnehmervertretungen des Betriebs oder der Dienststelle satzungsgemäß und tatsächlich das Recht zustehen, an der Verwaltung sämtlicher Beträge, die der Kasse zufließen, beratend mitzuwirken.

H 5.3

Angehörige. → BMF vom 25.7.2002, BStBl. I S. 706, → BMF vom 8.1.2003, BStBl. I S. 93 sowie → BMF vom 10.11.2011, BStBl. I S. 1084.

Bevorzugung des Unternehmers. Eine rechtsfähige Unterstützungskasse ist nur dann nach § 5 Abs. 1 Nr. 3 KStG von der Körperschaftsteuer befreit, wenn sie eine soziale Einrichtung ist. Das ist nicht der Fall, wenn Unterstützungsempfänger auch die Unternehmer sind und die Leistungen der Kasse an die Unternehmer unverhältnismäßig hoch sind (→ BFH vom 24.3.1970, I R 73/68, BStBl. II S. 473).

Mitwirkungsrecht. Das satzungsmäßige Recht zur beratenden Mitwirkung darf nicht eingeschränkt sein. Insbesondere macht § 87 Abs. 1 Nr. 1 Betriebsverfassungsgesetz, der dem Betriebsrat das Recht zur Mitbestimmung bei der Verwaltung der Sozialeinrichtungen einräumt, die Voraussetzung des § 3 Nr. 2 KStDV nicht überflüssig (→ BFH vom 20.9.1967, I 62/63, BStBl. 1968 II S. 24). Das Recht zu einer beratenden Mitwirkung kann auch in der Weise eingeräumt werden, dass satzungsmäßig und tatsächlich bei der Unterstützungskasse ein Beirat gebildet wird, dem Arbeitnehmer angehören. Diese müssen jedoch die Gesamtheit der Betriebszugehörigen repräsentieren, d.h. sie müssen von diesen unmittelbar oder mittelbar gewählt worden sein (→ BFH vom 24.6.1981, I R 143/78, BStBl. II S. 749). Diese Voraussetzung ist nicht erfüllt, wenn die Beiratsmitglieder letztlich von der Geschäftsleitung des Trägerunternehmens bestimmt werden. Eine Bestimmung durch die Geschäftsleitung des Trägerunternehmens ist auch gegeben, wenn der Beirat zwar durch die Mitgliederversammlung der Unterstützungskasse aus dem Kreis der Betriebsangehörigen gewählt wird, über die Zusammensetzung der Mitgliederversammlung jedoch der von der Geschäftsleitung des Trägerunternehmens eingesetzte Vorstand entscheidet (→ BFH vom 10.6.1987, I R 253/83, BStBl. 1988 II S. 27).

Versorgungsausgleich. Zur Auswirkung einer internen Teilung beim Versorgungsausgleich auf die Steuerfreiheit einer Unterstützungskasse; Ehegatte des Ausgleichsberechtigten als begünstigter Angehöriger i.S.d. § 5 Abs. 1 Nr. 3 KStG → BMF vom 10.11.2011, BStBl. I S. 1084.

R 5.4[1)] Vermögensbindung bei Pensions-, Sterbe-, Kranken- und Unterstützungskassen

(1) [1]Bei Kassen, deren Vermögen bei ihrer Auflösung vorbehaltlich der Regelung in § 6 KStG satzungsgemäß für ausschließlich gemeinnützige oder mildtätige Zwecke zu verwenden ist, gilt § 61 Abs. 1 AO sinngemäß. [2]Bei einer Unterstützungskasse in der Rechtsform einer privatrechtlichen Stiftung ist es nicht zu beanstanden, wenn die Stiftung in ihre Verfassung die Bestimmung aufnimmt, dass das Stiftungskapital ungeschmälert zu erhalten ist, um dadurch zu verhindern, dass sie neben ihren Erträgen und den Zuwendungen vom Trägerunternehmen auch ihr Vermögen uneingeschränkt zur Erbringung ihrer laufenden Leistungen einsetzen muss. [3]In einer solchen Bestimmung ist kein Verstoß gegen das Erfordernis der dauernden Vermögenssicherung für Zwecke der Kasse zu erblicken. [4]Durch die satzungsgemäß abgesicherte Vermögensbindung ist nämlich gewährleistet, dass das Stiftungsvermögen im Falle der Auflösung der Stiftung nicht an den Stifter zurückfließt, sondern nur den Leistungsempfängern oder deren Angehörigen zugutekommt oder für ausschließlich gemeinnützige oder mildtätige Zwecke zu verwenden ist.

(2) [1]Bei einer Darlehensgewährung der Unterstützungskasse an das Trägerunternehmen muss gewährleistet sein, dass die wirtschaftliche Leistungsfähigkeit des Betriebs in ausreichendem Maße für die Sicherheit der Mittel bürgt. [2]Ist diese Voraussetzung nicht gegeben, müssen die Mittel der Kasse in angemessener Frist aus dem Betrieb ausgesondert und in anderer Weise angelegt werden.

---

1) Zur Übertragung von Vermögenswerten in Folge des Ausscheidens eines Trägerunternehmens siehe BMF v. 18.2.2020, BStBl. I 2020, 221.

(3) [1]Nach § 1b Abs. 4 BetrAVG[1)] wird ein aus dem Betrieb vor Eintritt des Versorgungsfalles ausscheidender Arbeitnehmer, der seine betriebliche Altersversorgung von der Unterstützungskasse des Betriebs erhalten sollte, bei Erfüllung der Voraussetzungen hinsichtlich der Leistungen so gestellt, wie wenn er weiterhin zum Kreis der Begünstigten der Unterstützungskasse des Betriebs gehören würde. [2]Bei Eintritt des Versorgungsfalles hat die Unterstützungskasse dem früheren Arbeitnehmer und seinen Hinterbliebenen mindestens den nach § 2 Abs. 1 BetrAVG berechneten Teil der Versorgung zu gewähren (§ 2 Abs. 4 BetrAVG) oder den gem. § 2 Abs. 5a BetrAVG berechneten Teil der Versorgung bei ab dem 1.1.2001 erteilten Versorgungszusagen. [3]Diese Verpflichtung zur Gewährung von Leistungen an den vorzeitig ausgeschiedenen Arbeitnehmer bei Eintritt des Versorgungsfalles (§ 2 Abs. 4 BetrAVG) kann von der Unterstützungskasse wie folgt abgelöst werden:

1. Unter den Voraussetzungen des § 3 Abs. 2 bis 5 BetrAVG können nach § 2 BetrAVG unverfallbare Anwartschaften abgefunden werden. [2]Soweit unverfallbare Anwartschaften über den gesetzlichen Umfang hinaus vertraglich zugesichert wurden, ist eine Abfindung zulässig.
2. Unter den Voraussetzungen des § 4 Abs. 2, 4 und 5 BetrAVG kann die Verpflichtung von jedem Unternehmen, bei dem der ausgeschiedene Arbeitnehmer beschäftigt wird, von einem Pensionsfonds, von einer Pensionskasse, von einem Unternehmen der Lebensversicherung oder einem öffentlich-rechtlichen Versorgungsträger übernommen werden.

[4]Vermögensübertragungen im Zusammenhang mit diesen Maßnahmen verstoßen nicht gegen die Voraussetzungen des § 5 Abs. 1 Nr. 3 Buchstabe c KStG.

(4) [1]Der Grundsatz der ausschließlichen und unmittelbaren Verwendung des Vermögens und der Einkünfte der Unterstützungskasse für die Zwecke der Kasse gilt nach § 6 Abs. 6 KStG nicht für den Teil des Vermögens, der am Schluss des Wj. den in § 5 Abs. 1 Nr. 3 Buchstabe e KStG bezeichneten Betrag übersteigt. [2]Auch für den Fall, dass ein Unternehmen den Arbeitnehmern, die bisher von der Unterstützungskasse versorgt werden sollten, eine Pensionszusage erteilt oder bisher von der Unterstützungskasse gewährte Leistungen von Fall zu Fall aufgrund einer entsprechenden Betriebsvereinbarung übernimmt, oder wenn eine Unterstützungskasse durch Änderung des Leistungsplans die Versorgungsleistungen einschränkt, gelten die Grundsätze des Satzes 1 nur für den überdotierten Teil des gesamten Kassenvermögens der Unterstützungskasse. [3]Insoweit ist eine Übertragung von Vermögen einer Unterstützungskasse auf das Trägerunternehmen zulässig. [4]Werden Versorgungsleistungen einer Unterstützungskasse durch Satzungsbeschluss in vollem Umfang ersatzlos aufgehoben, d. h., liegt kein Fall des Satzes 2 vor, entfällt die Steuerfreiheit der Kasse auch mit Wirkung für die Vergangenheit, soweit Steuerbescheide nach den Vorschriften der AO noch änderbar sind.

H 5.4

Aufhebung der satzungsmäßigen Vermögensbindung. Wird die satzungsgemäße Vermögensbindung einer Kasse aufgehoben oder durch Über-

---

[1)] **Steuergesetze** Nr. **70**.

tragung nahezu des gesamten Vermögens verletzt, entfällt die Steuerfreiheit der Kasse auch mit Wirkung für die Vergangenheit (→ BFH vom 15.12.1976, I R 235/75, BStBl. 1977 II S. 490 und → BFH vom 14.11.2012, I R 78/11, BStBl. 2014 II S. 44).

Mittelüberlassung an Träger der Kasse. Die Mittel einer Unterstützungskasse können gegen angemessene Verzinsung auch dem Betrieb zur Verfügung gestellt werden, der Träger der Kasse ist (→ BFH vom 24.5.1973, IV R 39/68, BStBl. II S. 632 und → BFH vom 27.1.1977, I B 60/76, BStBl. II S. 442). Ob die Verzinsung der Darlehensforderung angemessen ist, hängt von den Umständen des Einzelfalls ab. Wurde einer Unterstützungskasse vom Trägerunternehmen eine Darlehensforderung zugewendet, beruht die Darlehensforderung also nicht auf Leistungen der Kasse an das Trägerunternehmen, dann ist die Unverzinslichkeit oder unangemessen niedrige Verzinsung der Forderung für die Steuerbefreiung unschädlich, solange die Unterstützungskasse aus rechtlichen Gründen gehindert ist, eine angemessene Verzinsung durchzusetzen (→ BFH vom 30.5.1990, I R 64/86, BStBl. II S. 1000).

Mitunternehmerschaft einer Unterstützungskasse. Eine Kasse macht ihr Vermögen oder ihre Einkünfte anderen als ihren satzungsgemäßen Zwecken dienstbar, wenn sie sich als Mitunternehmer eines Gewerbebetriebs betätigt. Das Vermögen ist nämlich dann nicht dauernd gesichert, wenn es zu einem nicht unerheblichen Teil aus einem Mitunternehmeranteil besteht, da der Mitunternehmer die sich aus dem Handels- und Insolvenzrecht ergebenden Risiken trägt (→ BFH vom 17.10.1979, I R 14/76, BStBl. 1980 II S. 225).

Satzungsmäßige Festlegung der Verwendung des Vermögens. Eine ausreichende Vermögensbindung i. S. d. § 1 Nr. 2 KStDV liegt nicht vor, wenn die Satzung sich auf die allgemeine Bestimmung beschränkt, dass zur Verteilung des Vermögens der Kasse die Zustimmung des Finanzamts erforderlich ist (→ BFH vom 20.9.1967, I 62/63, BStBl. 1968 II S. 24). Wird eine Unterstützungskasse in der Rechtsform einer GmbH betrieben, ist wegen der satzungsgemäß abzusichernden Vermögensbindung für den Fall der Liquidation der Unterstützungskassen-GmbH eine Rückzahlung der eingezahlten Stammeinlagen an das Trägerunternehmen ausgeschlossen (→ BFH vom 25.10.1972, GrS 6/71, BStBl. 1973 II S. 79).

R 5.5 Leistungsbegrenzung

(1) [1]Bei der Prüfung, ob die erreichten Rechtsansprüche der Leistungsempfänger in nicht mehr als 12% aller Fälle auf höhere als die in § 2 Abs. 1 KStDV bezeichneten Beträge gerichtet sind (§ 2 Abs. 2 KStDV), ist von den auf Grund der Satzung, des Geschäftsplans oder des Leistungsplans insgesamt bestehenden Rechtsansprüchen, also von den laufenden tatsächlich gewährten Leistungen und den Anwartschaften auszugehen. [2]Dabei ist jede in § 2 KStDV genannte einzelne Leistungsgruppe (Pensionen, Witwengelder, Waisengelder und Sterbegelder) für sich zu betrachten. [3]Nur bei Beschränkung auf die Höchstbeträge kann die Kasse als Sozialeinrichtung anerkannt werden.

(2) [1]Unterstützungskassen sind als Kassen ohne Rechtsanspruch der Leistungsempfänger zur Aufstellung eines Geschäftsplans i. S. d. VAG nicht ver-

pflichtet. [2]Unterstützungskassen dürfen auch laufende Leistungen, z. B. zur Altersversorgung, gewähren, wenn die Voraussetzungen des § 5 Abs. 1 Nr. 3 Buchstabe b KStG und des § 3 Nr. 3 KStDV erfüllt sind. [3]Dabei dürfen Altersrenten, Witwengeld, Waisengeld und Sterbegeld ohne Rücksicht auf die wirtschaftlichen Verhältnisse des Leistungsempfängers gewährt werden. [4]Die laufenden Leistungen und das Sterbegeld dürfen die in § 2 KStDV bezeichneten Beträge nicht übersteigen. [5]Dagegen hat eine Unterstützungskasse, die jedem Zugehörigen eines Betriebs ohne Rücksicht auf seine wirtschaftlichen Verhältnisse einmalige Zuwendungen macht, keinen Anspruch auf die Steuerbefreiung. [6]Leistungsempfänger i. S. d. Vorschrift sind nach § 5 Abs. 1 Nr. 3 KStG die Personen, denen die Leistungen der Kasse zugutekommen oder zugutekommen sollen, also auch die Leistungsanwärter. [7]Daher gilt die Begrenzung der laufenden Leistungen nach § 3 Nr. 3 KStDV für die tatsächlich gezahlten Renten und die sich aus dem Leistungsplan ergebenden tatsächlichen Rentenanwartschaften. [8]Die Rentenanwartschaften sind mit den jeweils erreichten Beträgen anzusetzen.

(3) [1]Eine steuerbefreite Pensionskasse oder Unterstützungskasse kann anstelle einer laufenden Rente auch eine Kapitalabfindung zahlen. [2]Voraussetzung ist, dass die zu kapitalisierende Rente sich in den Grenzen der Höchstbeträge der §§ 2 und 3 KStDV hält und der Leistungsempfänger durch die Kapitalisierung nicht mehr erhält, als er insgesamt erhalten würde, wenn die laufende Rente gezahlt würde. [3]Der Berechnung der Kapitalabfindung darf daher nur ein Zinsfuß zugrunde gelegt werden, der auf die Dauer gesehen dem durchschnittlichen Zinsfuß entspricht. [4]Bei der Prüfung, ob sich die kapitalisierte Rente in den Grenzen der vorgenannten Höchstbeträge hält, ist von einem Zinssatz von 5,5% auszugehen. [5]Im Übrigen ist die Kapitalabfindung nach den sonst steuerlich anerkannten Rechnungsgrundlagen zu berechnen.

H 5.5

Gesamtleistung beim Sterbegeld. Zur Gesamtleistung einer Sterbekasse gehören auch Gewinnzuschläge, auf die die Berechtigten einen Rechtsanspruch haben (→ BFH vom 20.11.1969, I R 107/67, BStBl. 1970 II S. 227).

Nachweis als soziale Einrichtung. Es genügt, wenn bei Unterstützungskassen in anderer Weise als durch Aufstellung eines Geschäftsplans sichergestellt ist, dass die Kassen nach Art und Höhe ihrer Leistungen eine soziale Einrichtung darstellen, z. B. durch Aufnahme entsprechender Bestimmungen in die Satzung oder – bei Unterstützungskassen mit laufenden Leistungen – durch Aufstellung eines Leistungsplans (→ BFH vom 18.7.1990, I R 22-23/87, BStBl. II S. 1088).

Zuwendungen nach §§ 4c und 4d EStG. → R 4c und 4d EStR.[1)]

R 5.6 Kleinere Versicherungsvereine

Hat ein Mitglied einer Sterbekasse mit der Kasse mehrere Versicherungsverträge für sich selbst abgeschlossen, sind die für das Mitglied aufgrund dieser

[1)] Nr. 1.

Versicherungsverträge in Betracht kommenden Versicherungsleistungen bei der Ermittlung der Gesamtleistung i. S. d. § 4 Nr. 2 KStDV zusammenzurechnen.

H 5.6

Gewinnzuschläge bei einer Sterbekasse. Zur Gesamtleistung einer Sterbekasse i. S. d. § 5 Abs. 1 Nr. 4 KStG gehören auch Gewinnzuschläge, auf die die Beteiligten einen Anspruch haben (→ BFH vom 20.11.1969, I R 107/67, BStBl. 1970 II S. 227).

R 5.7 Berufsverbände ohne öffentlich-rechtlichen Charakter

(1) [1]Berufsverbände sind Vereinigungen von natürlichen Personen oder von Unternehmen, die allgemeine, aus der beruflichen oder unternehmerischen Tätigkeit erwachsende ideelle und wirtschaftliche Interessen des Berufsstandes oder Wirtschaftszweiges wahrnehmen. [2]Es müssen die allgemeinen wirtschaftlichen Belange aller Angehörigen eines Berufes, nicht nur die besonderen wirtschaftlichen Belange einzelner Angehöriger eines bestimmten Geschäftszweiges wahrgenommen werden. [3]Die Zusammenschlüsse derartiger Vereinigungen sind ebenfalls Berufsverbände. [4]Ein Berufsverband ist auch dann gegeben, wenn er die sich aus der Summe der Einzelinteressen der Mitglieder ergebenden allgemeinen wirtschaftlichen Belange eines Berufsstandes oder Wirtschaftszweiges vertritt und die Ergebnisse der Interessenvertretung dem Berufsstand oder Wirtschaftszweig als solchem unabhängig von der Mitgliedschaft der Angehörigen des Berufsstandes oder Wirtschaftszweiges beim Verband zugutekommen. [5]Die Unterhaltung eines wirtschaftlichen Geschäftsbetriebs (z. B. Rechtsberatung) führt grundsätzlich nicht zum Verlust der Steuerbefreiung des Berufsverbands, auch wenn er in der Satzung des Verbands aufgeführt ist. [6]Die Steuerbefreiung entfällt, wenn nach dem Gesamtbild der tatsächlichen Geschäftsführung die nicht dem Verbandszweck dienende wirtschaftliche Tätigkeit dem Verband das Gepräge gibt.

(2) Zu den Berufsverbänden ohne öffentlich-rechtlichen Charakter i. S. d. § 5 Abs. 1 Nr. 5 KStG können Berufsverbände der Arbeitgeber und der Arbeitnehmer, z. B. Arbeitgeberverbände und Gewerkschaften, und andere Berufsverbände, z. B. Wirtschaftsverbände, Bauernvereine und Hauseigentümervereine, gehören.

(3) [1]Verwendet ein Berufsverband Mittel von mehr als 10% seiner Einnahmen für die unmittelbare oder mittelbare Unterstützung oder Förderung politischer Parteien, ist die Steuerbefreiung ausgeschlossen. [2]Dabei ist es ohne Bedeutung, ob die Mittel aus Beitragseinnahmen oder aus anderen Quellen, z. B. aus wirtschaftlichen Geschäftsbetrieben, aus Vermögensanlagen oder aus Zuschüssen, stammen. [3]Zu den Mitteln gehört bei Beteiligung an einer Personengesellschaft der Gewinnanteil an der Personengesellschaft, bei Beteiligung an einer Kapitalgesellschaft die Gewinnausschüttung sowie Veräußerungsgewinne aus diesen Beteiligungen. [4]Der Besteuerung unterliegt in diesem Fall neben dem Einkommen die Verwendung von Mitteln für die Unterstützung oder Förderung politischer Parteien nach § 5 Abs. 1 Nr. 5 Satz 4 KStG. [5]Eine Mittelüberlassung liegt auch bei verdeckten Zuwendungen vor, z. B. bei

Leistungen ohne ausreichende Gegenleistung. [6]Das gilt auch bei einer unentgeltlichen oder verbilligten Raumüberlassung und bei einer zinslosen oder zinsverbilligten Darlehensgewährung. [7]Eine mittelbare Unterstützung oder Förderung politischer Parteien ist anzunehmen, wenn der Berufsverband z. B. den Wahlkampf eines Abgeordneten finanziert.

(4) [1]Der Begriff des wirtschaftlichen Geschäftsbetriebs ergibt sich aus § 14 AO. [2]Danach ist Voraussetzung für die Annahme eines wirtschaftlichen Geschäftsbetriebs, dass durch die Tätigkeit Einnahmen oder andere wirtschaftliche Vorteile erzielt werden. [3]Das ist nicht der Fall, wenn für die Tätigkeit ausschließlich (echte) Mitgliederbeiträge nach § 8 Abs. 5 KStG erhoben werden. [4]Zu den Mitgliederbeiträgen gehören auch Umlagen, die von allen Mitgliedern in gleicher Höhe oder nach einem bestimmten Maßstab, der von dem Maßstab der Mitgliederbeiträge abweichen kann, erhoben werden. [5]Solche beitragsähnlichen Umlagen liegen z. B. bei der Gemeinschaftswerbung und bei der Durchführung von Betriebsvergleichen vor. [6]Dagegen ist ein wirtschaftlicher Geschäftsbetrieb anzunehmen, wenn mehr als 20% der Mitglieder des Berufsverbandes oder der Mitglieder eines zu dem Berufsverband gehörenden Berufs- oder Wirtschaftszweiges, der an der Gemeinschaftswerbung oder an der Durchführung von Betriebsvergleichen beteiligt ist, nicht zu der Umlage herangezogen werden. [7]Es kann im Einzelfall notwendig sein, zu prüfen, ob die von dem Berufsverband erhobenen Beiträge in vollem Umfang als Mitgliederbeiträge anzusehen oder ob darin Entgelte für die Gewährung besonderer wirtschaftlicher Vorteile enthalten sind. [8]Die Gewährung derartiger Vorteile gegen Entgelt begründet einen wirtschaftlichen Geschäftsbetrieb. [9]Vgl. z. B. → R 8.12 und 8.13. [10]Zu den wirtschaftlichen Geschäftsbetrieben gehören z. B. die Vorführung und der Verleih von Filmen, die Beratung der Angehörigen des Berufsstandes oder Wirtschaftszweiges einschließlich der Hilfe bei der Buchführung, bei der Ausfüllung von Steuererklärungen und sonstigen Vordrucken, die Unterhaltung einer Buchstelle, die Einrichtung eines Kreditschutzes, die Unterhaltung von Sterbekassen, der Abschluss oder die Vermittlung von Versicherungen, die Unterhaltung von Laboratorien und Untersuchungseinrichtungen, die Veranstaltung von Märkten, Leistungsschauen und Fachausstellungen, die Unterhaltung einer Kantine für die Arbeitskräfte der Verbandsgeschäftsstelle, die nachhaltige Vermietung von Räumen für regelmäßig kurze Zeit, z. B. für Stunden oder einzelne Tage, an wechselnde Benutzer. [11]Die Herausgabe, das Verlegen oder der Vertrieb von Fachzeitschriften, Fachzeitungen und anderen fachlichen Druckerzeugnissen des Berufsstandes oder Wirtschaftszweiges, einschließlich der Aufnahme von Fachanzeigen, stellt ebenfalls einen wirtschaftlichen Geschäftsbetrieb dar. [12]Verbandszeitschriften, in denen die Mitglieder über die Verbandstätigkeit und über allgemeine Fragen des Berufsstandes unterrichtet werden, sind kein wirtschaftlicher Geschäftsbetrieb. [13]Betreibt ein Berufsverband in seiner Verbandszeitschrift jedoch Anzeigen- oder Annoncenwerbung, liegt insoweit ein wirtschaftlicher Geschäftsbetrieb vor.

(5) [1]Unter den Begriff des wirtschaftlichen Geschäftsbetriebs fällt nicht die Vermögensverwaltung. [2]Wegen des Begriffs der Vermögensverwaltung vgl. § 14 AO. [3]Die → Beteiligung eines Berufsverbandes an einer Kapitalgesell-

schaft ist im Regelfall Vermögensverwaltung. [4]Die Grundsätze von R 4.1 Abs. 2 Satz 2 bis 5 gelten entsprechend.

(6) [1]Die Tätigkeit der Geschäftsstelle des Berufsverbandes stellt keinen wirtschaftlichen Geschäftsbetrieb dar. [2]Der Verkauf von Altmaterial, Einrichtungsgegenständen, Maschinen, Kraftfahrzeugen und dgl. bildet eine Einheit mit der Tätigkeit der Geschäftsstelle. [3]Es fehlt insoweit an der für die Begründung eines wirtschaftlichen Geschäftsbetriebs erforderlichen Selbständigkeit. [4]Das gilt auch für den Fall, dass Entgelte für die Mitbenutzung der Geschäftsstelle oder einzelner Räume oder Einrichtungsgegenstände der Geschäftsstelle durch einen anderen Berufsverband vereinnahmt werden. [5]Entsprechendes gilt auch hinsichtlich der Vereinnahmung von Entgelten für die Zurverfügungstellung von Personal für einen anderen Berufsverband.

(7) [1]Steuerpflichtig ist nicht der einzelne wirtschaftliche Geschäftsbetrieb, sondern der Berufsverband. [2]Die Ergebnisse der wirtschaftlichen Geschäftsbetriebe werden für die Besteuerung zusammengefasst. [3]Die Freibetragsregelung des § 24 KStG bezieht sich auf das Einkommen des Berufsverbandes. [4]Sie ist nicht auf die Bemessungsgrundlage für die besondere Körperschaftsteuer i. S. d. § 5 Abs. 1 Nr. 5 Satz 4 KStG anzuwenden.

H 5.7

Abgrenzung. Keine Berufsverbände sind z. B.
- eine Abrechnungsstelle von Apothekeninhabern (→ BFH vom 26.4.1954, I 110/53 U, BStBl. III S. 204),
- eine Güteschutzgemeinschaft (→ BFH vom 11.8.1972, III R 114/71, BStBl. 1973 II S. 39),
- ein Lohnsteuerhilfeverein (→ BFH vom 29.8.1973, I R 234/71, BStBl. 1974 II S. 60 und → BFH vom 16.12.1998, I R 36/98, BStBl. 1999 II S. 366),
- ein Mieterverein (→ BFH vom 17.5.1966, III 190/64, BStBl. III S. 525),
- ein Rabattsparverein (→ BFH vom 29.11.1967, I 67/65, BStBl. 1968 II S. 236),
- ein Warenzeichenverband (→ BFH vom 8.6.1966, I 151/63, BStBl. III S. 632),
- ein Werbeverband (→ BFH vom 15.7.1966, III 179/64, BStBl. III S. 638).

Beteiligung eines Berufsverbands an einer Kapitalgesellschaft. Die Beteiligung an einer Kapitalgesellschaft stellt einen wirtschaftlichen Geschäftsbetrieb dar, wenn mit ihr tatsächlich ein entscheidender Einfluss auf die laufende Geschäftsführung des Unternehmens ausgeübt wird (→ BFH vom 30.6.1971, I R 57/70, BStBl. II S. 753).

Beteiligung eines Berufsverbands an einer Personengesellschaft. Ob die Beteiligung an einer Personengesellschaft als wirtschaftlicher Geschäftsbetrieb oder als Vermögensverwaltung anzusehen ist, ist im Rahmen der gesonderten und einheitlichen Gewinnfeststellung für die Personengesellschaft zu entscheiden (→ BFH vom 27.7.1988, I R 113/84, BStBl. 1989 II S. 134).

Einkommensermittlung bei Berufsverbänden. → R 8.11 bis 8.13.

Entgeltliche Leistungen an Mitglieder oder Dritte. Ein Berufsverband kann ohne Verlust der Körperschaftsteuerbefreiung entgeltliche Leistungen an seine Mitglieder oder Dritte im Rahmen eines wirtschaftlichen Geschäftsbetriebs nur erbringen, wenn sein Verbandszweck nicht hierauf gerichtet ist, sondern es sich hierbei um eine Nebentätigkeit handelt (→ BFH vom 13.12.2018, V R 45/17, BStBl. II S. 460).

Kapitalertragsteuer bei wirtschaftlichen Geschäftsbetrieben. → BMF vom 2.2.2016, BStBl. I S. 200 sowie BMF vom 21.7.2016, BStBl. I S. 685.

Wahrnehmung allgemeiner Interessen eines Wirtschaftszweiges. Ein Verband nimmt auch dann allgemeine Interessen eines Wirtschaftszweiges wahr, wenn er lediglich die in einem eng begrenzten Bereich der unternehmerischen Tätigkeit bestehenden gemeinsamen Interessen eines Wirtschaftszweiges vertritt (→ BFH vom 4.6.2003, I R 45/02, BStBl. II S. 891).

R 5.8 Gemeinnützige, mildtätige und kirchliche Körperschaften

(unbesetzt)

H 5.8

Kapitalertragsteuer bei wirtschaftlichen Geschäftsbetrieben. → BMF vom 2.2.2016, BStBl. I S. 200 sowie BMF vom 21.7.2016, BStBl. I S. 685.

Steuerbegünstigte Zwecke. → AEAO zu §§ 51 bis 68.[1)·2)]

R 5.9 Vermietungsgenossenschaften und -vereine *(unbesetzt)*

H 5.9

Vermietungsgenossenschaften und -vereine.[3)] Zur Steuerbefreiung für Vermietungsgenossenschaften und -vereine sowie zur Übergangsregelung für gemeinnützige Wohnungsunternehmen → BMF vom 22.11.1991 (BStBl. I S. 1014) und die entsprechenden Erlasse der obersten Finanzbehörden der Länder.

R 5.10 Gemeinnützige Siedlungsunternehmen

[1] Gemeinnützige Siedlungsunternehmen sind insoweit von der Körperschaftsteuer befreit, als sie im ländlichen Raum Siedlungs-, Agrarstrukturverbesserungs- und Landentwicklungsmaßnahmen mit Ausnahme des Woh-

---

[1)] Nr. **800**.

[2)] Zum Crowdfunding siehe BMF v. 15.12.2017, BStBl. I 2018, 246. – Zu Ökopunkten in der Gemeinnützigkeit siehe BFH v. 24.1.2019 V R 63/16, BStBl. II 2019, 392. – Zur Gewinnpauschalierung bei wissenschaftlichen Tagungen siehe BFH v. 26.6.2019 V R 70/17, BStBl. II 2019. 654. – Zu steuerlichen Maßnahmen zur Förderung der Hilfe für von der Corona-Krise Betroffene siehe BMF v. 9.4.2020, BStBl. I 2020, 498, geänd. durch BMF v. 26.5.2020, BStBl. I 2020, 543, und v. 18.12.2020, BStBl. I 2021, 57.

[3)] Zur steuerlichen Behandlung der Unterbringung von Kriegsflüchtlingen aus der Ukraine durch Vermietungsgenossenschaften und Vermietungsvereine siehe BMF v. 31.3.2022, BStBl. I 2022, 345.

nungsbaus durchführen. 2 Die Durchführung von Siedlungs-, Agrarstrukturverbesserungs- und Landentwicklungsmaßnahmen ist auch dann begünstigt, wenn sie nicht ausdrücklich durch Gesetz zugewiesen ist. 3 Landentwicklungsmaßnahmen sind Maßnahmen im öffentlichen Interesse, die wegen des sich vollziehenden Strukturwandels zur Unterstützung und Ergänzung der Siedlungs- und Agrarstrukturverbesserung im ländlichen Raum erforderlich sind und vornehmlich zum Gegenstand haben

– die Planung und Durchführung von Maßnahmen der Ortssanierung, Ortsentwicklung, Bodenordnung und der Agrarstrukturverbesserung,
– die Durchführung von Umsiedlungen und Landtauschen, weil Land für öffentliche und städtebauliche Zwecke in Anspruch genommen wird.

4 Die Durchführung umfasst alle Tätigkeiten gemeinnütziger Siedlungsunternehmen, die der Verwirklichung dieser Maßnahme dienen, insbesondere auch die erforderliche Landbeschaffung. 5 Soweit die gemeinnützigen Siedlungsunternehmen als Bauträger oder Baubetreuer im Wohnungsbau tätig sind oder andere Tätigkeiten ausüben, z. B. das Betreiben von Land- und Forstwirtschaft, besteht partielle Steuerpflicht, wenn diese Tätigkeiten nicht überwiegen. 6 Übersteigen die Einnahmen aus diesen Tätigkeiten die Einnahmen aus den in Satz 1 bezeichneten Tätigkeiten, wird das Unternehmen in vollem Umfang steuerpflichtig.

R 5.11 Allgemeines über die Steuerbefreiung von Genossenschaften und Vereinen im Bereich der Land- und Forstwirtschaft

(1) 1 Genossenschaften sowie Vereine sind nach § 5 Abs. 1 Nr. 14 KStG grundsätzlich von der Körperschaftsteuer befreit, soweit sich ihr Geschäftsbetrieb auf die dort genannten Tätigkeiten beschränkt und im Bereich der Land- und Forstwirtschaft liegt. 2 Unter den Begriff „Vereine" fallen sowohl rechtsfähige als auch nichtrechtsfähige Vereine i. S. v. § 1 Abs. 1 Nr. 4 und 5 KStG. 3 Üben die Genossenschaften und Vereine auch Tätigkeiten aus, die nicht nach § 5 Abs. 1 Nr. 14 KStG begünstigt sind, und betragen die Einnahmen aus diesen Tätigkeiten nicht mehr als 10% der gesamten Einnahmen, sind die Genossenschaften und Vereine mit den Gewinnen aus den nicht begünstigten Tätigkeiten partiell steuerpflichtig. 4 Die nicht begünstigten Tätigkeiten bilden einen einheitlichen steuerpflichtigen Gewerbebetrieb. 5 Hinsichtlich der begünstigten Tätigkeiten bleibt die Steuerfreiheit erhalten. 6 Übersteigen die Einnahmen aus den nicht begünstigten Tätigkeiten in einem VZ 10% der Gesamteinnahmen, entfällt die Steuerbefreiung für diesen VZ insgesamt.

(2) 1 Der Begriff und die Höhe der Einnahmen (Einnahmen einschließlich Umsatzsteuer) bestimmen sich nach den Grundsätzen über die steuerliche Gewinnermittlung. 2 Der Zufluss i. S. d. § 11 EStG ist nicht maßgebend. 3 Wegen der Ermittlung der Einnahmen aus nicht begünstigten Tätigkeiten bei Verwertungsgenossenschaften vgl. Absatz 8.

(3) 1 Eine Ausnahme von der 10%-Grenze enthält § 5 Abs. 1 Nr. 14 KStG für Genossenschaften und Vereine, deren Geschäftsbetrieb sich überwiegend auf die Durchführung von Milchqualitätsprüfungen und/oder Milchleistungsprüfungen oder auf die Tierbesamung beschränkt. 2 Zur ersten Gruppe gehören danach grundsätzlich die nach Landesrecht zugelassenen Untersuchungsstellen

i. S. d. § 2 Abs. 7 der Milch-Güteverordnung, die insbesondere im öffentlichen Interesse Milchqualitätsprüfungen für Mitglieder und Nichtmitglieder sowie für Nichtlandwirte durchführen. [3]Auch die Tierbesamungsstationen tätigen, insbesondere bei Ausbruch einer Seuche, neben Zweckgeschäften mit Mitgliedern in größerem Umfang auch solche mit Nichtmitgliedern und Nichtlandwirten. [4]Die Einnahmen aus diesen Tätigkeiten bleiben bei der Berechnung der 10%-Grenze, d. h. sowohl bei der Berechnung der Einnahmen aus den steuerlich nicht begünstigten Tätigkeiten als auch bei der Berechnung der gesamten Einnahmen, außer Ansatz. [5]Die Gewinne aus diesen Tätigkeiten unterliegen jedoch der Körperschaftsteuer.

(4) [1]Die Ausübung mehrerer begünstigter Tätigkeiten nebeneinander ist für die Steuerbefreiung unschädlich. [2]Zu den begünstigten Tätigkeiten gehört auch die Vermittlung von Leistungen im Bereich der Land- und Forstwirtschaft, z. B. von Mietverträgen für Maschinenringe einschließlich der Gestellung von Personal. [3]Der Begriff „Verwertung" umfasst auch die Vermarktung und den Absatz, wenn die Tätigkeit im Bereich der Land- und Forstwirtschaft liegt. [4]Nicht unter die Steuerbefreiung fällt dagegen die Rechts- und Steuerberatung.

(5) [1]Beteiligungen an anderen Unternehmen sind grundsätzlich zulässig. [2]Die Einnahmen aus Beteiligungen an anderen Unternehmen sind jedoch als Einnahmen aus nicht begünstigten Tätigkeiten anzusehen. [3]Einnahmen aus der Beteiligung an einer Körperschaft, deren Leistungen bei den Empfängern zu den Einnahmen i. S. d. § 20 Abs. 1 Nr. 1 oder 2 EStG gehören, sind in voller Höhe als Einnahmen aus nicht begünstigten Tätigkeiten anzusehen. [4]Dies gilt nicht für Beteiligungen an Genossenschaften und Vereinen, die nach § 5 Abs. 1 Nr. 14 KStG befreit sind. [5]Bei der Beteiligung an einer Personengesellschaft sind die anteiligen Einnahmen anzusetzen. [6]Rückvergütungen i. S. d. § 22 KStG sind den Einnahmen aus den Geschäften zuzurechnen, für die die Rückvergütungen gewährt worden sind.

(6) Für die Besteuerung der Erwerbs- und Wirtschaftsgenossenschaften sind die folgenden Arten von Geschäften zu unterscheiden:

1. Zweckgeschäfte;

   [1]Zweckgeschäfte sind alle Geschäfte, die der Erfüllung des satzungsmäßigen Gegenstandes des Unternehmens der Genossenschaft dienen und die Förderung des Erwerbs oder der Wirtschaft der Mitglieder bezwecken (§ 1 GenG).

   [2]Sie können sein

   a) Mitgliedergeschäfte;

      [1]Mitgliedergeschäfte sind Zweckgeschäfte, die mit den Mitgliedern der Genossenschaft als Vertragspartnern durchgeführt werden. [2]Mitglieder sind die in die Mitgliederliste eingetragenen Personen. [3]Es genügt, wenn der Genossenschaft zur Zeit des Geschäftsabschlusses die Beitrittserklärung vorliegt;

   b) Nichtmitgliedergeschäfte;

      Nichtmitgliedergeschäfte sind Zweckgeschäfte, die mit Nichtmitgliedern als Vertragspartnern der Genossenschaft durchgeführt werden;

2. Gegengeschäfte;
   Gegengeschäfte sind Geschäfte, die zur Durchführung der Zweckgeschäfte erforderlich sind, z. B. bei Bezugsgenossenschaften der Einkauf der Waren, bei Nutzungsgenossenschaften der Ankauf eines Mähdreschers, bei Absatzgenossenschaften der Verkauf der Waren;
3. Hilfsgeschäfte;
   1 → Hilfsgeschäfte sind Geschäfte, die zur Abwicklung der Zweckgeschäfte und Gegengeschäfte notwendig sind und die der Geschäftsbetrieb der Genossenschaft mit sich bringt, z. B. Einkauf von Büromaterial, der Verkauf von überflüssig gewordenem Inventar oder Verpackungsmaterial, die Lieferung von Molkereibedarfsartikeln, z. B. Hofbehälter, Milchbehälter oder Milchkühlbehälter, durch eine Molkereigenossenschaft an ihre Mitglieder, die Vermietung von Wohnräumen an Betriebsangehörige, wenn die Vermietung aus betrieblichen Gründen (im eigenen betrieblichen Interesse der Genossenschaft) veranlasst ist. 2 Die Führung von Mitgliederkonten für Anzahlungen und Guthaben, die als reine Geldanlagekonten anzusehen sind, ist als Hilfsgeschäft anzusehen, wenn die Guthaben auf die Gesamthöhe des Warenbezugs des betreffenden Mitglieds im vorangegangenen Jahr begrenzt werden. 3 Auch die Veräußerung eines Betriebsgrundstücks oder des Teils eines Betriebsgrundstücks kann ein Hilfsgeschäft sein. 4 Dagegen gehören Geschäfte aus der Veräußerung von Anlagevermögen im Zuge der Betriebseinstellung (wie z. B. die Veräußerung eines Betriebsgrundstücks, der Betriebsvorrichtungen oder anderer Wirtschaftsgüter) zu den Nebengeschäften;
4. Nebengeschäfte;
   → Nebengeschäfte sind alle sonstigen Geschäfte.

(7) Für die Besteuerung der Vereine gilt die in Absatz 6 vorgenommene Unterscheidung von Arten von Geschäften bei Genossenschaften sinngemäß.

(8) 1 Begünstigt sind nur → Zweckgeschäfte mit Mitgliedern, → Gegengeschäfte und → Hilfsgeschäfte, die sich auf den nach § 5 Abs. 1 Nr. 14 KStG steuerfreien Geschäftsbereich beziehen (begünstigte Tätigkeiten). 2 Die Einnahmen (Einnahmen einschließlich Umsatzsteuer) aus Zweckgeschäften mit Nichtmitgliedern und Nebengeschäften sind den Einnahmen aus nicht begünstigten Tätigkeiten zuzurechnen. 3 Bei Verwertungsgenossenschaften sind die Einnahmen aus begünstigten und nicht begünstigten Tätigkeiten nach dem Verhältnis der Ausgaben für bezogene Waren von Mitgliedern und Nichtmitgliedern aus den Gesamteinnahmen zu ermitteln, soweit eine unmittelbare Zuordnung nicht möglich ist. 4 Dabei ist von den Ausgaben im gleichen Wj. auszugehen. 5 Die durch diese zeitliche Zuordnung mögliche Verschiebung im Einzelfall, soweit Ausgaben für bezogene Waren und Einnahmen aus dem Verkauf dieser Waren in verschiedenen Wj. anfallen, wird zugunsten einer einfachen Handhabung hingenommen. 6 Bei Zukauf landwirtschaftlicher Erzeugnisse ermitteln sich die Einnahmen aus nichtbegünstigten Tätigkeiten aus der Verwertung des Endproduktes im Verhältnis der zugekauften zu den von den Mitgliedern selbst erzeugten Produkten. 7 Wegen der Auswirkungen auf die partielle oder volle Steuerpflicht der Genossenschaften oder Vereine vgl. Absätze 1 und 2.

(9) 1 Die wechselseitigen Hilfen von Genossenschaften aufgrund eines Beistandsvertrages sind begünstigte Zweckgeschäfte, wenn beide Genossenschaf-

ten die gleiche Zweckbestimmung haben und gegenseitig als Mitglied beteiligt sind. [2]Das gilt sinngemäß für Vereine und für Leistungen von Beratungsringen an die an ihnen beteiligten Erzeugergemeinschaften, soweit deren Mitglieder gleichzeitig Mitglieder des Beratungsrings sind.

(10) [1]Begünstigte Zweckgeschäfte i. S. v. R 5.11 Abs. 6 liegen vor, wenn der Zukauf von einer anderen Genossenschaft (Anschluss- oder Lieferungsgenossenschaft) erfolgt, die ihrerseits Mitglied der Verwertungsgenossenschaft ist. [2]Dies gilt jedoch nur für land- und forstwirtschaftliche Erzeugnisse, die von Mitgliedern der Anschluss- oder Liefergenossenschaft selbst erzeugt sind. [3]Umfasst werden auch Teilanlieferungen. [4]Die Abrechnung wird zwischen der Verwertungsgenossenschaft und der Lieferungsgenossenschaft oder unmittelbar zwischen der Verwertungsgenossenschaft und den Mitgliedern der Lieferungsgenossenschaften vorgenommen. [5]Das gilt sinngemäß auch für Vereine.

H 5.11

Biogasanlagen und Erzeugung von Energie aus Biogas. → BMF vom 6.3.2006, BStBl. I S. 248.

Genossenschaftszentralen. Wegen der steuerlichen Behandlung von Zentralen landwirtschaftlicher Nutzungs- und Verwertungsgenossenschaften wird auf das BFH-Gutachten vom 2.12.1950 (I D 3/50 S, BStBl. 1951 III S. 26) hingewiesen. Danach sind die Genossenschaftszentralen wie folgt zu behandeln:

1. Werden die Zentralen in der Form von Kapitalgesellschaften geführt, gilt die persönliche Steuerbefreiung des § 5 Abs. 1 Nr. 14 KStG für sie nicht.
2. Werden die Zentralen in der Form von Genossenschaften oder Vereinen betrieben, ist § 5 Abs. 1 Nr. 14 KStG für sie anwendbar. Voraussetzung ist, dass die angeschlossenen Genossenschaften vorbehaltlich des Satzes 3 die in § 5 Abs. 1 Nr. 14 KStG geforderten Voraussetzungen erfüllen und die Zentralen lediglich Erzeugnisse dieser Genossenschaften bearbeiten oder verwerten. Ist eine der Mitgliedergenossenschaften nicht nach § 5 Abs. 1 Nr. 14 KStG befreit, sind die Umsätze mit dieser Genossenschaft Einnahmen aus nicht begünstigten Tätigkeiten.

Hilfsgeschäfte. Ein Hilfsgeschäft ist insbesondere dann anzunehmen, wenn der Erlös aus dem Verkauf eines Betriebsgrundstücks zur Finanzierung neuer Betriebsanlagen verwendet wird (→ BFH vom 14.10.1970, I R 67/68, BStBl. 1971 II S. 116) oder wenn der Verkauf im Rahmen einer Rationalisierungsmaßnahme erfolgt, z. B. bei einer Verschmelzung, bei einer Betriebsumstellung, bei Einstellung eines Betriebszweiges oder wenn der Bestand an Betriebsgrundstücken dem Bedarf der Genossenschaft angepasst wird. Der Annahme eines Hilfsgeschäfts steht i. d. R. nicht entgegen, dass der Erlös aus dem Verkauf an die Mitglieder ausgeschüttet wird; ein Hilfsgeschäft entfällt jedoch, wenn die Veräußerung dazu dient, eine Ausschüttung an die Mitglieder einer untergehenden Genossenschaft im Zusammenhang mit einer Verschmelzung zu finanzieren (→ BFH vom 10.12.1975, I R 192/73, BStBl. 1976 II S. 351).

Land- und Forstwirtschaft. → R 15.5 EStR.[1)]

Nebengeschäfte. Zu den Nebengeschäften gehört auch die Vermietung oder Verpachtung eines Betriebs oder von Betriebsteilen (→ BFH vom 9.3.1988, I R 262/83, BStBl. II S. 592). Bei der Frage, ob steuerlich schädliche, den satzungsmäßigen Aufgabenbereich überschreitende Nebengeschäfte vorliegen, kommt es auf die Person, mit der diese Geschäfte abgewickelt werden, nicht an. Das gilt auch für Nebengeschäfte mit anderen nach § 5 Abs. 1 Nr. 14 KStG steuerbefreiten Erwerbs- und Wirtschaftsgenossenschaften sowie Vereinen (→ BFH vom 18.5.1988, II R 238/81, BStBl. II S. 753).

Reservenbildung. Die Steuerbefreiung ist nicht ausgeschlossen, wenn die Genossenschaft oder der Verein die Gewinne ganz oder überwiegend thesauriert und zur Bildung von Reserven verwendet (→ BFH vom 11.2.1998, I R 26/97, BStBl. II S. 576).

R 5.12 Molkereigenossenschaften

(1) [1]Bei Molkereigenossenschaften fällt z. B. in den folgenden Fällen die Bearbeitung oder Verwertung in den Bereich der Landwirtschaft, auch wenn hierbei Zutaten, z. B. Salz oder Bindemittel, im gesetzlich festgelegten oder nachstehend enger begrenzten Umfang verwendet werden:

1. Standardisierung (Einstellung) der Milch auf einen gewünschten Fett- und ggf. Eiweißgehalt ohne Rücksicht auf seine Höhe, vgl. VO (EU) 1308/ 2013;
2. Herstellung von ultrahocherhitzter Milch (H-Milch);
3. Herstellung von Konsummilch gem. VO (EU) 1308/2013 Anhang VII Teil III und Teil IV;
4. Vitaminieren von Milch, auch von Magermilch;
5. Herstellung von Milchmischerzeugnissen, wenn der Anteil aus Milch oder Milcherzeugnissen mindestens 75% des Fertigerzeugnisses beträgt;
6. Herstellung von Sauermilcherzeugnissen;
7. Herstellung von Joghurt, Joghurtpulver und Bioghurt, auch mit Fruchtzusätzen. [2]Wird zugekauftes Milchpulver oder Magermilchpulver zugesetzt, darf dieser Zusatz 3% der Joghurtmilch nicht übersteigen;
8. Herstellung von Butter;
9. Herstellung von Käse aller Art, auch mit beigegebenen Lebensmitteln, sowie geschäumt und Quarkmischungen für Backzwecke;
10. Herstellung von Schmelzkäse nur, wenn dies ausschließlich zur Verwertung der im eigenen Betrieb angefallenen Fehlproduktionen erfolgt;
11. Herstellung von Molkensirup (eingedickter Molke) und eingedickter Magermilch mittels Vakuumverdampfer;
12. Herstellung und Vitaminieren von Magermilchpulver, auch im Werklohnverfahren. [2]Herstellung und Vitaminieren von aufgefetteter Magermilch

[1)] Nr. **1**.

oder aufgefettetem Magermilchpulver zu Fütterungszwecken und von Sauermilchquarkpulver, auch im Werklohnverfahren;
13. Herstellung von Speisemolke durch Erhitzen und Tiefkühlen der Molke und Ausfällen von Molkeneiweiß;
14. Herstellung von Trinkmolke mit Fruchtzusätzen, wenn der Anteil der Molke mindestens 75% des Fertigerzeugnisses beträgt;
15. Verwertung der Molke zu Futterzwecken;
16. Herstellung von Molkepulver;
17. Lieferung von Molke an andere Betriebe;
18. Herstellung von Schlagsahne ohne Zusätze;
19. Herstellung von Industriesahne ohne Zusätze.

2 Ein von einer nach § 5 Abs. 1 Nr. 14 KStG steuerbefreiten Molkereigenossenschaft erteilter Werklohnauftrag zur Herstellung von Milcherzeugnissen ist nicht steuerschädlich i. S. d. § 5 Abs. 1 Nr. 14 KStG, wenn die Bearbeitung bei eigener Durchführung in den Bereich der Landwirtschaft fallen würde und das Zukaufsverbot nicht verletzt wird.

(2) Nicht in den Bereich der Landwirtschaft fallen z. B.:
1. Herstellung von Laktrone, Lakreme, Milone, Germola und ähnlichen Erzeugnissen;
2. Herstellung kondensierter Milch;
3. Gewinnung von Eiweiß mit Zusätzen, Herstellung von Essigaustauschstoffen und Gewinnung von Milchpulver, Ausnahme vgl. Absatz 1 Satz 1 Nr. 12;
4. Verhefung von Molke zu Nährhefe und Kefirpulver;
5. Herstellung von Heilmitteln wie Milchzucker, Albumin- und Vitaminpräparaten, Molkenseren und Mineralpräparaten;
6. Herstellung von Speiseeis;
7. Herstellung von Kunsteis;
8. Herstellung von Saure-Sahne-Dressing.

(3) 1 Sind Geschäfte, die eine Molkereigenossenschaft auf Grund gesetzlicher Vorschriften oder behördlicher Anordnungen mit Nichtmitgliedern abschließen muss, Zweckgeschäfte, kann die Lieferung von Molkereibedarfsartikeln an diese Nichtmitglieder als Hilfsgeschäft angesehen werden. 2 Gewährt eine Molkereigenossenschaft einem Milchversorgungsbetrieb ein Darlehen zur Finanzierung der Kapazitätserweiterung eines Trockenmilchwerkes und räumt der Milchversorgungsbetrieb der Molkereigenossenschaft dafür ein sog. Milchanlieferungsrecht ein, kann die Darlehensgewährung als ein Hilfsgeschäft angesehen werden.

R **5.13** Winzergenossenschaften

(1) 1 In den Bereich der Landwirtschaft fallen insbesondere die nachstehend bezeichneten Tätigkeiten. 2 Voraussetzung ist, dass die Tätigkeiten Erzeugnisse der Weinbaubetriebe der Genossen betreffen und die Tätigkeiten keine gewerblichen Formen annehmen:
1. Zucht und Unterhaltung der Weinreben;

2. Weinbereitung;
3. Weinbehandlung;
4. Absatz der Trauben, des Traubenmostes und des Weins. [2]Der Zukauf von fremden Weinen, Traubenmost oder Trauben im Rahmen des Weinerzeugungsprozesses ist nach R 15.5 Abs. 5 Satz 4 EStR als Hilfsstoff zulässig, wenn diese Waren nicht als überwiegender Bestandteil in die jeweiligen eigenen Erzeugnisse eingehen. [3]Der Verkauf durch Ausschank liegt nicht im Bereich der Landwirtschaft, wenn er gewerbliche Formen annimmt;
5. Herstellung von Branntwein aus Wein oder aus Rückständen, die bei der Weinbereitung anfallen, z. B. Trester, Hefe.

(2) [1]Eine Winzergenossenschaft, die Winzersekt aus Grundwein herstellt, der ausschließlich aus dem Lesegut ihrer Mitglieder gewonnen wurde, betätigt sich mit der Herstellung und dem Vertrieb des Winzersekts noch im Bereich der Landwirtschaft, wenn der Sekt beim Vertrieb durch die Genossenschaft unter Angabe der ggf. verschiedenen Rebsorten, des Jahrgangs, der geographischen Herkunft und als Erzeugnis der Genossenschaft in sinngemäßer Anwendung der bezeichnungsrechtlichen Vorschriften für Wein bezeichnet ist. [2]Dabei darf der Wein weder von den Mitgliedern noch von der Genossenschaft zugekauft sein. [3]Lässt eine Winzergenossenschaft Winzersekt im Wege einer Werkleistung (sog. Lohnversektung) durch eine gewerbliche Sektkellerei herstellen und vermarktet sie ihn als eigenes Erzeugnis der Genossenschaft, gilt die Regelung entsprechend.

(3) Nicht in den Bereich der Landwirtschaft fallen z. B.:

1. Mitverkauf fremder Erzeugnisse;
2. Herstellung von Branntweinerzeugnissen und ihr Verkauf;
3. Betrieb oder Verpachtung eines Ausschanks oder einer Gastwirtschaft, wenn andere Getränke als Weine, die von der Genossenschaft hergestellt worden sind, kalte oder warme Speisen oder sonstige Genussmittel abgegeben werden.

R 5.14 Pfropfrebengenossenschaften

[1]Die Verpflanzung von Pfropfreben zur Gewinnung von Rebstecklingen durch Winzergenossenschaften und ihr Absatz an Mitglieder fallen in den Bereich der Landwirtschaft. [2]Es bestehen deshalb keine Bedenken, auch reine Pfropfrebengenossenschaften als befreite Genossenschaften i. S. d. § 5 Abs. 1 Nr. 14 KStG zu behandeln, obwohl es sich nicht um reine Verwertungsgenossenschaften im Sinne dieser Vorschrift handelt.

R 5.15 Andere Genossenschaften

In den Bereich der Landwirtschaft fallen z. B. unter der Voraussetzung, dass es sich um die Bearbeitung von Erzeugnissen der land- und forstwirtschaftlichen Betriebe der Mitglieder handelt:

1. Herstellung von Kartoffelflocken und Stärkemehl;
2. Herstellung von Branntwein;
3. Herstellung von Apfel- und Traubenmost;
4. Herstellung von Sirup aus Zuckerrüben;

5. Herstellung von Mehl aus Getreide, nicht dagegen Herstellung von Backwaren;
6. Herstellung von Brettern oder anderen Sägewerkserzeugnissen, nicht dagegen Herstellung von Möbeln.

R 5.16 Vereine im Bereich der Land- und Forstwirtschaft

Die R 5.12 bis 5.15 sind auf Vereine i. S. d. § 5 Abs. 1 Nr. 14 KStG entsprechend anzuwenden.

R 5.17 Wirtschaftsförderungsgesellschaften *(unbesetzt)*

H 5.17

Schädliche Tätigkeiten einer Wirtschaftsförderungsgesellschaft. Eine Wirtschaftsförderungsgesellschaft, deren hauptsächliche Tätigkeit sich darauf erstreckt, Grundstücke zu erwerben, hierauf Gebäude nach den Wünschen und Vorstellungen ansiedlungswilliger Unternehmen zu errichten und an diese zu verleasen, ist nicht nach § 5 Abs. 1 Nr. 18 KStG steuerbefreit (→ BFH vom 3.8.2005, I R 37/04, BStBl. 2006 II S. 141).

Steuerbefreiung von Wirtschaftsförderungsgesellschaften.[1] → BMF vom 4.1.1996, BStBl. I S. 54.

R 5.18 Steuerbefreiung außerhalb des Körperschaftsteuergesetzes[2]

Von der Körperschaftsteuer sind aufgrund anderer Gesetze u. a. befreit:

1. Inländische Investmentfonds und Spezial-Investmentfonds nach § 6 Abs. 2 Satz 1 InvStG[3] und § 29 Abs. 1 InvStG, soweit es sich nicht um inländische Beteiligungseinnahmen, inländische Immobilienerträge und sonstige inländische Einkünfte handelt (§ 6 Absatz 2 Satz 2 InvStG),
2. Ausgleichskassen und gemeinsame Einrichtungen der Tarifvertragsparteien nach § 12 Abs. 3 des Vorruhestandsgesetzes vom 13.4.1984 (BGBl. I S. 601, BStBl. I S. 332) in der jeweils geltenden Fassung.

Zu § 6 KStG

R 6. Einschränkung der Befreiung von Pensions-, Sterbe-, Kranken- und Unterstützungskassen

Allgemeines

(1) [1]§ 6 KStG regelt die teilweise Steuerpflicht überdotierter Pensions-, Sterbe-, Kranken- und Unterstützungskassen. [2]Steuerpflichtig ist der Teil des

---

[1] Zur ausschließlichen und unmittelbaren Förderung von Unternehmen siehe BFH v. 26.2.2003 I R 49/01, BStBl. II 2003, 723, und hierzu OFD Koblenz v. 5.1.2005, DB 2005, 308. – Zu Bürgschaftsbanken siehe BFH v. 21.10.1999 I R 14/98, BStBl. II 2000, 325.

[2] Steuerbefreit sind auch Unterstützungskassen nach § 15 Abs. 2 des PostpersonalrechtsG v. 14.9.1994, BGBl. I 1994, 2325, 2353, und REIT-Aktiengesellschaften nach § 16 REITG.

[3] InvStG v. 19.7.2016, BGBl. I 2016, 1730 (**Steuergesetze** Nr. **120a**).

Einkommens, der auf das den zulässigen Betrag übersteigende Vermögen entfällt.

Pensions-, Sterbe- und Krankenkassen

(2) [1]Bei Pensions-, Sterbe- und Krankenkassen ist das zulässige Vermögen nach § 5 Abs. 1 Nr. 3 Buchstabe d KStG zu errechnen. [2]Es entspricht bei einer in der Rechtsform des VVaG betriebenen Kasse dem Betrag der Verlustrücklage nach *§ 37 VAG.*[1)] [3]Maßgebend ist der Soll-Betrag der Verlustrücklage. [4]Soll-Betrag der Verlustrücklage ist der in der Satzung bestimmte und von der Versicherungsaufsichtsbehörde genehmigte Mindestbetrag der Verlustrücklage i. S. d. *§ 37 VAG.* [5]Diese Rücklage dient zur Deckung eines außergewöhnlichen Verlustes aus dem Geschäftsbetrieb. [6]Zu anderen Zwecken, z. B. zu Zahlungen an das Trägerunternehmen, darf die Rücklage nicht verwendet werden. [7]Wird die Kasse nicht in der Rechtsform eines VVaG betrieben, tritt an die Stelle der Verlustrücklage i. S. v. *§ 37 VAG* der dieser Rücklage entsprechende Teil des Vermögens, der zur Deckung eines Verlustes dient. [8]Ist die Ansammlung von Reserven nicht vorgeschrieben, wie z. B. bei öffentlich-rechtlichen Unternehmen, ist i. d. R. darauf abzustellen, ob die Satzung eine der Verlustrücklage des *§ 37 VAG* entsprechende Rücklagenbildung vorsieht.

(3) [1]Nach dem Wortlaut des § 5 Abs. 1 Nr. 3 Buchstabe d KStG ist bei der Prüfung der Überdotierung einer Pensionskasse das Vermögen zugrunde zu legen, das sich nach den handelsrechtlichen Grundsätzen ordnungsmäßiger Buchführung unter Berücksichtigung des Geschäftsplans sowie der allgemeinen Versicherungsbedingungen und der fachlichen Geschäftsunterlagen i. S. d. *§ 5 Abs. 3 Nr. 2 Halbsatz 2 VAG*[1)] ergibt. [2]Die Bindung an die handelsrechtlichen Grundsätze gilt aber nicht uneingeschränkt. [3]Eine handelsrechtlich zulässigerweise gebildete Rückstellung für Beitragsrückerstattung darf nur insoweit berücksichtigt werden, als den Leistungsempfängern ein Anspruch auf die Überschussbeteiligung zusteht. [4]Der Rückstellung für Beitragsrückerstattung gleichzusetzen ist die Rückstellung für satzungsgemäße Überschussbeteiligung, wenn durch Satzung, geschäftsplanmäßige Erklärung oder Beschluss des zuständigen Organs festgelegt ist, dass die Überschüsse in vollem Umfang den Leistungsempfängern und Mitgliedern der Kasse zustehen. [5]Dabei kommt es nicht darauf an, welche Form der Beitragsrückerstattung gewählt wird. [6]Handelt es sich bei den Anspruchsberechtigten um die Leistungsempfänger der Kasse, gilt hinsichtlich der Verwendungsfrist der Rückstellung für Beitragsrückerstattung die für Lebensversicherungsunternehmen getroffene Regelung (§ 21 Abs. 2 KStG in der vor Inkrafttreten des Artikels 7 des Gesetzes zur Vermeidung von Umsatzsteuerausfällen beim Handel mit Waren im Internet und zur Änderung weiterer steuerlicher Vorschriften vom 11. Dezember 2018, BGBl. I S. 2338, geltenden Fassung) entsprechend. [7]Soweit jedoch das Trägerunternehmen anspruchsberechtigt ist, müssen die Mittel der Beitragsrückerstattung innerhalb der in § 6 Abs. 2 KStG genannten Frist verwendet werden.

(4) [1]Über die Überdotierung einer Pensions-, Sterbe- und Krankenkasse i. S. d. § 5 Abs. 1 Nr. 3 KStG ist nach steuerlichen Gesichtspunkten zu ent-

[1)] VAG 1992 aufgeh. mWv 1.1.2016; siehe jetzt VAG v. 1.4.2015, BStBl. I 2015, 434.

scheiden. [2]Eine Bindung der Finanzbehörden an Entscheidungen der Versicherungsaufsichtsbehörde besteht nicht. [3]Der Geschäftsplan sowie die allgemeinen Versicherungsbedingungen und die fachlichen Geschäftsunterlagen i. S. d. *§ 5 Abs. 3 Nr. 2 Halbsatz 2 VAG* dienen lediglich als Grundlage für die Prüfung der Überdotierung. [4]Die Prüfung, ob eine Pensions-, Sterbe- und Krankenkasse wegen Überdotierung teilweise steuerpflichtig ist, hat zu den Bilanzstichtagen zu erfolgen, zu denen der Wert der Deckungsrückstellung versicherungsmathematisch zu berechnen ist oder freiwillig berechnet wird. [5]Die teilweise Steuerpflicht beginnt und endet vorbehaltlich des § 6 Abs. 2 KStG nur zu den Bilanzstichtagen, zu denen eine versicherungsmathematische Berechnung durchgeführt worden ist. [6]Tritt die Steuerpflicht z. B. für einen Zeitraum von drei Jahren ein, bleibt während dieser Zeit der Aufteilungsschlüssel unverändert, d. h., das Einkommen ist zwar für jedes Jahr gesondert nach den allgemeinen Vorschriften unter Berücksichtigung des § 6 Abs. 4 KStG zu ermitteln, jedoch nach dem unveränderten Verhältnis in den steuerfreien und den steuerpflichtigen Anteil aufzuteilen.

Unterstützungskassen[1)]

(5) [1]Bei Unterstützungskassen ist das Vermögen nach § 5 Abs. 1 Nr. 3 Buchstabe e KStG zu errechnen. [2]Im Gegensatz zu den Pensionskassen ist bei der Ermittlung nicht von handelsrechtlichen Bewertungsmaßstäben auszugehen. [3]Im Einzelnen sind anzusetzen:

a) der Grundbesitz mit 200 % des Einheitswerts (§ 4d Abs. 1 Satz 1 Nr. 1 Satz 3 EStG), der zu dem Feststellungszeitpunkt maßgebend ist, der auf den Schluss des Wj. folgt,

b) der noch nicht fällige Anspruch aus einer Versicherung mit dem Wert des geschäftsplanmäßigen Deckungskapitals zuzüglich des Guthabens aus Beitragsrückerstattung am Schluss des Wj.; soweit die Berechnung des Deckungskapitals nicht zum Geschäftsplan gehört, tritt an die Stelle des geschäftsplanmäßigen Deckungskapitals der nach § 169 Abs. 3 des VVG berechnete Rückkaufswert bzw. der nach § 169 Abs. 4 VVG berechnete Zeitwert,

c) das übrige Vermögen mit dem gemeinen Wert am Schluss des Wj.

(6) [1]Abweichend von der Regelung für Pensionskassen ist für Unterstützungskassen ein rückwirkender Wegfall der Steuerpflicht nicht vorgesehen. [2]Die teilweise Steuerpflicht ist nach Ablauf jedes Jahres zu prüfen. [3]Sie besteht deshalb jeweils nur für ein Jahr. [4]Die teilweise Steuerpflicht kann jedoch nach § 6 Abs. 6 Satz 2 KStG von vornherein z. B. durch entsprechende Rückübertragung von Deckungsmitteln auf das Trägerunternehmen vermieden werden.

H 6

Abstandnahme vom Kapitalertragsteuerabzug. → H 20.1 Abgeltungsteuer Allgemeines EStH.[2)]

[1)] Zur Einkommensermittlung bei voll steuerpflichtigen Unterstützungskassen siehe § 6a KStG.

[2)] Nr. 1.

Anrechnung von Steuerabzugsbeträgen. Bezieht eine Kasse, die partiell steuerpflichtig ist, Einkünfte, die dem Steuerabzug unterliegen, sind diese Einkünfte im Verhältnis des überdotierten zum Gesamtvermögen der Kasse in die Veranlagung einzubeziehen; nur insoweit ist die auf die Kapitalerträge entfallende Kapitalertragsteuer auf die eigene Körperschaftsteuer der Kasse anzurechnen (→ BFH vom 31.7.1991, I R 4/89, BStBl. 1992 II S. 98).

Überdotierung einer Gruppenunterstützungskasse. Die Frage, ob eine Unterstützungskasse mit mehreren Trägerunternehmen (sog. Gruppenkasse) überdotiert ist, ist einheitlich zu entscheiden, da die Kasse ein einheitliches Rechtssubjekt ist (→ BFH vom 26.11.2014, I R 37/13, BStBl. 2015 II S. 813).

Beispiel zur Berechnung des Einkommens bei partieller Steuerpflicht:

Das steuerpflichtige Einkommen einer überdotierten Pensionskasse wird wie folgt berechnet:

	€
Aktiva	5 000 000
Passiva	3 500 000
Vermögen der Kasse	1 500 000
Verlustrücklage	500 000
übersteigendes Vermögen (Überdotierung)	1 000 000
Einkommen der Kasse	100 000
steuerpflichtiges Einkommen: $\frac{100\,000 \times 1\,000\,000}{1\,500\,000} =$	66 667

Zuwendungen nach §§ 4c und 4d EStG. → R 4c und 4d EStR.[1]

Zu § 7 KStG

R 7.1 Ermittlung des zu versteuernden Einkommens

(1) [1]Bemessungsgrundlage für die tarifliche Körperschaftsteuer ist das zu versteuernde Einkommen. [2]Bei Körperschaften, die nur gewerbliche Einkünfte haben können, ist das zu versteuernde Einkommen wie folgt zu ermitteln:

1. Jahresüberschuss/-fehlbetrag lt. Steuerbilanz bzw. nach § 60 Abs. 2 EStDV korrigierter Jahresüberschuss/-fehlbetrag lt. Handelsbilanz
2. –/+ im Jahresüberschuss/-fehlbetrag enthaltener Gewinn/Verlust aus der Beteiligung an Personengesellschaften
3. +/– Steuerpflichtige Einkünfte aus Personengesellschaften nach Berücksichtigung aller außerbilanzieller Korrekturen und Verlustverrechnungsvorschriften (inkl. § 15a EStG)
4. –/+ im Jahresüberschuss enthaltener Gewinn/Verlust aus dem Betrieb von Handelsschiffen im internationalen Verkehr für die der Gewinn nach § 5a EStG zu ermitteln ist
5. +/– Pauschaler Gewinn/Verlust aus dem Betrieb von Handelsschiffen nach § 5a EStG

[1] Nr. 1.

6. +/–	Hinzurechnungen und Kürzungen nach § 4e Abs. 3, § 4f, § 4j Abs. 3 und § 4k EStG
7. +	Hinzurechnung nicht ausgleichsfähiger Verluste u. a. nach § 15b Abs. 1 Satz 1 EStG, § 15 Abs. 4 Satz 1, 3 und 6, § 20 Abs. 1 Nr. 4 Satz 2 EStG, § 2 Abs. 4 Satz 1 und Abs. 5 Satz 1, § 20 Abs. 6 Satz 4 UmwStG
8. –	Kürzungen nach § 15b Abs. 1 Satz 2 EStG, § 15 Abs. 4 Satz 2, 3 und 7, § 20 Abs. 1 Nr. 4 Satz 2 EStG
9. +/–	Bildung und Auflösung von Investitionsabzugsbeträgen i. S. d. § 7g EStG
10. +	Hinzurechnung von → vGA (§ 8 Abs. 3 Satz 2 KStG) und Ausschüttungen auf Genussrechte i. S. d. § 8 Abs. 3 Satz 2 KStG
11. –	Abzug von Gewinnerhöhungen im Zusammenhang mit bereits in vorangegangenen VZ versteuerten → vGA
12. +	Gewinnzuschlag nach § 6b Abs. 7 EStG
13. –	verdeckte Einlagen (§ 8 Abs. 3 Satz 3 bis 6 KStG), Einlagen (§ 4 Abs. 1 Satz 8 EStG)
14. +	nichtabziehbare Aufwendungen (z. B. § 10 KStG, § 4 Abs. 5 bis 8 EStG, § 160 AO)
15. +	Gesamtbetrag der Zuwendungen nach § 9 Abs. 1 Nr. 2 KStG
16. –	sonstige inländische steuerfreie Einnahmen und Erträge (ggf. gekürzt um im Zusammenhang stehende Betriebsausgaben nach § 3c Abs. 1 EStG)
17. +/–	Hinzurechnungen und Kürzungen bei Umwandlung u. a. • nach § 12 Abs. 2 Satz 1 UmwStG nicht zu berücksichtigender Übernahmeverlust oder -gewinn, • Einbringungsgewinn I nach § 22 Abs. 1 UmwStG
18. +/–	Hinzurechnungen und Kürzungen bei ausländischen Einkünften u. a. • Korrektur um nach DBA steuerfreie Einkünfte unter Berücksichtigung des § 3c Abs. 1 EStG, • Abzug ausländischer Steuern nach § 26 KStG, • Hinzurechnungsbetrag nach § 10 AStG,
19. +/–	Berichtigungsbetrag nach § 1 AStG
20. +/–	Kürzungen / Hinzurechnungen nach § 8b KStG und InvStG
21. +/–	Korrekturen bei Organschaft i. S. d. §§ 14 und 17 KStG (z. B. gebuchte Gewinnabführung, Verlustübernahme, Ausgleichszahlungen i. S. d. § 16 KStG)
22. +/–	Hinzurechnung der nicht abziehbaren Zinsen und Kürzung um den abziehbaren Zinsvortrag nach § 4h EStG i. V. m. § 8a KStG
23. –	Verrechnung mit verrechenbaren Verlusten nach § 15a EStG, die aufgrund einer Anwachsung bei der Körperschaft zu berücksichtigen sind
24. –	Abzug ausländischer Steuern nach § 26 KStG

25.	+	nicht abziehbare negative Einkünfte nach § 2a EStG
26.	–	Verrechnung positiver Einkünfte mit verbleibenden negativen Einkünften nach § 2a EStG
27.	–	abzuziehende Kapitalertragsteuer nach § 36a Abs. 1 Satz 3 EStG
28.	–	steuerfreier Sanierungsertrag nach § 3a Abs. 2 EStG
29.	+	nicht abziehbare Aufwendungen, die in unmittelbarem wirtschaftlichem Zusammenhang zum Sanierungsertrag stehen (§ 3c Abs. 4 EStG)
30.	+/–	sonstige Hinzurechnungen und Kürzungen
31.	=	steuerlicher Gewinn (Summe der Einkünfte in den Fällen der R 7.1 Abs. 2 Satz 1)
32.	–	Zuwendungen und Zuwendungsvortrag, soweit nach § 9 Abs. 1 Nr. 2 KStG abziehbar
33.	+	Sonstige Hinzurechnungen bei ausländischen Einkünften • Hinzurechnung nach § 52 Abs. 2 EStG i. V. m. § 2a Abs. 3 und 4 EStG 1997, • Hinzurechnung nach § 8 Abs. 5 Satz 2 AuslInvG
34.	+	nicht zu berücksichtigender / wegfallender Verlust des laufenden VZ, soweit Hinzurechnungen nach § 8c KStG ggf. i. V. m. § 2 Abs. 4 Satz 1 und 2, § 20 Abs. 6 Satz 4 UmwStG oder im Falle einer Abspaltung nach § 15 Abs. 3, § 16 UmwStG vor den Korrekturen nach Nr. 35 oder 36 vorzunehmen sind
35.	+/–	bei Organträgern: • Zurechnung des Einkommens von Organgesellschaften (§§ 14 und 17 KStG), • Kürzungen / Hinzurechnungen bezogen auf das dem Organträger zugerechnete Einkommen von Organgesellschaften (§ 15 KStG), • Abzug des der Organgesellschaft nach § 16 Satz 2 KStG zuzurechnenden Einkommens des Organträgers
36.	+/–	bei Organgesellschaften: • Zurechnung von Einkommen des Organträgers nach § 16 Satz 2 KStG, • Abzug des dem Organträger zuzurechnenden Einkommens (§§ 14 und 17 KStG)
37.	+	nicht zu berücksichtigender/wegfallender Verlust des laufenden VZ, soweit Hinzurechnungen nach § 8c KStG ggf. i. V. m. § 2 Abs. 4 Satz 1 und 2, § 20 Abs. 6 Satz 4 UmwStG oder im Falle einer Abspaltung nach § 15 Abs. 3, § 16 UmwStG nicht bereits nach Nr. 35 vorzunehmen sind
38.	+	Hinzurechnung der nach § 2 Abs. 4 Satz 3 und 4 UmwStG nicht ausgleichsfähigen Verluste des laufenden VZ sowie der nach § 2 Abs. 5 Satz 1 und 2 UmwStG nicht ausgleichsfähigen und verrechenbaren negativen Einkünfte des übernehmenden Rechtsträgers

39. +	nicht zu berücksichtigender/wegfallender Verlust des laufenden VZ nach § 3a Abs. 3 Satz 2 Nr. 8 und 9 EStG ggf. i.V.m. § 3a Abs. 3 Satz 3 EStG und § 15 S. 1 Nr. 1a KStG
40. =	Gesamtbetrag der Einkünfte i. S. d. § 10d EStG
41. –	Verlustabzug nach § 10d EStG (unter vorrangigem Abzug des darin enthaltenen fortführungsgebundenen Verlustvortrags nach § 8d KStG)
42. =	Einkommen
43. –	Freibetrag für bestimmte Körperschaften (§ 24 KStG)
44. –	Freibetrag für Genossenschaften, die Land- und Forstwirtschaft betreiben (§ 25 KStG)
45. =	zu versteuerndes Einkommen

[3] Bei Körperschaften i. S. d. § 8 Abs. 9 KStG ist zunächst für jede Sparte ein Gesamtbetrag der Einkünfte entsprechend dem Schema nach Satz 2 zu ermitteln. [4] Der Verlustabzug ist in Fällen von Satz 3 spartenbezogen vorzunehmen. [5] Die Summe der sich hiernach ergebenden positiven Spartenergebnisse bildet das Einkommen.

(2) [1] Für Körperschaften, die auch andere Einkünfte als gewerbliche haben können, gilt Absatz 1 entsprechend. [2] Von der Summe der Einkünfte ist bei Vorliegen der Voraussetzungen der Freibetrag bei Einkünften aus Land- und Forstwirtschaft nach § 13 Abs. 3 EStG abzuziehen.

H 7.1

Beteiligungserträge/Phasengleiche Aktivierung. Eine phasengleiche Aktivierung von Dividendenansprüchen aus einer zum Bilanzstichtag noch nicht beschlossenen Gewinnverwendung einer nachgeschalteten Gesellschaft scheidet steuerlich grundsätzlich aus (→ BFH vom 7.8.2000, GrS 2/99, BStBl. II S. 632 und → BFH vom 20.12.2000, I R 50/95, BStBl. 2001 II S. 409).

Betriebe gewerblicher Art. Zu Besonderheiten der Einkommensermittlung → R 8.2.

Doppelbesteuerungsabkommen. Stand zum 1.1.2022 → BMF vom 19.1.2022, BStBl. I S. 147.

Gewinnermittlung bei Handelsschiffen. Zu körperschaftsteuerlichen Fragen bei der Gewinnermittlung von Handelsschiffen im internationalen Verkehr nach § 5a EStG → BMF vom 24.3.2000, BStBl. I S. 453.

Gewinnermittlung bei Körperschaften, die Land- und Forstwirtschaft betreiben. → R 8.3.

Inkongruente Gewinnausschüttungen. → BMF vom 17.12.2013, BStBl. 2014 I S. 63.

Körperschaftsteuerguthaben. → BMF vom 14.1.2008, BStBl. I S. 280.

Mindestgewinnbesteuerung. Die Mindestgewinnbesteuerung des § 10d Abs. 2 EStG verstößt in ihrer Grundkonzeption einer zeitlichen Streckung des Verlustvortrags nicht gegen Verfassungsrecht (→ BFH vom 22.8.2012, I R 9/11, BStBl. 2013 II S. 512).[1)·2)]

Organschaft. Zu Besonderheiten der Einkommensermittlung bei Organgesellschaften und Organträgern → R 14.6 bis 16.

Spartentrennung bei Kapitalgesellschaften, für die § 8 Abs. 7 Satz 1 Nr. 2 KStG anzuwenden ist. Zu Besonderheiten der Einkommensermittlung bei Kapitalgesellschaften, für die § 8 Abs. 7 Satz 1 Nr. 2 KStG anzuwenden ist → BMF vom 12.11.2009, BStBl. I S. 1303.[3)] Eine Eigengesellschaft übt das Dauerverlustgeschäft nicht selbst aus, wenn sie den verlustbringenden Betrieb verpachtet (→ BFH vom 9.11.2016, I R 56/15, BStBl. 2017 II S. 498).

Verdeckte Gewinnausschüttung. Die vGA führt im Rahmen der Hinzurechnung nach § 8 Abs. 3 Satz 2 KStG zu einer außerbilanziellen Korrektur des Jahresüberschusses/-fehlbetrags als Ausgangsgröße der steuerlichen Einkommensermittlung (→ BFH vom 29.6.1994, I R 137/93, BStBl. 2002 II S. 366 und → BFH vom 12.10.1995, I R 27/95, BStBl. 2002 II S. 367). Zur Darstellung im Einzelnen und zum Abzug von Gewinnerhöhungen im Zusammenhang mit bereits früher versteuerten vGA → BMF vom 28.5.2002, BStBl. I S. 603.

R 7.2 Ermittlung der festzusetzenden und verbleibenden Körperschaftsteuer

[1] Die festzusetzende und die verbleibende Körperschaftsteuer sind wie folgt zu ermitteln:

1.		Steuerbetrag nach Regelsteuersatz (§ 23 Abs. 1 KStG) bzw. Sondersteuersätzen
2.	–	anzurechnende ausländische Steuern nach § 26 Abs. 1 KStG, § 12 AStG
3.	=	Tarifbelastung
4.	=	festzusetzende Körperschaftsteuer
5.	–	anzurechnende Kapitalertragsteuer
6.	=	verbleibende Körperschaftsteuer

[2] Bei Berufsverbänden unterliegen Mittel, die für die Unterstützung und Förderung von Parteien verwendet werden, einer besonderen Körperschaftsteuer von 50 % (§ 5 Abs. 1 Nr. 5 Satz 4 KStG).

H 7.2

Zusammentreffen von Erbschaftsteuer und Körperschaftsteuer. Eine Erbschaft unterliegt ungeachtet ihrer erbschaftsteuerrechtlichen Belastung

1) **[Amtl. Anm.:]** Verfassungsbeschwerde anhängig, 2 BvR 2998/12.

2) **[Amtl. Anm.:]** Vgl. auch Normenkontrollverfahren 2 BvL 19/14 (→ BFH vom 26.2.2014, I R 59/12, BStBl. II S. 1016).

3) Geänd. durch BMF v. 6.7.2021, BStBl. I 2021, 914, und v. 15.12.2021, BStBl. I 2021, 2483, mit Anwendungsregelung.

der Körperschaftsteuer (→ BFH vom 6.12.2016, I R 50/16, BStBl. 2017 II S. 324).

R 7.3 Vom Kalenderjahr abweichendes Wirtschaftsjahr

(1) Auf kleine Betriebe, Stiftungen, Verbände und Vereine, die einer jPöR angeschlossen sind oder von ihr verwaltet werden, sowie auf technische Überwachungsvereine kann, soweit sie gezwungen sind, ihre Abschlüsse abweichend vom Kj. aufzustellen, § 7 Abs. 4 KStG entsprechend angewendet werden.

(2) Bei Körperschaften i. S. d. § 5 Abs. 1 Nr. 9 KStG mit einem vom Kj. abweichenden Wj., die ohne Verpflichtung nach den Vorschriften des HGB ordnungsmäßig Bücher führen und regelmäßig Abschlüsse machen, kann in entsprechender Anwendung des § 7 Abs. 4 KStG auf Antrag das Wj. der Besteuerung des wirtschaftlichen Geschäftsbetriebs zugrunde gelegt werden.

Zu § 8 KStG

R 8.1 Anwendung einkommensteuerrechtlicher Vorschriften

(1) Bei Körperschaften sind nach § 8 Abs. 1, § 26 und § 31 Abs. 1 KStG anzuwenden:

1. die folgenden Vorschriften des EStG i. d. F. der Bekanntmachung vom 8.10.2009 (BGBl. I S. 3366, S. 3862, BStBl. I S. 1346) unter Berücksichtigung der Änderungen bis einschließlich durch Artikel 2 des Gesetzes vom 10. März 2021 (BGBl. I S. 330):
   § 2 Abs. 1 bis 4, 6 und 7 Satz 3. [2] Auf R 7.1 wird hingewiesen;
   § 2a,
   § 3 Nr. 7, 8 Satz 1, Nr. 11 Satz 1 und 3, Nr. 18, 40a, 42, 44, 54, 70 und 71,
   § 3a,
   § 3c Abs. 1, § 3c Abs. 2 i. V. m. § 3 Nr. 40a, § 3c Abs. 3 und 4
   § 4 Abs. 1 bis 4, Abs. 5 Satz 1 Nr. 1 bis 4, 7 bis 13, Satz 2, Abs. 5b bis 8,
   § 4a Abs. 1 Satz 2 Nr. 1 und 3, Abs. 2,
   § 4b,
   § 4c,
   § 4d,
   § 4e,
   § 4f,
   § 4g,
   § 4h,
   § 4i,
   § 4j,
   § 4k,
   § 5,
   § 5a,
   § 5b,
   § 6,
   § 6a,

§ 6b,
§ 6c,
§ 6d,
§ 6e,
§ 7,
§ 7a,
§ 7b,
§ 7c,
§ 7g,
§ 7h,
§ 7i,
§ 8 Abs. 1 und 2,
§ 9 Abs. 1 Satz 3 Nr. 1 bis 3 und 7 und Abs. 5,
§ 9a Satz 1 Nr. 3 und Satz 2. [3] Auf Absatz 2 wird hingewiesen;
§ 9b,
§ 10d,
§ 10g,
§ 11,
§ 11a,
§ 11b,
§ 13 Abs. 1, 2 Nr. 1, Abs. 3 Satz 1 und 2, Abs. 6 und 7,
§ 13a,
§ 13b,
§ 14 Abs. 1 Satz 1, Abs. 2 und 3,
§ 15,
§ 15a,
§ 15b,
§ 16 Abs. 1 bis 3b und 5,
§ 17. [4] Auf Absätze 2 und 3 wird hingewiesen;
§ 18 Abs. 1 Nr. 2, 3 und 4, Abs. 2, 3, 4 Satz 2,
§ 20. [5] Auf nachfolgenden Absatz 2 wird hingewiesen;
§ 21 Abs. 1 und 3,
§ 22 Nr. 1, 2 und 3,
§ 23,
§ 24,
§ 25 Abs. 1 und 3 Satz 1,
§ 32d Abs. 2 Satz 1 Nr. 1 Satz 1 und Nr. 3 Satz 1 und Satz 3 bis 6 (die Anwendung erfolgt i. V. m. § 8 Abs. 10 Satz 2 KStG),
§ 34b Abs. 1 Nr. 2 (die Anwendung erfolgt i. V. m. R 23),
§ 34c (die Anwendung erfolgt i. V. m. § 26 KStG),
§ 34d Nr. 1 bis 4 und 6 bis 8,
§ 36 Abs. 2 Nr. 2, Abs. 3 bis 5,
§ 36a,
§ 37 Abs. 1, Abs. 3 Satz 1 bis 3 sowie 8 bis 11, Abs. 4 und 5,
§ 37b,
§ 43,
§ 43a,
§ 43b,

§ 44,
§ 44a,
§ 44b,
§ 45,
§ 45a,
§ 45b,
§ 45c,
§ 45d,
§ 48,
§ 48a,
§ 48b,
§ 48c,
§ 48d,
§ 49,
§ 50 Abs. 1 Satz 1, Abs. 2 Satz 1, 2, 7 und 8, Abs. 3 und 4,
§ 50a Abs. 1 Nr. 1 bis 3, Abs. 2 bis 7,
§ 50b,
§ 50c,
§ 50d Abs. 3, 9 bis 11a, 13 und 14,
§ 50e,
§ 50f,
§ 50g,
§ 50h,
§ 50i,
§ 51,
§ 51a Abs. 1 und 3 bis 5,
§ 52,
§ 55,
§ 56,
§ 57,
§ 58;

2. die folgenden Vorschriften der EStDV i. d. F. der Bekanntmachung vom 10.5.2000 (BGBl. I S. 717, BStBl. I S. 595), zuletzt geändert durch die Verordnung vom 21.12.2020 (BGBl. I S. 3096):
§ 6,
§ 8b,
§ 8c,
§ 9a,
§ 10,
§ 11c,
§ 11d,
§ 15,
§ 50,
§ 51,
§ 53,
§ 54,
§ 56 Satz 2,
§ 60,

§ 68a,
§ 68b,
§ 73a Abs. 2 und 3,
§ 73c,
§ 73d,
§ 73e,
§ 73f,
§ 73g,
§ 81,
§ 82a,
§ 82b,
§ 82f,
§ 82g,
§ 82i,
§ 84.

(2) [1] Unbeschränkt Körperschaftsteuerpflichtige i. S. d. § 1 Abs. 1 Nr. 4 und 5 KStG können grundsätzlich Bezieher sämtlicher Einkünfte i. S. d. § 2 Abs. 1 EStG sein. [2] Bei der Ermittlung der Einkünfte aus Kapitalvermögen ist die Vorschrift des § 20 Abs. 9 Satz 1 und 4 EStG (Sparer-Pauschbetrag) zu berücksichtigen. [3] In den Fällen des § 8 Abs. 10 KStG ist § 20 Abs. 6 und 9 EStG nicht anzuwenden. [4] Ferner ist die Freibetragsregelung des § 17 Abs. 3 EStG zu beachten.

(3) Bei Körperschaftsteuerpflichtigen, bei denen alle Einkünfte als Einkünfte aus Gewerbebetrieb zu behandeln sind (§ 8 Abs. 2 KStG), ist die Freibetragsregelung des § 17 Abs. 3 EStG nicht anzuwenden.

H 8.1

Gewinnermittlung bei Handelsschiffen. Zu körperschaftsteuerlichen Fragen bei der Gewinnermittlung von Handelsschiffen im internationalen Verkehr nach § 5a EStG → BMF vom 24.3.2000, BStBl. I S. 453.

Steuerberatungskosten. Zum Abzug von Steuerberatungskosten als Betriebsausgaben oder Werbungskosten → BMF vom 21.12.2007, BStBl. 2008 I S. 256.

R 8.2 Einkommensermittlung bei Betrieben gewerblicher Art

(1) [1] Für die Zwecke der Ermittlung des körperschaftsteuerpflichtigen Einkommens wird der BgA der jPöR verselbständigt. [2] Das schließt grundsätzlich die steuerrechtliche Anerkennung von Regelungen der jPöR in Bezug auf den BgA ein, z. B. über verzinsliche Darlehen oder Konzessionsabgaben. [3] Diese Regelungen müssen jedoch klar und eindeutig sein und können nur für die Zukunft, nicht aber mit Wirkung für die Vergangenheit getroffen werden.

(2)[1)] [1] Regelungen der jPöR in Bezug auf den BgA über verzinsliche Darlehen sind steuerrechtlich nur anzuerkennen, soweit der BgA mit einem angemessenen Eigenkapital ausgestattet ist. [2] Ein Anhaltspunkt ist die Kapitalstruktur

---

1) Zur Eigenkapitalausstattung bei Betrieben gewerblicher Art als jPöR siehe LfSt Niedersachsen v. 29.9.2020 – S 2706 – 153 – St 241, DStR 2020, 2732.

gleichartiger Unternehmen in privatrechtlicher Form. [3]Ein BgA ist grundsätzlich mit einem angemessenen Eigenkapital ausgestattet, wenn das Eigenkapital mindestens 30% des Aktivvermögens beträgt. [4]Für die Berechnung der Eigenkapitalquote ist von den Buchwerten in der steuerrechtlichen Gewinnermittlung am Anfang des Wj. auszugehen. [5]Das Aktivvermögen ist um Baukostenzuschüsse und passive Wertberichtigungsposten zu kürzen. [6]Von der jPöR gewährte unverzinsliche Darlehen sind als Eigenkapital zu behandeln. [7]Pensionsrückstellungen rechnen als echte Verpflichtungen nicht zum Eigenkapital. [8]Soweit der BgA nicht mit einem angemessenen Eigenkapital ausgestattet ist, ist ein von der jPöR ihrem BgA gewährtes Darlehen als Eigenkapital zu behandeln mit der Folge, dass die insoweit angefallenen Zinsen als vGA anzusehen sind. [9]Die Angemessenheit des Eigenkapitals ist für jeden VZ neu zu prüfen.

(3) [1]Auch ohne besondere Regelung sind Aufwendungen der jPöR, die dieser aus der Unterhaltung des BgA erwachsen, in angemessenem Umfang als Betriebsausgaben des BgA abziehbar. [2]Wegen vGA → R 8.5 und wegen der Abgrenzung der Spenden zur vGA → R 9 Abs. 6.

(4) [1]Werden Wirtschaftsgüter anlässlich der Veräußerung eines BgA nicht mit veräußert, kommt es zur → Überführung dieser Wirtschaftsgüter in das Hoheitsvermögen der Trägerkörperschaft. [2]Sie können danach einem anderen BgA zugeführt werden. [3]Eine Zusammenfassung von BgA führt nicht zur Überführung der in den bisherigen BgA enthaltenen Wirtschaftsgüter in das Hoheitsvermögen mit anschließender Zuführung in den zusammengefassten BgA.

(5) Eine von außersteuerlichen Verpflichtungen abgeleitete steuerliche → Buchführungspflicht i. S. d. § 140 AO kann sich für BgA von jPöR aufgrund der landesspezifischen Eigenbetriebsgesetze sowie bei kaufmännischen Betrieben auch aufgrund einer unmittelbaren Anwendung der handelsrechtlichen Rechnungslegungsvorschriften (§§ 238 ff. HGB) ergeben.

H 8.2

Angemessene Eigenkapitalausstattung. → BFH vom 9.7.2003, I R 48/02, BStBl. 2004 II S. 425.

Anwendungsfragen zur Besteuerung von BgA und Eigengesellschaften von jPöR. → BMF vom 12.11.2009, BStBl. I S. 1303.[1)]

Betriebsvermögen. Zum Begriff des notwendigen Betriebsvermögens → R 4.2 EStR.[2)]
Wesentliche Betriebsgrundlagen sind auch ohne eine entsprechende Widmung stets als notwendiges Betriebsvermögen des BgA zu behandeln (→ BFH vom 14.3.1984, I R 223/80, BStBl. II S. 496). Der Annahme notwendigen Betriebsvermögens des BgA steht nicht entgegen, dass sich das Wirtschaftsgut räumlich im hoheitlichen Bereich der Trägerkörperschaft befindet (→ BFH vom 27.6.2001, I R 82–85/00, BStBl. II S. 773). Die An-

---

1) Geänd. durch BMF v. 6.7.2021, BStBl. I 2021, 914, und v. 15.12.2021, BStBl. I 2021, 2483, mit Anwendungsregelung.
2) Nr. **1**.

nahme von Betriebsvermögen des BgA ist hingegen ausgeschlossen, wenn das Wirtschaftsgut zum Hoheitsbereich der Trägerkörperschaft gehört; dies gilt auch dann, wenn das Wirtschaftsgut eine wesentliche Betriebsgrundlage des BgA darstellt (→ BFH vom 17.5.2000, I R 50/98, BStBl. 2001 II S. 558). Hoheitsvermögen kann kein gewillkürtes Betriebsvermögen darstellen (→ BFH vom 7.11.2007, I R 52/06, BStBl. 2009 II S. 248).

Buchführungspflicht. → BMF vom 3.1.2013, BStBl. I S. 59.

Eigenkapitalausstattung und Darlehensgewährung. → BFH vom 1.9.1982, I R 52/78, BStBl. 1983 II S. 147.[1)]

Einkunftsart. Einkünfte eines BgA stellen stets gewerbliche Einkünfte i.S.d. § 15 EStG dar. Das gilt auch im Fall der Verpachtung eines BgA (→ BFH vom 1.8.1979, I R 106/76, BStBl. II S. 716).

Enge wechselseitige technisch-wirtschaftliche Verflechtung. → BFH vom 16.12.2020, I R 41/17, BStBl. 2021 II S. 872; → BFH vom 16.12.2020, I R 50/17, BStBl. 2021 II S. 443.

Kapitalertragsteuer. Zur Kapitalertragsteuer auf Leistungen eines mit eigener Rechtspersönlichkeit ausgestatteten BgA bzw. auf den Gewinn eines BgA ohne eigene Rechtspersönlichkeit, die zu einer beschränkten Steuerpflicht der Trägerkörperschaft nach § 2 Nr. 2 KStG mit abgeltendem Steuerabzug (§ 32 Abs. 1 Nr. 2 KStG) führt → BMF vom 28.1.2019, BStBl. I S. 97.[2)]

Konzessionsabgaben. Zur Abziehbarkeit von Konzessionsabgaben → BMF vom 9.2.1998, BStBl. I S. 209 und → BMF vom 27.9.2002, BStBl. I S. 940 sowie (insbesondere in der Anlaufphase) → BFH vom 6.4.2005, I R 15/04, BStBl. 2006 II S. 196. Zur Bestimmung der Einwohnerzahl → BFH vom 31.1.2012, I R 1/11, BStBl. II S. 694 und → BMF vom 24.8.2012, BStBl. I S. 904.

Miet- oder Pachtverträge. Die fiktive Verselbständigung des BgA im Rahmen der Einkommensermittlung lässt grundsätzlich auch die steuerliche Berücksichtigung von Miet- und Pachtvereinbarungen des BgA mit seiner Trägerkörperschaft zu. Miet- oder Pachtverträge zwischen der jPöR und ihrem BgA können allerdings im Hinblick auf den Besteuerungszweck des § 1 Abs. 1 Nr. 6 i.V.m. § 4 KStG nicht der Besteuerung zugrunde gelegt werden, soweit Wirtschaftsgüter überlassen werden, die für den BgA eine wesentliche Grundlage bilden (→ BFH vom 14.3.1984, I R 223/80, BStBl. II S. 496). Dies gilt auch dann, wenn das Wirtschaftsgut – wie z.B. eine öffentliche Straßenfläche – zum Hoheitsbereich der jPöR gehört und die Annahme von → Betriebsvermögen des BgA ausscheidet (→ BFH vom 17.5.2000, I R 50/98, BStBl. 2001 II S. 558).

Rechnungsprüfung. Angemessene Aufwendungen eines BgA für gesetzlich vorgesehene Rechnungs- und Kassenprüfungen durch das Rechnungsprü-

---

1) Keine Anerkennung interner Darlehen zwischen Trägerkörperschaft und BgA zur Refinanzierung wesentlicher Betriebsgrundlagen, siehe BFH v. 10.12.2019 I R 24/17, DStR 2020, 1610.

2) Geänd. durch BMF v. 4.4.2022, BStBl. I 2022, 645 (Anpassung an BFH v. 30.9.2020 I R 12/17, BStBl. II 2022, 269).

fungsamt der Trägerkörperschaft sind als Betriebsausgaben abziehbar (→ BFH vom 28.2.1990, I R 137/86, BStBl. II S. 647).

Sondernutzungsentgelte. Soweit hoheitliches Vermögen auf Grund von Sondernutzungsentgelten genutzt wird, kann dies zu Betriebsausgaben führen (→ BFH vom 6.11.2007, I R 72/06, BStBl. 2009 II S. 246).

Steuerrechtssubjekt i. S. d. § 1 Abs. 1 Nr. 6 KStG. Die Trägerkörperschaft ist Steuerrechtssubjekt i. S. d. § 1 Abs. 1 Nr. 6 KStG wegen jedes einzelnen von ihr unterhaltenen BgA. Für jeden einzelnen BgA ist das Einkommen gesondert zu ermitteln und die Körperschaftsteuer gesondert gegen die Trägerkörperschaft festzusetzen (→ BFH vom 13.3.1974, I R 7/71, BStBl. II S. 391, → BFH vom 8.11.1989, I R 187/85, BStBl. 1990 II S. 242 und → BFH vom 17.5.2000, I R 50/98, BStBl. 2001 II S. 558).

Überführung von Wirtschaftsgütern. Werden Wirtschaftsgüter in einen anderen BgA derselben Trägerkörperschaft überführt, ist dieser Vorgang infolge der fiktiven Verselbständigung des rechtlich unselbständigen BgA im Rahmen der Einkommensermittlung als vGA des abgebenden sowie als verdeckte Einlage bei dem aufnehmenden Betrieb zu berücksichtigen (→ BFH vom 24.4.2002, I R 20/01, BStBl. 2003 II S. 412). Zur Bewertung der vGA mit dem gemeinen Wert → H 8.6 Hingabe von Wirtschaftsgütern und zur Bewertung der verdeckten Einlage mit dem Teilwert → § 8 Abs. 1 KStG i. V. m. § 6 Abs. 1 Nr. 5 und 6 EStG und → R 8.9 Abs. 4.

Vereinbarungen. Vereinbarungen zwischen dem rechtlich unselbständigen BgA und seiner Trägerkörperschaft sind aufgrund der fiktiven Verselbständigung des BgA im Rahmen der Einkommensermittlung steuerlich grundsätzlich zu berücksichtigen, zur Ausnahme bei Miet- und Pachtverträgen über wesentliche Betriebsgrundlagen → Miet- oder Pachtverträge, zur Ausnahme bei Darlehensverträgen zur Refinanzierung wesentlicher Betriebsgrundlagen → Darlehensverträge. Aufgrund der engen Beziehung zwischen Trägerkörperschaft und rechtlich unselbständigem BgA sind für eine steuerliche Anerkennung der Vereinbarungen die für beherrschende Anteilseigner einer Kapitalgesellschaft geltenden Grundsätze maßgebend. Soweit bei der Ermittlung des Einkommens Minderungen des dem BgA zuzuordnenden Vermögens zugunsten des übrigen Vermögens der Trägerkörperschaft zu beurteilen sind, ist das Einkommen zu ermitteln, als ob der BgA ein selbständiges Steuersubjekt in der Rechtsform einer Kapitalgesellschaft und die Trägerkörperschaft deren Alleingesellschafter ist (→ BFH vom 3.2.1993, I R 61/91, BStBl. II S. 459, → BFH vom 10.7.1996, I R 108-109/95, BStBl. 1997 II S. 230 und → BFH vom 17.5.2000, I R 50/98, BStBl. 2001 II S. 558).

Verpachtetes Dauerverlustgeschäft i. S. d. § 8 Abs. 7 KStG. Die steuerliche Begünstigung von Dauerverlustgeschäften nach § 8 Abs. 7 Satz 1 Nr. 2 KStG setzt voraus, dass die dauerdefizitären Tätigkeiten durch die von der öffentlichen Hand beherrschte Kapitalgesellschaft selbst ausgeübt wird. Übt die Kapitalgesellschaft das Dauerverlustgeschäft nicht selbst aus, weil sie den verlustbringenden Freibadbetrieb an einen eingetragenen Verein verpachtet hat, ist die Verpachtungstätigkeit nicht begünstigt (→ BFH vom

9.11.2016, I R 56/15, BStBl. 2017 II S. 498), → BMF vom 15.12.2021, BStBl. I S. 2483.

Zuwendungen.

– **Zuwendungen an Trägerkörperschaft.** Die fiktive Verselbständigung des BgA im Rahmen der Einkommensermittlung schließt die steuerrechtliche Anerkennung sowohl von Vereinbarungen als auch von sonstigen Geschäftsvorfällen zwischen der Trägerkörperschaft und dem unselbständigen BgA ein. Die Rspr. erkennt demzufolge grundsätzlich auch eine gewinnmindernde Berücksichtigung von Zuwendungen i. S. d. § 9 Abs. 1 Nr. 2 KStG an, die der rechtlich unselbständige BgA zugunsten der Trägerkörperschaft leistet (→ BFH vom 5.6.1962, I 31/61, BStBl. III S. 355 und → BFH vom 12.10.1978, I R 149/75, BStBl. 1979 II S. 192).

– **Auswirkung von Zuwendungen auf den Gewinn.** Zuwendungen zugunsten seiner Trägerkörperschaft kann der BgA nur dann gewinnmindernd berücksichtigen, wenn er die Zuwendung auch bei Anwendung der Sorgfalt eines ordentlichen und gewissenhaften Geschäftsleiters geleistet hätte und die Zuwendung ihre Ursache nicht in der engen Bindung des BgA an die Trägerkörperschaft, mithin in der trägerschaftlichen Beziehung findet; andernfalls kommt es zu einer vGA (→ BFH vom 21.1.1970, I R 23/68, BStBl. II S. 468, → BFH vom 12.10.1978, I R 149/75, BStBl. 1979 II S. 192 und → BFH vom 1.12.1982, I R 101/79, BStBl. 1983 II S. 150).

→ H 9 Zuwendungen und Spenden an den Träger der Sparkasse (Gewährträger).

R 8.3 Gewinnermittlung bei Körperschaften, die Land- und Forstwirtschaft betreiben

[1] Im Interesse der Gleichmäßigkeit der Besteuerung bestehen keine Bedenken, dass auch Körperschaften, bei denen alle Einkünfte als Einkünfte aus Gewerbebetrieb zu behandeln sind (§ 8 Abs. 2 KStG) und die daher ihren Gewinn nicht nach § 4 Abs. 1 EStG, sondern nach § 5 EStG ermitteln, die Steuervergünstigungen des § 6b EStG für Gewinne aus der Veräußerung von Aufwuchs oder Anlagen im Grund und Boden mit dem dazugehörigen Grund und Boden in Anspruch nehmen. [2] Das gilt auch für die Vereinfachungsregelung i.S.d. R 14 Abs. 3 Satz 1 EStR.[1)] [3] Voraussetzung ist in diesen Fällen, dass sich der Betrieb der Körperschaft auf die Land- und Forstwirtschaft beschränkt oder der land- und forstwirtschaftliche Betrieb als organisatorisch verselbständigter Betriebsteil (Teilbetrieb) geführt wird.

R 8.4 Zuwendungen an Pensions- und Unterstützungskassen *(unbesetzt)*

R 8.5 Verdeckte Gewinnausschüttungen

Grundsätze der verdeckten Gewinnausschüttung

(1) [1] Eine vGA i. S. d. § 8 Abs. 3 Satz 2 KStG ist eine Vermögensminderung oder verhinderte Vermögensmehrung, die durch das Gesellschaftsverhältnis

---

1) Nr. **1**.

veranlasst ist, sich auf die Höhe des Unterschiedsbetrags i. S. d. § 4 Abs. 1 Satz 1 EStG auswirkt und nicht auf einem den gesellschaftsrechtlichen Vorschriften entsprechenden Gewinnverteilungsbeschluss beruht. [2]Bei nicht buchführungspflichtigen Körperschaften ist auf die Einkünfte abzustellen. [3]Eine → Veranlassung durch das Gesellschaftsverhältnis ist auch dann gegeben, wenn die Vermögensminderung oder verhinderte Vermögensmehrung bei der Körperschaft zugunsten einer → nahestehenden Person erfolgt.

(2) [1]Im Verhältnis zwischen Gesellschaft und beherrschendem Gesellschafter ist eine Veranlassung durch das Gesellschaftsverhältnis i. d. R. auch dann anzunehmen, wenn es an einer zivilrechtlich wirksamen, klaren, eindeutigen und im Voraus abgeschlossenen Vereinbarung darüber fehlt, ob und in welcher Höhe ein Entgelt für eine Leistung des Gesellschafters zu zahlen ist, oder wenn nicht einer klaren Vereinbarung entsprechend verfahren wird. [2]Die beherrschende Stellung muss im Zeitpunkt der Vereinbarung oder des Vollzugs der Vermögensminderung oder verhinderten Vermögensmehrung vorliegen.

H **8.5**

I. Grundsätze

Anwendungsschreiben zur Option zur Körperschaftsbesteuerung. → BMF vom 10.11.2021, BStBl. I S. 2212.

Auslegung von Vereinbarungen. Zur Auslegung von Vereinbarungen zwischen einer Kapitalgesellschaft und ihrem Gesellschafter-Geschäftsführer im Zusammenhang mit einer Pensionszusage → BMF vom 28.8.2001, BStBl. I S. 594.

BgA. Eine vGA kann auch bei BgA von jPöR vorliegen (→ BFH vom 29.5.1968, I 46/65, BStBl. II S. 692, → BFH vom 13.3.1974, I R 7/71, BStBl. II S. 391 und → BFH vom 10.7.1996, I R 108–109/95, BStBl. 1997 II S. 230).

Zum Verhältnis zwischen dem BgA und der Trägerkörperschaft → H 8.2 Vereinbarungen.

Zur Frage vGA bei Dauerverlustgeschäften → § 8 Abs. 7 KStG und → BMF vom 12.11.2009, BStBl. I S. 1303.[1)]

Der Ausschluss der Rechtsfolgen einer vGA gemäß § 8 Abs. 7 Satz 1 Nr. 2 KStG i.d.F. des JStG 2009 gilt nicht nur für die begünstigte dauerdefizitäre Eigengesellschaft, sondern auch für die kapitalertragsteuerlichen Folgen beim (unmittelbaren oder mittelbaren) Anteilseigner (→ BFH vom 11.12.2018, VIII R 44/15, BStBl. 2021 II S. 347).

Dauerschuldverhältnisse. → H 8.5 I zivilrechtliche Wirksamkeit.

Genossenschaften. Eine vGA kann auch bei Genossenschaften vorliegen (→ R 22 Abs. 13). Eingetragene Genossenschaften haben keine außerbetriebliche Sphäre → BFH vom 28.10.2015, I R 10/13, BStBl. 2016 II S. 298.

[1)] Geänd. durch BMF v. 6.7.2021, BStBl. I 2021, 914, und v. 15.12.2021, BStBl. I 2021, 2483, mit Anwendungsregelung.

Korrektur innerhalb oder außerhalb der Steuerbilanz. → BMF vom 28.5.2002, BStBl. I S. 603.

Mündliche Vereinbarung. Wer sich auf die Existenz eines mündlich abgeschlossenen Vertrags beruft, einen entsprechenden Nachweis aber nicht führen kann, hat den Nachteil des fehlenden Nachweises zu tragen, weil er sich auf die Existenz des Vertrags zur Begründung des Betriebsausgabenabzugs beruft (→ BFH vom 29.7.1992, I R 28/92, BStBl. 1993 II S. 247).
→ H 8.5 I zivilrechtliche Wirksamkeit.

Nichtkapitalgesellschaften und vGA. Die Annahme einer vGA setzt voraus, dass der Empfänger der Ausschüttung ein mitgliedschaftliches oder mitgliedschaftsähnliches Verhältnis zur ausschüttenden Körperschaft hat (→ BFH vom 13.7.1994, I R 112/93, BStBl. 1995 II S. 198). Entscheidend für eine vGA ist ihre Veranlassung durch das mitgliedschaftliche oder mitgliedschaftsähnliche Verhältnis. Aus diesem Grund kann eine vGA auch vorliegen, wenn im Zeitpunkt der Ausschüttung das mitgliedschaftliche oder mitgliedschaftsähnliche Verhältnis noch nicht oder nicht mehr besteht (→ BFH vom 24.1.1989, VIII R 74/84, BStBl. II S. 419).

Realgemeinden und Vereine. Eine vGA kann auch bei Realgemeinden und Vereinen vorliegen (→ BFH vom 23.9.1970, I R 22/67, BStBl. 1971 II S. 47). Ein eingetragener Verein hat eine außersteuerliche Sphäre (→ BFH vom 15.1.2015, I R 48/13, BStBl. II S. 713).

Stiftungen. Destinatäre einer Stiftung haben kein mitgliedschaftliches oder mitgliedschaftsähnliches Verhältnis zur Stiftung (→ BFH vom 22.9.1959, I 5/59 U, BStBl. 1960 III S. 37 und → BFH vom 12.10.2011, I R 102/10, BStBl. 2014 II S. 484). Stiftungen verfügen über eine außerbetriebliche Sphäre (→ BFH vom 12.10.2011, I R 102/10, BStBl. 2014 II S. 484).

Tatsächliche Durchführung von Vereinbarungen. Das Fehlen der tatsächlichen Durchführung ist ein gewichtiges Indiz dafür, dass die Vereinbarung nicht ernstlich gemeint ist. Leistungen der Gesellschaft an ihren Gesellschafter aufgrund einer nicht ernstlich gemeinten Vereinbarung führen zu vGA (→ BFH vom 28.10.1987, I R 110/83, BStBl. 1988 II S. 301 und → BFH vom 29.7.1992, I R 28/92, BStBl. 1993 II S. 247).

Tatsächliche Handlungen. Eine vGA setzt nicht voraus, dass die Vermögensminderung oder verhinderte Vermögensmehrung auf einer Rechtshandlung der Organe der Kapitalgesellschaft beruht. Auch tatsächliche Handlungen können den Tatbestand der vGA erfüllen (→ BFH vom 14.10.1992, I R 17/92, BStBl. 1993 II S. 352).

VVaG. Eine vGA kann auch bei VVaG vorliegen (→ BFH vom 14.7.1976, I R 239/73, BStBl. II S. 731).

Zivilrechtliche Wirksamkeit.

– Verträge mit beherrschenden Gesellschaftern müssen zivilrechtlich wirksam sein, um steuerlich anerkannt zu werden. Eine Wirksamkeitsvoraussetzung ist ein evtl. bestehendes Schriftformerfordernis (→ BFH vom 17.9.1992, I R 89–98/91, BStBl. 1993 II S. 141). Rechtsgeschäfte, welche der durch das Gesetz vorgeschriebenen Form ermangeln, sind gem. § 125 Satz 1 BGB nichtig. Der Mangel einer durch Rechtsgeschäft vorgeschriebenen Form hat gem. § 125 Satz 2 BGB „im Zweifel" gleichfalls Nichtigkeit zur Folge. Maßgeblich für die Beurteilung der zivilrechtlichen Wirksamkeit ist, ob die Einhaltung der Schriftform Gültigkeitsvoraussetzung für den geänderten Vertrag sein soll (konstitutive Schriftform) oder ob der Inhalt des Vertrags lediglich zu Beweiszwecken schriftlich niedergelegt werden soll (deklaratorische Schriftform).

- **Änderungen des Gesellschaftsvertrags** einer GmbH bedürfen gem. § 53 Abs. 2 GmbHG der notariellen Beurkundung. Die Befreiung eines Alleingesellschafters vom Selbstkontrahierungsverbot des § 181 BGB bedarf zu ihrer Wirksamkeit einer ausdrücklichen Gestattung im Gesellschaftsvertrag und der Eintragung im Handelsregister. Wird die Befreiung erst nach Abschluss von In-sich-Geschäften in der Satzung geregelt und ins Handelsregister eingetragen, sind diese als nachträglich genehmigt anzusehen. Das steuerliche Rückwirkungsverbot steht dem dann nicht entgegen, wenn den In-sich-Geschäften klare und von vornherein abgeschlossene Vereinbarungen zugrunde liegen (→ BFH vom 17.9.1992, I R 89–98/91, BStBl. 1993 II S. 141 und → BFH vom 23.10.1996, I R 71/95, BStBl. 1999 II S. 35).
- **Miet- und Pachtverträge** bedürfen nicht notwendig der Schriftform (§§ 550, 578, 581 BGB). Grundstückskaufverträge bedürfen der notariellen Beurkundung (§ 311b BGB).
- Für **Dienstverträge** (z. B. mit Geschäftsführern) ist keine Schriftform vorgeschrieben. Gibt es Beweisanzeichen dafür, dass die Vertragsparteien eine mündlich getroffene Abrede gelten lassen wollen, obwohl sie selbst für alle Vertragsänderungen Schriftform vereinbart hatten, ist der Vertrag trotzdem wirksam geändert. Solche Beweisanzeichen liegen bei Dauerschuldverhältnissen vor, wenn aus gleichförmigen monatlichen Zahlungen und Buchungen erhöhter Gehälter sowie aus der Abführung von Lohnsteuer und Sozialversicherungsbeiträgen auf die Vereinbarung erhöhter Gehälter geschlossen werden kann (→ BFH vom 24.1.1990, I R 157/86, BStBl. II S. 645 und → BFH vom 29.7.1992, I R 18/91, BStBl. 1993 II S. 139). Stark schwankende Leistungen sprechen für eine vGA (→ BFH vom 14.3.1990, I R 6/89, BStBl. II S. 795). Ist vertraglich ausdrücklich festgelegt, dass ohne Schriftform vorgenommene Änderungen unwirksam sein sollen, tritt ein diesbezüglicher Wille klar zu Tage (→ BFH vom 31.7.1991, I S 1/91, BStBl. II S. 933). Ist die Zivilrechtslage zweifelhaft, durfte ein ordentlicher und gewissenhafter Geschäftsleiter aber von der Wirksamkeit ausgehen, liegt keine vGA vor (→ BFH vom 17.9.1992, I R 89–98/91, BStBl. 1993 II S. 141).

Zuflusseignung/Vorteilsgeneigtheit. Die Minderung des Unterschiedsbetrags i. S. d. § 4 Abs. 1 Satz 1 EStG (→ R 8.5 Abs. 1) muss geeignet sein, beim Gesellschafter einen sonstigen Bezug i. S. d. § 20 Abs. 1 Nr. 1 Satz 2 EStG auszulösen (→ BFH vom 7.8.2002, I R 2/02, BStBl. 2004 II S. 131 und → BFH vom 10.4.2013, I R 45/11, BStBl. II S. 771).

II. Vermögensminderung oder verhinderte Vermögensmehrung

Darlehenszinsen. Zur Ermittlung der Vermögensminderung oder der verhinderten Vermögensmehrung bei vGA im Zusammenhang mit Darlehenszinsen (→ BFH vom 28.2.1990, I R 83/87, BStBl. II S. 649 und → BFH vom 19.1.1994, I R 93/93, BStBl. II S. 725).

Erstattungsanspruch. Zivilrechtliche Ansprüche der Gesellschaft gegen den Gesellschafter, die sich aus einem als vGA zu qualifizierenden Vorgang ergeben, sind stets als Einlageforderung gegen den Gesellschafter zu behandeln, die erfolgsneutral zu aktivieren und somit nicht geeignet ist, die durch die vorangegangene vGA eintretende Vermögensminderung auszugleichen (→ BFH vom 29.4.2008, I R 67/06, BStBl. 2011 II S. 55).

Vorteilsausgleich. Eine vGA liegt nicht vor, wenn die Kapitalgesellschaft bei Anwendung der Sorgfalt eines ordentlichen und gewissenhaften Geschäftsleiters die Vermögensminderung oder verhinderte Vermögensmehrung unter sonst gleichen Umständen auch gegenüber einem Nichtgesellschafter hingenommen hätte. Dies kann der Fall sein, wenn zwischen Gesellschaft und Gesellschafter ein angemessenes Entgelt in anderer Weise vereinbart worden ist. Voraussetzungen für die Anerkennung eines derartigen Vorteilsausgleichs ist, dass eine rechtliche Verknüpfung von Leistung und Gegenleistung aus einem gegenseitigen Vertrag besteht (→ BFH vom 8.6.1977, I R 95/75, BStBl. II S. 704 und → BFH vom 1.8.1984, I R 99/80, BStBl. 1985 II S. 18). Bei einem beherrschenden Gesellschafter bedarf es zur Anerkennung eines Vorteilsausgleichs zudem einer im Voraus getroffenen klaren und eindeutigen Vereinbarung (→ BFH vom 7.12.1988, I R 25/82, BStBl. 1989 II S. 248 und → BFH vom 8.11.1989, I R 16/86, BStBl. 1990 II S. 244).

Zum Vorteilsausgleich bei international verbundenen Unternehmen → BMF vom 14.7.2021, BStBl. I S. 1098 (Rn. 3.25 ff.)[1] und → BMF vom 24.12.1999, BStBl. I S. 1076, (insbes. S. 1114 und 1119), unter Berücksichtigung der Änderungen durch BMF vom 20.11.2000 (BStBl. I S. 1509), BMF vom 29.9.2004 (BStBl. I S. 917) und BMF vom 25.8.2009 (BStBl. I S. 888).[2]

III. Veranlassung durch das Gesellschaftsverhältnis

Allgemeines. Eine Veranlassung durch das Gesellschaftsverhältnis liegt dann vor, wenn ein ordentlicher und gewissenhafter Geschäftsleiter (§ 93 Abs. 1 Satz 1 AktG, § 43 Abs. 1 GmbHG, § 34 Abs. 1 Satz 1 GenG) die Vermögensminderung oder verhinderte Vermögensmehrung gegenüber einer Person, die nicht Gesellschafter ist, unter sonst gleichen Umständen nicht hingenommen hätte (Fremdvergleich, → BFH vom 11.2.1987, I R 177/83, BStBl. II S. 461, → BFH vom 29.4.1987, I R 176/83, BStBl. II S. 733, → BFH vom 10.6.1987, I R 149/83, BStBl. 1988 II S. 25, → BFH vom 28.10.1987, I R 110/83, BStBl. 1988 II S. 301, → BFH vom 27.7.1988, I R 68/84, BStBl. 1989 II S. 57, → BFH vom 7.12.1988, I R 25/82, BStBl. 1989 II S. 248 und → BFH vom 17.5.1995, I R 147/93, BStBl. 1996 II S. 204). Der Fremdvergleich erfordert auch die Einbeziehung des Vertragspartners. Auch wenn ein Dritter einer für die Gesellschaft vorteil-

[1] Verwaltungsgrundsätze Verrechnungspreise (**Steuererlasse** Nr. **725** § 1/1).

[2] Betriebsstättenerlass, zuletzt geänd. durch BMF v. 22.12.2016, BStBl. I 2017, 182 (**Steuererlasse** Nr. **800** § 12/1).

haften Vereinbarung nicht zugestimmt hätte, kann deren Veranlassung im Gesellschaftsverhältnis liegen (→ BFH vom 17.5.1995, I R 147/93, BStBl. 1996 II S. 204). Bei der Prüfung des sog. doppelten Fremdvergleichs ist nicht nur auf den – die Interessen der Gesellschaft im Auge behaltenden – ordentlichen und gewissenhaften Geschäftsleiter, sondern ebenso auf die Interessenlage des objektiven und gedachten Vertragspartners abzustellen (→ BFH vom 11.9.2013, I R 28/13, BStBl. 2014 II S. 726).

Beherrschender Gesellschafter.

- **Anwendungsschreiben zur Option zur Körperschaftsteuer.** → BMF vom 10.11.2021, BStBl. I S. 2212.
- **Begriff.** Eine beherrschende Stellung eines GmbH-Gesellschafters liegt im Regelfall vor, wenn der Gesellschafter die Mehrheit der Stimmrechte besitzt und deshalb bei Gesellschafterversammlungen entscheidenden Einfluss ausüben kann (→ BFH vom 13.12.1989, I R 99/87, BStBl. 1990 II S. 454).
- **Beteiligungsquote.** Eine Beteiligung von 50% oder weniger reicht zur Annahme einer beherrschenden Stellung aus, wenn besondere Umstände hinzutreten, die eine Beherrschung der Gesellschaft begründen (→ BFH vom 8.1.1969, I R 91/66, BStBl. II S. 347, → BFH vom 21.7.1976, I R 223/74, BStBl. II S. 734 und → BFH vom 23.10.1985, I R 247/81, BStBl. 1986 II S. 195).
- **Bilanzierung.** Ein Rechtsgeschäft zwischen einer Kapitalgesellschaft und ihrem alleinigen Gesellschafter-Geschäftsführer ist als vGA zu werten, wenn es in der Bilanz der Gesellschaft nicht zutreffend abgebildet wird und ein ordentlicher und gewissenhafter Geschäftsführer den Fehler bei sorgsamer Durchsicht der Bilanz hätte bemerken müssen (→ BFH vom 13.6.2006, I R 58/05, BStBl. II S. 928).
- **Gleichgerichtete Interessen.** Wenn mehrere Gesellschafter einer Kapitalgesellschaft mit gleichgerichteten Interessen zusammenwirken, um eine ihren Interessen entsprechende einheitliche Willensbildung herbeizuführen, ist auch ohne Hinzutreten besonderer Umstände eine beherrschende Stellung anzunehmen (→ BFH vom 26.7.1978, I R 138/76, BStBl. II S. 659, → BFH vom 29.4.1987, I R 192/82, BStBl. II S. 797, → BFH vom 29.7.1992, I R 28/92, BStBl. 1993 II S. 247 und → BFH vom 25.10.1995, I R 9/95, BStBl. 1997 II S. 703).
  Gleichgerichtete wirtschaftliche Interessen liegen vor, wenn die Gesellschafter bei der Bemessung der dem einzelnen Gesellschafter jeweils zuzubilligenden Tantieme im Zusammenwirken gemeinsame Interessen verfolgen (→ BFH vom 11.12.1985, I R 164/82, BStBl. 1986 II S. 469). Als Indiz für ein solches Zusammenwirken reichen die übereinstimmende Höhe der Gehälter und das zeitliche Zusammenfallen der Beschlussfassung aus (→ BFH vom 10.11.1965, I 178/63 U, BStBl. 1966 III S. 73).
  Die Tatsache, dass die Gesellschafter nahe Angehörige sind, reicht allein nicht aus, um gleichgerichtete Interessen anzunehmen; vielmehr müssen weitere Anhaltspunkte hinzutreten (→ BVerfG vom 12.3.1985, 1 BvR 571/81, 1 BvR 494/82, 1 BvR 47/83, BStBl. II S. 475 und → BFH vom 1.2.1989, I R 73/85, BStBl. II S. 522).

- **Klare und eindeutige Vereinbarung.** Vereinbarungen mit beherrschenden Gesellschaftern müssen, um steuerlich wirksam zu sein, im Vorhinein klar und eindeutig getroffen sein. Ohne eine klare und eindeutige Vereinbarung kann eine Gegenleistung nicht als schuldrechtlich begründet angesehen werden. Das gilt selbst dann, wenn ein Vergütungsanspruch aufgrund gesetzlicher Regelung bestehen sollte, wie z.B. bei einer Arbeitsleistung (§ 612 BGB) oder einer Darlehensgewährung nach Handelsrecht (§§ 352, 354 HGB, → BFH vom 2.3.1988, I R 63/82, BStBl. II S. 590).
  Eine vGA kommt bei beherrschenden Gesellschaftern in Betracht, wenn nicht von vornherein klar und eindeutig bestimmt ist, ob und in welcher Höhe – einerlei ob laufend oder einmalig – ein Entgelt gezahlt werden soll. Auch eine getroffene Vereinbarung über Sondervergütungen muss zumindest erkennen lassen, nach welcher Bemessungsgrundlage (Prozentsätze, Zuschläge, Höchst- und Mindestbeträge) die Vergütung errechnet werden soll.
  Es muss ausgeschlossen sein, dass bei der Berechnung der Vergütung ein Spielraum verbleibt; die Berechnungsgrundlagen müssen so bestimmt sein, dass allein durch Rechenvorgänge die Höhe der Vergütung ermittelt werden kann, ohne dass es noch der Ausübung irgendwelcher Ermessensakte seitens der Geschäftsführung oder Gesellschafterversammlung bedarf (→ BFH vom 24.5.1989, I R 90/85, BStBl. II S. 800 und → BFH vom 17.12.1997, I R 70/97, BStBl. 1998 II S. 545).
  Leistungen an den beherrschenden Gesellschaftern nahe stehende Personen bedürfen zu ihrer steuerlichen Anerkennung einer im Voraus getroffenen klaren und eindeutigen Vereinbarung (→ BFH vom 22.2.1989, I R 9/85, BStBl. II S. 631).
- **Konzernrückhalt.** Der Konzernrückhalt beschreibt lediglich den rechtlichen und wirtschaftlichen Rahmen der Unternehmensverflechtung → BMF vom 14.7.2021, BStBl. I S. 1098 (Rn. 3.94).
- **Pensionszusagen.** Rückstellung für Pensionszusagen an beherrschende Gesellschafter-Geschäftsführer → R 8.7, → H 8.7 (Erdienbarkeit).
- **Rückwirkende Vereinbarung.** Rückwirkende Vereinbarungen zwischen der Gesellschaft und dem beherrschenden Gesellschafter sind steuerrechtlich unbeachtlich (→ BFH vom 23.9.1970, I R 116/66, BStBl. 1971 II S. 64, → BFH vom 3.4.1974, I R 241/71, BStBl. II S. 497 und → BFH vom 21.7.1976, I R 223/74, BStBl. II S. 734).
- **Sperrwirkung des abkommensrechtlichen Grundsatzes des „dealing at arm's length".** Der abkommensrechtliche Grundsatz des „dealing at arm's length" entfaltet Sperrwirkung gegenüber den sog. Sonderbedingungen, denen beherrschende Gesellschafter bei Annahme einer vGA unterworfen sind (→ BFH vom 11.10.2012, I R 75/11, BStBl. 2013 II S. 1046 und → BFH vom 27.2.2019, I R 73/16, BStBl. II S. 394 aus anderen Gründen aufgehoben durch BVerfG-Beschluss vom 4.3.2021, 2 BvR 1161/19).
- **Stimmrechtsausschluss.** Der Vorschrift des § 47 Abs. 4 GmbHG über einen Stimmrechtsausschluss des Gesellschafters bei Rechtsgeschäften zwischen ihm und der Gesellschaft kommt für die Frage der Beherr-

schung der Gesellschaft keine Bedeutung zu (→ BFH vom 26.1.1989, IV R 151/86, BStBl. II S. 455 und → BFH vom 21.8.1996, X R 25/93, BStBl. 1997 II S. 44).

Nahestehende Person.

– **International verbundene Unternehmen.** Zum Begriff des Nahestehens bei international verbundenen Unternehmen → BMF vom 14.7.2021, BStBl. I S. 1098 (Rn. 1.9 ff.)[1] sowie → BFH vom 10.4.2013, I R 45/11, BStBl. II S. 771.

– **Kreis der nahestehenden Personen.** Zur Begründung des „Nahestehens" reicht jede Beziehung eines Gesellschafters der Kapitalgesellschaft zu einer anderen Person aus, die den Schluss zulässt, sie habe die Vorteilszuwendung der Kapitalgesellschaft an die andere Person beeinflusst. Ehegatten können als nahestehende Personen angesehen werden (→ BFH vom 2.3.1988, I R 103/86, BStBl. II S. 786 und → BFH vom 10.4.2013, I R 45/11, BStBl. II S. 771). Beziehungen, die ein Nahestehen begründen, können familienrechtlicher, gesellschaftsrechtlicher, schuldrechtlicher oder auch rein tatsächlicher Art sein (→ BFH vom 18.12.1996, I R 139/94, BStBl. 1997 II S. 301). Eine beherrschende Stellung ist für ein Nahestehen nicht erforderlich (→ BFH vom 8.10.2008, I R 61/07, BStBl. 2011 II S. 62). Eine Person, die an einer vermögensverwaltenden Personengesellschaft beteiligt ist, welche ihrerseits Gesellschafterin einer Kapitalgesellschaft ist, ist bei Prüfung einer vGA nicht als „Anteilseigner" der zuwendenden Kapitalgesellschaft zu behandeln. Die dem Anteilseigner nahestehende Person ist selbst kein Anteilseigner (→ BFH vom 21.10.2014, VIII R 22/11, BStBl. 2015 II S. 687).
Zum Kreis der dem Gesellschafter nahestehenden Personen zählen sowohl natürliche als auch juristische Personen, unter Umständen auch Personenhandelsgesellschaften (→ BFH vom 6.12.1967, I 98/65, BStBl. 1968 II S. 322, → BFH vom 23.10.1985, I R 247/81, BStBl. 1986 II S. 195 und → BFH vom 1.10.1986, I R 54/83, BStBl. 1987 II S. 459).
Eine gemeinnützige Stiftung kann im Verhältnis zu einem Anteilseigner einer Kapitalgesellschaft eine nahestehende Person sein (→ BFH vom 13.7.2021, I R 16/18, BStBl. 2022 II S. 119).

– **Schwestergesellschaften.** Zur Beurteilung von vGA zwischen Schwestergesellschaften → BFH vom 26.10.1987, GrS 2/86, BStBl. 1988 II S. 348 und → BFH vom 10.4.2013, I R 45/11, BStBl. II S. 771.

– **Verhältnis zum beherrschenden Gesellschafter.** Bei dem beherrschenden Gesellschafter nahestehenden Personen bedarf eine Vereinbarung über die Höhe eines Entgelts für eine Leistung der vorherigen und eindeutigen Regelung, die auch tatsächlich durchgeführt werden muss (→ BFH vom 29.4.1987, I R 192/82, BStBl. II S. 797, → BFH vom 2.3.1988, I R 103/86, BStBl. II S. 786 und → BFH vom 22.2.1989, I R 9/85, BStBl. II S. 631).

– **Zurechnung der vGA.** Wenn eine vGA einer Person zufließt, die einem Gesellschafter nahesteht, ist diese vGA steuerrechtlich stets dem Ge-

[1] Verwaltungsgrundsätze Verrechnungspreise (**Steuererlasse** Nr. **725** § 1/1).

sellschafter als Einnahme zuzurechnen, es sei denn, die nahestehende Person ist selbst Gesellschafter. Darauf, dass der betreffende Gesellschafter selbst einen Vermögensvorteil erlangt, kommt es nicht an (→ BFH vom 29.9.1981, VIII R 8/77, BStBl. 1982 II S. 248 und → BFH vom 18.12.1996, I R 139/94, BStBl. 1997 II S. 301, sowie → BMF vom 20.5.1999, BStBl. I S. 514).

IV. Vergütung der Gesellschafter-Geschäftsführer

Angemessenheit der Gesamtausstattung. → BMF vom 14.10.2002, BStBl. I S. 972.

Private Kfz-Nutzung. → BMF vom 3.4.2012, BStBl. I S. 478 zur Anwendung der Urteile → BFH vom 23.1.2008, I R 8/06, BStBl. 2012 II S. 260, → BFH vom 23.4.2009, VI R 81/06, BStBl. 2012 II S. 262 und → BFH vom 11.2.2010, VI R 43/09, BStBl. 2012 II S. 266.

Überstundenvergütung, Sonn-, Feiertags- und Nachtzuschläge. Die Zahlung einer Überstundenvergütung an den Gesellschafter-Geschäftsführer ist regelmäßig eine vGA, da die gesonderte Vergütung von Überstunden nicht dem entspricht, was ein ordentlicher und gewissenhafter Geschäftsleiter einer GmbH mit einem Fremdgeschäftsführer vereinbaren würde. Dies gilt erst recht dann, wenn die Vereinbarung von vorneherein auf die Vergütung von Überstunden an Sonntagen, Feiertagen und zur Nachtzeit beschränkt ist (→ BFH vom 19.3.1997, I R 75/96, BStBl. II S. 577 und → BFH vom 27.3.2001, I R 40/00, BStBl. II S. 655). Sofern eine Vereinbarung von Zuschlägen an Sonn- und Feiertagen und zur Nachtzeit im Einzelfall durch überzeugende betriebliche Gründe gerechtfertigt wird, die geeignet sind, die Regelvermutung für eine Veranlassung durch das Gesellschaftsverhältnis zu entkräften, kann eine vGA ausnahmsweise zu verneinen sein (→ BFH vom 14.7.2004, I R 111/03, BStBl. 2005 II S. 307). Auch Zuschläge für Sonntagsarbeit, Feiertagsarbeit, Mehrarbeit und Nachtarbeit an den nicht beherrschenden, aber als leitenden Angestellten tätigen Gesellschafter können eine vGA sein (→ BFH vom 13.12.2006, VIII R 31/05, BStBl. 2007 II S. 393).

Urlaub, Abgeltungszahlungen für nicht beanspruchte Tage. Soweit klare und eindeutige Vereinbarungen hinsichtlich des Urlaubsanspruches getroffen worden sind, stellen Abgeltungszahlungen für nicht in Anspruch genommenen Urlaub an den Gesellschafter-Geschäftsführer keine vGA dar, wenn der Nichtwahrnehmung des Urlaubsanspruches betriebliche Gründe zugrunde lagen. Dies ist insbesondere dann der Fall, wenn der Umfang der von ihm geleisteten Arbeit sowie seine Verantwortung für das Unternehmen die Gewährung von Freizeit im Urlaubsjahr ausgeschlossen haben. Gleiches kann für eine im Unternehmen beschäftige nahe stehende Person gelten, wenn diese gegenüber den übrigen Angestellten eine leitende Stellung innehat und die den Geschäftsführer betreffenden betrieblichen Gründe gleichermaßen einschlägig sind, den Jahresurlaub nicht antreten zu können (→ BFH vom 28.1.2004, I R 50/03, BStBl. 2005 II S. 524).

Zeitwertkonten-Modelle. Zu Zeitwertkonten bei Organen von Körperschaften → BMF vom 17.6.2009, BStBl. I S. 1286, Tz. A. IV. 2. Buchstabe b und Tz. F II unter Berücksichtigung der Änderungen durch BMF vom 8.8.2019, BStBl. I S. 874 zur Anwendung der Urteile → BFH vom 11.11.2015, I R 26/15, BStBl. 2016 II S. 489 und → BFH vom 22.2.2018, VI R 17/16, BStBl. 2019 II S. 496.

V. Einzelfälle

Aktien/Anteile.

- Zur Anwendung von § 8b KStG auf die Übertragung von Anteilen → BMF vom 28.4.2003, BStBl. I S. 292.
- Zum Erwerb eigener Anteile → BMF vom 27.11.2013, BStBl. I S. 1615.

Beirat. Das Erfordernis der Zustimmung eines gesellschaftsvertraglich errichteten und jederzeit auflösbaren Beirats zu einer überhöhten Geschäftsführervergütung schließt die Annahme einer vGA nicht aus (→ BFH vom 22.10.2015, IV R 7/13, BStBl. 2016 II S. 19).

Darlehensgewährung.

- Die Hingabe eines Darlehens an den Gesellschafter stellt eine vGA dar, wenn schon bei der Darlehenshingabe mit der Uneinbringlichkeit gerechnet werden muss (→ BFH vom 16.9.1958, I 88/57 U, BStBl. III S. 451 und → BFH vom 14.3.1990, I R 6/89, BStBl. II S. 795).
- Ein unvollständiger Darlehensvertrag zwischen Kapitalgesellschaft und beherrschendem Gesellschafter kann nicht in die Zuführung von Eigenkapital umgedeutet werden (→ BFH vom 29.10.1997, I R 24/97, BStBl. 1998 II S. 573).
- Eine vGA kann auch bei Wertberichtigungen auf Darlehensforderungen gegenüber einem Gesellschafter vorliegen, wenn die Gesellschaft im Zeitpunkt der Darlehensgewährung auf dessen ausreichende Besicherung verzichtet hat; auf einen tatsächlichen Mittelabfluss bei der Gesellschaft kommt es nicht an (→ BFH vom 14.7.2004, I R 16/03, BStBl. II S. 1010 und → BFH vom 8.10.2008, I R 61/07, BStBl. 2011 II S. 62).
- Eine als vGA zu qualifizierende Teilwertabschreibung einer Darlehensforderung schlägt nicht auf den Ausweis der Zinsforderungen durch (→ BFH vom 11.11.2015, I R 5/14, BStBl. 2016 II S. 91). Der sog. Konzernrückhalt führt für sich zu keiner fremdüblichen Besicherung des Darlehens (→ BFH vom 27.2.2019, I R 51/17, BStBl. 2020 II S. 440). Zur Teilwertabschreibung in Fällen der Gewährung eines unbesicherten Darlehens an eine Mutterkapitalgesellschaft oder eine Schwesterkapitalgesellschaft (Dreiecksfall) → BMF vom 14.7.2021, BStBl. I S. 1098.[1]

Darlehenszinsen. Erhält ein Gesellschafter ein Darlehen von der Gesellschaft zinslos oder zu einem außergewöhnlich geringen Zinssatz, liegt eine vGA vor (→ BFH vom 25.11.1964, I 116/63 U, BStBl. 1965 III S. 176 und → BFH vom 23.6.1981, VIII R 102/80, BStBl. 1982 II S. 245).

Gibt ein Gesellschafter der Gesellschaft ein Darlehen zu einem außergewöhnlich hohen Zinssatz, liegt eine vGA vor (→ BFH vom 28.10.1964, I 198/62 U, BStBl. 1965 III S. 119 und → BFH vom 25.11.1964, I 116/63 U, BStBl. 1965 III S. 176).

[1] Siehe auch BFH v. 13.1.2022 I R 15/21, DStRE 2022, 833.

Einbringung einer GmbH in eine KG. Bringt eine GmbH ihr Unternehmen unentgeltlich in eine KG ein, führt dies zu einer vGA in Höhe des fremdüblichen Entgelts für das eingebrachte Unternehmen, wenn am Vermögen der KG ausschließlich der beherrschende Gesellschafter der GmbH beteiligt ist (→ BFH vom 15.9.2004, I R 7/02, BStBl. 2005 II S. 867).

Einkünfteabgrenzung bei international verbundenen Unternehmen. → AStG, GAufzV, FVerlV, BsGaV.

Zum Verhältnis von § 1 Abs. 1 AStG zu anderen Einkünftekorrekturnormen → BMF vom 14.7.2021, BStBl. I S. 1098 (Rn. 1.1 ff.). → BMF vom 23.2.1983, BStBl. I S. 218.[1)]

Verwaltungsgrundsätze Arbeitnehmerentsendung → BMF vom 9.11.2001, BStBl. I S. 796.

Verwaltungsgrundsätze 2020 → BMF vom 3.12.2020, BStBl. I S. 1325.

Verwaltungsgrundsätze Funktionsverlagerung → BMF vom 13.10.2010, BStBl. I S. 774.

Verwaltungsgrundsätze Betriebsstättengewinnaufteilung – VWG BsGa → BMF vom 22.12.2016, BStBl. 2017 I S. 182.

Erstausstattung der Kapitalgesellschaft. Bei Rechtsverhältnissen, die im Rahmen der Erstausstattung einer Kapitalgesellschaft zustande gekommen sind, liegt eine vGA schon dann vor, wenn die Gestaltung darauf abstellt, den Gewinn der Kapitalgesellschaft nicht über eine angemessene Verzinsung des eingezahlten Nennkapitals und eine Vergütung für das Risiko des nicht eingezahlten Nennkapitals hinaus zu steigern (→ BFH vom 5.10.1977, I R 230/75, BStBl. 1978 II S. 234, → BFH vom 23.5.1984, I R 294/81, BStBl. II S. 673 und → BFH vom 2.2.1994, I R 78/92, BStBl. II S. 479).

Forderungsverzicht gegen Besserungsschein. → H 8.9 Forderungsverzicht gegen Besserungsschein. Wird eine vermögenslose und inaktive Kapitalgesellschaft, deren Gesellschafter ihr gegenüber auf Darlehensforderungen mit Besserungsschein verzichtet hatten, auf eine finanziell gut ausgestattete Schwesterkapitalgesellschaft mit der weiteren Folge des Eintritts des Besserungsfalls und dem „Wiederaufleben" der Forderungen verschmolzen (Fall des Schuldnerwechsels), so kann die beim übernehmenden Rechtsträger ausgelöste Passivierungspflicht durch eine außerbilanzielle Hinzurechnung wegen einer vGA zu korrigieren sein (→ BFH vom 21.2.2018, I R 46/16, BStBl. 2020 II S. 412).

Geburtstag. Gibt eine GmbH aus Anlass des Geburtstags ihres Gesellschafter-Geschäftsführers einen Empfang, an dem nahezu ausschließlich Geschäftsfreunde teilnehmen, liegt eine vGA vor (→ BFH vom 28.11.1991, I R 13/90, BStBl. 1992 II S. 359).

Gesellschafterversammlung. Zur Frage der steuerlichen Behandlung der Fahrtkosten, Sitzungsgelder, Verpflegungs- und Übernachtungskosten anlässlich einer Hauptversammlung oder Gesellschafterversammlung bzw. einer Vertreterversammlung → BMF vom 26.11.1984, BStBl. I S. 591.

Gewinnverteilung. Stimmt die an einer Personengesellschaft beteiligte Kapitalgesellschaft rückwirkend oder ohne rechtliche Verpflichtung einer

---

1) Ab 30.9.2021 ersetzt durch BMF v. 14.7.2021, BStBl. I 2021, 1098.

Neuverteilung des Gewinns zu, die ihre Gewinnbeteiligung zugunsten ihres gleichfalls an der Personengesellschaft beteiligten Gesellschafters einschränkt, liegt eine vGA vor (→ BFH vom 12.6.1980, IV R 40/77, BStBl. II S. 723).

Gründungskosten. → BMF vom 25.6.1991, BStBl. I S. 661.

Haftungsinanspruchnahme nach § 73 AO. → BFH vom 24.10.2018, I R 78/16, BStBl. 2019 II S. 570.

Irrtum über Leistungspflicht. Leistet der Geschäftsführer einer Kapitalgesellschaft in der irrtümlichen Annahme einer vertraglichen Leistungspflicht eine Zahlung an einen vormaligen Gesellschafter, liegt hierin jedenfalls dann eine vGA, wenn die Begründung der nach der Vorstellung des Geschäftsführers bestehenden Leistungspflicht als vGA zu beurteilen wäre (→ BFH vom 29.4.2008, I R 67/06, BStBl. 2011 II S. 55).

Kapitalerhöhungskosten. → BFH vom 19.1.2000, I R 24/99, BStBl. II S. 545.

Konzernkasse. Besteht für die Unternehmen eines Konzerns eine gemeinsame Unterstützungskasse (Konzernkasse), können bei einem Missverhältnis der Zuwendungen der einzelnen Unternehmen an die Konzernkasse unter bestimmten Voraussetzungen vGA vorliegen (→ BFH vom 29.1.1964, I 209/62 U, BStBl. 1965 III S. 27).

Markteinführungskosten. Ein ordentlicher und gewissenhafter Geschäftsleiter einer Kapitalgesellschaft wird für die Gesellschaft nur dann ein neues Produkt am Markt einführen und vertreiben, wenn er daraus bei vorsichtiger und vorheriger kaufmännischer Prognose innerhalb eines überschaubaren Zeitraums und unter Berücksichtigung der voraussichtlichen Marktentwicklung einen angemessenen Gesamtgewinn erwarten kann (→ BFH vom 17.2.1993, I R 3/92, BStBl. II S. 457 und → BMF vom 14.7.2021, BStBl. I S. 1098 Rn. 3.31 ff.).[1]

Nutzungsüberlassungen

– Eine vGA liegt vor bei Mietverhältnissen oder Nutzungsrechtsüberlassungen zwischen Gesellschafter und Kapitalgesellschaft zu einem unangemessenen Preis (→ BFH vom 16.8.1955, I 160/54 U, BStBl. III S. 353 und → BFH vom 3.2.1971, I R 51/66, BStBl. II S. 408).

– Eine vGA liegt bei Mietverhältnissen zwischen Gesellschafter und Kapitalgesellschaften grundsätzlich auch vor, soweit die Vermietung zu marktüblichen, aber nicht zu kostendeckenden Bedingungen erfolgt (→ BFH vom 27.7.2016, I R 12/15, BStBl. 2017 II S. 217; I R 8/15, BStBl. 2017 II S. 214).

– Die Nutzung eines betrieblichen Kfz durch den Gesellschafter-Geschäftsführer ohne fremdübliche Überlassungs- oder Nutzungsvereinbarung führt zur vGA (→ BMF vom 3.4.2012, BStBl. I S. 478 zur Anwendung der Urteile → BFH vom 23.1.2008, I R 8/06, BStBl. 2012 II S. 260, → BFH vom 23.4.2009, VI R 81/06, BStBl. 2012 II S. 262 und → BFH vom 11.2.2010, VI R 43/09, BStBl. 2012 II S. 266).

---

[1] Verwaltungsgrundsätze Verrechnungspreise (**Steuererlasse** Nr. **725** § 1/1).

Rechtsverzicht. Verzichtet eine Gesellschaft auf Rechte, die ihr einem Gesellschafter gegenüber zustehen, liegt eine vGA vor (→ BFH vom 3.11.1971, I R 68/70, BStBl. 1972 II S. 227, → BFH vom 13.10.1983, I R 4/81, BStBl. 1984 II S. 65 und → BFH vom 7.12.1988, I R 25/82, BStBl. 1989 II S. 248).

Reisekosten des Gesellschafter-Geschäftsführers. Von der Kapitalgesellschaft getragene Aufwendungen für eine Auslandsreise des Gesellschafter-Geschäftsführers können eine vGA begründen, wenn die Reise durch private Interessen des Gesellschafters veranlasst oder in nicht nur untergeordnetem Maße mitveranlasst ist (→ BFH vom 6.4.2005, I R 86/04, BStBl. II S. 666). Zum Abzugsverbot nach § 12 Nr. 1 EStG → BFH vom 21.9.2009, GrS 1/06, BStBl. 2010 II S. 672 sowie → BMF vom 6.7.2010, BStBl. I S. 614.

Risikogeschäfte. → BMF vom 14.12.2015, BStBl. I S. 1091 zur Anwendung des Urteils → BFH vom 8.8.2001, I R 106/99, BStBl. 2003 II S. 487.

Rückstellung bei Mietzahlungen. Eine Rückstellung für die Verpflichtung einer Kapitalgesellschaft, einer Schwestergesellschaft die von dieser geleisteten Mietzahlungen nach den Grundsätzen der eigenkapitalersetzenden Gebrauchsüberlassung zu erstatten, führt zu einer vGA (→ BFH vom 20.8.2008, I R 19/07, BStBl. 2011 II S. 60).

Schuldübernahme. Eine vGA liegt vor, wenn eine Gesellschaft eine Schuld oder sonstige Verpflichtung eines Gesellschafters übernimmt (→ BFH vom 19.3.1975, I R 173/73, BStBl. II S. 614 und → BFH vom 19.5.1982, I R 102/79, BStBl. II S. 631).

Stille Gesellschaft. Beteiligt sich ein Gesellschafter an der Gesellschaft als stiller Gesellschafter und erhält dafür einen unangemessen hohen Gewinnanteil, liegt eine vGA vor (→ BFH vom 6.2.1980, I R 50/76, BStBl. II S. 477).

Träger der Sparkasse, Zinsaufbesserungen. Zu der Frage, ob vGA an den Träger der Sparkasse vorliegen, wenn eine Sparkasse diesem Zinsaufbesserungen für Einlagen und Zinsrückvergütungen für ausgereichte Darlehen gewährt → BFH vom 1.12.1982, I R 69–70/80, BStBl. 1983 II S. 152.

Verlustgeschäfte. Ein ordentlicher und gewissenhafter Geschäftsleiter würde die Übernahme von Aufgaben, die vorrangig im Interesse des Alleingesellschafters liegen, davon abhängig machen, ob sich der Gesellschaft die Chance zur Erzielung eines angemessenen Gewinns stellt (→ BFH vom 2.2.1994, I R 78/92, BStBl. II S. 479). Bei Dauerverlustgeschäften bei der öffentlichen Hand → § 8 Abs. 7 KStG und → BMF vom 12.11.2009, BStBl. I S. 1303.

(Zinslose) Vorschüsse auf Tantieme. Zahlt eine GmbH ihrem Gesellschafter ohne eine entsprechende klare und eindeutige Abmachung einen unverzinslichen Tantiemevorschuss, ist der Verzicht auf eine angemessene Verzinsung eine vGA (→ BFH vom 22.10.2003, I R 36/03, BStBl. 2004 II S. 307).

Waren. Liefert ein Gesellschafter an die Gesellschaft, erwirbt er von der Gesellschaft Waren und sonstige Wirtschaftsgüter zu ungewöhnlichen Preisen, oder erhält er besondere Preisnachlässe und Rabatte, liegt eine vGA vor (→ BFH vom 12.7.1972, I R 203/70, BStBl. II S. 802, → BFH vom 21.12.1972, I R 70/70, BStBl. 1973 II S. 449, → BFH vom 16.4.1980, I R 75/78, BStBl. 1981 II S. 492 und → BFH vom 6.8.1985, VIII R 280/81, BStBl. 1986 II S. 17).

Zur Lieferung von Gütern oder Waren bei international verbundenen Unternehmen → BMF vom 14.7.2021, BStBl. I S. 1098 Rn. 3.62 f.[1]

R 8.6 Wert der verdeckten Gewinnausschüttungen, Beweislast, Rückgängigmachung

Löst eine vGA Umsatzsteuer oder nicht abziehbare Vorsteuer aus, ist diese bei der Gewinnermittlung nicht zusätzlich nach § 10 Nr. 2 KStG hinzuzurechnen.

H 8.6

Beweislast.

– **Grundsätze.** Die objektive Beweislast für das Vorliegen von vGA obliegt dem Finanzamt (→ BFH vom 27.10.1992, VIII R 41/89, BStBl. 1993 II S. 569). Andererseits hat die Körperschaft die objektive Beweislast für die betriebliche Veranlassung der in der Buchführung als Betriebsvermögensminderung behandelten Aufwendungen. Sprechen nahezu alle erheblichen Beweisanzeichen dafür, dass eine Zuwendung an den Gesellschafter ihre Grundlage im Gesellschaftsverhältnis hat, geht ein verbleibender Rest an Ungewissheit zulasten der Körperschaft. Spricht der Maßstab des Handelns eines ordentlichen und gewissenhaften Geschäftsleiters für die Veranlassung einer Vorteilszuwendung im Gesellschaftsverhältnis, hat die Körperschaft die Umstände darzulegen, aus denen sich eine andere Beurteilung ergeben kann (→ BFH vom 19.3.1997, I R 75/96, BStBl. II S. 577).

– **Beweislast bei beherrschendem Gesellschafter.** Der beherrschende Gesellschafter hat das Vorliegen einer im Voraus geschlossenen klaren und eindeutigen Vereinbarung nachzuweisen (→ BFH vom 29.7.1992, I R 28/92, BStBl. 1993 II S. 247).

– **Beweislast bei international verbundenen Unternehmen.** Zur Mitwirkungs- und Nachweispflicht bei international verbundenen Unternehmen → BMF vom 3.12.2020, BStBl. I S. 1325. § 90 Abs. 3 AO bzw. die GAufzV[2] sind zu beachten.

Fremdvergleich von Preisen bei Handel zwischen verbundenen Unternehmen. Zur Bemessung der vGA bei grenzüberschreitenden Geschäftsbeziehungen zwischen verbundenen Unternehmen → BFH-Urteile vom 17.10.2001, I R 103/00, BStBl. 2004 II S. 171 und → BFH vom 6.4.2005, I R 22/04, BStBl. 2007 II S. 658.

---

[1] Verwaltungsgrundsätze Verrechnungspreise (**Steuererlasse** Nr. **725** § 1/1).

[2] GewinnabgrenzungsaufzeichnungsV v. 12.7.2017, BGBl. I 2017, 2367 (**Steuergesetze** Nr. **800b**).

Hingabe von Wirtschaftsgütern. Für die Bemessung der vGA ist bei Hingabe von Wirtschaftsgütern von deren gemeinem Wert, der durch den erzielbaren Erlös bestimmt wird, auszugehen (→ BFH vom 18.10.1967, I 262/63, BStBl. 1968 II S. 105 und → BFH vom 27.11.1974, I R 250/72, BStBl. 1975 II S. 306).

Nutzungsüberlassungen. Für die Bemessung der vGA ist bei Nutzungsüberlassungen von der erzielbaren Vergütung auszugehen (→ BFH vom 27.11.1974, I R 250/72, BStBl. 1975 II S. 306, → BFH vom 6.4.1977, I R 86/75, BStBl. II S. 569, → BFH vom 28.2.1990, I R 83/87, BStBl. II S. 649 und → BFH vom 27.6.2016, I R 12/15, BStBl. 2017 II S. 217). Zur Bemessung der vGA bei der Überlassung eines betrieblichen Kfz → BMF vom 3.4.2012, BStBl. I S. 478.

Rückgängigmachung. Die Rückgängigmachung von vGA ist nur in besonders gelagerten Ausnahmefällen möglich (→ BFH vom 10.4.1962, I 65/61 U, BStBl. III S. 255 und → BFH vom 23.5.1984, I R 266/81, BStBl. II S. 723 und → BMF vom 6.8.1981, BStBl. I S. 599).

Steuerbilanzgewinn. Die Gewinnerhöhung aufgrund einer vGA i. S.d. § 8 Abs. 3 Satz 2 KStG ist dem Steuerbilanzgewinn außerhalb der Steuerbilanz im Rahmen der Ermittlung des Einkommens der Körperschaft hinzuzurechnen (→ BMF vom 28.5.2002, BStBl. I S. 603).

Verdeckte Gewinnausschüttung und Kapitalertrag nach § 20 EStG. Für die Anwendung des § 8 Abs. 3 Satz 2 KStG kommt es nicht darauf an, ob und in welcher Höhe die vGA beim Gesellschafter tatsächlich einen Kapitalertrag nach § 20 Abs. 1 Nr. 1 Satz 2, Nr. 9 oder Nr. 10 Buchstabe a oder b EStG auslöst (→ BFH vom 29.4.1987, I R 176/83, BStBl. II S. 733, → BFH vom 22.2.1989, I R 44/85, BStBl. II S. 475, → BFH vom 14.3.1989, I R 8/85, BStBl. II S. 633 und → BFH vom 26.6.2013, I R 39/12, BStBl. 2014 II S. 174).

Beachte hierzu → H 8.5. I. Zuflusseignung/Vorteilsgeneigtheit.

Zur Kapitalertragsteuerpflicht bei BgA → BMF vom 28.1.2019, BStBl. I S. 97.[1)]

R 8.7 Rückstellungen für Pensionszusagen an Gesellschafter-Geschäftsführer von Kapitalgesellschaften

[1]Bei Pensionsverpflichtungen ist in einem ersten Schritt zu prüfen, ob und in welchem Umfang eine Rückstellung gebildet werden darf. [2]Ist eine Pensionszusage bereits zivilrechtlich unwirksam, ist die Pensionsrückstellung in der Handelsbilanz erfolgswirksam aufzulösen, dies ist maßgeblich für die steuerrechtliche Gewinnermittlung. [3]Daneben müssen die Voraussetzungen des § 6a EStG erfüllt sein; sind sie nicht erfüllt, ist die Pensionsrückstellung insoweit innerhalb der steuerrechtlichen Gewinnermittlung erfolgswirksam aufzulösen. [4]Die Regelungen in R 6a EStR[2)] sind für den Ansatz der Pensionsrückstellungen in der steuerrechtlichen Gewinnermittlung dem Grunde und der Höhe nach zu berücksichtigen. [5]Ist die Pensionsrückstellung dem Grunde und der

1) Geänd. durch BMF v. 4.4.2022, BStBl. I 2022, 645.

2) Nr. **1**.

Höhe nach zutreffend bilanziert, ist in einem zweiten Schritt zu prüfen, ob und inwieweit die Pensionsverpflichtung auf einer vGA beruht. [6]Bei dieser Prüfung sind insbesondere die Aspekte → Ernsthaftigkeit, → Erdienbarkeit und → Angemessenheit zu prüfen.

H 8.7

Angemessenheit. In die Prüfung der Angemessenheit der Gesamtbezüge des Gesellschafter-Geschäftsführers ist auch die ihm erteilte Pensionszusage einzubeziehen. Diese ist mit der fiktiven Jahresnettoprämie nach dem Alter des Gesellschafter-Geschäftsführers im Zeitpunkt der Pensionszusage anzusetzen, die er selbst für eine entsprechende Versicherung zu zahlen hätte, abzüglich etwaiger Abschluss- und Verwaltungskosten. Sieht die Pensionszusage spätere Erhöhungen vor oder wird sie später erhöht, ist die fiktive Jahresnettoprämie für den Erhöhungsbetrag auf den Zeitpunkt der Erhöhung der Pensionszusage zu berechnen; dabei ist von den Rechnungsgrundlagen auszugehen, die für die Berechnung der Pensionsrückstellung verwendet werden. Das gilt nicht für laufende Anpassungen an gestiegene Lebenshaltungskosten. Zur Ermittlung der Angemessenheitsgrenze für die Gesamtbezüge → BMF vom 14.10.2002, BStBl. I S. 972. Zur Überversorgung wegen überdurchschnittlich hoher Versorgungsanwartschaften und bei Nur-Pension → BMF vom 3.11.2004, BStBl. I S. 1045, Rn. 7, → BMF vom 13.12.2012, BStBl. 2013 I S. 35, → BFH vom 31.3.2004, I R 70/03, BStBl. II S. 937, und → BFH vom 28.4.2010, I R 78/08, BStBl. 2013 II S. 41.

Erdienbarkeit. Die Zusage einer Pension an einen beherrschenden Gesellschafter-Geschäftsführer führt zu einer vGA, wenn der Zeitraum zwischen dem Zeitpunkt der Zusage der Pension und dem vorgesehenen Zeitpunkt des Eintritts in den Ruhestand weniger als 10 Jahre beträgt (→ BFH vom 21.12.1994, I R 98/93, BStBl. 1995 II S. 419 sowie → BMF vom 1.8.1996, BStBl. I S. 1138 und → BMF vom 9.12.2002, BStBl. I S. 1393).

Die zur Direktzusage entwickelten Grundsätze gelten auch bei einer mittelbaren Versorgungszusage in Gestalt einer rückgedeckten Unterstützungskassenzusage (→ BFH vom 20.7.2016, I R 33/15, BStBl. 2017 II S. 66).

Die Zusage einer Pension an einen nicht beherrschenden Gesellschafter-Geschäftsführer führt zu einer vGA, wenn

- der Zeitraum zwischen dem Zeitpunkt der Zusage der Pension und dem vorgesehenen Zeitpunkt des Eintritts in den Ruhestand weniger als 10 Jahre beträgt, oder
- dieser Zeitraum zwar mindestens drei Jahre beträgt, der Gesellschafter-Geschäftsführer dem Betrieb aber weniger als 12 Jahre angehörte (→ BFH vom 24.1.1996, I R 41/95, BStBl. 1997 II S. 440 und → BFH vom 15.3.2000, I R 40/99, BStBl. II S. 504 und → BMF vom 7.3.1997, BStBl. I S. 637).

Eine Pensionszusage muss zur Vermeidung einer vGA vor der Vollendung des 60. Lebensjahres des Gesellschafter-Geschäftsführers erteilt worden sein (→ BFH vom 5.4.1995, I R 138/93, BStBl. II S. 478).

Diese Grundsätze sind auch bei einer nachträglichen Erhöhung der Zusage anzuwenden (→ BFH vom 23.9.2008, I R 62/07, BStBl. 2013 II S. 39).

Um eine nachträgliche Erhöhung kann es sich auch handeln, wenn ein endgehaltsabhängiges Pensionsversprechen infolge einer Gehaltsaufstockung mittelbar erhöht wird und das der Höhe nach einer Neuzusage gleichkommt (→ BFH vom 20.5.2015, I R 17/14, BStBl. 2015 II S. 1022).

Wird bei einer bestehenden Versorgungszusage lediglich der Durchführungsweg gewechselt, so löst allein diese Änderung keine erneute Erdienbarkeitsprüfung aus (→ BFH vom 7.3.2018, I R 89/15, BStBl. 2019 II S. 70).

Ernsthaftigkeit. Bei einer vertraglichen Altersgrenze von weniger als 62 Jahren ist davon auszugehen, dass keine ernsthafte Vereinbarung vorliegt (→ BMF vom 9.12.2016, BStBl. I S. 1427).

Finanzierbarkeit. Zur Finanzierbarkeit von Pensionszusagen gegenüber Gesellschafter-Geschäftsführern → BFH vom 8.11.2000, I R 70/99, BStBl. 2005 II S. 653, → BFH vom 20.12.2000, I R 15/00, BStBl. 2005 II S. 657, → BFH vom 7.11.2001, I R 79/00, BStBl. 2005 II S. 659, → BFH vom 4.9.2002, I R 7/01, BStBl. 2005 II S. 662 und → BFH vom 31.3.2004, I R 65/03, BStBl. 2005 II S. 664 sowie → BMF vom 6.9.2005, BStBl. I S. 875.

Fortführung eines Dienstverhältnisses. Zur vGA bei Fortführung eines Dienstverhältnisses nach Eintritt des Versorgungsfalls → BFH vom 5.3.2008, I R 12/07, BStBl. 2015 II S. 409 und → BFH vom 23.10.2013, I R 60/12, BStBl. 2015 II S. 413 sowie → BMF vom 18.9.2017, BStBl. I S. 1293.

Invaliditätsversorgung – dienstzeitunabhängig. Die Zusage einer dienstzeitunabhängigen Invaliditätsversorgung zugunsten eines Gesellschafter-Geschäftsführers i. H. v. 75% des Bruttogehalts führt wegen Unüblichkeit zur vGA (→ BFH vom 28.1.2004, I R 21/03, BStBl. 2005 II S. 841).

Kapitalabfindung. Sagt eine Kapitalgesellschaft ihrem beherrschenden Gesellschafter-Geschäftsführer anstelle der monatlichen Rente „spontan" die Zahlung einer Kapitalabfindung der Versorgungsanwartschaft zu, so ist die gezahlte Abfindung regelmäßig vGA (→ BFH vom 11.9.2013, I R 28/13, BStBl. 2014 II S. 726 und → BFH vom 23.10.2013, I R 89/12, BStBl. 2014 II S. 729). Bei nicht beherrschenden Gesellschafter-Geschäftsführern → BFH vom 28.4.2010, I R 78/08, BStBl. 2013 II S. 41.

Lebenshaltungskosten. Zur Pensionserhöhung wegen gestiegener Lebenshaltungskosten → BFH vom 27.7.1988, I R 68/84, BStBl. 1989 II S. 57.

Lebensgefährtin. Zur Pensionszusage zugunsten einer nichtehelichen Lebensgefährtin → BFH vom 29.11.2000, I R 90/99, BStBl. 2001 II S. 204 sowie → BMF vom 25.7.2002, BStBl. I S. 706 und → BMF vom 8.1.2003, BStBl. I S. 93.

Pensionseintrittsalter. → BMF vom 9.12.2016, BStBl. I S. 1427.

Rückdeckungsversicherung. Beiträge, die eine GmbH für eine Lebensversicherung entrichtet, die sie zur Rückdeckung einer ihrem Gesellschafter-Geschäftsführer zugesagten Pension abgeschlossen hat, stellen auch dann keine vGA dar, wenn die Pensionszusage durch das Gesellschaftsverhältnis veranlasst ist (→ BFH vom 7.8.2002, I R 2/02, BStBl. 2004 II S. 131).

Tatsächliche Durchführung. Scheidet der beherrschende Gesellschafter-Geschäftsführer einer GmbH vor Ablauf der Erdienenszeit aus dem Unternehmen als Geschäftsführer aus, wird der Versorgungsvertrag tatsächlich nicht durchgeführt. Die jährlichen Zuführungen zu der für die Versorgungszusage gebildeten Rückstellung stellen deswegen regelmäßig vGA dar (→ BFH vom 25.6.2014, I R 76/13, BStBl. 2015 II S. 665).

Überversorgung

- **Nur-Pension.** Sog. Nur-Pensionszusagen führen regelmäßig zur sog. Überversorgung, so dass eine Rückstellung nach § 6a EStG zu Lasten des Steuerbilanzgewinns nicht gebildet werden darf (→ BFH vom 9.11.2005, I R 89/04, BStBl. 2008 II S. 523 und → BFH vom 28.4.2010, I R 78/08, BStBl. 2013 II S. 41 sowie → BMF vom 13.12.2012, BStBl. 2013 I S. 35). Die Zusage einer Nur-Pension ist im Übrigen durch das Gesellschaftsverhältnis veranlasst (→ BFH vom 17.5.1995, I R 147/93, BStBl. 1996 II S. 204 und → BFH vom 28.4.2010, I R 78/08, BStBl. 2013 II S. 41 sowie → BMF vom 28.1.2005, BStBl. I S. 387).
- **Reduzierung der Aktivbezüge.** → BFH vom 27.3.2012, I R 56/11, BStBl. II S. 665 und vom 20.12.2016, I R 4/15, BStBl. 2017 II S. 678 sowie → BMF vom 3.11.2004, BStBl. I S. 1045.
- **Rentendynamik.** Zu fest zugesagten prozentualen Erhöhungen von Renten und Rentenanwartschaften → H 6a (17) Steigerungen der Versorgungsansprüche EStH.

Unverfallbarkeit. Zu Vereinbarungen über eine Unverfallbarkeit in Zusagen auf Leistungen der betrieblichen Altersversorgung an Gesellschafter-Geschäftsführer → BMF vom 9.12.2002, BStBl. I S. 1393 sowie → BFH vom 26.6.2013, I R 39/12, BStBl. 2014 II S. 174.

Warte-/Probezeit.[1] Die Erteilung einer Pensionszusage unmittelbar nach der Anstellung und ohne die unter Fremden übliche Wartezeit ist in aller Regel durch das Gesellschaftsverhältnis veranlasst. Eine derartige Wartezeit ist bei bereits erprobten Geschäftsführern insbesondere in Fällen der Umwandlung nicht erforderlich (→ BFH vom 15.10.1997, I R 42/97, BStBl. 1999 II S. 316, → BFH vom 29.10.1997, I R 52/97, BStBl. 1999 II S. 318, → BFH vom 24.4.2002, I R 18/01, BStBl. II S. 670, → BFH vom 23.2.2005, I R 70/04, BStBl. II S. 882, → BFH vom 28.4.2010, I R 78/08, BStBl. 2013 II S. 41 und → BFH vom 26.6.2013, I R 39/12, BStBl. 2014 II S. 174 sowie → BMF vom 14.12.2012, BStBl. 2013 I S. 58). Eine unter Verstoß gegen eine angemessene Probezeit erteilte Pensionszusage wächst auch nach Ablauf der angemessenen Probezeit nicht in eine fremdvergleichsgerechte Pensionszusage hinein (→ BFH vom 28.4.2010, I R 78/08, BStBl. 2013 II S. 41 sowie → BMF vom 14.12.2012, BStBl. 2013 I S. 58).
Eine vGA kann bei einer unberechtigten Einbeziehung von Vordienstzeiten bei der Teilwertberechnung einer Pensionsrückstellung zu verneinen sein, wenn die Pensionszusage dem Grunde und der Höhe nach einem Fremdvergleich standhält (→ BFH vom 18.4.2002, III R 43/00, BStBl. 2003 II S. 149).

Wegfall einer Pensionsverpflichtung. Eine wegen Wegfalls der Verpflichtung gewinnerhöhend aufgelöste Pensionsrückstellung ist im Wege einer

[1] Überschrift redaktionell ergänzt.

Gegenkorrektur nur um die tatsächlich bereits erfassten vGA der Vorjahre außerbilanziell zu kürzen (→ BFH vom 21.8.2007, I R 74/06, BStBl. 2008 II S. 277 sowie → BMF vom 28.5.2002, BStBl. I S. 603).

R 8.8 Tantiemen *(unbesetzt)*

H 8.8

Allgemeines. Vereinbart eine GmbH mit ihrem beherrschenden Gesellschafter-Geschäftsführer eine Gewinntantieme, liegt darin eine vGA, wenn der nach Ablauf des jeweiligen Geschäftsjahres entstehende gesellschaftsrechtliche Gewinnanspruch lediglich der Form nach in einen Gehaltsanspruch gekleidet ist (→ BFH vom 2.12.1992, I R 54/91, BStBl. 1993 II S. 311).

Grundsätze. → BMF vom 1.2.2002, BStBl. I S. 219.

Nach der sog. 75/25-Regelvermutung ist zu beachten, dass die Bezüge im Allgemeinen wenigstens zu 75% aus einem festen und höchstens zu 25% aus erfolgsabhängigen Bestandteilen (Tantiemen) bestehen. Übersteigt der variable Anteil der Vergütung diese Grenze, ist im Einzelfall zu ermitteln, ob die gewählte Gestaltung betrieblich oder gesellschaftsrechtlich veranlasst ist (→ BFH vom 27.2.2003, I R 46/01, BStBl. 2004 II S. 132 und → BFH vom 4.6.2003, I R 24/02, BStBl. 2004 II S. 136).

Unerwartete Erhöhung der Bemessungsgrundlage für die Gewinntantieme. → BFH vom 10.7.2002, I R 37/01, BStBl. 2003 II S. 418.

Umsatztantieme. Umsatzabhängige Vergütungen an Geschäftsführer sind steuerlich nur anzuerkennen, wenn besondere Gründe dafür vorliegen, dass die mit dem Vergütungsanreiz angestrebten Ziele mit einer gewinnabhängigen Vergütung nicht zu erreichen sind. Besondere Gründe sind in der Branchenüblichkeit und der Aufbauphase der Gesellschaft gegeben (→ BFH vom 5.10.1977, I R 230/75, BStBl. 1978 II S. 234, → BFH vom 28.6.1989, I R 89/85, BStBl. II S. 854 und → BFH vom 19.2.1999, I R 105-107/97, BStBl. II S. 321).

Voraussetzung der Anerkennung der Umsatztantieme ist aber die vertragliche, zeitliche und höhenmäßige Begrenzung der Umsatztantieme. Eine derartige Begrenzung ist zur Vermeidung einer künftigen Gewinnabsaugung und einer die Rendite vernachlässigenden Umsatzsteigerung notwendig (→ BFH vom 19.2.1999, I R 105-107/97, BStBl. II S. 321). Die Beweislast für die Anerkennung der für eine umsatzabhängige Tantieme sprechenden Umstände trägt der Steuerpflichtige (→ BFH vom 28.6.1989, I R 89/85, BStBl. II S. 854).

Verlustvorträge. Ist der gewinntantiemeberechtigte Gesellschafter-Geschäftsführer für einen bestehenden Verlustvortrag verantwortlich oder zumindest teilverantwortlich, ist der Verlustvortrag in die Bemessungsgrundlage der Gewinntantieme einzubeziehen (→ BFH vom 17.12.2003, I R 22/03, BStBl. 2004 II S. 524). Jahresfehlbeträge müssen regelmäßig vorgetragen und durch zukünftige Jahresüberschüsse ausgeglichen werden; eine vorhergehende Verrechnung mit einem etwa bestehenden Gewinnvortrag laut

Handelsbilanz darf i. d. R. nicht vorgenommen werden (→ BFH vom 18.9.2007, I R 73/06, BStBl. 2008 II S. 314).

Verspätete Auszahlung. Wird eine klar und eindeutig vereinbarte Gewinntantieme an einen beherrschenden Gesellschafter-Geschäftsführer nicht bereits bei Fälligkeit ausgezahlt, führt dies nicht notwendigerweise zu einer vGA. Entscheidend ist, ob unter Würdigung aller Umstände die verspätete Auszahlung Ausdruck mangelnder Ernsthaftigkeit der Tantiemevereinbarung ist (→ BFH vom 29.7.1992, I R 28/92, BStBl. 1993 II S. 247 und → BFH vom 29.6.1994, I R 11/94, BStBl. II S. 952).

(Zinslose) Vorschüsse auf Tantieme. Zahlt eine GmbH ihrem Gesellschafter ohne eine entsprechende klare und eindeutige Abmachung einen unverzinslichen Tantiemevorschuss, ist der Verzicht auf eine angemessene Verzinsung eine vGA (→ BFH vom 22.10.2003, I R 36/03, BStBl. 2004 II S. 307).

Zustimmungsvorbehalt. Steht eine im Übrigen klare Tantiemevereinbarung mit einem beherrschenden Gesellschafter-Geschäftsführer unter dem Vorbehalt, dass die Gesellschafterversammlung die Tantieme anderweitig höher oder niedriger festsetzen kann, dann besteht Unsicherheit und damit auch Unklarheit, ob der Tantiemeanspruch des Gesellschafter-Geschäftsführers letztlich Bestand haben wird. Deshalb ist in Höhe des Betrags der gebildeten Rückstellung für die Tantieme eine vGA anzunehmen (→ BFH vom 29.4.1992, I R 21/90, BStBl. II S. 851).

R **8.9** Verdeckte Einlage

(1) Eine verdeckte Einlage i. S. d. § 8 Abs. 3 Satz 3 KStG liegt vor, wenn ein Gesellschafter oder eine ihm → nahestehende Person der Körperschaft außerhalb der gesellschaftsrechtlichen Einlagen einen → einlagefähigen Vermögensvorteil zuwendet und diese Zuwendung durch das Gesellschaftsverhältnis veranlasst ist.

(2) § 4 Abs. 1 Satz 1, § 6 Abs. 1 Nr. 5 EStG finden gem. § 8 Abs. 1 KStG auch auf Kapitalgesellschaften Anwendung, obwohl hier Einlegender und Empfänger der Einlage verschiedene Rechtsträger sind (finaler Einlagebegriff).

(3) [1] Voraussetzung für die Annahme einer verdeckten Einlage ist stets, dass die Zuwendung des Gesellschafters oder einer ihm → nahestehenden Person durch das Gesellschaftsverhältnis veranlasst ist. [2] Eine Veranlassung durch das Gesellschaftsverhältnis ist nur dann gegeben, wenn ein Nichtgesellschafter bei Anwendung der Sorgfalt eines ordentlichen Kaufmanns den Vermögensvorteil der Gesellschaft nicht eingeräumt hätte, was grundsätzlich durch Fremdvergleich festzustellen ist.

(4) [1] Die Bewertung verdeckter Einlagen hat grundsätzlich mit dem Teilwert zu erfolgen (§ 8 Abs. 1 KStG i. V. m. § 6 Abs. 1 Nr. 5 und Abs. 6 EStG). [2] § 6 Abs. 1 Nr. 5 Satz 1 Buchstabe b EStG findet keine Anwendung, weil die verdeckte Einlage von Anteilen an einer Kapitalgesellschaft i. S. d. § 17 Abs. 1 Satz 1 EStG in eine Kapitalgesellschaft gem. § 17 Abs. 1 Satz 2 EStG beim Einlegenden einer Veräußerung gleichgestellt wird und es somit bei ihm zum

Einlagezeitpunkt zu einer Besteuerung der stillen Reserven kommt. [3]Entsprechendes gilt in Fällen des § 20 Abs. 2 Satz 2 EStG und § 2 Abs. 13 InvStG für § 6 Abs. 1 Nr. 5 Satz 1 Buchstabe c EStG. [4]§ 6 Abs. 1 Nr. 5 Satz 1 Buchstabe a EStG ist in den Fällen zu beachten, in denen das eingelegte Wirtschaftsgut innerhalb der letzten drei Jahre vor dem Zeitpunkt der Zuführung angeschafft oder hergestellt worden ist, es sich aber nicht um eine verdeckte Einlage in eine Kapitalgesellschaft gem. § 23 Abs. 1 Satz 1 oder § 20 Abs. 2 Satz 2 EStG handelt, die als Veräußerung gilt und folglich im Einlagezeitpunkt ebenfalls zu einer Besteuerung der stillen Reserven führt.

(5) [1]Für die Qualifizierung von Leistungen als verdeckte Einlagen sind die Umstände maßgebend, die bestanden, als der Verpflichtete seine Zusage auf die Leistung gegeben hat. [2]Ändern sich diese Umstände durch das Ausscheiden nicht, dann sind die Leistungen auch nach dem Ausscheiden des bisherigen Gesellschafters weiterhin als verdeckte Einlagen zu qualifizieren.

H **8.9**

Anwachsung. Scheiden die Kommanditisten einer GmbH & Co. KG, die zugleich Gesellschafter der Komplementär-GmbH sind, ohne Entschädigung mit der Folge aus, dass ihr Anteil am Gesellschaftsvermögen gem. §§ 736, 738 BGB der Komplementär-GmbH zuwächst, erbringen die Kommanditisten eine verdeckte Einlage in die Komplementär-GmbH. Dabei bemisst sich der Wert der verdeckten Einlage nach der Wertsteigerung, die die GmbH einschließlich des anteiligen Geschäftswerts durch die Anwachsung erfährt (→ BFH vom 12.2.1980, VIII R 114/77, BStBl. II S. 494 und → BFH vom 24.3.1987, I R 202/83, BStBl. II S. 705 sowie → *BMF vom 25.3.1998, BStBl. I S. 268).*[1)]

Anwendungsbereich. Der Anwendungsbereich verdeckter Einlagen ist auf solche Körperschaften beschränkt, die ihren Anteilseignern oder Mitgliedern kapitalmäßige oder mitgliedschaftsähnliche Rechte gewähren (→ BFH vom 21.9.1989, IV R 115/88, BStBl. 1990 II S. 86).

Behandlung beim Gesellschafter. Die verdeckte Einlage eines Wirtschaftsguts in das Betriebsvermögen einer Kapitalgesellschaft führt auf der Ebene des Gesellschafters grundsätzlich zu nachträglichen Anschaffungskosten auf die Beteiligung an dieser Gesellschaft (→ BFH vom 12.2.1980, VIII R 114/77, BStBl. II S. 494 und → BFH vom 29.7.1997, VIII R 57/94, BStBl. 1998 II S. 652).
Zu Anschaffungskosten einer Beteiligung bei verdeckter Einlage → § 6 Abs. 6 Satz 2 und 3 EStG.

Bürgschaftsübernahme des Gesellschafters zu Gunsten der Gesellschaft. Mangels einlagefähigem Wirtschaftsgut sind die Voraussetzungen zur Annahme einer verdeckten Einlage durch die bloße Abgabe des Bürgschaftsversprechens noch nicht erfüllt (→ BFH vom 19.5.1982, I R 102/79, BStBl. II S. 631).

[1)] Siehe jetzt BMF v. 11.11.2011, BStBl. I 2011, 1314 (Umwandlungssteuererlass, **Steuererlasse** Nr. **130**).

Wird der Gesellschafter aber aus der Bürgschaft in Anspruch genommen und war diese gesellschaftsrechtlich veranlasst, liegt eine verdeckte Einlage vor, soweit der Gesellschafter auf seine dadurch entstandene Regressforderung verzichtet. Dabei ist die verdeckte Einlage bei der Kapitalgesellschaft mit dem Teilwert der Forderung zu bewerten (→ BFH vom 18.12.2001, VIII R 27/00, BStBl. 2002 II S. 733).

Einkommenserhöhende Einlage bei Nichtberücksichtigung einer vGA. Eine vGA ist bei der Besteuerung eines Gesellschafters als nicht berücksichtigt i. S. v. § 8 Abs. 3 Satz 5 KStG anzusehen, wenn sie im Rahmen seiner Veranlagung bei der Einkommensermittlung tatsächlich nicht angesetzt worden ist (→ BMF vom 18.11.2020, BStBl. I S. 1226).
→ BFH vom 13.6.2018, I R 94/15, BStBl. 2020 II S. 755.

Einlage von Beteiligungen i. S. d. § 17 Abs. 1 Satz 1 EStG. Die Bewertung der verdeckten Einlage einer Beteiligung i. S.d. § 17 Abs. 1 Satz 1 EStG bei der aufnehmenden Körperschaft erfolgt mit dem Teilwert (→ BMF vom 2.11.1998, BStBl. I S. 1227).

Einlagefähiger Vermögensvorteil. Gegenstand einer verdeckten Einlage kann nur ein aus Sicht der Gesellschaft bilanzierungsfähiger Vermögensvorteil sein. Dieser muss in der steuerrechtlichen Gewinnermittlung der Gesellschaft entweder
– zum Ansatz bzw. zur Erhöhung eines Aktivpostens oder
– zum Wegfall bzw. zur Minderung eines Passivpostens
geführt haben (→ BFH vom 24.5.1984, I R 166/78, BStBl. II S. 747).
Gegenstand einer verdeckten Einlage kann auch ein immaterielles Wirtschaftsgut, wie z. B. ein nicht entgeltlich erworbener Firmenwert sein. Wegen der Notwendigkeit der Abgrenzung der gesellschaftsrechtlichen von der betrieblichen Sphäre einer Kapitalgesellschaft tritt hier das Aktivierungsverbot des § 5 Abs. 2 EStG zurück (→ BFH vom 24.3.1987, I R 202/83, BStBl. II S. 705).
→ H 8.9 Nutzungsvorteile; → H 8.9 Verzicht auf Tätigkeitsvergütungen.

Erbfall. Vererbt ein Gesellschafter Wirtschaftsgüter seines Privatvermögens an seine Kapitalgesellschaft, handelt es sich um einen unentgeltlichen, nicht auf ihrer unternehmerischen Tätigkeit beruhenden Erwerb, der wie eine Einlage zu behandeln ist. Nachlassschulden sowie durch den Erbfall entstehende Verbindlichkeiten (z. B. Vermächtnisse) mindern die Höhe des Werts der Einlage (→ BFH vom 24.3.1993, I R 131/90, BStBl. II S. 799).

Forderungsverzicht. Ein auf dem Gesellschaftsverhältnis beruhender Verzicht eines Gesellschafters auf seine nicht mehr vollwertige Forderung gegenüber seiner Kapitalgesellschaft führt bei dieser zu einer Einlage in Höhe des Teilwerts der Forderung. Dies gilt auch dann, wenn die entsprechende Verbindlichkeit auf abziehbare Aufwendungen zurückgeht. Der Verzicht des Gesellschafters auf eine Forderung gegenüber seiner Kapitalgesellschaft im Wege der verdeckten Einlage führt bei ihm zum Zufluss des noch werthaltigen Teils der Forderung. Eine verdeckte Einlage bei der Kapitalgesellschaft kann auch dann anzunehmen sein, wenn der Forderungsverzicht von einer dem Gesellschafter nahestehenden Person ausgesprochen wird (→ BFH vom 9.6.1997, GrS 1/94, BStBl. 1998 II S. 307).

Die vorgenannten Grundsätze gelten auch dann, wenn auf eine Forderung verzichtet wird, die kapitalersetzenden Charakter hat (→ BFH vom 16.5.2001, I B 143/00, BStBl. 2002 II S. 436).

Forderungsverzicht gegen Besserungsschein. Verzichtet ein Gesellschafter auf eine Forderung gegen seine GmbH unter der auflösenden Bedingung, dass im Besserungsfall die Forderung wieder aufleben soll und ist der Verzicht durch das Gesellschaftsverhältnis veranlasst, liegt in Höhe des werthaltigen Teils der Forderung eine (verdeckte) Einlage vor. Die Erfüllung der Forderung nach Bedingungseintritt ist keine vGA, sondern gilt als zurückgewährte Einlage (→ BMF vom 2.12.2003, BStBl. I S. 648).

Umfasst der Forderungsverzicht auch den Anspruch auf Darlehenszinsen, sind nach Bedingungseintritt Zinsen auch für die Dauer der Krise als Betriebsausgaben anzusetzen (→ BFH vom 30.5.1990, I R 41/87, BStBl. 1991 II S. 588).

Gesellschaftsrechtliches Interesse. → BFH vom 29.7.1997, VIII R 57/94, BStBl. 1998 II S. 652.

Für die Prüfung der Frage, ob die Zuwendung gesellschaftsrechtlich veranlasst ist, ist ausschließlich auf den Zeitpunkt des Eingehens der Verpflichtung, nicht auf den Zeitpunkt des späteren Erfüllungsgeschäfts abzustellen. Eine gesellschaftsrechtliche Veranlassung kann somit selbst dann anzunehmen sein, wenn zum Zeitpunkt der Erfüllung der Verpflichtung ein Gesellschaftsverhältnis nicht mehr besteht (analog zur vGA; → BFH vom 14.11.1984, I R 50/80, BStBl. 1985 II S. 227).

Gesellschaftsrechtliche Veranlassung. Die Veranlassung durch das Gesellschaftsverhältnis ist gegeben, wenn ein Nichtgesellschafter bei Anwendung der Sorgfalt eines ordentlichen Kaufmanns den Vermögensvorteil der Gesellschaft nicht eingeräumt hätte (→ BFH vom 28.2.1956, I 92/54 U, BStBl. III S. 154, → BFH vom 19.2.1970, I R 24/67, BStBl. II S. 442, → BFH vom 26.11.1980, I R 52/77, BStBl. 1981 II S. 181, → BFH vom 9.3.1983, I R 182/78, BStBl. II S. 744, → BFH vom 11.4.1984, I R 175/79, BStBl. II S. 535, → BFH vom 14.11.1984, I R 50/80, BStBl. 1985 II S. 227, → BFH vom 24.3.1987, I R 202/83, BStBl. II S. 705 und → BFH vom 26.10.1987, GrS 2/86, BStBl. 1988 II S. 348).

Immaterielle Wirtschaftsgüter. → H 8.9 Einlagefähiger Vermögensvorteil.

Nachträgliche Preissenkungen. Nachträgliche Preissenkungen durch den Gesellschafter beim Verkauf von Wirtschaftsgütern an seine Kapitalgesellschaft stellen i. d. R. verdeckte Einlagen dar (→ BFH vom 14.8.1974, I R 168/72, BStBl. 1975 II S. 123).

Nahestehende Person. Die als verdeckte Einlage zu qualifizierende Zuwendung kann auch durch eine dem Gesellschafter nahestehende Person erfolgen, z. B. durch eine andere Tochtergesellschaft (→ BFH vom 30.4.1968, I 161/65, BStBl. II S. 720, → BFH vom 9.6.1997, GrS 1/94, BStBl. 1998 II S. 307 und → BFH vom 12.12.2000, VIII R 62/93, BStBl. 2001 II S. 234).

→ H 8.5 III. Nahestehende Person.

Nutzungsvorteile. Die Überlassung eines Wirtschaftsguts zum Gebrauch oder zur Nutzung kann mangels Bilanzierbarkeit des Nutzungsvorteils nicht Gegenstand einer Einlage sein (→ BFH vom 8.11.1960, I 131/59 S, BStBl. III S. 513, → BFH vom 9.3.1962, I 203/61 S, BStBl. III S. 338, → BFH vom 3.2.1971, I R 51/66, BStBl. II S. 408, → BFH vom 24.5.1984, I R 166/78, BStBl. II S. 747 und → BFH vom 26.10.1987, GrS 2/86, BStBl. 1988 II S. 348). Das gilt auch, wenn der Gesellschafter ein verzinsliches Darlehen aufnimmt, um der Kapitalgesellschaft ein zinsloses Darlehen zu gewähren (→ BFH vom 26.10.1987, GrS 2/86, BStBl. 1988 II S. 348).

Keine einlagefähigen Nutzungsvorteile sind insbesondere

– eine ganz oder teilweise unentgeltliche Dienstleistung (→ BFH vom 14.3.1989, I R 8/85, BStBl. II S. 633),
– eine unentgeltliche oder verbilligte Gebrauchs- oder Nutzungsüberlassung eines Wirtschaftsguts und
– der Zinsvorteil bei unverzinslicher oder geringverzinslicher Darlehensgewährung (→ BFH vom 26.10.1987, GrS 2/86, BStBl. 1988 II S. 348).

Rückgewähr einer vGA. Die Rückgewähr einer vGA führt regelmäßig zur Annahme einer Einlage. Das gilt unabhängig davon, ob sich die Rückzahlungsverpflichtung aus einer Satzungsklausel oder aus gesetzlichen Vorschriften (z. B. §§ 30, 31 GmbHG) ergibt, oder ob sie seitens des Gesellschafters freiwillig erfolgt (→ BFH vom 29.5.1996, I R 118/93, BStBl. 1997 II S. 92, → BFH vom 31.5.2005, I R 35/04, BStBl. 2006 II S. 132, sowie → BMF vom 6.8.1981, BStBl. I S. 599).

→ H 8.6 Rückgängigmachung.

Verdecktes Leistungsentgelt. Gleicht ein Gesellschafter durch Zuwendungen Nachteile einer Kapitalgesellschaft aus, die diese durch die Übernahme von Aufgaben erleidet, die eigentlich der Gesellschafter zu erfüllen hat, ist das Gesellschaftsverhältnis für die Leistung nicht ursächlich. Folglich liegt keine steuerfreie Vermögensmehrung in Form einer verdeckten Einlage, sondern vielmehr eine steuerpflichtige Betriebseinnahme vor (→ BFH vom 9.3.1983, I R 182/78, BStBl. II S. 744).

Verzicht auf Pensionsanwartschaftsrechte. Verzichtet der Gesellschafter aus Gründen des Gesellschaftsverhältnisses auf einen bestehenden Anspruch aus einer ihm gegenüber durch die Kapitalgesellschaft gewährten Pensionszusage, liegt hierin eine verdeckte Einlage begründet. Dies gilt auch im Falle eines Verzichts vor Eintritt des vereinbarten Versorgungsfalles hinsichtlich des bis zum Verzichtszeitpunkt bereits erdienten (Anteils des) Versorgungsanspruches. Der durch die Ausbuchung der Pensionsrückstellung bei der Kapitalgesellschaft zu erfassende Gewinn ist im Rahmen der Einkommensermittlung in Höhe des Werts der verdeckten Einlage wieder in Abzug zu bringen. Aus der Annahme einer verdeckten Einlage folgt andererseits beim Gesellschafter zwingend die Annahme eines Zuflusses von Arbeitslohn bei gleichzeitiger Erhöhung der Anschaffungskosten für die Anteile an der Kapitalgesellschaft (→ BFH vom 9.6.1997, GrS 1/94, BStBl. 1998 II S. 307).

Sowohl hinsichtlich der Bewertung der verdeckten Einlage als auch hinsichtlich des Zuflusses beim Gesellschafter ist auf den Teilwert der Pensionszusage abzustellen und nicht auf den gem. § 6a EStG ermittelten Teilwert

der Pensionsrückstellung der Kapitalgesellschaft. Bei der Ermittlung des Teilwerts ist die Bonität der zur Pensionszahlung verpflichteten Kapitalgesellschaft zu berücksichtigen (→ BFH vom 15.10.1997, I R 58/93, BStBl. 1998 II S. 305).
Zum Verzicht auf künftig noch zu erdienende Pensionsanwartschaften (sog. Future Service) → BMF vom 14.8.2012, BStBl. I S. 874.

Verzicht auf Tätigkeitsvergütungen. Verzichtet der Gesellschafter (z. B. wegen der wirtschaftlichen Lage der Kapitalgesellschaft) als Geschäftsführer auf seine Tätigkeitsvergütungen, ist wie folgt zu unterscheiden (→ BFH vom 15.6.2016, VI R 6/13, BStBl. II S. 903):

– **Verzicht nach Entstehung:** Verzichtet der Gesellschafter-Geschäftsführer nach Entstehung seines Anspruchs auf die Tätigkeitsvergütungen, wird damit der Zufluss der Einnahmen, verbunden mit der Verpflichtung zur Lohnversteuerung, nicht verhindert. Die Tätigkeitsvergütungen sind als Einnahmen aus nichtselbständiger Arbeit zu versteuern. Der Verzicht stellt demgegenüber eine – die steuerlichen Anschaffungskosten des Gesellschafters erhöhende – verdeckte Einlage dar (→ BFH vom 19.7.1994, VIII R 58/92, BStBl. 1995 II S. 362).
  Bestehen zum Zeitpunkt des Gehaltsverzichts Liquiditätsschwierigkeiten, berührt dies die Werthaltigkeit der Gehaltsforderung, so dass die verdeckte Einlage unter dem Nennwert ggf. sogar mit 0 Euro zu bewerten ist (→ BFH vom 19.5.1993, I R 34/92, BStBl. II S. 804, → BFH vom 19.7.1994, VIII R 58/92, BStBl. 1995 II S. 362 und → BFH vom 9.6.1997, GrS 1/94, BStBl. 1998 II S. 307).
– **Verzicht vor Entstehung:** Verzichtet der Gesellschafter-Geschäftsführer auf noch nicht entstandene Gehaltsansprüche, ergeben sich hieraus weder bei der Kapitalgesellschaft noch beim Gesellschafter-Geschäftsführer ertragsteuerliche Folgen (→ BFH vom 24.5.1984, I R 166/78, BStBl. II S. 747 und → BFH vom 14.3.1989, I R 8/85, BStBl. II S. 633).
– **Folgen eines Verzichts:** Zur verdeckten Einlage in eine Kapitalgesellschaft und Zufluss von Gehaltsbestandsteilen bei einem Gesellschafter-Geschäftsführer einer Kapitalgesellschaft → BFH-Urteile vom 3.2.2011, VI R 4/10, BStBl. 2014 II S. 493 und VI R 66/09, BStBl. 2014 II S. 491 und → BFH vom 15.5.2013, VI R 24/12, BStBl. 2014 II S. 495[1] sowie → BMF vom 12.5.2014, BStBl. I S. 860).

Zuschuss zur Abdeckung eines Bilanzverlustes. Der zur Abdeckung eines Bilanzverlustes der Kapitalgesellschaft durch den Gesellschafter-Geschäftsführer geleistete Zuschuss stellt eine verdeckte Einlage dar (→ BFH vom 12.2.1980, VIII R 114/77, BStBl. II S. 494).

R 8.10 Verluste bei Körperschaften *(unbesetzt)*

R 8.11 Mitgliedsbeiträge

(1) [1] Mitgliedsbeiträge i. S. v. § 8 Abs. 5 KStG sind Beiträge, die die Mitglieder einer Personenvereinigung lediglich in ihrer Eigenschaft als Mitglieder

[1] Siehe hierzu auch BFH v. 15.6.2016 VI R 6/13, BStBl. II 2016, 903.

nach der Satzung zu entrichten haben. [2]Sie dürfen der Personenvereinigung nicht für die Wahrnehmung besonderer geschäftlicher Interessen oder für Leistungen zugunsten ihrer Mitglieder zufließen. [3]Der Beurteilung als echter Mitgliedsbeitrag steht es entgegen, wenn die Beitragshöhe von der tatsächlichen Inanspruchnahme für Leistungen durch die Mitglieder abhängt.

(2) [1]Mitgliedsbeiträge, die auf Grund der Satzung erhoben werden, bleiben bei der Ermittlung des Einkommens von unbeschränkt oder beschränkt körperschaftsteuerpflichtigen Personenvereinigungen außer Ansatz (§ 8 Abs. 5 KStG). [2]Es genügt, dass eine der folgenden Voraussetzungen erfüllt ist:

1. Die Satzung bestimmt Art und Höhe der Mitgliedsbeiträge.
2. Die Satzung sieht einen bestimmten Berechnungsmaßstab vor.
3. Die Satzung bezeichnet ein Organ, das die Beiträge der Höhe nach erkennbar festsetzt.

[3]Bei den nicht zur Führung von Büchern verpflichteten Personenvereinigungen zählen echte Mitgliedsbeiträge bereits mangels Zurechenbarkeit zu einer Einkunftsart nicht zu den steuerpflichtigen Einkünften. [4]Das gilt auch für die mit ihnen in Verbindung stehenden Ausgaben, die mithin regelmäßig dem ideellen Bereich der Körperschaft zuzurechnen sind und demzufolge die steuerpflichtigen Einkünfte nicht mindern.

(3) [1]Dient eine Personenvereinigung auch der wirtschaftlichen Förderung der Einzelmitglieder, sind die Beiträge an diese Vereinigung insoweit keine Mitgliedsbeiträge i. S. v. § 8 Abs. 5 KStG, sondern pauschalierte Gegenleistungen für die Förderung durch die Vereinigung, und zwar auch dann, wenn die Vereinigung keinen wirtschaftlichen Geschäftsbetrieb ausübt. [2]In diesem Fall sind die Mitgliedsbeiträge durch Schätzung in einen steuerfreien Teil (reine Mitgliedsbeiträge) und in einen steuerpflichtigen Teil (pauschalierte Gegenleistungen) aufzuteilen.

(4) [1]Bei Versicherungsunternehmen ist § 8 Abs. 5 KStG auf Leistungen der Mitglieder, die ein Entgelt für die Übernahme der Versicherung darstellen, nicht anzuwenden. [2]Bei → VVaG können jedoch steuerfreie Mitgliedsbeiträge in Betracht kommen, z. B. Eintrittsgelder unter besonderen Voraussetzungen.

H 8.11

Abgrenzung zu Leistungsentgelten. Vereinsbeiträge, die ein Entgelt für bestimmte Leistungen des Vereins zugunsten seiner Mitglieder darstellen, sind keine Mitgliedsbeiträge i. S. v. § 8 Abs. 5 KStG. Beschränkt sich die Tätigkeit des Vereins darauf, seinen Mitgliedern preisgünstige Reisen zu vermitteln und zinsgünstige Darlehen zu gewähren, sind die gesamten Beiträge Entgelt für diese Leistungen, auch wenn diese pauschal erhoben werden (→ BFH vom 28.6.1989, I R 86/85, BStBl. 1990 II S. 550).

Nichtabzugsfähigkeit des mit Mitgliedsbeiträgen in Verbindung stehenden Aufwands. Zahlt ein Mitglied beim Eintritt in eine Kreditgenossenschaft zur Abgeltung des mit dem Eintritt verbundenen Aufwands ein einmaliges Eintrittsgeld, kann dieses in vollem Umfang als Mitgliedsbeitrag nach § 8 Abs. 5 KStG steuerfrei sein. Ist das der Fall, ist der mit dem Eintritt in wirtschaftlichem Zusammenhang stehende Aufwand gem. § 3c EStG nicht abzugsfähig (→ BFH vom 19.2.1964, I 179/62 U, BStBl. III S. 277). Ein bloß mittelbarer Zusammenhang reicht aber zur Anwendung des § 3c EStG nicht aus (→ BFH vom 11.10.1989, I R 208/85, BStBl. 1990 II S. 88).

Schätzung des Leistungsentgelts bei Erhebung nicht kostendeckender Entgelte für Sonderleistungen. Werden für Sonderleistungen der Personenvereinigung an die einzelnen Mitglieder keine oder keine kostendeckenden Entgelte gefordert, kann in den allgemeinen Mitgliedsbeiträgen teilweise ein ggf. im Wege der Schätzung zu ermittelndes Leistungsentgelt enthalten sein (→ BFH vom 9.2.1965, I 25/63 U, BStBl. III S. 294).
Die Umlagebeträge, die Interessengemeinschaften zur gemeinsamen Bewirtschaftung von Gemeindewaldungen von den beteiligten Gemeinden nach dem Verhältnis ihres flächenmäßigen Waldbesitzes zur Gesamtfläche des betreuten Waldes erheben, sind (ggf. im Wege der Schätzung) in Entgelte für Einzelleistungen und echte Mitgliedsbeiträge für Gemeinschaftsleistungen aufzuteilen (→ BFH vom 22.11.1963, V 47/61 U, BStBl. 1964 III S. 147).

VVaG. Bei den Mitgliederleistungen an VVaG ist zwischen steuerpflichtigen Versicherungsbeiträgen und steuerfreien Einlagen zu unterscheiden. Im Allgemeinen werden Eintrittsgelder insoweit, als ein Rückzahlungsanspruch beim Austritt besteht, der in seiner Höhe genau festgelegt ist und nicht vom Betriebsergebnis abhängt, steuerfreie Einlagen darstellen (→ BFH vom 21.4.1953, I 32/53 U, BStBl. III S. 175).

Werbeverband. Umlagen, die pauschalierte Entgelte der einzelnen Mitglieder für die Förderung ihrer wirtschaftlichen Einzelinteressen durch zusammengefasste Werbung darstellen, sind keine Mitgliedsbeiträge i.S.d. § 8 Abs. 5 KStG (→ BFH vom 8.6.1966, I 151/63, BStBl. III S. 632).

R 8.12 Haus- und Grundeigentümervereine, Mietervereine

(1) [1]Die Mitgliedsbeiträge zu Haus- und Grundeigentümervereinen sowie zu Mietervereinen enthalten i.d.R. Entgelte für die Gewährung besonderer wirtschaftlicher Vorteile, z.B. Rechtsberatung, Prozessvertretung. [2]Sie sind deshalb keine reinen Mitgliedsbeiträge i.S.v. § 8 Abs. 5 KStG. [3]Um eine einfache und gleichmäßige Besteuerung der in Satz 1 bezeichneten Vereine zu gewährleisten, ist bei der Abgrenzung der steuerfreien Mitgliedsbeiträge von den steuerpflichtigen Beträgen sowie bei der Berechnung der hiervon abzuziehenden Ausgaben wie folgt zu verfahren:

1. [1]Von den eigenen Beitragseinnahmen (= gesamte Beitragseinnahmen abzüglich der an übergeordnete Verbände abgeführten Beträge) sind 20% als steuerpflichtige Einnahmen anzusehen. [2]Erhebt der Verein neben den Beiträgen besondere Entgelte, z.B. für Prozessvertretungen, sind diese Entgelte den steuerpflichtigen Einnahmen voll hinzuzurechnen.
2. [1]Von den Ausgaben des Vereins, die mit den eigenen Beitragseinnahmen und den daneben erhobenen besonderen Entgelten in unmittelbarem Zusammenhang stehen, ist der Teil abzuziehen, der dem Verhältnis der steuerpflichtigen Einnahmen zu den eigenen Beitragseinnahmen zuzüglich der daneben erhobenen besonderen Entgelte entspricht. [2]Werden jedoch die

mit den steuerpflichtigen Einnahmen zusammenhängenden Ausgaben gesondert ermittelt, sind die gesondert ermittelten Ausgaben abzuziehen.

3. [1] Übersteigen die abzuziehenden Ausgaben die steuerpflichtigen Einnahmen ständig, d.h. in mehreren aufeinanderfolgenden Jahren, ist erkennbar, dass der als steuerpflichtig behandelte Betrag von 20% der eigenen Beitragseinnahmen zu niedrig ist. [2] Er ist dann angemessen zu erhöhen, dass im Durchschnitt mehrerer Jahre die abziehbaren Ausgaben nicht höher als die steuerpflichtigen Einnahmen sind.

(2) Die übrigen steuerpflichtigen Einkünfte, z.B. aus dem Verkauf von Vordrucken und Altmaterial, aus Kapitalvermögen und aus Vermietung und Verpachtung, sind nach den allgemeinen steuerrechtlichen Grundsätzen zu ermitteln.

H 8.12

Aufteilung der Mitgliedsbeiträge bei Haus- und Grundbesitzervereinen sowie Mietervereinen. Zur Zulässigkeit der von der Finanzverwaltung vorgesehenen pauschalen Aufteilung der Mitgliedsbeiträge in echte Mitgliedsbeiträge und Leistungsentgelte → BFH vom 5.6.1953, I 104/52 U, BStBl. III S. 212.

Zur Notwendigkeit des Ansatzes eines höheren prozentualen Einnahmeanteils für steuerpflichtige Leistungen bei ansonsten anhaltender Erzielung von Verlusten → BFH vom 9.2.1965, I 25/63 U, BStBl. III S. 294.

Beispiel zur Aufteilung:

	€	€
Vereinnahmte Mitgliedsbeiträge		130 000
An den Landesverband sind abgeführt		– 30 000
Eigene Beitragseinnahmen		100 000
Steuerpflichtige Einnahmen:		
20% von 100 000 €	20 000	
Entgelte für Prozessvertretungen	+ 4000	24 000

Die Ausgaben, die mit den eigenen Beitragseinnahmen (100 000 €) und den Entgelten für Prozessvertretungen (4000 €) zusammenhängen, betragen 90 000 €.

	€	€
Abzuziehen sind	$\frac{90\,000 \times 24\,000}{104\,000}$	– 20 769
Überschuss		3231

Würden die gesondert festgestellten abziehbaren Ausgaben 27 000 € betragen und würde sich weiter ergeben, dass die Ausgaben auch in den vorangegangenen Jahren die steuerpflichtigen Einnahmen überstiegen haben, müsste der Satz von 20% angemessen erhöht werden.

R 8.13 Sonstige Vereine und Einrichtungen

(1) [1] Die von Obst- und Gartenbauvereinen erhobenen Mitgliedsbeiträge enthalten i.d.R. Entgelte für die Gewährung besonderer wirtschaftlicher Vorteile. [2] Sie sind deshalb keine reinen Mitgliedsbeiträge i.S.v. § 8 Abs. 5 KStG.

[3] Bei der Abgrenzung der steuerfreien Mitgliedsbeiträge von den steuerpflichtigen Beträgen ist R 8.12 entsprechend anzuwenden.

(2) [1] Die von den Kleingärtner- und Siedlervereinen erhobenen Beiträge enthalten i. d. R. keine Entgelte für die Gewährung besonderer wirtschaftlicher Vorteile. [2] Im Allgemeinen bestehen deshalb aus Gründen der Verwaltungsvereinfachung keine Bedenken, diese Beiträge ohne Prüfung als Mitgliedsbeiträge i. S. v. § 8 Abs. 5 KStG anzusehen.

(3) [1] Sind Tierzuchtverbände oder Vatertierhaltungsvereine nicht steuerbegünstigt und infolgedessen nicht nur mit ihren wirtschaftlichen Geschäftsbetrieben, sondern in vollem Umfang steuerpflichtig, dann werden die Beiträge der Mitglieder zum großen Teil keine steuerfreien Mitgliedsbeiträge i. S. v. § 8 Abs. 5 KStG sein, weil sie Entgelte der Mitglieder für wirtschaftliche Leistungen enthalten. [2] Aus Vereinfachungsgründen ist bei der Abgrenzung der steuerfreien Mitgliedsbeiträge von den steuerpflichtigen Beträgen wie folgt zu verfahren: [3] Die Beitragseinnahmen sind nur i. H. v. 50% als steuerpflichtig zu behandeln. [4] Die mit den Beitragseinnahmen in unmittelbarem Zusammenhang stehenden Ausgaben sind dementsprechend nur mit 50% zu berücksichtigen. [5] Zu den Beitragseinnahmen gehören außer den Mitgliedsbeiträgen auch die Beträge, die nicht laufend, sondern einmalig als sog. Gebühren entrichtet werden, z. B. für die Herdbucheintragungen, für den Nachweis der Abstammung, für die Anerkennung und Umschreibung, für die Vermittlung des Absatzes von Zuchttieren, für das Brennen von Vieh, für Ohrmarken und Geflügelringe und Deckgelder von Mitgliedern. [6] Voraussetzung ist, dass diese Gebühren nach Art und Höhe in der Satzung oder in der Gebührenordnung genau bestimmt sind. [7] Im Übrigen sind die steuerpflichtigen Einkünfte, z. B. aus Gewerbebetrieb, Kapitalvermögen, Vermietung und Verpachtung, sonstige Einkünfte i. S. d. § 22 EStG, nach den allgemeinen steuerrechtlichen Grundsätzen zu ermitteln.

(4) Die Bestimmungen in Absatz 3 gelten nicht für die Verbände und Vereine der Pelztierzüchter.

(5) [1] Einrichtungen zur Förderung des Fremdenverkehrs können BgA von jPöR oder Personenvereinigungen sein. [2] Im ersten Fall können sie eine Steuerbefreiung für Mitgliedsbeiträge nicht in Anspruch nehmen. [3] Im zweiten Fall sind die Beiträge oft keine reinen Mitgliedsbeiträge (§ 8 Abs. 5 KStG), weil sie auch Entgelte der Mitglieder für wirtschaftliche Vorteile enthalten. [4] Aus Vereinfachungsgründen bestehen keine Bedenken, in diesen Fällen nur 25% der Beitragseinnahmen als steuerpflichtige Einnahmen zu behandeln. [5] Die Ausgaben, die mit den Beitragseinnahmen in unmittelbarem wirtschaftlichen Zusammenhang stehen, sind dementsprechend nur mit 25% abzuziehen. [6] R 8.12 ist entsprechend anzuwenden. [7] Im Übrigen sind die steuerpflichtigen Einkünfte, z.B. aus dem Verkauf von Zeitungen oder Fahrkarten, nach den allgemeinen steuerrechtlichen Grundsätzen zu ermitteln. [8] Die Zuschüsse, die gemeindliche Fremdenverkehrseinrichtungen von den Gemeinden erhalten, sind steuerfrei zu lassen.

H 8.13

Lohnsteuerhilfevereine. Die von Lohnsteuerhilfevereinen (→ H 5.1 Abgrenzung) erhobenen Beiträge sind in vollem Umfang steuerpflichtige Entgelte für Gegenleistungen der Vereine an ihre Mitglieder. § 8 Abs. 5 KStG findet keine Anwendung (→ BFH vom 29.8.1973, I R 234/71, BStBl. 1974 II S. 60).

Zu § 8a KStG

H 8a

Anwendungsschreiben zur Zinsschranke. Zu § 8a KStG i. d. F. des Unternehmensteuerreformgesetzes vom 14.8.2007 (BGBl. I S. 1912; BStBl. I S. 630), sog. Zinsschranke → BMF vom 4.7.2008, BStBl. I S. 718.[1)]

Gesellschafterfremdfinanzierung. Bei Prüfung der 10 %-Grenze, ob eine schädliche Gesellschafterfremdfinanzierung vorliegt, sind Vergütungen für Fremdkapital der einzelnen qualifiziert beteiligten Gesellschafter nicht zusammenzurechnen (→ BFH vom 11.11.2015, I R 57/13, BStBl. 2017 II S. 319).

Verfassungsmäßigkeit. → BFH vom 14.10.2015, I R 20/15, BStBl. 2017 II S. 1240.[1)]

Zu § 8b KStG

H 8b

Abwärtsverschmelzung mit ausländischer Anteilseignerin. Die Verschmelzung zweier Kapitalgesellschaften kann zu einem steuerfreien Auflösungsgewinn i. S. des § 8b Abs. 2 Satz 3 KStG führen, von dem 5% als nicht abziehbare Betriebsausgaben gelten. Das Diskriminierungsverbot aus Art. 24 Abs. 4 DBA USA 1989 steht dem Ansatz nicht abziehbarer Betriebsausgaben in Höhe von 5% des Auflösungsgewinns nicht entgegen, wenn Anteilseignerin der übertragenden Muttergesellschaft eine US-amerikanische Kapitalgesellschaft ist. Gleiches gilt im Hinblick auf die Fusionsrichtlinie und die unionsrechtlichen Grundfreiheiten (→ BFH vom 30.5.2018, I R 31/16, BStBl. 2019 II S. 136).

Abzugsverbot von Gewinnminderungen im Zusammenhang mit Gesellschafterdarlehen. Das in § 8b Abs. 3 Satz 4 KStG angeordnete Abzugsverbot erfordert nur, dass der Gesellschafter, der das Darlehen oder die Sicherheit gewährt, zu irgendeinem Zeitpunkt während der Darlehenslaufzeit die Beteiligungsvoraussetzungen erfüllt. Auf den alleinigen Zeitpunkt der Darlehensbegebung oder den Eintritt der Gewinnminderung kommt es nicht an (→ BFH vom 12.3.2014, I R 87/12, BStBl. II S. 859).

Allgemeine Fragen zur Auslegung des § 8b KStG. → BMF vom 28.4.2003, BStBl. I S. 292.

Ausschüttungen aus dem steuerlichen Einlagekonto. Ausschüttungen aus dem steuerlichen Einlagekonto, die den Beteiligungsbuchwert übersteigen,

---

1) Vorlagebeschluss BFH v. 14.10.2015 I R 20/15, BStBl. II 2017, 1240 (Az. BVerfG 2 BvL 1/16).

fallen unter § 8b Abs. 2 KStG (→ BMF vom 28.4.2003, BStBl. I S. 292, Rn. 6 und → BFH vom 28.10.2009, I R 116/08, BStBl. 2011 II S. 898).

Betriebsausgabenfiktion gemäß § 8b Abs. 3 Satz 1 KStG bei beschränkt steuerpflichtigen Körperschaften. Der von einer beschränkt steuerpflichtigen Körperschaft erzielte Gewinn aus der Veräußerung von Anteilen an einer inländischen Kapitalgesellschaft ist gemäß § 8b Abs. 2 Satz 1 KStG steuerfrei. Die Fiktion nichtabziehbarer Betriebsausgaben nach Maßgabe von § 8b Abs. 3 Satz 1 KStG (sog. Schachtelstrafe) geht ins Leere, wenn die veräußernde Kapitalgesellschaft im Inland über keine Betriebsstätte und keinen ständigen Vertreter verfügt (→ BFH vom 31.5.2017, I R 37/15, BStBl. 2018 II S. 144).

Betriebsausgabenabzugsverbot nach § 8b Abs. 5 Satz 1 KStG auf Hinzurechnungsbeträge. Das in § 8b Abs. 5 Satz 1 KStG geregelte pauschale Betriebsausgabenabzugsverbot ist auf Gewinnausschüttungen anzuwenden, die nach § 3 Nr. 41 Buchst. a EStG[1)] steuerfrei geblieben wären (→ BFH vom 26.4.2017, I R 84/15, BStBl. 2018 II S. 492; → BMF vom 5.10.2020, BStBl. I S. 1033).

Gewinn- oder umsatzabhängige Kaufpreisforderung. Die Rechtsprechung zu § 16 EStG, nach der ein Veräußerungsgewinn im Zeitpunkt des Übergangs der wirtschaftlichen Inhaberstellung entsteht, unabhängig davon, ob der vereinbarte Kaufpreis sofort fällig, in Raten zahlbar oder langfristig gestundet ist und wann der Verkaufserlös dem Veräußerer tatsächlich zufließt, ist auch für § 8b Abs. 2 KStG zu beachten (→ BFH vom 19.12.2018, I R 71/16, BStBl. 2019 II S. 493).

Investmentsteuergesetz – Anwendungsfragen. → BMF vom 21.5.2019, BStBl. I S. 527

Sonderumlagen an einen öffentlich-rechtlichen Verband. Sonderumlagen an einen öffentlich-rechtlichen Verband als Gewinnminderungen i. S. des § 8b Abs. 6 Satz 2 i. V. m. Abs. 3 Satz 3 KStG (→ BFH vom 22.5.2019, I R 16/17, BStBl. 2020 II S. 416).

Stillhalterprämien. Sog. Stillhalterprämien aus Optionsgeschäften im Zusammenhang mit dem Erwerb und der Veräußerung von Anteilen i. S. d. § 8b Abs. 2 KStG werden nicht von § 8b Abs. 2 KStG erfasst (→ BFH vom 6.3.2013, I R 18/12, BStBl. II S. 588).

Umtauschanleihen. Wird bei Umtauschanleihen die Option auf Aktienlieferung durch den Anleihegläubiger ausgeübt, ist die Anleiheverbindlichkeit gegen den Buchwert der abgegebenen Aktien auszubuchen. Sofern der Ansatz der Anleiheverbindlichkeit den Buchwert der Aktien übersteigt, entsteht ein Gewinn, der § 8b Abs. 2 KStG unterfällt. Bei der Ermittlung des Veräußerungsgewinns nach § 8b Abs. 2 KStG kann die Anleiheverbindlichkeit wegen § 5 Abs. 1a EStG nicht mit einem über dem Nennwert liegenden Teilwert berücksichtigt werden, wenn in der Handelsbilanz eine Bewertungseinheit zwischen der Anleiheverbindlichkeit und im Bestand der

---

[1)] **[Amtl. Anm.:]** § 3 Nr. 41 EStG wurde durch Art. 1 Nr. 2 Buchst. b) des ATADUmsG vom 25. Juni 2021 aufgehoben und ist nach § 52 Abs. 4 Satz 15 in der am 30. Juni 2021 geltenden Fassung letztmals für den Veranlagungszeitraum 2021 anzuwenden.

Anleiheschuldnerin gehaltenen Aktien gebildet wurde (→ BFH vom 27.3.2019, I R 20/17, BStBl. 2020 II S. 685).

Veräußerungskosten/nachträgliche Kaufpreisänderungen. → BMF vom 24.7.2015, BStBl. I S. 612.

„Vergebliche" Kosten für die sog. Due-Diligence-Prüfung aus Anlass des gescheiterten Erwerbs einer Kapitalbeteiligung unterfallen nicht dem Abzugsverbot des § 8b Abs. 3 KStG (→ BFH vom 9.1.2013, I R 72/11, BStBl. II S. 343).

Zu den Veräußerungskosten i. S. d. § 8b Abs. 2 Satz 2 KStG gehören alle Aufwendungen, welche durch die Veräußerung der Anteile veranlasst sind. Das können auch die Verluste aus der Veräußerung von Zertifikaten auf die entsprechenden Aktien aus Wertpapiertermingeschäften sein (→ BFH vom 9.4.2014, I R 52/12, BStBl. II S. 861), BFH vom 15.6.2016, I R 64/14, BStBl. 2017 II S. 182).

Hiernach sind auch Gemeinkosten jedenfalls dann als Veräußerungskosten zu qualifizieren, wenn der Geschäftszweck einer Kapitalgesellschaft ausschließlich darin besteht, Vorratsgesellschaften zu gründen und die hierbei erlangten Anteile zu veräußern (→ BFH vom 15.6.2016, I R 64/16, BStBl. 2017 II S. 182).

Die in § 8b Abs. 2 Satz 1 KStG angeordnete Freistellung der Gewinne aus der Veräußerung von Kapitalanteilen bezieht sich auf einen um etwaige Veräußerungskosten gekürzten Nettobetrag, von welchem nach § 8b Abs. 3 Satz 1 KStG sodann 5% als fiktive nichtabziehbare Betriebsausgaben behandelt werden (→ BFH vom 12.3.2014, I R 45/13, BStBl. II S. 719).

Verfassungsmäßigkeit des § 8b Abs. 3 und 5 KStG. Die Pauschalierung eines Betriebsausgabenabzugsverbots durch die Hinzurechnung von 5% des Veräußerungsgewinns und der Bezüge aus Beteiligungen nach § 8b Abs. 3 Satz 1 und Abs. 5 Satz 1 KStG ist verfassungsgemäß. Dies gilt auch dann, wenn die Körperschaft nachweisen kann, dass im Zusammenhang mit der Beteiligung keine oder nur sehr geringe Aufwendungen angefallen sind (→ BVerfG vom 12.10.2010, 1 BvL 12/07, BGBl. I S. 1766).

Das Abzugsverbot des § 8b Abs. 3 Satz 3 KStG für Veräußerungsverluste und Teilwertabschreibungen und das in § 8b Abs. 3 Satz 4 KStG enthaltene Abzugsverbot sind verfassungsgemäß (→ BFH vom 12.3.2014, I R 87/12, BStBl. II S. 859).

§ 8b Abs. 3 Satz 1 KStG verstößt nicht gegen das verfassungsrechtliche Rückwirkungsverbot (→ BFH vom 11.4.2018, I R 34/15, BStBl. 2020 II S. 201). Ferner ist § 8b Abs. 3 Satz 1 KStG, auch soweit die Norm Gewinne aus Teilwertaufholungen umfasst, mit Art. 3 Abs. 1 GG vereinbar (→ BFH vom 13.2.2019, I R 21/17, BStBl. II S. 567).

Verfassungsmäßigkeit des § 8b Abs. 4 KStG. § 8b Abs. 4 KStG i. d. F. des Gesetzes zur Umsetzung des EuGH-Urteils vom 20.10.2011 in der Rechtssache C-284/09 vom 21.3.2013 (BGBl. I 2013, 561, BStBl. I 2013, 344) ist mit Art. 3 Abs. 1 GG vereinbar (→ BFH vom 18.12.2019, I R 29/17, BStBl. 2020 II S. 690).

Währungssicherungsgeschäfte. Bei der Bemessung des nach § 8b Abs. 2 Satz 1 KStG steuerfreien Veräußerungsgewinns aus einem in Fremdwäh-

rung abgewickelten Anteilsverkauf ist der Ertrag aus einem Devisentermingeschäft, das der Veräußerer vor der Veräußerung zum Zweck der Minimierung des Währungskursrisikos in Bezug auf den Veräußerungserlös abgeschlossen hat, als Bestandteil des Veräußerungspreises i. S. des § 8b Abs. 2 Satz 2 KStG gewinnerhöhend zu berücksichtigen. Verluste aus Devisentermingeschäften, die ausschließlich zum Ausschluss bzw. zur Minderung des Währungskursrisikos einer konkret geplanten, in Fremdwährung abzuwickelnden Anteilsveräußerung abgeschlossen worden sind, mindern als Bestandteil der Veräußerungskosten i. S. von § 8b Abs. 2 Satz 2 KStG den Veräußerungsgewinn (→ BFH vom 10.4.2019, I R 20/16, BStBl. 2020 II S. 674).
→ BMF vom 5.10.2020, BStBl. I S. 1033.

Wertaufholungen bei vorangegangenen Teilwertabschreibungen. Wertaufholungen sind zuerst mit unmittelbar vorangegangenen Teilwertabschreibungen zu kompensieren (→ BFH vom 19.8.2009, I R 2/09, BStBl. 2010 II S. 760).
Dagegen sind Wertaufholungen, denen in früheren Jahren sowohl steuerwirksame als auch steuerunwirksame Anteilsabschreibungen auf den niedrigeren Teilwert vorangegangen sind, nach § 8b Abs. 8 Satz 2 KStG vorrangig mit dem Gesamtvolumen früherer steuerunwirksamer Teilwertabschreibungen zu verrechnen (→ BFH vom 13.2.2019, I R 21/17, BStBl. II S. 567).

Wertpapierleihe, Zurechnung von Aktien. Das wirtschaftliche Eigentum an Aktien, die im Rahmen einer sog. Wertpapierleihe an den Entleiher zivilrechtlich übereignet wurden, kann ausnahmsweise beim Verleiher verbleiben, wenn die Gesamtwürdigung der Umstände des Einzelfalles ergibt, dass dem Entleiher lediglich eine formale zivilrechtliche Rechtsposition verschafft werden sollte. § 8b KStG findet dann beim Entleiher bezogen auf die „entliehenen" Anteile und die daraus resultierenden Einkünfte insgesamt keine Anwendung (→ BFH vom 18.8.2015, I R 88/13, BStBl. 2016 II S. 961, BMF vom 9.7.2021, BStBl. I S. 1002).

Zu § 8c KStG[1]

H **8c**

Anwendungsschreiben zu § 8c KStG. → BMF vom 28.11.2017, BStBl. I S. 1645.

Anwendung des § 8c KStG auf gewerbesteuerliche Fehlbeträge. → Gleich lautende Erlasse der obersten Finanzbehörden der Länder vom 29.11.2017, BStBl. I S. 1643.

Aussetzung der Vollziehung bei Mindestgewinnbesteuerung.[2] → BMF vom 19.10.2011, BStBl. I S. 974.

---

[1] Zu § 8c Satz 2 a. F. (§ 8c Abs. 1 Satz 2 n. F.) siehe Vorlagebeschluss des FG Hamburg v. 29.8.2017 2 K 245/17, DStR 2017, 2377 (Az. BVerfG 2 BvL 19/17).

[2] **[Amtl. Anm.:]** Vgl. auch → H 7.1 Mindestgewinnbesteuerung.

Verfassungswidrigkeit des § 8c (Abs. 1) Satz 1 KStG i. d. F. vor Einführung des § 8d KStG. → BVerfG vom 29.3.2017, 2 BvL 6/11, BGBl. I S. 1289, BStBl. II S. 1082.

Zu § 8d KStG

H **8d**

Anwendungsschreiben zu § 8d KStG. → BMF vom 18.3.2021, BStBl. I S. 363.

Anwendung des § 8d KStG auf gewerbesteuerliche Fehlbeträge. → Gleich lautende Erlasse der obersten Finanzbehörden der Länder vom 19.3.2021, BStBl. I S. 359.

Zu § 9 KStG

R **9.** Ausgaben i. S. d. § 9 Abs. 1 Nr. 1 und 2 KStG

(1) Für die Frage der Abziehbarkeit der Ausgaben i. S. d. § 9 Abs. 1 Nr. 2 KStG gelten § 50 EStDV sowie R 10b.1 und 10b.3 EStR[1] entsprechend.

(2) [1] Aufwendungen i. S. d. § 9 Abs. 1 Nr. 1 KStG sind bereits bei der Einkunftsermittlung zu berücksichtigen. [2] Die Ausgaben i. S. d. § 9 Abs. 1 Nr. 2 KStG sind vorbehaltlich des § 8 Abs. 3 KStG in der im Gesetz genannten Höhe bei der Ermittlung des Gesamtbetrags der Einkünfte abzuziehen.

(3) § 9 Abs. 1 Nr. 2 KStG bezieht sich auch im Fall eines vom Kj. abweichenden Wj. auf die Ausgaben im Wj.

(4) Für die Berechnung des Höchstbetrags der abziehbaren Zuwendungen ist das Einkommen des VZ oder die Summe der gesamten Umsätze und der im Kalenderjahr aufgewendeten Löhne und Gehälter maßgebend.

(5) [1] In Organschaftsfällen ist § 9 Abs. 1 Nr. 2 KStG bei der Ermittlung des dem Organträger zuzurechnenden Einkommens der Organgesellschaft eigenständig anzuwenden. [2] Dementsprechend bleibt beim Organträger das zugerechnete Einkommen der Organgesellschaft für die Ermittlung des Höchstbetrags der abziehbaren Zuwendungen außer Betracht. [3] Als Summe der gesamten Umsätze i. S. d. § 9 Abs. 1 Nr. 2 KStG gelten beim Organträger und bei der Organgesellschaft auch in den Fällen, in denen umsatzsteuerrechtlich ein Organschaftsverhältnis vorliegt (§ 2 Abs. 2 Nr. 2 UStG), jeweils nur die eigenen Umsätze. [4] Für die Ermittlung des Höchstbetrags der abziehbaren Zuwendungen beim Organträger sind die Umsätze der Organgesellschaft demnach dem Organträger nicht zuzurechnen. [5] Andererseits sind bei der Organgesellschaft für die Ermittlung des Höchstbetrags der abziehbaren Zuwendungen ihre eigenen Umsätze maßgebend, obwohl die Organgesellschaft nicht Unternehmer i. S. v. § 2 UStG ist und daher umsatzsteuerrechtlich keine steuerbaren Umsätze hat.

---

[1] Nr. 1.

(6) [1] Zuwendungen einer Kapitalgesellschaft können vGA sein. [2] Die Entscheidung hängt von den Umständen des einzelnen Falles ab. [3] Dabei ist insbesondere Voraussetzung, dass die Zuwendung durch ein Näheverhältnis zwischen dem Empfänger und dem Gesellschafter der zuwendenden Kapitalgesellschaft veranlasst ist.

(7) Auch Zuwendungen eines BgA an seine Trägerkörperschaft können unter den Voraussetzungen des § 9 Abs. 1 Nr. 2 KStG abziehbar sein, soweit es sich nicht um eine vGA handelt.

(8) [1] Der wirtschaftliche Geschäftsbetrieb einer Körperschaft, Personenvereinigung oder Vermögensmasse, die im Übrigen wegen Gemeinnützigkeit steuerbegünstigt ist (§ 5 Abs. 1 Nr. 9 KStG), ist kein selbständiges Steuersubjekt. [2] Zuwendungen, die ein solcher wirtschaftlicher Geschäftsbetrieb an diese Körperschaft, Personenvereinigung oder Vermögensmasse zur Förderung deren gemeinnütziger Zwecke gibt, sind deshalb Gewinnverwendung. [3] Die Zuwendungen dürfen deshalb die Einkünfte aus dem wirtschaftlichen Geschäftsbetrieb nicht mindern.

H 9

Aufwendungen für die Erfüllung von Satzungszwecken. Zur Abgrenzung von Spenden und Zahlungen für satzungsmäßige Zwecke → BFH vom 12.10.2011, I R 102/10, BStBl. 2014 II S. 484.

Ausländischer Zuwendungsempfänger. Zum Nachweis des Vorliegens der Voraussetzungen des § 9 Abs. 1 Nr. 2 Satz 2 Buchstabe c KStG → BMF vom 16.5.2011, BStBl. I S. 559 und → BFH vom 17.9.2013, I R 16/12, BStBl. 2014 II S. 440.

Auswirkung von Zuwendungen auf den Gewinn. Abzugsfähige Zuwendungen mindern den körperschaftsteuerpflichtigen Gewinn und erhöhen einen vortragsfähigen Verlust einer Kapitalgesellschaft (→ BFH vom 21.10.1981, I R 149/77, BStBl. 1982 II S. 177).

Haftung. Eine Körperschaft haftet nicht nach § 10b Abs. 4 Satz 2 2. Alt. EStG, § 9 Abs. 3 Satz 2 2. Alt. KStG wegen Fehlverwendung, wenn sie die Zuwendungen zwar zu dem in der Zuwendungsbestätigung angegebenen Zweck verwendet, selbst aber rückwirkend nicht als steuerbegünstigt anerkannt ist (→ BFH vom 10.9.2003, XI R 58/01, BStBl. 2004 II S. 352).

Höchstbetrag für den Zuwendungsabzug in Organschaftsfällen. Ist ein Steuerpflichtiger an einer Personengesellschaft beteiligt, die Organträger einer körperschaftsteuerrechtlichen Organschaft ist, bleibt bei der Berechnung des Höchstbetrags der abziehbaren Zuwendungen nach § 10b Abs. 1 EStG auf Grund des Gesamtbetrags der Einkünfte das dem Steuerpflichtigen anteilig zuzurechnende Einkommen der Organgesellschaft außer Ansatz (→ BFH vom 23.1.2002, XI R 95/97, BStBl. 2003 II S. 9).

Minderung des zu versteuernden Einkommens einer teilweise steuerbefreiten Körperschaft durch Zuwendungen. Das zu versteuernde Einkommen einer teilweise von der Körperschaftsteuer befreiten Körperschaft darf nicht durch Zuwendungen gemindert werden, die aus dem steuerfreien Bereich der Körperschaft stammen (→ BFH vom 13.3.1991, I R 117/88, BStBl. II S. 645).

Sponsoring. → BMF vom 18.2.1998, BStBl. I S. 212.

Zuschüsse einer Sparkasse zur Zinsverbilligung eines Darlehens an Gemeinden und Schulverbände. Zuschüsse einer Sparkasse zur Zinsverbilligung von Darlehen an Gemeinden und Schulverbände können abziehbare Spenden sein (→ BFH vom 15.5.1968, I 158/63, BStBl. II S. 629).

Zuwendungen an die Trägergemeinde. Zuwendungen, die ein Eigenbetrieb seiner Trägergemeinde gibt, mindern bei Vorliegen der im Gesetz näher angeführten Voraussetzungen das Einkommen des laufenden Geschäftsjahres. Sie können aber wegen der engen Bindung des Eigenbetriebs an die Trägergemeinde eine vGA sein (→ BFH vom 12.10.1978, I R 149/75, BStBl. 1979 II S. 192).

Zuwendungen aus wirtschaftlichem Geschäftsbetrieb an Empfänger, die gleichartige Zwecke verfolgen. Zuwendungen, die gemeinnützige Körperschaften, Personenvereinigungen oder Vermögensmassen (§ 5 Abs. 1 Nr. 9 KStG) aus ihrem der Besteuerung unterliegenden Einkommen aus wirtschaftlichen Geschäftsbetrieben Empfängern zuwenden, die die Voraussetzungen des § 10b Abs. 1 Satz 2 Nr. 1 bis 3 EStG bzw. des § 9 Abs. 1 Nr. 2 Satz 2 Buchstabe a bis c KStG erfüllen, sind auch abziehbar, wenn die Empfänger der Zuwendungen gleichartige steuerbegünstigte Zwecke wie die Zuwendenden verfolgen (→ BFH vom 3.12.1963, I 121/62 U, BStBl. 1964 III S. 81).

Zuwendungen und Spenden an Träger der Sparkasse (Gewährträger).

– Macht eine Sparkasse ihrem Gewährträger oder einer dem Gewährträger nahestehenden Person eine Zuwendung, liegt keine abziehbare Zuwendung, sondern eine vGA vor, wenn die Sparkasse bei Anwendung der Sorgfalt eines ordentlichen und gewissenhaften Geschäftsleiters die Zuwendung einer fremden Körperschaft nicht gegeben hätte (→ BFH vom 21.1.1970, I R 23/68, BStBl. II S. 468 und → BFH vom 1.12.1982, I R 101/79, BStBl. 1983 II S. 150). Eine vGA ist anzunehmen, soweit die an den Gewährträger geleisteten Zuwendungen den durchschnittlichen Betrag an Zuwendungen übersteigen, den die Sparkasse an Dritte zugewendet hat. Dabei ist grundsätzlich auf die Fremdspenden des Wj., in dem die Zuwendung an den Gewährträger geleistet wurde, und der beiden vorangegangenen Wj. abzustellen. Lediglich für den Fall, dass sich aus der Einbeziehung eines weiter zurückreichenden Zeitraums von nicht mehr als fünf Wj. eine höhere Summe an durchschnittlichen Fremdzuwendungen ergibt, ist dieser Zeitraum maßgebend. Eine Einbeziehung eines Zeitraums, der nach Ablauf des zu beurteilenden Wj. liegt, ist nicht möglich (→ BFH vom 9.8.1989, I R 4/84, BStBl. 1990 II S. 237).
– Ausgaben, die als Einkommensverteilung anzusehen sind, bleiben bei der Vergleichsrechnung unberücksichtigt (→ BFH vom 1.2.1989, I R 98/84, BStBl. II S. 471). Gibt eine Sparkasse die Zuwendung an einen Dritten und erfüllt sie damit eine Aufgabe, die sich der Gewährträger – wenn auch ohne gesetzliche Verpflichtung – in rechtsverbindlicher Weise gestellt hat, kann darin eine vGA an den Gewährträger durch mittelbare

Zuwendung liegen (→ BFH vom 19.6.1974, I R 94/71, BStBl. II S. 586 und → BFH vom 8.4.1992, I R 126/90, BStBl. II S. 849).

– Ist ein Landkreis Gewährträger, sind bei der Prüfung, ob die Zuwendungen an den Gewährträger die an Dritte übersteigen, die Zuwendungen zugunsten der kreisangehörigen Gemeinden grundsätzlich als Fremdzuwendungen zu berücksichtigen (→ BFH vom 8.4.1992, I R 126/90, BStBl. II S. 849).

Zuwendungen an eine Stiftung. Zuwendungen einer Kapitalgesellschaft an eine Stiftung können eine vGA sein (→ BFH vom 13.7.2021, I R 16/18, BStBl. 2022 II S. 119).

Zuwendungsbestätigung. → BMF vom 7.11.2013, BStBl. I S. 1333, ergänzt durch → BMF vom 26.3.2014, BStBl. I S. 791.[1)]
Elektronisch in Form von schreibgeschützten Dateien → BMF vom 6.2.2017, BStBl. I S. 287.

Zu § 10 KStG

R 10.1 Nichtabziehbare Steuern und Nebenleistungen

(1) Zur körperschaftsteuerlichen Behandlung der Umsatzsteuer für Umsätze, die vGA sind, → R 8.6.

(2) [1]Das Abzugsverbot des § 10 Nr. 2 KStG gilt auch für die auf die dort genannten Steuern entfallenden Nebenleistungen im Sinne des § 3 Abs. 4 AO. [2]Gleichwohl gehören von der Körperschaft empfangene Erstattungszinsen i. S. d. § 233a AO zu den steuerpflichtigen Einnahmen. [3]Daher sind Erstattungszinsen zu unterscheiden von an den Steuerpflichtigen zurückgezahlten Nachzahlungszinsen, welche erfolgsneutral zu behandeln sind.

H 10.1

Erfüllung von Satzungszwecken. Aufwendungen für die Erfüllung von Zwecken, die in der Satzung vorgeschrieben sind, sind nicht abziehbar und können auch nicht aufgrund einer „Auflage" als abziehbare Betriebsausgaben behandelt werden (→ BMF vom 24.3.2005, BStBl. I S. 608 zur Nichtanwendung → BFH vom 5.6.2003, I R 76/01, BStBl. 2005 II S. 305).

Erstattungs- und Nachzahlungszinsen, Aussetzungszinsen.

– → BFH vom 16.12.2009, I R 43/08, BStBl. 2012 II S. 688 und → BFH vom 15.2.2012, I B 97/11, BStBl. II S. 697.
– Billigkeitsregelung → BMF vom 16.3.2021, BStBl. I S. 353.

Forschungszulage. → BMF vom 11.11.2021, BStBl. I S. 2277.

Nichtabziehbare Steuern. Zu den Steuern i. S. d. § 10 Nr. 2 KStG gehören auch

– die **ausländische Quellensteuer** (→ BFH vom 16.5.1990, I R 80/87, BStBl. II S. 920),
– die **Erbschaftsteuer** und die **Erbersatzsteuer** (→ BFH vom 14.9.1994, I R 78/94, BStBl. 1995 II S. 207) sowie

---

1) Nr. **1** Anl. **4**.

– der **Solidaritätszuschlag** (→ BFH vom 9.11.1994, I R 67/94, BStBl. 1995 II S. 305).

Nicht abziehbare steuerliche Nebenleistungen. Insbesondere die folgenden Nebenleistungen (§ 3 Abs. 4 AO) sind nicht abziehbar, soweit sie auf die in § 10 Nr. 2 KStG genannten Steuern entfallen:
– Verzögerungsgelder (§ 146 Abs. 2c AO),
– Verspätungszuschläge (§ 152 AO),
– Zuschlag wegen der Nichtvorlage oder Unbrauchbarkeit von Aufzeichnungen (§ 162 Abs. 4 AO),
– Zuschlag wegen Verletzung der Mitwirkungspflichten nach § 12 StAbwG (§ 164 Abs. 4a AO),
– Zinsen auf Steuernachforderungen (§ 233a AO),
– Stundungszinsen (§ 234 AO),
– Hinterziehungszinsen (§ 235 AO),
– Aussetzungszinsen (§ 237 AO),
– Säumniszuschläge (§ 240 AO),
– Zwangsgelder (§ 329 AO),
– Kosten nach den §§ 89, 178, 178a und 337 bis 345 AO.

Prozesszinsen. Prozesszinsen (§ 236 AO) gehören zu den steuerpflichtigen Einnahmen (→ BFH vom 18.2.1975, VIII R 104/70, BStBl. II S. 568).

R 10.2 Geldstrafen und ähnliche Rechtsnachteile

[1]Das steuerrechtliche Abzugsverbot für Geldstrafen und ähnliche Rechtsnachteile betrifft in einem Strafverfahren festgesetzte Geldstrafen, sonstige Rechtsfolgen vermögensrechtlicher Art, bei denen der Strafcharakter überwiegt, und Leistungen zur Erfüllung von Auflagen oder Weisungen, soweit die Auflagen oder Weisungen nicht lediglich der Wiedergutmachung des durch die Tat verursachten Schadens dienen (→ R 12.3 EStR).[1] [2]Geldstrafen sowie Auflagen oder Weisungen sind nach deutschem Strafrecht gegenüber juristischen Personen nicht zulässig. [3]Gegen juristische Personen können jedoch sonstige Rechtsfolgen vermögensrechtlicher Art, bei denen der Strafcharakter überwiegt, verhängt werden (§ 74e StGB). [4]In Betracht kommt insbesondere die Einziehung von Gegenständen nach § 74 StGB. [5]Die mit den Rechtsnachteilen zusammenhängenden Verfahrenskosten, insbesondere Gerichts- und Anwaltskosten, und Finanzierungskosten unterliegen ebenfalls dem Abzugsverbot, wenn sie nach dem 31. Dezember 2018 entstanden sind (§ 34 Abs. 6c KStG).

H 10.2

Nichtabziehbarkeit von Geldbußen. → § 4 Abs. 5 Satz 1 Nr. 8 EStG; → BFH vom 22.5.2019, BStBl. II S. 663.

R 10.3 Vergütungen für die Überwachung der Geschäftsführung

(1) [1]Vergütungen für die Überwachung der Geschäftsführung (Aufsichtsratsvergütungen) sind alle Leistungen, die als Entgelt für die Tätigkeit gewährt

---

[1] Nr. 1.

werden. [2]Hierzu gehören auch Tagegelder, Sitzungsgelder, Reisegelder und sonstige Aufwandsentschädigungen. [3]Unter das hälftige Abzugsverbot des § 10 Nr. 4 KStG fällt jedoch nicht der dem einzelnen Aufsichtsratsmitglied aus der Wahrnehmung seiner Tätigkeit erwachsene Aufwand, soweit ihm dieser Aufwand gesondert erstattet worden ist.

(2) [1]Unterliegt die Aufsichtsratsvergütung bei der Umsatzsteuer der Regelbesteuerung und nimmt die Körperschaft den Vorsteuerabzug nach § 15 UStG in Anspruch, ist bei der Ermittlung des Einkommens der Körperschaft die Hälfte des Nettobetrags der Aufsichtsratsvergütung – ohne Umsatzsteuer – nach § 10 Nr. 4 KStG hinzuzurechnen. [2]Ist die Körperschaft nicht oder nur verhältnismäßig zum Vorsteuerabzug berechtigt, ist außerdem die Hälfte der gesamten oder der den Vorsteuerabzug übersteigenden Umsatzsteuer dem Einkommen hinzuzurechnen. [3]In den übrigen Fällen ist stets die Hälfte des Gesamtbetrags der Aufsichtsratsvergütung (einschl. Umsatzsteuer) nach § 10 Nr. 4 KStG hinzuzurechnen.

(3) [1]Der Begriff der Überwachung ist weit auszulegen. [2]Unter das hälftige Abzugsverbot fällt jede Tätigkeit eines Aufsichtsratsmitglieds, die innerhalb des möglichen Rahmens seiner Aufgaben liegt.

H 10.3

Beamtenrechtliche Ablieferungspflicht einer Aufsichtsratsvergütung. Der einem Beamten erwachsene tatsächliche Aufwand bemisst sich nicht nach den beamtenrechtlichen Vorschriften über die Ablieferungspflicht der Vergütung (→ BFH vom 12.1.1966, I 185/63, BStBl. III S. 206).

Doppelfunktion von Vertretern im Aufsichtsrat und Kreditausschuss. Gehören dem Kreditausschuss eines Unternehmens neben Vertretern der Darlehensgeber und mittelverwaltender Behörden und neben den Geschäftsführern auch Mitglieder des Aufsichtsrats des Unternehmens an, schließt deren Doppelfunktion die volle Abziehbarkeit der ihnen als Mitglieder des Kreditausschusses gewährten Sitzungsgelder aus (→ BFH vom 15.11.1978, I R 65/76, BStBl. 1979 II S. 193).

Finanzierungsberatung einer AG. Die Finanzierungsberatung einer AG durch eines ihrer Aufsichtsratsmitglieder ist keine aus dem Rahmen der Aufsichtsratstätigkeit fallende Sondertätigkeit. Die dafür geleisteten Zahlungen sind als Aufsichtsratsvergütungen zu behandeln (→ BFH vom 20.9.1966, I 265/62, BStBl. III S. 688).

Geschäftsführeraufgaben. Eine Vergütung, die eine Kapitalgesellschaft einem Mitglied ihres Aufsichtsrats dafür zahlt, dass dieser sich in die Wahrnehmung von Aufgaben der Geschäftsführung einschaltet, unterliegt dem hälftigen Abzugsverbot des § 10 Nr. 4 KStG (→ BFH vom 12.9.1973, I R 249/71, BStBl. II S. 872).

Sachverständige. Die Vergütungen, die eine Gesellschaft an den vom Aufsichtsrat zur Unterstützung seiner Kontrollfunktion beauftragten Sachverständigen zahlt, unterliegen nicht dem hälftigen Abzugsverbot des § 10 Nr. 4 KStG (→ BFH vom 30.9.1975, I R 46/74, BStBl. 1976 II S. 155).

Steuerabzug. Übernimmt die beaufsichtigte Körperschaft bei beschränkt Steuerpflichtigen eine nach § 50a Abs. 1 Nr. 4 EStG entstandene Steuer, unterliegt die übernommene Steuer ebenfalls dem Abzugsverbot.

Zu § 11 KStG

R 11. Liquidationsbesteuerung

(1) [1]Der Zeitraum der Abwicklung beginnt mit der Auflösung. [2]Der Besteuerungszeitraum beginnt mit dem Wj., in das die Auflösung fällt. [3]Erfolgt die Auflösung im Laufe eines Wj., so kann ein Rumpfwirtschaftsjahr gebildet werden. [4]Dieses Wahlrecht besteht nicht bei Eröffnung eines Insolvenzverfahrens (§ 155 Abs. 2 Satz 1 InsO). [5]Das Rumpfwirtschaftsjahr reicht vom Schluss des vorangegangenen Wj. bis zur Auflösung. [6]Es ist nicht in den Abwicklungszeitraum einzubeziehen. [7]Bei einer Überschreitung des Dreijahreszeitraums sind die danach beginnenden weiteren Besteuerungszeiträume grundsätzlich jeweils auf ein Jahr begrenzt.

(2) [1]Die Steuerpflicht endet erst, wenn die Liquidation rechtsgültig abgeschlossen ist. [2]Zum rechtsgültigen Abschluss der Liquidation gehört bei Kapitalgesellschaften auch der Ablauf des → Sperrjahres. [3]Auch wenn die Kapitalgesellschaft vor Ablauf des Sperrjahres ihr Gesellschaftsvermögen vollständig ausgeschüttet hat, ist sie damit noch nicht erloschen. [4]Die Löschung im Handelsregister ist für sich allein ohne Bedeutung.

(3) [1]Wird der Abwicklungszeitraum in mehrere Besteuerungszeiträume unterteilt (§ 11 Abs. 1 Satz 2 KStG), ist die besondere Gewinnermittlung nach § 11 Abs. 2 KStG nur für den letzten Besteuerungszeitraum vorzunehmen. [2]Dabei ist das Abwicklungs-Anfangsvermögen aus der Bilanz zum Schluss des letzten vorangegangenen Besteuerungszeitraums abzuleiten. [3]Für die vorangehenden Besteuerungszeiträume ist die Gewinnermittlung nach allgemeinen Grundsätzen durchzuführen. [4]Auf den Schluss jedes Besteuerungszeitraums ist eine Steuerbilanz zu erstellen.

(4) Bei den Körperschaftsteuer-Veranlagungen für Besteuerungszeiträume innerhalb des Abwicklungszeitraums handelt es sich nicht um bloße Zwischenveranlagungen, die nach Ablauf des Liquidationszeitraums durch eine Veranlagung für den gesamten Liquidationszeitraum zu ersetzen sind.

H 11

Beginn der Liquidation. Ein Beschluss der Gesellschafter einer Kapitalgesellschaft über die Auflösung wird mit dem Tag der Beschlussfassung wirksam, sofern sich aus dem Beschluss nichts anderes ergibt (→ BFH vom 9.3.1983, I R 202/79, BStBl. II S. 433).

Besteuerungszeitraum.

– Zieht sich die Liquidation einer Kapitalgesellschaft über mehr als drei Jahre hin, so darf das Finanzamt nach Ablauf dieses Zeitraums regelmäßig auch dann gegenüber der Kapitalgesellschaft einen Körperschaftsteuerbescheid erlassen, wenn für eine Steuerfestsetzung vor Abschluss der Liqui-

dation kein besonderer Anlass besteht (→ BFH vom 18.9.2007, I R 44/06, BStBl. 2008 II S. 319).
– Zur Abweichung des Besteuerungszeitraums bei der Körperschaftsteuer und der Gewerbesteuer → BMF vom 4.4.2008, BStBl. I S. 542.
– Für Zwecke des § 27 KStG tritt an die Stelle des Wirtschaftsjahres der Besteuerungszeitraum (→ BMF vom 26.8.2003, BStBl. I S. 434, Rdnr. 1).

Löschung einer britischen Limited. → BMF vom 6.1.2014, BStBl. I S. 111 unter Berücksichtigung der Änderungen von Tz. 6 durch → BMF vom 19.10.2017, BStBl. I S. 1437.

Sperrjahr. Das Sperrjahr beginnt mit dem Tag, an dem der Aufruf an die Gläubiger bekannt gemacht bzw. veröffentlicht worden ist (§ 272 Abs. 1 AktG oder § 73 GmbHG).

Verlustabzug.
– Auch im mehrjährigen Besteuerungszeitraum der Abwicklung einer Kapitalgesellschaft ist der sog. Sockelbetrag der Mindestgewinnbesteuerung von 1 Mio. Euro (§ 10d Abs. 2 Satz 1 EStG) nur einmal anzusetzen (→ BFH vom 23.1.2013, I R 35/12, BStBl. II S. 508).
– Zur Gewährung von Aussetzung der Vollziehung im Fall der Mindestgewinnbesteuerung nach § 10d Abs. 2 Satz 1 und 2 EStG (→ BMF vom 19.10.2011, BStBl. I S. 974).

Zu § 12 KStG

R 12. Beschränkte Steuerpflicht der übertragenden Körperschaft

(unbesetzt)

H 12

Drittstaatsverschmelzung. Zur Anwendbarkeit des § 13 UmwStG auf Anteilseignerebene → BMF vom 11.11.2011, BStBl. I S. 1314,[1] Randnr. 13.04, geändert durch → BMF vom 10.11.2016, BStBl. I S. 1252.

Finale Entnahme und finale Betriebsaufgabe. Zur Beschränkung der BFH-Urteile vom 17.7.2008, I R 77/06, BStBl. 2009 II S. 464 und vom 28.10.2009, I R 99/08, BStBl. 2011 II S. 1019 auf die entschiedenen Einzelfälle → BMF vom 18.11.2011, BStBl. I S. 1278.

Zu § 13 KStG

R 13.1 Beginn einer Steuerbefreiung

(1) § 13 Abs. 1 KStG erfasst die Fälle, in denen eine bisher in vollem Umfang steuerpflichtige Körperschaft, Personenvereinigung oder Vermögensmasse in vollem Umfang von der Körperschaftsteuer befreit wird.

(2) [1]Die Pflicht zur Aufstellung einer Schlussbilanz besteht nur insoweit, als die betreffende Körperschaft, Personenvereinigung oder Vermögensmasse Ein-

[1] Umwandlungssteuererlass (**Steuererlasse** Nr. **130**).

künfte aus Gewerbebetrieb, aus Land- und Forstwirtschaft oder aus selbständiger Arbeit bezieht. [2]Die Bilanzierungspflicht besteht demnach für Körperschaften i. S. d. § 8 Abs. 2 KStG in vollem Umfang (→ R 8.1 Abs. 3), für andere Körperschaften (→ R 8.1 Abs. 2) nur hinsichtlich des Bereichs der vorgenannten Einkünfte (zur Anwendung des § 13 KStG auf Beteiligungen i. S. d. § 17 EStG außerhalb des Betriebsvermögens → R 13.4 Abs. 3).

H 13.1

Beispiele für den Wechsel zwischen Steuerpflicht und Steuerbefreiung.

1. Eine bisher wegen schädlicher Tätigkeiten i. S. d. → H 5.4 steuerpflichtige Unterstützungskassen-GmbH beendet diese Tätigkeiten und fällt anschließend, da sie nicht überdotiert ist, unter die Befreiung des § 5 Abs. 1 Nr. 3 KStG.
2. Eine Krankenhaus-GmbH, die bisher nicht die Voraussetzungen des § 67 AO erfüllte und deshalb steuerpflichtig war, erfüllt nunmehr die Voraussetzungen dieser Vorschrift und ist nach § 5 Abs. 1 Nr. 9 KStG in vollem Umfang von der Körperschaftsteuer befreit.
3. Eine Wohnungsgenossenschaft, der bisher aufgrund der Beteiligung an einer Personengesellschaft Einnahmen von mehr als 10 % ihrer Gesamteinnahmen zuzurechnen waren, veräußert die Beteiligung an der Personengesellschaft und erzielt anschließend ausschließlich Einnahmen i. S. d. § 5 Abs. 1 Nr. 10 Satz 1 KStG, so dass sie in vollem Umfang unter diese Befreiungsvorschrift fällt.

Teilweiser Beginn einer Steuerbefreiung (§ 13 Abs. 5 KStG).
→ R 13.2 Abs. 3.

R 13.2 Erlöschen einer Steuerbefreiung

(1) § 13 Abs. 2 KStG erfasst die Fälle, in denen eine bisher in vollem Umfang steuerbefreite Körperschaft, Personenvereinigung oder Vermögensmasse in vollem Umfang steuerpflichtig wird.

(2) [1]Zusätzliche Voraussetzung ist, dass die Körperschaft, Personenvereinigung oder Vermögensmasse ihren Gewinn nach Eintritt in die Steuerpflicht durch Betriebsvermögensvergleich ermittelt. [2]Körperschaften i. S. d. § 8 Abs. 2 KStG fallen stets unter den Anwendungsbereich der Vorschrift, andere Körperschaften nur dann, wenn sie zur Buchführung verpflichtet sind oder freiwillig Bücher führen. [3]Bei diesen anderen Körperschaften erstreckt sich die Bilanzierungspflicht nur auf den Bereich der Gewinneinkünfte (→ R 13.1 Abs. 2). [4]Zur Anwendung des § 13 KStG auf Beteiligungen i. S. d. § 17 EStG außerhalb des Betriebsvermögens → R 13.4 Abs. 3.

(3) [1]Nach § 13 Abs. 5 KStG gelten die Absätze 1 bis 4 dieser Vorschrift bei nur teilweisem Erlöschen der Steuerpflicht für die entsprechenden Teile des Betriebsvermögens. [2]Der teilweise Beginn einer Steuerbefreiung ist in drei Varianten denkbar:

1. Wechsel von voller zu nur noch partieller Steuerpflicht
   Eine bisher wegen Überschreitens der 10%-Grenze in § 5 Abs. 1 Nr. 10 Satz 2 KStG in vollem Umfang steuerpflichtige Wohnungsgenossenschaft verringert die Einnahmen aus den schädlichen Tätigkeiten durch Vermietung frei werdender, bisher an Nichtmitglieder vermieteter Wohnungen an

Mitglieder auf weniger als 10% der Gesamteinnahmen und ist daher nur noch partiell steuerpflichtig.

2. Verringerung der partiellen Steuerpflicht
   Bei einer Unterstützungskassen-GmbH, die wegen ihrer Überdotierung nach § 6 Abs. 5 KStG partiell steuerpflichtig ist, verringert sich das prozentuale Ausmaß der Überdotierung.
3. Wechsel von partieller Steuerpflicht zu voller Steuerbefreiung
   Bei einer nach § 5 Abs. 1 Nr. 9 KStG wegen Verfolgung gemeinnütziger Zwecke steuerbefreiten GmbH wird eine bisher als steuerpflichtiger wirtschaftlicher Geschäftsbetrieb (§ 64 AO) beurteilte Tätigkeit als steuerfreier Zweckbetrieb (§ 65 AO) anerkannt.

R 13.3 Schlussbilanz, Anfangsbilanz

(1) [1]Durch den Ansatz der Wirtschaftsgüter in der Schlussbilanz mit dem Teilwert wird erreicht, dass eine steuerpflichtige Körperschaft, die von der Körperschaftsteuer befreit wird, vorbehaltlich des § 13 Abs. 4 KStG die während des Bestehens der Steuerpflicht gebildeten stillen Reserven des Betriebsvermögens aufzudecken und der Besteuerung zuzuführen hat, bevor sie aus der Steuerpflicht ausscheidet. [2]Ermittelt sie ihren Gewinn durch Betriebsvermögensvergleich, hat sie auf den Zeitpunkt, in dem die Steuerpflicht endet, eine Schlussbilanz aufzustellen. [3]Für die aufzustellende Schlussbilanz sind die steuerlichen Gewinnermittlungsvorschriften zu beachten. [4]Ermittelt sie ihren Gewinn durch Einnahmenüberschussrechnung, ist R 4.5 Abs. 6 EStR entsprechend anzuwenden.

(2) [1]Umgekehrt wird durch den Ansatz der Wirtschaftsgüter in der Anfangsbilanz mit dem Teilwert bei Wegfall der Steuerbefreiung erreicht, dass die im Zeitraum der Steuerfreiheit gebildeten stillen Reserven nicht bei einer späteren Realisierung besteuert werden müssen. [2]Zum Erfordernis der Bilanzierung → R 13.2 Abs. 2.

H 13.3

Firmenwert. Das Aktivierungsverbot des § 5 Abs. 2 EStG gilt auch für die gem. § 13 Abs. 1 bzw. 2 KStG aufzustellende Schluss- bzw. Anfangsbilanz (→ BFH vom 9.8.2000, I R 69/98, BStBl. 2001 II S. 71).

R 13.4 Sonderregelung für bestimmte steuerbegünstigte Körperschaften

(1) Nach § 13 Abs. 4 Satz 1 KStG wird bei bisher steuerpflichtigen Körperschaften, die nach § 5 Abs. 1 Nr. 9 KStG steuerbefreit werden, auf die Schlussbesteuerung der in der Zeit der früheren Steuerpflicht gebildeten stillen Reserven verzichtet.

(2) [1]Erlischt bei einer Körperschaft, die steuerbegünstigte Zwecke i. S. d. § 9 Abs. 1 Nr. 2 KStG verfolgt, die Steuerbefreiung, ist für die Wirtschaftsgüter, die in der Anfangsbilanz zu Beginn der Steuerbefreiung nach § 13 Abs. 4 Satz 1 KStG mit dem Buchwert anzusetzen waren, der Wert anzusetzen, der sich bei ununterbrochener Steuerpflicht nach den Vorschriften über die steu-

erliche Gewinnermittlung ergeben würde. [2]Dadurch wird die steuerliche Erfassung später realisierter stiller Reserven dieser Wirtschaftsgüter aus der Zeit der früheren Steuerpflicht wieder ermöglicht. [3]Für Wirtschaftsgüter, die erst im Zeitraum der Steuerbefreiung angeschafft oder hergestellt worden sind, gilt § 13 Abs. 4 Satz 2 KStG nicht. [4]Für diese Wirtschaftsgüter ist der Teilwert nach § 13 Abs. 3 Satz 1 KStG anzusetzen (→ R 13.3 Abs. 2).

(3) Durch § 13 Abs. 6 KStG wird der Anwendungsbereich der Vorschrift über den Bereich des Betriebsvermögens hinaus auf Beteiligungen i. S. d. § 17 EStG der Körperschaft, Personenvereinigung oder Vermögensmasse an einer Kapitalgesellschaft ausgedehnt.

H 13.4

Teilweises Erlöschen einer Steuerbefreiung (§ 13 Abs. 5 KStG). → R 13.2 Abs. 3.

Überführung eines Betriebs oder Teilbetriebs aus dem steuerpflichtigen in den steuerbefreiten Bereich einer Körperschaft unter Ansatz der Buchwerte nach § 13 Abs. 4 Satz 1 KStG. → BMF vom 1.2.2002, BStBl. I S. 221.

Zu § 14 KStG

R 14.1 Organträger, Begriff des gewerblichen Unternehmens

(unbesetzt)

H 14.1

Anwendungsschreiben zur Option zur Körperschaftsteuer. → BMF vom 10.11.2021, BStBl. I S. 2212.

Begriff des gewerblichen Unternehmens. → BMF vom 26.8.2003, BStBl. I S. 437 Rn. 2 ff.

Steuerbefreite Körperschaft als Organträgerin. Mit der die Organschaft ausschließenden Steuerbefreiung i. S. v. § 14 Abs. 1 Satz 1 Nr. 2 Satz 1 KStG ist nur eine persönliche Steuerbefreiung gemeint, die den Rechtsträger als solchen insgesamt von der Steuerpflicht ausschließt (unbeschränkte persönliche Steuerbefreiung). Körperschaften, die nur im Hinblick auf einen bestimmten Teil ihrer Tätigkeit oder ihres Ertrags von der Steuerpflicht ausgenommen sind (sog. beschränkte persönliche oder sachliche Steuerbefreiung), kommen demgegenüber als Organträger grundsätzlich in Betracht, soweit nicht die Beteiligung an der Organgesellschaft den steuerbefreiten Aktivitäten zuzuordnen ist (→ BFH vom 10.3.2010, I R 41/09, BStBl. 2011 II S. 181).

R 14.2 Finanzielle Eingliederung

[1]Der Organträger ist i. S. d. finanziellen Eingliederung an der Organgesellschaft beteiligt, wenn ihm Anteile an der Organgesellschaft – einschließlich der Stimmrechte daraus – steuerrechtlich in dem für die finanzielle Eingliederung erforderlichen Umfang zuzurechnen sind. [2]Entsprechendes gilt für die

→ mittelbare Beteiligung (§ 14 Abs. 1 Satz 1 Nr. 1 Satz 2 KStG). [3]Unmittelbare und mittelbare Beteiligungen (bzw. mehrere mittelbare Beteiligungen) dürfen zusammengefasst werden. [4]Es sind nur solche mittelbaren Beteiligungen zu berücksichtigen, die auf Beteiligungen des Organträgers an vermittelnden (Kapital- oder Personen-)Gesellschaften beruhen, an denen der Organträger jeweils die Mehrheit der Stimmrechte hat und die jeweils die Voraussetzungen des § 14 Abs. 1 Satz 1 Nr. 2 Satz 4 und 5 KStG erfüllen.

Beispiele:

In den Beispielen wird unterstellt, dass die Stimmrechtsverhältnisse den Beteiligungsverhältnissen entsprechen und alle Beteiligungen inländischen Betriebsstätten zuzuordnen sind:

1. Die Gesellschaft M ist an der Gesellschaft E unmittelbar zu 50% beteiligt. Über die Gesellschaft T (Beteiligung der T an E 50%), an der die M ebenfalls zu 50% beteiligt ist, hält M mittelbar weitere 25% der Anteile an der E. Die Gesellschaft E ist in die Gesellschaft M nicht finanziell eingegliedert, weil die unmittelbare und die mittelbare Beteiligung der M an der E aufgrund der fehlenden Stimmrechtsmehrheit der M an T nicht zusammenzurechnen sind und die unmittelbare Beteiligung allein die Voraussetzung der finanziellen Eingliederung nicht erfüllt.
2. Die Gesellschaft M ist an der Gesellschaft T 1 zu 100% und an der Gesellschaft T 2 zu 49% beteiligt; die Gesellschaften T 1 und T 2 sind an der Gesellschaft E zu je 50% beteiligt. M besitzt an T 2 nicht die Mehrheit der Stimmrechte. Damit sind die Voraussetzungen des § 14 Abs. 1 Satz 1 Nr. 1 Satz 2 KStG für eine Zusammenrechnung der beiden mittelbaren Beteiligungen nicht erfüllt. Die Gesellschaft E ist in die Gesellschaft M nicht finanziell eingegliedert.
3. Die Gesellschaft M ist zu 20% unmittelbar an E beteiligt. Zugleich ist M am Vermögen der Gesellschaft P zu 80% beteiligt, die ihrerseits 80% der Anteile an E hält. Die Gesellschaft E ist in die Gesellschaft M finanziell eingegliedert, da die unmittelbare und die mittelbare Beteiligung aufgrund der Stimmrechtsmehrheit der M an P zu addieren sind (20% + 64%).

H 14.2

Mittelbare Beteiligung. Eine mittelbare Beteiligung kann auch über eine Gesellschaft bestehen, die nicht selbst Organgesellschaft sein kann (→ BFH vom 2.11.1977, I R 143/75, BStBl. 1978 II S. 74).

Querorganschaft. → BFH vom 22.2.2017, I R 35/14, BStBl. 2018 II S. 33.

Rückwirkende Begründung eines Organschaftsverhältnisses bei Umwandlung. Zur rückwirkenden Begründung eines Organschaftsverhältnisses bei Umwandlungen → BFH vom 28.7.2010, I R 89/09, BStBl. 2011 II S. 528 sowie → BMF vom 11.11.2011, BStBl. I S. 1314 Rn. Org.01 ff.

Stimmrechtsverbot. Stimmrechtsverbote für einzelne Geschäfte zwischen Organträger und Organgesellschaft stehen der finanziellen Eingliederung nicht entgegen (→ BFH vom 26.1.1989, IV R 151/86, BStBl. II S. 455).

R 14.3 Personengesellschaften als Organträger

[1]Eine Personengesellschaft i. S. d. § 15 Abs. 1 Satz 1 Nr. 2 EStG kann Organträger sein, wenn die Voraussetzung der → finanziellen Eingliederung im Verhältnis zur Personengesellschaft selbst erfüllt ist (§ 14 Abs. 1 Satz 1 Nr. 2 Satz 3 KStG), sie eine gewerbliche Tätigkeit i. S. d. § 15 Abs. 1 Satz 1 Nr. 1 EStG ausübt (§ 14 Abs. 1 Satz 1 Nr. 2 Satz 2 KStG) und die Beteiligungen, die die finanzielle Eingliederung vermitteln, während der gesamten Dauer der Organschaft einer inländischen Betriebsstätte des Organträgers zuzurechnen

sind. [2]Dies gilt sowohl für unmittelbare Beteiligungen an der Organgesellschaft als auch für Beteiligungen an Gesellschaften, über die eine mittelbare Beteiligung des Organträgers an der Organgesellschaft besteht (§ 14 Abs. 1 Satz 1 Nr. 2 Satz 4, 5 und 7 KStG). [3]In diesen Fällen hat die Veräußerung eines Mitunternehmeranteils bzw. die Veränderung im Gesellschafterbestand der Organträger-Personengesellschaft während des Wj. der Organgesellschaft keine Auswirkungen auf das bestehende Organschaftsverhältnis, da der Personengesellschaft im Hinblick auf das Organschaftsverhältnis eine rechtliche Eigenständigkeit eingeräumt wird. [4]Dem entspricht auch, dass die wirtschaftliche Identität der Personengesellschaft gewahrt und die rechtliche Gebundenheit des Gesellschaftsvermögens gleich bleibt, auch wenn die am Vermögen insgesamt Beteiligten wechseln. [5]Gehören die Anteile an der Organgesellschaft nicht zum Vermögen der Personengesellschaft, reicht es für die finanzielle Eingliederung in die Personengesellschaft nicht aus, dass die Anteile notwendiges Sonderbetriebsvermögen der Gesellschafter der Personengesellschaft sind.

H 14.3

Personengesellschaft als Organträger. → BMF vom 10.11.2005, BStBl. I S. 1038 Rn. 13 ff.

Vermögensverwaltende Personengesellschaft. Eine Personengesellschaft, die Besitzunternehmen im Rahmen einer Betriebsaufspaltung und ansonsten nur vermögensverwaltend tätig ist, kann Organträgerin sein (→ BFH vom 24.7.2013, I R 40/12, BStBl. 2014 II S. 272).

Zeitpunkt einer gewerblichen Betätigung des Organträgers i. S. d. § 15 Abs. 1 Satz 1 Nr. 1 EStG. Der Organträger einer ertragsteuerlichen Organschaft muss nicht bereits zu Beginn des Wj. der Organgesellschaft gewerblich tätig sein (→ BFH vom 24.7.2013, I R 40/12, BStBl. 2014 II S. 272). → BMF vom 10.11.2005, BStBl. I S. 1038 Rn. 21 ist damit überholt.

R 14.4 Zeitliche Voraussetzungen

(1) [1]Nach § 14 Abs. 1 Satz 1 Nr. 1 KStG muss die Organgesellschaft vom Beginn ihres Wj. an ununterbrochen finanziell in das Unternehmen des Organträgers eingegliedert sein. [2]Ununterbrochen bedeutet, dass diese Eingliederung vom Beginn ihres Wj. an ohne Unterbrechung bis zum Ende des Wj. bestehen muss. [3]Das gilt auch im Falle eines Rumpfwirtschaftsjahres.

(2) [1]Veräußert der Organträger seine Beteiligung an der Organgesellschaft zum Ende des Wj. der Organgesellschaft an ein anderes gewerbliches Unternehmen, bedeutet dies, dass der Organträger das Eigentum an den Anteilen an der Organgesellschaft bis zum letzten Tag, 24 Uhr, des Wj. der Organgesellschaft behält und das andere Unternehmen dieses Eigentum am ersten Tag, 0 Uhr, des anschließenden Wj. der Organgesellschaft erwirbt. [2]In diesen Fällen ist deshalb die Voraussetzung der finanziellen Eingliederung der Organgesellschaft beim Veräußerer der Anteile bis zum Ende des Wj. der Organgesellschaft und beim Erwerber der Anteile vom Beginn des anschließenden Wj. der Organgesellschaft an erfüllt. [3]Veräußert der Organträger seine Beteiligung an der Organgesellschaft während des Wj. der Organgesellschaft, und

stellt die Organgesellschaft mit Zustimmung des Finanzamts ihr Wj. auf den Zeitpunkt der Veräußerung der Beteiligung um, ist die finanzielle Eingliederung der Organgesellschaft beim Veräußerer der Anteile bis zum Ende des entstandenen Rumpfwirtschaftsjahres der Organgesellschaft und beim Erwerber der Anteile vom Beginn des anschließenden Wj. der Organgesellschaft an gegeben.

(3) [1] Wird im Zusammenhang mit der Begründung oder Beendigung eines Organschaftsverhältnisses i. S. d. § 14 KStG das Wj. der Organgesellschaft auf einen vom Kj. abweichenden Zeitraum umgestellt, ist dafür die nach § 7 Abs. 4 Satz 3 KStG erforderliche Zustimmung zu erteilen. [2] Bei der Begründung eines Organschaftsverhältnisses gilt das auch, wenn das Wj. der Organgesellschaft im selben VZ ein zweites Mal umgestellt wird, um den Abschlussstichtag der Organgesellschaft dem im Organkreis üblichen Abschlussstichtag anzupassen. [3] Weicht dabei das neue Wj. vom Kj. ab, ist für die zweite Umstellung ebenfalls die Zustimmung nach § 7 Abs. 4 Satz 3 KStG zu erteilen.

H 14.4

Unterbrochene Organschaft. Geht das Vermögen eines Organträgers innerhalb der ersten fünf Jahre eines Ergebnisabführungsvertrags auf ein anderes Rechtssubjekt über, steht dies bei ununterbrochener Durchführung des Vertrags (d. h. tatsächlicher Abführung des handelsrechtlichen Ergebnisses) der steuerrechtlichen Anerkennung der körperschaftsteuerlichen Organschaft ab diesem Zeitpunkt auch dann nicht entgegen, wenn die Organschaft in den Vorjahren wegen fehlender steuerrechtlicher Tatbestandsvoraussetzungen (z. B. finanzieller Eingliederung) nicht anzuerkennen war (→ BFH vom 10.5.2017, I R 51/15, BStBl. 2018 II S. 30).

R 14.5 Gewinnabführungsvertrag

Wirksamwerden des Gewinnabführungsvertrags

(1) [1] Nach § 14 Abs. 1 Satz 2 KStG kann die Einkommenszurechnung erstmals für das Wj. der Organgesellschaft erfolgen, in dem der GAV wirksam wird. [2] Bei einer nicht nach §§ 319 bis 327 AktG eingegliederten AG oder KGaA wird der GAV i. S. d. § 291 Abs. 1 AktG zivilrechtlich erst wirksam, wenn sein Bestehen in das Handelsregister des Sitzes der Organgesellschaft eingetragen ist (§ 294 Abs. 2 AktG). [3] Bei einer nach den §§ 319 bis 327 AktG eingegliederten AG oder KGaA tritt die zivilrechtliche Wirksamkeit des GAV ein, sobald er in Schriftform abgeschlossen ist (§ 324 Abs. 2 AktG).

Mindestlaufzeit

(2) [1] Der GAV muss nach § 14 Abs. 1 Satz 1 Nr. 3 Satz 1 KStG auf einen Zeitraum von mindestens fünf Zeitjahren abgeschlossen sein. [2] Der Zeitraum beginnt mit dem Anfang des Wj., für das die Rechtsfolgen des § 14 Abs. 1 Satz 1 KStG erstmals eintreten.

Vollzug des Gewinnabführungsvertrags

(3) [1] Nach § 14 Abs. 1 Satz 1 KStG muss sich die Organgesellschaft aufgrund eines GAV i. S. d. § 291 Abs. 1 AktG verpflichten, ihren ganzen Ge-

winn an ein anderes gewerbliches Unternehmen abzuführen. [2]Die Abführung des ganzen Gewinns setzt hierbei voraus, dass der Jahresabschluss keinen Bilanzgewinn (§ 268 Abs. 1 HGB, § 158 AktG) mehr ausweist. [3]Wegen der nach § 14 Abs. 1 Satz 1 Nr. 4 KStG zulässigen Bildung von Gewinn- oder Kapitalrücklagen → Absatz 5 Nr. 3. [4]§ 301 AktG bestimmt als Höchstbetrag der Gewinnabführung für eine nicht eingegliederte Organgesellschaft in der Rechtsform der AG oder der KGaA:

1. in seinem Satz 1 den ohne die Gewinnabführung entstehenden Jahresüberschuss, vermindert um einen Verlustvortrag aus dem Vorjahr und um den Betrag, der nach § 300 AktG in die gesetzliche Rücklage einzustellen ist, und um den nach § 268 Abs. 8 HGB ausschüttungsgesperrten Betrag;
2. in seinem Satz 2 zusätzlich die Entnahmen aus in vertraglicher Zeit gebildeten und wieder aufgelösten Gewinnrücklagen.

[5]Nach § 275 Abs. 4 HGB dürfen Veränderungen der Gewinnrücklagen in der Gewinn- und Verlustrechnung erst nach dem Posten „Jahresüberschuss/Jahresfehlbetrag" ausgewiesen werden und verändern dadurch nicht den Jahresüberschuss. [6]Bei Verlustübernahme (§ 302 AktG) hat der Organträger einen sonst entstehenden Jahresfehlbetrag auszugleichen, soweit dieser nicht dadurch ausgeglichen wird, dass den anderen Gewinnrücklagen Beträge entnommen werden, die während der Vertragsdauer in sie eingestellt worden sind.

Abführung/Ausschüttung vorvertraglicher Rücklagen

(4) [1]Bei einer nicht eingegliederten Organgesellschaft in der Rechtsform der AG oder der KGaA ist der GAV steuerlich als nicht durchgeführt anzusehen, wenn vorvertragliche Gewinnrücklagen entgegen §§ 301 und 302 Abs. 1 AktG aufgelöst und an den Organträger abgeführt werden. [2]Da der Jahresüberschuss i. S. d. § 301 AktG nicht einen Gewinnvortrag (§ 158 Abs. 1 Nr. 1 AktG, § 266 Abs. 3 A HGB) umfasst, darf ein vor dem Inkrafttreten des GAV vorhandener Gewinnvortrag weder abgeführt noch zum Ausgleich eines aufgrund des GAV vom Organträger auszugleichenden Jahresfehlbetrags (Verlustübernahme) verwendet werden. [3]Ein Verstoß gegen das Verbot, Erträge aus der Auflösung vorvertraglicher Rücklagen an den Organträger abzuführen, liegt auch vor, wenn die Organgesellschaft Aufwand – dazu gehören auch die steuerrechtlich nichtabziehbaren Ausgaben, z. B. Körperschaftsteuer, Aufsichtsratsvergütungen – über eine vorvertragliche Rücklage verrechnet und dadurch den Gewinn erhöht, der an den Organträger abzuführen ist. [4]Ein Verstoß gegen die §§ 301 und 302 Abs. 1 AktG ist nicht gegeben, wenn die Organgesellschaft vorvertragliche Rücklagen auflöst und den entsprechenden Gewinn außerhalb des GAV an ihre Anteilseigner ausschüttet. [5]Insoweit ist § 14 KStG nicht anzuwenden; für die Gewinnausschüttung gelten die allgemeinen Grundsätze.

Durchführung des Gewinnabführungsvertrags

(5) Der Durchführung des GAV steht es nicht entgegen, wenn z. B.

1. der an den Organträger abzuführende Gewinn entsprechend dem gesetzlichen Gebot in § 301 AktG durch einen beim Inkrafttreten des GAV vorhandenen Verlustvortrag gemindert wird. [2]Der Ausgleich vorvertragli-

cher Verluste durch den Organträger ist steuerrechtlich als Einlage zu werten;

2. der ohne die Gewinnabführung entstehende Jahresüberschuss der Organgesellschaft nach § 301 AktG um den Betrag vermindert wird, der nach § 300 AktG in die gesetzliche Rücklage einzustellen ist. [2]Zuführungen zur gesetzlichen Rücklage, die die gesetzlich vorgeschriebenen Beträge übersteigen, sind steuerrechtlich wie die Bildung von Gewinnrücklagen zu beurteilen;
3. die Organgesellschaft nach § 14 Abs. 1 Satz 1 Nr. 4 KStG Gewinnrücklagen i. S. d. § 272 Abs. 3 und 4 HGB mit Ausnahme der gesetzlichen Rücklagen, aber einschließlich der satzungsmäßigen Rücklagen (§ 266 Abs. 3 A III HGB) bildet, die bei vernünftiger kaufmännischer Beurteilung wirtschaftlich begründet sind. [2]Die Bildung einer Kapitalrücklage i. S. d. § 272 Abs. 2 Nr. 4 HGB beeinflusst die Höhe der Gewinnabführung nicht und stellt daher keinen Verstoß gegen § 14 Abs. 1 Satz 1 Nr. 4 KStG dar. [3]Für die Bildung der Rücklagen muss ein konkreter Anlass gegeben sein, der es auch aus objektiver unternehmerischer Sicht rechtfertigt, eine Rücklage zu bilden, wie z. B. eine geplante Betriebsverlegung, Werkserneuerung, Kapazitätsausweitung. [4]Die Beschränkung nach § 14 Abs. 1 Satz 1 Nr. 4 KStG ist nicht auf die Bildung stiller Reserven anzuwenden;
4. die Organgesellschaft ständig Verluste erwirtschaftet.

Beendigung des Gewinnabführungsvertrags

(6) [1]Wird der GAV, der noch nicht fünf aufeinanderfolgende Jahre durchgeführt worden ist, durch Kündigung oder im gegenseitigen Einvernehmen beendet, bleibt der Vertrag für die Jahre, für die er durchgeführt worden ist, steuerrechtlich wirksam, wenn die Beendigung auf einem wichtigen Grund beruht. [2]Ein wichtiger Grund kann insbesondere in der Veräußerung oder Einbringung der Organbeteiligung durch den Organträger, der Verschmelzung, Spaltung oder Liquidation des Organträgers oder der Organgesellschaft gesehen werden. [3]Stand bereits im Zeitpunkt des Vertragsabschlusses fest, dass der GAV vor Ablauf der ersten fünf Jahre beendet werden wird, ist ein wichtiger Grund nicht anzunehmen. [4]Liegt ein wichtiger Grund nicht vor, ist der GAV von Anfang an als steuerrechtlich unwirksam anzusehen.

(7) Ist der GAV bereits mindestens fünf aufeinanderfolgende Jahre durchgeführt worden, bleibt er für diese Jahre steuerrechtlich wirksam.

Nichtdurchführung des Gewinnabführungsvertrags

(8) [1]Wird ein GAV in einem Jahr nicht durchgeführt, ist er

1. von Anfang an als steuerrechtlich unwirksam anzusehen, wenn er noch nicht fünf aufeinanderfolgende Jahre durchgeführt worden ist;
2. erst ab diesem Jahr als steuerrechtlich unwirksam anzusehen, wenn er bereits mindestens fünf aufeinanderfolgende Jahre durchgeführt worden ist. [2]Soll die körperschaftsteuerrechtliche Organschaft ab einem späteren Jahr wieder anerkannt werden, bedarf es einer erneuten mindestens fünfjährigen Laufzeit und ununterbrochenen Durchführung des Vertrags.

[2]Ist der GAV als steuerrechtlich unwirksam anzusehen, ist die Organgesellschaft nach den allgemeinen steuerrechtlichen Vorschriften zur Körperschaftsteuer zu veranlagen.

H 14.5

Änderung des § 301 AktG und § 249 HGB durch das BilMoG. → BMF vom 14.1.2010, BStBl. I S. 65.

Auflösung und Abführung vorvertraglicher versteuerter Rücklagen. Zur Auflösung und Abführung vorvertraglicher versteuerter Rücklagen bei einer nach den §§ 319 bis 327 AktG eingegliederten Organgesellschaft in der Rechtsform der AG oder KGaA → R 14.6 Abs. 3.

Auflösung von in organschaftlicher Zeit gebildeten Kapitalrücklagen. Eine in organschaftlicher Zeit gebildete und aufgelöste Kapitalrücklage kann an die Gesellschafter ausgeschüttet werden; sie unterliegt nicht der Gewinnabführung (→ BFH vom 8.8.2001, I R 25/00, BStBl. 2003 II S. 923 und → BMF vom 27.11.2003, BStBl. I S. 647).

Ausschüttungssperre. Keine analoge Anwendung des § 253 Abs. 6 HGB im Rahmen des § 14 Absatz 1 Satz 1 KStG i. V. m. § 301 AktG; → BMF vom 23.12.2016, BStBl. 2017 I S. 41.

Beendigung des Gewinnabführungsvertrags. Die Beendigung des GAV, weil er aus Sicht der Parteien seinen Zweck der Konzernverlustverrechnung erfüllt hat, ist kein wichtiger Grund i. S. d. § 14 Abs. 1 Satz 1 Nr. 3 Satz 2 KStG (→ BFH vom 13.11.2013, I R 45/12, BStBl. 2014 II S. 486).

Beginn der Mindestlaufzeit des Gewinnabführungsvertrages bei umwandlungssteuerlicher Rückwirkungsfiktion. → BFH vom 10.5.2017, I R 19/15, BStBl. 2019 II S. 81.

Bildung einer Rücklage. Zur Zulässigkeit der Bildung einer Rücklage in der Bilanz einer Organgesellschaft aus Gründen der Risikovorsorge → BFH vom 29.10.1980, I R 61/77, BStBl. 1981 II S. 336.

Mindestlaufzeit.[1] Die fünfjährige Mindestlaufzeit des GAV bei der körperschaftsteuerlichen Organschaft bemisst sich nach Zeitjahren und nicht nach Wj. (→ BFH vom 12.1.2011, I R 3/10, BStBl. II S. 727). Unabhängig von einer Umstellung des Wj. der Organgesellschaft und der damit einhergehenden Bildung eines Rumpfwirtschaftsjahres ist für die steuerliche Anerkennung der Organschaft die Mindestlaufzeit des GAV von fünf Zeitjahren einzuhalten (→ BFH vom 13.11.2013, I R 45/12, BStBl. 2014 II S. 486). Zur Voraussetzung der Mindestlaufzeit → BMF vom 10.11.2005, BStBl. I S. 1038 Rn. 4.

Verzinsung des Anspruchs auf Verlustübernahme nach § 302 AktG. Die unterlassene oder unzutreffende Verzinsung eines Verlustausgleichsanspruchs steht einer tatsächlichen Durchführung des GAV nicht entgegen (→ BMF vom 15.10.2007, BStBl. I S. 765).

---

[1] Zur Anerkennung einer körperschaftsteuerrechtl. Organschaft bei fehlender finanzieller Eingliederung in den Vorjahren siehe BFH v. 10.5.2017 I R 51/15, BStBl. II 2018, 30.

Variable Ausgleichszahlungen an außenstehende Gesellschafter. → BFH vom 10.5.2017, I R 93/15, BStBl. 2019 II S. 278; → BMF vom 4.3.2020, BStBl. I S. 256.

Verzögerte Registereintragung. Keine sachliche Unbilligkeit bei verzögerter Registereintragung → BFH vom 23.8.2017, I R 80/15, BStBl. 2018 II S. 141.

Wirksamwerden des Gewinnabführungsvertrags. Bei einem lediglich mit der Vorgründungsgesellschaft (→ H 1.1) abgeschlossenen GAV gehen die sich daraus ergebenden Rechte und Pflichten nicht automatisch auf die später gegründete und eingetragene Kapitalgesellschaft über (→ BFH vom 8.11.1989, I R 174/86, BStBl. 1990 II S. 91).

R **14.6** Zuzurechnendes Einkommen der Organgesellschaft

(1) [1]Als zuzurechnendes Einkommen ist das Einkommen der Organgesellschaft vor Berücksichtigung des an den Organträger abgeführten Gewinns oder des vom Organträger zum Ausgleich eines sonst entstehenden Jahresfehlbetrags (§ 302 Abs. 1 AktG) geleisteten Betrags zu verstehen. [2]Bei der Ermittlung des Einkommens des Organträgers bleibt demnach der von der Organgesellschaft an den Organträger abgeführte Gewinn außer Ansatz; ein vom Organträger an die Organgesellschaft zum Ausgleich eines sonst entstehenden Jahresfehlbetrags geleisteter Betrag darf nicht abgezogen werden.

(2) [1]Gewinne der Organgesellschaft, die aus der Auflösung vorvertraglicher unversteuerter stiller Reserven herrühren, sind Teil des Ergebnisses des Wj. der Organgesellschaft, in dem die Auflösung der Reserven erfolgt. [2]Handelsrechtlich unterliegen diese Gewinne deshalb der vertraglichen Abführungsverpflichtung. [3]Steuerrechtlich gehören sie zu dem Einkommen, das nach § 14 KStG dem Organträger zuzurechnen ist.

(3) [1]Bei einer nach den §§ 319 bis 327 AktG eingegliederten AG oder KGaA als Organgesellschaft sind nach § 324 Abs. 2 AktG die §§ 293 bis 296, 298 bis 303 AktG nicht anzuwenden. [2]Löst diese Organgesellschaft vorvertragliche Gewinn- oder Kapitalrücklagen zugunsten des an den Organträger abzuführenden Gewinns auf, verstößt sie handelsrechtlich nicht gegen das Abführungsverbot. [3]In diesen Fällen ist deshalb → R 14.5 Abs. 8 nicht anzuwenden. [4]Steuerrechtlich fällt die Abführung der Gewinne aus der Auflösung dieser Rücklagen an den Organträger nicht unter § 14 KStG; sie unterliegt somit den allgemeinen steuerrechtlichen Vorschriften.

(4) [1]VGA an den Organträger sind im Allgemeinen vorweggenommene Gewinnabführungen; sie stellen die tatsächliche Durchführung des GAV nicht in Frage. [2]Das gilt auch, wenn eine Personengesellschaft der Organträger ist (→ R 14.3) und Gewinn verdeckt an einen Gesellschafter der Personengesellschaft ausgeschüttet wird. [3]Ein solcher Vorgang berührt lediglich die Gewinnverteilung innerhalb der Personengesellschaft. [4]VGA an außen stehende Gesellschafter sind wie Ausgleichszahlungen i. S. d. § 16 KStG zu behandeln.

(5) Der Gewinn aus der Veräußerung eines Teilbetriebs unterliegt der vertraglichen Gewinnabführungsverpflichtung; er ist bei der Ermittlung des dem Organträger zuzurechnenden Einkommens zu berücksichtigen.

(6) [1]Die Höhe des nach § 14 KStG dem Organträger zuzurechnenden Einkommens der Organgesellschaft sowie weitere Besteuerungsgrundlagen werden gesondert und einheitlich festgestellt mit Bindungswirkung für die Steuerbescheide der Organgesellschaft und des Organträgers. [2]Einspruchsberechtigt gegen den Bescheid über die gesonderte und einheitliche Feststellung sind sowohl der Organträger als auch die Organgesellschaft.

(7) Gewinnabführungen stellen auch dann keine Gewinnausschüttungen dar, wenn sie erst nach Beendigung des GAV abfließen.

H 14.6

Einstellung der gewerblichen Tätigkeit. Stellt eine Organgesellschaft ohne förmlichen Auflösungsbeschluss ihre gewerbliche Tätigkeit nicht nur vorübergehend ein und veräußert sie ihr Vermögen, fällt der Gewinn, den sie während der tatsächlichen Abwicklung erzielt, nicht mehr unter die Gewinnabführungsverpflichtung (→ BFH vom 17.2.1971, I R 148/68, BStBl. II S. 411).

Gewinn im Zeitraum der Abwicklung. Der im Zeitraum der Abwicklung erzielte Gewinn (§ 11 KStG, → R 11) unterliegt nicht der vertraglichen Gewinnabführungsverpflichtung und ist deshalb von der Organgesellschaft zu versteuern (→ BFH vom 18.10.1967, I 262/63, BStBl. 1968 II S. 105).

Klagebefugnis. → BFH vom 1.7.2020, XI R 20/18, BStBl. 2021 II S. 296.

R 14.7 Einkommensermittlung beim Organträger

(1) Ausgaben im Zusammenhang mit der Organbeteiligung, z. B. Zinsen für Schulden, die der Organträger zum Erwerb der Beteiligung aufgenommen hat, dürfen bei der Ermittlung des Einkommens des Organträgers abgezogen werden.

(2) [1]VGA der Organgesellschaft sind beim Organträger zur Vermeidung der Doppelbelastung aus dem Einkommen auszuscheiden, wenn die Vorteilszuwendung den Bilanzgewinn des Organträgers erhöht oder dessen Bilanzverlust gemindert hat. [2]Entgegen → BFH vom 20.8.1986 (I R 150/82, BStBl. 1987 II S. 455) ist jedoch nicht das zuzurechnende Organeinkommen, sondern das eigene Einkommen des Organträgers zu kürzen.

(3) [1]Der Organträger kann seine Beteiligung an der Organgesellschaft auf den niedrigeren Teilwert abschreiben, wenn die nach dem geltenden Recht hierfür erforderlichen Voraussetzungen erfüllt sind. [2]Eine Abschreibung auf den niedrigeren Teilwert ist jedoch nicht schon deshalb gerechtfertigt, weil die Organgesellschaft ständig Verluste erwirtschaftet.

(4) Übernimmt der Organträger die Verpflichtung, einen vorvertraglichen Verlust der Organgesellschaft auszugleichen, stellt der Verlustausgleich steuerrechtlich eine Einlage des Organträgers in die Organgesellschaft dar.

H 14.7

Veranlagungszeitraum der Zurechnung. Das Einkommen der Organgesellschaft ist dem Organträger für das Kj. (VZ) zuzurechnen, in dem die Organgesellschaft das Einkommen erzielt hat (→ BFH vom 29.10.1974, I R 240/72, BStBl. 1975 II S. 126).

Das Einkommen einer Organgesellschaft ist entsprechend dem allgemeinen Gewinnverteilungsschlüssel nur den Gesellschaftern einer Organträger-Personengesellschaft zuzurechnen, die im Zeitpunkt der Einkommenszurechnung an der Organträgerin beteiligt sind (→ BFH vom 28.2.2013, IV R 50/09, BStBl. II S. 494).

Verlustausgleich durch den Organträger. Der aus der gesetzlichen Verpflichtung (§ 301 AktG, § 30 Abs. 1 GmbHG) des Organträgers resultierende Ausgleich von vorvertraglichen Verlusten der Organgesellschaft führt beim Organträger zu nachträglichen Anschaffungskosten für die Anteile an der Organgesellschaft und ist auf dem Beteiligungskonto zu aktivieren (→ BFH vom 8.3.1955, I 73/54 U, BStBl. III S. 187).

Verlustübernahme. Der Organträger darf steuerrechtlich keine Rückstellung für drohende Verluste aus der Übernahme des Verlustes der Organgesellschaft bilden (→ BFH vom 26.1.1977, I R 101/75, BStBl. II S. 441).

R 14.8 Bildung und Auflösung besonderer Ausgleichsposten beim Organträger bis einschließlich VZ 2021

(1) [1]Die Regelung zur Bildung und Auflösung besonderer Ausgleichsposten beim Organträger ist für Mehr- und Minderabführungen anzuwenden, die bis einschließlich 31. Dezember 2021 erfolgen. [2]Für alle Mehr- und Minderabführungen nach dem 31. Dezember 2021 ist § 14 Abs. 4 sowie § 27 Abs. 1 Satz 3 und Abs. 6 i. d. F. des Artikels 1 des Gesetzes vom 25. Juni 2021 (BGBl. I S. 2050) anzuwenden.

(2) [1]Stellt die Organgesellschaft aus dem Jahresüberschuss (§ 275 Abs. 2 Nr. 20 oder Abs. 3 Nr. 19 HGB) Beträge in die Gewinnrücklagen i. S. d. § 272 Abs. 3 HGB ein oder bildet sie steuerlich nicht anzuerkennende stille Reserven, werden die Rücklagen mit dem zuzurechnenden Einkommen beim Organträger oder, wenn er eine Personengesellschaft ist, bei seinen Gesellschaftern versteuert. [2]Der steuerrechtliche Wertansatz der Beteiligung des Organträgers an der Organgesellschaft bleibt unberührt. [3]Um sicherzustellen, dass nach einer Veräußerung der Organbeteiligung die bei der Organgesellschaft so gebildeten Rücklagen nicht noch einmal beim Organträger steuerrechtlich erfasst werden, ist in der Steuerbilanz des Organträgers, in die der um die Rücklage verminderte Jahresüberschuss der Organgesellschaft eingegangen ist, ein besonderer aktiver Ausgleichsposten in Höhe des Teils der versteuerten Rücklagen einkommensneutral zu bilden, der dem Verhältnis der Beteiligung des Organträgers am Nennkapital der Organgesellschaft entspricht. [4]Löst die Organgesellschaft die Rücklagen in den folgenden Jahren ganz oder teilweise zugunsten des an den Organträger abzuführenden Gewinns auf, ist der besondere aktive Ausgleichsposten entsprechend einkommensneutral aufzulösen.

(3) Weicht der an den Organträger abgeführte Gewinn der Organgesellschaft aus anderen Gründen als infolge der Auflösung einer Rücklage i. S. d. Absatzes 2 von dem Steuerbilanzgewinn ab, z. B. wegen Änderung des Wertansatzes von Aktiv- oder Passivposten in der Bilanz, und liegt die Ursache in vertraglicher Zeit, ist in der Steuerbilanz des Organträgers nach § 14 Abs. 4

Satz 1, 2 und 6 KStG i. d. F. vom 11.12.2018 ein besonderer aktiver oder passiver Ausgleichsposten in Höhe des Unterschieds einkommensneutral zu bilden, der dem Verhältnis der Beteiligung des Organträgers am Nennkapital der Organgesellschaft entspricht.

(4) [1]Im Zeitpunkt der Veräußerung der Organbeteiligung oder eines der Veräußerung gleichgestellten Vorgangs sind die besonderen Ausgleichsposten aufzulösen (§ 14 Abs. 4 Satz 2 und 5 KStG i. d. F. vom 11.12.2018), sofern sie nicht in den Anwendungsbereich des § 34 Abs. 6e Satz 7 KStG fallen. [2]Dadurch erhöht oder verringert sich das Einkommen des Organträgers; § 8b KStG sowie § 3 Nr. 40 und § 3c Abs. 2 EStG sind anzuwenden. [3]Für die Anwendung des § 8b KStG bzw. der § 3 Nr. 40, § 3c Abs. 2 EStG sind die Ausgleichsposten mit dem in der Steuerbilanz ausgewiesenen Buchwert der Organbeteiligung zusammenzufassen. [4]Dadurch kann sich rechnerisch auch ein negativer Buchwert ergeben. [5]Die Sätze 3 und 4 sind bei der Ermittlung eines Übernahmeergebnisses i. S. d. § 4 Abs. 4 Satz 1 oder § 12 Abs. 2 Satz 1 UmwStG entsprechend anzuwenden. [6]Bei mittelbarer Beteiligung an der Organgesellschaft sind die Ausgleichsposten aufzulösen, wenn der Organträger die Beteiligung an der Zwischengesellschaft veräußert. [7]Eine gewinnwirksame Auflösung der besonderen Ausgleichsposten erfolgt nicht bei Beendigung des GAV.

H **14.8**

Allgemeine Fragen zu organschaftlichen Mehr- und Minderabführungen. → BMF vom 26.8.2003, BStBl. I S. 437 Rn. 40 ff.

Berechnung der Mehrabführung. Die Mehrabführung der Organgesellschaft an den Organträger ist ein rein rechnerischer Differenzbetrag zweier Vergleichswerte und kann auch in einer sog. Minderverlustübernahme bestehen. Auf einen tatsächlichen Vermögensabfluss kommt es nicht an (→ BFH vom 6.6.2013, I R 38/11, BStBl. 2014 II S. 398, → BFH vom 27.11.2013, I R 36/13, BStBl. 2014 II S. 651).

Passiver Ausgleichsposten im Falle außerbilanzieller Zurechnung bei der Organgesellschaft. Ein passiver Ausgleichsposten i. S. d. § 14 Abs. 4 KStG i. d. F. vom 11.12.2018 für Mehrabführungen ist nicht zu bilden, wenn die auf die Organgesellschaft entfallenden Beteiligungsverluste aus einem KG-Anteil aufgrund außerbilanzieller Zurechnung gem. § 15a EStG neutralisiert werden und damit das dem Organträger zuzurechnende Einkommen nicht mindern (→ BFH vom 29.8.2012, I R 65/11, BStBl. 2013 II S. 555). Mit Ausnahme des Anwendungsfalls des § 15a EStG ist in allen anderen Fällen bei der Bildung organschaftlicher Ausgleichsposten weiterhin nach dem Wortlaut des § 14 Abs. 4 Satz 6 KStG i. d. F. vom 11.12.2018 auf die Abweichung des an den Organträger abgeführten Gewinns vom Steuerbilanzgewinn der Organgesellschaft abzustellen. Die organschaftlichen Ausgleichsposten sind aufgrund der gesetzlichen Vorgabe des § 14 Abs. 4 Satz 1 KStG i. d. F. vom 11.12.2018 in der Steuerbilanz zu aktivieren oder zu passivieren (→ BMF vom 15.7.2013, BStBl. I S. 921).[1)]

[1)] Zu einem Ertragszuschuss als organschaftliche Mehrabführung i. S. v. § 27 Abs. 6 Satz 1 KStG siehe BFH v. 15.3.2017 I R 67/15, DStR 2017, 1650.

Steuerliches Einlagekonto. → BMF vom 4.6.2003, BStBl. I S. 366 Rn. 28.

Zu § 15 KStG

R 15. Einkommensermittlung bei der Organgesellschaft

Ein Verlustabzug aus der Zeit vor dem Abschluss des GAV darf das Einkommen der Organgesellschaft, das sie während der Geltungsdauer des GAV bezieht, nicht mindern (§ 15 Satz 1 Nr. 1 KStG).

H 15

Anwendung der Zinsschranke im Organkreis. → BMF vom 4.7.2008, BStBl. I S. 718.

Beteiligungserträge der Organgesellschaft. Zu den steuerfreien Beteiligungserträgen der Organgesellschaft → BMF vom 26.8.2003, BStBl. I S. 437 Rn. 21 ff.

Dauerverlustgeschäft der Organgesellschaft (§ 8 Abs. 7 KStG). → BMF vom 12.11.2009, BStBl. I S. 1303 Rn. 90 ff.[1]

Spartenrechnung für die Organgesellschaft (§ 8 Abs. 9 KStG). → BMF vom 12.11.2009, BStBl. I S. 1303 Rn. 90 ff.;[1] → BMF vom 21.5.2019, BStBl. I S. 527.

Zu § 16 KStG

R 16. Ausgleichszahlungen

(1) [1] Ausgleichszahlungen, die in den Fällen der §§ 14, 17 KStG an außen stehende Anteilseigner gezahlt werden, dürfen nach § 4 Abs. 5 Satz 1 Nr. 9 EStG weder den Gewinn der Organgesellschaft noch den Gewinn des Organträgers mindern. [2] Die Organgesellschaft hat ihr Einkommen i. H. v. 20/17 der geleisteten Ausgleichszahlungen stets selbst zu versteuern, auch wenn die Verpflichtung zum Ausgleich von dem Organträger erfüllt worden oder ihr Einkommen negativ ist.

(2) [1] Hat die Organgesellschaft selbst die Ausgleichszahlungen zu Lasten ihres Gewinns geleistet, ist dem Organträger das um 20/17 der Ausgleichszahlungen verminderte Einkommen der Organgesellschaft zuzurechnen. [2] Leistet die Organgesellschaft trotz eines steuerlichen Verlustes die Ausgleichszahlungen, erhöht sich ihr dem Organträger zuzurechnendes negatives Einkommen; die Organgesellschaft hat 20/17 der Ausgleichszahlungen als (positives) Einkommen selbst zu versteuern. [3] Hat dagegen der Organträger die Ausgleichszahlungen geleistet, gilt Folgendes:

1. Das Einkommen des Organträgers wird um die Ausgleichszahlungen vermindert.
2. Die Organgesellschaft hat 20/17 der Ausgleichszahlungen zu versteuern.

---

[1] Geänd. durch BMF v. 6.7.2021, BStBl. I 2021, 914, und v. 15.12.2021, BStBl. I 2021, 2483, mit Anwendungsregelung.

3. Das von der Organgesellschaft erwirtschaftete Einkommen ist dem Organträger nach § 14 Abs. 1 Satz 1 KStG zuzurechnen.

[4]Satz 3 gilt auch, wenn der Organträger die Ausgleichszahlungen trotz eines steuerlichen Verlustes geleistet hat.

Zu § 17 KStG

R 17. Andere Kapitalgesellschaften als Organgesellschaft

(1) [1]Ist die Organgesellschaft eine GmbH, ist der GAV zivilrechtlich nur wirksam, wenn die Gesellschafterversammlungen der beherrschten und der herrschenden Gesellschaft dem Vertrag zustimmen und seine Eintragung in das Handelsregister der beherrschten Gesellschaft erfolgt. [2]Der Zustimmungsbeschluss der Gesellschafterversammlung der beherrschten Gesellschaft bedarf der notariellen Beurkundung.

(2) Nach § 17 KStG ist Voraussetzung für die steuerliche Anerkennung einer anderen als der in § 14 Abs. 1 Satz 1 KStG bezeichneten Kapitalgesellschaft als Organgesellschaft, dass diese sich wirksam verpflichtet, ihren ganzen Gewinn an ein anderes Unternehmen i. S. d. § 14 KStG abzuführen, und die Gewinnabführung den in § 301 AktG genannten Betrag nicht überschreitet.

(3) Die Verlustübernahme muss durch den Verweis auf die Vorschriften des § 302 AktG in seiner jeweils gültigen Fassung vereinbart werden.

(4) → R 14.5 gilt entsprechend.

H 17

Anwendungsschreiben zur Option zur Körperschaftsteuer. → BMF vom 10.11.2021, BStBl. I S. 2212.

Verweis auf § 302 AktG in allen vor dem 27.2.2013 geschlossenen Gewinnabführungsverträgen. → BMF-Schreiben vom 24.3.2021, BStBl. I S. 379; für Altfälle gilt H 17 KStH 2015.

Zivilrechtlich unwirksamer Gewinnabführungsvertrag. Entgegen § 41 Abs. 1 Satz 1 AO ist ein zivilrechtlich nicht wirksamer GAV steuerlich auch dann unbeachtlich, wenn die Vertragsparteien den Vertrag als wirksam behandelt und tatsächlich durchgeführt haben (→ BFH vom 30.7.1997, I R 7/97, BStBl. 1998 II S. 33).

Zu § 19 KStG

R 19. Anwendung besonderer Tarifvorschriften

(1) [1]Eine besondere Tarifvorschrift i. S. d. § 19 Abs. 1 KStG ist z. B. § 26 KStG. [2]Die Voraussetzungen der Steuerermäßigung müssen bei der Organgesellschaft erfüllt sein. [3]Der Abzug von der Steuer ist beim Organträger vorzunehmen. [4]Ist die Steuerermäßigung der Höhe nach auf einen bestimmten Betrag begrenzt, richtet sich dieser Höchstbetrag nach den steuerlichen Verhältnissen beim Organträger.

(2) Ist in dem zugerechneten Einkommen der Organgesellschaft (→ R 14.6) ein Veräußerungsgewinn i. S. d. § 16 EStG enthalten, kann der Organträger, auch wenn er eine natürliche Person ist, dafür die Steuervergünstigung des § 34 EStG nicht in Anspruch nehmen.

Zu § 20 KStG

H 20

Abzinsung der Schadenrückstellungen. Anwendung des § 6 Abs. 1 Nr. 3a EStG, Pauschalverfahren → BMF vom 16.8.2000, BStBl. I S. 1218 und → BMF vom 20.10.2016, BStBl. I S. 1145.

Bewertung der Schadenrückstellungen. Ermittlung des Minderungsbetrags nach § 20 Abs. 2 KStG → BMF vom 5.5.2000, BStBl. I S. 487.

Zu § 21 KStG

H 21

Beitragsrückerstattung bei Versicherungsunternehmen. → BMF vom 12.12.2019, BStBl. I S. 1376.[1]

Erfolgsabhängige Beitragsrückerstattungen. Beitragsrückerstattungen in der Lebens- und Krankenversicherung, die sich nach dem Jahresüberschuss bemessen, sind nach § 21 KStG nur beschränkt abziehbar (→ BFH vom 7.3.2007, I R 61/05, BStBl. II S. 589).

Zu § 22 KStG

R 22. Genossenschaftliche Rückvergütung

(1) Vom Vorliegen einer Genossenschaft ist von der Eintragung bis zur Löschung im Genossenschaftsregister auszugehen.

(2) [1]Preisnachlässe (Rabatte, Boni), die sowohl Mitgliedern als auch Nichtmitgliedern gewährt werden, gehören nicht zu den genossenschaftlichen Rückvergütungen. [2]Sie sind abziehbare Betriebsausgaben. [3]Der Unterschied zwischen dem Preisnachlass und der genossenschaftlichen Rückvergütung besteht darin, dass der Preisnachlass bereits vor oder bei Abschluss des Rechtsgeschäfts vereinbart wird, während die genossenschaftliche Rückvergütung erst nach Ablauf des Wj. beschlossen wird.

(3) Eine Verpflichtung zur Einzahlung auf die Geschäftsanteile wird durch eine Regelung in der Satzung auch dann begründet, wenn die Bestimmung über Zeitpunkt und Betrag der Leistungen der Generalversammlung übertragen ist.

(4) [1]Die genossenschaftlichen Rückvergütungen sind bei der Ermittlung des Gewinns des Wj., für das sie gewährt werden, auch dann abzuziehen bzw.

---

[1] Zur Anwendung von § 21 n. F. siehe § 34 Abs. 8 Satz 2 KStG.

in der Jahresschlussbilanz durch eine Rückstellung zu berücksichtigen, wenn sie nach Ablauf des Wj. – spätestens bei Feststellung des Jahresabschlusses durch die Generalversammlung – dem Grunde nach beschlossen werden. [2]Sie müssen aber, ohne dass es dabei auf den Zeitpunkt der Aufstellung oder Errichtung der steuerlichen Gewinnermittlung ankommt, spätestens bis zum Ablauf von zwölf Monaten nach dem Ende des Wj. gezahlt oder gutgeschrieben worden sein. [3]In besonders begründeten Einzelfällen kann das Finanzamt diese Frist nach Anhörung des Prüfungsverbands verlängern. [4]Werden die genossenschaftlichen Rückvergütungen nicht innerhalb dieser Frist gezahlt oder gutgeschrieben, können sie auch im Wj. der Zahlung nicht abgezogen werden. [5]Die Gewährung von genossenschaftlichen Rückvergütungen darf nicht von bestimmten Voraussetzungen abhängig gemacht werden, z. B. davon, dass das Mitglied seine Zahlungsverpflichtungen gegenüber der Genossenschaft stets pünktlich erfüllt und keinen Kredit in Anspruch nimmt. [6]Die Aufrechnung von genossenschaftlichen Rückvergütungen mit Schulden der Genossen an die Genossenschaft wird dadurch nicht berührt.

(5) [1]Genossenschaftliche Rückvergütungen sind nach § 22 KStG nur dann abziehbare Betriebsausgaben, wenn sie – von der für Geschäftssparten zugelassenen Ausnahme abgesehen – nach der Höhe des Umsatzes (Warenbezugs) bemessen und allen Mitgliedern in gleichen Prozentsätzen des Umsatzes gewährt werden. [2]Eine Abstufung nach der Art der umgesetzten Waren (Warengruppen) oder nach der Höhe des Umsatzes mit den einzelnen Mitgliedern (Umsatzgruppen) ist nicht zulässig. [3]Das gilt nicht für die Umsätze der Konsumgenossenschaften in Tabakwaren, weil nach dem Tabaksteuergesetz auf die Tabakwaren im Einzelhandel weder Rabatte noch genossenschaftliche Rückvergütungen gewährt werden dürfen. [4]Die in der Regelung des Satzes 2 zum Ausdruck kommende Auffassung steht auch einer Bemessung der genossenschaftlichen Rückvergütung nach zeitlichen Gesichtspunkten entgegen. [5]Die Abziehbarkeit der genossenschaftlichen Rückvergütung setzt u. a. voraus, dass die Rückvergütung nach einem einheitlichen, für das ganze Wj. geltenden Prozentsatz berechnet wird. [6]Die genossenschaftlichen Rückvergütungen dürfen indessen für solche Geschäftssparten nach unterschiedlichen Prozentsätzen des Umsatzes bemessen werden, die als Betriebsabteilungen im Rahmen des Gesamtbetriebs der Genossenschaft eine gewisse Bedeutung haben, z. B. Bezugsgeschäft, Absatzgeschäft, Kreditgeschäft, Produktion, Leistungsgeschäft. [7]Dabei ist in der Weise zu verfahren, dass zunächst der im Gesamtbetrieb erzielte Überschuss i. S. v. § 22 Abs. 1 KStG im Verhältnis der Mitgliederumsätze zu den Nichtmitgliederumsätzen aufgeteilt wird. [8]Bei der Feststellung dieses Verhältnisses scheiden die → Nebengeschäfte, die → Hilfsgeschäfte und die → Gegengeschäfte aus. [9]Der errechnete Anteil des Überschusses, der auf Mitgliederumsätze entfällt, bildet die Höchstgrenze für die an Mitglieder ausschüttbaren steuerlich abziehbaren genossenschaftlichen Rückvergütungen. [10]Die Genossenschaft darf den so errechneten Höchstbetrag der steuerlich abziehbaren Rückvergütungen nach einem angemessenen Verhältnis auf die einzelnen Geschäftssparten verteilen und in den einzelnen Geschäftssparten verschieden hohe Rückvergütungen gewähren. [11]Es ist nicht zulässig, für jede einzelne Geschäftssparte die höchstzulässige abziehbare Rückvergütung an

Mitglieder unter Zugrundelegung der in den einzelnen Geschäftssparten erwirtschafteten Überschüsse zu berechnen, es sei denn, es treffen verschiedenartige Umsätze, z. B. Provisionen und Warenumsätze, zusammen mit der Folge, dass in den einzelnen Geschäftssparten sowohl das Verhältnis des in der Geschäftssparte erwirtschafteten Überschusses zu dem in der Geschäftssparte erzielten Umsatz als auch das Verhältnis des in der Geschäftssparte erzielten Mitgliederumsatzes zu dem in der Geschäftssparte insgesamt erzielten Umsatz große Unterschiede aufweist. [12]In diesen Fällen kann wie folgt verfahren werden: [13]Der im Gesamtbetrieb erzielte Überschuss i. S. v. § 22 Abs. 1 KStG wird in einem angemessenen Verhältnis auf die einzelnen Geschäftssparten aufgeteilt. [14]Von dem danach auf die einzelne Geschäftssparte entfallenden Betrag (Spartenüberschuss) wird der auf das Mitgliedergeschäft entfallende Anteil errechnet, als ob es sich bei der Geschäftssparte um eine selbständige Genossenschaft handelte. [15]Die Summe der in den Geschäftssparten auf das → Mitgliedergeschäft entfallenden Anteile bildet die Höchstgrenze für die an die Mitglieder ausschüttbaren steuerlich abziehbaren genossenschaftlichen Rückvergütungen.

(6) [1]Wird der Gewinn einer Genossenschaft z. B. auf Grund einer Betriebsprüfung nachträglich erhöht, kann die nachträgliche Ausschüttung des Mehrgewinns – soweit sich dieser in den Grenzen des § 22 KStG hält – als genossenschaftliche Rückvergütung steuerlich als Betriebsausgabe behandelt werden, wenn der Mehrgewinn in einer nach dem GenG geänderten Handelsbilanz ausgewiesen ist und die Rückvergütung ordnungsgemäß beschlossen worden ist. [2]Gewinnanteile, die schon bisher in der Handelsbilanz ausgewiesen, aber in Reserve gestellt waren, dürfen mit steuerlicher Wirkung nachträglich nicht ausgeschüttet werden. [3]Das Ausschüttungsrecht ist verwirkt. [4]Wird eine bisher nach § 5 Abs. 1 Nr. 14 KStG steuerbefreite land- oder forstwirtschaftliche Nutzungs- oder Verwertungsgenossenschaft später, z. B. aufgrund der Feststellungen durch eine Betriebsprüfung, körperschaftsteuerpflichtig, können auch die bisher von der Genossenschaft in Reserve gestellten Gewinne nachträglich mit gewinnmindernder Wirkung als genossenschaftliche Rückvergütungen ausgeschüttet werden. [5]Die nachträglich gewährten genossenschaftlichen Rückvergütungen müssen innerhalb von drei Monaten, vom Zeitpunkt des Ausschüttungsbeschlusses an gerechnet, bezahlt werden. [6]Das Finanzamt kann die Frist nach Anhörung des Prüfungsverbands angemessen verlängern.

(7) [1]Der Gewinn aus → Nebengeschäften ist, wenn er buchmäßig nachgewiesen wird, mit dem buchmäßig nachgewiesenen Betrag zu berücksichtigen. [2]Kann der Gewinn aus → Nebengeschäften buchmäßig nicht nachgewiesen werden, ist der um die anteiligen Gemeinkosten geminderte Rohgewinn anzusetzen. [3]Welche Kosten den Gemeinkosten und welche Kosten den mit den → Nebengeschäften zusammenhängenden Einzelkosten zuzurechnen sind, ist nach den im Einzelfall gegebenen Verhältnissen zu entscheiden. [4]Die anteiligen Gemeinkosten können aus Vereinfachungsgründen mit dem Teilbetrag berücksichtigt werden, der sich bei Aufteilung der gesamten Gemeinkosten nach dem Verhältnis der Roheinnahmen aus → Nebengeschäften zu den gesamten Roheinnahmen ergibt. [5]Unter den als Aufteilungsmaßstab für

die gesamten Gemeinkosten dienenden Roheinnahmen ist der Umsatz zu verstehen. [6]In Einzelfällen, z. B. bei Warengenossenschaften, können die gesamten Gemeinkosten statt nach den Roheinnahmen (Umsätzen) aus → Nebengeschäften nach den entsprechenden Rohgewinnen aufgeteilt werden, wenn dadurch ein genaueres Ergebnis erzielt wird. [7]Soweit Verluste aus einzelnen → Nebengeschäften erzielt worden sind, sind sie bei der Ermittlung des gesamten Gewinns aus → Nebengeschäften mindernd zu berücksichtigen.

(8) [1]Bei Absatz- und Produktionsgenossenschaften ist der Überschuss im Verhältnis des Wareneinkaufs bei Mitgliedern zum gesamten Wareneinkauf aufzuteilen. [2]Beim gesamten Wareneinkauf sind zu berücksichtigen:

Einkäufe bei Mitgliedern
Einkäufe bei Nichtmitgliedern } (im Rahmen von → Zweckgeschäften)

[3]→ Hilfsgeschäfte und → Nebengeschäfte bleiben außer Ansatz.

(9) [1]Gesamtumsatz bei den übrigen Genossenschaften (§ 22 Abs. 1 Satz 2 Nr. 2 KStG) ist die Summe der Umsätze aus → Zweckgeschäften mit Mitgliedern und Nichtmitgliedern. [2]Umsätze aus → Nebengeschäften und aus → Hilfsgeschäften bleiben außer Ansatz.

(10) Bei Bezugs- und Absatzgenossenschaften ist der Überschuss im Verhältnis der Summe aus dem Umsatz mit Mitgliedern im Bezugsgeschäft und dem Wareneinkauf bei Mitgliedern im Absatzgeschäft zur Summe aus dem Gesamtumsatz im Bezugsgeschäft und dem gesamten Wareneinkauf im Absatzgeschäft aufzuteilen.

(11) Wird Mitgliedern, die der Genossenschaft im Laufe des Geschäftsjahres beigetreten sind, eine genossenschaftliche Rückvergütung auch auf die Umsätze (Einkäufe) gewährt, die mit ihnen vom Beginn des Geschäftsjahres an bis zum Eintritt getätigt worden sind, sind aus Gründen der Vereinfachung auch diese Umsätze (Einkäufe) als Mitgliederumsätze(-einkäufe) anzusehen.

(12) [1]Übersteigt der Umsatz aus → Nebengeschäften weder 2% des gesamten Umsatzes der Genossenschaft noch 5200 Euro im Jahr, ist bei der Ermittlung der Höchstgrenze für die an Mitglieder ausschüttbaren steuerlich abziehbaren genossenschaftlichen Rückvergütungen der Gewinn aus → Nebengeschäften nicht abzusetzen. [2]Hierbei ist es gleichgültig, ob der Reingewinnsatz bei → Nebengeschäften von dem Reingewinnsatz bei den übrigen Geschäften wesentlich abweicht. [3]In diesen Fällen sind die → Nebengeschäfte als → Zweckgeschäfte mit Nichtmitgliedern zu behandeln.

(13) Genossenschaftliche Rückvergütungen, die nach den vorstehenden Anordnungen nicht abziehbar sind, sind vGA (→ Abgrenzung).

H 22

Abfluss der Rückvergütung. Genossenschaftliche Rückvergütungen können nur dann als bezahlt i. S. d. § 22 Abs. 2 KStG angesehen werden, wenn der geschuldete Betrag bei der Genossenschaft abfließt und in den Herrschaftsbereich des Empfängers gelangt (→ BFH vom 1.2.1966, I 275/62, BStBl. III S. 321).

→ H 22 Darlehen; → H 22 Gutschriften.

Abgrenzung zur vGA. Im Rahmen der Prüfung des Vorliegens einer vGA bei Zahlungen der Genossenschaft an ihre Mitglieder kann auf eine Angemessenheitsprüfung nicht verzichtet werden. § 22 KStG berührt nicht die grundsätzlichen Voraussetzungen einer vGA (→ BFH vom 9.3.1988, I R 262/83, BStBl. II S. 592).

Beispiel zu Absatz- und Produktionsgenossenschaften (§ 22 Abs. 1 Satz 2 Nr. 1 KStG).

Der Wareneinkauf einer Absatzgenossenschaft im Rahmen von Zweckgeschäften entfällt zu 60 % auf Einkäufe bei Mitgliedern:

	€
Einkommen vor Abzug aller genossenschaftlichen Rückvergütungen an Mitglieder und vor Berücksichtigung des Verlustabzugs sowie des zuzurechnenden Einkommens der Organgesellschaften	55 000
Davon ab: Gewinn aus Nebengeschäften	– 7 000
Überschuss i. S. d. § 22 Abs. 1 KStG	48 000

Als Rückvergütung an Mitglieder kann ein Betrag bis zu 60% von 48 000 € = 28 800 € vom Gewinn abgezogen werden. Wird z. B. in der Generalversammlung, die den Jahresüberschuss verteilt, beschlossen, über eine bereits im abgelaufenen Wj. gewährte Rückvergütung an Mitglieder von 12 000 € hinaus den Mitgliedern einen weiteren Betrag von 18 000 € als Rückvergütung zuzuwenden, ist das Einkommen wie folgt zu berechnen:

	€
Einkommen vor Abzug aller Rückvergütungen an Mitglieder und vor Berücksichtigung des Verlustabzugs sowie des zuzurechnenden Einkommens der Organgesellschaften	55 000
Rückvergütungen an Mitglieder (12 000 € + 18 000 € = 30 000 €) nur mit dem nach der obigen Berechnung zulässigen Höchstbetrag von	– 28 800
Es verbleiben	26 200
Verlustabzug nach § 10d EStG	10 000
Einkommen (evtl. zuzüglich des zuzurechnenden Einkommens der Organgesellschaften)	16 200

Die Rückvergütungen an Mitglieder sind in diesem Fall bis zur Höhe von 60% des Überschusses abzuziehen.

Bilanzierung der Rückvergütung. Mindert eine nach Ablauf des Wj. beschlossene Warenrückvergütung den Gewinn des Wj., für das die Ausschüttung der Warenrückvergütung beschlossen wird, muss in der Schlussbilanz dieses Wj. eine Rückstellung passiviert und ein sich ergebender Umsatzsteuererstattungsanspruch aktiviert werden (→ BFH vom 8.11.1960, I 152/59 U, BStBl. III S. 523).

Bonusprogramm. Zahlungen eines Kreditinstituts in der Rechtsform einer eingetragenen Genossenschaft aus einem Bonusprogramm für Genossenschaftsmitglieder sind Einkommensverwendungen und damit verdeckte Gewinnausschüttungen an die Genossen, wenn das Programm die Vorteile entgeltunabhängig gewährt (→ BFH vom 28.10.2015, I R 10/13, BStBl. 2016 II S. 298).

Darlehen. Belassen die Mitglieder die zur Ausschüttung gelangenden genossenschaftlichen Rückvergütungen der Genossenschaft als Darlehen, können die Rückvergütungen als bezahlt i. S. v. § 22 KStG angesehen werden, wenn die folgenden Voraussetzungen erfüllt sind (→ BFH vom 28.2.1968, I 260/64, BStBl. II S. 458):

- Es muss für jede für ein Wj. ausgeschüttete genossenschaftliche Rückvergütung ein besonderer Darlehensvertrag abgeschlossen werden.
- Der Darlehensvertrag muss über eine bestimmte Summe lauten. Es genügt nicht, wenn lediglich auf die Rückvergütungen des betreffenden Jahres Bezug genommen wird.
- Jeder einzelne Genosse muss frei entscheiden können, ob er den Darlehensvertrag abschließen will oder nicht.

Gutschriften. Wird die Rückvergütung dem Mitglied gutgeschrieben, gilt sie nur dann als bezahlt i. S. d. § 22 KStG, wenn das Mitglied über den gutgeschriebenen Betrag jederzeit nach eigenem Ermessen verfügen kann, bei Gutschriften auf nicht voll eingezahlte Geschäftsanteile nur dann, wenn das Mitglied dadurch von einer sonst bestehenden Verpflichtung zur Einzahlung auf seine Geschäftsanteile befreit wird (→ BFH vom 21.7.1976, I R 147/74, BStBl. 1977 II S. 46).

Molkereigenossenschaft. Für die Abgrenzung der Milchgeldnachzahlungen von den genossenschaftlichen Rückvergütungen ist von den gleichen Grundsätzen auszugehen, wie sie für vGA gelten. Es kommt grundsätzlich darauf an, ob die Nachzahlungen an Nichtmitglieder und Mitglieder zu denselben Bedingungen geleistet werden und die Nichtmitglieder über die gutgeschriebenen Nachzahlungen frei verfügen dürfen (→ BFH vom 18.12.1963, I 187/62 U, BStBl. 1964 III S. 211).

Unterscheidung und Bestimmung von Gegen-, Hilfs-, Mitglieder-, Neben- und Zweckgeschäft. → R 5.11 Abs. 6.

Zu § 23 KStG

R 23. Ermäßigte Besteuerung bei Einkünften aus außerordentlichen Holznutzungen infolge höherer Gewalt

[1]Bei Körperschaften, Personenvereinigungen und Vermögensmassen kann die Körperschaftsteuer, soweit sie auf Kalamitätsnutzungen i. S. d. § 34b Abs. 1 Nr. 2 EStG entfällt, auf die Hälfte ermäßigt werden, wenn die volle Besteuerung zu Härten führen würde. [2]Die R 34b.1 bis 34b.3 und 34b.5 bis 34b.8 EStR[1] sind sinngemäß anzuwenden.

Zu § 24 KStG

R 24. Freibetrag für bestimmte Körperschaften

(1) [1]§ 24 KStG findet Anwendung bei steuerpflichtigen Körperschaften, Personenvereinigungen und Vermögensmassen, deren Leistungen bei den Empfängern nicht zu den Einnahmen i. S. d. § 20 Abs. 1 Nr. 1, 2, 3 und 3a EStG gehören, es sei denn, dass sie den Freibetrag nach § 25 KStG beanspru-

[1] Nr. 1.

chen können. [2]Die Regelung des § 24 KStG gilt auch in den Fällen einer teilweisen Steuerpflicht, z. B. bei:

1. JPöR mit ihren BgA, Versicherungsvereinen auf Gegenseitigkeit, Stiftungen.
2. Gemeinnützigen Körperschaften i. S. d. § 5 Abs. 1 Nr. 9 KStG mit steuerpflichtigen wirtschaftlichen Geschäftsbetrieben, außer wenn sie die Rechtsform einer Kapitalgesellschaft oder einer Genossenschaft haben.
3. Steuerbefreiten Pensions- oder Unterstützungskassen, die die Rechtsform eines Vereins oder einer Stiftung haben und wegen Überdotierung teilweise zu besteuern sind (§ 5 Abs. 1 Nr. 3 i. V. m. § 6 KStG).

[3]Wegen der Anwendung der Freibetragsregelung des § 24 KStG auf das Einkommen eines Berufsverbands und der Nichtanwendung auf die Bemessungsgrundlage für die besondere Körperschaftsteuer i. S. d. § 5 Abs. 1 Nr. 5 Satz 4 KStG → R 5.7 Abs. 7. [4]Ausgeschlossen ist die Anwendung des Freibetrags nach § 24 KStG z. B. in den Fällen von:

1. Gemeinnützigen Körperschaften i. S. d. § 5 Abs. 1 Nr. 9 KStG mit steuerpflichtigen wirtschaftlichen Geschäftsbetrieben, wenn sie die Rechtsform einer Kapitalgesellschaft haben.
2. Steuerbefreiten Pensions- oder Unterstützungskassen, die die Rechtsform einer Kapitalgesellschaft haben und wegen Überdotierung teilweise zu besteuern sind (§ 5 Abs. 1 Nr. 3 i. V. m. § 6 KStG).
3. Vermietungsgenossenschaften (§ 5 Abs. 1 Nr. 10 und 12 KStG).
4. Optierenden Gesellschaften i. S. d. § 1a KStG.

(2) [1]Körperschaften, Personenvereinigungen und Vermögensmassen i. S. d. Absatzes 1, deren Einkommen den Freibetrag von 5000 Euro nicht übersteigt, sind nicht zu veranlagen (NV-Fall) und haben Anspruch auf Erteilung einer NV-Bescheinigung. [2]Das gilt auch für die Fälle der → R 31 Abs. 1.

H 24

Nichtanwendung des Freibetrags nach § 24 KStG. § 24 KStG ist bei steuerpflichtigen Körperschaften, Personenvereinigungen und Vermögensmassen, deren Leistungen bei den Empfängern zu den Einnahmen i. S. d. § 20 Abs. 1 Nr. 1 und 2 EStG gehören, nicht anzuwenden (→ BFH vom 5.6.1985, I R 163/81, BStBl. II S. 634). Das gilt auch, wenn die Körperschaften auf Dauer keine Ausschüttungen vornehmen oder nur teilweise steuerpflichtig sind (→ BFH vom 24.1.1990, I R 33/86, BStBl. II S. 470).

Zu § 25 KStG

R 25. Freibetrag für Genossenschaften sowie Vereine, die Land- und Forstwirtschaft betreiben

Genossenschaften sowie Vereine, deren Einkommen den nach § 25 KStG zu gewährenden Freibetrag von 15 000 Euro nicht übersteigt, sind nicht zu veranlagen (NV-Fall) und haben Anspruch auf Erteilung einer NV-Bescheinigung.

Zu § 26 KStG
(§ 5 KStDV)

R 26. Steuerermäßigung bei ausländischen Einkünften

(1) [1]Bei der Steueranrechnung nach § 26 KStG, die keinen Antrag voraussetzt, handelt es sich um die Anrechnung ausländischer Steuern vom Einkommen, zu denen eine unbeschränkt steuerpflichtige Körperschaft, Personenvereinigung oder Vermögensmasse im Ausland herangezogen wurde oder die für ihre Rechnung einbehalten worden sind, auf die deutsche Körperschaftsteuer. [2]Für die Ermittlung der auf die ausländischen Einkünfte entfallenden deutschen Körperschaftsteuer ist die Tarifbelastung vor Abzug der anzurechnenden ausländischen Steuern zugrunde zu legen; die Summe der Einkünfte ist entsprechend dem in → R 7.1 enthaltenen Berechnungsschema zu ermitteln. [3]Zur direkten Steueranrechnung bei beschränkter Steuerpflicht → Absatz 4.

(2) Die Pauschalierung der anzurechnenden Körperschaftsteuer nach dem Pauschalierungserlass vom 10.4.1984 (BStBl. I S. 252) ist nicht zulässig.

(3) [1]Stammen Einkünfte aus einem ausländischen Staat, mit dem ein DBA besteht, kann eine Steueranrechnung (§ 26 Abs. 1 KStG) oder ein wahlweiser Abzug der ausländischen Steuern bei der Ermittlung der Einkünfte nur unter Beachtung der Vorschriften des maßgeblichen DBA vorgenommen werden. [2]Ggfs. kann auch die Anrechnung fiktiver Steuerbeträge in Betracht kommen. [3]Sieht ein DBA nur die Anrechnung ausländischer Steuern vor, kann dennoch auf Antrag das nach innerstaatlichem Recht eingeräumte Wahlrecht eines Abzugs der ausländischen Steuern bei der Ermittlung der Einkünfte beansprucht werden. [4]Das Wahlrecht muss für die gesamten Einkünfte aus einem ausländischen Staat einheitlich ausgeübt werden.[1)] [5]Über den Rahmen bestehender DBA hinaus kann eine Anrechnung oder ein Abzug ausländischer Steuern in Betracht kommen, wenn das DBA die Doppelbesteuerung nicht beseitigt oder sich nicht auf die fragliche Steuer vom Einkommen dieses Staates bezieht. [6]Bei negativen ausländischen Einkünften i. S. d. § 2a EStG aus einem ausländischen Staat, mit dem ein DBA besteht, ist auf Antrag anstelle einer im DBA vorgesehenen Anrechnung ein Abzug der ausländischen Steuern entsprechend § 34c Abs. 2 EStG möglich.

(4) Sind Körperschaften, Personenvereinigungen und Vermögensmassen beschränkt steuerpflichtig (§ 2 Nr. 1 KStG), ist nach § 26 Abs. 1 KStG i. V. m. § 50 Abs. 3 EStG unter den dort genannten Voraussetzungen die direkte Steueranrechnung (§ 34c Abs. 1 EStG) oder der Steuerabzug (§ 34c Abs. 2 und 3 EStG) möglich.

[1)] Zur Ausübung des Wahlrechts auf Abzug ausländ. Steuern im Organkreis siehe OFD Frankfurt/M. v. 15.1.2018 – S 2770 A – 58 – St 51, DB 2018, 347.

Zu § 27 KStG

H 27

Abflusszeitpunkt. Eine Gewinnausschüttung ist verwirklicht, wenn bei der Körperschaft der Vermögensminderung entsprechende Mittel abgeflossen sind oder eine Vermögensmehrung verhindert worden ist (→ BFH vom 20.8.1986, I R 87/83, BStBl. 1987 II S. 75, → BFH vom 9.12.1987, I R 260/83, BStBl. 1988 II S. 460, → BFH vom 14.3.1989, I R 8/85, BStBl. II S. 633, → BFH vom 12.4.1989, I R 142-143/85, BStBl. II S. 636, → BFH vom 28.6.1989, I R 89/85, BStBl. II S. 854 und → BFH vom 30.1.2013, I R 35/11, BStBl. II S. 560).

Bei einer verhinderten Vermögensmehrung tritt der Vermögensabfluss in dem Augenblick ein, in dem die verhinderte Vermögensmehrung bei einer unterstellten angemessenen Entgeltvereinbarung sich nach den allgemeinen Realisationsgrundsätzen gewinnerhöhend ausgewirkt hätte (→ BFH vom 23.6.1993, I R 72/92, BStBl. II S. 801).

Eine Gewinnausschüttung kann auch in der Umwandlung eines Dividendenanspruchs in eine Darlehensforderung liegen (→ BFH vom 9.12.1987, I R 260/83, BStBl. 1988 II S. 460). Eine Gewinnausschüttung ist grundsätzlich auch dann abgeflossen, wenn die Gewinnanteile dem Gesellschafter auf Verrechnungskonten, über die die Gesellschafter vereinbarungsgemäß frei verfügen können, bei der Gesellschaft gutgeschrieben worden sind (→ BFH vom 11.7.1973, I R 144/71, BStBl. II S. 806).

Eine Gewinnausschüttung ist grundsätzlich auch dann abgeflossen, wenn die Gesellschafter ihre Gewinnanteile im Zusammenhang mit der Ausschüttung aufgrund vertraglicher Vereinbarungen z. B. als Einlage in die Körperschaft zur Erhöhung des Geschäftsguthabens bei einer Genossenschaft verwenden (→ BFH vom 21.7.1976, I R 147/74, BStBl. 1977 II S. 46).

Bindung an die Feststellungen des Bestands des steuerlichen Einlagekontos auf Ebene der Gesellschafter. Die gesonderte Feststellung des Bestands des steuerlichen Einlagekontos einer Kapitalgesellschaft gem. § 27 Abs. 2 KStG entfaltet grundsätzlich keine unmittelbare Bindungswirkung i. S. d. § 182 AO, aber über § 20 Abs. 1 Nr. 1 Satz 3 EStG materiellrechtliche Bindungswirkung für die Anteilseigner (→ BFH vom 19.5.2010, I R 51/09, BStBl. 2014 II S. 937).

Kein Direktzugriff auf das steuerliche Einlagekonto bei Auflösung und Auskehrung einer Kapitalrücklage. Es bestehen keine verfassungsrechtlichen Bedenken, dass ein Direktzugriff auf das steuerliche Einlagekonto, d.h. dessen Minderung vor Auskehrung der ausschüttbaren Gewinne nach § 27 Abs. 1 Satz 3 KStG, auch dann nicht in Betracht kommt, wenn die Leistung der Kapitalgesellschaft auf die Auflösung von Kapitalrücklagen zurückgeht (→ BFH vom 11.2.2015, I R 3/14, BStBl. II S. 816).

Nennkapitalrückzahlung in Fällen des § 27 Abs. 8 KStG. Zu Anwendungsfragen zur gesonderten Feststellung von Nennkapitalrückzahlungen bei unter § 27 Abs. 8 KStG fallenden ausländischen Körperschaften und Personenvereinigungen → BMF vom 4.4.2016, BStBl. I S. 468).

Steuerliches Einlagekonto. → BMF vom 4.6.2003, BStBl. I S. 366.

Steuerliches Einlagekonto bei Betrieben gewerblicher Art. → BMF vom 28.1.2019, BStBl. I S. 97.[1]

Steuerliches Einlagekonto bei Gewinnausschüttungen im Rückwirkungszeitraum (§ 2 UmwStG). → BMF vom 11.11.2011, BStBl. I S. 1314, Rn. 02.27 und 02.34.[2]

Steuerliches Einlagekonto bei wirtschaftlichen Geschäftsbetrieben der von der Körperschaftsteuer befreiten Körperschaften, Personenvereinigungen und Vermögensmassen. → BMF vom 2.2.2016, BStBl. I S. 200 und → BMF vom 21.7.2016, BStBl. I S. 685.

Unterjährige Zugänge. Unterjährige Zugänge zum steuerlichen Einlagekonto stehen nicht für Leistungen im gleichen Jahr zur Verfügung (→ BFH vom 30.1.2013, I R 35/11, BStBl. II S. 560).

Verluste in dem in Artikel 3 des Einigungsvertrags genannten Gebiet. → R 35 KStR.

Verwendungsfestschreibung nach § 27 Abs. 5 KStG.

– Die zum Zeitpunkt des Erlasses eines Feststellungsbescheids über das steuerliche Einlagekonto fehlende Steuerbescheinigung über die Ausschüttung aus einer Kapitalrücklage führt nach § 27 Abs. 5 Satz 2 KStG zu einer Verwendungsfestschreibung auf Null €; die Norm ist keiner einschränkenden Auslegung zugänglich (→ BFH vom 11.7.2018, I R 30/16, BStBl. 2019 II S. 283).
– Keine verfassungsrechtlichen Bedenken gegen die vom Gesetzgeber gewählte Ausgestaltung des § 27 Abs. 5 Sätze 1–3 KStG (→ BFH vom 11.7.2018, I R 30/16, BStBl. 2019 II S. 283; → BFH vom 11.2.2015, I R 3/14; BStBl. II S. 816).

Zu § 28 KStG

H 28

Allgemeines. → BMF vom 4.6.2003, BStBl. I S. 366.

Liquidation. → BMF vom 26.8.2003, BStBl. I S. 434.

Rückzahlung von Nennkapital. Eine Rückzahlung des Nennkapitals i. S. von § 28 Abs. 2 Satz 2 KStG (nach einer Nennkapitalherabsetzung) ermöglicht einen Direktzugriff auf das steuerliche Einlagekonto. Um als Rückzahlung des Nennkapitals behandelt zu werden, muss feststehen, dass die entsprechende Leistung der Kapitalgesellschaft darauf gerichtet ist, den Herabsetzungsbetrag auszuzahlen. Das ist anhand des Herabsetzungsbeschlusses und unter Würdigung der weiteren tatsächlichen Umstände festzustellen (→ BFH vom 21.10.2014 I R 31/13, BStBl. 2016 II S. 411). Die entgegenstehende Regelung in Rdnr. 40 → BMF vom 4.6.2003, BStBl. I S. 366, ist damit überholt.

---

[1] Geänd. durch BMF v. 4.4.2022, BStBl. I 2022, 645 (Anpassung an BFH v. 30.9.2020 I R 12/17, BStBl. II 2022, 269).

[2] Umwandlungssteuererlass (**Steuererlasse** Nr. **130**).

Steuerrechtliche Behandlung des Erwerbs eigener Anteile. → BMF vom 27.11.2013, BStBl. I S. 1615.

Zu § 29 KStG

H 29

Auswirkungen von Umwandlungen auf den Bestand des steuerlichen Einlagekontos und den Sonderausweis. → BMF vom 11.11.2011, BStBl. I S. 1314, Rn. K.01 ff.[1)]

Zu § 30 KStG

R 30. Entstehung der Körperschaftsteuer

Die Körperschaftsteuer entsteht hinsichtlich der besonderen Körperschaftsteuer nach § 5 Abs. 1 Nr. 5 Satz 4 KStG mit Ablauf des VZ, in dem die Mittelverwendung erfolgt ist, die die besondere Körperschaftsteuer auslöst.

Zu § 31 KStG

R 31.1 Besteuerung kleiner Körperschaften

(1) [1]Nach § 156 Abs. 2 AO kann die Festsetzung von Steuern unterbleiben, wenn feststeht, dass die Kosten der Einziehung einschließlich der Festsetzung außer Verhältnis zu dem festzusetzenden Betrag stehen. [2]Diese Voraussetzung kann im Einzelfall bei kleinen Körperschaften erfüllt sein, die einen Freibetrag nach § 24 oder § 25 KStG nicht beanspruchen können, insbesondere bei kleinen Genossenschaften. [3]Bei diesen Körperschaften kann das in Satz 1 bezeichnete Missverhältnis vorliegen, wenn das Einkommen im Einzelfall offensichtlich 500 Euro nicht übersteigt. [4]Dementsprechend kann in diesen Fällen von einer Veranlagung zur Körperschaftsteuer und von den gesonderten Feststellungen nach §§ 27, 28 KStG abgesehen werden. [5]Dies gilt nicht im Fall von Komplementär-Kapitalgesellschaften, da der auf sie entfallende Gewinnanteil im Rahmen der gesonderten Gewinnfeststellung zu ermitteln ist.

(2) Die Veranlagung und die gesonderten Feststellungen für die in Absatz 1 bezeichneten Körperschaften sind auch durchzuführen, wenn die Körperschaften dies beantragen.

(3) Bei der erstmaligen gesonderten Feststellung nach § 27 KStG ist davon auszugehen, dass das in der Steuerbilanz ausgewiesene Eigenkapital ausschließlich aus ausschüttbarem Gewinn (§ 27 Abs. 1 Satz 5 KStG) und gezeichnetem Kapital besteht, soweit die Körperschaft nicht nachweist, dass es aus Einlagen stammt.

R 31.2 Steuererklärungspflicht, Veranlagung und Erhebung von Körperschaftsteuer *(unbesetzt)*

---

1) Umwandlungssteuererlass (**Steuererlasse** Nr. **130**).

H 31.2

Anwendung des EStG. Hinsichtlich der Steuererklärungspflicht sind in entsprechender Anwendung des § 25 Abs. 3 Satz 1 und 4 EStG die ergänzenden Bestimmungen in § 5b EStG, § 56 Satz 2 und § 60 Abs. 1 bis 4 EStDV zu beachten. Auf nach § 5 Abs. 1 Nr. 9 KStG steuerbefreite Körperschaften, die nur Zweckbetriebe i. S. der §§ 65 bis 68 AO unterhalten oder mit ihren wirtschaftlichen Geschäftsbetrieben die Besteuerungsgrenze des § 64 Abs. 3 AO i. H. von 45 000 € nicht übersteigen, findet § 60 Abs. 4 EStDV keine Anwendung.

Nichtanwendung § 37b EStG auf verdeckte Gewinnausschüttungen. VGA i. S. d. § 8 Abs. 3 Satz 2 KStG sind von der Pauschalierung nach § 37b EStG ausgenommen (→ BMF vom 19.5.2015, BStBl. I S. 468 Rn. 9).

Verpflichtung zur elektronischen Übermittlung von Steuererklärungen, Bilanzen sowie Gewinn- und Verlustrechnungen. Die Verpflichtung zur elektronischen Übermittlung von Steuererklärungen (§ 31 Abs. 1a KStG) besteht erstmals für den VZ 2011. Zur Entscheidung über den Antrag zur Anwendung der Härtefallregelung (§ 31 Abs. 1a Satz 2 KStG) vgl. § 150 Abs. 8 AO.

In entsprechender Anwendung des § 5b EStG hat die elektronische Übermittlung von Bilanzen sowie Gewinn- und Verlustrechnungen (Anlage zur elektronischen Steuererklärung) im Regelfall erstmals für Wj. zu erfolgen, die nach dem 31.12.2011 beginnen. Auf Körperschaften, Personenvereinigungen und Vermögensmassen, die persönlich und vollumfänglich von der Körperschaftsteuer befreit sind, findet § 5b EStG keine Anwendung.

→ BMF vom 19.1.2010, BStBl. I S. 47 (zu den allgemeinen Grundsätzen);
→ BMF vom 28.9.2011, BStBl. I S. 855 (Ausnahmen und Nichtbeanstandungsregelungen);
→ BMF vom 13.6.2014, BStBl. I S. 886 (Datenschema und Umfang der Übermittlungspflichten bei steuerbegünstigten Körperschaften sowie bei jPöR und deren BgA).

Zu § 32a KStG

H 32a

Bescheidänderung nach § 32a Abs. 2 KStG nur bei Berücksichtigung von verdeckten Einlagen. § 32a Abs. 2 KStG verlangt, dass gegenüber dem Gesellschafter ein Steuer- oder Feststellungsbescheid mit Rücksicht auf das Vorliegen einer verdeckten Einlage ergeht. Die Änderung eines Einkommensteuerbescheids des Gesellschafters wegen der Erfassung von Schwarzeinnahmen und nicht hinsichtlich der Berücksichtigung einer verdeckten Einlage kann folglich die Änderung der an die Gesellschaft gerichteten Körperschaft- bzw. Feststellungsbescheide nach § 32a Abs. 2 KStG nicht rechtfertigen (→ BFH vom 11.9.2018, I R 59/16, BStBl. 2019 II S. 368).

Fehlende Bindungswirkung. Der aufgrund der Erfassung einer vGA ergangene Körperschaftsteuerbescheid ist für den die vGA erfassenden Einkommensteuerbescheid eines Anteilseigners kein Grundlagenbescheid (→ BFH vom 18.9.2012, VIII R 9/09, BStBl. 2013 II S. 149).

Folgeänderungen und Festsetzungsverjährung. Im Anwendungsbereich des § 32a KStG ist nach § 32a Abs. 1 Satz 2 KStG – als lex specialis zu den Korrekturtatbeständen der §§ 171 ff. AO – grundsätzlich von einer Ablaufhemmung für die Festsetzung der Einkommensteuer im Zusammenhang mit der Berücksichtigung einer vGA auszugehen, solange über diese vGA in einem Körperschaftsteuerbescheid nicht bestandskräftig entschieden worden ist (→ BFH vom 16.12.2014, VIII R 30/12, BStBl. 2015 II S. 858).

Nachträgliche Beseitigung der Rechtswidrigkeit eines wegen einer vGA geänderten Einkommensteuerbescheids des Anteilseigners. Wird ein Einkommensteuerbescheid des Anteilseigners einer Kapitalgesellschaft wegen einer vGA nach Ablauf der Festsetzungsfrist geändert, bevor wegen derselben vGA ein Körperschaftsteuerbescheid der Gesellschaft geändert oder erlassen wird, ist der geänderte Einkommensteuerbescheid rechtswidrig. Die Rechtswidrigkeit des geänderten Einkommensteuerbescheids wird jedoch nach § 32a Abs. 1 Satz 1 KStG nachträglich beseitigt, wenn ein erstmaliger oder geänderter Körperschaftsteuerbescheid wegen derselben vGA vor Ablauf der für diesen Bescheid geltenden Festsetzungsfrist erlassen wird (→ BFH 10.12.2019, VIII R 2/17, BStBl. 2020 II S. 679).

Zu § 35 KStG

R 35. Sondervorschriften für Körperschaften, Personenvereinigungen oder Vermögensmassen in dem in Artikel 3 des Einigungsvertrags genannten Gebiet

[1] Im Jahr des Verlustabzugs (§ 10d EStG) erhöht der vom Einkommen abgezogene Verlust das steuerliche Einlagekonto. [2] Ist ein Verlustabzug in einem VZ zu berücksichtigen, dessen Einkommen sich aus dem Gewinn von zwei Wj. zusammensetzt, ist er für die Erhöhung des Einlagekontos auf die beiden Wj. aufzuteilen.

Zu § 36 KStG

H 36 *(unbesetzt)*

Zu § 37 KStG

H 37 *(unbesetzt)*

Zu § 38 KStG

H 38 *(unbesetzt)*

100/100. Sachregister zu den Körperschaftsteuer-Richtlinien 2022

Ziffern mit R bezeichnen die Einzelrichtlinien der KStR, Ziffern mit H die Einzelhinweise der KStH, Ziffern in Klammern bezeichnen die jeweiligen Absätze.

44.[1] Ermäßigung und Erhöhung des Gebäudesachwerts (§ 88 BewG)

a) Allgemeines

(1) [1]Der Gebäudesachwert kann bei der Ermittlung des Gebäudewerts in Einzelfällen nach § 88 BewG ermäßigt oder erhöht werden, wenn Umstände tatsächlicher Art vorliegen, die weder bei der Ermittlung des Gebäudenormalherstellungswerts noch durch die Wertminderungen wegen Alters oder wegen baulicher Mängel und Schäden bei der Ermittlung des Gebäudesachwerts berücksichtigt worden sind. [2]Umstände, die nicht nur Einzelfälle betreffen, sondern den Wert ganzer Gruppen von Grundstücken beeinflussen (z.B. Industriezweige im Zonengrenzgebiet), betreffen regelmäßig nicht allein das Gebäude. [3]Sie werden daher bei der Angleichung des Ausgangswerts des Grundstücks an den gemeinen Wert berücksichtigt; vgl. Abschnitt 46.

(2) [1]Die Gründe für eine Ermäßigung oder Erhöhung können verschiedener Art sein. [2]Die im Gesetz genannten Gründe stellen nur Beispiele dar. [3]Nur Umstände objektiver Art, die den gemeinen Wert des Grundstücks nachhaltig beeinflussen, können eine Ermäßigung oder Erhöhung rechtfertigen. [4]Rein persönliche oder ungewöhnliche Verhältnisse sind unbeachtlich, da diese den gemeinen Wert nicht beeinflussen (§ 9 BewG). [5]Das Ausmaß der Ermäßigung oder Erhöhung hängt von den Umständen des Einzelfalles ab.

b) Ermäßigung wegen der Lage des Grundstücks

(3) [1]Der Gebäudesachwert kann wegen der Lage des Grundstücks ermäßigt werden, wenn besondere Verhältnisse im Einzelfall nicht nur den Bodenwert, sondern auch den Wert des Gebäudes beeinflussen. [2]Das kann z.B. bei einem Einfamilienhaus der Fall sein, das in unmittelbarer Nähe einer Fabrik mit starker Rußentwicklung liegt. [3]Räumliche Abgelegenheit und sonstige Besonderheiten der Lage führen aber auch in Einzelfällen nicht zu einer Wertminderung des Gebäudes, wenn die Zweckbestimmung des Grundstücks eine derartige Abgelegenheit erforderlich macht oder wenn die Abgelegenheit sich nicht nachhaltig auf die Nutzung auswirkt (RFH-Urteil vom 14.6.1939, RStBl. S. 863). [4]Das gilt insbesondere für Fabrikgrundstücke.

c)[2] Ermäßigung wegen wirtschaftlicher Überalterung

(4) [1]Ein Gebäude kann auch wirtschaftlich veralten. [2]Ist die wirtschaftliche Wertminderung größer als der Betrag, um den sich der Wert des Gebäudes wegen seines Alters vermindert, so kann eine Ermäßigung wegen wirtschaftlicher Überalterung vorgenommen werden. [3]Voraussetzung ist jedoch, daß das Gebäude nicht nur für den derzeitigen Eigentümer, sondern auch für einen Erwerber des Grundstücks seine volle wirtschaftliche Verwertbarkeit verloren hat. [4]Entscheidend für die Gewährung eines Abschlags ist deshalb, ob aus

---

[1] Bei der Ermittlung des Einheitswerts eines flughafennahen Grundstücks sind neben der Beeinträchtigung durch Lärm auch Belastungen durch Abgase und Kerosinreste zu berücksichtigen, siehe BFH v. 2.3.2022 II B 39/21, BFH/NV 2022, 707.

[2] Zur Ermäßigung wegen wirtschaftlicher Überalterung bei Verkürzung der tatsächlichen Nutzungsdauer eines Gebäudes aus objektiven, wirtschaftlich zwingenden Gründen gegenüber der gewöhnlichen (technischen) Nutzungsdauer siehe BFH v. 21.2.2006 II R 31/04, BFH/NV 2006, 1450.

wirtschaftlich zwingenden objektiven Gründen anzunehmen ist, daß der Zeitraum der tatsächlichen Verwendung des Gebäudes gegenüber der gewöhnlichen Lebensdauer verkürzt ist und daß deshalb das Gebäude vorzeitig abgebrochen werden muß (RFH-Urteil vom 16.11.1939, RStBl. 1940 S. 492).

Beispiel:

Bei einem Braunkohlenbergwerk beträgt die künftige Abbaumöglichkeit im Hauptfeststellungszeitpunkt nur noch 15 Jahre. Die dem Bergbau dienenden Gebäude sind bei Erschöpfung der Abbausubstanz für andere Zwecke nicht verwertbar. Ein Abschlag wegen wirtschaftlicher Überalterung ist gerechtfertigt.

(5) 1 Die Höhe des Abschlags bemißt sich nach der Verkürzung der Lebensdauer, die wegen der Überalterung für das Gebäude anzunehmen ist. 2 Sie ist gleich dem Unterschied, der sich für die Wertminderung bei Zugrundelegung der gewöhnlichen oder der nach Abschnitt 41 Abs. 6 und 7 verkürzten Lebensdauer gegenüber der Wertminderung bei Zugrundelegung der kürzeren Lebensdauer ergibt.

Beispiel:

Ein Gebäude hat infolge wirtschaftlicher Überalterung statt einer gewöhnlichen Lebensdauer von 80 Jahren nur eine Lebensdauer von 60 Jahren. Es ist im Hauptfeststellungszeitpunkt 50 Jahre alt. Die Wertminderung wegen Alters beträgt

bei gewöhnlicher Lebensdauer	50 × 1,25	=	62,5 v. H.
bei verkürzter Lebensdauer	50 × 1,67	=	83,5 v. H.
	Unterschied	=	21 Punkte.

Der Gebäudesachwert ist wegen wirtschaftlicher Überalterung um 21 v. H. des Gebäudenormalherstellungswertes zu ermäßigen.

(6) 1 Ein Abschlag wegen wirtschaftlicher Überalterung kann nur insoweit gewährt werden, als er über die Wertminderung hinausgeht, die wegen des Alters ggf. unter Berücksichtigung einer verkürzten gewöhnlichen Lebensdauer (vgl. Abschnitt 41 Abs. 6 und 7) bereits berücksichtigt worden ist. 2 Kein Abschlag ist zu gewähren, wenn Gebäude aus Zweckmäßigkeitsgründen früher abgebrochen werden sollen, als es dem baulichen Zustand entspricht oder für die Erhaltung der Wirtschaftlichkeit erforderlich ist. 3 Auch geplante bauliche Veränderungen (Ein- und Umbauten) rechtfertigen nicht die Annahme einer wirtschaftlichen Überalterung.

d) Ermäßigung wegen der Notwendigkeit vorzeitigen Abbruchs

(7) 1 Eine Ermäßigung des Gebäudesachwerts kann auch in Betracht kommen, wenn einwandfrei feststeht, daß ein Gebäude aus anderen Gründen, z. B. aus städtebaulichen Gründen, in den nächsten 10 Jahren abgebrochen werden muß. 2 Als Anhaltspunkt für die Höhe der Ermäßigung kann der Betrag zugrunde gelegt werden, der sich aus dem Unterschied zwischen der nach der gewöhnlichen oder der nach Abschnitt 41 Abs. 6 und 7 verkürzten Lebensdauer errechneten Wertminderung wegen Alters und der Wertminderung bei Zugrundelegung der infolge des vorzeitigen Abbruchs verkürzten Lebensdauer ergibt.

Beispiel:

Ein Gebäude mit einer gewöhnlichen Lebensdauer von 100 Jahren muß in 5 Jahren abgebrochen werden. Es ist im Hauptfeststellungszeitpunkt 40 Jahre alt. Der Gebäudenormalherstellungswert beträgt 90 000 DM, der Gebäudesachwert

H E 6[1)]

Festsetzung der Erbschaftsteuer für den Vorerbfall nach dem Tod des Vorerben. Die Erbschaftsteuer für den Vorerbfall ist nach dem Tod des Vorerben regelmäßig gegen den Nacherben und nur ausnahmsweise gegen den Erben des Vorerben festzusetzen (→ BFH vom 13.4.2016 II R 55/14, BStBl. II S. 746).

Zu § 7 ErbStG

R E 7.1[2)] Freigebige Zuwendungen

(1) [1]Der steuerliche Schenkungsbegriff unterscheidet sich vom zivilrechtlichen Schenkungsbegriff (§ 516 BGB) darin, dass eine Einigung zwischen Schenker und Beschenktem über die Unentgeltlichkeit der Zuwendung nicht erforderlich ist. [2]Eine freigebige Zuwendung setzt voraus, dass sie unentgeltlich erfolgt und der Empfänger objektiv auf Kosten des Zuwendenden bereichert ist. [3]Der Zuwendende muss diese Unentgeltlichkeit subjektiv gewollt haben.

(2) [1]Bereicherung kann jede Vermögensvermehrung und jede Minderung von Schulden oder Belastungen beim Bedachten sein. [2]Ob eine Bereicherung vorliegt, ist zunächst anhand der gemeinen Werte (Verkehrswerte) der Zuwendungsgegenstände und der gegebenenfalls vom Bedachten zu erfüllenden Gegenleistungen und Auflagen zu beurteilen. [3]Unentgeltlich ist ein Erwerb, soweit er nicht rechtlich abhängig ist von einer den Erwerb ausgleichenden Gegenleistung, die sowohl nach Art eines gegenseitigen Vertrags als auch durch Setzen einer Auflage oder Bedingung begründet sein kann. [4]Eine Bereicherung tritt nicht ein, soweit der Empfänger das Erhaltene rechtlich beanspruchen konnte, z.B. infolge einer entsprechenden Forderung oder als Entlohnung für vereinbarte Dienste.

(3) [1]Der Zuwendende muss in dem Bewusstsein handeln, dass er zu der Vermögenshingabe rechtlich nicht verpflichtet ist, er also seine Leistung ohne rechtlichen Zusammenhang mit einer Gegenleistung oder einem Gemeinschaftszweck erbringt. [2]Ein auf die Bereicherung des Bedachten gerichteter Wille im Sinne einer Bereicherungsabsicht ist nicht erforderlich. [3]Der Wille zur Unent-

---

[1)] Zur Frage der Gewährung von Freibeträgen beim Zusammentreffen mehrerer Nacherbschaften siehe BFH v. 1.12.2021 II R 1/20, BStBl. II 2022, 518.

[2)] Zur Würdigung einer Steuerklausel in einem deutsch-niederländischen Schenkungsteuerfall siehe BFH v. 23.5.2019 II B 97/18, ZEV 2019, 654. – Zur steuerlichen Einordnung von Zuwendungen einer Schweizer Stiftung siehe BFH v. 3.7.2019 II R 6/16, BStBl. II 2020, 61. – Zu den Voraussetzungen für einen inländischen Wohnsitz und damit für die unbeschränkte Steuerpflicht im Hinblick auf freigebige, schenkungsteuerpflichtige Zuwendungen siehe BFH v. 17.7.2019 II B 30, 32-34, 38/18, BStBl. II 2019, 620. – Zur Schenkungsteuer bei disquotaler Einlage in das Gesellschaftsvermögen einer KG siehe BFH v. 5.2.2020 II R 9/17, BStBl. II 2020, 658; Vb. nicht zur Entscheidung angenommen, BVerfG v. 19.4.2021 1 BvR 2072/20. – Zur steuerlichen Einordnung von Leistungen ausländischer Stiftungen an inländische Destinatäre siehe BayLfSt v. 5.3.2020 – S 3806.2.1-104/42 St 34, DStR 2020, 599. – Zum Erwerb eines Geschäftsanteils durch Pooltreuhänder im Rahmen eines Managermodells siehe BFH v. 6.5.2020 II R 34/17, BStBl. II 2020, 744. – Zum Zuwendungsgegenstand bei mehrmonatiger Reise mit zugebuchten Leistungen siehe BFH v. 16.9.2020 II R 24/18, BStBl. II 2021, 621. – Zur sog. Bedarfsabfindung für den Scheidungsfall und der Frage einer freigebigen Zuwendung vgl. BFH v. 1.9.2021 II R 40/19, DStR 2022, 148.

geltlichkeit ist auf der Grundlage der dem Zuwendenden bekannten Umstände nach den Maßstäben des allgemein Verkehrsüblichen festzustellen. [4]Es genügt, wenn der Zuwendende die Tatsachen und Umstände kennt, auf Grund derer eine Zuwendung als objektiv unentgeltlich qualifiziert werden kann.

(4) Liegt eine freigebige Zuwendung vor, richtet sich die Bewertung der zugewendeten Vermögensgegenstände und der gegebenenfalls vom Bedachten zu erfüllenden Gegenleistungen und Auflagen nach § 12 ErbStG.

H E 7.1

Abfindung für den Verzicht auf einen künftigen Pflichtteilsanspruch. → BFH vom 10.5.2017 II R 25/15, BStBl. 2018 II S. 201.

Beginn der Festsetzungsverjährung bei mittelbarer Schenkung. In der unentgeltlichen Übertragung eines Kommanditanteils durch den Schenker und der nachfolgenden Veräußerung des Anteils durch den Bedachten kann die mittelbare Schenkung des Veräußerungserlöses liegen (mittelbare Geldschenkung). Bei einer mittelbaren Schenkung hat die Finanzbehörde erst dann Kenntnis von der vollzogenen Schenkung, wenn sie alle Umstände kennt, die die mittelbare Schenkung begründen. Dazu gehört auch die Kenntnis von der Veräußerung des vom Schenker übertragenen Gegenstands (→ BFH vom 8.3.2017 II R 2/15, BStBl. II S. 751).

Bereicherung in den Fällen des Nießbrauchsverzichts, in denen der Nießbrauch bei früheren Erwerben teilweise einem Abzugsverbot unterlag. → H E 10.1.

Bestellung eines Erbbaurechts ohne oder gegen zu niedrigen Erbbauzins. In der Bestellung eines Erbbaurechts gegen einen unter dem angemessenen Erbbauzins liegenden vertraglichen Erbbauzins liegt eine freigebige Zuwendung nach § 7 Absatz 1 Nummer 1 ErbStG. Bemessungsgrundlage ist der für das eingeräumte Erbbaurecht auf die Laufzeit des Erbbaurechts kapitalisierte Unterschiedsbetrag zwischen dem angemessenen Erbbauzins und dem tatsächlich vereinbarten Erbbauzins.

Einräumung der Gesamtgläubigerstellung an Rentenrechten.[1)] → BFH vom 22.8.2007 II R 33/06, BStBl. 2008 II S. 28.

Einräumung einer typischen Unterbeteiligung noch keine Schenkung. → BFH vom 16.1.2008 II R 10/06, BStBl. II S. 631.

Frei verfügbarer Anspruch aus einem Vertrag zu Gunsten Dritter. → BFH vom 20.1.2005 II R 20/03, BStBl. II S. 408.

Gemischte Schenkung/Schenkungen unter einer Auflage. → R E 7.4.

Missverhältnis von Leistung und Gegenleistung. Stehen bei einer Vermögensübertragung Leistung und Gegenleistung in einem auffallenden Missverhältnis und liegt es nach den Umständen des Falles nahe, anzunehmen, den Vertragschließenden sei dieses Missverhältnis bekannt gewesen, muss derjenige, der behauptet, dass zumindest dem Zuwendenden das Miss-

---

[1)] Zu den Voraussetzungen einer freigebigen Zuwendung iSd § 7 Abs. 1 Nr. 1 ErbStG bei Verschaffung einer Gesamtgläubigerstellung bezüglich eines Nießbrauchsrechts an den anderen Ehegatten siehe BFH v. 8.6.2021 II R 23/19, BFH/NV 2022, 21.

(2) Bei einem Wechsel vom Güterstand der Zugewinngemeinschaft zum Güterstand der Gütergemeinschaft ist grundsätzlich davon auszugehen, dass der ausgleichsberechtigte Ehegatte seine Ausgleichsforderung in das Gesamtgut einbringt.

(3) [1]Es besteht keine Vermutung dafür, dass Zuwendungen an nur einen Ehegatten von Todes wegen oder unter Lebenden gleichzeitig auch für den anderen Ehegatten mitbestimmt sind. [2]Das gilt auch dann, wenn die Ehegatten in Gütergemeinschaft leben und die Zuwendung in das Gesamtgut fällt. [3]Dass hier der Erblasser oder Schenker die Möglichkeit hat, die Zuordnung zum Vorbehaltsgut (§ 1418 Absatz 2 BGB) zu bestimmen, ändert nichts an dieser Beurteilung. [4]Der andere Ehegatte erwirbt auf Grund einer gesetzlichen Vorschrift (§ 1416 BGB), so dass insoweit auch zwischen den Ehegatten keine Schenkung vorliegt. [5]Steuerpflichtige Schenkungen beider Ehegatten aus dem Gesamtgut sind stets als anteilige freigebige Zuwendungen beider Ehegatten zu behandeln.

R E 7.7 Übergang von Vermögen auf eine Stiftung[1] – *unbesetzt* –

H E 7.7

Kein Übergang von Vermögen auf eine nichtrechtsfähige Stiftung. → BFH vom 25.1.2017 II R 26/16, BStBl. 2018 II S. 199.

R E 7.8 Bedingte Beteiligung an den offenen und stillen Reserven einer Personengesellschaft – *unbesetzt* –

H E 7.8

Bedingte Beteiligung an den offenen und stillen Reserven einer Personengesellschaft. Wird bei der Schenkung eines Anteils für den Fall des Ausscheidens die sog. Buchwertklausel vereinbart, bleibt dies bei der Feststellung der Bereicherung zunächst unberücksichtigt. Die den Buchwert der Beteiligung übersteigende Bereicherung gilt vielmehr als auflösend bedingt erworben. Tritt die Bedingung ein, so kann der Erwerber nach § 5 Absatz 2 BewG eine Berichtigung der Steuerfestsetzung beantragen.

Die Bedingung tritt ein, wenn im Zeitpunkt des Ausscheidens des Gesellschafters der Steuerwert seines Anteils über der Abfindung liegt. Der auflösend bedingte Teil seines Erwerbs entspricht dann dem Steuerwert des bei der Schenkung angesetzten Anteils abzüglich des Buchwerts im Zeitpunkt der Schenkung. Auf Antrag ist in diesem Fall die Steuer zu erstatten, die auf diesen Unterschiedsbetrag entfällt, höchstens jedoch die Steuer, die auf den Unterschiedsbetrag zwischen der Abfindung und dem höheren Steuerwert vom Zeitpunkt des Ausscheidens entfällt. Auf die Identität zwischen den stillen Reserven vom Zeitpunkt der Schenkung und den stillen Reserven vom Zeitpunkt des Ausscheidens des Beschenkten kommt es nicht an.

---

[1] Zum Vermögen eines anglo-amerikanischen Trusts als Nachlassvermögen des Errichters siehe BFH v. 25.6.2021 II R 13/19, BStBl. II 2022, 481. – Zum Begriff des Zwischenberechtigten einer ausländischen Vermögensmasse i. S. d. § 7 Abs. 1 Nr. 9 Satz 2 Halbsatz 2 ErbStG siehe BFH v. 25.6.2021 II R 31/19, BStBl. II 2022, 497. – Zum schenkungsteuerrechtlichen Erwerb bei Auflösung eines anglo-amerikanischen Trusts siehe BFH v. 25.6.2021 II R 40/18, BFH/NV 2022, 327.

Beispiel:

a) Buchwert des Anteils z. Z. der Schenkung	1 000 000 EUR
Steuerwert des Anteils z. Z. der Schenkung	1 200 000 EUR
Unterschiedsbetrag	200 000 EUR
b) Buchwert des Anteils z. Z. des Ausscheidens (Abfindung)	1 500 000 EUR
Steuerwert des Anteils z. Z. des Ausscheidens	2 000 000 EUR
Unterschiedsbetrag	500 000 EUR

Es kann die Steuer erstattet werden, die auf 200 000 EUR entfällt. Würde der Unterschied nach Buchstabe b nur 120 000 EUR betragen, könnte auch die Steuer nur für diesen Betrag erstattet werden. Zur Berechnung des zu erstattenden Betrags ist von der veranlagten Steuer die Steuer abzuziehen, die sich ergeben würde, wenn bei der Veranlagung der Erwerb (1 200 000 EUR) um den jeweils ermittelten Unterschiedsbetrag zwischen Buchwert und Steuerwert des Anteils (200 000 EUR bzw. 120 000 EUR) gekürzt worden wäre. Zu erstatten ist dann der Unterschied zwischen den beiden Steuerbeträgen.

In dem Steuerbescheid über die Schenkung ist der Buchwert des Anteils vom Zeitpunkt der Schenkung zu vermerken. Liegt er über dem angesetzten Steuerwert, so genügt ein Hinweis, dass die Voraussetzungen des § 7 Absatz 5 ErbStG nicht mehr erfüllt werden können.
Dem Ausscheiden stehen die Ausschließung eines Gesellschafters und die Auflösung der Gesellschaft gleich.

R E 7.9 Überhöhte Gewinnbeteiligung

(1) [1]Ist bei den Ertragsteuern eine Entscheidung über das Vorliegen und den Umfang eines überhöhten Gewinnanteils getroffen worden, ist diese Entscheidung in der Regel auch für die Schenkungsteuer zu übernehmen. [2]In anderen Fällen ist der Jahreswert des überhöhten Gewinnanteils selbstständig zu ermitteln. [3]Soweit bei der Gesellschaft eine Änderung der Ertragsaussichten nicht zu erwarten ist, kann er von dem durchschnittlichen Gewinn der letzten drei Wirtschaftsjahre vor der Schenkung abgeleitet werden. [4]Für die Berechnung des Kapitalwerts ist, soweit keine anderen Anhaltspunkte für die Laufzeit gegeben sind, davon auszugehen, dass der überhöhte Gewinnanteil dem Bedachten auf unbestimmte Zeit in gleich bleibender Höhe zufließen wird; der Kapitalwert ist das 9,3fache des Jahreswerts (§ 13 Absatz 2 BewG).

(2) [1]Die nachträgliche Gewährung einer überhöhten Gewinnbeteiligung und die nachträgliche Erhöhung einer bereits zuvor gewährten überhöhten Gewinnbeteiligung sind Sachverhalte, die ebenfalls unter § 7 Absatz 6 ErbStG fallen. [2]Bei der Übertragung einer bereits mit einem Gewinnübermaß ausgestatteten Beteiligung an einer Personengesellschaft kommt § 7 Absatz 6 ErbStG hingegen nicht zusätzlich zur Anwendung. [3]Das Gewinnübermaß wird bereits über § 97 Absatz 1a Nummer 1 Buchstabe b BewG bei der Bewertung der Beteiligung im Rahmen der Besteuerung der Übertragung der Beteiligung berücksichtigt.

(3) Da der Gesellschafter, dem eine erhöhte Gewinnbeteiligung eingeräumt wird, durch diesen Vorgang keine Beteiligung an der Personengesellschaft erhält, ist dieser Erwerb des Gesellschafters nicht nach §§ 13a, 13c, 19a oder 28a ErbStG begünstigt.

R E 7.10 Gesellschaftsanteil beim Ausscheiden eines Gesellschafters zu Lebzeiten *– unbesetzt –*

aufnahme dem Erwerb (z. B. Belegung des Restkaufpreises durch Aufnahme einer Hypothek), der Herstellung, der Erhaltung oder Verbesserung des belasteten Grundstücks gedient haben (→ BFH vom 28.9.1962 III 242/60 U, BStBl. III S. 535). Die hypothekarische Sicherung der Schuld an einem Grundstück reicht deshalb für sich allein noch nicht aus, um den wirtschaftlichen Zusammenhang mit dem Grundstück herbeizuführen (→ BFH vom 28.9.1962 III 242/60 U, BStBl. III S. 535). Der wirtschaftliche Zusammenhang mit dem Vermögensgegenstand muss beim Erbfall bereits bestanden haben; er wird durch die Gesamtrechtsnachfolge nicht herbeigeführt, wenn er beim Erblasser nicht bestanden hat (BFH vom 28.9.1962 III 242/60 U, BStBl. III S. 535). Ein wirtschaftlicher Zusammenhang ist auch gegeben, wenn die Schuld oder Last erst mit dem Erwerb (z. B. Duldungsauflage) begründet wird.

R E 10.11 Eigene Erbschaftsteuer des Erwerbers – *unbesetzt* –

H E 10.11

Ausländische Erbschaftsteuer. Auch ausländische Erbschaftsteuer und Schenkungsteuer einschließlich der deutschen Steuer entsprechende ausländische Steuer ist vom Abzug ausgeschlossen. Abzugsfähig ist dagegen z. B. kanadische „capital gains tax" (→ BFH vom 26.4.1995 II R 13/92, BStBl. II S. 540).

R E 10.12 Auflagen, die dem Beschwerten selbst zugutekommen – *unbesetzt* –

H E 10.12

Auflagen, die dem Beschwerten selbst zugutekommen. → BFH vom 28.6.1995 II R 89/92, BStBl. II S. 786.

R E 10.13[1] Gesellschaftsanteil beim Tod eines Gesellschafters mit Weiterübertragungsverpflichtung

(1) [1] Kraft Gesetzes sind die Mitgliedschaftsrechte an Personengesellschaften mit Ausnahme der Kommanditistenstellung nicht vererblich. [2] Da es sich dabei um dispositives Recht handelt, können sie jedoch gesellschaftsvertraglich vererblich gestellt werden. [3] Der Gesellschaftsvertrag kann vorsehen, dass Erben aus bestimmten darin festgelegten Gründen (z. B. Nichtzugehörigkeit zum

(Fortsetzung S. 95)

[1] Zur Höhe eines gesellschaftsvertraglich festgelegten Abfindungsanspruchs und zu seiner Auslegung siehe BFH v. 14.3.2022 II B 25/21, BFH/NV 2022, 811.

6. Begleichung nachträglicher Herstellungs- oder Erhaltungsaufwendungen am Familienheim aus Mitteln eines Ehegatten, wenn der andere Ehegatte Eigentümer oder Miteigentümer ist.

(5) [1]Der Güterstand der Ehegatten ist ohne Bedeutung. [2]Die Befreiung ist wertmäßig nicht begrenzt. [3]Eine Prüfung der Angemessenheit findet nicht statt. [4]Die Steuerbefreiung kann auch für Zuwendungen im Zusammenhang mit dem gegenwärtigen Familienheim in Anspruch genommen werden, auch wenn der Empfänger früher eine steuerbegünstigte Zuwendung im Zusammenhang mit dem damaligen, inzwischen als solches aufgegebenen Familienheim (§ 13 Absatz 1 Nummer 4a ErbStG) erhalten hatte. [5]Für das begünstigt erworbene Grundstück besteht keine Behaltenspflicht. [6]Die spätere Veräußerung oder eine Nutzungsänderung ist unbeachtlich, sofern kein Missbrauch von Gestaltungsmöglichkeiten nach § 42 AO vorliegt.

H E 13.3

Arbeitszimmer. Ein im Wohnbereich belegenes Arbeitszimmer stellt bewertungsrechtlich lediglich einen Raum dar, dem innerhalb der Nutzung zu Wohnzwecken eine dieser Nutzung nicht widersprechende Funktion zugewiesen ist (→ BFH vom 9.11.1988 II R 61/87, BStBl. 1989 II S. 135).
Ein von einem der Ehegatten genutztes häusliches Arbeitszimmer, das im Wohnbereich belegen ist, ist auch dann der Wohnnutzung der Ehegatten zuzurechnen, wenn es an den Arbeitgeber des Ehegatten vermietet ist (→ BFH vom 26.2.2009 II R 69/06, BStBl. II S. 480). Entsprechendes gilt für andere haushaltszugehörige Personen.

Befreiung von einer Schuld gegenüber dem anderen Ehegatten. → BFH vom 27.10.2010 II R 37/09, BStBl. 2011 II S. 134.

Europäischer Wirtschaftsraum. Dem Europäischen Wirtschaftsraum gehören Island, Liechtenstein und Norwegen sowie die Mitgliedstaaten der Europäischen Union an.

Keine Steuerbefreiung für Familienheim bei Zweit- oder Ferienwohnung. → BFH vom 18.7.2013 II R 35/11, BStBl. II S. 1051.

Wohnfläche. → Wohnflächenverordnung vom 25.11.2003 (BGBl. I S. 2346).

R E 13.4[1)] Erwerb eines Familienheims von Todes wegen

(1) Der Erwerb eines Familienheims von Todes wegen durch den überlebenden Ehegatten ist von der Steuer befreit (§ 13 Absatz 1 Nummer 4b ErbStG).

[1)] Zur Steuerbefreiung des Erwerbs eines Familienheims bei Renovierung siehe BFH v. 28.5.2019 II R 37/16, BStBl. II 2019, 678. – Zum Wegfall der Steuerbefreiung für ein Familienheim bei Aufgabe des Eigentums siehe BFH v. 11.7.2019 II R 38/16, BStBl. II 2020, 314. – Zum Begriff des Grundstücks beim Erwerb eines Familienheims siehe BFH v. 23.2.2021 II R 29/19, DStR 2021, 1816. – Zur Steuerbegünstigung für ein Familienheim bei Zuerwerb siehe BFH v. 6.5.2021 II R 46/19, BStBl. II 2022, 342. – Zur Steuerbefreiung für ein Familienheim nach § 13 Abs. 1 Nr. 4b und Nr. 4c ErbStG und zwingenden, an einer Selbstnutzung zu eigenen Wohnzwecken hindernden Gründen siehe gleich lautenden Ländererlass v. 9.2.2022, BStBl. I 2022, 226. – Zur Beendigung der Selbstnutzung eines Familienheims aufgrund gesundheitlicher Beeinträchtigungen siehe BFH v. 1.12.2021 II R 18/20, BStBl. II 2022, 554, sowie v. 1.12.2021 II R 1/21, BStBl. II 2022, 557.

(2) [1]Ein begünstigtes Familienheim liegt unter den weiteren Voraussetzungen des R E 13.3 Absatz 2 vor, soweit der Erblasser bis zu seinem Tod in einem bebauten Grundstück eine Wohnung zu eigenen Wohnzwecken genutzt hat. [2]Es ist unschädlich, wenn der Erblasser aus objektiv zwingenden Gründen an einer Selbstnutzung gehindert war. [3]Objektiv zwingende Gründe liegen im Fall einer Pflegebedürftigkeit vor, die die Führung eines eigenen Haushalts nicht mehr zulässt, nicht dagegen z. B. bei einer beruflichen Versetzung. [4]Der überlebende Ehegatte muss in der erworbenen Wohnung unverzüglich, d. h. ohne schuldhaftes Zögern, die Nutzung zu eigenen Wohnzwecken aufnehmen. [5]Die Steuerbefreiung ist auch zu gewähren, wenn der überlebende Ehegatte aus objektiv zwingenden Gründen im Sinne des Satzes 3 bereits im Zeitpunkt des Erwerbs an der Nutzung des Objekts zu eigenen Wohnzwecken gehindert war. [6]Entfallen diese Hinderungsgründe innerhalb des Zehnjahreszeitraums nach dem Erwerb, ist die Nutzung zu eigenen Wohnzwecken unverzüglich aufzunehmen.

(3) Die Ausführungen in R E 13.3 Absatz 2 und 3 zum Wohnungsbegriff, zur Grundstücksart und zur Belegenheit des Familienheims gelten entsprechend.

(4)[1)] Wird das Familienheim steuerfrei erworben, sind die damit in wirtschaftlichem Zusammenhang stehenden Schulden und Lasten nicht abzugsfähig (§ 10 Absatz 6 ErbStG; → R E 10.10).

(5) [1]Der Erwerber kann die Befreiung nicht in Anspruch nehmen, soweit er verpflichtet ist, das begünstigte Familienheim auf Grund einer letztwilligen oder rechtsgeschäftlichen Verfügung des Erblassers auf einen Dritten zu übertragen (Weitergabeverpflichtung). [2]Letztwillige Verfügung ist das Testament, rechtsgeschäftliche Verfügung ist z. B. der Erbvertrag. [3]Anwendungsfälle sind insbesondere

1. Sachvermächtnisse, die auf begünstigtes Vermögen gerichtet sind,
2. Vorausvermächtnisse, die auf begünstigtes Vermögen gerichtet sind,
3. ein Schenkungsversprechen auf den Todesfall oder
4. Auflagen des Erblassers, die auf die Weitergabe begünstigten Vermögens gerichtet sind.

[4]Sind Miterben auf Grund einer Teilungsanordnung des Erblassers verpflichtet, das begünstigte Familienheim auf einen Miterben zu übertragen, können die übertragenden Miterben die Befreiung nicht in Anspruch nehmen; das gilt unabhängig davon, wann die Auseinandersetzungsvereinbarung geschlossen wird. [5]Den übernehmenden Erwerber oder Miterben, der die Begünstigung für das Familienheim oder den Teil des Familienheims in Anspruch nehmen kann, trifft die Pflicht zur Einhaltung der Befreiungsvoraussetzungen (zehnjährige Selbstnutzung); er hat die steuerlichen Folgen eines Verstoßes hiergegen zu tragen. [6]Gibt der nachfolgende Erwerber für den Erwerb des begünstigten Familienheims nicht begünstigtes Vermögen hin, das er vom Erblasser erworben hat, wird er so gestellt, als habe er von Anfang an begünstigtes Vermögen erworben. [7]Als hingegebenes Vermögen gilt nicht die Übernahme von Nachlassverbindlichkeiten, die mit dem begünstigten Vermögen oder Teilen davon

[1)] Teilweise überholt durch JStG 2020, zur Anwendung für Erwerbe nach dem 28.12.2020 siehe gleich lautenden Ländererlass v. 13.9.2021, BStBl. I 2021, 1837.

in wirtschaftlichem Zusammenhang stehen. [8]Der Steuerwert des begünstigten Familienheims darf jedoch nicht überschritten werden. [9]Durch diese Regelung wird lediglich die Bemessungsgrundlage für die Steuerbefreiung verändert; sie führt nicht zu einer Veränderung der Zurechnung der Erwerbsgegenstände. [10]Der Grundsatz, dass die Erbauseinandersetzung unbeachtlich ist (→ R E 3.1), gilt unverändert fort. [11]Sätze 4 bis 10 gelten entsprechend auch

(Fortsetzung S. 107)

entstanden und deshalb, soweit sie nicht verbraucht wurden, nicht im begünstigten Vermögen zu berücksichtigen.

3. Die Erbfallkostenpauschale nach § 10 Absatz 5 Nummer 3 ErbStG muss dem begünstigten Vermögen anteilig zugeordnet werden.

H E 15.3

Umfang des begünstigten Vermögens in den Fällen des § 15 Absatz 3 ErbStG. → BFH vom 27.8.2008 II R 23/06, BStBl. 2009 II S. 47.

R E 15.4 Steuerklasse bei Zuwendungen von Kapitalgesellschaften oder Genossenschaften

(1) [1]In den Fällen des § 7 Absatz 8 ErbStG richtet sich bei Zuwendungen von Kapitalgesellschaften bzw. Genossenschaften die Steuerklasse nach § 15 Absatz 4 ErbStG. [2]Danach ist das persönliche Verhältnis des Erwerbers (unmittelbar oder mittelbar an der Kapitalgesellschaft oder Genossenschaft beteiligte natürliche Person oder Stiftung) zu der die Zuwendung veranlassenden Person maßgebend. [3]Diese Regelung betrifft nur die Rechtsfolgen der Steuerermittlung. [4]Die Kapitalgesellschaft bzw. Genossenschaft bleibt Zuwendende.

(2) [1]Bei der Zusammenrechnung mit früheren Erwerben nach § 14 ErbStG ist ebenfalls auf die Verhältnisse zu dem veranlassenden Gesellschafter abzustellen. [2]Die Zuwendung der Kapitalgesellschaft ist ebenso bei späteren Schenkungen des veranlassenden Gesellschafters, der Kapitalgesellschaft oder Genossenschaft oder anderer Kapitalgesellschaften oder Genossenschaften, an der der veranlassende Gesellschafter beteiligt ist, nach § 14 ErbStG zu berücksichtigen.

(3) [1]Kommen mehrere Personen als Veranlassende in Betracht (z. B. Vater und Onkel des Begünstigten), kann eine quotale Mitveranlassung aller Beteiligten angenommen werden. [2]Es kann jedoch konkret dargelegt werden, welche Person die Zuwendung veranlasst hat.

(4) [1]Das für die Besteuerung der Zuwendung einer Kapitalgesellschaft oder Genossenschaft zuständige Erbschaftsteuerfinanzamt hat sich für Zwecke der Anwendung des § 15 Absatz 4 ErbStG mit dem Erbschaftsteuerfinanzamt in Verbindung zu setzen, das für die Besteuerung einer Direktzuwendung des veranlassenden Gesellschafters nach § 35 ErbStG zuständig wäre. [2]Das letztgenannte Finanzamt teilt dem für die Besteuerung zuständigen Finanzamt die Vorschenkungen und die für die Zusammenrechnung notwendigen Informationen mit und ist in ein etwaiges Rechtsbehelfsverfahren, soweit es um die Anwendung des § 15 Absatz 4 ErbStG geht, von dem zuständigen Finanzamt im Wege der Amtshilfe einzubinden. [3]Zum Zweck der künftigen zutreffenden Zusammenrechnung aller Vorerwerbe i. S. d. § 14 ErbStG sind die Erkenntnisse bei dem Finanzamt zusammenzuführen, das für eine Direktzuwendung des veranlassenden Gesellschafters zuständig wäre. [4]Das für die Besteuerung der Zuwendung der Kapitalgesellschaft oder Genossenschaft zuständige Finanzamt teilt diesem daher die insoweit benötigten Veranlagungsdaten mit. [5]Zudem haben alle beteiligten Finanzämter einander zeitnah über eventuell später eintretende Änderungen zu unterrichten, die Auswirkungen im Rahmen des § 14 ErbStG haben können.

Zu § 16 ErbStG

R E 16 Freibeträge[1] – *unbesetzt* –

H E 16

Freibetrag bei beschränkter Steuerpflicht.

Beispiel:

E und F sind verheiratet und leben beide seit 20 Jahren in Spanien. Im Jahr 2017 hat E seiner Frau ein Familienheim in Spanien geschenkt. Das Grundstück hat einen Wert von 200 000 EUR.

Im Jahr 2018 stirbt E und hinterlässt F ein Grundstück in Spanien im Wert von 400 000 EUR sowie ein zu Wohnzwecken vermietetes Grundstück in Deutschland im Wert von 800 000 EUR.

Erwerb 2017

Der Erwerb unterliegt in Deutschland nicht der Steuerpflicht, da es sich nicht um einen Fall der unbeschränkten Steuerpflicht handelt und auch kein Inlandsvermögen im Sinne von § 121 BewG vorliegt.

Erwerb 2018

Der Erwerb des inländischen Grundstücks unterliegt in Deutschland der beschränkten Steuerpflicht gemäß § 2 Absatz 1 Nummer 3 ErbStG, da es sich um Inlandsvermögen im Sinne von § 121 BewG handelt.

Ermittlung des Kürzungsbetrags nach § 16 Absatz 2 ErbStG

$$\frac{\text{Nicht beschränkt steuerpflichtiges Vermögen (10 Jahreszeitraum)} \times \text{Freibetrag § 16 Absatz 1 ErbStG}}{\text{Gesamter Vermögensanfall (10 Jahreszeitraum)}}$$

600 000 EUR × 500 000 EUR : 1 400 000 EUR = 214 285 EUR (Kürzungsbetrag)

Grundstück (Inland)		800 000 EUR
Steuerbefreiung nach § 13d ErbStG		80 000 EUR
Vermögensanfall (beschränkte Steuerpflicht)		720 000 EUR
Erbfallkostenpauschale		./. 10 300 EUR
Persönlicher Freibetrag (§ 16 Absatz 1 ErbStG)	500 000 EUR	
Persönlicher Freibetrag (Kürzungsbetrag)	./. 214 285 EUR	
Persönlicher Freibetrag (abzugsfähiger Teil)	285 715 EUR	./. 285 715 EUR
Steuerpflichtiger Erwerb (abgerundet)		423 900 EUR
Steuersatz 15 %		
Steuer		63 585 EUR

Bei der Kürzung des Freibetrags nach § 16 Absatz 2 ErbStG bleibt unberücksichtigt, dass das im Jahr 2017 geschenkte Familienheim in Spanien nach § 13 Absatz 1 Nummer 4a ErbStG steuerfrei wäre, wenn es sich um einen Fall der unbeschränkten Steuerpflicht handeln würde. Auch die für das zu Wohnzwecken vermietete Grundstück vom Erwerb 2018 gewährte Steuerbefreiung nach § 13d ErbStG bleibt bei der Kürzung des Freibetrags unberücksichtigt.

Zu § 17 ErbStG

R E 17 Besonderer Versorgungsfreibetrag

(1) [1]Der besondere Versorgungsfreibetrag für den überlebenden Ehegatten und für Kinder ist um den Kapitalwert der nicht der Erbschaftsteuer unterlie-

---

[1] Zum Schenkungsteuerfreibetrag für Urenkel siehe BFH v. 27.7.2020 II B 39/20, BStBl. II 2021, 28. – Zur Frage der Gewährung von Freibeträgen beim Zusammentreffen mehrerer Nacherbschaften siehe BFH v. 1.12.2021 II R 1/20, BStBl. II 2022, 518.

(3) [1]Der unter dem Vorbehalt des Widerrufs stehende Verwaltungsakt über den Erlass ist mit Wirkung für die Vergangenheit zu widerrufen, wenn nach dem Erlass des Verwaltungsakts

1. für das verfügbare Vermögen oder Teile davon Feststellungsbescheide nach § 151 Absatz 1 Satz 1 BewG oder § 13b Absatz 10 Satz 1 erstmals erlassen oder geändert werden und die festgestellten Werte von den beim Erlass zugrunde gelegten Werten abweichen. [2]Dies gilt auch für den Fall, in dem ein Feststellungsbescheid für das verfügbare Vermögen aufgehoben wird.
2. die dem Erlass zugrundeliegende Steuerfestsetzung geändert wird oder
3. begünstigtes Vermögen im Sinne des § 13b Absatz 2 ErbStG aufgrund einer Verpflichtung an Dritte weiterübertragen wird.

[2]Die zunächst erloschene Steuer lebt vollständig wieder auf. [3]Der Erwerber kann einen erneuten Antrag nach § 28a Absatz 1 ErbStG stellen.

R E 28a.5 Ergänzende Vorschriften bei der Verschonungsbedarfsprüfung

Folgende ergänzende Vorschriften sind zu beachten:

1. Zu den Folgen einer Weitergabeverpflichtung oder einer Nachlassteilung: § 28a Absatz 1 Satz 2 bis 5 ErbStG. [2]Zu Einzelheiten → R E 13a.11;
2. zu den Anzeigepflichten des Erwerbers in den Fällen eines Verstoßes gegen die Lohnsummen- oder Behaltensregelungen oder eines Hinzuerwerbs verfügbaren Vermögens: § 28a Absatz 5 ErbStG. [2]Zu Einzelheiten → R E 13a.9 und 13a.12;
3. zu dem Hinausschieben des Endes der Zahlungsverjährungsfrist bei Verstoß gegen die in Nummer 2 genannten Regelungen: § 28a Absatz 6 ErbStG.

R E 28a.6 Begünstigte Erwerbe bei Familienstiftungen

[1]Die Verschonungsbedarfsprüfung des § 28a ErbStG wird auf Antrag auch bei der Bemessung der Ersatzerbschaftsteuer einer Familienstiftung oder eines Familienvereins (§ 1 Absatz 1 Nummer 4 ErbStG) gewährt, soweit zum Vermögen der Stiftung oder des Vereins begünstigtes Vermögen (§ 13b Absatz 2 ErbStG) gehört. [2]Wegen der Definition der Familienstiftung → R E 1.2. [3]Beim Übergang von Vermögen auf Grund eines Stiftungsgeschäfts unter Lebenden (§ 7 Absatz 1 Nummer 8 ErbStG) kommt die Verschonungsbedarfsprüfung ebenfalls in Betracht.

Zu § 29 ErbStG

R E 29 Erlöschen der Steuer in besonderen Fällen

[1]Nach § 29 Absatz 1 Nummer 1 ErbStG erlischt die Steuer mit Wirkung für die Vergangenheit, soweit ein Geschenk wegen eines Rückforderungsrechts herausgegeben werden muss. [2]Gemäß § 29 Absatz 2 ErbStG ist der Erwerber für den Zeitraum, für den ihm die Nutzungen des zugewendeten Vermögens zugestanden haben, wie ein Nießbraucher zu behandeln. [3]Bei der vollständigen oder teilweisen Rückgängigmachung einer Schenkung steuerbegünstigten Vermögens ist die ursprünglich gewährte Steuerbegünstigung nicht

anwendbar. [4]Der ursprüngliche Zuwendungsgegenstand wird durch einen neuen Zuwendungsgegenstand „fiktiver Nießbrauch“ ausgetauscht, für den keine Steuerbegünstigung in Betracht kommt. [5]Gleiches gilt in den Fällen des § 29 Absatz 1 Nummer 2 und 4 ErbStG.

H E 29

Änderung der Steuerfestsetzung für frühere Schenkungen an den überlebenden Ehegatten beim güterrechtlichen Zugewinnausgleich. → R E 5.1 Absatz 6.

Zahlung des Beschenkten zur Abwendung des Herausgabeanspruchs des Pflichtteilsberechtigten. → BFH vom 8.10.2003 II R 46/01, BStBl. 2004 II S. 234.

Zu § 30 ErbStG

R E 30[1)] Anzeigepflicht des Erwerbers

(1) [1]Jeder der Erbschaftsteuer unterliegende Erwerb von Todes wegen ist vom Erwerber innerhalb einer Frist von drei Monaten nach erlangter Kenntnis von dem Anfall des Erwerbs dem zuständigen Erbschaftsteuerfinanzamt anzuzeigen (§ 30 Absatz 1 ErbStG). [2]Einer Anzeige bedarf es grundsätzlich nicht, wenn der Erwerb auf einer Verfügung von Todes wegen beruht, die von einem deutschen Gericht, einem deutschen Notar oder einem deutschen Konsul eröffnet wurde, und sich aus dieser das Verhältnis des Erwerbers zum Erblasser unzweifelhaft ergibt (§ 30 Absatz 3 Satz 1 1. Halbsatz ErbStG). [3]Die Anzeigepflicht des Erwerbers besteht in diesen Fällen jedoch fort, wenn zu seinem Erwerb folgende Vermögensgegenstände gehören (§ 30 Absatz 3 Satz 1 2. Halbsatz ErbStG):

1. Grundbesitz,
2. Betriebsvermögen,
3. Anteile an einer Kapitalgesellschaft, für die keine Anzeigepflicht durch einen Vermögensverwahrer oder Vermögensverwalter nach § 33 ErbStG besteht, oder
4. Auslandsvermögen.

[4]Einer Anzeige bedarf es auch dann nicht, wenn eine Schenkung unter Lebenden oder Zweckzuwendung von einem deutschen Notar und einem deutschen Gericht beurkundet worden ist.

(2) Erwerbe von Todes wegen, die auf einer von einem ausländischen Gericht oder einem ausländischen Notar eröffneten Verfügung von Todes wegen beruhen und Schenkungen, die von einem ausländischen Notar beurkundet werden, sind stets durch den Erwerber, im Schenkungsfall auch durch den Schenker anzuzeigen, weil die ausländischen Gerichte und Notare nicht der Anzeigepflicht nach § 34 ErbStG unterliegen.

---

1) Zum Beginn des Laufs von Hinterziehungszinsen bei einer durch Unterlassen der Anzeige begangenen Hinterziehung von Schenkungsteuer siehe BFH v. 28.8.2019 II R 7/17, BStBl. II 2020, 247. – Zur Erweiterung der Anzeigepflicht in Fällen der Ersatzerbschaftsteuer (§ 1 Abs. 1 Nr. 4 ErbStG) mWv 29.12.2020 siehe § 30 Abs. 5 ErbStG i. d. F. des JStG 2020. – Zum Lauf der Festsetzungsfrist bei Erbeinsetzung siehe BFH v. 27.4.2022 II R 17/20, ZEV 2022, 486.

wertungsgesetz nicht ausdrücklich etwas anderes vorschreibt oder zulässt. [2]Dem Gewerbebetrieb steht die Ausübung eines freien Berufs im Sinne des § 18 Absatz 1 Nummer 1 EStG gleich (§ 96 BewG).

(2) [1]Bei bilanzierenden Gewerbetreibenden und freiberuflich Tätigen (§ 4 Absatz 1 oder § 5 EStG) führt die Anknüpfung an die Grundsätze der steuerlichen Gewinnermittlung regelmäßig zu einer Identität zwischen der Steuerbilanz auf den Bewertungsstichtag oder den Schluss des letzten vor dem Bewertungsstichtag endenden Wirtschaftsjahrs und dem bewertungsrechtlichen Betriebsvermögen. [2]Der Grundsatz der Identität wird insbesondere durchbrochen bei

1. Gewinnansprüchen gegen eine beherrschte Gesellschaft als sonstigem Abzug bei der beherrschten Gesellschaft (§ 103 Absatz 2 BewG),
2. Rücklagen (§ 103 Absatz 3 BewG),
3. Bilanzposten im Sinne des § 137 BewG,
4. selbst geschaffenen immateriellen Wirtschaftsgütern des Anlagevermögens sowie geschäftswert-, firmenwert- oder praxiswertbildenden Faktoren, denen ein eigenständiger Wert zugewiesen werden kann, z. B. Kundenstamm, Know-how (→ R B 11.5 Absatz 3 Satz 4 und 5),
5. Rückstellungen (→ R B 11.5 Absatz 3 Satz 3).

(3) [1]Bei nicht bilanzierenden Gewerbetreibenden und freiberuflich Tätigen gehören alle Wirtschaftsgüter, die ausschließlich und unmittelbar für eigenbetriebliche Zwecke genutzt werden, zum Betriebsvermögen (notwendiges Betriebsvermögen). [2]Bewegliche Wirtschaftsgüter, die zu mehr als 50 Prozent eigenbetrieblich genutzt werden, sind in vollem Umfang notwendiges Betriebsvermögen. [3]Grundstücke, die teilweise betrieblich und teilweise privat genutzt werden, sind nach ertragsteuerrechtlichen Grundsätzen aufzuteilen. [4]Gewillkürtes Betriebsvermögen ist zu berücksichtigen, wenn die Bildung ertragsteuerrechtlich zulässig und das Wirtschaftsgut tatsächlich dem gewillkürten Betriebsvermögen zugeordnet worden ist. [5]Forderungen und Verbindlichkeiten, die mit dem Betrieb in wirtschaftlichem Zusammenhang stehen, gehören zum Betriebsvermögen, ebenso Bargeld und Bankguthaben, die aus gewerblichen oder freiberuflichen Tätigkeiten herrühren. [6]Bei freiberuflich Tätigen sind Honoraransprüche, die bis zum Bewertungsstichtag entstanden sind, als Forderung zu erfassen. [7]Sie sind in dem Zeitpunkt entstanden, in dem die zu erbringenden Leistungen vollendet waren. [8]Honoraransprüche für Teilleistungen sind insoweit entstanden, als auf ihre Vergütung nach einer Gebührenordnung oder auf Grund von Sondervereinbarungen zwischen den Beteiligten ein Anspruch besteht.

H B 95

Aufteilung von gemischten Kontokorrentkonten. Für die Aufteilung von gemischten Kontokorrentkonten gelten die Grundsätze *des BMF-Schreibens vom 10.11.1993 (BStBl. I S. 930) i. d. F. durch das BMF-Schreiben vom 7.5.2008 (BStBl. I S. 588).*[1)]

Forderungen an eine Kassenärztliche Vereinigung. → BFH vom 14.5.1965 III 197/60 U, BStBl. III S. 438.

[1)] Ersetzt durch BMF v. 2.11.2018, BStBl. I 2018, 1207, mit Übergangsregelung.

Gewillkürtes Betriebsvermögen. → R 4.2 Absatz 1 EStR; H 4.2 (1) „Gewillkürtes Betriebsvermögen" EStH.

Steuererstattungsansprüche. → BFH vom 15.3.2000 II R 15/98, BStBl. II S. 588.

Zu § 97 BewG

R B 97.1[1)] Betriebsvermögen von Personengesellschaften

(1) [1]In den Gewerbebetrieb einer Personengesellschaft (§ 97 Absatz 1 Satz 1 Nummer 5 BewG) sind entsprechend der ertragsteuerlichen Regelung einzubeziehen:

1. die Wirtschaftsgüter und sonstigen aktiven Ansätze sowie die Schulden und sonstigen Abzüge, soweit sie zum Gesamthandsvermögen gehören,
2. die Wirtschaftsgüter aus den Sonderbilanzen (Sonderbetriebsvermögen I und II); § 103 BewG ist zu beachten.

[2]Die Zurechnung zum Sonderbetriebsvermögen der Personengesellschaft geht der Zurechnung zum Betriebsvermögen des Gesellschafters vor (§ 97 Absatz 1 Satz 1 Nummer 5 Satz 2 BewG). [3]Das einem Gesellschafter oder mehreren Gesellschaftern gehörende Grundstück, das den betrieblichen Zwecken der Personengesellschaft dient, ist nicht Grundvermögen des Gesellschafters bzw. der Gesellschafter, sondern gehört als Betriebsgrundstück zum Sonderbetriebsvermögen der Personengesellschaft (§ 97 Absatz 1 Nummer 5 Satz 2 BewG). [4]Ein einem Gesellschafter oder mehreren Gesellschaftern gehörendes Grundstück ist bei teilweiser Nutzung zu betrieblichen Zwecken der Personengesellschaft entsprechend der ertragsteuerlichen Grundsätze aufzuteilen. [5]Ein zum Gesamthandsvermögen gehörendes Grundstück kann dann nicht Betriebsvermögen sein, wenn es ausschließlich oder fast ausschließlich der privaten Lebensführung eines, mehrerer oder aller Gesellschafter dient. [6]Die vorstehenden Grundsätze gelten auch für die mehrstöckige Personengesellschaft (§ 95 Absatz 1 Satz 1 BewG in Verbindung mit § 15 Absatz 1 Satz 1 Nummer 2 Satz 2 EStG).

(2) [1]Forderungen und Schulden der Gesellschafter gegenüber der Personengesellschaft sind einzubeziehen, soweit sie bei der steuerlichen Gewinnermittlung zum Betriebsvermögen der Gesellschaft gehören. [2]Steht einer Forderung der Personengesellschaft an einen Gesellschafter, die in der Gesamthandsbilanz auszuweisen ist, kein entsprechender Schuldposten in einer Sonderbilanz dieses Gesellschafters gegenüber, kann bei der Ermittlung des Werts des Betriebsvermögens die entsprechende Schuld nicht berücksichtigt werden. [3]Forderungen und Schulden zwischen Personengesellschaft und Gesellschafter sind, soweit sie bei der steuerlichen Gewinnermittlung nicht zum Betriebsvermögen der Gesellschaft gehören, als gesamthänderisch gehaltene Forderungen im Privatvermögen aller Gesellschafter bzw. private Schulden des jeweiligen Gesellschafters zu behandeln.

(3) [1]Die Übernahme einer Bürgschaft durch einen Gesellschafter für Verbindlichkeiten der Personengesellschaft aus betrieblichen Gründen führt für sich allein weder zum Ansatz einer Forderung noch einer Schuld. [2]Im Fall

---

[1)] Zur Wertfeststellung für eine Stiftung & Co. KG, die keine gewerblich geprägte Personengesellschaft ist, vgl. BFH v. 27.4.2022 II R 9/20, BStBl. II 2022, 541.

vorbehaltlich Absatz 2, dem Grunde nach zu berücksichtigen (§ 103 Absatz 1 und § 109 BewG).

(2) [1]Die Identität wird bei den Rücklagen durchbrochen (→ R B 95 Absatz 2). [2]In der Steuerbilanz gewinnmindernd gebildete Rücklagen sind nicht abzugsfähig (§ 103 Absatz 3 BewG). [3]Das gilt unabhängig vom Rechtsgrund für ihre Bildung. [4]Darunter fallen z. B. Rücklagen nach § 6b EStG, R 6.5 EStR, R 6.6 EStR. [5]Entsprechendes gilt für Ausgleichsposten nach § 14 KStG, § 4g EStG sowie die Luftposten nach § 20 UmwStG. [6]Ausgleichsposten, die Rücklagencharakter haben, sind ebenfalls nicht abzugsfähig.

H B 103.1

Ansatz von Schulden. Schulden können nur angesetzt werden, wenn der Aktivposten, mit dem sie zusammenhängen, als Wirtschaftsgut zu erfassen ist (→ BFH vom 15.3.2000 II R 15/98, BStBl. II S. 588).

R B 103.2 Schulden und sonstige Abzüge bei nicht bilanzierenden Gewerbetreibenden und freiberuflich Tätigen

(1) [1]Bei nicht bilanzierenden Gewerbetreibenden und freiberuflich Tätigen sind Schulden und sonstige Abzüge nur zu berücksichtigen, wenn sie in wirtschaftlichem Zusammenhang mit der Gesamtheit oder mit einzelnen Teilen des Betriebsvermögens stehen. [2]Ein wirtschaftlicher Zusammenhang ist gegeben, wenn die Entstehung der Schuld ursächlich und unmittelbar auf Vorgängen beruht, die das Betriebsvermögen betreffen. [3]Abzugsfähig sind neben den auflösend bedingten auch die aufschiebend bedingten Verbindlichkeiten. [4]Eine Schuld ist nur abzuziehen, wenn sie zum Bewertungsstichtag bereits entstanden und noch nicht erloschen ist. [5]Die Fälligkeit der Schuld ist nicht Voraussetzung für ihre Abzugsfähigkeit. [6]Die Schuld muss eine wirtschaftliche Belastung darstellen, das heißt, es darf nicht nur eine rechtliche Verpflichtung zu ihrer Erfüllung bestehen, sondern es muss auch ernstlich damit gerechnet werden, dass der Gläubiger Erfüllung verlangt. [7]Schulden, die zwar formell rechtsgültig bestehen, sind nicht abzugsfähig, wenn sie zum Bewertungsstichtag keine ernstzunehmende Belastung darstellen; dies ist besonders bei Darlehensschulden und anderen Verbindlichkeiten innerhalb des Kreises der Angehörigen zu prüfen.

(2) [1]Eine Darlehensschuld, die zur Errichtung eines Gewerbebetriebs aufgenommen wurde und zu deren Sicherung auf einem Privatgrundstück eine Hypothek bestellt ist, wird wegen des wirtschaftlichen Zusammenhangs mit dem Betriebsvermögen als Schuld abgezogen. [2]Durch die Verpfändung eines Wirtschaftsguts allein wird noch kein wirtschaftlicher Zusammenhang zwischen der Schuld und dem verpfändeten Wirtschaftsgut begründet. [3]Das gilt auch für die Belastung eines Grundstücks mit einem Grundpfandrecht. [4]An dem erforderlichen wirtschaftlichen Zusammenhang fehlt es ebenso bei außerbetrieblich begründeten Verpflichtungen.

(3) Ungewisse Verbindlichkeiten können abgezogen werden, soweit sie zum Bewertungsstichtag eine wirtschaftliche Belastung darstellen.

(4) [1]Die Verpflichtung auf Grund einer typischen stillen Beteiligung an einem Gewerbebetrieb ist grundsätzlich mit dem Nennwert der Vermögensein-

lage des stillen Gesellschafters anzusetzen (→ R B 12.4). [2]Die Verpflichtung zur Zahlung des jährlichen Gewinnanteils, dessen Höhe von dem Ergebnis des Wirtschaftsjahrs des Gewerbebetriebs abhängt, kann regelmäßig abgezogen werden, wenn ernsthaft mit der Inanspruchnahme des Unternehmens zu rechnen ist. [3]Der Abzug ist auch dann zulässig, wenn die Höhe der Schuld am Stichtag noch nicht endgültig feststeht, z. B. weil der maßgebende Gewinn oder Umsatz des Geschäftsjahres erst noch ermittelt werden muss.

(5) [1]Sachleistungsansprüche und Sachleistungsverpflichtungen sind bereits ab dem Zeitpunkt des Vertragsabschlusses anzusetzen. [2]Ihr Wert entspricht dem Wert des Gegenstandes, auf den die Leistung gerichtet ist. [3]Bei Geschäften, die auf die Übertragung von Grundbesitz gerichtet sind, kommt eine Bewertung der Ansprüche und Verpflichtungen mit dem Grundbesitzwert (§§ 176 ff. BewG) nicht in Betracht. [4]Solange noch von keiner Vertragspartei mit der Erfüllung des Vertrags begonnen worden ist, brauchen aus Vereinfachungsgründen die gegenseitigen Rechte und Pflichten nicht berücksichtigt zu werden.

(6) [1]Steuerschulden, die in wirtschaftlichem Zusammenhang mit dem Betrieb stehen, können abgezogen werden. [2]Dies können vor allem Umsatzsteuer-, Gewerbesteuer- und Grundsteuerschulden sein. [3]Dagegen sind die außerbetrieblichen Steuerschulden (z. B. Einkommensteuerschulden) bei der Ermittlung des Betriebsvermögens nicht abzugsfähig.

H B 103.2

Darlehen unter Angehörigen. → BMF-Schreiben vom 23.12.2010 (BStBl. I 2011 S. 37), geändert durch BMF-Schreiben vom 29.4.2014 (BStBl. I S. 809).

Sachleistungsansprüche auf Grundbesitz. → BFH vom 10.4.1991 II R 118/86, BStBl. II S. 620, vom 26.6.1991 II R 117/87, BStBl. II S. 749, und vom 15.10.1997 II R 68/95, BStBl. II S. 820.
→ H E 12.2.

Wirtschaftlicher Zusammenhang mit Betriebsvermögen. → BFH vom 18.12.1990 VIII R 1/88, BStBl. 1991 II S. 911.

Zuordnung einer Verbindlichkeit zum Betriebsvermögen. → R 4.2 Absatz 15 EStR.

R B 103.3 Schulden im Zusammenhang mit Grundstücken

Schulden, die mit einem Betriebsgrundstück (→ R B 99) in wirtschaftlichem Zusammenhang stehen, sind abzuziehen, soweit sie bei der steuerlichen Gewinnermittlung zum Betriebsvermögen gehören.

Zu § 109 BewG

R B 109.1[1)] Bewertungsgrundsätze bei Betriebsvermögen

[1]Das Betriebsvermögen von Gewerbebetrieben und von freiberuflich Tätigen ist mit dem gemeinen Wert anzusetzen. [2]Dasselbe gilt für den Wert eines

1) Zur Wertfeststellung für eine Stiftung & Co. KG, die keine gewerblich geprägte Personengesellschaft ist, vgl. BFH v. 27.4.2022 II R 9/20, BStBl. II 2022, 541.

(10) [1]Beim Erwerb eines Anteils an einer Kapitalgesellschaft ist für Grundbesitz, der zum Vermögen der Gesellschaft gehört, der Grundbesitzwert gesondert festzustellen, wenn er für die Feststellung des Werts des Anteils erforderlich ist. [2]Absätze 6, 8 und 9 gelten entsprechend.

(11) Die Basiswertregelung in R B 151.8 ist anzuwenden.

H B 151.2

Aufteilung des Grundbesitzwerts bei nicht ausschließlich betrieblicher Nutzung. Wird ein Grundstück nicht nur zu betrieblichen Zwecken genutzt, kann das Erbschaftsteuerfinanzamt ebenso wie das Betriebsfinanzamt einen Grundbesitzwert anfordern. Das Lagefinanzamt übersendet eine Mitteilung über den insgesamt festgestellten Grundbesitzwert sowohl an das anfordernde Betriebsfinanzamt als auch an das Erbschaftsteuerfinanzamt. Das Betriebsfinanzamt teilt dem Erbschaftsteuerfinanzamt mit, in welchem Umfang das Grundstück zum Grundvermögen gehört. Zu diesem Zweck haben die Betriebsfinanzämter bei jeder Anforderung zur Feststellung eines Grundbesitzwerts das zuständige Erbschaftsteuerfinanzamt zu benennen (→ R B 151.3).

Nachrichtliche Angaben. In der Mitteilung des Lagefinanzamts an das für die Berücksichtigung in einem Folgebescheid zuständige Finanzamt sind nachrichtlich auch folgende Angaben aufzunehmen:

<table>
<tr><td>Gesamte Wohn- und Nutzfläche der Gebäude/des Gebäudes</td><td>Die Angabe wird als Ausgangsgröße zur Berechnung des Flächenverhältnisses benötigt.</td></tr>
<tr><td>Wohnfläche einer bisher vom Rechtsvorgänger selbst genutzten Wohnung</td><td>Die Angabe wird zur Anwendung des § 13 Absatz 1 Nummer 4a bis 4c ErbStG (Familienheim) benötigt (→ R E 13.3 Absatz 2).</td></tr>
<tr><td>Gesamte Wohnfläche der zu Wohnzwecken vermieteten Gebäude oder Gebäudeteile</td><td>Die Angabe wird zur Anwendung des § 13d ErbStG benötigt (→ R E 13d Absatz 6).</td></tr>
<tr><td>Gesamte zum ertragsteuerlichen Betriebsvermögen des Rechtsvorgängers gehörende Wohn- und Nutzfläche der Gebäude/des Gebäudes</td><td rowspan="2">Die Angaben werden
– zur Bestimmung des dem Betriebsvermögen zuzurechnenden Anteils des Grundbesitzwerts und
– zur Bestimmung des Verwaltungsvermögen i. S. d. § 13b Absatz 4 ErbStG
benötigt.</td></tr>
<tr><td>Gesamte der vom Rechtsvorgänger zu eigenen betrieblichen Zwecken genutzten Wohn- und Nutzfläche der Gebäude/des Gebäudes</td></tr>
<tr><td>Art und Höhe einer im Rahmen des nachgewiesenen gemeinen Werts des Grundstücks (§ 198 BewG) abgezogenen Belastung (Wohnrecht, Nießbrauchsrecht)</td><td>Die Angabe wird zur Vermeidung der Doppelberücksichtigung der Belastung benötigt (§ 10 Absatz 6 Satz 6 ErbStG).</td></tr>
</table>

Verbindlichkeiten i.S.d. § 158 Absatz 5 BewG, die im Rahmen der Ermittlung des Werts des Betriebs der Land- und Forstwirtschaft (unter Zuordnung zum Wirtschaftsteil, zum Wohnteil oder zum Teil der Betriebswohnungen) berücksichtigt wurden	Die Angabe wird zur Vermeidung der Doppelberücksichtigung der Belastung benötigt (§ 10 Absatz 5 Nummer 1, Absatz 6 Satz 6 ErbStG).
Nutzungsrechte, die im Rahmen der Öffnungsklausel nach § 165 Absatz 3, § 167 Absatz 4 BewG berücksichtigt wurden	Die Angabe wird zur Vermeidung der Doppelberücksichtigung der Belastung benötigt (§ 10 Absatz 6 Satz 6 ErbStG).

Nachträgliche Feststellung zum Zweck der Zusammenrechnung. → BFH vom 25.11.2008 II R 11/07, BStBl. 2009 II S. 287.

Treuhandverhältnis. Im Fall eines Treuhandverhältnisses, bei dem der Herausgabeanspruch des Treugebers auf ein Grundstück gerichtet ist, ist eine gesonderte Feststellung des Grundbesitzwerts durchzuführen.

R B 151.3 Benennung des Erbschaftsteuerfinanzamts und des Erblassers/Schenkers

[1]Das für die Feststellung zuständige Finanzamt hat in jeder Aufforderung zur Feststellung nach § 151 Absatz 1 Satz 1 Nummer 1 bis 4 BewG stets das Erbschaftsteuerfinanzamt und den Erblasser/Schenker zu benennen. [2]Das gilt auch in den Fällen, in denen das Betriebsfinanzamt von einem anderen Betriebsfinanzamt zur Feststellung eines gemeinen Werts des Betriebs aufgefordert worden ist (mehrstufiges Feststellungsverfahren). [3]Unter anderem wird auf diese Weise gewährleistet, dass das Lagefinanzamt (Bewertungsstelle) neben der Mitteilung für das Betriebsfinanzamt auch dem Erbschaftsteuerfinanzamt den Grundbesitzwert unmittelbar zuleiten kann.

R B 151.4[1] Gesonderte Feststellung des Werts des Betriebsvermögens oder des Anteils am Betriebsvermögen

(1) Hinsichtlich der Zurechnung der wirtschaftlichen Einheit gilt R B 151.2 Absatz 2 Nummer 1 bis 5 sinngemäß.

(2) [1]In den Fällen einer mittelbaren Schenkung von Betriebsvermögen oder eines Anteils am Betriebsvermögen ist eine gesonderte Feststellung des Werts durchzuführen. [2]Entsprechendes gilt, wenn der Jahreswert der Nutzungen eines Betriebsvermögens oder eines Anteils am Betriebsvermögen nach § 16 BewG zu begrenzen ist.

(3) Die Basiswertregelung in R B 151.8 ist anzuwenden.

H B 151.4

Atypische stille Beteiligung oder Unterbeteiligung. Im Fall einer atypischen stillen Beteiligung oder Unterbeteiligung, bei der der stille Gesell-

[1] Zu steuerlichen Hilfsmaßnahmen (Zentralstellen Feststellungsverfahren) aufgrund der Auswirkungen der Corona-Pandemie siehe BayLfSt v. 26.3.2020 – S 3302.1.1-6/1 St 34, DStR 2020, 798.

schafter als Mitunternehmer anzusehen ist, ist eine gesonderte Feststellung des Werts des Betriebsvermögens oder des Anteils am Betriebsvermögen durchzuführen.

Treuhandverhältnis. Im Fall eines Treuhandverhältnisses, bei dem der Herausgabeanspruch des Treugebers auf Betriebsvermögen gerichtet ist, ist eine gesonderte Feststellung des Werts des Betriebsvermögens oder des Anteils am Betriebsvermögen durchzuführen.

R B 151.5 Gesonderte Feststellung des Werts nicht notierter Anteile an Kapitalgesellschaften

(1) Hinsichtlich der Zurechnung gilt R B 151.2 Absatz 2 Nummer 1 bis 5 sinngemäß.

(2) [1] In den Fällen einer mittelbaren Schenkung von nicht notierten Anteilen an Kapitalgesellschaften ist eine gesonderte Feststellung des Werts durchzuführen. [2] Entsprechendes gilt, wenn der Jahreswert der Nutzungen von nicht notierten Anteilen an Kapitalgesellschaften nach § 16 BewG zu begrenzen ist.

(3) Die Basiswertregelung in R B 151.8 ist anzuwenden.

H B 151.5

Treuhandverhältnis. Im Fall eines Treuhandverhältnisses, bei dem der Herausgabeanspruch des Treugebers auf nicht notierte Anteile an Kapitalgesellschaften gerichtet ist, ist eine gesonderte Feststellung des Werts nicht notierter Anteile an Kapitalgesellschaften durchzuführen.

R B 151.6 Gesonderte Feststellung des Werts von Genossenschaften

[1] Bei zum Betriebsvermögen gehörenden Genossenschaftsanteilen gilt grundsätzlich das Folgende: [2] Diese sind im Rahmen der Ermittlung des Substanzwerts als Kapitalforderungen nach § 12 BewG mit dem Nennwert zu bewerten. [3] Im vereinfachten Ertragswertverfahren sind die Erträge im Jahresertrag nach § 200 Absatz 1 BewG zu erfassen. [4] Genossenschaftsanteile stellen keine Beteiligungen i. S. d. § 200 Abs. 3 BewG dar. [5] Sie zählen als Forderungen zu den Finanzmitteln i. S. d. § 13b Absatz 4 Nummer 5 ErbStG. [6] Das für die Genossenschaft zuständige Finanzamt hat keine Feststellungen durchzuführen.

R B 151.7[1] Gesonderte Feststellung bei vermögensverwaltenden Gemeinschaften/Gesellschaften

(1) [1] Beim Erwerb eines Anteils an einer vermögensverwaltenden Gemeinschaft/Gesellschaft sind die Vermögensgegenstände und Schulden der Gesellschaft entsprechend § 10 Absatz 1 Satz 4 ErbStG dem Erwerber zuzurechnen. [2] Im Feststellungsbescheid für andere Vermögensgegenstände und Schulden ist der Wert des Anteils des Erblassers oder Schenkers an den Besitzposten und den Schuldposten (unsaldiert) festzustellen. [3] Hinsichtlich der Zurechnung gilt R B 151.2 Absatz 2 Nummer 1 bis 5 sinngemäß.

---

[1] Für eine vermögensverwaltende Stiftung & Co. KG, bei der ausschließlich eine Stiftung persönlich haftende Gesellschafterin ist, ist der Wert nach § 151 Abs. 1 Satz 1 Nr. 4 BewG festzustellen; vgl. BFH v. 27.4.2022 II R 9/20, BStBl. II 2022, 541.

(2) [1]Grundbesitzwerte und Werte von nicht notierten Anteilen an Kapitalgesellschaften sind nicht in die Feststellung nach § 151 Absatz 1 Satz 1 Nummer 4 BewG für die vermögensverwaltende Gesellschaft/Gemeinschaft einzubeziehen. [2]Sofern inländischer Grundbesitz oder nicht notierte Anteile an Kapitalgesellschaften mit Sitz oder Geschäftsleitung im Inland zum Vermögen der Gesellschaft/Gemeinschaft gehören, sind die erforderlichen Feststellungen durch das zuständige Lagefinanzamt gemäß § 151 Absatz 1 Satz 1 Nummer 1 BewG bzw. das zuständige Betriebsfinanzamt gemäß § 151 Absatz 1 Satz 1 Nummer 3 BewG durchzuführen.

(3) Die Basiswertregelung in R B 151.8 ist anzuwenden.

H B 151.7

Treuhandverhältnis. Im Fall eines Treuhandverhältnisses, bei dem der Herausgabeanspruch des Treugebers auf einen Anteil an einer vermögensverwaltenden Gesellschaft gerichtet ist, ist eine gesonderte Feststellung des Anteils am Wert der Vermögensgegenstände und Schulden der Gesellschaft durchzuführen.

Vermögensverwaltende Gemeinschaft/Gesellschaften. Gehören zum Vermögen einer vermögensverwaltenden Gemeinschaft/Gesellschaft inländischer Grundbesitz, inländisches Betriebsvermögen oder Anteile an Kapitalgesellschaften mit Sitz oder Geschäftsleitung im Inland, teilt das Verwaltungsfinanzamt dies unter Bezeichnung der wirtschaftlichen Einheit und der Lage bzw. des Sitzes dem Erbschaftsteuerfinanzamt mit. Dieses fordert die erforderlichen gesonderten Feststellungen bei dem jeweiligen Lagefinanzamt (§ 152 Nummer 1 BewG) bzw. Betriebsfinanzamt (§ 152 Nummer 2 oder 3 BewG) an. Das Verwaltungsfinanzamt (§ 152 Nummer 4 BewG) fordert die erforderliche Erklärung zur Feststellung des übrigen Vermögens einschließlich des Auslandsvermögens und der Schulden (§ 152 Nummer 4 BewG) von der Gemeinschaft/Gesellschaft an.

Beispiel:

Der Erblasser A war zu 50% an der A GbR beteiligt. Das Vermögen der GbR umfasst ein vermietetes Grundstück in C, zwei vermietete Grundstücke in D, ein Bankkonto und ein vermietetes Grundstück in Italien. Zur Anschaffung des Grundstücks in Italien hat die GbR bei einer Bank in Deutschland einen Kredit aufgenommen, der am Todestag noch nicht vollständig getilgt war.

Bei der GbR handelt es sich um eine vermögensverwaltende Gesellschaft i. S. d. § 10 Absatz 1 Satz 4 ErbStG, so dass die Wirtschaftsgüter der GbR anteilig den Gesellschaftern zuzurechnen sind.

Das für das Grundstück in C zuständige Lagefinanzamt stellt dessen Wert auf Anforderung des Erbschaftsteuerfinanzamts gesondert fest (§ 151 Absatz 1 Satz 1 Nummer 1 i.V.m. § 152 Nummer 1 BewG). Das für die Grundstücke in D zuständige Lagefinanzamt stellt deren Wert auf Anforderung des Erbschaftsteuerfinanzamts gesondert fest (§ 151 Absatz 1 Satz 1 Nummer 1 i. V. m. § 152 Nummer 1 BewG). Das für die GbR zuständige Verwaltungsfinanzamt stellt den Wert des Anteils des A am Bankkonto und den Schulden der GbR auf Anforderung des Erbschaftsteuerfinanzamts gesondert fest (§ 151 Absatz 1 Satz 1 Nummer 4 i. V. m. § 152 Nummer 4 BewG). Der Wert des Grundstücks in Italien wird nicht gesondert festgestellt, weil es sich um Auslandsvermögen handelt (→ R B 151.1 Absatz 2). Das für die GbR zuständige Verwaltungsfinanzamt hat den Wert des Grundstücks in Italien zu ermitteln (→ R B 152) und in die Feststellung nach § 151 Absatz 1 Satz 1 Nummer 4 BewG zu übernehmen.

um einen Anbau erweitert. Der Eigentümer verschenkt das Grundstück (während der Bauphase) zum 2.4.2018. Herstellungskosten sind bis zu diesem Zeitpunkt in Höhe von 45 000 EUR entstanden. Das Jahresentgelt (Miete) vor Errichtung des Anbaus beträgt 23 600 EUR und entspricht der üblichen Miete. Das Gebäude ist im Bewertungsstichtag 20 Jahre alt. Der Gutachterausschuss hat keine Erfahrungssätze für Bewirtschaftungskosten und keinen Liegenschaftszinssatz zur Verfügung gestellt.

Die Gesamtnutzungsdauer des Mietwohngrundstücks beträgt nach Anlage 22 BewG 70 Jahre. Da der Gutachterausschuss keine Erfahrungssätze für Bewirtschaftungskosten und keinen Liegenschaftszinssatz zur Verfügung stellt, gelten die Werte nach Anlage 23 BewG (Bewirtschaftungskosten = 23 %) und § 188 Absatz 2 Satz 2 Nummer 1 BewG (Liegenschaftszinssatz = 5 %). Der Vervielfältiger beträgt nach Anlage 21 BewG bei einer Restnutzungsdauer von 50 Jahren 18,26.

Wert des bebauten Grundstücks vor Beginn der Baumaßnahme (§ 196 Absatz 2 i. V. m. §§ 184 ff. BewG)		
Bodenwert		
1 100 m² × 150 EUR/m²		165 000 EUR
Gebäudewert		
Grundstücksrohertrag (Jahresentgelt)	23 600 EUR	
Bewirtschaftungskosten (23 % × 23 600 EUR)	./. 5 428 EUR	
Grundstücksreinertrag	18 172 EUR	
Bodenwertverzinsung (5 % × 165 000 EUR)	./. 8 250 EUR	
Gebäudereinertrag	9 922 EUR	
Vervielfältiger	× 18,26	+ 181 175 EUR
Wert des bebauten Grundstücks vor Beginn der Baumaßnahme		346 175 EUR
Entstandene Herstellungskosten (§ 196 Absatz 2 BewG)		+ 45 000 EUR
Grundbesitzwert		391 175 EUR

R B 196.2 (4)

(4) [1]Befindet sich ein zuvor unbebautes Erbbaugrundstück (→ R B 193 Absatz 2) im Zustand der Bebauung, ermittelt sich der Grundbesitzwert aus dem Bodenwertanteil des Erbbaurechts und den bis zum Bewertungsstichtag entstandenen Herstellungskosten, ggf. abzüglich des bei Ablauf des Erbbaurechts nicht entschädigten und auf den Bewertungsstichtag abgezinsten Anteils der Herstellungskosten (→ R B 193 Absatz 7 Satz 4). [2]Sind auf einem Erbbaurecht oder bei einem Gebäude auf fremdem Grund und Boden vor Beginn der am Bewertungsstichtag noch nicht abgeschlossenen Baumaßnahme bereits bezugsfertige Gebäude oder Gebäudeteile nach § 180 BewG vorhanden, erfolgt deren Bewertung entsprechend Absatz 2 Satz 5.

H B 196.2 (4)

Errichtung eines Gebäudes auf einem bislang unbebauten Erbbaugrundstück.

Beispiel:

Auf einem bislang unbebauten Erbbaurecht wird ein Einfamilienhaus errichtet. Das Erbbaugrundstück hat eine Fläche von 600 m² und der Bodenrichtwert beträgt 200 EUR/m². Der vertraglich vereinbarte jährliche Erbbauzins beträgt zum Bewertungsstichtag am 15.3.2018 3000 EUR und ist bis zum Ablauf des Erbbaurechts am 1.1.2108 zu zahlen. Der Gutachterausschuss verfügt über keine Vergleichspreise oder Vergleichsfaktoren. Für den Bau des Einfamilienhauses sind bis zum Bewertungsstichtag Herstellungskosten in Höhe von 100 000 EUR entstanden. Eine Entschädigungszahlung für das Gebäude bei Ablauf des Erbbaurechts ist in Höhe von 50 % vorgesehen.

Ermittlung Bodenwertanteil		
Verzinsungsbetrag des Bodenwerts 3,0 % von 120 000 EUR (600 m² × 200 EUR/m²)		3 600 EUR
Liegenschaftszins (§ 193 Absatz 4 Satz 2 Nummer 1 BewG)	3,0 %	
vertraglich vereinbarter jährlicher Erbbauzins		./. 3 000 EUR
Unterschiedsbetrag		600 EUR
Vervielfältiger (aus Anlage 21 zum BewG)		× 30,93
Liegenschaftszins (§ 193 Absatz 4 Satz 2 Nummer 1 BewG)	3,0 %	
Bewertungsstichtag	15.3.2018	
Ablauf des Erbbaurechts	1.1.2108	
Restlaufzeit des Erbbaurechts	89 Jahre	
Bodenwertanteil (nach § 193 Absatz 3 i. V. m. Absatz 4 BewG)		18 558 EUR
Ermittlung Gebäudewertanteil		
Entstandene Herstellungskosten (§ 196 Absatz 2 BewG)		100 000 EUR
Anteil Erbbaugrundstück (→ R B 193 Absatz 7 Satz 4)		./. 3 600 EUR
bei Ablauf des Erbbaurechts nicht zu entschädigender Anteil an den Herstellungskosten (50 % von 100 000 EUR)	50 000 EUR	
Abzinsungsfaktor nach Anlage 26 zum BewG	× 0,0720	
Bewertungsstichtag	15.3.2018	
Ablauf des Erbbaurechts	1.1.2108	
Restlaufzeit des Erbbaurechts	89 Jahre	
Liegenschaftszins (§ 193 Absatz 4 Satz 2 Nummer 1 BewG)	3,0 %	
Gebäudewertanteil		96 400 EUR
Grundbesitzwert		
Bodenwertanteil		18 558 EUR
Gebäudewertanteil		+ 96 400 EUR
Grundbesitzwert		114 958 EUR

Zu § 197 BewG

R B 197 Gebäude und Gebäudeteile für den Zivilschutz

(1) [1]Gebäude, Gebäudeteile und Anlagen, die dem Zivilschutz dienen, bleiben bei der Ermittlung des Grundbesitzwerts außer Ansatz (§ 197 BewG). [2]Eine nur gelegentliche oder geringfügige Mitbenutzung der Gebäude, Gebäudeteile und Anlagen für andere als dem Zivilschutz dienende Zwecke ist für die Gewährung der sachlichen Befreiung unschädlich. [3]Diese liegt z. B. vor, wenn in einem für die begünstigten Zwecke geschaffenen Raum von Zeit zu Zeit Veranstaltungen abgehalten werden, zu deren Durchführung der Raum nicht besonders hergerichtet werden muss. [4]Werden in dem Gebäudeteil lediglich Gartengeräte, Fahrräder oder dergleichen abgestellt, handelt es sich ebenfalls um eine geringfügige Mitbenutzung. [5]Dagegen ist die Steuerbe-

freiung zu versagen, wenn die Gebäude, Gebäudeteile und Anlagen ständig anderen Zwecken dienen, z. B. als Lager-, Lehr-, oder Ausbildungsräume.

(2) Der Wert des Grund und Bodens ist regelmäßig mit dem gesamten Wert des unbebauten Grundstücks nach § 179 BewG anzusetzen.

Zu § 198 BewG[1)]

R B 198[2)] Nachweis des niedrigeren gemeinen Werts

(1) [1]Abweichend von der Wertermittlung nach den § 179 und §§ 182 bis 196 BewG ist der niedrigere gemeine Wert (Verkehrswert/Marktwert) am Bewertungsstichtag festzustellen, wenn der Steuerpflichtige diesen nachweist (§ 198 BewG). [2]Den Steuerpflichtigen trifft die Nachweislast für einen niedrigeren gemeinen Wert und nicht eine bloße Darlegungslast. [3]Die Vorlage von Auszügen aus der Kaufpreissammlung erfüllt diese Voraussetzungen nicht.

(2) [1]Der Nachweis des niedrigeren gemeinen Werts kann für die nach § 179, §§ 182 bis 196 BewG bewerteten wirtschaftlichen Einheiten geführt werden, wobei der Nachweis die jeweils gesamte wirtschaftliche Einheit umfassen muss. [2]Bei Grundstücken im Zustand der Bebauung ist der Verkehrswertnachweis für die gesamte wirtschaftliche Einheit unter Berücksichtigung der baulichen Gegebenheiten zulässig.

(3) [1]Als Nachweis ist regelmäßig ein Gutachten des zuständigen Gutachterausschusses oder eines Sachverständigen für die Bewertung von Grundstücken erforderlich. [2]Das Gutachten ist für die Feststellung des Grundbesitzwerts nicht bindend, sondern unterliegt der Beweiswürdigung durch das Finanzamt. [3]Enthält das Gutachten Mängel (z. B. methodische Mängel oder unzutreffende Wertansätze), ist es zurückzuweisen; ein Gegengutachten durch das Finanzamt ist nicht erforderlich. [4]Zur Ordnungsmäßigkeit eines Sachverständigengutachtens gehören methodische Qualität und eine zutreffende Erhebung und Dokumentation der Begutachtungsgrundlagen. [5]Für den Nachweis des niedrigeren gemeinen Werts gelten grundsätzlich die auf Grund des § 199 Absatz 1 BauGB erlassenen Vorschriften. [6]Nach Maßgabe dieser Vorschriften sind sämtliche wertbeeinflussenden Umstände zur Ermittlung des gemeinen Werts (Verkehrswerts) von Grundstücken zu berücksichtigen. [7]Hierzu gehören auch die den Wert beeinflussenden Rechte und Belastungen privatrechtlicher und öffentlich-rechtlicher Art, wie z. B. Grunddienstbarkeiten und persönliche Nutzungsrechte. [8]Mit Ausnahme des Nachweises der üblichen Miete (→ R B 186.5 Absatz 5)

---

1) Zur umfassenden Änderung des § 198 BewG siehe Art. 1 des Grundsteuerreform-Umsetzungsgesetzes v. 16.7.2021, BGBl. I 2021, 2931.

2) Zum Nachweis des niedrigeren gemeinen Werts und dem Erfordernis der Gutachtenerstellung entweder durch den örtlich zuständigen Gutachterausschuss oder einen öffentlich bestellten und vereidigten Sachverständigen für die Bewertung von Grundstücken siehe BFH v. 5.12.2019 II R 9/18, BStBl. II 2021, 135; vgl. hierzu gleich lautende Ländererlasse v. 2.12. 2020, BStBl. I 2021, 146. – Zur Ermittlung des Bodenwerts durch Sachverständigengutachten siehe BFH v. 12.6.2020 II B 46/19, BFH/NV 2020, 1273. – Zur Frage der zeitlichen Anwendbarkeit von WertV und von ImmoWertV im Kontext eines Verkehrswertnachweises siehe BFH v. 16.9.2020 II R 1/18, BStBl. II 2021, 594. – Zum Immobilienwertnachweis durch Gutachten siehe BFH v. 14.10.2020 II R 7/18, BStBl. II 2021, 665. – Zum Zeitpunkt des Bestehens ernstlicher Zweifel bei Nachweis eines niedrigeren gemeinen Werts durch ein Sachverständigengutachten siehe BFH v. 12.1.2021 II B 61/19, BFH/NV 2021, 529. – Zur Nachweislast für den gemeinen Wert von Grundbesitz siehe BFH v. 17.11.2021 II R 26/20, BFH/NV 2022, 822.

kommt ein Einzelnachweis zu Bewertungsgrundlagen nach § 179 und §§ 182 bis 196 BewG, z. B. hinsichtlich der Bewirtschaftungskosten, nicht in Betracht. [9] Auszüge aus der Kaufpreissammlung können ein Gutachten nicht ersetzen.

(4) [1] Ein im gewöhnlichen Geschäftsverkehr innerhalb eines Jahres vor oder nach dem Bewertungsstichtag zustande gekommener Kaufpreis über das zu bewertende Grundstück kann als Nachweis dienen. [2] Ist ein Kaufpreis außerhalb dieses Zeitraums im gewöhnlichen Geschäftsverkehr zustande gekommen und sind die maßgeblichen Verhältnisse hierfür gegenüber den Verhältnissen zum Bewertungsstichtag unverändert geblieben, so kann auch dieser als Nachweis des niedrigeren gemeinen Werts dienen. [3] Es bestehen keine Bedenken, diesen Wert regelmäßig ohne Wertkorrekturen als Grundbesitzwert festzustellen.

H B 198

Vorschriften auf der Grundlage des § 199 Absatz 1 BauGB.

→ *Verordnung über die Grundsätze für die Ermittlung der Verkehrswerte von Grundstücken (Immobilienwertermittlungsverordnung – ImmoWertV) vom 19.5.2010 (BGBl. I S. 639).*[1]

→ *Richtlinie zur Ermittlung von Bodenrichtwerten (Bodenrichtwertrichtlinie – BRW-RL) vom 11.1.2011 (BAnz AT 11.2.2011 Nr. 24 S. 597).*[1]

→ *Richtlinie zur Ermittlung des Sachwerts (Sachwertrichtlinie – SW-RL) vom 5.9.2012 (BAnz AT 18.10.2012 B1).*[1]

→ *Richtlinie zur Ermittlung des Vergleichswerts und des Bodenwerts (Vergleichswertrichtlinie – VW-RL) vom 20.3.2014 (BAnz AT 11.4.2014 B3).*[1]

→ *Richtlinie zur Ermittlung des Ertragswerts (Ertragswertrichtlinie – EW-RL) vom 12.11.2015 (BAnz AT 4.12.2015 B4).*[1]

Fristsetzung zur Vorlage eines Sachverständigengutachtens. → § 364b AO (Fristsetzung).

Nachweis des niedrigeren gemeinen Werts durch Sachverständigengutachten. → BFH vom 10.11.2004 II R 69/01, BStBl. 2005 II S. 259, vom 3.12.2008 II R 19/08, BStBl. 2009 II S. 403 und vom 11.9.2013 II R 61/11, BStBl. 2014 II S. 363.

→ *Gleich lautende Ländererlasse vom 19.2.2014 (BStBl. I S. 808).*[2]

Nachweis des niedrigeren gemeinen Werts durch zeitnahen Kaufpreis. → BFH vom 2.7.2004 II R 55/01, BStBl. II S. 703.

Liegen im Rahmen des Nachweises des niedrigeren gemeinen Werts gleichzeitig ein zeitnah zum Bewertungsstichtag im gewöhnlichen Geschäftsverkehr zustande gekommener Kaufpreis und ein Sachverständigengutachten vor, bestehen keine Bedenken, der Grundbesitzwertfeststellung den Kaufpreis zugrunde zu legen. Der im gewöhnlichen Geschäftsverkehr vereinbarte bzw. erzielte Kaufpreis liefert den sichersten Anhaltspunkt für den gemeinen Wert.

Nießbrauchs- und andere Nutzungsrechte, die sich auf den Grundbesitzwert ausgewirkt haben. Ist nach § 198 BewG ein nachgewiesener gemeiner Wert, der auf Grund von Grundstücksbelastungen durch Nutzungsrechte, wie z. B. Nießbrauch oder Wohnrecht, gemindert wurde, als Grundbesitzwert festgestellt worden, hat das Lagefinanzamt das für die Festsetzung der Erbschaft- und Schenkungsteuer zuständige Finanzamt hierauf hinzuweisen (vgl. § 10 Absatz 6 Satz 6 ErbStG).

---

[1] Siehe **ab 1.1.2022** ImmowertV v. 14.7.2021, BGBl. I 2021, 2805.

[2] Überholt durch gleich lautende Ländererlasse v. 2.12.2020, BStBl. I 2021, 146.

F. Vereinfachtes Ertragswertverfahren

Zu § 199 BewG

R B 199.1 Anwendung des vereinfachten Ertragswertverfahrens[1)]

(1) [1]Die Bewertung von Anteilen an Kapitalgesellschaften, von Betriebsvermögen und von Anteilen am Betriebsvermögen unter Berücksichtigung der Ertragsaussichten (§ 11 Absatz 2 Satz 2, § 109 Absatz 1 und 2 BewG) kann nach dem vereinfachten Ertragswertverfahren erfolgen. [2]Sind branchentypisch ertragswertorientierte Verfahren ausgeschlossen (weil z. B. Multiplikatorenverfahren oder Substanzwertverfahren zur Anwendung kommen), ist das vereinfachte Ertragswertverfahren nicht anzuwenden. [3]Sind branchentypisch auch ertragswertorientierte Verfahren anzuwenden, ist eine Bewertung nach dem vereinfachten Ertragswertverfahren möglich; die Prüfung eines offensichtlich unzutreffenden Ergebnisses bleibt vorbehalten.

(2) Bei der Bewertung ausländischer Unternehmen sind die Regelungen des vereinfachten Ertragswertverfahrens entsprechend, insbesondere hinsichtlich der Ermittlung des nachhaltig erzielbaren Jahresertrags, anzuwenden, wenn dies nicht zu offensichtlich unzutreffenden Ergebnissen führt.

(3) [1]Die im vereinfachten Ertragswertverfahren vorgesehenen Typisierungen können dazu führen, dass der in diesem Verfahren ermittelte Wert höher oder niedriger ist als der gemeine Wert. [2]Das Finanzamt hat den im vereinfachten Ertragswertverfahren ermittelten Wert zugrunde zu legen, wenn das Ergebnis nicht offensichtlich unzutreffend ist.

(4)[2)] [1]Nach § 199 Absatz 1 und 2 BewG hat der Steuerpflichtige ein Wahlrecht, das vereinfachte Ertragswertverfahren anzuwenden. [2]Gesetzliche Tatbestandsvoraussetzung hierfür ist, dass dies nicht zu offensichtlich unzutreffenden Ergebnissen führt. [3]Hat das Finanzamt an der Anwendbarkeit des vereinfachten Ertragswertverfahrens Zweifel, sind diese vom Finanzamt substantiiert darzulegen und dem Steuerpflichtigen ist Gelegenheit zu geben, die Bedenken des Finanzamts auszuräumen. [4]Das vereinfachte Ertragswertverfahren kann vor allem dann zu unzutreffenden Ergebnissen führen, wenn die Voraussetzungen nach Absatz 6 vorliegen. [5]In einem solchen Fall hat der Steuerpflichtige substantiiert darzulegen, warum das vereinfachte Ertragswertverfahren nicht zu einem offensichtlich unzutreffenden Ergebnis führt. [6]Kommt der Steuerpflichtige dieser Mitwirkungspflicht nicht nach, kann davon ausgegangen werden, dass die gesetzlichen Voraussetzungen für die Ausübung des Wahlrechts nicht vorliegen. [7]Die Bewertung ist nach allgemeinen Grundsätzen vorzunehmen.

(5) Erkenntnisse über eine offensichtlich unzutreffende Wertermittlung zum gemeinen Wert können beispielsweise in den nachstehenden Fällen hergeleitet werden:

---

1) Überholt durch gleich lautende Ländererlasse v. 2.12.2020, BGBl. I 2021, 146.

2) Zur Sachaufklärungspflicht des Finanzgerichts bei Ermittlung des Anteilswerts einer nicht börsennotierten Kapitalgesellschaft siehe BFH v. 2.12.2020 II R 5/19, BStBl. II 2022, 15: Allein der Steuerpflichtige hat die Wahl zwischen einem individuellen Ertragswertverfahren nach § 11 Abs. 2 Satz 2 BewG und der Anwendung des vereinfachten Ertragswertverfahrens nach §§ 199 ff. BewG.

1. Vorliegen zeitnaher Verkäufe, wenn diese nach dem Bewertungsstichtag liegen;
2. Vorliegen von Verkäufen, die mehr als ein Jahr vor dem Bewertungsstichtag liegen;
3. Erbauseinandersetzungen, bei denen die Verteilung der Erbmasse Rückschlüsse auf den gemeinen Wert zulässt.

(6) [1] Vom Vorliegen begründeter Zweifel an der Anwendbarkeit des vereinfachten Ertragswertverfahrens ist insbesondere auszugehen:

1. bei komplexen Strukturen von verbundenen Unternehmen;
2. bei neu gegründeten Unternehmen, bei denen der künftige Jahresertrag noch nicht aus den Vergangenheitserträgen abgeleitet werden kann, insbesondere bei Gründungen innerhalb eines Jahres vor dem Bewertungsstichtag, weil das vereinfachte Ertragswertverfahren hier regelmäßig, z. B. wegen hoher Gründungs- und Ingangsetzungsaufwendungen, zu offensichtlich unzutreffenden Ergebnissen führt;
3. beim Branchenwechsel eines Unternehmens, bei dem deshalb der künftige Jahresertrag noch nicht aus den Vergangenheitserträgen abgeleitet werden kann;
4. in sonstigen Fällen, in denen auf Grund der besonderen Umstände der künftige Jahresertrag nicht aus den Vergangenheitserträgen abgeleitet werden kann. [2] Hierzu gehören z. B. Wachstumsunternehmen, branchenbezogene oder allgemeine Krisensituationen oder absehbare Änderungen des künftigen wirtschaftlichen Umfeldes;
5. bei grenzüberschreitenden Sachverhalten, z. B. nach § 1 AStG, § 4 Absatz 1 Satz 3 EStG oder § 12 Absatz 1 KStG, sofern der jeweils andere Staat nicht die Ergebnisse des vereinfachten Ertragswertverfahrens seiner Besteuerung zugrunde legt.

[2] Es bestehen grundsätzlich keine Bedenken, in den Fällen des Satzes 1 Nummer 2 und 3 den Substanzwert als Mindestwert (§ 11 Absatz 2 Satz 3 BewG) anzusetzen, sofern dies nicht zu offensichtlich unzutreffenden Ergebnissen führt.

R B 199.2 Ausländische Kapitalgesellschaften und ausländisches Betriebsvermögen

[1] Auch bei der Bewertung von Anteilen an ausländischen Kapitalgesellschaften oder ausländischem Betriebsvermögen kann das vereinfachte Ertragswertverfahren angewendet werden. [2] Die Ermittlung der Bewertungsgrundlagen hat in der jeweiligen Landeswährung zu erfolgen, der in dieser Währung ermittelte Ertragswert ist mit dem für den Bewertungsstichtag festgestellten Devisenkurs in Euro umzurechnen. [3] Der Gewinnermittlung können die im jeweiligen Land geltenden Gewinnermittlungsvorschriften zugrunde gelegt werden, wenn sie eine dem § 202 Absatz 1 Satz 2 BewG entsprechende Korrektur zulassen. [4] Der nach § 203 BewG maßgebende Kapitalisierungsfaktor ist anzuwenden, wenn dies nicht zu offensichtlich unzutreffenden Ergebnissen führt.

Standarddeckungsbeiträge nach der EU-Typologie		Sachsen-Anhalt			Thüringen	Stadtstaaten
		Dessau	Halle	Magdeburg		
Code	Merkmal (folgende Angaben in €/ha)					
D/21	Schwarzbrache (einschl. Grünbrache), für die keine Beihilfe gewährt wird	50	50	50	50	50
D/22	Schwarzbrache (einschl. Grünbrache), die einer Beihilferegelung unterliegt und nicht wirtschaftlich genutzt wird	190	190	190	214	204
D/23	Tabak	6.448	6.448	6.448	6.448	6.448
D/24	Hopfen	4.003	4.003	4.003	4.003	4.003
D/26	Raps und Rübsen	613	676	643	629	610
D/27	Sonnenblumen	394	442	405	450	378
D/28	Soja	355	345	372	337	378
D/29	Leinsamen (Öllein)	555	555	555	555	555
D/30	Andere Ölfrüchte	614	678	647	639	652
D/31	Flachs	628	628	628	628	628
D/32	Hanf	632	632	632	632	632
D/33	Andere Textilpflanzen	628	628	628	628	628
D/35	Andere Handelsgewächse, die noch nicht aufgeführt wurden	613	676	643	629	610
F/01	Grünland und Weiden ohne ertragsarme Weiden	244	255	252	285	352
F/02	Ungepflegtes Weideland	99	99	99	99	99
	Durchschnittlicher Standarddeckungsbeitrag nach R B 164 Abs. 9 ErbStR	543	598	564	619	605
	Merkmal für die Regelung nach § 160 Abs. 2 Satz 2 BewG (folgende Angaben in €/ha)					
D/14a	Spargel	11.111	11.111	11.111	11.111	11.111
D/23	Tabak	6.448	6.448	6.448	6.448	6.448
D/24	Hopfen	4.003	4.003	4.003	4.003	4.003

Anlage 3. Schreiben betr. Wertsteigerungen infolge des Kaufkraftschwunds bei der Berechnung der Zugewinnausgleichsforderung nach § 5 Absatz 1 ErbStG

Vom 1. Februar 2022 (BStBl. I 2022, 190)

(BMF IV C 7 – S 3804/20/10001:002)

Hiermit übersende ich eine aktualisierte Zusammenstellung der Verbraucherpreisindizes für Deutschland, Stand 19. Januar 2022. Auf H E 5.1 (2) „Wertsteigerung infolge des Kaufkraftschwundes" ErbStH 2019 und das BMF-Schreiben vom 29. Januar 2021 (BStBl. I S. 247) nehme ich Bezug.

Verbraucherpreisindex für Deutschland

2015 = 100

Jahre 1958 bis 1990

1958 23,3	**1959** 23,4	**1960** 23,7	**1961** 24,4	**1962** 24,6	**1963** 25,4	**1964** 26,0	**1965** 26,8	**1966** 27,7	**1967** 28,3
1968 28,6	**1969** 29,2	**1970** 30,2	**1971** 31,8	**1972** 33,6	**1973** 35,9	**1974** 38,4	**1975** 40,7	**1976** 42,4	**1977** 44,0
1978 45,2	**1979** 47,1	**1980** 49,6	**1981** 52,7	**1982** 55,5	**1983** 57,2	**1984** 58,7	**1985** 59,9	**1986** 59,9	**1987** 59,9
1988 60,8	**1989** 62,4	**1990** 64,1							

Jahre ab 1991

1991 65,5	**1992** 68,8	**1993** 71,9	**1994** 73,8	**1995** 75,1	**1996** 76,1	**1997** 77,6	**1998** 78,3	**1999** 78,8	**2000** 79,9
2001 81,5	**2002** 82,6	**2003** 83,5	**2004** 84,9	**2005** 86,2	**2006** 87,6	**2007** 89,6	**2008** 91,9	**2009** 92,2	**2010** 93,2
2011 95,2	**2012** 97,1	**2013** 98,5	**2014** 99,5	**2015** 100,0	**2016** 100,5	**2017** 102,0	**2018** 103,8	**2019** 105,3	**2020** 105,8
2021 109,1									

2022[1)]

Januar	Februar	März	April	Mai	Juni
111,5	112,5	115,3	116,2	117,3	117,4
Juli	**August**	**September**	**Oktober**	**November**	**Dezember**
118,4	118,8				

1) Redaktionell ergänzt; Quelle: Statistisches Bundesamt.

nen. [2]Ob die Tätigkeiten im Einzelnen kaufmännischer, buchhalterischer, technischer oder handwerklicher Art sind, ist unerheblich. [3]Es ist nicht erforderlich, dass in der Betriebsstätte Verhandlungen mit Dritten geführt oder Geschäftsabschlüsse getätigt werden. [4]Betriebsstätten können auch rein mechanische Anlagen sein (z. B. Verkaufsautomaten). [5]Es fehlt aber an einer Betätigung für Zwecke eines gewerblichen Unternehmens, wenn die örtlichen Anlagen oder Einrichtungen ausschließlich Wohnzwecken, Erholungszwecken, Sportzwecken oder ähnlichen Zwecken dienen.

H 2.9 (3)

Betriebsstätte mit Land- und Forstwirtschaft. Kapitalgesellschaften und andere Unternehmen im Sinne des § 2 Abs. 2 GewStG, die wegen ihrer Rechtsform steuerpflichtig sind, unterhalten Betriebsstätten auch in solchen Gemeinden, in denen sie nur eine Landwirtschaft betreiben (→ BFH vom 29.11.1960 – BStBl. 1961 III S. 52).

Keine Betriebsstätte wegen fehlender Betätigung für das Unternehmen.

– Genesungsheime und Kinderheime → BFH vom 29.11.1960 – BStBl. 1961 III S. 52.
– Auch die unentbehrlichen hygienischen Einrichtungen zur Benutzung durch die Arbeitnehmer begründen keine Betriebsstätte (→ BFH vom 16.6.1959 – BStBl. III S. 349).
– Der bloße Besitz von Grundvermögen begründet auch bei einer Kapitalgesellschaft noch keine Betriebsstätte (→ RFH vom 27.5.1941 – RStBl. S. 393). Bei Kapitalgesellschaften ist eine mehrgemeindliche Betriebsstätte jedoch auch dann gegeben, wenn sich in einer Gemeinde lediglich Grundstücke der Betriebsstätte befinden, die zurzeit betrieblich nicht benutzt werden (→ BFH vom 18.4.1951 – BStBl. III S. 124 und vom 26.11.1957 – BStBl. 1958 III S. 261).

R 2.9 (4)

Betriebsstätte eines Vertretenen

(4)[1)] [1]Die Betriebsstätte setzt nach § 12 AO eine feste Geschäftseinrichtung oder Anlage voraus, die der Tätigkeit des Unternehmens dient. [2]Die Tätigkeit des Unternehmens braucht nicht von dem Unternehmer selbst oder in seinem Namen von seinen Arbeitnehmern, sondern sie kann auch von einem ständigen Vertreter ausgeübt werden. [3]Ein persönliches Abhängigkeitsverhältnis ist nur insoweit erforderlich, als der ständige Vertreter lediglich an die geschäftlichen Weisungen des vertretenen Unternehmens gebunden sein muss. [4]Diese Voraussetzung ist ohne weiteres beim Vorliegen eines Arbeitnehmerverhältnisses auf Grund eines Dienstvertrags erfüllt. [5]Die Weisungsgebundenheit kann aber auch ohne Vorliegen eines Arbeitnehmerverhältnisses auf anderer Rechtsgrundlage (z. B. auf einem Auftrags-oder Geschäftsbesorgungsverhältnis im Sinne der §§ 662 und 675 BGB) beruhen.

---

1) Zur Abgrenzung bei Einschaltung einer Dienstleistungsgesellschaft siehe BFH v. 23.3.2022 III R 35/20, DStR 2022, 1661.

H **2.9** (4)

Ständiger Vertreter.

– **Allgemein.** Ständiger Vertreter ist eine Person, die nachhaltig die Geschäfte eines Unternehmens besorgt und dabei dessen Sachweisungen unterliegt, insbesondere für ein Unternehmen nachhaltig Verträge abschließt oder vermittelt oder Aufträge einholt oder einen Bestand von Gütern oder Waren unterhält und davon Auslieferungen vornimmt – § 13 AO (→ BFH vom 28.6.1972 – BStBl. II S. 785).

– **Betriebsaufspaltung.** Bei einer Betriebsaufspaltung (→ H 15.7 (4) bis (8) EStH)[1] übt das Besitzunternehmen in den dem Betriebsunternehmen pachtweise überlassenen Betriebsstätten in der Regel keinen eigenen Gewerbebetrieb mehr aus. Das Betriebsunternehmen ist mit den gepachteten Betriebsstätten auch nicht ständiger Vertreter des Besitzunternehmens im Sinne des § 13 AO (→ BFH vom 10.6.1966 – BStBl. III S. 598).

– **Kapitalgesellschaft.** Ständiger Vertreter kann nicht nur eine natürliche Person, sondern auch eine juristische Person, insbesondere eine Kapitalgesellschaft sein (→ RFH vom 19.12.1939 – RStBl. 1940 S. 25).

– **Räumlichkeiten des Vertreters als Betriebsstätte des vertretenen Unternehmens.** Ist nach den Grundsätzen der R 2.9 (4) eine Person als ständiger Vertreter des Unternehmens anzusehen, so hängt die Annahme einer Betriebsstätte des Vertretenen von der weiteren Voraussetzung ab, dass die feste Geschäftseinrichtung oder Anlage, in der der ständige Vertreter seine Tätigkeit für das Unternehmen ausübt, einer gewissen, nicht nur vorübergehenden Verfügungsgewalt des Unternehmens unterliegt (→ BFH vom 28.6.1972 – BStBl. II S. 785). Dem Vertreter müssen die Einrichtungen in der Weise überlassen worden sein, dass bei Beendigung seiner Tätigkeit für den Vertretenen das Gebrauchsrecht des Vertreters an ihnen entfällt (→ BFH vom 14.7.1971 – BStBl. II S. 776). Das ist nicht der Fall, wenn der ständige Vertreter seine Tätigkeit in Räumlichkeiten ausübt, die dem vertretenen Unternehmer weder als Eigentümer noch als Mieter gehören. Demgemäß ist die Betriebsstätte, die einem ständigen Vertreter gehört, der selbständiger Gewerbetreibender (z. B. Handelsvertreter i. S. d. § 84 HGB) ist, nur eine Betriebsstätte des Vertreters und nicht auch eine Betriebsstätte des vertretenen Unternehmers. Das Gleiche gilt in der Regel für Werbelokale einer Bausparkasse, die diese ihren Vertretern zur Verfügung stellt (→ BFH vom 12.10.1965 – BStBl. III S. 690). Auch der Versicherungsvertreter, der in vollem Umfang selbständiger Gewerbetreibender ist, begründet durch seinen Gewerbebetrieb in der Regel jedenfalls dann keine Betriebsstätte des Versicherungsunternehmens, wenn er die Büroräume gemietet hat und nur eigene Angestellte beschäftigt. Das Recht des Versicherungsunternehmens, die Räume des Versicherungsvertreters zur Überprüfung von Geschäftsvorfällen und zur Kontrolle des Geldverkehrs zu betreten, begründet auch dann keine Betriebsstätte des Versicherungsunternehmens, wenn das

[1] Nr. **1**.

schließt die erhöhte Kürzung des Gewerbeertrags nach § 9 Nr. 1 Satz 2 GewStG für den Erhebungszeitraum aus (→ BFH vom 20.1.1982 – BStBl. II S. 478). Einem grundstücksverwaltenden Unternehmen ist die erweiterte Kürzung des Gewerbeertrages gemäß § 9 Nr. 1 Satz 2 GewStG unbeschadet des darin bestimmten Ausschließlichkeitsgebots jedoch zu gewähren, wenn das Unternehmen sein einziges Grundstück zum 31. Dezember, 23.59 Uhr, des Erhebungszeitraumes veräußert (→ BFH vom 11.8.2004 – BStBl. II S. 1080).

Veräußerung eines Mitunternehmeranteils. Der Gewinn aus der Veräußerung eines Mitunternehmeranteils i. S. des § 7 Satz 2 Nr. 2 GewStG ist nicht in die erweiterte Kürzung gemäß § 9 Nr. 1 Satz 2 GewStG einzubeziehen. Der ab EZ 2004 erstmals anzuwendende § 9 Nr. 1 Satz 6 GewStG hat diesbezüglich lediglich klarstellende Bedeutung (→ BFH vom 18.12.2014 – BStBl. 2015 II S. 606).

Zeitweise Ausübung einer steuerschädlichen Tätigkeit. Eine steuerschädliche Tätigkeit, die zum Ausschluss der erweiterten Kürzung für den gesamten Erhebungszeitraum führt, liegt auch dann vor, wenn sie nicht während des ganzen Erhebungszeitraumes ausgeübt wird. Die erweiterte Kürzung kommt danach z. B. nicht in Betracht, wenn das Unternehmen erst im Laufe des Erhebungszeitraums von der gewerblichen zur vermögensverwaltenden Tätigkeit übergegangen ist (→ BFH vom 29.3.1973 – BStBl. II S. 563).

R 9.2 (2)

Begünstigte Tätigkeiten

(2) [1]Die neben der Vermögensverwaltung des Grundbesitzes erlaubten Tätigkeiten sind in § 9 Nr. 1 Satz 2 und 3 GewStG abschließend aufgezählt. [2]Darüber hinaus ausgeübte Tätigkeiten verstoßen auch dann gegen das Ausschließlichkeitsgebot, wenn sie von untergeordneter Bedeutung sind.[1)] [3]Die erweiterte Kürzung wird jedoch durch solche vermögensverwaltenden Tätigkeiten ausnahmsweise nicht ausgeschlossen, die der Verwaltung und Nutzung des Grundbesitzes im engeren Sinne dienen und als zwingend notwendiger Teil einer wirtschaftlich sinnvoll gestalteten eigenen Grundstücksverwaltung und Grundstücksnutzung angesehen werden können (→ Nebentätigkeiten). [4]Unternehmen, die auf Grund von Leasingverträgen anderen Personen Grundbesitz zum Gebrauch überlassen, können die erweiterte Kürzung in Anspruch nehmen, wenn ihre Betätigung für sich betrachtet ihrer Natur nach keinen Gewerbebetrieb darstellt, sondern als Vermögensverwaltung anzusehen ist.

H 9.2 (2)

Beteiligungen.

– Eine grundstücksverwaltende GmbH, die als Komplementärin an einer ihrerseits vermögensverwaltenden KG beteiligt ist, kann nicht die erweiterte Kürzung nach § 9 Nr. 1 Satz 2 GewStG in Anspruch nehmen.

---

1) Das Halten einer Beteiligung an einer gewerblich geprägten, grundstücksverwaltenden Personengesellschaft verstößt gegen das Ausschließlichkeitsgebot des § 9 Nr. 1 Satz 2 GewStG. BFH v. 27.6.2019 IV R 44/16, BStBl. II 2020, 24; dagegen eingelegte Vb. vom BVerfG (Beschl. v. 18.8.2021 1 BvR 2331/19) nicht angenommen.

Das Halten der Komplementärbeteiligung zählt nicht zum abschließenden Katalog der prinzipiell kürzungsunschädlichen Tätigkeiten des § 9 Nr. 1 Satz 2 GewStG (→ BFH vom 19.10.2010 – BStBl. 2011 II S. 367).[1)]

– Das Halten einer Beteiligung an einer Mitunternehmerschaft schließt die erweiterte Kürzung des Gewerbeertrags nach § 9 Nr. 1 Satz 2 GewStG unabhängig vom Umfang der Beteiligung und der daraus erzielten Einkünfte aus. Das gilt auch bei einer Beteiligung an einer grundstücksverwaltenden Mitunternehmerschaft (→ BFH vom 17.10.2002 – BStBl. 2003 II S. 355).

Betreuung von Wohnungsbauten.[2)] Die Betreuung von Wohnungsbauten im Sinne des § 9 Nr. 1 Satz 2 GewStG umfasst sowohl die Baubetreuung bei der Errichtung von Wohngebäuden als auch die Bewirtschaftungsbetreuung bei bereits fertig gestellten Wohngebäuden. Die Verwaltung bereits fertig gestellter fremder Gebäude ist auch dann als Betreuung von Wohnungsbauten anzusehen, wenn diese Gebäude vom Grundstücksunternehmer nicht selbst errichtet worden sind (→ BFH vom 17.9.2003 – BStBl. 2004 II S. 243).

Betriebsaufspaltung. Im Falle der Betriebsaufspaltung kann die Besitzgesellschaft die nur für die bloße Vermögensverwaltung von Grundbesitz geltende erweiterte Kürzung des § 9 Nr. 1 Satz 2 GewStG nicht in Anspruch nehmen (→ BFH vom 28.6.1973 – BStBl. II S. 688).[3)]

Betriebsverpachtung. Bei einer gewerbesteuerpflichtigen Betriebsverpachtung, z.B. durch eine gewerblich geprägte Personengesellschaft, ist die erweiterte Kürzung des Gewerbeertrags nach § 9 Nr. 1 Satz 2 GewStG grundsätzlich nicht anzuwenden (→ BFH vom 14.6.2005 – BStBl. II S. 778).

Betriebsvorrichtungen. Auch eine geringfügige Mitvermietung von Betriebsvorrichtungen, die sich weder auf dem vermieteten Grundstück befinden noch einen funktionalen Zusammenhang mit diesem aufweisen, steht einer ausschließlichen Grundstücksverwaltung i.S. von § 9 Nr. 1 Satz 2 GewStG entgegen (→ BFH vom 17.5.2006 – BStBl. II S. 659).

Eigener Grundbesitz. Der Begriff des Grundbesitzes richtet sich nach den Vorschriften des Bewertungsgesetzes. Zum Grundbesitz im Sinne des § 9 Nr. 1 Satz 2 GewStG gehören grundsätzlich nicht Mineralgewinnungsrechte und Betriebsvorrichtungen, auch wenn sie wesentliche Bestandteile des Grundstücks sind (→ BFH vom 26.2.1992 – BStBl. II S. 738).[4)] Zum Grundbesitz gehören jedoch Grundstücksteile, die nur wegen der Eigenart ihrer Nutzung durch den Mieter Betriebsvorrichtungen sind (→ BFH vom 22.6.1977 – BStBl. II S. 778). Eigener Grundbesitz ist nur der zum Betriebsvermögen des Unternehmens gehörende Grundbesitz. Die erweiterte Kürzung nach § 9 Nr. 1 Satz 2 GewStG kann daher nicht in Anspruch genommen werden, wenn das Unternehmen neben der eigenen Grundstücksverwaltung

[1)] Siehe aber BFH v. 25.9.2018 GrS 2/16, BStBl. II 2019, 262.

[2)] Keine erweiterte Kürzung nach § 9 Nr. 1 Satz 2 GewStG bei der Betreuung gemischt genutzter Grundstücke, siehe BFH v. 15.4.2021 IV R 32/18, BStBl. II 2021, 624.

[3)] Ebenso für die kapitalistische Betriebsaufspaltung; siehe BFH v. 24.1.2012 I B 136/11, BFH/NV 2012, 1176. – Siehe auch BFH v. 22.6.2016 X R 54/14, BStBl. II 2017, 529, zur vermögensverwaltenden Betriebs-Kapitalgesellschaft.

[4)] Siehe hierzu BFH v. 11.4.2019 III R 36/15, BStBl. II 2019, 705, zur Mitvermietung von Betriebsvorrichtungen.

als Mitunternehmer an einer nur grundstücksverwaltenden, gewerblich geprägten Personengesellschaft beteiligt ist (→ BFH vom 22.1.1992 – BStBl. II S. 628).[1] Zum eigenen Grundbesitz im Sinne des § 9 Nr. 1 Satz 2 und 3 GewStG gehören auch das Erbbaurecht und die auf Grund eines solchen Rechts errichteten Gebäude (→ BFH vom 15.4.1999 – BStBl. II S. 532).

Gewerblicher Grundstückshandel. Die erweiterte Kürzung nach § 9 Nr. 1 Satz 2 GewStG kommt nicht in Betracht, wenn ein Grundstücksverwaltungsunternehmen in einem Umfang Grundstücke erwirbt und veräußert, der diesem Tätigkeitsbereich gewerblichen Charakter verleiht. Ob eine solche Tätigkeit vorliegt, ist nicht nach den Verhältnissen eines einzigen Erhebungszeitraums, sondern nach dem Gesamtbild der Verhältnisse eines mehrjährigen Zeitraums zu beurteilen (→ BFH vom 9.10.1974 – BStBl. 1975 II S. 44). Ein gelegentlicher Grundstücksverkauf stellt dagegen die ausschließliche Tätigkeit als Grundstücksverwaltungsgesellschaft nicht in Frage (→ BFH vom 24.2.1971 – BStBl. II S. 338).

Gewerbliche Grundstücksverwaltung. Die erweiterte Kürzung nach § 9 Nr. 1 Satz 2 GewStG ist nicht anzuwenden auf solche Unternehmen, bei denen die Grundstücksverwaltung über den Rahmen einer Vermögensverwaltung hinausgeht und gewerblichen Charakter annimmt (→ BFH vom 29.3.1973 – BStBl. II S. 686, vom 28.6.1973 – BStBl. II S. 688 und vom 31.7.1990 – BStBl. II S. 1075).

Gewerbliche Tätigkeit.[2], [3] Eine gewerbliche Betätigung, die nicht zu den in § 9 Nr. 1 Satz 2 GewStG genannten unschädlichen Nebentätigkeiten gehört, schließt grundsätzlich selbst dann die erweiterte Kürzung des Gewerbeertrags aus, wenn sie von untergeordneter Bedeutung ist (→ BFH vom 17.5.2006 – BStBl. II S. 659).

Kapitalvermögen. Neben der Verwaltung eigenen Grundbesitzes kann eigenes Kapitalvermögen verwaltet und genutzt werden. Die Verwaltung und Nutzung eigenen Kapitalvermögens darf jedoch für sich betrachtet keine ihrer Natur nach gewerbliche Tätigkeit darstellen. Zum „eigenen" Kapitalvermögen können von dritter Seite beschaffte Gelder gehören (→ BFH vom 3.8.1972 – BStBl. II S. 799).

Nebentätigkeiten. Eine für die erweiterte Kürzung unschädliche Nebentätigkeit liegt z. B. vor, wenn sie erforderlich ist, um für die Grundstücksverwaltung und -nutzung benötigte Kredite zu beschaffen (→ BFH vom 23.7.1969 – BStBl. II S. 664). Entsprechendes gilt, wenn durch einen Brennstoffeinkauf im Großen zugleich für andere gleichartige Unternehmen die eigene Grundstücksverwaltung verbilligt werden soll, es sei denn, der Brennstoffhandel stellt für sich gesehen eine gewerbliche Tätigkeit dar (→ BFH vom 27.4.1977 – BStBl. II S. 776). Der Anwendung der erweiterten Kürzung steht nicht entgegen, dass die Gesellschaft sich an der gemeinschaftlichen Verwaltung eines

---

[1] Siehe aber BFH v. 25.9.2018 GrS 2/16, BStBl. II 2019, 262.

[2] Zur Behandlung von Einnahmen aus der Lieferung von Strom bzw. Wärme siehe gleich lautenden Ländererlass v. 17.6.2022, BStBl. I 2022, 958.

[3] Zu Billigkeitsmaßnahmen im Zusammenhang mit der Unterbringung von Kriegsflüchtlingen aus der Ukraine bei der Anwendung der erweiterten Kürzung nach § 9 Nr. 1 Satz 2 ff. GewStG siehe gleich lautenden Ländererlass v. 31.3.2022, BStBl. I 2022, 335.

Grundstücks beteiligt, dessen Miteigentümerin sie zu $^2/_3$ Anteilen ist (→ BFH vom 9.2.1966 – BStBl. III S. 253).

Organschaft.

– Im Falle der Organschaft sind die Voraussetzungen für die Anwendung der Kürzungsvorschrift des § 9 Nr. 1 Satz 2 und 3 GewStG mit Wirkung auf den im Organkreis erzielten und beim Organträger zusammenzurechnenden Gewerbeertrag für die zum Organkreis gehörenden Unternehmen gesondert zu prüfen. Ob die erweiterte Kürzung bei dem einzelnen Unternehmen des Organkreises zu berücksichtigen ist, richtet sich jeweils allein nach den bei diesem Unternehmen gegebenen Verhältnissen (→ BFH vom 30.7.1969 – BStBl. II S. 629).
– Die erweiterte Kürzung für Grundstücksunternehmen ist zu versagen, wenn es sich bei dem Grundstücksunternehmen um eine Organgesellschaft handelt, die alle ihre Grundstücke an eine andere Organgesellschaft desselben Organkreises vermietet (→ BFH vom 18.5.2011 – BStBl. II S. 887).

Sicherheitenbestellung. Die auf Grundstücke bezogene entgeltliche oder unentgeltliche Bestellung von Sicherheiten (z. B. Bestellung einer Grundschuld) für Kredite Dritter ist als Verwaltung und Nutzung eigenen Grundbesitzes i. S. des § 9 Nr. 1 Satz 2 GewStG zu beurteilen, sofern sie nicht den Umfang einer gewerblichen Tätigkeit annimmt (→ BFH vom 13.8.1997 – BStBl. 1998 II S. 270 und vom 17.1.2006 – BStBl. II S. 434).

Veräußerung von Grundbesitz. Die erweiterte Kürzung nach § 9 Nr. 1 Satz 2 GewStG ist nicht anzuwenden, wenn ein Unternehmen aufgrund der Veräußerung von Grundbesitz eine gewerbliche Tätigkeit ausübt, die nicht ausschließlich in der Errichtung und Veräußerung von Kaufeigenheimen, Kleinsiedlungen und Eigentumswohnungen im Sinne des § 9 Nr. 1 Satz 2 und 3 GewStG besteht (→ BFH vom 31.7.1990 – BStBl. II S. 1075).

R 9.2 (3)

Umfang der Kürzung

(3) Die Kürzung nach § 9 Nr. 1 Satz 2 GewStG umfasst nur den Teil des Gewerbeertrags des Grundstücksunternehmens, der auf die Verwaltung und Nutzung des eigenen Grundbesitzes, einschließlich der in R 9.2 Abs. 2 Satz 3 genannten ausnahmsweise zugelassenen Nebentätigkeiten, entfällt.

H 9.2 (3)

Kapitalerträge. Zinserträge werden auch dann nicht von der erweiterten Kürzung gemäß § 9 Nr. 1 Satz 2 GewStG umfasst, wenn sie aus der Anlage vereinnahmter Mietüberschüsse resultieren und wenn diese Anlage vorgenommen worden ist, um Grundstücksdarlehen tilgen zu können (→ BFH vom 15.3.2000 – BStBl. II S. 355).

Reinvestitionsrücklage § 6b EStG. Die erweiterte Kürzung gemäß § 9 Nr. 1 Satz 2 GewStG erfasst den Gewinn aus der Auflösung einer gemäß § 6b Abs. 3 EStG gebildeten Rücklage, wenn der ohne Bildung der Rücklage entstandene Veräußerungsgewinn nach § 9 Nr. 1 Satz 2 GewStG gewerbesteuerfrei gewesen wäre und wenn auch bei der Auflösung der Rücklage die Voraussetzungen des § 9 Nr. 1 Satz 2 GewStG vorliegen. Daran fehlt es nicht deshalb, weil der veräußerte Grundbesitz im Zeitpunkt der

500. Umsatzsteuer-Anwendungserlass (UStAE)

Vom 1. Oktober 2010 (BStBl. I 2010, 846)[1)]

(BMF IV D 3 – S 7015/10/10002; DOK 2010/0815152)

Geändert durch BMF-Schreiben vom 21.10.2010 (BStBl. I 2010, 1192), vom 26.10.2010 (BStBl. I 2010, 1197) vom 27.10.2010 (BStBl. I 2010, 1273), vom 1.12.2010 (BStBl. I 2010, 1375), vom 8.12.2010 (BStBl. I 2010, 1501), vom 15.12.2010 (BStBl. I 2010, 1502), vom 17.12.2010 (BStBl. I 2010, 1512), vom 21.12.2010 (BStBl. I 2011, 46), vom 4.2.2011 (BStBl. I 2011, 156 und 162), vom 2.3.2011 (BStBl. I 2011, 232), vom 3.3.2011 (BStBl. I 2011, 233), vom 14.3.2011 (BStBl. I 2011, 254), vom 25.3.2011 (BStBl. I 2011, 304), vom 7.4.2011 (BStBl. I 2011, 306), vom 8.4.2011 (BStBl. I 2011, 307), vom 11.4.2011 (BStBl. I 2011, 459), vom 15.4.2011 (BStBl. I 2011, 489), vom 2.5.2011 (BStBl. I 2011, 490), vom 12.5.2011 (BStBl. I 2011, 535), vom 7.6.2011 (BStBl. I 2011, 581), vom 8.6.2011 (BStBl. I 2011, 582), 2 Schreiben vom 10.6.2011 (BStBl. I 2011, 583), vom 22.6.2011 (BStBl. I 2011, 597), vom 23.6.2011 (BStBl. I 2011, 677), vom 24.6.2011 (BStBl. I 2011, 687), vom 29.6.2011 (BStBl. I 2011, 702), vom 5.7.2011 (BStBl. I 2011, 703), vom 6.7.2011 (BStBl. I 2011, 738), vom 7.7.2011 (BStBl. I 2011, 739), vom 27.7.2011 (BStBl. I 2011, 752), vom 2.8.2011 (BStBl. I 2011, 754), vom 8.8.2011 (BStBl. I 2011, 755), vom 31.8.2011 (BStBl. I 2011, 825), vom 22.9.2011 (BStBl. I 2011, 910), vom 26.9.2011 (BStBl. I 2011, 980), vom 30.9.2011 (BStBl. I 2011, 981), vom 5.10.2011 (BStBl. I 2011, 982), vom 11.10.2011 (BStBl. I 2011, 983), vom 14.11.2011 (BStBl. I 2011, 1158), vom 9.12.2011 (BStBl. I 2011, 1272, 1273 und 1288), vom 12.12.2011 (BStBl. I 2011, 1289), vom 2.1.2012 (BStBl. I 2012, 59 und 60), vom 3.1.2012 (BStBl. I 2012, 76), vom 18.1.2012 (BStBl. I 2012, 139), vom 19.1.2012 (BStBl. I 2012, 209), vom 6.2.2012 (BStBl. I 2012, 212), vom 21.3.2012 (BStBl. I 2012, 343, 344), vom 28.3.2012 (BStBl. I 2012, 481, 482), vom 29.3.2012 (BStBl. I 2012, 483), vom 2.4.2012 (BStBl. I 2012, 484), vom 3.4.2012 (BStBl. I 2012, 486), vom 24.4.2012 (BStBl. I 2012, 533), vom 19.6.2012 (BStBl. I 2012, 682), vom 2.7.2012 (BStBl. I 2012, 726), vom 25.7.2012 (BStBl. I 2012, 876), vom 20.8.2012 (BStBl. I 2012, 877), vom 31.8.2012 (BStBl. I 2012, 932), vom 24.10.2012 (BStBl. I 2012, 1086), vom 13.11.2012 (BStBl. I 2012, 1169), vom 14.11.2012 (BStBl. I 2012, 1170), vom 21.11.2012 (BStBl. I 2012, 1229), vom 30.11.2012 (BStBl. I 2012, 1230), vom 12.12.2012 (BStBl. I 2012, 1259), vom 17.12.2012 (BStBl. I 2012, 1260), vom 18.12.2012 (BStBl. I 2012, 1272), vom 22.1.2013 (BStBl. I 2013, 178), vom 22.2.2013 (BStBl. I 2013, 268), vom 7.3.2013 (BStBl. I 2013, 333), vom 20.3.2013 (BStBl. I 2013, 335 und 444), vom 25.3.2013 (BStBl. I 2013, 449), vom 26.3.2013 (BStBl. I 2013, 450), vom 27.3.2013 (BStBl. I 2013, 452), vom 2.4.2013 (BStBl. I 2013, 454), vom 9.4.2013 (BStBl. I 2013, 517), vom 12.4.2013 (BStBl. I 2013, 518), vom 26.4.2013 (BStBl. I 2013, 714), vom 10.6.2013 (BStBl. I 2013, 780), vom 28.6.2013 (BStBl. I 2013, 852), vom 8.7.2013 (BStBl. I 2013, 860), vom 12.7.2013 (BStBl. I 2013, 923), vom 31.7.2013 (BStBl. I 2013, 964), vom 26.8.2013 (BStBl. I 2013, 1018), vom 12.9.2013 (BStBl. I 2013, 1176), vom 13.9.2013 (BStBl. I 2013, 1179), vom 16.9.2013 (BStBl. I 2013, 1192), vom 19.9.2013 (BStBl. I 2013, 1212), vom 24.9.2013 (BStBl. I 2013, 1219), vom 23.10.2013 (BStBl. I 2013, 1303 und 1304), vom 25.10.2013 (BStBl. I 2013, 1305), vom 28.10.2013 (BStBl. I 2013, 1382), vom 31.10.2013 (BStBl. I 2013, 1383 und 1384), vom 4.11.2013 (BStBl. I 2013, 1385), vom 5.11.2013 (BStBl. I 2013, 1386), vom 8.11.2013 (BStBl. I 2013, 1389), vom 15.11.2013 (BStBl. I 2013, 1475 und 1477), vom 20.11.2013 (BStBl. I 2013, 1581), vom 21.11.2013 (BStBl. I 2013, 1583 und 1584), vom 22.11.2013 (BStBl. I 2013, 1590), vom 28.11.2013 (BStBl. I 2013, 1594), vom 29.11.2013 (BStBl. I 2013, 1596), vom 9.12.2013 (BStBl. I 2013, 1620), vom 10.12.2013 (BStBl. I 2013, 1621 und 1623), vom 11.12.2013 (BStBl. I 2013, 1625), vom 12.12.2013 (BStBl. I 2013, 1627), vom 16.12.2013 (BStBl. I 2013, 1638), vom 2.1.2014 (BStBl. I 2014, 119), vom 6.1.2014 (BStBl. I 2014, 152), vom 20.1.2014

---

1) Auch Änderungen von Anwendungsregelungen sind in den Änderungsnachweis aufgenommen.

(BStBl. I 2014, 154), vom 31.1.2014 (BStBl. I 2014, 217), vom 4.2.2014 (BStBl. I 2014, 229), vom 5.2.2014 (BStBl. I 2014, 233), vom 6.2.2014 (BStBl. I 2014, 267 und 269), vom 7.2.2014 (BStBl. I 2014, 271), vom 28.2.2014 (BStBl. I 2014, 279), vom 20.3.2014 (BStBl. I 2014, 603), vom 4.4.2014 (BStBl. I 2014, 801), vom 10.4.2014 (BStBl. I 2014, 802), vom 29.4.2014 (BStBl. I 2014, 814), vom 30.4.2014 (BStBl. I 2014, 816), vom 5.5.2014 (BStBl. I 2014, 820), vom 8.5.2014 (BStBl. I 2014, 823), vom 5.6.2014 (BStBl. I 2014, 896), vom 12.6.2014 (BStBl. I 2014, 909), vom 1.7.2014 (BStBl. I 2014, 1111), vom 22.7.2014 (BStBl. I 2014, 1113), vom 25.7.2014 (BStBl. I 2014, 1114), vom 31.7.2014 (BStBl. I 2014, 1073), vom 26.8.2014 (BStBl. I 2014, 1216), vom 27.8.2014 (BStBl. I 2014, 1218), vom 19.9.2014 (BStBl. I 2014, 1287), vom 26.9.2014 (BStBl. I 2014, 1297), vom 1.10.2014 (BStBl. I 2014, 1322), vom 17.10.2014 (BStBl. I 2014, 1369), vom 20.10.2014 (BStBl. I 2014, 1372), vom 28.10.2014 (BStBl. I 2014, 1439), vom 4.12.2014 (BStBl. I 2014, 1617), vom 8.12.2014 (BStBl. I 2014, 1619), vom 9.12.2014 (BStBl. I 2014, 1620), vom 10.12.2014 (BStBl. I 2014, 1622), vom 11.12.2014 (BStBl. I 2014, 1631), vom 18.12.2014 (BStBl. I 2015, 44), vom 22.1.2015 (BStBl. I 2015, 123), vom 23.1.2015 (BStBl. I 2015, 144), vom 27.1.2015 (BStBl. I 2015, 164), vom 4.2.2015 (BStBl. I 2015, 166), vom 19.2.2015 (BStBl. I 2015, 217), vom 27.2.2015 (BStBl. I 2015, 232), vom 13.3.2015 (BStBl. I 2015, 234), vom 2.4.2015 (BStBl. I 2015, 272), vom 24.4.2015 (BStBl. I 2015, 456), vom 5.5.2015 (BStBl. I 2015, 458), vom 21.5.2015 (BStBl. I 2015, 491), vom 17.6.2015 (BStBl. I 2015, 513), vom 19.6.2015 (BStBl. I 2015, 559), vom 7.7.2015 (BStBl. I 2015, 562), vom 3.8.2015 (BStBl. I 2015, 624), vom 27.8.2015 (BStBl. I 2015, 656), vom 31.8.2015 (BStBl. I 2015, 737), vom 4.9.2015 (BStBl. I 2015, 738), vom 7.10.2015 (BStBl. I 2015, 782), vom 14.10.2015 (BStBl. I 2015, 832), vom 21.10.2015 (BStBl. I 2015, 835), vom 4.11.2015 (BStBl. I 2015, 886), vom 12.11.2015 (BStBl. I 2015, 887), vom 2.12.2015 (BStBl. I 2015, 1012), vom 7.12.2015 (BStBl. I 2015, 1014), vom 8.12.2015 (BStBl. I 2015, 1066), vom 15.12.2015 (BStBl. I 2015, 1067),[1] vom 21.1.2016 (BStBl. I 2016, 150), vom 16.2.2016 (BStBl. I 2016, 239), vom 23.2.2016 (BStBl. I 2016, 240), vom 2.3.2016 (BStBl. I 2016, 287), vom 25.4.2016 (BStBl. I 2016, 484), vom 18.5.2016 (BStBl. I 2016, 506), vom 2.6.2016 (BStBl. I 2016, 531), vom 10.8.2016 (BStBl. I 2016, 820), vom 28.9.2016 BStBl. I 2016, 1043), 2 Schreiben v. 4.10.2016 (BStBl. I 2016, 1059 und 1074), vom 24.11.2016 (BStBl. I 2016, 1328), vom 2.12.2016 (BStBl. I 2016, 1450), vom 16.12.2016 (BStBl. I 2016, 1451), vom 19.12.2016 (BStBl. I 2016, 1459), vom 17.1.2017 (BStBl. I 2017, 104), vom 23.1.2017 (BStBl. I 2017, 108), vom 26.1.2017 (BStBl. I 2017, 175), vom 3.2.2017 (BStBl. I 2017, 180), vom 10.2.2017 (BStBl. I 2017, 350), vom 21.3.2017 (BStBl. I 2017, 482), vom 12.4.2017 (BStBl. I 2017, 710), vom 8.5.2017 (BStBl. I 2017, 745), vom 9.5.2017 (BStBl. I 2017, 780), vom 26.5.2017 (BStBl. I 2017, 790), vom 2.6.2017 (BStBl. I 2017, 850), vom 6.6.2017 (BStBl. I 2017, 853), vom 8.6.2017 (BStBl. I 2017, 858), vom 3.7.2017 (BStBl. I 2017, 885), vom 10.7.2017 (BStBl. I 2017, 888), vom 13.7.2017 (BStBl. I 2017, 992), vom 14.7.2017 (BStBl. I 2017, 997), vom 26.7.2017 (BStBl. I 2017, 1001), vom 2.8.2017 (BStBl. I 2017, 1240), vom 22.9.2017 (BStBl. I 2017, 1299), vom 6.10.2017 (BStBl. I 2017, 1349), vom 10.10.2017 (BStBl. I 2017, 1442), vom 8.11.2017 (BStBl. I 2017, 1517), vom 15.11.2017 (BStBl. I 2017, 1518), vom 30.11.2017 (BStBl. I 2017, 1599), vom 5.12.2017 (BStBl. I 2017, 1658), vom 6.12.2017 (BStBl. I 2017, 1660), vom 7.12.2017 (BStBl. I 2017, 1662), vom 8.12.2017 (BStBl. I 2017, 1664), vom 8.12.2017 (BStBl. I 2017, 1665), vom 13.12.2017 (BStBl. I 2017, 1667), vom 13.12.2017 (BStBl. I 2018, 72), vom 14.12.2017 (BStBl. I 2017, 1673), vom 7.2.2018 (BStBl. I 2018, 302), vom 27.2.2018 (BStBl. I 2018, 316), vom 23.4.2018 (BStBl. I 2018, 638), vom 18.5.2018 (BStBl. I 2018, 695), vom 17.7.2018 (BStBl. I 2018, 820), vom 5.9.2018 (BStBl. I 2018, 1012), vom 4.10.2018 (BStBl. I 2018, 1090), vom 31.10.2018 (BStBl. I 2018, 1203), vom 27.11.2018 (BStBl. I 2018, 1363), vom 3.12.2018 (BStBl. I 2018, 1365), vom 7.12.2018 (BStBl. I 2018, 1401), 2 Schreiben vom 14.12.2018 (BStBl. I 2018, 1402 und 1429), vom 2.1.2019 (BStBl. I 2019, 17), vom 23.5.2019 (BStBl. I 2019, 510), vom 23.5.2019 (BStBl. I 2019, 511), vom 27.5.2019 (BStBl. I 2019, 512), vom 18.6.2019 (BStBl. I 2019, 591), vom 17.7.2019 (BStBl. I 2019, 835), vom 18.12.2019 (BStBl. I 2019, 1396), vom 19.12.2019 (BStBl. I 2019, 1399), vom 10.1.2020 (BStBl. I 2020, 184), vom 14.1.2020 (BStBl. I 2020, 196), vom 6.2.2020 (BStBl. I

[1] Die Änderungen des UStAE sind sämtlich eingearbeitet; die Ersetzung der Begriffe „Abgabe, abgeben" usw. durch „Übermittlung, übermitteln" usw. wurde durchgeführt, aber nicht einzeln durch Fußnoten nachgewiesen.

2020, 235), vom 18.3.2020 (BStBl. I 2020, 286), vom 23.3.2020 (BStBl. I 2020, 288), vom 24.3.2020 (BStBl. I 2020, 291), vom 7.5.2020 (BStBl. I 2020, 530), vom 2.6.2020 (BStBl. I 2020, 545), vom 3.6.2020 (BStBl. I 2020, 546), vom 15.6.2020 (BStBl. I 2020, 580), vom 17.6.2020 (BStBl. I 2020, 581), vom 25.6.2020 (BStBl. I 2020, 582), vom 2.7.2020 (BStBl. I 2020, 610), vom 7.7.2020 (BStBl. I 2020, 642), vom 9.7.2020 (BStBl. I 2020, 643), vom 13.7.2020 (BStBl. I 2020, 644), vom 16.7.2020 (BStBl. I 2020, 645), vom 3.8.2020 (BStBl. I 2020, 646), vom 5.8.2020 (BStBl. 2020, 669), vom 20.8.2020 (BStBl. I 2020, 671), vom 28.8.2020 (BStBl. I 2020, 928), vom 3.9.2020 (BStBl. I 2020, 940), vom 18.9.2020 (BStBl. I 2020, 976), vom 30.9.2020 (BStBl. I 2020, 982), vom 1.10.2020 (BStBl. I 2020, 983), vom 9.10.2020 (BStBl. I 2020, 1038), vom 14.10.2020 (BStBl. I 2020, 1043), vom 28.10.2020 (BStBl. I 2020, 1120), vom 2.11.2020 (BStBl. I 2020, 1121), vom 6.11.2020 (BStBl. I 2020, 1202), vom 12.11.2020 (BStBl. I 2020, 1265), vom 16.11.2020 (BStBl. I 2020, 1267), vom 23.11.2020 (BStBl. I 2020, 1335), vom 15.12.2020 (BStBl. I 2020, 1374), vom 16.12.2020 (BStBl. I 2020, 1379) vom 18.12.2020 (BStBl. I 2021, 64), vom 23.12.2020 (BStBl. I 2021, 92), vom 11.1.2021 (BStBl. I 2021, 120), vom 18.1.2021 (BStBl. I 2021, 121), vom 29.1.2021 (BStBl. I 2021, 250), vom 4.2.2021 (BStBl. I 2021, 312), vom 10.2.2021 (BStBl. I 2021, 314), vom 4.3.2021 (BStBl. I 2021, 316), vom 11.3.2021 (BStBl. I 2021, 380), vom 12.3.2021 (BStBl. I 2021, 380), vom 15.3.2021 (BStBl. I 2021, 381), vom 18.3.2021 (BStBl. I 2021, 384), vom 26.3.2021 (BStBl. I 2021, 385), vom 29.3.2021 (BStBl. I 2021, 386), vom 1.4.2021 (BStBl. I 2021, 629), vom 20.4.2021 (BStBl. I 2021, 705), vom 22.4.2021 (BStBl. I 2021, 712), vom 3.5.2021 (BStBl. I 2021, 713), vom 11.5.2021 (BStBl. I 2021, 781), vom 3.6.2021 (BStBl. I 2021, 777), vom 9.6.2021 (BStBl. I 2021, 778 und 780), vom 18.6.2021 (BStBl. I 2021, 871), vom 22.6.2021 (BStBl. I 2021, 856), vom 24.6.2021 (BStBl. 2021, 857), vom 28.6.2021 (BStBl. I 2021, 868), vom 2.7.2021 (BStBl. I 2021, 918), vom 8.7.2021 (BStBl. I 2021, 919), vom 22.7.2021 (BStBl. I 2021, 1023), vom 19.8.2021 (BStBl. I 2021, 1088), vom 7.9.2021 (BStBl. I 2021, 1591), vom 9.9.2021 (BStBl. I 2021, 1593), vom 27.9.2021 (BStBl. I 2021, 1810, 1812 und 1856), vom 28.9.2021 (BStBl. I 2021, 1858), vom 1.10.2021 (BStBl. I 2021, 1859), vom 4.10.2021 (BStBl. I 2021, 1861), vom 18.10.2021 (BStBl. I 2021, 2142), vom 27.10.2021 (BStBl. I 2021, 2137 und 2139), vom 16.11.2021 (BStBl. I 2021, 2329), vom 1.12.2021 (BStBl. I 2021, 2486 und 2488), vom 10.12.2021 (BStBl. I 2021, 2492), vom 17.12.2021 (BStBl. I 2021, 2502 und 2504), vom 17.1.2022 (BStBl. I 2022, 161), vom 7.2.2022 (BStBl. I 2022, 197), vom 15.3.2022 (BStBl. I 2022, 351), vom 29.3.2022 (BStBl. I 2022, 567), vom 30.3.2022 (BStBl. I 2022, 568), vom 12.4.2022 (BStBl. I 2022, 650 und 652), vom 26.4.2022 (BStBl. I 2022, 655), vom 2.5.2022 (BStBl. I 2022, 736), vom 20.5.2022 (BStBl. I 2022, 738), vom 2.6.2022 (BStBl. I 2022, 926), vom 15.6.2022 (BStBl. I 2022, 1001), vom 16.6.2022 (BStBl. I 2022, 1003), vom 22.6.2022 (BStBl. I 2022, 1004), vom 24.6.2022 (BStBl. I 2022, 1006)

Inhaltsübersicht

Zu § 1 UStG

Zu § 1a UStG

Zu § 1b UStG

Zu § 1c UStG

Zu § 2 UStG

Zu § 2b UStG

Zu § 3 UStG

Zu § 25e UStG

Zu § 25f UStG

Zu § 26 Abs. 3 UStG

Zu § 27 UStG

Zu § 27a UStG

Zu § 27b UStG

Zu § 29 UStG

Anlagen

(21) [1]Einkaufspreise für andere Energieträger (z. B. Elektrizität, Heizöl oder Gas) kommen als Bemessungsgrundlage nach § 10 Abs. 4 Satz 1 Nr. 1 UStG nur dann in Betracht, wenn eine Wärmeerzeugung auf deren Basis keine aufwändigen Investitionen voraussetzt, die Inbetriebnahme der anderen Wärmeerzeugungsanlage (z. B. Heizöl-Wärmetherme) jederzeit möglich ist und der Bezug des anderen Energieträgers (z. B. Heizöl) ohne weiteres bewerkstelligt werden kann. [2]Die Einbeziehung von Wärmenutzungskonzepten (z. B. Biomasse-Container, Contracting-Vereinbarungen oder mobile Wärmespeicher) scheidet regelmäßig aus, da diese Heizmethoden aufwändige Investitionen voraussetzen und damit die so erzeugte Wärme für den KWK-Anlagenbetreiber im Zeitpunkt des Bezugs der selbsterzeugten Wärme nicht ebenso erreichbar und einsetzbar ist wie die selbsterzeugte Wärme.

(22) [1]Ist ein (fiktiver) Einkaufspreis nicht feststellbar, sind die Selbstkosten als Bemessungsgrundlage nach § 10 Abs. 4 Satz 1 Nr. 1 UStG anzusetzen (vgl. BFH-Urteil vom 12.12.2012, XI R 3/10, BStBl. 2014 II S. 809). [2]Die Selbstkosten umfassen alle vorsteuerbelasteten und nichtvorsteuerbelasteten Kosten, die für die Herstellung der jeweiligen Wärmemenge im Zeitpunkt der Entnahme unter Berücksichtigung der tatsächlichen Verhältnisse vor Ort anfallen würden. [3]Hierzu gehören neben den Anschaffungs- oder Herstellungskosten der Anlage auch die laufenden Aufwendungen, wie z. B. die Energieträgerkosten zur Befeuerung der Anlage (Erdgas etc.) oder die Aufwendungen zur Finanzierung der Anlage. [4]Wird die KWK-Anlage mit Gas aus einer eigenen Biogasanlage des Unternehmers betrieben, sind die Produktionskosten des Biogases ebenfalls in die Selbstkosten einzubeziehen. [5]Bei der Ermittlung der Selbstkosten sind die Anschaffungs- oder Herstellungskosten der Anlage auf die betriebsgewöhnliche Nutzungsdauer, die nach den ertragsteuerrechtlichen Grundsätzen anzusetzen ist, zu verteilen. [6]Die Selbstkosten sind grundsätzlich im Verhältnis der erzeugten Mengen an elektrischer und thermischer Energien in der einheitlichen Messgröße kWh aufzuteilen (sog. energetische Aufteilungsmethode).[1)] [7]Andere Aufteilungsmethoden, z. B. exergetische Allokations- oder Marktwertmethode, kommen nicht in Betracht. [8]Aus Vereinfachungsgründen ist es jedoch nicht zu beanstanden, wenn der Unternehmer die unentgeltliche Wärmeabgabe nach dem bundesweit einheitlichen durchschnittlichen Fernwärmepreis des jeweiligen Vorjahres auf Basis der jährlichen Veröffentlichungen des Bundesministeriums für Wirtschaft und Energie (sog. Energiedaten) bemisst.

Mindestbemessungsgrundlage bei der Abgabe von Wärme

(23) [1]Wird die mittels Kraft-Wärme-Kopplung erzeugte Wärme an einen Dritten geliefert, ist Bemessungsgrundlage für diese Lieferung grundsätzlich das vereinbarte Entgelt (§ 10 Abs. 1 UStG). [2]Handelt es sich bei dem Dritten um eine nahe stehende Person, ist die Mindestbemessungsgrundlage des § 10 Abs. 5 UStG zu prüfen (vgl. Abschnitt 10.7). [3]Die Bemessungsgrundlage wird nach § 10 Abs. 5 in Verbindung mit Abs. 4 Satz 1 Nr. 1 UStG bestimmt, wenn das tatsächliche Entgelt niedriger als die Kosten nach § 10 Abs. 4 Satz 1

---

1) Siehe aber BFH v. 25.11.2021 V R 45/20, DStR 2022, 766, zu einer unentgeltlichen Wärmeabgabe aus mit Vorsteuerabzug hergestellter Biogasanlage.

Nr. 1 UStG ist. [4]Der Umsatz bemisst sich jedoch höchstens nach dem marktüblichen Entgelt. [5]Marktübliches Entgelt ist der gesamte Betrag, den ein Leistungsempfänger an einen Unternehmer unter Berücksichtigung der Handelsstufe zahlen müsste, um die betreffende Leistung zu diesem Zeitpunkt unter den Bedingungen des freien Wettbewerbs zu erhalten. [6]Daher sind für die Ermittlung des marktüblichen Entgelts (Marktpreis) die konkreten Verhältnisse am Standort des Energieverbrauches, also im Regelfall des Betriebs des Leistungsempfängers, entscheidend. [7]Die Ausführungen in Absatz 15 zum fiktiven Einkaufspreis gelten sinngemäß. [8]Ist danach ein marktübliches Entgelt nicht feststellbar, sind die Kosten nach § 10 Abs. 4 Satz 1 Nr. 1 UStG maßgeblich. [9]Auf die Anwendung der Vereinfachungsregelung nach Absatz 22 Satz 8 wird hingewiesen.

Prämien für die Direktvermarktung

(24) [1]Anstelle der Inanspruchnahme der gesetzlichen Einspeisevergütung nach dem EEG können Betreiber von Anlagen zur Produktion von Strom aus erneuerbaren Energien den erzeugten Strom auch direkt vermarkten (durch Lieferung an einen Stromhändler oder -versorger bzw. an einen Letztverbraucher oder durch Vermarktung an der Strombörse). [2]Da der erzielbare Marktpreis für den direkt vermarkteten Strom in der Regel unter der Einspeisevergütung nach dem EEG liegt, erhält der Anlagenbetreiber als Anreiz für die Direktvermarktung ab dem 1.1.2012 von dem jeweiligen Einspeisenetzbetreiber unter den Voraussetzungen des § 33g EEG in Verbindung mit Anlage 4 zum EEG eine Marktprämie einschließlich einer Managementprämie und des § 33i EEG in Verbindung mit Anlage 5 zum EEG eine Flexibilitätsprämie. [3]Die Managementprämie wird zur Abgeltung des mit der Direktvermarktung verbundenen Vermarktungsaufwandes gewährt. [4]Bei den Prämien handelt es sich jeweils um echte, nichtsteuerbare Zuschüsse. [5]Dies gilt auch, wenn der Anlagenbetreiber einen Dritten mit der Vermarktung des Stroms beauftragt, dieser Dritte neben der eigentlichen Vermarktung auch die Beantragung sowie Zahlungsabwicklung der von dem Netzbetreiber zu zahlenden Prämien übernimmt und die Prämien an den Anlagenbetreiber einschließlich des Entgelts für die Stromlieferung weiterreicht. [6]Behält der Dritte einen Teil der dem Anlagenbetreiber zustehenden Prämien für seine Tätigkeit ein, handelt es sich dabei regelmäßig um Entgeltzahlungen für eine selbständige steuerbare Leistung des Dritten.

2.6 Beginn und Ende der Unternehmereigenschaft[1)]

(1) [1]Die Unternehmereigenschaft beginnt mit dem ersten nach außen erkennbaren, auf eine Unternehmertätigkeit gerichteten Tätigwerden, wenn die spätere Ausführung entgeltlicher Leistungen beabsichtigt ist (Verwendungsabsicht) und die Ernsthaftigkeit dieser Absicht durch objektive Merkmale nachgewiesen oder glaubhaft gemacht wird. [2]In diesem Fall entfällt die Unternehmereigenschaft – außer in den Fällen von Betrug und Missbrauch – nicht rückwirkend, wenn es später nicht oder nicht nachhaltig zur Ausführung entgeltlicher Leistungen kommt. [3]Vorsteuerbeträge, die den beabsichtigten Umsätzen, bei denen der Vorsteuerabzug – auch auf Grund von Option –

---

1) Zur Gründung von Gesellschaften vgl. A 1.6 Abs. 2 UStAE. – Zur Voranmeldung in Neugründungsfällen vgl. A 18.7 UStAE.

(6) [1] Wird ein dem Unternehmen dienender Gegenstand während der Dauer einer nichtunternehmerischen Verwendung auf Grund äußerer Einwirkung zerstört, z.B. Totalschaden eines Personenkraftwagens infolge eines Unfalls auf einer Privatfahrt, liegt keine Entnahme eines Gegenstands aus dem Unternehmen vor. [2] Das Schadensereignis fällt in den Vorgang der nichtunternehmerischen Verwendung und beendet sie wegen Untergangs der Sache. [3] Eine Entnahmehandlung ist in Bezug auf den unzerstörten Gegenstand nicht mehr möglich (vgl. BFH-Urteile vom 28.2.1980, V R 138/72, BStBl. II S. 309, und vom 28.6.1995, XI R 66/94, BStBl. II S. 850).

(7) [1] Bei einem Rohbauunternehmer, der für eigene Wohnzwecke ein schlüsselfertiges Haus mit Mitteln des Unternehmens errichtet, ist Gegenstand der Entnahme das schlüsselfertige Haus, nicht lediglich der Rohbau (vgl. BFH-Urteil vom 3.11.1983, V R 4/73, BStBl. 1984 II S. 169). [2] Entscheidend ist nicht, was der Unternehmer in der Regel im Rahmen seines Unternehmens herstellt, sondern was im konkreten Fall Gegenstand der Wertabgabe des Unternehmens ist (vgl. BFH-Urteil vom 21.4.1988, V R 135/83, BStBl. II S. 746). [3] Wird ein Einfamilienhaus für unternehmensfremde Zwecke auf einem zum Betriebsvermögen gehörenden Grundstück errichtet, überführt der Bauunternehmer das Grundstück in aller Regel spätestens im Zeitpunkt des Baubeginns in sein Privatvermögen. [4] Dieser Vorgang ist unter den Voraussetzungen des § 3 Abs. 1b Satz 2 UStG eine nach § 4 Nr. 9 Buchstabe a UStG steuerfreie Lieferung im Sinne des § 3 Abs. 1b Satz 1 Nr. 1 UStG.

(8) [1] Die unentgeltliche Übertragung eines Betriebsgrundstücks durch einen Unternehmer auf seine Kinder unter Anrechnung auf deren Erb- und Pflichtteil ist – wenn nicht die Voraussetzungen des § 1 Abs. 1a UStG vorliegen (vgl. Abschnitt 1.5) – eine steuerfreie Lieferung im Sinne des § 3 Abs. 1b Satz 1 Nr. 1 UStG, auch wenn das Grundstück auf Grund eines mit den Kindern geschlossenen Pachtvertrages weiterhin für die Zwecke des Unternehmens verwendet wird und die Kinder als Nachfolger des Unternehmers nach dessen Tod vorgesehen sind (vgl. BFH-Urteil vom 2.10.1986, V R 91/78, BStBl. 1987 II S. 44). [2] Die unentgeltliche Übertragung des Miteigentums an einem Betriebsgrundstück durch einen Unternehmer auf seinen Ehegatten ist eine nach § 4 Nr. 9 Buchstabe a UStG steuerfreie Wertabgabe des Unternehmers, auch wenn das Grundstück weiterhin für die Zwecke des Unternehmens verwendet wird. [3] Hinsichtlich des dem Unternehmer verbleibenden Miteigentumsanteils liegt keine unentgeltliche Wertabgabe im Sinne des § 3 Abs. 1b oder Abs. 9a UStG vor (vgl. BFH-Urteile vom 6.9.2007, V R 41/05, BStBl. 2008 II S. 65, und vom 22.11.2007, V R 5/06, BStBl. 2008 II S. 448). [4] Zur Vorsteuerberichtigung nach § 15a UStG vgl. Abschnitt 15a.2 Abs. 6 Nr. 3 und zur Bestellung eines lebenslänglichen unentgeltlichen Nießbrauchs an einem unternehmerisch genutzten bebauten Grundstück vgl. BFH-Urteil vom 16.9.1987, X R 51/81, BStBl. 1988 II S. 205.

Sachzuwendungen an das Personal (§ 3 Abs. 1b Satz 1 Nr. 2 UStG)

(9) [1] Zuwendungen von Gegenständen (Sachzuwendungen) an das Personal für dessen privaten Bedarf sind auch dann steuerbar, wenn sie unentgeltlich sind, d.h. wenn sie keine Vergütungen für die Dienstleistung des Arbeitnehmers darstellen (vgl. hierzu Abschnitt 1.8). [2] Abs. 1 Sätze 7 und 8 bleiben unberührt.

Andere unentgeltliche Zuwendungen (§ 3 Abs. 1b Satz 1 Nr. 3 UStG)[1)]

(10) [1] Unentgeltliche Zuwendungen von Gegenständen, die nicht bereits in der Entnahme von Gegenständen oder in Sachzuwendungen an das Personal bestehen, werden Lieferungen gegen Entgelt gleichgestellt. [2] Ausgenommen sind Geschenke von geringem Wert und Warenmuster für Zwecke des Unternehmens. [3] Der Begriff „unentgeltliche Zuwendung" im Sinne von § 3 Abs. 1b Satz 1 Nr. 3 UStG setzt nicht lediglich die Unentgeltlichkeit einer Lieferung voraus, sondern verlangt darüber hinaus, dass der Zuwendende dem Empfänger zielgerichtet einen Vermögensvorteil verschafft (vgl. BFH-Urteile vom 14.5.2008, XI R 60/07, BStBl. II S. 721,[2)] und vom 10.8.2017, V R 3/16, BStBl. II S. 1264). [4] Voraussetzung für die Steuerbarkeit ist, dass der Gegenstand oder seine Bestandteile zum vollen oder teilweisen Vorsteuerabzug berechtigt haben (§ 3 Abs. 1b Satz 2 UStG). [5] Mit der Regelung soll ein umsatzsteuerlich unbelasteter Endverbrauch vermieden werden. [6] Gleichwohl entfällt die Steuerbarkeit nicht, wenn der Empfänger die zugewendeten Geschenke in seinem Unternehmen verwendet. [7] Gegenstände des Unternehmens, die der Unternehmer aus unternehmensfremden (privaten) Gründen abgibt, sind als Entnahmen nach § 3 Abs. 1b Satz 1 Nr. 1 UStG zu beurteilen (vgl. Absätze 5 bis 8). [8] Gegenstände des Unternehmens, die der Unternehmer aus unternehmerischen Gründen abgibt, sind als unentgeltliche Zuwendungen nach § 3 Abs. 1b Satz 1 Nr. 3 UStG zu beurteilen. [9] Hierzu gehört die Abgabe von neuen oder gebrauchten Gegenständen insbesondere zu Werbezwecken, zur Verkaufsförderung oder zur Imagepflege, z.B. Sachspenden an Vereine oder Schulen, Warenabgaben anlässlich von Preisausschreiben, Verlosungen usw. zu Werbezwecken. [10] Nicht steuerbar ist dagegen die Gewährung unentgeltlicher sonstiger Leistungen aus unternehmerischen Gründen (vgl. Abschnitt 3.4 Abs. 1). [11] Hierunter fällt z.B. die unentgeltliche Überlassung von Gegenständen, die im Eigentum des Zuwendenden verbleiben und die der Empfänger später an den Zuwendenden zurückgeben muss.

(11) [1] Die Abgabe von Geschenken von geringem Wert ist nicht steuerbar. [2] Derartige Geschenke liegen vor, wenn die Anschaffungs- oder Herstellungskosten der dem Empfänger im Kalenderjahr zugewendeten Gegenstände insgesamt 35 € (Nettobetrag ohne Umsatzsteuer) nicht übersteigen. [3] Dies kann bei geringwertigen Werbeträgern (z.B. Kugelschreiber, Feuerzeuge, Kalender usw.) unterstellt werden.

(12) [1] Bei Geschenken über 35 €, für die nach § 15 Abs. 1a UStG i.V.m. § 4 Abs. 5 Satz 1 Nr. 1 EStG kein Vorsteuerabzug vorgenommen werden kann, entfällt nach § 3 Abs. 1b Satz 2 UStG eine Besteuerung der Zuwendungen. [2] Deshalb ist zunächst anhand der ertragsteuerrechtlichen Regelungen (vgl. R 4.10 Abs. 2 bis 4 EStR)[3)] zu prüfen, ob es sich bei einem abgegebenen

---

[1)] Zum Vorsteuerabzug bei Repräsentationsaufwendungen vgl. A 15.6 UStAE.

[2)] Zum Vorsteuerabzug aus Dritten zugutekommenden Leistungen siehe aber BFH v. 16.12.2020 XI R 26/20 (XI R 28/17), DStR 2021, 1167 (Rspr.-Änderung, Nachfolgeentscheidung zu EuGH v. 16.9.2020 C-528/19, MwStR 2020, 927), und v. 20.10.2021 XI R 10/21, DStRE 2022, 482.

[3)] Nr. **1**.

Gegenstand begrifflich um ein „Geschenk“ handelt. [3]Insbesondere setzt ein Geschenk eine unentgeltliche Zuwendung an einen Dritten voraus. [4]Die Unentgeltlichkeit ist nicht gegeben, wenn die Zuwendung als Entgelt für eine bestimmte Gegenleistung des Empfängers anzusehen ist. [5]Falls danach ein Geschenk vorliegt, ist weiter zu prüfen, ob hierfür der Vorsteuerabzug nach § 15 Abs. 1a UStG ausgeschlossen ist (vgl. Abschnitt 15.6 Abs. 4 und 5). [6]Nur wenn danach der Gegenstand oder seine Bestandteile zum vollen oder teilweisen Vorsteuerabzug berechtigt haben, kommt eine Besteuerung als unentgeltliche Wertabgabe in Betracht.

(13) [1]Warenmuster sind ausdrücklich von der Steuerbarkeit ausgenommen. [2]Ein Warenmuster ist ein Probeexemplar eines Produkts, durch das dessen Absatz gefördert werden soll und das eine Bewertung der Merkmale und der Qualität dieses Produkts ermöglicht, ohne zu einem anderen als dem mit solchen Werbeumsätzen naturgemäß verbundenen Endverbrauch zu führen (vgl. EuGH-Urteil vom 30.9.2010, C-581/08, EMI Group,[1)] und BFH-Urteil vom 12.12.2012, XI R 36/10, BStBl. 2013 II S. 412). [3]Ist das Probeexemplar ganz oder im Wesentlichen identisch mit dem im allgemeinen Verkauf erhältlichen Produkt, kann es sich gleichwohl um ein Warenmuster handeln, wenn die Übereinstimmung mit dem verkaufsfertigen Produkt für die Bewertung durch den potenziellen oder tatsächlichen Käufer erforderlich ist und die Absicht der Absatzförderung des Produkts im Vordergrund steht. [4]Die Abgabe eines Warenmusters soll in erster Linie nicht dem Empfänger den Kauf ersparen, sondern ihn oder Dritte zum Kauf anregen. [5]Ohne Bedeutung ist, ob Warenmuster einem anderen Unternehmer für dessen unternehmerische Zwecke oder einem Endverbraucher zugewendet werden. [6]Nicht steuerbar ist die Abgabe sog. Probierpackungen im Getränke- und Lebensmitteleinzelhandel (z. B. die kostenlose Abgabe von losen oder verpackten Getränken und Lebensmitteln im Rahmen von Verkaufsaktionen, Lebensmittelprobierpackungen, Probepackungen usw.) an Endverbraucher.

(14) [1]Unentgeltlich abgegebene Verkaufskataloge, Versandhauskataloge, Reisekataloge, Werbeprospekte und -handzettel, Veranstaltungsprogramme und -kalender usw. dienen der Werbung, insbesondere der Anbahnung eines späteren Umsatzes. [2]Eine (private) Bereicherung des Empfängers ist damit regelmäßig nicht verbunden. [3]Dies gilt auch für Anzeigenblätter mit einem redaktionellen Teil (z. B. für Lokales, Vereinsnachrichten usw.), die an alle Haushalte in einem bestimmten Gebiet kostenlos verteilt werden. [4]Bei der Abgabe derartiger Erzeugnisse handelt es sich nicht um unentgeltliche Zuwendungen im Sinne des § 3 Abs. 1b Satz 1 Nr. 3 UStG.

(15) [1]Die unentgeltliche Abgabe von Werbe- und Dekorationsmaterial, das nach Ablauf der Werbe- oder Verkaufsaktion vernichtet wird oder bei dem Empfänger nicht zu einer (privaten) Bereicherung führt (z. B. Verkaufsschilder, Preisschilder, sog. Displays), an andere Unternehmer (z. B. vom Hersteller an Großhändler oder vom Großhändler an Einzelhändler) dient ebenfalls der Werbung bzw. Verkaufsförderung. [2]Das Gleiche gilt für sog. Verkaufshilfen oder -ständer (z. B. Suppenständer, Süßwarenständer), die z. B. von Herstellern

---

1) DStR 2010, 2030.

oder Großhändlern an Einzelhändler ohne besondere Berechnung abgegeben werden, wenn beim Empfänger eine Verwendung dieser Gegenstände im nichtunternehmerischen Bereich ausgeschlossen ist. [3]Bei der Abgabe derartiger Erzeugnisse handelt es sich nicht um unentgeltliche Zuwendungen im Sinne des § 3 Abs. 1b Satz 1 Nr. 3 UStG. [4]Dagegen handelt es sich bei der unentgeltlichen Abgabe auch nichtunternehmerisch verwendbarer Gegenstände, die nach Ablauf von Werbe- oder Verkaufsaktionen für den Empfänger noch einen Gebrauchswert haben (z.B. Fahrzeuge, Spielzeug, Sport- und Freizeitartikel), um unentgeltliche Zuwendungen im Sinne des § 3 Abs. 1b Satz 1 Nr. 3 UStG.

(16) Ein Set – bestehend aus Blutzuckermessgerät, Stechhilfe und Teststreifen –, das über Ärzte, Schulungszentren für Diabetiker und sonstige Laboreinrichtungen unentgeltlich an die Patienten abgegeben wird, ist kein Warenmuster im Sinne des § 3 Abs. 1b Satz 1 Nr. 3 UStG (vgl. BFH-Urteil vom 12.12.2012, XI R 36/10, BStBl. 2013 II S. 412); vgl. im Übrigen Abschnitt 15.2b Abs. 2.

(17) [1]Wenn der Empfänger eines scheinbar kostenlos abgegebenen Gegenstands für den Erhalt dieses Gegenstands tatsächlich eine Gegenleistung erbringt, ist die Abgabe dieses Gegenstands nicht als unentgeltliche Zuwendung nach § 3 Abs. 1b Satz 1 Nr. 3 UStG, sondern als entgeltliche Lieferung nach § 1 Abs. 1 Nr. 1 UStG steuerbar. [2]Die Gegenleistung des Empfängers kann in Geld oder in Form einer Lieferung bzw. sonstigen Leistung bestehen (vgl. § 3 Abs. 12 UStG).

Einzelfälle

(18) [1]Falls ein Unternehmer dem Abnehmer bei Abnahme einer bestimmten Menge zusätzliche Stücke desselben Gegenstands ohne Berechnung zukommen lässt (z.B. elf Stücke zum Preis von zehn Stücken), handelt es sich bei wirtschaftlicher Betrachtung auch hinsichtlich der zusätzlichen Stücke um eine insgesamt entgeltliche Lieferung. [2]Ähnlich wie bei einer Staffelung des Preises nach Abnahmemengen hat in diesem Fall der Abnehmer mit dem Preis für die berechneten Stücke die unberechneten Stücke mitbezahlt. [3]Wenn ein Unternehmer dem Abnehmer bei Abnahme einer bestimmten Menge zusätzlich andere Gegenstände ohne Berechnung zukommen lässt (z.B. bei Abnahme von 20 Kühlschränken wird ein Mikrowellengerät ohne Berechnung mitgeliefert), handelt es sich bei wirtschaftlicher Betrachtungsweise ebenfalls um eine insgesamt entgeltliche Lieferung.

(19) Eine insgesamt entgeltliche Lieferung ist auch die unberechnete Abgabe von Untersetzern (Bierdeckel), Saugdecken (Tropfdeckchen), Aschenbechern und Gläsern einer Brauerei oder eines Getränkevertriebs an einen Gastwirt im Rahmen einer Getränkelieferung, die unberechnete Abgabe von Autozubehörteilen (Fußmatten, Warndreiecke) und Pflegemitteln usw. eines Fahrzeughändlers an den Käufer eines Neuwagens oder die unberechnete Abgabe von Schuhpflegemitteln eines Schuhhändlers an einen Schuhkäufer.

(20) In folgenden Fällen liegen ebenfalls regelmäßig entgeltliche Lieferungen bzw. einheitliche entgeltliche Leistungen vor:

– unberechnete Übereignung eines Mobilfunk-Geräts (Handy) von einem Mobilfunk-Anbieter an einen neuen Kunden, der gleichzeitig einen längerfristigen Netzbenutzungsvertrag abschließt,
– Sachprämien von Zeitungs- und Zeitschriftenverlagen an die Neuabonnenten einer Zeitschrift, die ein längerfristiges Abonnement abgeschlossen haben,
– [1]Sachprämien an Altkunden für die Vermittlung von Neukunden. [2]Der Sachprämie steht eine Vermittlungsleistung des Altkunden gegenüber,
– Sachprämien eines Automobilherstellers an das Verkaufspersonal eines Vertragshändlers, wenn dieses Personal damit für besondere Verkaufserfolge belohnt wird.

3.4 Den sonstigen Leistungen gleichgestellte Wertabgaben[1)·2)]

(1) [1]Die unentgeltlichen Wertabgaben im Sinne des § 3 Abs. 9a UStG umfassen alle sonstigen Leistungen, die ein Unternehmer im Rahmen seines Unternehmens für eigene, außerhalb des Unternehmens liegende Zwecke oder für den privaten Bedarf seines Personals ausführt. [2]Sie erstrecken sich auf alles, was seiner Art nach Gegenstand einer sonstigen Leistung im Sinne des § 3 Abs. 9 UStG sein kann. [3]Nicht steuerbar ist dagegen die Gewährung unentgeltlicher sonstiger Leistungen aus unternehmerischen Gründen. [4]Zu den unentgeltlichen sonstigen Leistungen für den privaten Bedarf des Personals im Sinne des § 3 Abs. 9a UStG vgl. Abschnitt 1.8.

(2) [1]Eine Wertabgabe im Sinne von § 3 Abs. 9a Nr. 1 UStG setzt voraus, dass der verwendete Gegenstand dem Unternehmen zugeordnet ist und die unternehmerische Nutzung des Gegenstands zum vollen oder teilweisen Vorsteuerabzug berechtigt hat. [2]Zur Frage der Zuordnung zum Unternehmen gilt Abschnitt 3.3 Abs. 1 entsprechend; vgl. dazu auch Abschnitt 15.2b Abs. 2. [3]Wird ein dem Unternehmen zugeordneter Gegenstand, bei dem kein Recht zum Vorsteuerabzug bestand (z.B. ein von einer Privatperson erworbener Computer), für nichtunternehmerische Zwecke genutzt, liegt eine sonstige Leistung im Sinne von § 3 Abs. 9a Nr. 1 UStG nicht vor. [4]Ändern sich bei einem dem unternehmerischen Bereich zugeordneten Gegenstand die Verhältnisse für den Vorsteuerabzug durch Erhöhung der Nutzung für nichtwirtschaftliche Tätigkeiten i.e.S., ist eine unentgeltliche Wertabgabe nach § 3 Abs. 9a Nr. 1 UStG zu versteuern. [5]Ändern sich die Verhältnisse durch Erhöhung der Nutzung für unternehmerische Tätigkeiten, kann eine Vorsteuerberichtigung nach § 15a UStG in Betracht kommen (vgl. Abschnitt 15a.1 Abs. 7). [6]Bei einer teilunternehmerischen Nutzung von Grundstücken sind die Absätze 5a bis 8 zu beachten.

(3) [1]Unter den Tatbestand des § 3 Abs. 9a Nr. 1 UStG fällt grundsätzlich auch die private Nutzung eines unternehmenseigenen Fahrzeugs durch den Unternehmer oder den Gesellschafter (vgl. BFH-Urteil vom 5.6.2014, XI R 2/12, BStBl. 2015 II S. 785). [2]Die Verwendung eines dem Unternehmen zugeordneten Pkw für Fahrten des Unternehmers zwischen Wohnung und Betriebsstätte erfolgt nicht für Zwecke außerhalb des Unternehmens und unterliegt damit nicht der Wertabgabenbesteuerung nach § 3 Abs. 9a Nr. 1 UStG (vgl. BFH-Urteil vom 5.6.2014, XI R 36/12, BStBl. 2015 II S. 43).

---

1) Zum Aufwendungseigenverbrauch beim Halten von Rennpferden siehe BFH v. 2.7.2008 XI R 66/06, BStBl. II 2009, 206.

2) Zur Steuerbarkeit einer Kfz-Überlassung an Handelsvertreter siehe BFH v. 12.5.2009 V R 24/08, BStBl. II 2010, 854.

(4) [1]Umsatzsteuer aus den Anschaffungskosten unternehmerisch genutzter Telekommunikationsgeräte (z. B. von Telefonanlagen nebst Zubehör, Faxgeräten, Mobilfunkeinrichtungen) kann der Unternehmer unter den Voraussetzungen des § 15 UStG in voller Höhe als Vorsteuer abziehen. [2]Die unternehmensfremde (private) Nutzung dieser Geräte unterliegt nach § 3 Abs. 9a Nr. 1 UStG der Umsatzsteuer (vgl. Abschnitt 15.2c). [3]Bemessungsgrundlage sind die Ausgaben für die jeweiligen Geräte (vgl. Abschnitt 10.6 Abs. 3). [4]Nicht zur Bemessungsgrundlage gehören die Grund- und Gesprächsgebühren (vgl. BFH-Urteil vom 23.9.1993, V R 87/89, BStBl. 1994 II S. 200). [5]Die auf diese Gebühren entfallenden Vorsteuern sind in einen abziehbaren und einen nicht abziehbaren Anteil aufzuteilen (vgl. Abschnitt 15.2c).

(5) Der Einsatz betrieblicher Arbeitskräfte für unternehmensfremde (private) Zwecke zu Lasten des Unternehmens (z. B. Einsatz von Betriebspersonal im Privatgarten oder im Haushalt des Unternehmers) ist grundsätzlich eine steuerbare Wertabgabe nach § 3 Abs. 9a Nr. 2 UStG (vgl. BFH-Urteil vom 18.5.1993, V R 134/89, BStBl. II S. 885).

Teilunternehmerische Nutzung von Grundstücken

(5a) [1]Ist der dem Unternehmen zugeordnete Gegenstand ein Grundstück – insbesondere ein Gebäude als wesentlicher Bestandteil eines Grundstücks – und wird das Grundstück teilweise für unternehmensfremde (private) Tätigkeiten genutzt, so dass der Vorsteuerabzug nach § 15 Abs. 1b UStG insoweit ausgeschlossen ist (vgl. Abschnitt 15.6a), entfällt eine Wertabgabenbesteuerung nach § 3 Abs. 9a Nr. 1 UStG. [2]Sofern sich später der Anteil der unternehmensfremden Nutzung des dem Unternehmensvermögen insgesamt zugeordneten Grundstücks im Sinne des § 15 Abs. 1b UStG erhöht, erfolgt eine Berichtigung nach § 15a Abs. 6a UStG (vgl. Abschnitt 15.6a Abs. 5) und keine Wertabgabenbesteuerung nach § 3 Abs. 9a Nr. 1 UStG. [3]Wird das Grundstück nicht für unternehmensfremde, sondern für nichtwirtschaftliche Tätigkeiten i. e. S. verwendet (z. B. für ideelle Zwecke eines Vereins, vgl. Abschnitt 2.3 Abs. 1a), ist insoweit eine Zuordnung nach § 15 Abs. 1 UStG nicht möglich (vgl. BFH-Urteil vom 3.3.2011, V R 23/10, BStBl. 2012 II S. 74, Abschnitt 15.2b Abs. 2). [4]Erhöht sich später der Anteil der Nutzung des Grundstücks für nichtwirtschaftliche Tätigkeiten i. e. S., erfolgt eine Wertabgabenbesteuerung nach § 3 Abs. 9a Nr. 1 UStG. [5]Vermindert sich später der Anteil der Nutzung des Grundstücks für nichtwirtschaftliche Tätigkeiten i. e. S., kann der Unternehmer aus Billigkeitsgründen eine Berichtigung entsprechend § 15a Abs. 1 UStG vornehmen (vgl. Abschnitt 15a.1 Abs. 7).

(6)[1)] [1]Überlässt eine Gemeinde eine Mehrzweckhalle unentgeltlich an Schulen, Vereine usw., handelt es sich um eine Nutzung für nichtwirtschaftliche Tätigkeiten i. e. S. (vgl. Abschnitt 2.3 Abs. 1a); insoweit ist eine Zuordnung der Halle zum Unternehmen nach § 15 Abs. 1 UStG nicht möglich (vgl. Abs. 5a Satz 3 sowie Abschnitt 15.2b Abs. 2) und dementsprechend keine unentgeltliche Wertabgabe zu besteuern. [2]Das gilt nicht, wenn die Halle ausnahmsweise

---

1) A 15.6a UStAE Abs. 2 Satz 3 neugef., Satz 4 aufgeh., bish. Sätze 5 und 6 werden Sätze 4 und 5 durch BMF v. 18.1.2021, BStBl. I 2021, 121, anzuwenden für nach dem 31.12.2017 bezogene Leistungen (BMF v. 25.5.2022, BStBl. I 2022, 843); das BMF-Schreiben v. 27.7.2017, BStBl. I 2017, 1239, ist anzuwenden.

ähnlichen Register eingetragene Wohnsitz oder der Wohnsitz, den die betreffende Person bei der zuständigen Steuerbehörde angegeben hat, es sei denn, es liegen Anhaltspunkte dafür vor, dass diese Eintragung nicht die tatsächlichen Gegebenheiten widerspiegelt (vgl. Artikel 12 der MwStVO). [10] Als gewöhnlicher Aufenthaltsort einer natürlichen Person gilt der Ort, an dem diese aufgrund persönlicher und beruflicher Bindungen gewöhnlich lebt. [11] Liegen die beruflichen Bindungen einer natürlichen Person in einem anderen Land als dem ihrer persönlichen Bindungen oder gibt es keine beruflichen Bindungen, bestimmt sich der gewöhnliche Aufenthaltsort nach den persönlichen Bindungen, die enge Beziehungen zwischen der natürlichen Person und einem Wohnort erkennen lassen (vgl. Artikel 13 der MwStVO). [12] Als gewöhnlicher Aufenthalt im Inland ist stets und von Beginn an ein zeitlich zusammenhängender Aufenthalt von mehr als sechs Monaten Dauer anzusehen; kurzfristige Unterbrechungen bleiben unberücksichtigt. [13] Dies gilt nicht, wenn der Aufenthalt ausschließlich zu Besuchs-, Erholungs-, Kur- oder ähnlichen privaten Zwecken genommen wird und nicht länger als ein Jahr dauert. [14] Der Ort einer einheitlichen sonstigen Leistung liegt nach § 3a Abs. 1 UStG auch dann an dem Ort, von dem aus der Unternehmer sein Unternehmen betreibt, wenn einzelne Leistungsteile nicht von diesem Ort aus erbracht werden (vgl. BFH-Urteil vom 26.3.1992, V R 16/88, BStBl. II S. 929).

(2) [1] Der Ort einer Betriebsstätte ist nach § 3a Abs. 1 Satz 2 UStG Leistungsort, wenn die sonstige Leistung von dort ausgeführt wird, d.h. die sonstige Leistung muss der Betriebsstätte tatsächlich zuzurechnen sein. [2] Dies ist der Fall, wenn die für die sonstige Leistung erforderlichen einzelnen Arbeiten ganz oder überwiegend durch Angehörige oder Einrichtungen der Betriebsstätte ausgeführt werden. [3] Es ist nicht erforderlich, dass das Umsatzgeschäft von der Betriebsstätte aus abgeschlossen wurde. [4] Wird ein Umsatz sowohl an dem Ort, von dem aus der Unternehmer sein Unternehmen betreibt, als auch von einer Betriebsstätte ausgeführt, ist der Leistungsort nach dem Ort zu bestimmen, an dem die sonstige Leistung überwiegend erbracht wird.

(3)[1)] [1] Betriebsstätte im Sinne des Umsatzsteuerrechts ist jede feste Geschäftseinrichtung oder Anlage, die der Tätigkeit des Unternehmers dient. [2] Eine solche Einrichtung oder Anlage kann aber nur dann als Betriebsstätte angesehen werden, wenn sie über einen ausreichenden Mindestbestand an Personal- und Sachmitteln verfügt, der für die Erbringung der betreffenden Dienstleistungen erforderlich ist. [3] Außerdem muss die Einrichtung oder Anlage einen hinreichenden Grad an Beständigkeit sowie eine Struktur aufweisen, die von der personellen und technischen Ausstattung her eine autonome Erbringung der jeweiligen Dienstleistungen ermöglicht (vgl. hierzu EuGH-Urteile vom 4.7.1985, C-168/84 Berkholz, vom 2.5.1996, C-231/94, Faaborg-Gelting Linien,[2)] vom 17.7.1997, C-190/95, ARO Lease,[2)] und vom

---

[1)] Zum Begriff der Betriebsstätte bzw. festen Niederlassung im Umsatzsteuerrecht siehe BFH v. 29.4.2020 XI R 3/18, DStR 2020, 1792; siehe auch EuGH v. 7.5.2020 C-547/18, DStR 2020, 1047, und vom 7.4.2022 C-330/20, DStR 2022, 771 (zu Art. 44 MwStSystRL, Art. 11 MwStVO).

[2)] DStR 1996, 1005. – DStRE 1997, 725. – DStRE 1997, 342.

20.2.1997, C-260/95, DFDS,[1] und Artikel 11 der MwStVO).[2] [4]Eine solche beständige Struktur liegt z. B. vor, wenn die Einrichtung über eine Anzahl von Beschäftigten verfügt, von hier aus Verträge abgeschlossen werden können, Rechnungslegung und Aufzeichnungen dort erfolgen und Entscheidungen getroffen werden, z. B. über den Wareneinkauf. [5]Betriebsstätte kann auch eine Organgesellschaft im Sinne des § 2 Abs. 2 Nr. 2 UStG sein. [6]Der Ort sonstiger Leistungen, die an Bord eines Schiffes tatsächlich von einer dort belegenen Betriebsstätte erbracht werden, bestimmt sich nach § 3a Abs. 1 Satz 2 UStG. [7]Hierzu können z. B. Leistungen in den Bereichen Friseurhandwerk, Kosmetik, Massage und Landausflüge gehören.

(4) Die Leistungsortbestimmung nach § 3a Abs. 1 UStG kommt z. B. in folgenden Fällen in Betracht:
- Reiseleistungen (§ 25 Abs. 1 Satz 4 UStG);
- Reisebetreuungsleistungen von angestellten Reiseleitern (vgl. BFH-Urteil vom 23.9.1993, V R 132/99, BStBl. 1994 II S. 272);
- Leistungen der Testamentsvollstrecker (vgl. EuGH-Urteil vom 6.12.2007, C-401/06, Kommission/Deutschland);[3]
- Leistungen der Notare, soweit sie nicht Grundstücksgeschäfte beurkunden (vgl. Abschnitt 3a.3 Abs. 6 und 8) oder nicht selbständige Beratungsleistungen an im Drittlandsgebiet ansässige Leistungsempfänger erbringen (vgl. Abschnitt 3a.9 Abs. 11);
- die in § 3a Abs. 4 Satz 2 UStG bezeichneten sonstigen Leistungen, wenn der Leistungsempfänger Nichtunternehmer und innerhalb der EG ansässig ist (vgl. jedoch Abschnitt 3a.14);
- sonstige Leistungen im Rahmen einer Bestattung, soweit diese Leistungen als einheitliche Leistungen (vgl. Abschnitt 3.10) anzusehen sind (vgl. Artikel 28 der MwStVO).[2]

(5) Zur Sonderregelung für den Ort der sonstigen Leistung nach § 3a Abs. 6 UStG wird auf Abschnitt 3a.14 verwiesen.

3a.2 Ort der sonstigen Leistung bei Leistungen an Unternehmer und diesen gleichgestellte juristische Personen

(1) [1]Voraussetzung für die Anwendung des § 3a Abs. 2 UStG ist, dass der Leistungsempfänger
- ein Unternehmer ist und die Leistung für sein Unternehmen bezogen hat (vgl. im Einzelnen Absätze 8 bis 12),
- eine nicht unternehmerisch tätige juristische Person ist, der eine USt-IdNr. erteilt worden ist (einem Unternehmer gleichgestellte juristische Person; vgl. Absatz 7), oder
- eine sowohl unternehmerisch als auch nicht unternehmerisch tätige juristische Person ist und die Leistung für den unternehmerischen oder den nicht unternehmerischen Bereich, nicht aber für den privaten Bedarf des Personals, bezogen hat; vgl. im Einzelnen Absätze 13 bis 15

---

1) DStR 1996, 1005. – DStRE 1997, 725. – DStRE 1997, 342.
2) **Steuergesetze** Nr. **550a**.
3) DStRE 2008, 1387.

(Leistungsempfänger im Sinne des § 3a Abs. 2 UStG); maßgebend für diese Beurteilung ist der Zeitpunkt, in dem die Leistung erbracht wird (vgl. Artikel 25 der MwStVO).[1)] [2]Der Leistungsort bestimmt sich nur dann nach § 3a Abs. 2 UStG, wenn kein Tatbestand des § 3a Abs. 3 Nr. 1, 2, 3 Buchstabe b und Nr. 5, Abs. 6 Satz 1 Nr. 1, Abs. 7 und Abs. 8 UStG, des § 3b Abs. 1 Sätze 1 und 2 UStG oder des § 3e UStG vorliegt.

(2) [1]Als Leistungsempfänger im umsatzsteuerrechtlichen Sinn ist grundsätzlich derjenige zu behandeln, in dessen Auftrag die Leistung ausgeführt wird (vgl. Abschnitt 15.2b Abs. 1). [2]Aus Vereinfachungsgründen ist bei steuerpflichtigen Güterbeförderungen, steuerpflichtigen selbständigen Nebenleistungen hierzu und bei der steuerpflichtigen Vermittlung der vorgenannten Leistungen, bei denen sich der Leistungsort nach § 3a Abs. 2 UStG richtet, der Rechnungsempfänger auch als Leistungsempfänger anzusehen.

Beispiel:

[1]Der in Deutschland ansässige Unternehmer U versendet Güter per Frachtnachnahme an den Unternehmer D mit Sitz in Dänemark. [2]Die Güterbeförderungsleistung ist für unternehmerische Zwecke des D bestimmt.

[3]Bei Frachtnachnahmen wird regelmäßig vereinbart, dass der Beförderungsunternehmer die Beförderungskosten dem Empfänger der Sendung in Rechnung stellt und dieser die Beförderungskosten bezahlt. [4]Der Rechnungsempfänger der innergemeinschaftlichen Güterbeförderung ist als Empfänger der Beförderungsleistung und damit als Leistungsempfänger anzusehen, auch wenn er den Transportauftrag nicht unmittelbar erteilt hat.

[3]Hierdurch wird erreicht, dass diese Leistungen in dem Staat besteuert werden, in dem der Rechnungsempfänger umsatzsteuerlich erfasst ist.

(3) [1]Nach § 3a Abs. 2 UStG bestimmt sich der Leistungsort maßgeblich nach dem Ort, von dem aus der Leistungsempfänger sein Unternehmen betreibt; zur Definition vgl. Abschnitt 3a.1 Abs. 1. [2]Wird die Leistung tatsächlich an eine Betriebsstätte (vgl. Abschnitt 3a.1 Abs. 3) erbracht, ist dort der Leistungsort (vgl. hierzu im Einzelnen Absätze 4 und 6). [3]Verfügt eine natürliche Person weder über einen Unternehmenssitz noch über eine Betriebsstätte, kommen als Leistungsort der Wohnsitz des Leistungsempfängers oder der Ort seines gewöhnlichen Aufenthalts in Betracht (vgl. Artikel 21 der MwStVO).[1)] [4]Zu den Begriffen „Sitz", „Wohnsitz" und „Ort des gewöhnlichen Aufenthalts" vgl. Abschnitt 3a.1 Abs. 1.

(4)[2)] [1]Die sonstige Leistung kann auch an eine Betriebsstätte des Leistungsempfängers ausgeführt werden (zum Begriff der Betriebsstätte vgl. Abschnitt 3a.1 Abs. 3); eine Betriebsstätte kann nur angenommen werden, wenn sie einen hinreichenden Grad an Beständigkeit sowie eine Struktur aufweist, die es ihr von der personellen und technischen Ausstattung her erlaubt, Dienstleistungen, die an sie für ihren eigenen Bedarf erbracht werden, zu empfangen und zu verwenden. [2]Dies ist der Fall, wenn die Leistung ausschließlich oder überwiegend für die Betriebsstätte bestimmt ist, also dort verwendet werden soll (vgl. Artikel 21 Abs. 2 der MwStVO).[1)] [3]In diesem Fall

---

[1)] **Steuergesetze** Nr. **550a**.

[2)] Zum Begriff der Betriebsstätte bzw. festen Niederlassung im Umsatzsteuerrecht siehe BFH v. 29.4.2020 XI R 3/18, DStR 2020, 1792; siehe auch EuGH v. 7.5.2020 C-547/18, DStR 2020, 1047, und vom 7.4.2022 C-330/20, DStR 2022, 771 (zu Art. 44 MwStSystRL, Art. 11 MwStVO).

ist es nicht erforderlich, dass der Auftrag von der Betriebsstätte aus an den leistenden Unternehmer erteilt wird, der die sonstige Leistung durchführt, z. B. Verleger, Werbeagentur, Werbungsmittler; auch ist unerheblich, ob das Entgelt für die Leistung von der Betriebsstätte aus bezahlt wird.

Beispiel:

[1] Ein Unternehmen mit Sitz im Inland unterhält im Ausland Betriebsstätten. [2] Durch Aufnahme von Werbeanzeigen in ausländischen Zeitungen und Zeitschriften wird für die Betriebsstätten geworben. [3] Die Anzeigenaufträge werden an ausländische Verleger durch eine inländische Werbeagentur im Auftrag des im Inland ansässigen Unternehmens erteilt. [4] Die ausländischen Verleger und die inländische Werbeagentur unterliegen mit ihren Leistungen für die im Ausland befindlichen Betriebsstätten nicht der deutschen Umsatzsteuer.

[4] Kann der leistende Unternehmer weder anhand der Art der von ihm erbrachten sonstigen Leistung noch ihrer Verwendung ermitteln, ob und ggf. an welche Betriebsstätte des Leistungsempfängers die Leistung erbracht wird, hat er anhand anderer Kriterien, insbesondere des mit dem Leistungsempfänger geschlossenen Vertrags, der vereinbarten Bedingungen für die Leistungserbringung, der vom Leistungsempfänger verwendeten USt-IdNr. und der Bezahlung der Leistung festzustellen, ob die von ihm erbrachte Leistung tatsächlich für eine Betriebsstätte des Leitungsempfängers bestimmt ist (vgl. Artikel 22 Abs. 1 Unterabs. 2 der MwStVO). [5] Kann der leistende Unternehmer anhand dieser Kriterien nicht bestimmen, ob die Leistung tatsächlich an eine Betriebsstätte des Leistungsempfängers erbracht wird, oder ist bei Vereinbarungen über eine oder mehrere sonstige Leistungen nicht feststellbar, ob diese Leistungen tatsächlich vom Sitz oder von einer bzw. mehreren Betriebsstätten des Leistungsempfängers genutzt werden, kann der Unternehmer davon ausgehen, dass der Leistungsort an dem Ort ist, von dem aus der Leistungsempfänger sein Unternehmen betreibt (vgl. Artikel 22 Abs. 1 Unterabs. 3 der MwStVO). [6] Zur Regelung in Zweifelsfällen vgl. Absatz 6.

(5) Bei Werbeanzeigen in Zeitungen und Zeitschriften und bei Werbesendungen in Rundfunk und Fernsehen oder im Internet ist davon auszugehen, dass sie ausschließlich oder überwiegend für im Ausland belegene Betriebsstätten bestimmt und daher im Inland nicht steuerbar sind, wenn die folgenden Voraussetzungen erfüllt sind:

1. Es handelt sich um
   a) fremdsprachige Zeitungen und Zeitschriften, um fremdsprachige Rundfunk- und Fernsehsendungen oder um fremdsprachige Internet-Seiten oder
   b) deutschsprachige Zeitungen und Zeitschriften oder um deutschsprachige Rundfunk- und Fernsehsendungen, die überwiegend im Ausland verbreitet werden.
2. Die im Ausland belegenen Betriebsstätten sind in der Lage, die Leistungen zu erbringen, für die geworben wird.

(5a) [1] Wird eine in § 3a Abs. 5 Satz 2 UStG bezeichnete sonstige Leistung an einen Leistungsempfänger im Sinne des § 3a Abs. 2 UStG (siehe Absatz 1) an Orten wie Telefonzellen, Kiosk-Telefonen, WLAN-Hot-Spots, Internetcafés, Restaurants oder Hotellobbys erbracht und muss der Leistungsempfänger an

(4) Die Vermittlung von erstmalig ausgegebenen Gesellschaftsanteilen (zur Ausgabe von Gesellschaftsanteilen vgl. Abschnitt 1.6 Abs. 2) ist steuerbar und nach § 4 Nr. 8 Buchstabe f UStG steuerfrei (vgl. EuGH-Urteil vom 27.5.2004, C-68/03, Lipjes).[1)]

(5) Die Vermittlung der Mitgliedschaften in einem Idealverein ist nicht nach § 4 Nr. 8 Buchstabe f UStG steuerfrei (vgl. BFH-Urteil vom 27.7.1995, V R 40/93, BStBl. II S. 753).

4.8.11 Übernahme von Verbindlichkeiten

[1]Der Begriff „Übernahme von Verbindlichkeiten" erfasst lediglich Geldverbindlichkeiten im Bereich von Finanzdienstleistungen. [2]Die Übernahme anderer Verpflichtungen, wie beispielsweise die Renovierung einer Immobilie, ist vom Anwendungsbereich des § 4 Nr. 8 Buchstabe g UStG ausgeschlossen (vgl. EuGH-Urteil vom 19.4.2007, C-455/05, Velvet & Steel Immobilien).[2)] [3]Nach § 4 Nr. 8 Buchstabe g UStG ist die Übernahme von Verbindlichkeiten, soweit hierin nicht lediglich – wie im Regelfall – eine Entgeltzahlung zu sehen ist (vgl. Abschnitt 1.1 Abs. 3 und BFH-Urteil vom 31.7.1969, V R 149/66, BStBl. 1970 II S. 73), steuerfrei, z.B. Übernahme von Einlagen bei der Zusammenlegung von Kreditinstituten.

4.8.12 Übernahme von Bürgschaften und anderen Sicherheiten

(1)[3)] [1]Als andere Sicherheiten, deren Übernahme nach § 4 Nr. 8 Buchstabe g UStG steuerfrei ist, sind z.B. Garantieverpflichtungen (vgl. BFH-Urteile vom 14.12.1989, V R 125/84, BStBl. 1990 II S. 401, vom 24.1.1991, V R 19/87, BStBl. II S. 539 – Zinshöchstbetragsgarantie und Liquiditätsgarantie –, und vom 22.10.1992, V R 53/89, BStBl. 1993 II S. 318 – Ausbietungsgarantie und Vermietungsgarantie –) und Kautionsversicherungen (vgl. Abschnitt 4.10.1 Abs. 2 Satz 3) anzusehen. [2]Der umsatzsteuerbare Verzicht auf eine Garantie ist steuerfrei, wenn die Einräumung dieser Garantie nach § 4 Nr. 8 Buchstabe g UStG steuerfrei ist oder – bei Entgeltlichkeit – steuerfrei wäre (vgl. BFH-Urteil vom 15.4.2015, V R 46/13, BStBl. II S. 947). [3]Umsätze, die keine Finanzdienstleistungen sind, sind vom Anwendungsbereich des § 4 Nr. 8 Buchstabe g UStG ausgeschlossen (vgl. Abschnitt 4.8.11 Sätze 1 und 2). [4]Zur Garantiezusage eines Kraftfahrzeughändlers vgl. Abschnitt 4.10.1 Abs. 4 Satz 3.

(2) [1]Ein Garantieversprechen ist nach § 4 Nr. 8 Buchstabe g UStG steuerfrei, wenn es ein vom Eigenverhalten des Garantiegebers unabhängiges Risiko abdeckt; diese Voraussetzung liegt nicht vor, wenn lediglich garantiert wird, eine aus einem anderen Grund geschuldete Leistung vertragsgemäß auszuführen (vgl. BFH-Urteil vom 14.12.1989, V R 125/84, BStBl. 1990 II S. 401). [2]Leistungen persönlich haftender Gesellschafter, für die eine unabhängig vom Gewinn bemessene Haftungsvergütung gezahlt wird, sind nicht nach § 4 Nr. 8 Buchstabe g UStG steuerfrei, weil ein ggf. haftender Gesellschafter über seine Geschäftsführungstätigkeit unmittelbaren Einfluss auf das

---

1) DStR 2004, 987.

2) DStRE 2007, 1519.

3) A 4.8.12 UStAE Abs. 1 Satz 4 neugef. durch BMF v. 11.5.2021, BStBl. I 2021, 781; zur Anwendung siehe FN zu A 4.10.1 Abs. 4 UStAE.

Gesellschaftsergebnis – und damit auf die Frage, ob es zu einem Haftungsfall kommt – hat.

(3) Bei den im Rahmen der Einlagensicherung von den jeweiligen Sicherungseinrichtungen an ihre Mitglieder erbrachten Präventiv- und Sicherungsmaßnahmen handelt es sich unter den weiteren Voraussetzungen des § 4 Nr. 8 Buchstabe a (Kreditgewährung) und Buchstabe g (Bürgschaften, Garantiezusagen und -verpflichtungen) UStG um steuerfreie Leistungen.

4.8.13 Verwaltung von Investmentvermögen und von Versorgungseinrichtungen

Allgemeines und Begriffsbestimmungen

(1)[1] [1] Die Steuerbefreiung nach § 4 Nr. 8 Buchstabe h UStG erstreckt sich auf die Verwaltung von OGAW im Sinne des § 1 Abs. 2 KAGB,[2] die Verwaltung von AIF im Sinne des § 1 Abs. 3 KAGB, die mit OGAW vergleichbar sind, die Verwaltung von Wagniskapitalfonds (siehe Absatz 10) und die Verwaltung von Versorgungseinrichtungen im Sinne des Versicherungsaufsichtsgesetzes (siehe Absatz 23). [2] Nicht unter die Steuerbefreiung fallen Leistungen der Vermögensverwaltung mit Wertpapieren, bei der die mit den Leistungen beauftragte Bank auf Grund eigenen Ermessens über den Kauf und Verkauf von Wertpapieren entscheidet und diese Entscheidung durch den Kauf und Verkauf der Wertpapiere vollzieht (vgl. EuGH-Urteil vom 19.7.2012, C-44/11, Deutsche Bank, BStBl. II S. 945,[3] und BFH-Urteil vom 11.10.2012, V R 9/10, BStBl. 2014 II S. 279).

(2) [1] OGAW sind Investmentvermögen, die die Anforderungen der sog. OGAW-Richtlinie (Richtlinie 2009/65/EG des Europäischen Parlaments und des Rates vom 13. Juli 2009 zur Koordinierung der Rechts- und Verwaltungsvorschriften betreffend bestimmte OGAW, ABl. EU 2009 Nr. L 302/32) erfüllen (§ 1 Abs. 2 KAGB).[2] [2] AIF sind alle Investmentvermögen, die keine OGAW sind (§ 1 Abs. 3 KAGB). [3] Unter AIF fallen somit alle geschlossenen Investmentvermögen und alle offenen Investmentvermögen, die nicht als OGAW gelten. [4] Ein Investmentvermögen ist nach § 1 Abs. 1 Satz 1 KAGB jeder Organismus für gemeinsame Anlagen, der von einer Anzahl von Anlegern Kapital einsammelt, um es nach einer festgelegten Anlagestrategie zum Nutzen dieser Anleger zu investieren und der kein operativ tätiges Unternehmen außerhalb des Finanzsektors ist. [5] Eine Anzahl von Anlegern ist gegeben, wenn die Anlagebedingungen, die Satzung oder der Gesellschaftsvertrag des Organismus für gemeinsame Anlagen die Anzahl möglicher Anleger nicht auf einen Anleger begrenzen (§ 1 Abs. 1 Satz 2 KAGB). [6] Inländische Investmentvermögen sind Investmentvermögen, die dem inländischen Recht unterliegen (§ 1 Abs. 7 KAGB). [7] EU-Investmentvermögen sind Investmentvermögen, die dem Recht eines anderen Mitgliedstaates des

[1] A 4.8.13 UStAE Abs. 1 Satz 1 neugef. durch BMF v. 24.6.2022, BStBl. I 2022, 1006; zur Anwendung siehe FN zu Abs. 10.

[2] Kapitalanlagegesetzbuch v. 4.7.2013, BGBl. I 2013, 1981, zuletzt geänd. durch G v. 19.6.2022, BGBl. I 2022, 911 (**Wirtschaftsgesetze** Nr. **142**).

[3] DStR 2012, 1601.

Abkommens über den Europäischen Wirtschaftsraum unterliegen (§ 1 Abs. 8 KAGB). [8] Ausländische AIF sind AIF, die dem Recht eines Drittstaates unterliegen (§ 1 Abs. 9 KAGB).

(3) [1] Offene inländische Investmentvermögen dürfen unter den Voraussetzungen des § 91 KAGB[1)] in Form eines Sondervermögens, einer Investmentaktiengesellschaft mit veränderlichem Kapital oder einer offenen Investmentkommanditgesellschaft gebildet werden. [2] Geschlossene inländische Investmentvermögen dürfen nach § 139 KAGB als Investmentaktiengesellschaft mit fixem Kapital oder als geschlossene Investmentkommanditgesellschaft aufgelegt werden. [3] Sondervermögen sind inländische offene Investmentvermögen in Vertragsform, die von einer Verwaltungsgesellschaft, z. B. der Kapitalverwaltungsgesellschaft im Sinne des § 17 Abs. 2 Nr. 1 KAGB, für Rechnung der Anleger nach Maßgabe des KAGB und den Anlagebedingungen, nach denen sich das Rechtsverhältnis der Verwaltungsgesellschaft zu den Anlegern bestimmt, verwaltet werden (§ 1 Abs. 10 KAGB).

(4) [1] Kapitalverwaltungsgesellschaften sind Unternehmen mit satzungsmäßigem Sitz und Hauptverwaltung im Inland, deren Geschäftsbetrieb darauf gerichtet ist, inländische Investmentvermögen, EU-Investmentvermögen oder ausländische AIF zu verwalten (§ 17 Abs. 1 Satz 1 KAGB).[1)] [2] Je nach Art des verwalteten Investmentvermögens bestehen Kapitalverwaltungsgesellschaften in zwei Ausprägungen. [3] OGAW-Kapitalverwaltungsgesellschaften sind Kapitalverwaltungsgesellschaften nach § 17 KAGB, die mindestens einen OGAW verwalten oder zu verwalten beabsichtigen (§ 1 Abs. 15 KAGB). [4] AIF-Kapitalverwaltungsgesellschaften sind Kapitalverwaltungsgesellschaften nach § 17 KAGB, die mindestens einen AIF verwalten oder zu verwalten beabsichtigen (§ 1 Abs. 16 KAGB). [5] Kapitalverwaltungsgesellschaften, die vom Investmentvermögen oder im Namen des Investmentvermögens bestellt sind und auf Grund dieser Bestellung für die Verwaltung des Investmentvermögens verantwortlich sind (externe Kapitalverwaltungsgesellschaften, § 17 Abs. 2 Nr. 1 KAGB), dürfen neben der kollektiven Vermögensverwaltung (§ 1 Abs. 19 Nr. 24 KAGB) von OGAW bzw. AIF nur die Dienstleistungen und Nebendienstleistungen nach § 20 Abs. 2 bzw. Abs. 3 KAGB erbringen. [6] Sie dürfen jedoch nicht ausschließlich die in § 20 Abs. 2 Nr. 1 bis 4 KAGB bzw. § 20 Abs. 3 Nr. 1 bis 6 KAGB genannten Leistungen erbringen, ohne auch die kollektive Vermögensverwaltung zu erbringen (§ 20 Abs. 4 KAGB).

(5) [1] Die OGAW-Kapitalverwaltungsgesellschaft hat sicherzustellen, dass für jeden von ihr verwalteten OGAW eine Verwahrstelle beauftragt wird, die ein zugelassenes Kreditinstitut im Sinne des § 68 Abs. 2 KAGB ist (§ 68 Abs. 1 Satz 1 KAGB);[1)] die AIF-Kapitalverwaltungsgesellschaft muss nach § 80 Abs. 1 Satz 1 KAGB dafür sorgen, dass eine Verwahrstelle im Sinne des § 80 Abs. 2 oder 3 KAGB beauftragt wird. [2] Die Verwahrstelle ist neben den Verwahraufgaben nach § 72 KAGB bzw. § 81 KAGB zu sonstigen Aufgaben nach Maßgabe der §§ 74 bis 79 KAGB bzw. der §§ 83 bis 89a KAGB verpflichtet. [3] Nach Artikel 22 Abs. 3 Buchstaben a und b der OGAW-Richtlinie muss die Verwahrstelle u. a. dafür sorgen, dass die Ausgabe und die Rücknahme sowie

---

[1)] **Wirtschaftsgesetze** Nr. **142**.

die Berechnung des Wertes der Anteile nach den gesetzlichen Vorschriften oder Vertragsbedingungen erfolgt. [4]Für OGAW-Kapitalverwaltungsgesellschaften bestimmt § 76 Abs. 1 Nr. 1 KAGB demgemäß, dass die Verwahrstelle im Rahmen ihrer Kontrollfunktion sicherzustellen hat, dass die Ausgabe und Rücknahme von Anteilen und die Ermittlung des Wertes der Anteile den Vorschriften des KAGB und den Anlagebedingungen entsprechen. [5]Die Ausgabe und die Rücknahme der Anteile hat die Verwahrstelle selbst vorzunehmen (§ 71 Abs. 1 Satz 1 KAGB). [6]Die Bewertung des Werts eines inländischen OGAW je Anteil oder Aktie wird entweder von der Verwahrstelle unter Mitwirkung der OGAW-Kapitalverwaltungsgesellschaft oder nur von der OGAW-Kapitalverwaltungsgesellschaft vorgenommen (§ 212 KAGB). [7]Hinsichtlich der Bestimmungen für die Verwahrstellen von AIF-Kapitalverwaltungsgesellschaften wird auf die Vorschriften für AIF-Verwahrstellen (§§ 80 bis 90 KAGB) verwiesen.

(6) [1]Die Kapitalverwaltungsgesellschaft kann unter den Bedingungen des § 36 Abs. 1 KAGB[1)] Aufgaben, die für die Durchführung der Geschäfte wesentlich sind, zum Zwecke einer effizienteren Geschäftsführung auf ein anderes Unternehmen (Auslagerungsunternehmen) auslagern. [2]So muss das Auslagerungsunternehmen z. B. über ausreichende Ressourcen für die Ausführung der ihm übertragenen Aufgaben verfügen und die Personen, die die Geschäfte des Auslagerungsunternehmens tatsächlich leiten, müssen zuverlässig sein und über ausreichende Erfahrung verfügen (§ 36 Abs. 1 Satz 1 Nr. 2 KAGB). [3]Eine weitere Bedingung ist, dass die Auslagerung die Wirksamkeit der Beaufsichtigung der Kapitalverwaltungsgesellschaft in keiner Weise beeinträchtigen darf; insbesondere darf sie weder die Kapitalverwaltungsgesellschaft daran hindern, im Interesse ihrer Anleger zu handeln, noch darf sie verhindern, dass das Investmentvermögen im Interesse der Anleger verwaltet wird (§ 36 Abs. 1 Satz 1 Nr. 5 KAGB). [4]Das Auslagerungsunternehmen darf die ihm übertragenen ausgelagerten Aufgaben unter den Bedingungen des § 36 Abs. 6 KAGB weiter übertragen (Unterauslagerung).

(7) [1]Die Verwahrstelle darf der Kapitalverwaltungsgesellschaft aus den zu einem inländischen OGAW bzw. AIF gehörenden Konten nur die für die Verwaltung des inländischen OGAW bzw. AIF zustehende Vergütung und den ihr zustehenden Ersatz von Aufwendungen auszahlen (§§ 79 Abs. 1 und 89a Abs. 1 KAGB).[1)] [2]Werden die zu einem inländischen AIF gehörenden Konten bei einer anderen Stelle nach § 83 Abs. 6 Satz 2 KAGB geführt, bedarf die Auszahlung der der AIF-Kapitalverwaltungsgesellschaft für die Verwaltung des inländischen AIF zustehenden Vergütung und des ihr zustehenden Ersatzes von Aufwendungen der Zustimmung der Verwahrstelle (§ 89a Abs. 1 Satz 2 KAGB).

Investmentvermögen, deren Verwaltung unter die Umsatzsteuerbefreiung nach § 4 Nr. 8 Buchstabe h UStG fällt (sog. begünstigte Investmentvermögen)

(8) [1]Steuerbegünstigt können inländische Investmentvermögen, EU-Investmentvermögen und ausländische AIF sein. [2]Investmentvermögen, die die Anforderungen der OGAW-Richtlinie erfüllen, stellen grundsätzlich steuer-

[1)] **Wirtschaftsgesetze** Nr. 142.

begünstigte Investmentvermögen dar. [3]Darüber hinaus können auch AIF in den Anwendungsbereich der Steuerbefreiung fallen, sofern sie mit OGAW vergleichbar sind (vgl. EuGH-Urteil vom 9.12.2015, C-595/13, Fiscale Eenheid X).[1)] [4]Die Vergleichbarkeit mit OGAW setzt insbesondere folgende kumulativ zu erfüllende Kriterien voraus:

1. [1]die AIF unterliegen einer vergleichbaren besonderen staatlichen Aufsicht (vgl. BFH-Urteil vom 5.9.2019, V R 2/16, BStBl. 2020 II S. 109). [2]AIF, die nach KAGB reguliert sind, unterliegen dieser vergleichbaren Aufsicht grundsätzlich,
2. die AIF sprechen den gleichen Anlegerkreis an (Kleinanleger, vgl. EuGH-Urteile vom 4.5.2006, C-169/04, Abbey National, BStBl. 2010 II S. 567,[2)] und vom 28.6.2007, C-363/05, JP Morgan Fleming Claverhouse Investment Trust und The Association of Investment Trust Companies, BStBl. 2010 II S. 573),[2)]
3. die AIF unterliegen den gleichen Wettbewerbsbedingungen (unterliegen vergleichbaren Pflichten und Kontrollen),
4. die AIF haben Anteilsrechte an mehrere Anleger ausgegeben,
5. der Ertrag der Anlage hängt von den Ergebnissen der Anlage ab, die die Verwalter im Laufe des Zeitraums, in dem die Anteilsinhaber diese Anteilsrechte innehaben, getätigt haben,
6. die Anteilsinhaber haben Anrecht auf die vom AIF erzielten Gewinne und auf den Gewinn infolge einer Wertsteigerung ihres Anteils und tragen das Risiko, das mit der Verwaltung des darin gesammelten Vermögens einhergeht, und
7. [1]die Anlage des gesammelten Vermögens erfolgt nach dem Grundsatz der Risikomischung zum Zwecke der Risikostreuung. [2]Der Grundsatz gilt regelmäßig als erfüllt, wenn das Vermögen in mindestens drei Vermögensgegenständen mit unterschiedlichen Anlagerisiken angelegt ist. [3]Hierbei sind die Anlagenfristen des KAGB zu beachten.

Beispiel:

[1]Ein Investmentvermögen, das bis zu 30 % in physischem Gold angelegt ist und darüber hinaus ausschließlich 1 : 1-Zertifikate von mindestens drei unterschiedlichen Emittenten erwirbt, die alle die Entwicklung des Goldpreises abbilden, kann nicht als Risikogemischt angesehen werden. [2]Es werden zwar mindestens drei Vermögensgegenstände für das Investmentvermögen erworben, jedoch bilden alle Vermögensgegenstände das gleiche Anlagerisiko ab. [3]Der Anleger erleidet einen hohen Verlust, wenn der Goldpreis sinkt.

(9) [1]Offene inländische Spezial-AIF mit festen Anlagebedingungen im Sinne des § 284 KAGB sowie vergleichbare EU-Investmentvermögen und ausländische AIF können unabhängig von den in Absatz 8 Satz 4 Nummern 2 bis 4 genannten Bestimmungen begünstigte Investmentvermögen darstellen. [2]Begünstigt können auch geschlossene Investmentvermögen sein, soweit solche geschlossenen Investmentvermögen die Kriterien nach Absatz 8

---

1) MwStR 2016, 109.
2) IStR 2006, 381. – IStR 2007, 708.

Satz 4 erfüllen (vgl. EuGH-Urteil vom 28.6.2007, C-363/05, JP Morgan Fleming Claverhouse Investment Trust und The Association of Investment Trust Companies, BStBl. 2010 II S. 573).[1)]

Verwaltung von Wagniskapitalfonds

(10)[2)] [1] Steuerbegünstigte Investmentvermögen nach § 4 Nr. 8 Buchstabe h UStG sind auch Wagniskapitalfonds; hierzu zählen auch „qualifizierte Risikokapitalfonds" im Sinne der Verordnung (EU) Nr. 345/2013 des Europäischen Parlaments und des Rates vom 17.4.2013 über Europäische Risikokapitalfonds,[3)] geändert durch die Verordnung (EU) 2017/1991 des Europäischen Parlaments und des Rates vom 25.10.2017 und durch die Verordnung (EU) 2019/1156 des Europäischen Parlaments und des Rates vom 20.6.2019 – „EuVECA-Verordnung" (European Venture Capital – EuVECA – Funds), soweit sie die Voraussetzungen der Sätze 2 bis 8 erfüllen. [2] Wagniskapitalfonds nach Satz 1 sind AIF im Sinne des § 1 Abs. 3 KAGB,[4)] die keine OGAW sind, wenn diese durch entsprechende Vorgaben in den Anlagebedingungen verpflichtet sind, ganz oder überwiegend (zu mehr als 50% des aggregierten eingebrachten bzw. noch nicht eingeforderten, aber zugesagten Kapitals) zum Zeitpunkt der ersten Wagniskapitalbeteiligung in Wachstumsunternehmen (Zielunternehmen) nach Satz 6 zu investieren. [3] Wagniskapitalfonds zielen durch eine Kapitalbeteiligung oder sonstige Risiko tragende Finanzierungen regelmäßig nach Erreichen des durch die Finanzierung beabsichtigten Zwecks auf einen erheblichen Wertzuwachs des Zielunternehmens ab, der zum Zeitpunkt des Ausstiegs des Fonds maßgeblich dessen Investitionsertrag bestimmt. [4] Der Kapitalfluss der Investition erfolgt dabei regelmäßig direkt oder indirekt in das bzw. in die Zielunternehmen. [5] Die Begünstigung von Wagniskapitalfonds setzt voraus, dass sie zumindest den gleichen Wettbewerbsbedingungen unterliegen wie OGAW und sie einer besonderen staatlichen Aufsicht unterstehen (vgl. Absatz 8 Satz 4 Nr. 1 und 3) oder als „qualifizierte Risikokapitalfonds" im Sinne des Satzes 1 registriert sind. [6] Zielunternehmen im Sinne von Satz 2 sind Wachstumsunternehmen, die insgesamt die nachfolgenden Voraussetzungen erfüllen:

1. das Zielunternehmen ist zum Zeitpunkt der ersten Wagniskapitalbeteiligung nicht älter als zwölf Jahre seit Unternehmensgründung,
2. die Unternehmensgröße des Zielunternehmens entspricht zum Zeitpunkt der ersten Wagniskapitalfinanzierung einem qualifizierten Portfoliounternehmen nach Artikel 3 Buchstabe d Unterbuchstabe i im Sinne der EuVECA-Verordnung nach Satz 1,
3. das Zielunternehmen hat seinen Sitz in einem Gebiet nach Artikel 3 Buchstabe d Unterbuchstabe iv im Sinne der EuVECA-Verordnung nach Satz 1,

---

1) IStR 2007, 708.

2) A 4.8.13 UStAE neuer Abs. 10 eingef., bish. Abs. 10–23 werden Abs. 11–24 durch BMF v. 24.6.2022, BStBl. I 2022, 1006, anzuwenden auf nach dem 30.6.2021 ausgeführte Umsätze; bis zum 30.6.2022 getätigte steuerpflichtige Umsätze können, auch für den Vorsteuerabzug, weiterhin als steuerpflichtig behandelt werden.

3) ABl. EU Nr. L 2013, 1.

4) **Wirtschaftsgesetze** Nr. **142**.

4. das Zielunternehmen ist fortlaufend wirtschaftlich (mit Gewinnerzielungsabsicht) aktiv.

[7]Das Vorliegen der Voraussetzungen hat der Unternehmer durch geeignete Belege (insbesondere anhand der vertraglichen Anlagebedingungen) gegenüber der Finanzbehörde nachzuweisen. [8]Die Kriterien für die Qualifizierung als Wagniskapitalfonds sind insbesondere dann nicht eingehalten, wenn die Anlagebedingungen des Fonds dahingehend geändert werden, dass die Anlagestrategie dauerhaft nicht mehr auf eine Anlage in Zielunternehmen nach Satz 6 gerichtet ist, oder wenn dauerhaft die Zielunternehmen, in die der Fonds investiert, die Voraussetzungen des Satzes 6 nicht erfüllen.

Verwaltung von Investmentvermögen

(11)[1)] [1]Die Steuerbefreiung umfasst lediglich Tätigkeiten der Verwaltung; andere Tätigkeiten als die Verwaltung, insbesondere Tätigkeiten der Verwahrung von Vermögensgegenständen des Investmentvermögens sowie sonstige Aufgaben nach Maßgabe der §§ 72 bis 79 KAGB[2)] bzw. der §§ 81 bis 89a KAGB, sind nicht steuerbegünstigt.

(12)[1)] [1]Die Anwendung der Steuerbefreiung setzt das Vorliegen eines steuerbaren Leistungsaustauschs voraus. [2]Die Steuerbefreiung ist unabhängig davon anzuwenden, in welcher Rechtsform der Leistungserbringer auftritt. [3]Für die Steuerbefreiung ist auch unerheblich, dass § 36 Abs. 1 Satz 1 Nr. 3 KAGB[2)] (Auslagerung) verlangt, dass bei der Übertragung der Portfolioverwaltung ein für Zwecke der Vermögensverwaltung oder Finanzportfolioverwaltung zugelassenes oder registriertes Unternehmen, das der Aufsicht unterliegt, benannt wird.

Verwaltung des Investmentvermögens durch eine externe Kapitalverwaltungsgesellschaft

(13)[1)] [1]Bei einem Investmentvermögen in der Form eines Sondervermögens erfüllt die Kapitalverwaltungsgesellschaft durch die Verwaltung des Investmentvermögens ihre gegenüber den Anlegern auf Grund des Investmentvertrags bestehenden Verpflichtungen. [2]Dabei können die zum Investmentvermögen gehörenden Vermögensgegenstände nach Maßgabe der Vertragsbedingungen im Eigentum der Kapitalverwaltungsgesellschaft oder im Miteigentum der Anleger stehen. [3]Es liegt eine Verwaltungsleistung gegenüber den Anlegern als Leistungsempfänger vor. [4]Bei einem Investmentvermögen in der Form einer Investmentgesellschaft (§ 1 Abs. 11 KAGB),[2)] das eine externe Kapitalverwaltungsgesellschaft mit der Verwaltung und Anlage ihrer Mittel bestellt hat, wird die Kapitalverwaltungsgesellschaft ausschließlich auf Grund der vertraglichen Vereinbarung zwischen ihr und der Investmentgesellschaft tätig. [5]Es liegt eine Verwaltungsleistung gegenüber der Investmentgesellschaft als Leistungsempfänger vor.

[1)] A 4.8.13 UStAE neuer Abs. 10 eingef., bish. Abs. 10–23 werden Abs. 11–24 durch BMF v. 24.6.2022, BStBl. I 2022, 1006; zur Anwendung siehe FN zu Abs. 10.

[2)] **Wirtschaftsgesetze** Nr. **142**.

Investmentvermögen in Form einer intern verwalteten Investmentgesellschaft

(14)[1)] [1] Hat das Investmentvermögen die Organisationsform einer Investmentaktiengesellschaft im Sinne des KAGB[2)] oder einer Investmentkommanditgesellschaft im Sinne des KAGB, ist der Anleger Aktionär bzw. Gesellschafter. [2] Seine konkrete Rechtsstellung richtet sich nach gesellschaftsrechtlichen Regelungen und der Satzung bzw. dem Gesellschaftsvertrag der Investmentgesellschaft. [3] Soweit keine separate schuldrechtliche Vereinbarung über die Erbringung einer besonderen Verwaltungsleistung besteht, ist insofern kein Leistungsaustausch zwischen der Investmentgesellschaft und ihren Aktionären bzw. Gesellschaftern anzunehmen. [4] Der Anspruch auf die Verwaltungsleistung ergibt sich aus der Gesellschafterstellung. [5] Die Verwaltung des Investmentvermögens durch die Investmentgesellschaft ist insoweit ein nicht steuerbarer Vorgang.

Auslagerung von Verwaltungstätigkeiten durch eine Kapitalverwaltungsgesellschaft

(15)[1)] [1] Beauftragt eine Kapitalverwaltungsgesellschaft einen Dritten mit der Verwaltung des Investmentvermögens, erbringt dieser eine Leistung gegenüber der Kapitalverwaltungsgesellschaft, indem er die ihr insoweit obliegende Pflicht erfüllt. [2] Der Dritte wird ausschließlich auf Grund der vertraglichen Vereinbarung zwischen ihm und der Kapitalverwaltungsgesellschaft tätig, so dass er auch nur ihr gegenüber zur Leistung verpflichtet ist.

Auslagerung von Verwaltungstätigkeiten bei Investmentgesellschaften

(16)[1)] [1] Beauftragt eine intern verwaltete Investmentaktiengesellschaft bzw. eine intern verwaltete Investmentkommanditgesellschaft einen Dritten mit der Wahrnehmung von Aufgaben, erbringt der Dritte ihr gegenüber eine Leistung, da grundsätzlich der intern verwalteten Investmentgesellschaft die Anlage und die Verwaltung ihrer Mittel obliegt. [2] Beauftragt eine extern verwaltete Investmentgesellschaft eine Kapitalverwaltungsgesellschaft mit der Verwaltung und Anlage ihrer Mittel, ist die Kapitalverwaltungsgesellschaft Vertragspartnerin des von ihr mit bestimmten Verwaltungstätigkeiten beauftragten Dritten. [3] Dieser erbringt somit auch nur gegenüber der Kapitalverwaltungsgesellschaft und nicht gegenüber der Investmentgesellschaft eine Leistung.

Ausgelagerte Verwaltungstätigkeiten als Gegenstand der Steuerbefreiung

(17)[1)] [1] Für Tätigkeiten im Rahmen der Verwaltung von Investmentvermögen, die nach § 36 Abs. 1 KAGB[2)] auf ein anderes Unternehmen ausgelagert worden sind, kann ebenfalls die Steuerbefreiung in Betracht kommen. [2] Zur steuerfreien Verwaltung gehören auch Dienstleistungen der administrativen und buchhalterischen Verwaltung von Investmentvermögen durch einen außen stehenden Verwalter, wenn sie ein im Großen und Ganzen eigenständiges Ganzes bilden und für die Verwaltung dieses Investmentvermögens

---

[1)] A 4.8.13 UStAE neuer Abs. 10 eingef., bish. Abs. 10–23 werden Abs. 11–24 durch BMF v. 24.6.2022, BStBl. I 2022, 1006; zur Anwendung siehe FN zu Abs. 10.

[2)] **Wirtschaftsgesetze** Nr. **142**.

spezifisch und wesentlich sind. [3]Rein materielle oder technische Dienstleistungen, die in diesem Zusammenhang erbracht werden, wie z. B. die Zurverfügungstellung eines Datenverarbeitungssystems, fallen nicht unter die Steuerbefreiung. [4]Ob die Dienstleistungen der administrativen und buchhalterischen Verwaltung von Investmentvermögen durch einen außen stehenden Verwalter ein im Großen und Ganzen eigenständiges Ganzes bilden, ist danach zu beurteilen, ob die übertragenen Aufgaben für die Durchführung der Geschäfte der Kapitalverwaltungsgesellschaft/Investmentgesellschaft unerlässlich sind und ob der außen stehende Verwalter die Aufgaben eigenverantwortlich auszuführen hat. [5]Vorbereitende Handlungen, bei denen sich die Kapitalverwaltungsgesellschaft/Investmentgesellschaft eine abschließende Entscheidung vorbehält, bilden regelmäßig nicht ein im Großen und Ganzen eigenständiges Ganzes. [6]Demgegenüber fallen Leistungen, die in der Abgabe von Empfehlungen zum An- und Verkauf von Vermögenswerten (z. B. Wertpapiere oder Immobilien) gegenüber einer Kapitalverwaltungsgesellschaft bestehen, unter die Steuerbefreiung, wenn eine enge Verbindung zu der spezifischen Tätigkeit einer Kapitalverwaltungsgesellschaft besteht. [7]Davon ist auszugehen, wenn die Empfehlung für den Kauf oder Verkauf von Vermögenswerten konkret an den rechtlichen und tatsächlichen Erfordernissen der jeweiligen Wertpapieranlage ausgerichtet ist, die Empfehlung für den Kauf oder Verkauf von Vermögenswerten auf Grund ständiger Beobachtung des Fondsvermögens erteilt wird und auf einem stets aktuellen Kenntnisstand über die Zusammenstellung des Vermögens beruht (vgl. BFH-Urteil vom 11.4.2013, V R 51/10, BStBl. II S. 877, EuGH-Urteil vom 7.3.2013, C-275/11, GfBk, BStBl. II S. 900).[1)]

(18)[2)] [1]Für die Beurteilung der Steuerbefreiung ist im Übrigen grundsätzlich ausschließlich die Art der ausgelagerten Tätigkeiten maßgebend und nicht die Eigenschaft des Unternehmens, das die betreffende Leistung erbringt. [2]§ 36 KAGB[3)] ist insoweit für die steuerliche Beurteilung der Auslagerung ohne Bedeutung. [3]Soweit Aufgaben der Kapitalverwaltungsgesellschaft/Investmentgesellschaft von den Verwahrstellen wahrgenommen oder auf diese übertragen werden, die zu den administrativen Tätigkeiten der Kapitalverwaltungsgesellschaft/Investmentgesellschaft und nicht zu den Tätigkeiten als Verwahrstelle gehören, kann die Steuerbefreiung auch dann in Betracht kommen, wenn sie durch die Verwahrstellen wahrgenommen werden.

Steuerfreie Verwaltungstätigkeiten

(19)[2)] Insbesondere folgende Tätigkeiten der Verwaltung von Investmentvermögen durch die Kapitalverwaltungsgesellschaft, die Investmentaktiengesellschaft, die Investmentkommanditgesellschaft oder die Verwahrstelle sind steuerfrei nach § 4 Nr. 8 Buchstabe h UStG:

1. Portfolioverwaltung,
2. Risikomanagement,

[1)] MwStR 2013, 121.

[2)] A 4.8.13 UStAE neuer Abs. 10 eingef., bish. Abs. 10–23 werden Abs. 11–24 durch BMF v. 24.6.2022, BStBl. I 2022, 1006; zur Anwendung siehe FN zu Abs. 10.

[3)] **Wirtschaftsgesetze** Nr. **142**.

3. Ausübung des Sicherheitenmanagements (Verwalten von Sicherheiten, sog. Collateral Management, das im Rahmen von Wertpapierleihgeschäften nach § 200 Abs. 2 KAGB[1] Aufgabe der OGAW-Kapitalverwaltungsgesellschaft ist),
4. folgende administrative Leistungen, soweit sie nicht dem Anteilsvertrieb dienen:
   a) Gesetzlich vorgeschriebene und im Rahmen der Fondsverwaltung vorgeschriebene Rechnungslegungsdienstleistungen (u. a. Fondsbuchhaltung und die Erstellung von Jahresberichten und sonstiger Berichte),
   b) Bewertung und Preisfestsetzung (Ermittlung und verbindliche Festsetzung des Anteilspreises),
   c) Überwachung und Einhaltung der Rechtsvorschriften (u. a. Kontrolle der Anlagegrenzen und der Marktgerechtigkeit [Fonds-Controlling]),
   d) Ausgabe und Rücknahme von Anteilen (diese Aufgabe wird nach § 71 Abs. 1 KAGB von der Verwahrstelle ausgeführt),
   e) Führung des Anteilinhaberregisters,
   f) Beantwortung von Kundenanfragen und Übermittlung von Informationen an Kunden, auch für potentielle Neukunden,
   g) Tätigkeiten im Zusammenhang mit der Gewinnausschüttung,
   h) Erstellung von Kontraktabrechnungen (einschließlich Versand und Zertifikate, ausgenommen Erstellung von Steuererklärungen),
   i) Führung gesetzlich vorgeschriebener und im Rahmen der Fondsverwaltung vorgeschriebener Aufzeichnungen,
   j) die aufsichtsrechtlich vorgeschriebene Prospekterstellung.

(20)[2] [1]Wird von einem außenstehenden Dritten, auf den Verwaltungsaufgaben übertragen wurden, nur ein Teil der Leistungen aus dem vorstehenden Leistungskatalog erbracht, kommt die Steuerbefreiung nur in Betracht, wenn die erbrachte Leistung ein im Großen und Ganzen eigenständiges Ganzes bildet und für die Verwaltung von Investmentvermögen spezifisch und wesentlich ist. [2]Leistungen, die in der Abgabe von Empfehlungen zum An- und Verkauf von Vermögenswerten (z. B. Wertpapiere oder Immobilien) gegenüber einer Kapitalverwaltungsgesellschaft bestehen, können unter die Steuerbefreiung fallen (vgl. Absatz 17 Sätze 6 und 7). [3]Für eine administrative Leistung nach Absatz 19 Nr. 4 Buchstabe e bis j kommt im Fall der Auslagerung auf einen außenstehenden Dritten die Steuerbefreiung nur in Betracht, wenn die Leistung von dem Dritten gemeinsam mit einer der in Absatz *17*[3] Nr. 4 Buchstabe a bis d aufgeführten administrativen Leistungen erbracht wird. [4]Erbringt eine Kapitalverwaltungsgesellschaft, eine Investmentaktiengesellschaft, eine Investmentkommanditgesellschaft oder eine Verwahrstelle Verwaltungs-

---

[1] **Wirtschaftsgesetze** Nr. **142**.

[2] A 4.8.13 UStAE neuer Abs. 10 eingef., bish. Abs. 10–23 werden Abs. 11–24, neuer Abs. 20 Sätze 2 und 3 und neuer Abs. 21 geänd. durch BMF v. 24.6.2022, BStBl. I 2022, 1006; zur Anwendung siehe FN zu Abs. 10.

[3] *Redaktionsversehen*; richtig: Absatz **19**.

leistungen bezüglich des ihr nach dem KAGB[1] zugewiesenen Investmentvermögens, kann die Steuerbefreiung unabhängig davon in Betracht kommen, ob ggf. nur einzelne Verwaltungsleistungen aus dem vorstehenden Leistungskatalog erbracht werden.

Steuerpflichtige Tätigkeiten im Zusammenhang mit der Verwaltung

(21)[2] Insbesondere folgende Tätigkeiten können nicht als Tätigkeiten der Verwaltung von Investmentvermögen angesehen werden und fallen daher nicht unter die Steuerbefreiung nach § 4 Nr. 8 Buchstabe h UStG, soweit sie nicht Nebenleistungen zu einer nach Absatz 19 steuerfreien Tätigkeit sind (zur allgemeinen Abgrenzung von Haupt- und Nebenleistung vgl. Abschnitt 3.10):

1. Erstellung von Steuererklärungen,
2. Tätigkeiten im Zusammenhang mit der Portfolioverwaltung wie allgemeine Rechercheleistungen – sofern diese nicht unselbständige Nebenleistungen zu Beratungsleistungen mit konkreten Kauf- oder Verkaufsempfehlungen für Vermögenswerte (z. B. Wertpapiere oder Immobilien) sind –, insbesondere
   a) die planmäßige Beobachtung der Wertpapiermärkte,
   b) die Beobachtung der Entwicklungen auf den Märkten,
   c) das Analysieren der wirtschaftlichen Situation in den verschiedenen Währungszonen, Staaten oder Branchen,
   d) die Prüfung der Gewinnaussichten einzelner Unternehmen,
   e) die Aufbereitung der Ergebnisse dieser Analysen,
3. Beratungsleistungen ohne konkrete Kauf- oder Verkaufsempfehlungen,
4. Tätigkeiten im Zusammenhang mit dem Anteilsvertrieb, wie z. B. die Erstellung von Werbematerialien,
5. Tätigkeiten im Zusammenhang mit der tatsächlichen Bewirtschaftung gehaltener Immobilien, insbesondere ihre Vermietung, die Verwaltung der bestehenden Mietverhältnisse, die Beauftragung Dritter mit Instandhaltungsmaßnahmen sowie deren Überwachung und Überprüfung (vgl. EuGH-Urteil vom 9.12.2015, C-595/13 Fiscale Eenheid X).[3]

Andere steuerpflichtige Tätigkeiten

(22)[4] [1]Nicht nach § 4 Nr. 8 Buchstabe h UStG steuerfrei sind insbesondere alle Leistungen der Verwahrstelle als Verwahr- oder Kontrollstelle gegenüber der Kapitalverwaltungsgesellschaft. [2]Dies sind insbesondere folgende Leistungen:

---

[1] **Wirtschaftsgesetze** Nr. **142**.

[2] A 4.8.13 UStAE neuer Abs. 10 eingef., bish. Abs. 10–23 werden Abs. 11–24, neuer Abs. 20 Sätze 2 und 3 und neuer Abs. 21 geänd. durch BMF v. 24.6.2022, BStBl. I 2022, 1006; zur Anwendung siehe FN zu Abs. 10.

[3] MwStR 2016, 109.

[4] A 4.8.13 UStAE neuer Abs. 10 eingef., bish. Abs. 10–23 werden Abs. 11–24 durch BMF v. 24.6.2022, BStBl. I 2022, 1006, anzuwenden auf nach dem 30.6.2021 ausgeführte Umsätze; bis um 30.6.2022 getätigte steuerpflichtige Umsätze können, auch für den Vorsteuerabzug, weiterhin als steuerpflichtig behandelt werden.

1. Verwahrung der Vermögensgegenstände des Investmentvermögens; hierzu gehören z.B.:
   a) die Verwahrung der zu einem Investmentvermögen gehörenden Wertpapiere, Einlagenzertifikate und Bargeldbestände in gesperrten Depots und Konten,
   b) die Verwahrung von als Sicherheiten für Wertpapiergeschäfte oder Wertpapier-Pensionsgeschäfte verpfändeten Wertpapieren oder abgetretenen Guthaben bei der Verwahrstelle oder unter Kontrolle der Verwahrstelle bei einem geeigneten Kreditinstitut,
   c) die Übertragung der Verwahrung von zu einem Investmentvermögen gehörenden Wertpapieren an eine Wertpapiersammelbank oder an eine andere in- oder ausländische Bank,
   d) die Unterhaltung von Geschäftsbeziehungen mit Drittverwahrern;
2. Leistungen zur Erfüllung der Zahlstellenfunktion,
3. Einzug und Gutschrift von Zinsen und Dividenden,
4. Mitwirkung an Kapitalmaßnahmen (Corporate Actions) und der Stimmrechtsausübung (Proxy Voting),
5. Abwicklung des Erwerbs und Verkaufs der Vermögensgegenstände, inklusive Abgleich der Geschäftsdaten mit dem Broker (Broker-Matching); hierbei handelt es sich nicht um Verwaltungstätigkeiten, die von der Kapitalverwaltungsgesellschaft auf die Verwahrstelle übertragen werden könnten, sondern um Tätigkeiten der Verwahrstelle im Rahmen der Verwahrung der Vermögensgegenstände;
6. Leistungen der Kontrolle und Überwachung, die gewährleisten, dass die Verwaltung des Investmentvermögens nach den entsprechenden gesetzlichen Vorschriften erfolgt, wie insbesondere
   a) Kontrolle der Ermittlung und der verbindlichen Feststellung des Anteilspreises,
   b) Kontrolle der Ausgabe und Rücknahme von Anteilen,
   c) Erstellung aufsichtsrechtlicher Meldungen, z.B. Meldungen, zu denen die Verwahrstelle verpflichtet ist.

Verwaltung von Versorgungseinrichtungen

(23)[1] [1]Nach § 4 Nr. 8 Buchstabe h UStG ist die Verwaltung von Versorgungseinrichtungen, welche Leistungen im Todes- oder Erlebensfall, bei Arbeitseinstellung oder bei Minderung der Erwerbstätigkeit vorsehen, steuerfrei (§ 1 Abs. 2 VAG).[2] [2]Die Versorgungswerke der Ärzte, Apotheker, Architekten, Notare, Rechtsanwälte, Steuerberater bzw. Steuerbevollmächtigten, Tierärzte, Wirtschaftsprüfer und vereidigten Buchprüfer sowie Zahnärzte zählen zu den Versorgungseinrichtungen im Sinne des § 1 Abs. 2 VAG; Pensionsfonds sind Versorgungseinrichtungen im Sinne des § 236 Abs. 1 VAG.

---

[1] A 4.8.13 UStAE neuer Abs. 10 eingef., bish. Abs. 10–23 werden Abs. 11–24, neuer Abs. 24 Satz 2 geänd. durch BMF v. 24.6.2022, BStBl. I 2022, 1006; zur Anwendung siehe FN zu Abs. 10.

[2] Versicherungsaufsichtsgesetz v. 1.4.2015, BGBl. I 2015, 434, zuletzt geänd. durch G v. 20.7.2022, BGBl. I 2022, 1166 (**Wirtschaftsgesetze Nr. 90**).

[3]Damit sind die unmittelbaren Verwaltungsleistungen durch Unternehmer an die auftraggebenden Versorgungseinrichtungen steuerfrei. [4]Voraussetzung für die Steuerbefreiung ist jedoch nicht, dass die Versorgungseinrichtungen der Versicherungsaufsicht unterliegen. [5]Einzelleistungen an die jeweilige Versorgungseinrichtung, die keine unmittelbare Verwaltungstätigkeit darstellen (z. B. Erstellung eines versicherungsmathematischen Gutachtens), fallen dagegen nicht unter die Steuerbefreiung nach § 4 Nr. 8 Buchstabe h UStG. [6]Zu weiteren Einzelheiten, insbesondere bei Unterstützungskassen, vgl. BMF-Schreiben vom 18.12.1997, BStBl. I S. 1046. [7]Bei Leistungen zur Durchführung des Versorgungsausgleichs nach dem Gesetz über den Versorgungsausgleich (Versorgungsausgleichsgesetz – VersAusglG)[1)] handelt es sich abweichend von diesem BMF-Schreiben um typische und somit steuerfreie Verwaltungsleistungen.

Vermögensverwaltung

(24)[2)] [1]Bei der Vermögensverwaltung (Portfolioverwaltung) nimmt eine Bank einerseits die Vermögensverwaltung und andererseits Transaktionen vor (vgl. Abschnitt 4.8.9 Abs. 2). [2]Die Steuerbefreiung nach § 4 Nr. 8 Buchstabe h UStG kommt in Betracht, soweit tatsächlich begünstigte Investmentvermögen verwaltet werden (vgl. Absätze 1 bis 20).

4.8.14 Amtliche Wertzeichen

[1]Durch die Worte „zum aufgedruckten Wert" wird zum Ausdruck gebracht, dass die Steuerbefreiung nach § 4 Nr. 8 Buchstabe i UStG für die im Inland gültigen amtlichen Wertzeichen nur in Betracht kommt, wenn die Wertzeichen zum aufgedruckten Wert geliefert werden. [2]Zum aufgedruckten Wert gehören auch aufgedruckte Sonderzuschläge, z. B. Zuschlag bei Wohlfahrtsmarken. [3]Werden die Wertzeichen mit einem höheren Preis als dem aufgedruckten Wert gehandelt, ist der Umsatz insgesamt steuerpflichtig. [4]Lieferungen der im Inland postgültigen Briefmarken sind auch dann steuerfrei, wenn diese zu einem Preis veräußert werden, der unter ihrem aufgedruckten Wert liegt.

Zu § 4 Nr. 9 UStG

4.9.1 Umsätze, die unter das Grunderwerbsteuergesetz[3)] fallen[4)· 5)]

(1) [1]Zu den Umsätzen, die unter das GrEStG fallen (grunderwerbsteuerbare Umsätze), gehören insbesondere die Umsätze von unbebauten und be-

---

[1)] G v. 3.4.2009, BGBl. I 2009, 700, zuletzt geänd. durch G v. 12.5.2021, BGBl. I 2021, 1085 (**Habersack** Nr. **48**).

[2)] A 4.8.13 UStAE neuer Abs. 10 eingef., bish. Abs. 10–23 werden Abs. 11–24, neuer Abs. 24 Satz 2 geänd. durch BMF v. 24.6.2022, BStBl. I 2022, 1006; zur Anwendung siehe FN zu Abs. 10.

[3)] **Steuergesetze** Nr. **600.** – Zum Entgelt bei steuerpflichtigen Grundstücksumsätzen vgl. A 10.1 Abs. 7 UStAE.

[4)] Die Doppelbelastung mit USt und GrESt verstößt nicht gegen Art. 33 Abs. 1 RL 77/388/EWG (= Art. 401 MwStSystRL); vgl. EuGH v. 27.11.2008 C-156/08, Vollkommer, DStR 2009, 223.

[5)] Keine USt-Freiheit bei Verzicht auf Ankaufsrecht an Grundstück; vgl. BFH v. 3.9.2008 XI R 54/07, BStBl. II 2009, 499.

bauten Grundstücken. [2]Für die Grunderwerbsteuer können mehrere von dem Grundstückserwerber mit verschiedenen Personen – z. B. Grundstückseigentümer, Bauunternehmer, Bauhandwerker – abgeschlossene Verträge als ein einheitliches, auf den Erwerb von fertigem Wohnraum gerichtetes Vertragswerk anzusehen sein (BFH-Urteile vom 27.10.1982, II R 102/81, BStBl. 1983 II S. 55, und vom 27.10.1999, II R 17/99, BStBl. 2000 II S. 34). [3]Dieser dem GrEStG unterliegende Vorgang wird jedoch nicht zwischen dem Grundstückserwerber und den einzelnen Bauunternehmern bzw. Bauhandwerkern verwirklicht (BFH-Urteile vom 7.2.1991, V R 53/85, BStBl. II S. 737, vom 29.8.1991, V R 87/86, BStBl. 1992 II S. 206, und vom 10.9.1992, V R 99/88, BStBl. 1993 II S. 316). [4]Die Leistungen der Architekten, der einzelnen Bauunternehmer und der Bauhandwerker sind mit dem der Grunderwerbsteuer unterliegenden Erwerbsvorgang nicht identisch und fallen daher auch nicht unter die Umsatzsteuerbefreiung nach § 4 Nr. 9 Buchstabe a UStG (vgl. auch BFH-Beschluss vom 30.10.1986, V B 44/86, BStBl. 1987 II S. 145, und BFH-Urteil vom 24.2.2000, V R 89/98, BStBl. II S. 278). [5]Ein nach § 4 Nr. 9 Buchstabe a UStG insgesamt steuerfreier einheitlicher Grundstücksumsatz kann nicht nur bei der Veräußerung eines bereits bebauten Grundstücks vorliegen, sondern auch dann, wenn derselbe Veräußerer in zwei getrennten Verträgen ein Grundstück veräußert und die Pflicht zur Erstellung eines schlüsselfertigen Bürohauses und Geschäftshauses übernimmt. [6]Leistungsgegenstand ist in diesem Fall ein noch zu bebauendes Grundstück (BFH-Urteil vom 19.3.2009, V R 50/07, BStBl. 2010 II S. 78).

(2) Unter die Steuerbefreiung nach § 4 Nr. 9 Buchstabe a UStG fallen z. B. auch:

1. die Bestellung von Erbbaurechten (BFH-Urteile vom 28.11.1967, II 1/64, BStBl. 1968 II S. 222, und vom 28.11.1967, II R 37/66, BStBl. 1968 II S. 223) und die Übertragung von Erbbaurechten (BFH-Urteil vom 5.12. 1979, II R 122/76, BStBl. 1980 II S. 136),

(Fortsetzung S. 311)

(3) [1]Der Befreiung von Heilbehandlungen im Bereich der Humanmedizin steht nicht entgegen, wenn diese im Rahmen von Verträgen der hausarztzentrierten Versorgung nach § 73b SGB V[1)] oder der besonderen ambulanten ärztlichen Versorgung nach § 73c SGB V bzw. nach anderen sozialrechtlichen Vorschriften erbracht werden. [2]Zu den Leistungen von Einrichtungen, mit denen Verträge nach §§ 73b, 73c oder 140a SGB V bestehen, vgl. Abschnitt 4.14.9.

Krankenhausbehandlungen und ärztliche Heilbehandlungen (§ 4 Nr. 14 Buchstabe b UStG)

(4) Neben Leistungen, die unmittelbar von Ärzten oder anderen Heilkundigen unter ärztlicher Aufsicht erbracht werden, umfasst der Begriff ärztliche Heilbehandlung auch arztähnliche Leistungen, die u. a. in Krankenhäusern unter der alleinigen Verantwortung von Personen, die keine Ärzte sind, erbracht werden (vgl. EuGH-Urteil vom 6.11.2003, C-45/01, Dornier).[2)]

(5) [1]Begünstigte Leistungserbringer können Einrichtungen des öffentlichen Rechts (§ 4 Nr. 14 Buchstabe b Satz 1 UStG) oder Einrichtungen des privaten Rechts, die nach § 4 Nr. 14 Buchstabe b Satz 2 UStG mit Einrichtungen des öffentlichen Rechts in sozialer Hinsicht, insbesondere hinsichtlich der Bedingungen, vergleichbar sind, sein. [2]Der Begriff „Einrichtung" umfasst dabei auch natürliche Personen. [3]Als privatrechtliche Einrichtungen sind auch Einrichtungen anzusehen, die in der Form privatrechtlicher Gesellschaften betrieben werden, deren Anteile nur von juristischen Personen des öffentlichen Rechts gehalten werden.

4.14.8[3)] Praxis- und Apparategemeinschaften

(1) [1]Steuerbefreit werden sonstige Leistungen von Gemeinschaften, deren Mitglieder ausschließlich Angehörige der in § 4 Nr. 14 Buchstabe a UStG bezeichneten Berufe und/oder Einrichtungen im Sinne des § 4 Nr. 14 Buchstabe b UStG sind, soweit diese Leistungen für unmittelbare Zwecke der Ausübung der Tätigkeit nach § 4 Nr. 14 Buchstabe a oder b UStG verwendet werden und die Gemeinschaft von ihren Mitgliedern lediglich die genaue Erstattung des jeweiligen Anteils an den gemeinsamen Kosten fordert. [2]Als Gemeinschaften gelten nur Einrichtungen, die als Unternehmer im Sinne des § 2 UStG anzusehen sind.

(2) [1]Die Leistungen von Gemeinschaften nach § 4 Nr. 14 Buchstabe d UStG bestehen u. a. in der Zurverfügungstellung von medizinischen Einrichtungen, Apparaten und Geräten. [2]Des Weiteren führen die Gemeinschaften beispielsweise mit eigenem medizinisch-technischen Personal Laboruntersuchungen, Röntgenaufnahmen und andere medizinisch-technische Leistungen an ihre Mitglieder aus.

(3) [1]Voraussetzung für die Steuerbefreiung ist, dass die Leistungen von den Mitgliedern unmittelbar für ihre nach § 4 Nr. 14 Buchstabe a oder b UStG

---

1) **Aichberger SGB** Nr. 5.
2) DStRE 2004, 99.
3) Siehe jetzt § 4 Nr. 29 UStG und BMF v. 19.7.2022, BStBl. I 2022, 1208.

steuerfreien Umsätze verwendet werden. [2]Übernimmt die Gemeinschaft für ihre Mitglieder z.B. die Buchführung, Rechtsberatung oder die Tätigkeit einer ärztlichen Verrechnungsstelle, handelt es sich um Leistungen, die nur mittelbar zur Ausführung von steuerfreien Heilbehandlungsleistungen bezogen werden und deshalb nicht von der Umsatzsteuer nach § 4 Nr. 14 Buchstabe d UStG befreit sind. [3]Die Anwendung der Steuerbefreiung setzt allerdings nicht voraus, dass die Leistungen stets allen Mitgliedern gegenüber erbracht werden (vgl. EuGH-Urteil vom 11.12.2008, C-407/07, Stichting Centraal Begeleidingsorgaan voor de Intercollegiale Toetsing).[1)]

(4) [1]Für die Steuerbefreiung ist es unschädlich, wenn die Gemeinschaft den jeweiligen Anteil der gemeinsamen Kosten des Mitglieds direkt im Namen des Mitglieds mit den Krankenkassen abrechnet. [2]Die Leistungsbeziehung zwischen Gemeinschaft und Mitglied bleibt weiterhin bestehen. [3]Der verkürzte Abrechnungsweg kann als Serviceleistung angesehen werden, die als unselbständige Nebenleistung das Schicksal der Hauptleistung teilt.

(5) Auch Laborleistungen gemäß § 25 Abs. 3 des Bundesmantelvertrags-Ärzte, wonach die Laborgemeinschaft für den Arzt die auf ihn entfallenden Analysekosten gegenüber der zuständigen Kassenärztlichen Vereinigung abrechnet, erfüllen hinsichtlich der dort geforderten „genauen Erstattung des jeweiligen Anteils an den gemeinsamen Kosten" die Voraussetzung des § 4 Nr. 14 Buchstabe d UStG.

(6) [1]Beschafft und überlässt die Gemeinschaft ihren Mitgliedern Praxisräume, ist dieser Umsatz nicht nach § 4 Nr. 14 Buchstabe d UStG befreit. [2]Vielmehr handelt es sich hierbei um sonstige Leistungen, die in der Regel unter die Steuerbefreiung für die Vermietung von Grundstücken nach § 4 Nr. 12 Satz 1 Buchstabe a UStG fallen.

(7) [1]Die Befreiung darf nach Artikel 132 Abs. 1 Buchstabe f MwStSystRL[2)] nicht zu einer Wettbewerbsverzerrung führen. [2]Sie kann sich deshalb nur auf die sonstigen Leistungen der ärztlichen Praxis- und Apparategemeinschaften beziehen, nicht aber auf Fälle, in denen eine Gemeinschaft für ihre Mitglieder z.B. die Buchführung, die Rechtsberatung oder die Tätigkeit einer ärztlichen Verrechnungsstelle übernimmt.

(8) [1]Leistungen der Gemeinschaft an Nicht-Mitglieder sind von der Befreiung nach § 4 Nr. 14 Buchstabe d UStG ausgeschlossen. [2]Das gilt auch dann, wenn ein Leistungsempfänger, der nicht Mitglied ist, der Gemeinschaft ein Darlehen oder einen Zuschuss gegeben hat.

4.14.9 Leistungen von Einrichtungen mit Versorgungsverträgen nach §§ 73b, 73c oder 140a SGB V[3)]

(1) Im Rahmen eines Versorgungsvertrags nach §§ 73b, 73c oder 140a SGB V[3)] wird die vollständige bzw. teilweise ambulante und/oder stationäre Versorgung der Mitglieder der jeweiligen Krankenkasse auf eine Einrichtung

---

[1)] DStRE 2009, 110.
[2)] **Steuergesetze** Nr. **550.**
[3)] **Aichberger SGB** Nr. **5.**

31.12.2003 nimmt er eine Vorsteuerberichtigung nach § 17 Abs. 1 in Verbindung mit Abs. 2 Nr. 5 UStG vor. [5]Die Steuer für den Aufwendungseigenverbrauch und die Vorsteuerberichtigung nach § 17 UStG ist vollständig entrichtet worden. [6]Das Schiff ist mit Ablauf des 31.12.2003 vollständig abgeschrieben.
[7]Der Verkauf im Kalenderjahr 2004 ist nach § 4 Nr. 28 UStG steuerfrei.

(5) Absatz 4 gilt entsprechend für die Lieferungen im Sinne des § 3 Abs. 1b Satz 1 Nr. 1 UStG.

(6) Liegen für die Lieferungen von Gegenständen nach § 4 Nr. 28 UStG durch den Unternehmer auch die Voraussetzungen einer Ausfuhrlieferung (§ 4 Nr. 1 Buchstabe a, § 6 UStG) bzw. einer innergemeinschaftlichen Lieferung (§ 4 Nr. 1 Buchstabe b, § 6a UStG) vor, geht die Steuerbefreiung des § 4 Nr. 28 UStG diesen Steuerbefreiungen vor.

(7) § 4 Nr. 28 UStG ist auch dann anwendbar, wenn der Abzug der Vorsteuer aus den Anschaffungskosten der gelieferten Gegenstände in unmittelbarer Anwendung der MwStSystRL nach § 15 Abs. 2 Satz 1 Nr. 1 UStG ausgeschlossen war (vgl. BFH-Urteil vom 16.5.2012, XI R 24/10, BStBl. 2013 II S. 52).

Zu § 4 Nr. 29 UStG[1)]

Zu § 4a UStG
(§ 24 UStDV)

4a.1 Vergütungsberechtigte

Vergütungsberechtigte nach § 4a Abs. 1 UStG sind:

1. Körperschaften, Personenvereinigungen und Vermögensmassen im Sinne des KStG, die ausschließlich und unmittelbar gemeinnützige, mildtätige oder kirchliche Zwecke verfolgen (§§ 51 bis 68 AO), und
2. juristische Personen des öffentlichen Rechts.

4a.2 Voraussetzungen für die Vergütung

(1) [1]Die Voraussetzungen für die Vergütung (§ 4a Abs. 1 UStG) sind nicht erfüllt, wenn die Lieferung des Gegenstands an den Vergütungsberechtigten nicht der Umsatzsteuer unterlegen hat. [2]Dies ist z. B. der Fall bei steuerfreien Lieferungen, bei Lieferungen durch Privatpersonen sowie bei unentgeltlichen Lieferungen, zu denen insbesondere Sachspenden gehören. [3]Unbeachtlich ist, ob die der Lieferung an den Vergütungsberechtigten vorausgegangene Lieferung umsatzsteuerpflichtig gewesen ist.

(2) [1]Ist in der Rechnung ein zu niedriger Steuerbetrag ausgewiesen, ist nur dieser Betrag zu vergüten. [2]Bei einem zu hohen Steuerausweis wird die Vergütung nur bis zur Höhe der für den betreffenden Umsatz gesetzlich vorgeschriebenen Steuer gewährt. [3]Ausgeschlossen ist die Vergütung der Steuer außerdem in den Fällen eines unberechtigten Steuerausweises nach § 14c Abs. 2 UStG, z. B. bei Lieferungen durch Privatpersonen oder durch Kleinunternehmer im Sinne des § 19 Abs. 1 UStG.

---

1) Zu § 4 Nr. 29 UStG, eingefügt mWv 1.1.2020 durch JStG 2019 v. 12.12.2019, BGBl. I 2019, 2451, siehe BMF v. 19.7.2022, BStBl. I 2022, 1208: Einführungsschreiben zur Befreiung der Leistungen von selbständigen Personenzusammenschlüssen an ihre Mitglieder.

(3) [1]Die Vergütung kann erst beantragt werden, wenn der Kaufpreis einschließlich Umsatzsteuer für den erworbenen Gegenstand in voller Höhe gezahlt worden ist. [2]Abschlags- oder Teilzahlungen genügen nicht. [3]Bei einem vorher eingeführten Gegenstand ist es erforderlich, dass die für die Einfuhr geschuldete Einfuhrumsatzsteuer entrichtet ist. [4]Schuldet die juristische Person die Steuer für den innergemeinschaftlichen Erwerb, muss diese entrichtet worden sein.

(4) [1]Die Vergütung ist nur zu gewähren, wenn der ausgeführte Gegenstand im Drittlandsgebiet (§ 1 Abs. 2a Satz 3 UStG) verbleibt und dort zu humanitären, karitativen oder erzieherischen Zwecken verwendet wird. [2]Der Vergütungsberechtigte muss diese Zwecke im Drittlandsgebiet nicht selbst – z. B. mit eigenen Einrichtungen und Hilfskräften – erfüllen. [3]Es reicht aus, wenn der Gegenstand einem Empfänger im Drittlandsgebiet übereignet wird – z. B. einer nationalen oder internationalen Institution –, der ihn dort zu den begünstigten Zwecken verwendet.

(5) [1]Ist die Verwendung der ausgeführten Gegenstände zu den nach § 4a Abs. 1 Satz 1 Nr. 5 UStG begünstigten Zwecken vorgesehen (vgl. Absatz 9), kann die Vergütung schon beansprucht werden, wenn die Gegenstände zunächst im Drittlandsgebiet – z. B. in einem Freihafen – eingelagert werden. [2]Nicht zu gewähren ist die Vergütung bei einer zugelassenen vorübergehenden Freihafenlagerung nach § 12a EUStBV.[1)] [3]Werden Gegenstände im Anschluss an eine vorübergehende Freihafenlagerung einer begünstigten Verwendung im Drittlandsgebiet zugeführt, kann die Vergütung von diesem Zeitpunkt an beansprucht werden.

(6) [1]Humanitär im Sinne des § 4a Abs. 1 Satz 1 Nr. 5 UStG ist nicht nur die Beseitigung und Milderung besonderer Notlagen, sondern auch die Verbesserung der wirtschaftlichen und sozialen Verhältnisse und der Umweltbedingungen. [2]Karitative Zwecke werden verfolgt, wenn anderen selbstlose Hilfe gewährt wird. [3]Erzieherischen Zwecken (vgl. Abschnitt 4.23.1 Abs. 4) dienen auch Gegenstände, die für die berufliche und nichtberufliche Aus- und Weiterbildung einschließlich der Bildungsarbeit auf politischem, weltanschaulichem, künstlerischem und wissenschaftlichem Gebiet verwendet werden. [4]Es ist davon auszugehen, dass die steuerbegünstigten Zwecke im Sinne der §§ 52 bis 54 AO zugleich auch den in § 4a Abs. 1 Satz 1 Nr. 5 UStG bezeichneten Verwendungszwecken entsprechen.

(7) [1]Die ausgeführten Gegenstände brauchen nicht für Gruppen von Menschen verwendet zu werden; sie können auch Einzelpersonen im Drittlandsgebiet überlassen werden. [2]Eine Vergütung kann deshalb z. B. für die Versendung von Lebensmitteln, Medikamenten oder Bekleidung an Privatpersonen in Betracht kommen.

(8) Bei Körperschaften, die steuerbegünstigte Zwecke verfolgen, stehen der Erwerb oder die Einfuhr und die Ausfuhr im Rahmen eines Zweckbetriebs (§§ 65 bis 68 AO) dem Anspruch auf Vergütung nicht entgegen.

(9) Eine Vergütung der Umsatzsteuer ist ausgeschlossen, wenn der Vergütungsberechtigte die Gegenstände vor der Ausfuhr in das Drittland im Inland genutzt hat.

---

1) **Steuergesetze** Nr. **518.**

Beispiel 1:

[1] Zuschüsse, die die BA bestimmten Unternehmern zu den Löhnen und Ausbildungsvergütungen oder zu den Kosten für Arbeitserprobung und Probebeschäftigung gewährt. [2] Damit erbringt die BA weder als Dritter zusätzliche Entgelte zugunsten der Vertragspartner des leistenden Unternehmers, noch erfüllt sie als dessen Leistungsempfänger eigene Entgeltverpflichtungen.

Beispiel 2:

[1] Zuschüsse, die von den gesetzlichen Trägern der Grundsicherung für Arbeitssuchende für die Teilnehmer an Arbeitsgelegenheiten mit Mehraufwandsentschädigung zur Abdeckung des durch die Ausübung des Zusatzjobs entstehenden tatsächlichen Mehraufwands gezahlt werden, sind echte Zuschüsse. [2] Ein unmittelbarer Zusammenhang zwischen einer erbrachten Leistung und der Zuwendung besteht nicht.

Beispiel 3:

[1] Für die Einrichtung von Zusatzjobs können den Arbeitsgelegenheiten mit Mehraufwandsentschädigung die entstehenden Kosten von den gesetzlichen Trägern der Grundsicherung für Arbeitssuchende erstattet werden. [2] Die Erstattung kann sowohl Sach- als auch Personalkosten umfassen und pauschal ausgezahlt werden.
[3] Diese Maßnahmekostenpauschale stellt einen echten Zuschuss an die Arbeitsgelegenheit dar, sie soll ihre Kosten für die Einrichtung und die Durchführung der Zusatzjobs abdecken. [4] Ein individualisierbarer Leistungsempfänger ist nicht feststellbar.

Beispiel 4:

[1] Qualifizierungsmaßnahmen, die eine Arbeitsgelegenheit mit Mehraufwandsentschädigung selbst oder von einem externen Weiterbildungsträger durchführen lässt.
[2] Qualifizierungsmaßnahmen, die von der Arbeitsgelegenheit selbst durchgeführt werden und bei denen deren eigenunternehmerisches Interesse im Vordergrund steht, sind keine Leistungen im umsatzsteuerrechtlichen Sinn; ebenso begründet die Vereinbarung zur Durchführung von Qualifizierungsmaßnahmen, bei denen deren eigenunternehmerisches Interesse im Vordergrund steht, durch externe Weiterbildungsträger keinen Vertrag zugunsten Dritter. [3] Die von den gesetzlichen Trägern der Grundsicherung für Arbeitssuchende insoweit geleisteten Zahlungen sind kein Entgelt für eine Leistung der Arbeitsgelegenheit gegenüber diesen Trägern oder dem Weiterzubildenden, sondern echte Zuschüsse. [4] Für die Beurteilung der Leistungen der externen Weiterbildungsträger gelten die allgemeinen umsatzsteuerrechtlichen Grundsätze.

Beispiel 5:

[1] Zuwendungen des Bundes und der Länder nach den vom Bundesministerium des Innern (BMI) herausgegebenen Grundsätzen zur Regelung von Kriterien und Höhe der Förderung des Deutschen Olympischen Sportbundes – Bereich Leistungssport – sowie den vom BMI entworfenen Vereinbarungs-/Vertragsmuster, die bundesweit zur Weiterleitung der Bundeszuwendung bei der Förderung der Olympiastützpunkte und Bundesleistungszentren verwendet werden sollen, zu den Betriebs- und Unterhaltskosten ausgewählter Sportstätten.
[2] Im Allgemeinen liegt kein Leistungsaustausch zwischen dem Träger der geförderten Sportstätte und dem Träger des Olympiastützpunkts vor, auch wenn Nutzungszeiten für einen bestimmten Personenkreis in den Zuwendungsbedingungen enthalten sind, denn die Zuwendungen werden im Regelfall für die im allgemeinen Interesse liegende Sportförderung zur Verfügung gestellt. [3] Dies gilt auch für die Förderung des Leistungssports. [4] Die normierten Auflagen für den Zuwendungsempfänger reichen für die Annahme eines Leistungsaustauschverhältnisses nicht aus. [5] Sie haben lediglich den Zweck, den Zuwendungsgeber über den von ihm erhofften und erstrebten Nutzen des Projekts zu unterrichten und die sachgerechte Verwendung der eingesetzten Fördermittel sicherzustellen und werden daher als echte Zuschüsse gewährt.

Zuwendungen aus öffentlichen Kassen

(8) [1] Ob Zuwendungen aus öffentlichen Kassen echte Zuschüsse sind, ergibt sich nicht aus der haushaltsrechtlichen Erlaubnis zur Ausgabe, sondern allein aus dem Grund der Zahlung (vgl. BFH-Urteile vom 27.11.2008, V R 8/07,

BStBl. 2009 II S. 397, und vom 18.12.2008, V R 38/06, BStBl. 2009 II S. 749). 2 Werden Zuwendungen aus öffentlichen Kassen ausschließlich auf der Grundlage des Haushaltsrechts in Verbindung mit den dazu erlassenen Allgemeinen Nebenbestimmungen vergeben, liegen in der Regel echte Zuschüsse vor.[1] 3 Denn die in den Allgemeinen Nebenbestimmungen normierten Auflagen für den Zuwendungsempfänger reichen grundsätzlich für die Annahme eines Leistungsaustauschverhältnisses nicht aus. 4 Sie haben den Sinn, den Zuwendungsgeber über den von ihm erhofften und erstrebten Nutzen des Projekts zu unterrichten und die sachgerechte Verwendung der eingesetzten Fördermittel sicherzustellen. 5 Grund der Zahlung ist in diesen Fällen die im überwiegenden öffentlichen Interesse liegende Förderung des Zuwendungsempfängers, nicht der Erwerb eines verbrauchsfähigen Vorteils durch den Zuwendungsgeber.

(9) 1 Wird die Bewilligung der Zuwendungen über die Allgemeinen Nebenbestimmungen hinaus mit besonderen Nebenbestimmungen verknüpft, kann ein Leistungsaustauschverhältnis vorliegen. 2 Besondere Nebenbestimmungen sind auf den jeweiligen Einzelfall abgestellte Regelungen, die Bestandteil jeder Zuwendung sein können und im Zuwendungsbescheid oder -vertrag besonders kenntlich zu machen sind. 3 Dort können Auflagen und insbesondere Vorbehalte des Zuwendungsgebers hinsichtlich der Verwendung des Tätigkeitsergebnisses geregelt sein, die auf einen Leistungsaustausch schließen lassen. 4 Entsprechendes gilt für vertraglich geregelte Vereinbarungen. 5 Denn bei Leistungen, zu denen sich die Vertragsparteien in einem gegenseitigen Vertrag verpflichtet haben, liegt grundsätzlich ein Leistungsaustausch vor (vgl. BFH-Urteil vom 18.12.2008, V R 38/06, BStBl. 2009 II S. 749). 6 Regelungen zur technischen Abwicklung der Zuwendung und zum haushaltsrechtlichen Nachweis ihrer Verwendung sind umsatzsteuerrechtlich regelmäßig unbeachtlich (vgl. BFH-Urteil vom 28.7.1994, V R 19/92, BStBl. 1995 II S. 86).

(10)[2] 1 Zuwendungen, die zur Projektförderung oder zur institutionellen Förderung auf der Grundlage folgender Nebenbestimmungen gewährt werden, sind grundsätzlich als nicht der Umsatzsteuer unterliegende echte Zuschüsse zu beurteilen:

1. Nebenbestimmungen für Zuwendungen auf Kostenbasis des Bundesministeriums für Bildung und Forschung (BMBF) an Unternehmen der gewerblichen Wirtschaft für Forschungs- und Entwicklungsvorhaben (NKBF-98); diese gelten z.B. auch im Geschäftsbereich des Bundesministeriums für Wirtschaft und Energie (BMWi) und des Bundesministeriums für Umwelt, Naturschutz und nukleare Sicherheit (BMU);
2. Allgemeine Nebenbestimmungen für Zuwendungen zur Projektförderung (ANBest-P) – Anlage 2 der VV zu § 44 BHO;
3. Allgemeine Nebenbestimmungen für Zuwendungen zur Projektförderung an Gebietskörperschaften und Zusammenschlüsse von Gebietskörperschaften (ANBest-GK) – Anlage 3 der VV zu § 44 BHO;

---

[1] Siehe aber BFH v. 18.12.2019 XI R 31/17, BFH/NV 2020, 565 (Zuschüsse einer Stadt an Fremdenverkehrsverein).

[2] A 10.2 UStAE Abs. 10 Satz 1 Nr. 10 angef. durch BMF v. 16.6.2022, BStBl. I 2022, 1003, anzuwenden in allen offenen Fällen.

4. Besondere Nebenbestimmungen für Zuwendungen des BMBF zur Projektförderung auf Ausgabenbasis (BNBest-BMBF 98); diese gelten z. B. auch im Geschäftsbereich des BMWi und des BMU;
5. Allgemeine Nebenbestimmungen für Zuwendungen zur Projektförderung auf Kostenbasis (ANBest-P-Kosten) – Anlage 4 der VV zu § 44 BHO;
6. Allgemeine Nebenbestimmungen für Zuwendungen zur institutionellen Förderung (ANBest-I) – Anlage 1 der VV zu § 44 BHO;
7. Finanzstatut für Forschungseinrichtungen der Hermann von Helmholtz-Gemeinschaft Deutscher Forschungszentren e. V. (FinSt-HZ);
8. Nebenbestimmungen für Zuwendungen auf Kostenbasis des Bundesministeriums für Bildung und Forschung an gewerbliche Unternehmen für Forschungs- und Entwicklungsvorhaben (NKBF 2017); diese gelten z. B. auch im Geschäftsbereich des BMWi und des BMU;
9. Nebenbestimmungen für Zuwendungen auf Ausgabenbasis (NABF); diese gelten z. B. auch im Geschäftsbereich des BMWi und des BMU;
10. Zuwendungen im Zusammenhang mit EU-Rahmenprogrammen, die den Teilnehmern für Forschungs- und Innovationstätigkeiten innerhalb der Rahmenprogramme der EU (beispielsweise Horizont 2020; RP7 oder Horizont Europa), jedoch außerhalb öffentlicher Auftragsvergabe bereitgestellt werden, wenn die Zuwendungen nicht mit dem Preis einer Lieferung von Gegenständen oder der Erbringung einer Dienstleistung im Zusammenhang stehen, und sofern keine Übertragung der Eigentumsrechte an den Ergebnissen von aus den genannten EU-Rahmenprogrammen finanzierten Tätigkeiten an die Kommission vorgesehen ist.

[2]Entsprechendes gilt für Zuwendungen, die nach Richtlinien und Nebenbestimmungen zur Förderung bestimmter Vorhaben gewährt werden, die inhaltlich den o. a. Förderbestimmungen entsprechen (z. B. Zuwendungen im Rahmen der Programme der Biotechnologie- und Energieforschung sowie zur Förderung des Forschungs- und Entwicklungspersonals in der Wirtschaft). [3]Diese Beurteilung schließt im Einzelfall eine Prüfung nicht aus, ob auf Grund zusätzlicher Auflagen oder Bedingungen des Zuwendungsgebers oder sonstiger Umstände ein steuerbarer Leistungsaustausch zwischen dem Zuwendungsgeber und dem Zuwendungsempfänger begründet worden ist. [4]Dabei ist bei Vorliegen entsprechender Umstände auch die Frage des Entgelts von dritter Seite zu prüfen. [5]Eine Prüfung kommt insbesondere in Betracht, wenn die Tätigkeit zur Erfüllung von Ressortaufgaben des Zuwendungsgebers durchgeführt wird und deshalb z. B. folgende zusätzliche Vereinbarungen getroffen wurden (vgl. auch BFH-Urteile vom 23.2.1989, V R 141/84, BStBl. II S. 638, und vom 28.7.1994, V R 19/92, BStBl. 1995 II S. 86):

1. Vorbehalt von Verwertungsrechten für den Zuwendungsgeber;
2. Zustimmungsvorbehalt des Zuwendungsgebers für die Veröffentlichung der Ergebnisse;
3. fachliche Detailsteuerung durch den Zuwendungsgeber;
4. Vollfinanzierung bei Zuwendungen an Unternehmen der gewerblichen Wirtschaft.

[6]Die Vorbehalte sprechen nicht für einen Leistungsaustausch, wenn sie lediglich dazu dienen, die Tätigkeit zu optimieren und die Ergebnisse für die Allgemeinheit zu sichern. [7]Nach den vorstehenden Grundsätzen ist auch bei der umsatzsteuerlichen Beurteilung von Zuwendungen zur Projektförderung sowie zur institutionellen Förderung auf Grund entsprechender Bestimmungen der Bundesländer zu verfahren.

10.3 Entgeltminderungen

(1) [1]Entgeltminderungen liegen vor, wenn der Leistungsempfänger bei der Zahlung Beträge abzieht, z.B. Skonti, Rabatte, Preisnachlässe usw., oder wenn dem Leistungsempfänger bereits gezahlte Beträge zurückgewährt werden, ohne dass er dafür eine Leistung zu erbringen hat. [2]Hierbei ist der Abzugsbetrag oder die Rückzahlung in Entgelt und Umsatzsteuer aufzuteilen (vgl. BFH-Urteil vom 28.5.2009, V R 2/08, BStBl. II S. 870). [3]Auf die Gründe, die für die Ermäßigung des Entgelts maßgebend waren, kommt es nicht an (vgl. BFH-Urteil vom 21.3.1968, V R 85/65, BStBl. II S. 466). [4]Die Pflicht des Unternehmers, bei nachträglichen Änderungen des Entgelts die Steuer bzw. den Vorsteuerabzug zu berichtigen, ergibt sich aus § 17 UStG. [5]Eine Entgeltminderung liegt grundsätzlich auch vor, wenn ein in der Leistungskette beteiligter Unternehmer einem nicht unmittelbar nachfolgenden Abnehmer einen Teil des von diesem gezahlten Leistungsentgelts erstattet oder ihm gegenüber einen Preisnachlass gewährt. [6]Erstattet danach der erste Unternehmer in einer Leistungskette dem Endverbraucher einen Teil des von diesem gezahlten Leistungsentgelts oder gewährt er ihm einen Preisnachlass, mindert sich dadurch grundsätzlich die Bemessungsgrundlage des ersten Unternehmers an seinen unmittelbaren Abnehmer (vgl. EuGH-Urteil vom 24.10.1996, C-317/94, Elida Gibbs, BStBl. 2004 II S. 324).[1] [7]Auf die Abschnitte 17.1 und 17.2 wird hingewiesen.

(2) [1]Eine Entgeltminderung kann vorliegen, wenn der Erwerber einer Ware Mängel von sich aus beseitigt und dem Lieferer die entstandenen Kosten berechnet. [2]Zur Frage, ob in derartigen Fällen ein Schadensersatz vorliegt, vgl. Abschnitt 1.3 Abs. 1. [3]Wird jedoch von den Vertragspartnern von vornherein ein pauschaler Abzug vom Kaufpreis vereinbart und dafür vom Erwerber global auf alle Ansprüche aus der Sachmängelhaftung des Lieferers verzichtet, erbringt der Käufer eine entgeltliche sonstige Leistung (vgl. BFH-Urteil vom 15.12.1966, V R 83/64, BStBl. 1967 III S. 234). [4]Zuwendungen, die ein Lieferant seinem Abnehmer für die Durchführung von Werbemaßnahmen gewährt, sind regelmäßig als Preisnachlass zu behandeln, wenn und soweit keine Verpflichtung zur Werbung besteht, der Werber die Werbung im eigenen Interesse am Erfolg der Werbemaßnahme ausführt und die Gewährung des Zuschusses nicht losgelöst von der Warenlieferung, sondern mit dieser eng verknüpft ist (vgl. BFH-Urteil vom 5.8.1965, V 144/62 U, BStBl. III S. 630). [5]Werbeprämien, die den Abnehmern für die Werbung eines neuen Kunden gewährt werden, mindern daher nicht das Entgelt (vgl. BFH-Urteil vom 7.3.1995, XI R 72/93, BStBl. II S. 518). [6]Entsprechendes gilt bei der Überlassung von Prämienbüchern durch eine Buchgemeinschaft an ihre

[1] IStR 1996, 583.

Mitglieder für die Werbung neuer Mitglieder (vgl. BFH-Urteil vom 17.12. 1959, V 251/58 U, BStBl. 1960 III S. 97). [7] Soweit einem Altabonnenten eine Prämie als Belohnung für die Verlängerung seines eigenen Belieferungsverhältnisses gewährt wird, liegt eine Entgeltminderung vor (vgl. BFH-Urteil vom 7.3.1995, XI R 73/93, a.a.O.). [8] Die Teilnahme eines Händlers an einem Verkaufswettbewerb seines Lieferanten, dessen Gegenstände die vertriebenen Produkte sind, begründet regelmäßig keinen besonderen Leistungsaustausch,

(Fortsetzung S. 511)

Wiedergabe zur ausschließlichen Verwertung übertragen und stellt die Agentur den Künstler vertragsgemäß einer Rundfunk- oder Fernsehanstalt für die Mitwirkung in einer Rundfunk- oder Fernsehsendung zur Verfügung, ist Hauptinhalt der Leistung der Agentur gegenüber der Rundfunk- und Fernsehanstalt die Einräumung von urheberrechtlichen Nutzungsrechten, auf die der ermäßigte Steuersatz nach § 12 Abs. 2 Nr. 7 Buchstabe c UStG anzuwenden ist. [4] Soweit die Voraussetzungen nach § 12 Abs. 2 Nr. 7 Buchstabe c UStG nicht vorliegen, kann auch eine Steuerermäßigung nach § 12 Abs. 2 Nr. 7 Buchstabe a UStG in Betracht kommen, vgl. Abschnitt 12.5 Abs. 1.

(22) [1] Kann ein urheberrechtlich geschütztes Werk, z. B. ein Sprachwerk, vom Auftraggeber nur durch die Ausnutzung von Rechten an diesem Werk bestimmungsgemäß verwendet werden und werden ihm daher die entsprechenden Nutzungsrechte eingeräumt oder übertragen, bildet die Einräumung oder Übertragung urheberrechtlicher Nutzungsrechte den wesentlichen Inhalt der Leistung. [2] Die Herstellung des Werks geht als Vorstufe für die eigentliche Leistung in dieser auf, und zwar auch dann, wenn das Werkoriginal dem Auftraggeber überlassen wird.

Beispiel 1:

[1] Bei der Überlassung von urheberrechtlich geschützten Kopiervorlagen für Unterrichtszwecke ist wesentlicher Inhalt der Leistung die Übertragung urheberrechtlicher Nutzungsrechte. [2] Das gilt auch für die Überlassung von Kopiervorlagen an Personen, die diese nicht selbst für Unterrichtszwecke verwenden, z. B. an Buchhändler.

Beispiel 2:

[1] Bei der Erarbeitung urheberrechtlich geschützter technischer Dienstvorschriften (Benutzungsunterlagen) für den Hersteller eines Produkts stellt die Überlassung des Manuskripts oder druckfertiger Vorlagen zur Verwertung – z. B. zur Vervielfältigung – lediglich eine unselbständige Nebenleistung zur Hauptleistung dar, die in der Übertragung urheberrechtlicher Nutzungsrechte besteht. [2] Wird jedoch vertraglich neben der Erarbeitung einer Dienstvorschrift auch die Lieferung der benötigten Druckexemplare dieses Werks vereinbart, liegt eine einheitliche Hauptleistung (Lieferung) vor, in der die Einarbeitung der Dienstvorschrift als unselbständige Nebenleistung aufgeht. [3] Auf diese Lieferung ist aber nach § 12 Abs. 2 Nr. 1 UStG i. V. m. Nr. 49 der Anlage 2 des UStG ebenfalls der ermäßigte Steuersatz anzuwenden.

Beispiel 3:

[1] Die Erstellung von urheberrechtlich geschütztem technischen Schulungsmaterial – Lehrtafeln, Lehrfilme, bei denen der Auftragnehmer im urheberrechtlichen Sinne Hersteller des Lehrfilms ist, Diapositive – ist nach ihrem wesentlichen Inhalt auch dann eine unter § 12 Abs. 2 Nr. 7 Buchstabe c UStG fallende sonstige Leistung, wenn der erstellte Entwurf, die Druck- oder Kopiervorlagen, das Filmwerk oder die Diapositive dem Auftraggeber übergeben werden.

[2] Wird bei der Erstellung von Lehrtafeln zusätzlich zur Übertragung urheberrechtlicher Nutzungsrechte auch die Herstellung und Lieferung der benötigten Exemplare (Vervielfältigungsstücke) übernommen, liegt eine nicht unter § 12 Abs. 2 Nr. 7 Buchstabe c UStG fallende Werklieferung vor, auf die nach § 12 Abs. 1 UStG der allgemeine Steuersatz anzuwenden ist.

(23) [1] Die Gestattung der Herstellung von Aufnahmen von Sportveranstaltungen ist keine nach § 12 Abs. 2 Nr. 7 Buchstabe c UStG begünstigte Übertragung urheberrechtlicher Nutzungsrechte, da ein urheberrechtlich geschütztes Werk erst mit der Herstellung der Aufnahmen entsteht. [2] Vielmehr willigt der Veranstalter hierdurch in Eingriffe ein, die er auf Grund außerhalb des Urheberrechts bestehender Rechte verbieten könnte (z. B. durch Ausübung

des Hausrechts). [3]Wenn der Veranstalter des Sportereignisses die Aufnahmen selbst herstellt und die daran bestehenden Urheberrechte verwertet, sind die Umsätze aus der Verwertung von Rechten an Laufbildern nach § 12 Abs. 2 Nr. 7 Buchstabe c UStG ermäßigt zu besteuern (Absatz 3 Satz 3 Nr. 6).

12.8 Zirkusunternehmen, Schausteller und zoologische Gärten (§ 12 Abs. 2 Nr. 7 Buchstabe d UStG)

(1) [1]Zirkusvorführungen sind auch die von den Zirkusunternehmen veranstalteten Tierschauen. [2]Begünstigt sind auch die üblichen Nebenleistungen, z. B. der Verkauf von Programmen und die Aufbewahrung der Garderobe. [3]Bei Fernsehaufzeichnungen und -übertragungen ist die Leistung des Zirkusunternehmens sowohl nach Buchstabe c als auch nach Buchstabe d des § 12 Abs. 2 Nr. 7 UStG begünstigt. [4]Nicht begünstigt sind Hilfsgeschäfte, wie z. B. Veräußerungen von Anlagegegenständen. [5]Für den Verkauf der in Nummer 1 der Anlage 2 des UStG bezeichneten Tiere kommt jedoch die Steuerermäßigung nach § 12 Abs. 2 Nr. 1 UStG in Betracht.

(2)[1)] [1]Als Leistungen aus der Tätigkeit als Schausteller gelten Schaustellungen, Musikaufführungen, unterhaltende Vorstellungen oder sonstige Lustbarkeiten, die auf Jahrmärkten, Volksfesten, Schützenfesten oder ähnlichen Veranstaltungen erbracht werden (§ 30 UStDV). [2]Begünstigt sind tätigkeits- und nicht personenbezogene Leistungen, die voraussetzen, dass der jeweilige Umsatz auf einer ambulanten, d. h. ortsungebunden ausgeführten schaustellerischen Leistung beruht (vgl. BFH-Urteil vom 25.11.1993, V R 59/91, BStBl. 1994 II S. 336). [3]Dabei reicht es aus, wenn diese Leistungen vom Unternehmer im eigenen Namen mit Hilfe seiner Arbeitnehmer oder sonstiger Erfüllungsgehilfen (z. B. engagierte Schaustellergruppen) an die Besucher der Veranstaltungen ausgeführt werden (vgl. BFH-Urteil vom 18.7.2002, V R 89/01, BStBl. 2004 II S. 88). [4]Unter die Steuerermäßigung fällt auch die Gewährung von Eintrittsberechtigungen zu Stadt- oder Dorffesten, die nur einmal jährlich durchgeführt werden und bei denen die schaustellerischen Leistungen ausschließlich mit Hilfe von sonstigen Erfüllungsgehilfen erbracht werden (vgl. BFH-Urteil vom 5.11.2014, XI R 42/12, BStBl. 2017 II S. 849). [5]Ähnliche Veranstaltungen können auch durch den Schausteller selbst organisierte und unter seiner Regie stattfindende Eigenveranstaltungen sein (vgl. BFH-Urteil vom 25.11.1993, V R 59/91, a. a. O.). [6]Ortsgebundene Schaustellungsunternehmen – z. B. Märchenwaldunternehmen, Vergnügungsparks – sind mit ihren Leistungen nicht begünstigt (vgl. BFH-Urteile vom 22.10. 1970, V R 67/70, BStBl. 1971 II S. 37, vom 22.6.1972, V R 36/71, BStBl. II S. 684, vom 25.11.1993, V R 59/91, a. a. O., und vom 2.8.2018, V R 6/16, BStBl. 2019 II S. 293, und EuGH-Urteil vom 9.9.2021, C-406/20, Phantasialand).[2)] [7]Zu den begünstigten Leistungen (§ 30 UStDV) gehören auch die Leistungen der Schau- und Belustigungsgeschäfte, der Fahrgeschäfte aller Art – Karussells, Schiffschaukeln, Achterbahnen usw. –, der Schießstände sowie

1) Zur Regelbesteuerung für Umsätze eines Freizeitparks siehe BFH v. 17.3.2022 XI R 23/21 (XI R 4/21), DStR 2022, 1540.

2) DStR 2021, 2199.

die Ausspielungen. [8]Nicht begünstigt sind Warenlieferungen, sofern sie nicht unter § 12 Abs. 2 Nr. 1 UStG fallen, und Hilfsgeschäfte.

(3) [1]Die Steuerermäßigung kommt für die Leistungen der zoologischen Gärten in Betracht, die nicht unter § 4 Nr. 20 Buchstabe a UStG (vgl. Abschnitt 4.20.4) fallen. [2]Zoologische Gärten sind z. B. auch Aquarien und Terrarien, nicht dagegen Delphinarien (vgl. BFH-Urteil vom 20.4.1988, X R 20/82, BStBl. II S. 796). [3]Für Tierparks gilt die Steuerermäßigung nicht; ihre Umsätze können aber nach § 4 Nr. 20 Buchstabe a UStG steuerfrei sein. [4]Tierpark in diesem Sinn ist eine Anlage, in der weniger Tierarten als in zoologischen Gärten, diese aber in Herden oder Zuchtgruppen auf großen Flächen gehalten werden.

(4) [1]Zu den Umsätzen, die unmittelbar mit dem Betrieb der zoologischen Gärten verbunden sind, gehören nur Leistungen, auf die der Betrieb eines zoologischen Gartens im eigentlichen Sinn gerichtet ist, in denen sich also dieser Betrieb verwirklicht (BFH-Urteil vom 4.12.1980, V R 60/79, BStBl. 1981 II S. 231). [2]Hierunter fallen insbesondere die Umsätze, bei denen die Entgelte in Eintrittsgeldern bestehen, einschließlich etwaiger Nebenleistungen (z. B. Abgabe von Wegweisern und Lageplänen). [3]Nicht zu den begünstigten Umsätzen gehören z. B. Hilfsumsätze und die entgeltliche Überlassung von Parkplätzen an Zoobesucher.

Zu § 12 Abs. 2 Nr. 8 UStG[1)]

12.9 Gemeinnützige, mildtätige und kirchliche Einrichtungen (§ 12 Abs. 2 Nr. 8 Buchstabe a UStG)

Allgemeines

(1) [1]Begünstigt nach § 12 Abs. 2 Nr. 8 Buchstabe a UStG sind die Leistungen der Körperschaften, die gemeinnützige, mildtätige oder kirchliche Zwecke im Sinne der §§ 51 bis 68 AO verfolgen. [2]Die abgabenrechtlichen Vorschriften gelten auch für Betriebe gewerblicher Art von juristischen Personen des öffentlichen Rechts. [3]Es ist nicht erforderlich, dass der gesamte unternehmerische Bereich einer juristischen Person des öffentlichen Rechts gemeinnützigen Zwecken dient. [4]Wenn bereits für andere Steuern (vgl. z. B. § 5 Abs. 1 Nr. 9 KStG) darüber entschieden ist, ob und gegebenenfalls in welchen Bereichen das Unternehmen steuerbegünstigte Zwecke verfolgt, ist von dieser Entscheidung im Allgemeinen auch für Zwecke der Umsatzsteuer auszugehen. [5]Ist diese Frage für andere Steuern nicht entschieden worden, sind die Voraussetzungen für die Steuerermäßigung nach § 12 Abs. 2 Nr. 8 Buchstabe a UStG besonders zu prüfen. [6]Der ermäßigte Steuersatz nach § 12 Abs. 2 Nr. 8 Buchstabe a UStG kommt nicht nur für entgeltliche Leistungen der begünstigten Körperschaften in Betracht, sondern auch für unentgeltliche Wertabgaben an den eigenen nichtunternehmerischen Bereich, wenn diese aus Tätigkeitsbereichen erfolgen, die nicht nach § 12 Abs. 2 Nr. 8 Buchstabe a

1) Zu Anforderungen an die Vereinssatzung (Vermögensbindung) vgl. BFH v. 23.7.2009 V R 20/08, BStBl. II 2010, 719 und BMF v. 7.7.2010, BStBl. I 2010, 630.

Sätze 2 und 3 UStG einer Besteuerung mit dem allgemeinen Steuersatz unterliegen (vgl. Abschnitt 3.2 Abs. 2 Satz 3).

(2)[1] [1]Die auf Grund des Reichssiedlungsgesetzes von den zuständigen Landesbehörden begründeten oder anerkannten gemeinnützigen Siedlungsunternehmen sind nur begünstigt, wenn sie alle Voraussetzungen der Gemeinnützigkeit im Sinne der AO erfüllen. [2]Dem allgemeinen Steuersatz unterliegen die Leistungen insbesondere dann, wenn in der Satzung oder dem Gesellschaftsvertrag die Ausschüttung von Dividenden vorgesehen ist.

Wirtschaftlicher Geschäftsbetrieb, Zweckbetrieb

(3)[2] [1]Die Steuerermäßigung gilt nicht für die Leistungen, die im Rahmen eines wirtschaftlichen Geschäftsbetriebs ausgeführt werden. [2]Der Begriff des wirtschaftlichen Geschäftsbetriebs ist in § 14 AO bestimmt. [3]Nach § 64 AO bleibt die Steuervergünstigung für einen wirtschaftlichen Geschäftsbetrieb jedoch bestehen, soweit es sich um einen Zweckbetrieb im Sinne der §§ 65 bis 68 AO handelt. [4]Für die Annahme eines Zweckbetriebs ist nach § 65 AO vor allem erforderlich, dass der wirtschaftliche Geschäftsbetrieb zu den nicht begünstigten Betrieben derselben oder ähnlichen Art nicht in größerem Umfang in Wettbewerb treten darf, als es bei der Erfüllung der steuerbegünstigten Zwecke unvermeidbar ist. [5]Liegt nach den §§ 66 bis 68 AO ein Zweckbetrieb vor, müssen die allgemeinen Voraussetzungen des § 65 AO für die Annahme eines Zweckbetriebs nicht erfüllt sein (vgl. BFH-Urteile vom 18.1.1995, V R 139–142/92, BStBl. II S. 446, und vom 25.7.1996, V R 7/95, BStBl. 1997 II S. 154). [6]Ist nach den Grundsätzen des § 14 AO lediglich Vermögensverwaltung gegeben, wird die Steuerermäßigung ebenfalls nicht ausgeschlossen.

(4)[1] Folgende Regelungen zur Abgrenzung von wirtschaftlichen Geschäftsbetrieben und Zweckbetrieben sind zu beachten:

1. [1]Die Tätigkeit der Landessportbünde im Rahmen der Verleihung des Deutschen Sportabzeichens und des Deutschen Jugendsportabzeichens stellt einen Zweckbetrieb im Sinne des § 65 AO dar. [2]Entsprechendes kann bei gemeinnützigen Sportverbänden für die Genehmigung von Wettkampfveranstaltungen der Sportvereine sowie für die Ausstellung oder Verlängerung von Sportausweisen für Sportler gelten.

2. [1]Die Herstellung und Veräußerung von Erzeugnissen, die in der 2. Stufe der Blutfraktionierung gewonnen werden – Plasmaderivate wie Albumin, Globulin, Gerinnungsfaktoren –, durch die Blutspendedienste des Deutschen Roten Kreuzes sind ein nicht begünstigter wirtschaftlicher Geschäftsbetrieb (§§ 14 und 64 Abs. 6 Nr. 3 AO). [2]*Bei der Veräußerung von Produkten der 1. Fraktionierungsstufe handelt es sich stets um Lieferungen im Rahmen eines Zweckbetriebs.* **[Ab 1.1.2023:]** [2]Ein nicht begünstigter wirtschaftlicher Geschäftsbetrieb ist ebenfalls die Weiterveräußerung von im

---

[1] A 12.9 UStAE Abs. 2 Satz 3 geänd. mW für alle offenen Fälle, Abs. 4 Nr. 2 Satz 2 neugef. mWv 1.1.2023 durch BMF v. 22.6.2022, BStBl. I 2022, 1004.

[2] Zu steuerbaren Leistungen eines Sportvereins siehe auch BFH v. 20.3.2014 V R 4/13, DStR 2014, 1539. – Zu Leistungen einer Pferdepension durch Verein siehe BFH v. 10.8.2016 V R 14/15, DStR 2017, 152 (weder USt-befreit noch -begünstigt).

Aphereseverfahren gewonnenen Blutbestandteilen der 1. Stufe der Blutfraktionierung zur weiteren Fraktionierung.

3. [1]Krankenfahrten, die von gemeinnützigen und mildtätigen Organisationen ausgeführt werden, erfüllen nicht die Voraussetzungen des § 66 Abs. 2 AO und finden deshalb nicht im Rahmen einer Einrichtung der Wohlfahrtspflege statt. [2]Die Annahme eines Zweckbetriebs nach § 65 AO scheidet aus Wettbewerbsgründen aus, so dass die Krankenfahrten als wirtschaftlicher Geschäftsbetrieb im Sinne der §§ 64 und 14 AO zu behandeln sind. [3]Krankenfahrten sind Fahrten von Patienten, für die ein Arzt die Beförderung in einem Personenkraftwagen, Mietwagen oder Taxi verordnet hat. [4]Zur Steuerbefreiung vgl. Abschnitte 4.17.2 und 4.18.1 Abs. 12. [5]Zur Steuerermäßigung nach § 12 Abs. 2 Nr. 10 UStG vgl. Abschnitt 12.13 Abs. 8.

4.[1)] [1]Bei den Werkstätten für behinderte Menschen umfasst der Zweckbetrieb (§ 68 Nr. 3 Buchstabe a AO) auch den eigentlichen Werkstattbereich. [2]Im Werkstattbereich werden in der Regel keine nach § 4 Nr. 16 Satz 1 Buchstabe f oder Nr. 18 UStG steuerfreien Umsätze ausgeführt. [3]Die steuerpflichtigen Umsätze unterliegen nach Maßgabe der Absätze 8 bis 15 dem ermäßigten Steuersatz. [4]Die den Werkstätten für behinderte Menschen in Rechnung gestellten Umsatzsteuerbeträge, die auf Leistungen entfallen, die andere Unternehmer für den Werkstattbetrieb ausgeführt haben, können deshalb nach § 15 Abs. 1 UStG in vollem Umfang als Vorsteuern abgezogen werden. [5]Eine Aufteilung der Vorsteuerbeträge in einen abziehbaren und einen nicht abziehbaren Teil entfällt. [6]Das gilt insbesondere auch insoweit, als Investitionen für den Werkstattbereich – z. B. Neubau oder Umbau, Anschaffung von Einrichtungsgegenständen oder Maschinen – vorgenommen werden.

5. [1]Als Zweckbetrieb werden nach § 68 Nr. 6 AO die von den zuständigen Behörden genehmigten Lotterien und Ausspielungen steuerbegünstigter Körperschaften anerkannt, wenn der Reinertrag unmittelbar und ausschließlich zur Förderung gemeinnütziger, mildtätiger oder kirchlicher Zwecke verwendet wird. [2]Eine nachhaltige Tätigkeit im Sinne des § 14 AO und des § 2 Abs. 1 Satz 3 UStG liegt auch dann vor, wenn Lotterien oder Ausspielungen jedes Jahr nur einmal veranstaltet werden. [3]Deshalb ist auch in diesen Fällen grundsätzlich ein Zweckbetrieb gegeben, für dessen Umsätze der ermäßigte Steuersatz in Betracht kommt. [4]Soweit öffentliche Lotterien und Ausspielungen von steuerbegünstigten Körperschaften der Lotteriesteuer unterliegen (vgl. §§ 17 und 18 RennwLottG),[2)] sind die daraus erzielten Umsätze nach § 4 Nr. 9 Buchstabe b UStG steuerfrei.

6. [1]Mensa- und Cafeteria-Betriebe, die von gemeinnützigen Studentenwerken unterhalten werden, werden nach Maßgabe des § 66 AO als Zweckbetriebe angesehen. [2]Speisen- und Getränkeumsätze, die in diesen Betrieben an Nichtstudierende ausgeführt werden, unterliegen deshalb nach Abs. 9 Satz 3

[1)] Zu Umsätzen eines gemeinnützigen Vereins aus dem Betrieb eines Bistros und einer öff. Toilette siehe BFH v. 23.7.2019 XI R 2/17, DStR 2019, 2476, Vb. eingelegt (Az. BVerfG 1 BvR 2837/19).

[2)] **Steuergesetze** Nr. **630**.

Nr. 1 dem ermäßigten Steuersatz. [3]Nichtstudierender ist, wer nach dem jeweiligen Landesstudentenwerks- bzw. Landeshochschulgesetz nicht unter den begünstigten Personenkreis des Studentenwerks fällt, insbesondere Hochschulbedienstete, z. B. Hochschullehrer, wissenschaftliche Räte, Assistenten und Schreibkräfte sowie Studentenwerksbedienstete und Gäste. [4]Dies gilt z. B. auch für die Umsätze von alkoholischen Flüssigkeiten, sofern diese das Warenangebot des Mensa- und Cafeteria-Betriebs ergänzen und lediglich einen geringen Teil des Gesamtumsatzes ausmachen. [5]Als geringer Anteil am Gesamtumsatz wird es angesehen, wenn diese Umsätze im vorangegangenen Kalenderjahr nicht mehr als 5% des Gesamtumsatzes betragen haben. [6]Wegen der Steuerbefreiung für die Umsätze in Mensa- und Cafeteria-Betrieben vgl. Abschnitt 4.18.1 Abs. 9.

7. [1]Die kurzfristige Vermietung von Wohnräumen und Schlafräumen an Nichtstudierende durch ein Studentenwerk ist ein selbständiger wirtschaftlicher Geschäftsbetrieb, wenn sie sich aus tatsächlichen Gründen von den satzungsmäßigen Leistungen abgrenzen lässt. [2]Dieser wirtschaftliche Geschäftsbetrieb ist kein Zweckbetrieb. [3]Zur Anwendung der Steuerermäßigung nach § 12 Abs. 2 Nr. 11 UStG vgl. Abschnitt 12.16.
8. Die entgeltliche Überlassung von Kfz durch einen „Carsharing"-Verein an seine Mitglieder ist kein Zweckbetrieb (vgl. BFH-Urteil vom 12.6.2008, V R 33/05, BStBl. 2009 II S. 221).
9. Die nicht nur gelegentliche Erbringung von Geschäftsführungs- und Verwaltungsleistungen für einem Verein angeschlossene Mitgliedsvereine stellt keinen Zweckbetrieb dar (vgl. BFH-Urteil vom 29.1.2009, V R 46/06, BStBl. II S. 560).
10. Die Verwaltung von Sporthallen sowie das Einziehen der Hallenmieten einschließlich des Mahn- und Vollstreckungswesens durch einen gemeinnützigen Verein gegen Entgelt im Namen und für Rechnung einer Stadt ist kein begünstigter Zweckbetrieb (vgl. BFH-Urteil vom 5.8.2010, V R 54/09, BStBl. 2011 II S. 191).

(5) [1]Nach § 68 Nr. 7 AO sind kulturelle Einrichtungen und Veranstaltungen einer steuerbegünstigten Körperschaft unabhängig von einer Umsatz- oder Einkommensgrenze als Zweckbetrieb zu behandeln. [2]Die Umsätze von Speisen und Getränken sowie die Werbung gehören nicht zum Zweckbetrieb.

(6) [1]Nach § 67a Abs. 1 AO sind sportliche Veranstaltungen eines Sportvereins ein Zweckbetrieb, wenn die Einnahmen einschließlich Umsatzsteuer 45 000 € im Jahr nicht übersteigen. [2]Das gilt unabhängig davon, ob bezahlte Sportler im Sinne des § 67a Abs. 3 AO teilnehmen oder nicht. [3]Die Umsätze von Speisen und Getränken sowie die Werbung anlässlich einer sportlichen Veranstaltung gehören nicht zum Zweckbetrieb. [4]Ein nach § 67a Abs. 2 und 3 AO körperschaftsteuerrechtlich wirksamer Verzicht auf die Anwendung des § 67a Abs. 1 Satz 1 AO gilt auch für Zwecke der Umsatzsteuer. [5]Wegen weiterer Einzelheiten zur Behandlung sportlicher Veranstaltungen vgl. AEAO zu § 67a.[1)]

[1)] Nr. **800**.

(7) [1] Eine steuerbegünstigte sportliche oder kulturelle Veranstaltung im Sinne der §§ 67a, 68 Nr. 7 AO kann auch dann vorliegen, wenn ein Sport- oder Kulturverein in Erfüllung seiner Satzungszwecke im Rahmen einer Veranstaltung einer anderen Person oder Körperschaft eine sportliche oder kulturelle Darbietung erbringt. [2] Die Veranstaltung, bei der die sportliche oder kulturelle Darbietung präsentiert wird, braucht keine steuerbegünstigte Veranstaltung zu sein (vgl. BFH-Urteil vom 4.5.1994, XI R 109/90, BStBl. II S. 886).

Ermäßigter Steuersatz bei Leistungen der Zweckbetriebe steuerbegünstigter Körperschaften

(8) [1] Die umsatzsteuerliche Begünstigung eines wirtschaftlichen Geschäftsbetriebs nach § 12 Abs. 2 Nr. 8 UStG kann auch dann gewährt werden, wenn sich die Auswirkungen auf den Wettbewerb, die von den Umsätzen eines wirtschaftlichen Geschäftsbetriebs ausgehen, nicht auf das zur Erfüllung des steuerbegünstigten Zwecks unvermeidbare Maß beschränken. [2] Voraussetzung ist jedoch, dass sich ein derartiger Geschäftsbetrieb in seiner Gesamtrichtung als ein Zweckbetrieb darstellt, mit dem erkennbar darauf abgezielt wird, die satzungsmäßigen Zwecke der Körperschaft zu verwirklichen. [3] Die Anwendung der Steuerermäßigungsvorschrift des § 12 Abs. 2 Nr. 8 Buchstabe a UStG kann daher nicht lediglich von einer gesetzlichen Zugehörigkeitsfiktion zum begünstigten Bereich einer Körperschaft abhängig gemacht werden. [4] Vielmehr ist es erforderlich, dass auch die ausgeführten Leistungen von ihrer tatsächlichen Ausgestaltung her und in ihrer Gesamtrichtung dazu bestimmt sind, den in der Satzung bezeichneten steuerbegünstigten Zweck der Körperschaft selbst zu verwirklichen. [5] Insoweit gilt allein der Betrieb eines steuerbegünstigten Zweckbetriebs selbst nicht als steuerbegünstigter Zweck. [6] Die Regelung des § 12 Abs. 2 Nr. 8 Buchstabe a Satz 3 UStG zielt darauf ab, Wettbewerbsverzerrungen durch die Inanspruchnahme des ermäßigten Steuersatzes auf den unionsrechtlich zulässigen Umfang zu beschränken und dadurch missbräuchlichen Gestaltungen zu begegnen: [7] Nur soweit die Körperschaft mit den Leistungen ihrer in §§ 66 bis 68 AO bezeichneten Zweckbetriebe ihre steuerbegünstigten satzungsgemäßen Zwecke selbst verwirklicht, kommt der ermäßigte Steuersatz uneingeschränkt zur Anwendung. [8] Für die übrigen Umsätze gilt dies nur, wenn der Zweckbetrieb nicht in erster Linie der Erzielung zusätzlicher Einnahmen dient, die in unmittelbarem Wettbewerb mit dem allgemeinen Steuersatz unterliegenden Leistungen anderer Unternehmer ausgeführt werden (vgl. BFH-Urteil vom 5.8.2010, V R 54/09, BStBl. 2011 II S. 191); ist diese Voraussetzung nicht erfüllt, unterliegen die übrigen Leistungen des Zweckbetriebs dem allgemeinen Steuersatz.

Zweckbetriebe, die nicht in erster Linie der Erzielung zusätzlicher Einnahmen dienen

(9)[1)] [1] Nach § 65 AO als Zweckbetriebe anerkannte wirtschaftliche Geschäftsbetriebe gewährleisten bereits, dass sie auch hinsichtlich der Umsätze, mit deren Ausführung selbst sie ausnahmsweise nicht auch ihre satzungsmäßigen Zwecke verwirklichen, zu nicht begünstigten Betrieben derselben oder

---

1) Zu individuellem Verbraucherschutz als Zweckbetrieb siehe aber BFH v. 26.8.2021 V R 5/19, DStR 2021, 2895 (gegen A 12.9 Abs. 9 UStAE).

ähnlicher Art nicht in größerem Umfang in Wettbewerb treten, als es zur Erfüllung der steuerbegünstigten Zwecke unvermeidbar ist und sie damit nicht in erster Linie der Erzielung zusätzlicher Einnahmen durch die Ausführung von Umsätzen dienen, die in unmittelbarem Wettbewerb mit dem allgemeinen Steuersatz unterliegenden Leistungen anderer Unternehmer ausgeführt werden. [2]Der ermäßigte Steuersatz ist daher auf Zweckbetriebe nach § 65 AO uneingeschränkt anwendbar.[1)] [3]Gleiches gilt für folgende, als Zweckbetriebe anerkannte wirtschaftliche Geschäftsbetriebe:

1. Einrichtungen der Wohlfahrtspflege im Sinne des § 66 AO, denn diese dürfen nach Abs. 2 dieser Vorschrift nicht des Erwerbs wegen ausgeübt werden;
2. in § 68 Nr. 1 Buchstabe a AO aufgeführte Alten-, Altenwohn- und Pflegeheime, Erholungsheime oder Mahlzeitendienste, denn diese müssen mindestens zwei Drittel ihrer Leistungen gegenüber den in § 53 AO genannten Personen erbringen (§ 66 Abs. 3 AO), um Zweckbetrieb sein zu können;
3. Selbstversorgungseinrichtungen nach § 68 Nr. 2 AO, denn diese dürfen höchstens 20% ihrer Leistungen an Außenstehende erbringen, um als Zweckbetrieb anerkannt zu werden.

Leistungen, mit deren Ausführung selbst lediglich steuerbegünstigte Zwecke verwirklicht werden

(10) [1]Auch die satzungsmäßig erbrachten Leistungen der folgenden als Katalog-Zweckbetriebe anerkannten wirtschaftlichen Geschäftsbetriebe unterliegen, sofern sie nicht bereits unter eine Steuerbefreiungsvorschrift fallen, weiterhin dem ermäßigten Steuersatz, weil mit ihrer Ausführung selbst die steuerbegünstigten Zwecke der Körperschaft unmittelbar verwirklicht werden:

1. [1]Krankenhäuser. [2]Umsätze auf dem Gebiet der Heilbehandlung sind Leistungen, mit deren Ausführung selbst der steuerbegünstigte Zweck eines in § 67 AO bezeichneten Zweckbetriebs verwirklicht wird (vgl. AEAO zu § 67);[2)]
2. [1]Sportvereine. [2]Die z. B. als Eintrittsgeld für die von den Vereinen durchgeführten sportlichen Veranstaltungen erhobenen Beträge sind Entgelte für Leistungen, mit deren Ausführung selbst die steuerbegünstigten Zwecke eines in § 67a AO bezeichneten Zweckbetriebs verwirklicht werden. [3]Dies gilt nicht, wenn die Besteuerungsgrenze des § 67a Abs. 1 AO überschritten wurde und im Falle des Verzichts auf deren Anwendung hinsichtlich der in § 67a Abs. 3 Satz 2 AO genannten Veranstaltungen;
3. [1]Kindergärten, Kinder-, Jugend- und Studenten- oder Schullandheime. [2]Mit der Ausführung der Betreuungs- oder Beherbergungsumsätze selbst werden die steuerbegünstigten Zwecke der in § 68 Nr. 1 Buchstabe b AO bezeichneten Zweckbetriebe verwirklicht;[3)]
4. [1]Einrichtungen für Beschäftigungs- und Arbeitstherapie. [2]Mit der Ausführung der auf Grund ärztlicher Indikation außerhalb eines Beschäftigungsverhältnisses erbrachten Therapie-, Ausbildungs- oder Förderungsleistungen

---

1) Siehe aber einschränkend BFH v. 26.8.2021 V R 5/19, DStR 2021, 2895, und v. 12.5.2022 V R 37/20, DStRE 2022, 1106.

2) Nr. **800**.

3) Siehe auch AEAO Nr. 3 zu § 68 Nr. 1 AO (Nr. **800**).

Abs. 1 Nr. 1 Buchstabe a Satz 4 UStG (vgl. Abschnitt 13.5) zur Entstehung der Steuer. [2] Wird über die bereits erbrachten Bauleistungen erst einige Zeit nach Ausführung der Leistungen abgerechnet, ist das Entgelt – sofern es noch nicht feststeht – sachgerecht zu schätzen, z. B. anhand des Angebots (vgl. auch BMF-Schreiben vom 12.10.2009, BStBl. I S. 1292). [3] Weitere Hinweise enthält das Merkblatt zur Umsatzbesteuerung in der Bauwirtschaft, Stand Oktober 2009 (BMF-Schreiben vom 12.10.2009, a. a. O.).

13.3 Sollversteuerung bei Architekten und Ingenieuren

Leistungen nach der Verordnung über die Honorare für Architekten- und Ingenieurleistungen (HOAI)[1), 2)]

(1) [1] Die Leistungen der Architekten und Ingenieure, denen Leistungsbilder nach der HOAI zu Grunde liegen, werden grundsätzlich als einheitliche Leistung erbracht, auch wenn die Gesamtleistung nach der Beschreibung in der HOAI, insbesondere durch die Aufgliederung der Leistungsbilder in Leistungsphasen, teilbar ist. [2] Allein die Aufgliederung der Leistungsbilder zur Ermittlung des (Teil-)Honorars führt nicht zur Annahme von Teilleistungen im Sinne des § 13 Abs. 1 Nr. 1 Buchstabe a Satz 3 UStG (vgl. Abschnitt 13.4). [3] Nur wenn zwischen den Vertragspartnern im Rahmen des Gesamtauftrags über ein Leistungsbild zusätzliche Vereinbarungen über die gesonderte Ausführung und Honorierung einzelner Leistungsphasen getroffen werden, sind insoweit Teilleistungen anzunehmen.

(2) Absatz 1 gilt sinngemäß auch für Architekten- und Ingenieurleistungen, die nicht nach der HOAI abgerechnet werden.

Leistungen nach den Richtlinien für die Durchführung von Bauaufgaben des Bundes im Zuständigkeitsbereich der Finanzbauverwaltungen (RBBau)

(3) [1] Architekten- und Ingenieurleistungen werden entsprechend des Vertragsmusters (Teil 3/VM1/1 RBBau) vergeben. [2] Nach § 1 dieses Vertragsmusters wird der Auftragnehmer zunächst nur mit der Aufstellung der Entscheidungsunterlage – Bau – beauftragt. [3] Für diese Leistung wird das Honorar auch gesondert ermittelt. [4] Im Vertrag wird die Absichtserklärung abgegeben, dem Auftragnehmer weitere Leistungen zu übertragen, wenn die Voraussetzungen dazu gegeben sind. [5] Die Übertragung dieser weiteren Leistungen erfolgt durch gesonderte Schreiben. [6] Bei dieser Abwicklung ist das Aufstellen der Entscheidungsunterlage – Bau – als eine selbständige Leistung des Architekten oder Ingenieurs anzusehen. [7] Mit der Ausführung der ihm gesondert übertragenen weiteren Leistungen erbringt er ebenfalls eine selbständige einheitliche Gesamtleistung, es sei denn, dass die unter Absatz 1 bezeichneten Voraussetzungen für die Annahme von Teilleistungen vorliegen.

---

1) **dtv 5596 VOB/HOAI.**

2) Zum Verstoß der Mindest- und Höchstsätze der HOAI gegen EU-Recht siehe EuGH v. 4.7.2019 C-377/17, EU-Kommission/Deutschland, NVwZ 2019, 1120; s. auch EuGH v. 18.1.2022 C-261/20, NJW 2022, 927. HOAI jetzt idF der VO v. 2.12.2020, BGBl. I 2020, 2636.

13.4 Teilleistungen[1)]

[1]Teilleistungen setzen voraus, dass eine nach wirtschaftlicher Betrachtungsweise teilbare Leistung nicht als Ganzes, sondern in Teilen geschuldet und bewirkt wird. [2]Eine Leistung ist in Teilen geschuldet, wenn für bestimmte Teile das Entgelt gesondert vereinbart wird (§ 13 Abs. 1 Nr. 1 Buchstabe a Satz 3 UStG). [3]Vereinbarungen dieser Art werden im Allgemeinen anzunehmen sein, wenn für einzelne Leistungsteile gesonderte Entgeltabrechnungen durchgeführt werden. [4]Das Entgelt ist auch in diesen Fällen nach den Grundsätzen des § 10 Abs. 1 UStG zu ermitteln. [5]Deshalb gehören Vorauszahlungen auf spätere Teilleistungen zum Entgelt für diese Teilleistungen (vgl. BFH-Urteil vom 19.5.1988, V R 102/83, BStBl. II S. 848), die jedoch nach § 13 Abs. 1 Nr. 1 Buchstabe a Satz 4 UStG bereits mit Ablauf des Voranmeldungszeitraums ihrer Vereinnahmung zur Entstehung der Steuer führen (vgl. Abschnitt 13.5).

Beispiel 1:

In einem Mietvertrag über 2 Jahre ist eine monatliche Mietzahlung vereinbart.

Beispiel 2:

[1]Ein Bauunternehmer hat sich verpflichtet, zu Einheitspreisen (§ 4 Abs. 1 Nr. 1 VOB/A) die Maurer- und Betonarbeiten sowie den Innen- und Außenputz an einem Bauwerk auszuführen. [2]Die Maurer- und Betonarbeiten werden gesondert abgenommen und abgerechnet. [3]Der Innen- und der Außenputz werden später ausgeführt, gesondert abgenommen und abgerechnet.

[6]In den Beispielen 1 und 2 werden Leistungen in Teilen geschuldet und bewirkt.

Beispiel 3:

[1]Eine Fahrschule schließt mit ihren Fahrschülern Verträge über die praktische und theoretische Ausbildung zur Erlangung des Führerscheins ab und weist darin die Grundgebühr, den Preis je Fahrstunde und die Gebühr für die Vorstellung zur Prüfung gesondert aus. [2]Entsprechend werden die Abrechnungen durchgeführt.
[3]Die einzelnen Fahrstunden und die Vorstellung zur Prüfung sind als Teilleistungen zu behandeln, weil für diese Teile das Entgelt gesondert vereinbart worden ist. [4]Die durch die Grundgebühr abgegoltenen Ausbildungsleistungen können mangels eines gesondert vereinbarten Entgelts nicht in weitere Teilleistungen zerlegt werden (vgl. BFH-Urteil vom 21.4.1994, V R 59/92).

Beispiel 4:

[1]Ein Unternehmer wird beauftragt, in einem Wohnhaus Parkettfußböden zu legen. [2]In der Auftragsbestätigung sind die Materialkosten getrennt ausgewiesen. [3]Der Unternehmer versendet die Materialien zum Bestimmungsort und führt dort die Arbeiten aus.
[4]Gegenstand der vom Auftragnehmer auszuführenden Werklieferung ist der fertige Parkettfußboden. [5]Die Werklieferung bildet eine Einheit, die nicht in eine Materiallieferung und in eine Werkleistung zerlegt werden kann (vgl. Abschnitte 3.8 und 3.10).

Beispiel 5:

[1]Eine Gebietskörperschaft überträgt einem Bauunternehmer nach Maßgabe der VOB als Gesamtleistung die Maurer- und Betonarbeiten an einem Hausbau. [2]Sie gewährt dem Bauunter-

---

1) Unternehmer können sich bei ratenweise vergüteten Vermittlungsleistungen auf eine unmittelbare Anwendung von Art. 64 Abs. 1 MwStSystRL berufen, siehe BFH v. 26.6.2019 V R 8/19 (V R 51/16), DStR 2019, 1745; anders bei einer einmaligen Dienstleistung, siehe EuGH v. 28.10.2021 C-324/20, DStR 2021, 2586, und BFH v. 1.2.2022 V R 37/21 (V R 16/19), DStR 2022, 1156.

Bewirtungsaufwendungen nach der allgemeinen Verkehrsauffassung als angemessen zu beurteilen sind. [3] Soweit es sich nicht um angemessene Bewirtungsaufwendungen handelt, ist der Vorsteuerabzug mangels unternehmerischer Veranlassung des Leistungsbezugs nicht möglich.

(7) [1] Der Vorsteuerabzug aus den angemessenen Aufwendungen ist auch zulässig bei Bewirtungen von Geschäftsfreunden in unternehmenseigenen Kantinen, Casinos und Restaurants. [2] Es bestehen keine Bedenken gegen eine sachgerechte Schätzung in Anlehnung an die ertragsteuerrechtliche Vereinfachungsregelung in R 4.10 Abs. 6 EStR.[1)]

Repräsentationsaufwendungen

(8) [1] Der Ausschluss des Vorsteuerabzugs setzt nicht voraus, dass die in § 4 Abs. 5 Satz 1 Nr. 4 EStG genannten Aufwendungen im Rahmen eines andere Zwecke verfolgenden Unternehmens getätigt werden (vgl. BFH-Urteil vom 2.7.2008, XI R 66/06, BStBl. 2009 II S. 206). [2] Vorsteuerbeträge, die auf Aufwendungen für den Erwerb und den Unterhalt von Segeljachten entfallen, sind nicht abziehbar, wenn der Unternehmer die Segeljachten zwar nachhaltig und zur Erzielung von Einnahmen, jedoch ohne Gewinn-/Überschusserzielungsabsicht vermietet (vgl. BFH-Urteile vom 2.7.2008, XI R 60/06, BStBl. 2009 II S. 167, und vom 21.5.2014, V R 34/13, BStBl. II S. 914). [3] Das Halten von Rennpferden aus Repräsentationsgründen ist ein ähnlicher Zweck im Sinne des § 4 Abs. 5 Satz 1 Nr. 4 EStG (BFH-Urteil vom 2.7.2008, XI R 66/06, a. a. O.); hiermit zusammenhängende Vorsteuerbeträge sind nicht abziehbar. [4] Hingegen dient der Betrieb einer Pferdezucht in größerem Umfang mit erheblichen Umsätzen bei typisierender Betrachtung nicht in vergleichbarer Weise wie die ausdrücklich in § 4 Abs. 5 Satz 1 Nr. 4 EStG genannten Gegenstände (Jagd, Fischerei, Segel- oder Motorjacht) einer überdurchschnittlichen Repräsentation, der Unterhaltung von Geschäftsfreunden, der Freizeitgestaltung oder der sportlichen Betätigung (BFH-Urteil vom 12.2.2009, V R 61/06, BStBl. II S. 828).

15.6a Vorsteuerabzug bei teilunternehmerisch genutzten Grundstücken

(1) [1] Teilunternehmerisch genutzte Grundstücke im Sinne des § 15 Abs. 1b UStG sind Grundstücke, die sowohl unternehmerisch als auch unternehmensfremd (privat) genutzt werden. [2] Den Grundstücken gleichgestellt sind nach § 15 Abs. 1b Satz 2 UStG Gebäude auf fremdem Grund und Boden sowie Berechtigungen, für die die Vorschriften des bürgerlichen Rechts über Grundstücke gelten (z. B. Erbbaurechte). [3] § 15 Abs. 1b UStG stellt eine Vorsteuerabzugsbeschränkung dar, die nicht das Zuordnungswahlrecht des Unternehmers nach § 15 Abs. 1 UStG berührt (vgl. Abschnitt 15.2c). [4] Soweit ein Grundstück für nichtwirtschaftliche Tätigkeiten i. e. S. verwendet wird (vgl. Abschnitt 2.3 Abs. 1a), ist die Vorsteuer bereits nach § 15 Abs. 1 UStG nicht abziehbar; für die Anwendung des § 15 Abs. 1b UStG bleibt insoweit kein Raum (vgl. BFH-Urteil vom 3.3.2011, V R 23/10, BStBl. 2012 II S. 74, Abschnitte 2.10, 2.11, 15.2b Abs. 2 und Abschnitt 15.19).

---

1) Nr. **1**.

(2)[1] [1]Eine teilunternehmerische Verwendung im Sinne des § 15 Abs. 1b UStG liegt unter Berücksichtigung des Absatz 1 Satz 4 nur vor, wenn das dem Unternehmen zugeordnete Grundstück teilweise für unternehmensfremde Zwecke verwendet wird. [2]Hierzu gehören nur solche Grundstücksverwendungen, die ihrer Art nach zu einer unentgeltlichen Wertabgabe im Sinne des § 3 Abs. 9a Nr. 1 UStG führen können. [3]Zu einer teilweisen Verwendung für hoheitliche Zwecke vgl. Abschnitte 3.4 Abs. 6 und 15.19 Abs. 2 und 3. [4]Ist die Verwendung eines dem Unternehmen zugeordneten Grundstücks für den privaten Bedarf des Personals ausnahmsweise überwiegend durch das betriebliche Interesse des Arbeitgebers veranlasst oder als Aufmerksamkeit zu beurteilen, ist der Vorsteuerabzug ebenfalls nicht nach § 15 Abs. 1b UStG eingeschränkt, weil die in der Nutzungsüberlassung liegenden unternehmerischen Zwecke den privaten Bedarf des Personals überlagern (vgl. dazu Abschnitt 1.8 Abs. 3 und 4). [5]Eine teilunternehmerische Verwendung im Sinne des § 15 Abs. 1b UStG liegt nicht nur vor, wenn die verschiedenen Nutzungen räumlich voneinander abgegrenzt sind, sondern auch, wenn sie – wie z. B. bei Ferienwohnungen oder Mehrzweckhallen – zeitlich wechselnd stattfinden.

(3) [1]Nach § 15 Abs. 1b Satz 1 UStG ist die Steuer für die Lieferungen, die Einfuhr und den innergemeinschaftlichen Erwerb sowie für die sonstigen Leistungen im Zusammenhang mit einem Grundstück vom Vorsteuerabzug ausgeschlossen, soweit sie nicht auf die Verwendung des Grundstücks für Zwecke des Unternehmens entfällt. [2]Dem Vorsteuerausschluss unterliegen auch die wesentlichen Bestandteile des Grundstücks, z. B. Gebäude und Außenanlagen. [3]Hiervon unberührt bleiben Gegenstände, die umsatzsteuerrechtlich selbständige Zuordnungsobjekte im Sinne des § 15 Abs. 1 UStG darstellen (z. B. Photovoltaikanlage und Blockheizkraftwerk). [4]Aufgrund der Vorsteuerabzugsbeschränkung nach § 15 Abs. 1b UStG unterliegt die Verwendung eines Grundstücks für unternehmensfremde Zwecke nicht der unentgeltlichen Wertabgabenbesteuerung nach § 3 Abs. 9a Nr. 1 UStG (vgl. Abschnitt 3.4 Abs. 5a).

(4) [1]Für die Aufteilung von Vorsteuerbeträgen für Zwecke des § 15 Abs. 1b UStG gelten die Grundsätze des § 15 Abs. 4 UStG entsprechend. [2]Zur Vorsteueraufteilung bei Gebäuden vgl. Abschnitt 15.17 Abs. 5 bis 8.

(5) [1]Sofern sich die Verwendung des teilunternehmerisch genutzten Grundstücks ändert, liegt eine Änderung der Verhältnisse im Sinne des § 15a UStG vor (§ 15a Abs. 6a UStG, vgl. Abschnitt 15a.2). [2]Unter Beachtung der Bagatellgrenzen des § 44 UStDV ist eine Vorsteuerberichtigung nach § 15a UStG durchzuführen. [3]Eine Vorsteuerberichtigung nach § 15a UStG ist nur möglich, soweit das Grundstück dem Unternehmensvermögen zugeordnet worden ist (vgl. Abschnitt 15a.1 Abs. 6 Nr. 2, 4 und 5).

(6) [1]Wird ein insgesamt dem Unternehmensvermögen zugeordnetes teilunternehmerisch genutztes Grundstück, das nach § 15 Abs. 1b UStG nur teilweise zum Vorsteuerabzug berechtigt hat, veräußert, unterliegt der Umsatz im

---

[1] A 15.6a UStAE Abs. 2 Satz 3 neugef., Satz 4 aufgeh., bish. Sätze 5 und 6 werden Sätze 4 und 5 durch BMF v. 18.1.2021, BStBl. I 2021, 121, anzuwenden für nach dem 31.12.2017 bezogene Leistungen (BMF v. 25.5.2022, BStBl. I 2022, 843); das BMF-Schreiben v. 27.7.2017, BStBl. I 2017, 1239, ist anzuwenden.

[3] Der Rechnungsempfänger A der innergemeinschaftlichen Güterbeförderung ist als Empfänger der Beförderungsleistung (Leistungsempfänger) im Sinne des § 3a Abs. 2 UStG anzusehen. [4] A ist ggf. zum Vorsteuerabzug berechtigt.

15.8 Abzug der Einfuhrumsatzsteuer bei Einfuhr im Inland

(1) [1] Der Unternehmer kann nach § 15 Abs. 1 Satz 1 Nr. 2 UStG die entstandene Einfuhrumsatzsteuer als Vorsteuer abziehen, wenn die Gegenstände für sein Unternehmen im Inland oder in den österreichischen Gebieten Jungholz und Mittelberg eingeführt worden sind. [2] Die Entstehung der Einfuhrumsatzsteuer ist durch einen zollamtlichen Beleg nachzuweisen (vgl. Abschnitt 15.11 Abs. 1 Satz 1 Nr. 2).

(2) [1] Die Verwirklichung des umsatzsteuerrechtlichen Einfuhrtatbestands setzt voraus, dass eine Nicht-Unionsware in das Inland verbracht wird und dieser Vorgang hier steuerbar ist, d. h., die Nicht-Unionsware in die Überlassung zum zoll- und steuerrechtlich freien Verkehr übergeführt wird. [2] Für den einfuhrumsatzsteuerrechtlichen Einfuhrtatbestand ist damit nicht allein entscheidend, dass der Gegenstand aus dem Drittland in das Inland gelangt, sondern hier auch grundsätzlich der Besteuerung unterliegt, d. h. im Regelfall eine Einfuhrumsatzsteuerschuld entsteht. [3] Danach liegt z. B. keine Einfuhr im umsatzsteuerrechtlichen Sinne vor, wenn sich die Nicht-Unionsware in einem zollrechtlichen Versandverfahren[1)] befindet.

(3) [1] Bei Einfuhren über die in § 1 Abs. 3 UStG bezeichneten Gebiete ist der Gegenstand ebenfalls erst beim Übergang in das umsatzsteuerrechtliche Inland und Überlassung zum zoll- und steuerrechtlich freien Verkehr eingeführt. [2] In diesen Fällen ist jedoch die Einfuhr im Inland für den Abzug der Einfuhrumsatzsteuer nur dann bedeutsam, wenn der eingeführte Gegenstand nicht zur Ausführung der in § 1 Abs. 3 UStG bezeichneten Umsätze verwendet wird (vgl. hierzu Abschnitt 15.9). [3] Im Allgemeinen kommt es daher hierbei nur dann auf den Übergang des Gegenstands in das umsatzsteuerrechtliche Inland an, wenn der eingeführte Gegenstand nicht schon in den in § 1 Abs. 3 UStG bezeichneten Gebieten (insbesondere im Freihafen), sondern erst im Inland einfuhrumsatzsteuerrechtlich abgefertigt wird.

(4) [1] Eine Einfuhr für das Unternehmen ist gegeben, wenn der Unternehmer den eingeführten Gegenstand im Inland zur Überlassung zum zoll- und steuerrechtlich freien Verkehr abfertigt und danach im Rahmen seiner unternehmerischen Tätigkeit zur Ausführung von Umsätzen einsetzt. [2] Diese Voraussetzung ist bei dem Unternehmer gegeben, der im Zeitpunkt der Überführung in die Überlassung zum zoll- und steuerrechtlich freien Verkehr die Verfügungsmacht über den Gegenstand besitzt (vgl. auch BFH-Urteil vom 24.4.1980, V R 52/73, BStBl. II S. 615).[2)] [3] Für diese Zwecke ist der Zeitpunkt der Lieferung nach der umsatzsteuerlichen Ortsbestimmung (§ 3 Abs. 6 bis 8 UStG) zu ermitteln (vgl. Absatz 5 und Abschnitt 3.12 Abs. 7). [4] Dies gilt auch beim Reihengeschäft. [5] Die der Lieferung zu Grunde gelegten Lieferklauseln (z. B. Incoterms) sind insoweit hingegen als zivilrechtliche Verpflichtungen unbeachtlich. [6] Kommt tatsächlich

---

[1)] Hinweis auf A 6.6 UStAE.

[2)] Siehe hierzu BFH v. 22.2.2012 VII B 17/11, ZfZ 2012, 134, EuGH v. 25.6.2015 C-187/14, RdTW 2016, 166; v. 2.6.2016 C-226/14, C-228/14, DStR 2016, 1409; v. 12.5.2022 C-714/20, DStRE 2022, 812.

keine Lieferung zustande, gelten Absätze 11 und 12. [7] Nicht entscheidend ist, wer die Einfuhrumsatzsteuer entrichtet hat und wer den für den vorsteuerabzugsberechtigten Unternehmer eingeführten Gegenstand tatsächlich über die Grenze gebracht hat. [8] Überlässt ein ausländischer Unternehmer einem inländischen Unternehmer einen Gegenstand zur Nutzung, ohne ihm die Verfügungsmacht an dem Gegenstand zu verschaffen, ist daher der inländische Unternehmer nicht zum Abzug der Einfuhrumsatzsteuer als Vorsteuer berechtigt (vgl. BFH-Urteil vom 16.3.1993, V R 65/89, BStBl. II S. 473).

(5) [1] In den Fällen des § 3 Abs. 8 UStG steht der Abzug der Einfuhrumsatzsteuer nur dem Lieferer zu, wenn er den Gegenstand zur eigenen Verfügung im Inland zur Überlassung zum zoll- und steuerrechtlich freien Verkehr abfertigt und danach an seinen Abnehmer liefert (vgl. auch die Beispiele in Abschnitt 3.13 Abs. 2). [2] Hingegen kann nur der Abnehmer von der Abzugsberechtigung Gebrauch machen, wenn er zum Zeitpunkt der Überführung in die Überlassung zum zoll- und steuerrechtlich freien Verkehr die Verfügungsmacht innehat. [3] Personen, die lediglich an der Einfuhr mitgewirkt haben, ohne über den Gegenstand verfügen zu können (z.B. Spediteure, Frachtführer, Handelsvertreter, Zolllagerbetreiber), sind auch dann nicht abzugsberechtigt, wenn sie den eingeführten Gegenstand vorübergehend entsprechend den Weisungen ihres Auftraggebers auf Lager nehmen (vgl. BFH-Urteil vom 11.11.2015, V R 68/14, BStBl. 2016 II S. 720).

(6) *(aufgehoben)*

(7) [1] Nicht erforderlich ist, dass der Unternehmer die Einfuhrumsatzsteuer entrichtet hat. [2] Er kann sie als Vorsteuer auch dann abziehen, wenn sein Beauftragter (z.B. der Spediteur, der Frachtführer oder der Handelsvertreter) Schuldner der Einfuhrumsatzsteuer ist. [3] In diesen Fällen ist der Abzug davon abhängig, dass sich der Unternehmer den betreffenden zollamtlichen Beleg oder einen zollamtlich bescheinigten Ersatzbeleg für den Vorsteuerabzug aushändigen lässt.

(8) [1] Überlässt ein ausländischer Auftraggeber einem im Inland ansässigen Unternehmer einen Gegenstand zur Ausführung einer Werkleistung (z.B. einer Lohnveredelung) oder stellt der ausländische Auftraggeber einem im Inland ansässigen Unternehmer einen Gegenstand zur Ausführung einer Werklieferung bei, kann die auf die Einfuhr des Gegenstands entfallende Einfuhrumsatzsteuer von dem im Inland ansässigen Unternehmer als Vorsteuer abgezogen werden, wenn der Gegenstand nach Ausführung der Werkleistung oder Werklieferung in das Drittlandsgebiet zurückgelangt. [2] Entsprechend kann verfahren werden, wenn der ausländische Auftraggeber den Gegenstand nach Ausführung der Werkleistung oder Werklieferung im Inland weiterliefert und diese Lieferung nicht nach § 4 Nr. 8ff. UStG steuerfrei ist. [3] Diese Voraussetzungen sind vom Unternehmer nachzuweisen. [4] Wird der Gegenstand nach Ausführung der Werkleistung oder Werklieferung vom ausländischen Auftraggeber im Inland für eigene Zwecke verwendet oder genutzt, kann der im Inland ansässige Unternehmer den Abzug der Einfuhrumsatzsteuer nicht vornehmen. [5] Ein von ihm bereits vorgenommener Vorsteuerabzug ist rückgängig zu machen. [6] In diesem Falle bleibt es somit bei der durch die Einfuhr entstandenen Belastung, sofern nicht der ausländische Auftraggeber hinsichtlich des eingeführten Gegenstands zum Vorsteuerabzug berechtigt ist.

Bestimmte Umsätze von Wechseln

(4) [1]Unter § 43 Nr. 2 UStDV fallen nur Wechselumsätze. [2]Den Wechsel muss der Unternehmer für einen zum Vorsteuerabzug berechtigenden Umsatz eines Dritten von dessen Leistungsempfänger erhalten haben. [3]Außerdem muss der Unternehmer den Wechsel dafür erhalten haben, dass er den leistenden Unternehmer als Bürge oder Garantiegeber an Stelle des Leistungsempfängers befriedigt hat. [4]Schließt der Umsatz des leistenden Unternehmers den Vorsteuerabzug nach § 15 Abs. 2 und 3 UStG aus, kann die Erleichterung des § 43 UStDV für den Wechselumsatz nicht in Anspruch genommen werden (§ 43 Nr. 2 Satz 2 UStDV).

Beispiel:

[1]Der Zentralregulierer A gibt einer Bank oder einem sonstigen Empfänger einen Wechsel. [2]Dieser nach § 4 Nr. 8 UStG steuerfreie Umsatz schließt den Vorsteuerabzug aus. [3]Den Wechsel hat A von dem Leistungsempfänger B dafür erhalten, dass er dessen Zahlungsverpflichtung an den Lieferer C als Bürge beglichen hat. [4]Der Umsatz des C an B berechtigte C zum Vorsteuerabzug.

[5]A kann für seinen Wechselumsatz von der Erleichterung des § 43 UStDV Gebrauch machen.

[6]Die Auswirkungen sind die gleichen wie im Beispiel in Absatz 3.

[7]Würde der Umsatz des C an B den Vorsteuerabzug nach § 15 Abs. 2 und 3 UStG ausschließen, käme für A die Erleichterung des § 43 UStDV nicht in Betracht.

Bestimmte Hilfsumsätze

(5) [1]Für die in § 43 Nr. 3 UStDV bezeichneten Umsätze darf die Erleichterung des § 43 UStDV nur unter der Voraussetzung angewendet werden, dass es sich bei ihnen um Hilfsumsätze handelt. [2]Das ist dann der Fall, wenn diese Umsätze zur unternehmerischen Tätigkeit des Unternehmens gehören, jedoch nicht den eigentlichen Gegenstand des Unternehmens bilden. [3]Die Erleichterung ist insbesondere für folgende Hilfsumsätze von Bedeutung:

1. [1]Eintausch ausländischer Zahlungsmittel durch einen Unternehmer, der diese Beträge für seine Waren- und Dienstleistungsumsätze von seinen Kunden erhalten hat. [2]Dies gilt auch dann, wenn dieser Umsatz eine sonstige Leistung darstellt (vgl. BFH-Urteil vom 19.5.2010, XI R 6/09, BStBl. 2011 II S. 831).
2. Die Abgabe von Briefmarken im Zusammenhang mit dem Verkauf von Ansichtskarten durch Schreibwarenhändler oder Kioske.
3. Geschäftseinlagen bei Kreditinstituten von Unternehmern, soweit die Geschäftseinlagen nicht der unmittelbaren, dauerhaften und notwendigen Erweiterung der steuerbaren Tätigkeit des Unternehmens dienen (vgl. BFH-Urteil vom 19.1.2016, XI R 38/12, BStBl. 2017 II S. 567).

[4]Die Auswirkungen sind die gleichen wie im Beispiel in Absatz 3.

Verwaltungsgemeinkosten

(6) Aus Vereinfachungsgründen können bei der Aufteilung von Vorsteuerbeträgen alle Vorsteuerbeträge, die sich auf die sog. Verwaltungsgemeinkosten beziehen (z.B. die Vorsteuerbeträge für die Beschaffung des Büromaterials), nach einem einheitlichen Verhältnis ggf. schätzungsweise aufgeteilt werden, auch wenn einzelne Vorsteuerbeträge dieses Bereichs an sich bestimmten Umsätzen ausschließlich zuzurechnen wären.

15.19 Vorsteuerabzug bei juristischen Personen des öffentlichen Rechts

Allgemeines

(1) [1]Bei juristischen Personen des öffentlichen Rechts ist zwischen der umsatzsteuerrechtlich relevanten Betätigung im Unternehmen und der nichtunternehmerischen Tätigkeit zu unterscheiden (vgl. BFH-Urteil vom 3.7.2008, V R 51/06, BStBl. 2009 II S. 213). [2]Abziehbar sind Vorsteuerbeträge für Umsätze, die für den unternehmerischen Bereich der juristischen Person des öffentlichen Rechts ausgeführt werden (z.B. Lieferungen von Büromaterial für die Versorgungsbetriebe einer Stadtgemeinde) und in diesem Bereich nicht der Ausführung von Umsätzen dienen, die nach § 15 Abs. 2 und 3 UStG den Vorsteuerabzug ausschließen (Abschnitte 15.12 bis 15.15). [3]Werden dem Unternehmensbereich dienende Gegenstände später für den nichtunternehmerischen Bereich entnommen oder verwendet, liegt eine unentgeltliche Wertabgabe vor. [4]Die Einschränkung des Vorsteuerabzugs bei Repräsentationsaufwendungen nach § 15 Abs. 1a UStG (vgl. Abschnitt 15.6) gilt auch für juristische Personen des öffentlichen Rechts.

(2)[1)] [1]Der Vorsteuerabzug entfällt, wenn sich der Umsatz auf den nichtunternehmerischen Bereich bezieht (z.B. Lieferungen von Büromaschinen für die öffentliche Verwaltung einer Stadtgemeinde). [2]Werden die dem nichtunternehmerischen Bereich dienenden Gegenstände später in den unternehmerischen Bereich überführt oder dort verwendet, ist ein nachträglicher Vorsteuerabzug nicht zulässig. [3]Eine Gemeinde, die Einrichtungen (einschließlich Straßen, Wege und Plätze) sowohl für wirtschaftliche als auch für hoheitliche Zwecke verwendet, kann diese nicht in vollem Umfang ihrer wirtschaftlichen Tätigkeit zuordnen und ist deshalb nur anteilig zum Vorsteuerabzug berechtigt (zu einem Marktplatz vgl. BFH-Urteil vom 3.8.2017, V R 62/16, BStBl. 2021 II S. 109). [4]Eine Gemeinde kann keine Vorsteuern aus Herstellung und Unterhalt von Einrichtungen geltend machen, die zwar durch die Gemeinde als Teil der öffentlichen Kureinrichtungen/des Fremdenverkehrs vorgehalten werden, jedoch nach den landesrechtlichen Regelungen (z.B. Straßen- und Wegerecht) durch öffentlich-rechtliche Widmung als dem Gemeingebrauch zugänglich anzusehen bzw. einer solchen Widmung zuzuführen sind, selbst wenn die Gemeinde vom Kurgast auf der Grundlage einer Satzung einen allgemeinen Kurabgabebeitrag erhebt (vgl. BFH-Urteil vom 26.4.1990, V R 166/84, BStBl. II S. 799). [5]Die Nutzung der Einrichtungen durch den Kurgast erfolgt hier nicht im Rahmen einer über den Gemeingebrauch hinausgehenden Sondernutzung. [6]Bei Fehlen einer öffentlich-rechtlichen Widmung entfällt der Vorsteuerabzug, wenn die Einrichtung ausdrücklich (z.B. durch Gemeindeordnung) oder konkludent (z.B. durch Gewohnheitsrecht oder Ausschilderung als Spazier- oder Wanderweg) der Öffentlichkeit zur Nutzung überlassen wird und dadurch insoweit eine Sondernutzung in Zusammenhang mit einer wirtschaftlichen Tätigkeit ausgeschlossen ist.

---

1) A 15.19 UStAE Abs. 2 Sätze 2 und 3 aufgeh., bish. Satz 4 wird Satz 2, neue Sätze 3 bis 6 angef. durch BMF v. 18.1.2021, BStBl. I 2021, 121, anzuwenden für nach dem 31.12.2017 bezogene Leistungen (BMF v. 25.5.2022, BStBl. I 2022, 843); das BMF-Schreiben v. 27.7.2017, BStBl. I 2017, 1239, ist anzuwenden.

träge. [2]Kursänderungen zwischen der Ausführung der Leistung und der Vereinnahmung des Entgelts bleiben unberücksichtigt.

(2) [1]Bei der Umrechnung nach dem Tageskurs ist der Nachweis durch Bankmitteilung oder Kurszettel zu führen, weil die Bankabrechnung im Zeitpunkt der Leistung noch nicht vorliegt. [2]Aus Vereinfachungsgründen kann das Finanzamt gestatten, dass die Umrechnung regelmäßig nach den Durchschnittskursen vorgenommen wird, die das Bundesministerium der Finanzen für den Monat bekannt gegeben hat, der dem Monat vorangeht, in dem die Leistung ausgeführt oder das Entgelt vereinnahmt wird.[1)]

(3)[2)] Zur Umrechnung der Werte in fremder Währung zur Berechnung der Umsatzsteuer in den besonderen Besteuerungsverfahren nach § 18 Abs. 4c und 4d, Abs. 4e, §§ 18h, 18i, 18j und 18k UStG, vgl. Abschnitt 18.7a Abs. 3, Abschnitt 18.7b Abs. 4, Abschnitt 18h.1 Abs. 3, Abschnitt 18i.1 Abs. 4, Abschnitt 18j.1 Abs. 4 und Abschnitt 18k.1 Abs. 4.

Zu § 17 UStG

17.1 Steuer- und Vorsteuerberichtigung bei Änderung der Bemessungsgrundlage

(1) [1]Die Frage, ob sich die Bemessungsgrundlage für einen steuerpflichtigen Umsatz geändert hat, beurteilt sich nach § 10 Abs. 1 bis 5 UStG. [2]Auf die Abschnitte 10.1 bis 10.7 wird verwiesen. [3]Zur Steuer- und Vorsteuerberichtigung bei Entgeltminderungen durch Gewährung von verdeckten Preisnachlässen vgl. BMF-Schreiben vom 28.8.2020, BStBl. I S. 928.

(2) [1]Die erforderlichen Berichtigungen sind für den Besteuerungszeitraum vorzunehmen, in dem die Änderung der Bemessungsgrundlage eingetreten ist. [2]Die Berichtigungspflicht ist bereits bei der Berechnung der Vorauszahlungen zu beachten (§ 18 Abs. 1 Satz 2 UStG). [3]Vereinbaren der leistende Unternehmer und der Leistungsempfänger die vollständige oder teilweise Rückzahlung des entrichteten Entgelts, mindert sich die Bemessungsgrundlage nur, soweit das Entgelt tatsächlich zurückgezahlt wird, und zwar in dem Besteuerungszeitraum, in dem die Rückgewähr erfolgt (BFH-Urteil vom 18.9.2008, V R 56/06, BStBl. 2009 II S. 250). [4]Dies gilt entsprechend für den Fall der nachträglichen Erhöhung des Entgelts (vgl. BFH-Urteil vom 10.4.2019, XI R 4/17, BStBl. II S. 635). [5]Mindert sich der Kaufpreis auf Grund einer Mängelrüge, ändert sich die Bemessungsgrundlage im Zeitpunkt der tatsächlichen Realisierung der Ansprüche (Erfüllungsgeschäft – vgl. EuGH-Urteil vom 29.5.2001, C-86/99, Freemans).[3)]

(3) [1]Die Berichtigungspflicht besteht auch dann, wenn sich die Berichtigung der Steuer und die Berichtigung des Vorsteuerabzugs im Ergebnis ausgleichen. [2]Berechnet der Leistungsempfänger z.B. Lieferantenskonti nicht vom Gesamtpreis einschließlich Umsatzsteuer, sondern nur vom Entgelt (ohne Umsatzsteuer), hat er unabhängig von der Behandlung der Skontobeträge

---

1) Vgl. Zusammenstellung in **Steuererlasse** Nr. **500** § 16/6 und § 16/7.

2) A 16.4 UStAE Abs. 3 neugef. durch BMF v. 1.4.2021, BStBl. I 2021, 629, anzuwenden mWv 1.7.2021.

3) DStRE 2001, 722.

durch den Lieferanten den in Anspruch genommenen Vorsteuerabzug nach § 17 Abs. 1 Satz 2 UStG zu berichtigen. [3]Die Berichtigungspflicht ist bei einer Änderung der Bemessungsgrundlage nicht von einer Änderung des Steuerbetrags in der ursprünglichen Rechnung abhängig. [4]Ein Belegaustausch ist nur für die in § 17 Abs. 4 UStG bezeichneten Fälle vorgeschrieben. [5]Gewährt eine Genossenschaft ihren Mitgliedern eine umsatzabhängige Zusatzvergütung für die an die Genossenschaft erbrachten Lieferungen, handelt es sich um eine nachträgliche Erhöhung des Entgelts (vgl. BFH-Urteil vom 6.6.2002, V R 59/00, BStBl. 2003 II S. 214).

(4) Die Berichtigung des Vorsteuerabzugs kann unterbleiben, soweit der auf die Entgeltminderung entfallende Steuerbetrag von einem dritten Unternehmer entrichtet wird (§ 17 Abs. 1 Satz 6 UStG).

Beispiel:

[1]Die Einkaufsgenossenschaft E (Zentralregulierer) vermittelt eine Warenlieferung von A an B. [2]E wird auch in den Abrechnungsverkehr eingeschaltet. [3]Sie zahlt für B den Kaufpreis an A unter Inanspruchnahme von Skonto. [4]B zahlt an E den Kaufpreis ohne Inanspruchnahme von Skonto.

[5]Nach § 17 Abs. 1 Satz 1 UStG hat A seine Steuer zu berichtigen. [6]B braucht nach § 17 Abs. 1 Satz 6 UStG seinen Vorsteuerabzug nicht zu berichtigen, soweit E die auf den Skontoabzug entfallende Steuer an das Finanzamt entrichtet.

(5) [1]Die Pflicht zur Berichtigung der Steuer und des Vorsteuerabzugs nach § 17 Abs. 1 UStG besteht auch dann, wenn das Entgelt für eine steuerpflichtige Lieferung oder sonstige Leistung uneinbringlich geworden ist (§ 17 Abs. 2 Nr. 1 UStG). [2]Uneinbringlichkeit im Sinne des § 17 Abs. 2 UStG liegt insbesondere vor, wenn der Schuldner zahlungsunfähig ist, wenn den Forderungen die Einrede des Einforderungsverzichts entgegengehalten werden kann (vgl. BFH-Beschluss vom 10.3.1983, V B 46/80, BStBl. II S. 389) oder wenn der Anspruch auf Entrichtung des Entgelts nicht erfüllt wird und bei objektiver Betrachtung damit zu rechnen ist, dass der Leistende die Entgeltforderung ganz oder teilweise jedenfalls auf absehbare Zeit rechtlich oder tatsächlich nicht durchsetzen kann (vgl. BFH-Urteil vom 20.7.2006, V R 13/04, BStBl. 2007 II S. 22). [3]Daher berechtigen vertragliche Einbehalte zur Absicherung von Gewährleistungsansprüchen der Leistungsempfänger (z.B. sog. Sicherungseinbehalte für Baumängel) zur Steuerberichtigung, soweit dem Unternehmer nachweislich die Absicherung dieser Gewährleistungsansprüche durch Gestellung von Bankbürgschaften im Einzelfall nicht möglich war und er dadurch das Entgelt insoweit für einen Zeitraum von über zwei bis fünf Jahren noch nicht vereinnahmen kann (vgl. BFH-Urteil vom 24.10.2013, V R 31/12, BStBl. 2015 II S. 674).[1)] [4]Auch soweit der Leistungsempfänger das Bestehen oder die Höhe des vereinbarten Entgelts substantiiert bestreitet, kommt – übereinstimmend mit der Berichtigung des Vorsteuerabzugs beim Leistungsempfänger – beim Leistenden eine Berichtigung der Umsatzsteuer wegen Uneinbringlichkeit in Betracht (vgl. BFH-Urteile vom 31.5.2001, V R 71/99, BStBl. 2003 II S. 206, und vom 22.4.2004, V R 72/03, BStBl. II S. 684). [5]Eine Berichtigung kommt auch in Betracht, wenn der Leistungsempfänger

---

1) Siehe aber EuGH v. 28.10.2021 C-324/20, DStR 2021, 2586, und BFH v. 1.2.2022 V R 37/21 (V R 16/19), DStR 2022, 1156.

Kalenderjahr nur dann unterschreiben, wenn die in § 150 Abs. 3 AO bezeichneten Hinderungsgründe vorliegen.

(4) [1]Die Umsatzsteuererklärung für das Kalenderjahr ist in der Regel bis zum 31. Juli des folgenden Kalenderjahres zu übermitteln (§ 149 Abs. 2 AO). [2]Dieser Zeitpunkt gilt – abweichend von § 18 Abs. 3 Satz 2 UStG – auch in den Fällen, in denen der Unternehmer seine gewerbliche oder berufliche Tätigkeit im Laufe des Kalenderjahres begonnen hat.

18.2 Voranmeldungszeitraum

(1) [1]Der Voranmeldungszeitraum des laufenden Kalenderjahres bestimmt sich regelmäßig nach der Steuer des Vorjahres. [2]Umsätze des Unternehmers, für die der Leistungsempfänger die Umsatzsteuer nach § 13b Abs. 5 Sätze 1 bis 5 UStG schuldet, bleiben unberücksichtigt. [3]Nach Wegfall der Voraussetzungen für eine umsatzsteuerliche Organschaft bzw. nach dem Ausscheiden einer Organgesellschaft aus einer Organschaft bestimmt sich der Voranmeldungszeitraum der bisherigen Organgesellschaft aus Vereinfachungsgründen grundsätzlich anhand der Steuer des vorangegangenen Kalenderjahrs des bisherigen Organkreises; in Neugründungsfällen vgl. Abschnitt 18.7 Abs. 1 Satz 2. [4]Soweit die bisherige Organgesellschaft einen davon abweichenden Voranmeldungszeitraum begehrt, hat sie die fiktive anteilige Steuer für das vorangegangene Kalenderjahr selbst zu ermitteln. [5]Der Voranmeldungszeitraum umfasst grundsätzlich das Kalendervierteljahr. [6]Abweichend hiervon ist Voranmeldungszeitraum der Kalendermonat, wenn die Steuer für das vorangegangene Kalenderjahr mehr als 7500 € betragen hat. [7]Der Unternehmer kann den Kalendermonat als Voranmeldungszeitraum wählen, wenn sich im vorangegangenen Kalenderjahr ein Überschuss zu seinen Gunsten von mehr als 7500 € ergeben hat. [8]Die Frist zur Ausübung des Wahlrechts nach § 18 Abs. 2a Satz 2 UStG ist nicht verlängerbar; die Möglichkeit der Dauerfristverlängerung bleibt unberührt. [9]Die Vorschriften der AO über die Wiedereinsetzung in den vorigen Stand nach § 110 AO sind anzuwenden.

(2)[1)] [1]Der Unternehmer kann von der Verpflichtung zur Übermittlung von Voranmeldungen befreit werden, wenn die Steuer für das vorangegangene Kalenderjahr nicht mehr als 1000 € betragen hat und es sich weder um einen Neugründungsfall (§ 18 Abs. 2 Satz 4 UStG) noch um den Beginn der Aufnahme der selbständigen gewerblichen oder beruflichen Tätigkeit einer Vorratsgesellschaft (§ 18 Abs. 2 Satz 5 Nr. 1 UStG) noch um die Übernahme eines Firmenmantels (§ 18 Abs. 2 Satz 5 Nr. 2 UStG) handelt. [2]Hat sich im Vorjahr kein Überschuss zugunsten des Unternehmers ergeben, ist die Befreiung grundsätzlich von Amts wegen zu erteilen. [3]Sie unterbleibt dagegen in begründeten Fällen (z. B. bei nachhaltiger Veränderung in der betrieblichen Struktur oder wenn der Steueranspruch gefährdet erscheint oder im laufenden Jahr mit einer wesentlich höheren Steuer zu rechnen ist oder in Fällen des § 18 Abs. 4a UStG oder im ersten Jahr nach dem gesetzlichen Wechsel von der Besteuerung nach Durchschnittssätzen nach § 24 UStG zur Regelbesteuerung; vgl. Abschnitt 24.1a Abs. 1 Satz 15). [4]Hat das vorangegangene Kalenderjahr einen Überschuss zugunsten des Unternehmers ergeben, verbleibt es

1) A 18.2 UStAE Abs. 2 Satz 3 neugef. durch BMF v. 2.6.2022, BStBl. I 2022, 926, anzuwenden auf nach dem 31.12.2021 bewirkte Umsätze.

UStG dar und bewirkt damit auch keine Bindungsfrist (vgl. Abschnitt 24.8). [14]Bei einem Übergang zur Regelbesteuerung richtet sich der Voranmeldungszeitraum nach § 18 Abs. 2 Sätze 1 und 2 UStG. [15]Eine Befreiung von der Verpflichtung zur Übermittlung von Voranmeldungen im ersten Jahr nach dem gesetzlichen Wechsel zur Regelbesteuerung kommt nicht in Betracht (vgl. Abschnitt 18.2 Abs. 2 Satz 3).

(2) [1]Gemäß § 22 Abs. 6 Nr. 1 UStG in Verbindung mit § 67 UStDV sind Unternehmer, die die Durchschnittssätze des § 24 UStG anwenden, für den Bereich der Land- und Forstwirtschaft im Wesentlichen von den Aufzeichnungspflichten des § 22 UStG befreit. [2]In diesen Fällen können für die Ermittlung des Gesamtumsatzes ergänzend zu den Angaben, die nach § 18 Abs. 3 UStG erforderlich sind, hilfsweise die ertragsteuerlichen Aufzeichnungen und Gewinnermittlungen herangezogen werden. [3]Im Übrigen sind die Umsätze nach den Betriebsmerkmalen und unter Berücksichtigung der besonderen Verhältnisse zu schätzen.

(3) [1]Zum Vorsteuerabzug von Unternehmern, die von der Besteuerung nach § 24 UStG zur allgemeinen Besteuerung des UStG übergegangen sind oder umgekehrt, siehe Abschnitt 15.1 Abs. 5 und 6. [2]Bei einer Änderung der Besteuerungsform kommt eine Berichtigung des Vorsteuerabzuges nach § 15a Abs. 1 bis 4 in Verbindung mit Abs. 7 UStG in Betracht (vgl. auch Abschnitte 15a.2 Abs. 2 Satz 3 Nr. 4 und 15a.9 Abs. 5 bis 7). [3]Die Bagatellgrenzen nach § 44 UStDV sind zu beachten.

24.2 Erzeugnisse im Sinne des § 24 Abs. 1 Satz 1 UStG

(1) [1]Die Durchschnittssätze sind auf die Umsätze mit landwirtschaftlichen Erzeugnissen im Rahmen land- und forstwirtschaftlicher Betriebe anzuwenden. [2]Voraussetzung ist, dass die Erzeugnisse im Rahmen dieses land- und forstwirtschaftlichen Betriebs erzeugt worden sind. [3]Die Umsätze mit zugekauften Produkten sind von der Anwendung der Durchschnittssatzbesteuerung ausgeschlossen (vgl. BFH-Urteil vom 14.6.2007, V R 56/05, BStBl. II S. 158). [4]Als zugekaufte Produkte gelten die zum Zwecke der Weiterveräußerung erworbenen Erzeugnisse. [5]Werden nicht selbst erzeugte landwirtschaftliche Erzeugnisse im eigenen Betrieb durch urproduktive Tätigkeiten zu einem Produkt anderer Marktgängigkeit weiterverarbeitet, gelten diese hingegen als eigene Erzeugnisse. [6]Solche eigenen Erzeugnisse liegen z. B. vor, wenn nicht selbst erzeugte land- und forstwirtschaftliche Erzeugnisse (z. B. zugekaufte Samen, Zwiebeln, Knollen, Stecklinge und Pflanzen) im eigenen Betrieb bis zur Verkaufsreife kultiviert werden oder spätestens nach Ablauf von drei Monaten. [7]Diese Grundsätze finden für den Bereich der Tierzucht und Tierhaltung entsprechende Anwendung. [8]Der Erzeuger muss die Erzeugnisse im Zeitpunkt des Zukaufs den potentiell selbst erzeugten oder den zum baldigen Absatz bestimmten Waren zuordnen. [9]Dem Vorsteuerabzug kommt hierbei eine indizielle Bedeutung zu. [10]Werden die Produkte beispielsweise in einer Verkaufseinrichtung (z. B. Hofladen) präsentiert, spricht dies für eine Zuordnung zu den zum baldigen Absatz bestimmten Waren. [11]Verbleiben die ursprünglich zum baldigen Absatz bestimmten Waren länger als drei Monate im Betrieb und werden sie in dieser Zeit weiter kultiviert,

handelt es sich um selbst erzeugte Produkte, deren Lieferung der Durchschnittssatzbesteuerung unterliegt. [12]Ein vorgenommener Vorsteuerabzug ist ggf. zu berichtigen.

Verarbeitungstätigkeiten

(2) [1]Den Tätigkeiten der landwirtschaftlichen Erzeugung sind die Verarbeitungstätigkeiten gleichgestellt, die der landwirtschaftliche Erzeuger mit Mitteln ausübt, die normalerweise in land-, forst- oder fischereiwirtschaftlichen Betrieben verwendet werden. [2]Dabei ist Voraussetzung, dass der landwirtschaftliche Erzeuger im Wesentlichen aus seiner land- und forstwirtschaftlichen Produktion stammende Erzeugnisse verwendet und das Enderzeugnis seinen land- und forstwirtschaftlichen Charakter nicht verliert (so genannte erste Verarbeitungsstufe). [3]Dies kann z.B. bei der händischen Beimischung von Zutaten der Fall sein (vgl. BFH-Urteil vom 27.9.2018, V R 28/17, BStBl. 2019 II S. 383). [4]Führt die Verarbeitung zu einem Produkt der zweiten oder einer höheren Verarbeitungsstufe (z. B. Spirituosen), unterliegen die Umsätze mit diesen Erzeugnissen nicht der Durchschnittssatzbesteuerung. [5]Die Ausführung von Verarbeitungstätigkeiten durch Lohnunternehmer steht in diesem Rahmen der Annahme eines selbst erzeugten landwirtschaftlichen Erzeugnisses nicht entgegen. [6]Dies gilt in den Fällen der so genannten Umtauschmüllerei (§ 3 Abs. 10 UStG) entsprechend.

Beispiel 1:

[1]Ein Landwirt betreibt Schweinezucht. [2]Er lässt die Schweine von einem gewerblichen Lohnunternehmer schlachten und in Hälften zerlegen. [3]Die Schweinehälften liefert der Landwirt an einen fleischverarbeitenden Betrieb.

[4]Die Lieferung der Schweinehälften unterliegt der Durchschnittssatzbesteuerung. [5]Die Ausführung der Schlacht- und Zerlegearbeiten durch einen Lohnunternehmer steht dem nicht entgegen.

Beispiel 2:

[1]Ein Landwirt, der Getreide anbaut, bringt sein Getreide zu einer Mühle. [2]Er erhält vom Müller Mehl, das aus fremdem Getreide gemahlen wurde, und zahlt den Mahllohn. [3]Der Landwirt veräußert das Mehl an einen Lebensmittelhersteller.

[4]Die Lieferung des Mehls an den Lebensmittelhersteller unterliegt der Durchschnittssatzbesteuerung. [5]Unschädlich ist, dass das Mehl nicht tatsächlich aus dem vom Landwirt erzeugten Getreide gemahlen wurde.

(3) [1]Werden selbst erzeugte Produkte untrennbar mit zugekauften Produkten vermischt, unterliegt die Lieferung des Endprodukts aus Vereinfachungsgründen noch der Durchschnittssatzbesteuerung, wenn die Beimischung des zugekauften Produkts nicht mehr als 25% beträgt. [2]Maßstab ist die im Handel übliche Maßeinheit (z. B. Kilogramm bei Honig, Liter bei Wein). [3]Zugekaufte Zutaten und Nebenstoffe bleiben bei der Prüfung der 25%-Grenze nach Satz 1 außer Betracht. [4]Als Zutaten und Nebenstoffe sind insbesondere Gewürze, Konservierungsmittel, Zusatzstoffe im Sinne des Weingesetzes, die Süßreserve sowie der Deckwein im Weinbau anzusehen. [5]Gleiches gilt für die Warenumschließungen.

Beispiel 1:

[1]Ein Imker hat sich verpflichtet, 400 kg Honig zu liefern. [2]Da er nur über 350 kg selbst erzeugten Honig verfügt, kauft er 50 kg hinzu und vermischt beide Erzeugnisse.

[3] Beide Honigmengen werden untrennbar miteinander vermischt. [4] Da der Anteil des zugekauften Honigs nicht mehr als 25 % des Endprodukts ausmacht, unterliegt die Lieferung der Gesamtmenge der Durchschnittssatzbesteuerung.

Beispiel 2:

[1] Ein Obstbauer hat sich verpflichtet, eine bestimmte Menge Apfelsaft in Flaschen zu liefern. [2] Da die selbst erzeugte Menge von 700 kg Äpfeln für die Produktion nicht ausreicht, kauft er 300 kg hinzu und presst den Saft aus der Gesamtmenge.
[3] Bei der Beurteilung, ob es sich noch um ein selbst erzeugtes Produkt handelt, bleiben die Flaschen als Warenumschließungen außer Betracht. [4] Da der Saft der zugekauften Äpfel untrennbar mit dem Saft der selbst erzeugten Äpfel vermischt wurde und mehr als 25 % des Endprodukts beträgt, unterliegt die Lieferung des Apfelsafts nicht der Durchschnittssatzbesteuerung.

(Fortsetzung S. 885)

(2) [1]Für Umsätze im Rahmen eines land- und forstwirtschaftlichen Betriebs im Sinne des § 24 Abs. 2 UStG geht die Durchschnittssatzbesteuerung des § 24 Abs. 1 bis 3 UStG der Besteuerung nach den anderen Vorschriften des Gesetzes vor. [2]Das gilt auch in Bezug auf die Anwendung des § 19 Abs. 1 UStG. [3]Land- und Forstwirte können daher für ihre im Rahmen des land- und forstwirtschaftlichen Betriebs ausgeführten Umsätze die Regelung des § 19 Abs. 1 UStG nur in Anspruch nehmen, wenn sie nach § 24 Abs. 4 Satz 1 UStG auf die Durchschnittssatzbesteuerung des § 24 Abs. 1 bis 3 UStG verzichten. [4]Will ein Land- und Forstwirt nach dem Ausscheiden aus der Durchschnittssatzbesteuerung des § 24 Abs. 1 bis 3 UStG von § 19 Abs. 1 UStG keinen Gebrauch machen, muss er eine weitere Erklärung nach § 19 Abs. 2 Satz 1 UStG abgeben.

(3)[1)] [1]Die Erklärung nach § 24 Abs. 4 Satz 1 UStG bindet den Unternehmer grundsätzlich mindestens für fünf Kalenderjahre. [2]Bei der Veräußerung eines land- und forstwirtschaftlichen Betriebs (Geschäftsveräußerung nach § 1 Abs. 1a UStG, vgl. Abschnitt 1.5) ist der Betriebserwerber als Rechtsnachfolger des Veräußerers anzusehen und demnach an die Optionsfrist gebunden. [3]Erwirbt ein die Durchschnittssatzbesteuerung anwendender Unternehmer einen land- und forstwirtschaftlichen Betrieb, für den der Veräußerer auf die Durchschnittssatzbesteuerung verzichtet hat, unterliegen ab Beginn des Kalenderjahres, in dem der Erwerber den Betrieb erworben hat, sämtliche land- und forstwirtschaftlichen Umsätze des Erwerbers der Regelbesteuerung. [4]In den Fällen, in denen der Unternehmer nach dem Ausscheiden aus der Durchschnittssatzbesteuerung des § 24 Abs. 1 bis 3 UStG die Vorschrift des § 19 Abs. 1 UStG anwendet, kann er jedoch die Erklärung mit Wirkung vom Beginn eines jeden folgenden Kalenderjahres an widerrufen (§ 71 UStDV). [5]Das gilt nicht, wenn der Unternehmer nach dem Ausscheiden aus der Durchschnittssatzbesteuerung des § 24 Abs. 1 bis 3 UStG eine weitere Erklärung nach § 19 Abs. 2 Satz 1 UStG abgegeben hat. [6]In diesem Fall gilt für ihn die Bindungsfrist des § 19 Abs. 2 Satz 2 UStG.

(4)[2)] [1]Zum Vorsteuerabzug beim Wechsel der Besteuerungsform wird auf Abschnitt 15.1 Abs. 5 und 6 hingewiesen. [2]Zur Berichtigung des Vorsteuerabzugs beim Wechsel der Besteuerungsform vgl. Abschnitt 15a.9.

24.9 Ausstellung von Rechnungen bei land- und forstwirtschaftlichen Betrieben

[1]Die Regelungen der §§ 14 und 14a UStG zur Rechnungserteilung gelten auch für die im Rahmen des land- und forstwirtschaftlichen Betriebs ausgeführten Lieferungen und sonstigen Leistungen. [2]Als anzuwendender Steuersatz (§ 14 Abs. 4 Satz 1 Nr. 8 UStG) ist der für den Umsatz maßgebliche Durchschnittssatz anzugeben (§ 24 Abs. 1 Satz 5 UStG); dies gilt auch für Gutschriften. [3]Weist der Unternehmer einen höheren Steuerbetrag aus, als er im Rahmen der Durchschnittssatzbesteuerung gesondert in Rechnung stellen darf, schuldet er nach § 14c Abs. 1 UStG diesen Mehrbetrag; er hat diesen Betrag an das Finanzamt abzuführen. [4]Das Gleiche gilt, wenn in einer Gut-

---

1) A 24.8 UStAE Abs. 3 neuer Satz 3 eingef., bish. Sätze 3–5 werden Sätze 4–6 durch BMF v. 2.6.2022, BStBl. I 2022, 926, anzuwenden auf nach dem 31.12.2021 bewirkte Umsätze.

2) Vgl. auch A 19.5 UStAE.

schrift im Sinne des § 14 Abs. 2 Sätze 2 und 3 UStG ein höherer Steuerbetrag ausgewiesen worden ist. [5]Im Rahmen des § 24 UStG kann auch § 14c Abs. 2 UStG zur Anwendung kommen (vgl. Abschnitt 14c.2).

Zu § 25 UStG
(§ 72 UStDV)

25.1[1)] Besteuerung von Reiseleistungen[2)]

(1) [1]§ 25 UStG findet nur Anwendung, wenn der Unternehmer für die Durchführung der Reise Gegenstände und Dienstleistungen Dritter in Anspruch nimmt und diese dem Reisenden unmittelbar zugutekommen. [2]Der Zweck der Reise ist grundsätzlich unerheblich. [3]Die Besteuerung nach § 25 UStG kann für Sprach- und Studienreisen (z.B. Auslandsaufenthalte von Schülern während der Schulferien) sowie für Studienaufenthalte im Ausland, die mit einer Reise kombiniert sind (sog. High-School-Programme), in Betracht kommen (vgl. BFH-Urteil vom 1.6.2006, V R 104/01, BStBl. 2007 II S. 142). [4]Die Vorschrift gilt für alle Unternehmer, die Reiseleistungen erbringen, ohne Rücksicht darauf, ob dies allein Gegenstand des Unternehmens ist. [5]§ 25 UStG ist bei Reiseleistungen von Unternehmern mit Sitz im Drittland und ohne feste Niederlassung im Gemeinschaftsgebiet nicht anwendbar. [6]Es sind nur Niederlassungen zu berücksichtigen, die unmittelbar am Verkauf beteiligt sind. [7]§ 25 UStG hat besondere Bedeutung für Veranstalter von Pauschalreisen (§ 651a Abs. 2 BGB). [8]Die Regelung ist jedoch unabhängig davon anzuwenden, ob die Reisebestandteile bereits als Teil eines Pauschalangebots vermarktet oder erst nach den konkreten Vorgaben des Leistungsempfängers zusammengesetzt werden. [9]§ 25 UStG ist auch anzuwenden, wenn die Reiseleistung im eigenen Namen und für fremde Rechnung ausgeführt wird (vgl. Abschnitt 3.15 Abs. 6 Beispiel 3 und Abs. 7 Beispiel 1 bis 3). [10]Grundsätzlich ist eine entgeltliche, im Inland steuerbare Leistung Voraussetzung für die Anwendung des § 25 UStG (vgl. BFH-Urteil vom 13.12.2018, V R 52/17, BStBl. 2019 II S. 345). [11]Ein Unternehmer (Arbeitgeber), der an seine Arbeitnehmer im Rahmen des Dienstverhältnisses Reisen überlässt, erbringt unter den übrigen Voraussetzungen des § 25 UStG auch Reiseleistungen (vgl. Abschnitt 25.3 Abs. 4). [12]Leistungsempfänger ist der Besteller der Reiseleistung. [13]Dieser muss nicht selbst an der Reise teilnehmen, z.B. ein Vater schenkt seiner Tochter eine Pauschalreise.

(2) [1]Für das Vorliegen einer Reiseleistung ist es grundsätzlich erforderlich, dass der Unternehmer ein Bündel von Einzelleistungen erbringt, welches zumindest eine Beförderungs- oder Beherbergungsleistung enthält.
[2]Als Bestandteile einer Reiseleistung kommen insbesondere in Betracht:

1. Beförderung zu den einzelnen Reisezielen, Transfer;
2. Beherbergung;
3. Verpflegung;

---

1) A 25.1 UStAE neugef. durch BMF v. 24.6.2021, BStBl. I 2021, 857, anzuwenden in allen offenen Fällen; zur **Übergangsregelung** siehe Anlage 8.

2) Siehe BMF v. 29.1.2021, BStBl. I 2021, 250: Für **bis zum 31.12.2022** (BMF v. 1.12.2021, BStBl. I 2021, 2488) ausgeführte Reiseleistungen von Unternehmern mit Sitz im Drittland und ohne feste Niederlassung im Gemeinschaftsgebiet wird es nicht beanstandet, wenn die Sonderregelung des § 25 UStG angewendet wird.

4. Nichtbenennung eines Empfangsbevollmächtigten im Inland nach § 22f Abs. 1 Satz 2 UStG (vgl. Abschnitt 22f.2).

(2) [1] Weist der Betreiber innerhalb der gesetzten Frist nach, dass der betreffende Unternehmer über seine elektronische Schnittstelle keine Waren mehr anbieten kann (Sperrung aller bestehenden Accounts), wird eine Inanspruchnahme nach § 25e Abs. 4 Satz 2 UStG für die nicht entrichtete Umsatzsteuer hinfällig. [2] Wird dieser Nachweis vom Betreiber in der gesetzten Frist nicht erbracht, haftet er nach § 25e Abs. 4 Satz 2 UStG für die entstandene und nicht entrichtete Umsatzsteuer aus Umsätzen, die mittels seiner elektronischen Schnittstelle unterstützt wurden und bei denen das Rechtsgeschäft nach Zustellung der Mitteilung vom Finanzamt abgeschlossen wurde. [3] Gleiches gilt in Fällen, in denen die Registrierung beim Betreiber als Nichtunternehmer erfolgte und das nach § 21 AO örtlich zuständige Finanzamt dem Betreiber mitgeteilt hat, dass die Tätigkeit im Rahmen eines Unternehmens erfolgt.

25e.4[1] Einleitung des Haftungsverfahrens

[1] Liegen die Voraussetzungen für eine Haftung nach § 25e Abs. 1 UStG vor, ist der Betreiber zunächst anzuhören (§ 91 Abs. 1 Satz 1 AO). [2] Die Darlegungs- und Feststellungslast der Kenntnis oder des Kennenmüssens liegt grundsätzlich bei dem für den Erlass des Haftungsbescheids zuständigen Finanzamt. [3] Zuständig für die Durchführung des Haftungsverfahrens ist das für den liefernden Unternehmer örtlich zuständige Finanzamt (§ 25e Abs. 7 UStG und § 21 AO). [4] Im Rahmen der Anhörung ist dem Betreiber Gelegenheit zu geben, die Kenntnis oder das Kennenmüssen zu widerlegen.

Zu § 25f UStG

25f.1[2] Versagung des Vorsteuerabzugs und der Steuerbefreiung bei Beteiligung an einer Steuerhinterziehung

(1) Der den Vorsteuerabzug nach § 15 Abs. 1 Satz 1 Nr. 1, 3 und 4 UStG beziehungsweise die Steuerbefreiung nach § 4 Nr. 1 Buchstabe b UStG in Verbindung mit § 6a UStG begehrende Unternehmer trägt grundsätzlich die Feststellungslast für das Vorliegen der hierfür erforderlichen materiellen Voraussetzungen.

(2) [1] Weist das Finanzamt nach, dass der Unternehmer wusste oder hätte wissen müssen, dass er sich mit seinem Eingangs- oder Ausgangsumsatz an einem Umsatz beteiligt, bei dem der Leistende oder ein anderer Beteiligter auf einer vorhergehenden oder nachfolgenden Umsatzstufe in eine begangene Hinterziehung von Umsatzsteuer, an einer Erlangung eines nicht gerechtfertigten Vorsteuerabzugs im Sinne des § 370 AO oder in eine Schädigung des Umsatzsteueraufkommens im Sinne der §§ 26a und 26c UStG einbezogen

---

[1] A 25e.4 UStAE eingef. durch BMF v. 20.4.2021, BStBl. I 2021, 705, anzuwenden mWv 1.7.2021.

[2] A 25f.1 UStAE eingef. durch BMF v. 15.6.2022, BStBl. I 2022, 1001. § 25f UStG eingef. durch G v. 12.12.2019, BGBl. I 2019, 2451, anzuwenden auf nach dem 31.12.2019 endende Voranmeldungs- und Besteuerungszeiträume (§ 27 Abs. 30 UStG).

war, sind der geltend gemachte Vorsteuerabzug und die in Anspruch genommene Steuerbefreiung für die entsprechende innergemeinschaftliche Lieferung zu versagen. [2]Dabei ist dem Unternehmer auch das Wissen oder Wissen müssen seiner Angestellten in analoger Anwendung von § 166 BGB zuzurechnen, welches die Angestellten im Rahmen ihrer jeweiligen Zuständigkeit erlangt haben oder hätten erlangen müssen (BFH-Urteil vom 19.5.2010 – XI R 78/07). [3]Die Feststellung einer Steuerhinterziehung kann sowohl den unmittelbaren Eingangs- oder Ausgangsumsatz des Unternehmers als auch einen Umsatz auf allen vor- und nachgelagerten Umsatzstufen innerhalb der Leistungskette umfassen.

(3) [1]Voraussetzung für die Anwendung der Regelung des § 25f UStG ist, dass der objektive und subjektive Tatbestand des § 370 AO bzw. der §§ 26a oder 26c UStG auf mindestens einer Umsatzstufe innerhalb der Leistungskette erfüllt sind. [2]Eine strafgerichtliche Verurteilung oder bußgeldrechtliche Ahndung ist nicht erforderlich. [3]An Entscheidungen im straf- oder bußgeldrechtlichen Verfahren ist das Finanzamt bei Anwendung des § 25f UStG nicht gebunden.

(4) [1]Ein Unternehmer, der alle Maßnahmen getroffen hat, die vernünftigerweise von ihm verlangt werden können, um sicherzustellen, dass seine Umsätze nicht in eine Umsatzsteuerhinterziehung und nicht in eine Schädigung des Umsatzsteueraufkommens einbezogen sind, kann grundsätzlich auf die zutreffende steuerrechtliche Behandlung dieser Umsätze vertrauen, ohne Gefahr zu laufen, sein Recht auf Vorsteuerabzug oder auf Steuerbefreiung zu verlieren. [2]Gleiches gilt für Umsätze innerhalb einer Leistungskette im Sinne von Absatz 2 Satz 3. [3]Sofern Anhaltspunkte für Unregelmäßigkeiten, insbesondere eine Steuerhinterziehung, entweder bei der Aufnahme neuer oder bei bestehenden Geschäftsbeziehungen erkennbar sind, muss der Unternehmer weitergehende geeignete Maßnahmen ergreifen (z. B. Auskünfte einholen) und dies auch geeignet dokumentieren. [4]Kommt der Unternehmer dem nicht nach oder kann vorliegende Zweifel durch die ergriffenen Maßnahmen nicht ausräumen und geht die Geschäftsbeziehung dennoch ein oder führt diese fort, ist von einem Wissen oder Wissen müssen des Unternehmers auszugehen.

(5) Anhaltspunkte im Sinne von Absatz 4 Satz 3 liegen beispielsweise vor, wenn:
- der Unternehmer durch einen Dritten aufgefordert/gebeten wird, sich an Umsätzen zu beteiligen, bei denen der Dritte die Rahmenbedingungen für das Umsatzgeschäft vorgibt (z. B. Vermittlung von Beteiligten, Vorgabe von Einkaufs-/Verkaufspreisen, Zahlungsmodalitäten oder Liefer- bzw. Leistungswegen);
- die Finanzierung des Wareneinkaufs erst nach erfolgtem Warenverkauf möglich ist;
- (angebotene) Mehrfachdurchläufe von Waren festgestellt werden;
- dem Unternehmer Waren bzw. Leistungen angeboten werden, deren Preis unter dem Marktpreis liegt;
- branchenunübliche Barzahlungen oder eine ungewöhnliche Zahlungsabwicklung erfolgen;

– die Ansprechpartner in den Unternehmen oder die Ansprechpartner die Unternehmen häufig wechseln;
– bei den Beteiligten berufliche Erfahrung und Branchenkenntnis fehlen;
– die Beteiligten wiederholt ihren Unternehmenssitz verlegen;
– Zweifel an der Richtigkeit der Angaben der Beteiligten bestehen (z.B. aufgrund von Abweichungen des Gesellschaftszwecks oder der Geschäftsadressen zu den Angaben laut Handelsregister);
– der Gesellschaftszweck laut Handelsregister nicht dem tatsächlich ausgeübten Gesellschaftszweck entspricht;
– dem Unternehmer eine Warenmenge oder ein Leistungsumfang angeboten wird, die für die Größe des Unternehmens in der Branche unüblich ist (z.B. ungewöhnlich hohe Stückzahlen trotz Neugründung);
– die Beteiligten über keine ausreichenden Möglichkeiten zur Kontaktaufnahme verfügen (z.B. Website ohne Impressum, Rufnummer oder E-Mail-Adresse);
– ungewöhnliche Leistungsbedingungen vorliegen (z. B. die Leistungen werden von einem oder an einen nicht an dem Umsatz beteiligten Unternehmen erbracht);
– durch den Unternehmer über zugängliche Informationsquellen (z. B. Internetrecherche) festgestellt werden kann, dass die Anlieferung der Waren an die vom Abnehmer angegebene Lieferadresse nicht möglich erscheint.

(6) [1]Das Finanzamt muss nachweisen, dass der Unternehmer zum Zeitpunkt des Leistungsbezugs beziehungsweise der Leistungserbringung nach dem Gesamtbild der Verhältnisse wusste oder hätte wissen müssen, dass er sich an einem Umsatz beteiligt, der in eine Umsatzsteuerhinterziehung oder in eine Schädigung des Umsatzsteueraufkommens im Sinne des Absatzes 2 einbezogen ist. [2]In diesen Fällen hat das Finanzamt den geltend gemachten Vorsteuerabzug für den betreffenden Leistungsbezug sowie eine etwaige Steuerbefreiung für die entsprechende innergemeinschaftliche Lieferung jeweils in voller Höhe zu versagen. [3]Liegen die Voraussetzungen des § 25f UStG bei mehreren Beteiligten vor, ist die vorgenannte Versagung bei diesen Beteiligten vorzunehmen. [4]§ 71 AO bleibt unberührt.

(7) Liegen die Voraussetzungen des § 25f UStG vor, sind ein zunächst vorgenommener Vorsteuerabzug und eine gewährte Steuerbefreiung nach § 164 Abs. 2 Satz 1 oder § 173 Abs. 1 AO, ggf. auch nach § 172 Abs. 1 Satz 1 Nr. 2 Buchstabe c AO durch Änderung der ursprünglichen Steuerfestsetzung rückgängig zu machen.

25f.2[1] Auswirkungen im Rahmen innergemeinschaftlicher Dreiecksgeschäfte

(1) Nach § 25f Abs. 2 UStG sind die Rechtsfolgen eines innergemeinschaftlichen Dreiecksgeschäfts gemäß § 25b Abs. 3 und 5 UStG in den Fällen des § 25f Abs. 1 UStG nicht anzuwenden.

---

[1] A 25f.2 UStAE eingef. durch BMF v. 15.6.2022, BStBl. I 2022, 1001. § 25f UStG eingef. durch G v. 12.12.2019, BGBl. I 2019, 2451, anzuwenden auf nach dem 31.12.2019 endende Voranmeldungs- und Besteuerungszeiträume (§ 27 Abs. 30 UStG).

(2) [1]Liegen die Voraussetzungen des § 25f Abs. 1 UStG vor, gilt in Fällen des innergemeinschaftlichen Dreiecksgeschäfts der innergemeinschaftliche Erwerb des ersten Abnehmers nicht als besteuert. [2]Damit hat der erste Abnehmer den innergemeinschaftlichen Erwerb nach § 3d Satz 1 UStG im Bestimmungsmitgliedstaat und nach § 3d Satz 2 UStG in dem Mitgliedstaat zu versteuern, der die USt-IdNr. erteilt hat, bis der Erwerber nachweist, dass der Erwerb durch den in § 3d Satz 1 UStG bezeichneten Mitgliedstaat besteuert worden ist. [3]Der Vorsteuerabzug im Sinne des § 15 Abs. 1 Satz 1 Nr. 3 UStG ist nach § 25f Abs. 2 UStG zu versagen. [4]Dennoch wird die Steuerschuld für die vom ersten Abnehmer ausgeführte (Inlands-)Lieferung auf den letzten Abnehmer übertragen (§ 25b Abs. 2 UStG). [5]Der letzte Abnehmer kann diese von ihm geschuldete Umsatzsteuer entgegen § 25b Abs. 5 UStG jedoch nicht als Vorsteuer abziehen.

Zu § 26 Abs. 3 UStG

26.1 Luftverkehrsunternehmer

(1) [1]Die niedrigere Festsetzung oder der Erlass von Umsatzsteuer nach § 26 Abs. 3 UStG für grenzüberschreitende Beförderungen im Luftverkehr setzt voraus, dass die Leistungen von einem Luftverkehrsunternehmer erbracht werden. [2]Luftverkehrsunternehmer im Sinne dieser Vorschrift sind Unternehmer, die die Beförderung selbst durchführen oder die als Vertragspartei mit dem Reisenden einen Beförderungsvertrag abschließen und sich hierdurch in eigenem Namen zur Durchführung der Beförderung verpflichten. [3]Der Verkauf von Einzeltickets für grenzüberschreitende Flüge vom Reisebüro oder vom Consolidator kann unter den Voraussetzungen des Abschnitts 4.5.3 Abs. 2 als steuerfreie Vermittlungsleistung behandelt werden. [4]Das Reisebüro und der Consolidator können insoweit nicht als Luftverkehrsunternehmer angesehen werden.

(2) [1]Unter den in Absatz 1 bezeichneten Voraussetzungen können auch Veranstalter von Pauschalreisen als Luftverkehrsunternehmer angesehen werden. [2]Die niedrigere Festsetzung oder der Erlass der Umsatzsteuer nach § 26 Abs. 3 UStG ist dann jedoch auf die Fälle beschränkt, in denen der Veranstalter die Reisenden mit seinen eigenen Mitteln befördert (vgl. Abschnitt 25.1 Abs. 8) oder Beförderungsleistungen an Unternehmer für ihr Unternehmen erbringt.

26.2 Grenzüberschreitende Beförderungen im Luftverkehr

(1)[1] [1]Eine grenzüberschreitende Beförderung liegt vor, wenn sich eine Beförderung sowohl auf das Inland als auch auf das Ausland erstreckt (§ 3b Abs. 1 Satz 4 UStG). [2]Die niedrigere Festsetzung oder der Erlass der Umsatzsteuer nach § 26 Abs. 3 UStG kommt für folgende grenzüberschreitende Beförderungen im Luftverkehr in Betracht:

---

[1] A 26.2 UStAE Abs. 1 Satz 5 eingef., bish. Sätze 5 und 6 werden Sätze 6 und 7 durch BMF v. 26.4.2022, BStBl. I 2022, 655, anzuwenden in allen offenen Fällen; zur Übergangsregelung für **vor dem 1.7.2022** ausgeführte Leistungen siehe Anlage 8.

1. von einem ausländischen Flughafen zu einem Flughafen im Inland;
2. von einem Flughafen im Inland zu einem ausländischen Flughafen;
3. von einem ausländischen Flughafen zu einem ausländischen Flughafen über das Inland.

[3]Die niedrigere Festsetzung oder der Erlass der Umsatzsteuer kommt jedoch nicht in Betracht bei Beförderungen vom Inland in die nicht zum Inland gehörenden Gebiete der Bundesrepublik Deutschland (vgl. § 1 Abs. 2 UStG) und umgekehrt, z.B. Flüge zwischen Hamburg und Helgoland, sowie bei Beförderungen zwischen den nicht zum Inland gehörenden Gebieten der Bundesrepublik Deutschland über das Inland, z.B. Rundflüge von Helgoland über das Inland. [4]Der Erlass der Umsatzsteuer ist nur bezüglich der Umsatzsteuer auf grenzüberschreitende Personenbeförderung im Luftverkehr möglich; werden im Rahmen einer solchen Beförderung andere eigenständige Leistungen erbracht (vgl. z.B. BFH-Urteil vom 27.2.2014, V R 14/13, BStBl. II S. 869), die im Inland steuerbar sind, ist die Umsatzsteuer auf diese eigenständigen Leistungen nicht nach § 26 Abs. 3 UStG erlassfähig. [5]Eine vom Passagier einheitlich mit der grenzüberschreitenden Beförderung im Sinne des Satzes 2 vereinbarte und vergütete Zugangsberechtigung zu Warteräumen in Flughäfen (siehe Abschnitt 3a.3 Abs. 9 Nr. 2c) ist unselbständige Nebenleistung zur grenzüberschreitenden Beförderung und wird somit von § 26 Abs. 3 UStG erfasst. [6]Der Begriff der grenzüberschreitenden Personenbeförderung in § 26 Abs. 3 UStG ist mit Blick auf die Ausnahmeregelung eng auszulegen. [7]Eine niedrigere Festsetzung oder der Erlass der Umsatzsteuer kommt daher für Helikopterflüge vom deutschen Festland auf Offshore-Windparks außerhalb der 12-Seemeilen-Zone nicht in Betracht.

(2) [1]Zwischenlandungen im Inland schließen die niedrigere Festsetzung oder den Erlass der Umsatzsteuer nicht aus, wenn der Fluggast mit demselben Flugzeug weiterfliegt oder wenn er deshalb in das nächste Anschlussflugzeug umsteigt, weil das erste Flugzeug seinen gebuchten Zielflughafen nicht anfliegt. [2]Wenn der Fluggast dagegen in einem Flughafen (A) im Inland seinen Flug unterbricht, d.h. seinen Aufenthalt über den nächstmöglichen Anschluss hinaus ausdehnt, und sein Zielflughafen (B) oder der nächste Flughafen, in dem er seinen Flug wiederum unterbricht (C), im Inland liegt, entfällt die niedrigere Festsetzung oder der Erlass der Umsatzsteuer für die Teilstrecke A bis B (oder C).

(3) [1]Wird der Flug unterbrochen, kann bei der Berechnung des anteiligen Entgelts für die Beförderungsleistung im Inland von der Differenz der Flugpreise zwischen dem ausländischen Flughafen und den beiden im Inland liegenden Flughäfen ausgegangen werden, z.B. Tokio-Frankfurt mit Zwischenaufenthalt in Hamburg; steuerpflichtig ist die Differenz der Flugpreise Tokio-Frankfurt und Tokio-Hamburg. [2]Dies kann in Einzelfällen dazu führen, dass für die im Inland erbrachte Beförderungsleistung ein Entgelt nicht anzusetzen ist.

(4) [1]Soweit die Luftverkehrsunternehmen die Flugunterbrechungen im Einzelnen nur mit erheblichem Verwaltungsaufwand ermitteln können, dürfen die anteiligen Entgelte für steuerpflichtige Beförderungsleistungen geschätzt werden. [2]Dies gilt nur, soweit keine Rechnungen mit gesondertem Steuer-

ausweis ausgestellt worden sind. [3]Das Schätzungsverfahren ist vorab im Einvernehmen mit dem zuständigen Finanzamt festzulegen.

(5) [1]Nach § 22 Abs. 1 und Abs. 2 Nr. 1 UStG sind alle Unternehmer verpflichtet, zur Feststellung der Steuer und ihrer Berechnung Aufzeichnungen zu machen. [2]Damit sind neben inländischen auch im Ausland ansässige Luftverkehrsunternehmer verpflichtet, die Entgelte für Beförderungen von Personen im grenzüberschreitenden Luftverkehr aufzuzeichnen, für die die Umsatzsteuer nach § 26 Abs. 3 UStG erlassen oder niedriger festgesetzt werden kann, und diese Umsätze in den Unsatzsteuer-Voranmeldungen und Umsatzsteuererklärungen für das Kalenderjahr zu erklären. [3]Aus Vereinfachungsgründen wird es jedoch im Einzelfall nicht beanstandet, wenn diese Entgelte von im Ausland ansässigen Luftverkehrsunternehmern, die im Inland ausschließlich grenzüberschreitende Personenbeförderungen im Luftverkehr erbringen, nicht gesondert aufgezeichnet werden, wenn sichergestellt ist, dass die Finanzverwaltung die Höhe der auf die inländischen Streckenanteile der Beförderungsleistung entfallenden Entgelte – gegebenenfalls im Schätzungswege – ermitteln kann. [4]Die zuständige Finanzbehörde kann aus Vereinfachungsgründen auf Antrag des Luftverkehrsunternehmens diesem gestatten, von einer Angabe dieser Entgelte in der Umsatzsteuer-Voranmeldung im Hinblick auf die zu erwartende niedrigere Festsetzung bzw. den zu erwartenden Erlass des Umsatzsteuer abzusehen. [5]Erst die Angabe der auf den inländischen Streckenanteil entfallenden Umsätze grenzüberschreitender Personenbeförderungen im Luftverkehr in der dafür vorgesehenen Zeile der Umsatzsteuererklärung für das Kalenderjahr ist dann als Antrag des Unternehmers auf niedrigere Festsetzung oder auf Erlass (ganz oder teilweise) der Umsatzsteuer nach § 26 Abs. 3 UStG zu werten, soweit sich aus weiteren Angaben des Unternehmers nichts anderes ergibt. [6]Die Zustimmung der zuständigen Finanzbehörde zu einer entsprechenden Umsatzsteuererklärung für das Kalenderjahr steht einer niedrigeren Steuerfestsetzung gleich.

26.3 Beförderung über Teilstrecken durch verschiedene Luftverkehrsunternehmer

[1]Wird eine grenzüberschreitende Beförderung von mehreren aufeinander folgenden Luftverkehrsunternehmern ausgeführt, gilt sie nach dem Luftverkehrsrecht als eine einzige Beförderung, sofern sie als einheitliche Leistung vereinbart worden ist (Artikel 1 Abs. 3 Satz 1 des Montrealer Übereinkommens vom 28.5.1999, BGBl. 2004 II S. 458 und BGBl. 2004 I S. 1027). [2]Eine grenzüberschreitende Beförderung, die nach dem Luftverkehrsrecht als eine einzige Beförderung anzusehen ist, gilt auch im Sinne des § 26 Abs. 3 UStG als eine einzige Beförderung und damit insgesamt als eine grenzüberschreitende Beförderung im Luftverkehr. [3]Den an dieser Leistung beteiligten Luftverkehrsunternehmern kann deshalb die Umsatzsteuer nach § 26 Abs. 3 UStG auch dann erlassen werden, wenn sich ihr Leistungsteil nur auf das Inland erstreckt. [4]Eine niedrigere Festsetzung oder ein Erlass der Umsatzsteuer kommt jedoch nicht in Betracht, wenn der Fluggast im Inland den Flug unterbricht, d. h. seinen Aufenthalt über den nächstmöglichen Anschluss hinaus ausdehnt (vgl. Abschnitt 26.2 Abs. 2).

26.4 Gegenseitigkeit

[1]Haben Luftverkehrsunternehmer ihren Sitz nicht in der Bundesrepublik Deutschland, kann die Umsatzsteuer in der Regel nur im Falle der Gegenseitigkeit niedriger festgesetzt oder erlassen werden (§ 26 Abs. 3 Satz 2 UStG). [2]Es ist jedoch möglich, die Umsatzsteuer auch dann niedriger festzusetzen oder zu erlassen, wenn in den Ländern dieser Unternehmer die Gegenseitigkeit nicht voll gewährleistet ist. [3]Hier kommen insbesondere die Fälle in Betracht, in denen die von deutschen Luftverkehrsunternehmern im Ausland für die einzelne Beförderungsleistung erhobene Umsatzsteuer unverhältnismäßig niedrig ist oder in denen die Voraussetzungen der Gegenseitigkeit nur in einem Teilbereich, z. B. Charterverkehr, erfüllt sind.

26.5 Zuständigkeit

Für die niedrigere Festsetzung oder den Erlass der Umsatzsteuer gilt folgende Regelung:

1. Unter den Voraussetzungen des § 26 Abs. 3 UStG kann die Umsatzsteuer für grenzüberschreitende Beförderungen im Luftverkehr niedriger festgesetzt oder erlassen werden, wenn es sich um folgende Unternehmer handelt:
   a) Luftverkehrsunternehmer mit Sitz in der Bundesrepublik Deutschland und
   b) Luftverkehrsunternehmer mit Sitz außerhalb der Bundesrepublik Deutschland, wenn die Länder, in denen sie ihren Sitz haben, in dem vom BMF herausgegebenen Verzeichnis der Länder aufgeführt sind, zu denen die Gegenseitigkeit festgestellt ist (vgl. BMF-Schreiben vom 18.4.2017, BStBl. I S. 713, Stand 1.4.2017).
2. [1]Über die Einzelfälle entscheiden bei den in Nummer 1 bezeichneten Luftverkehrsunternehmern die obersten Finanzbehörden der Länder oder die von ihnen beauftragten nachgeordneten Dienststellen. [2]Unabhängig von der Höhe des Steuerbetrages ist das BMF nicht zu beteiligen. [3]Die niedrigere Festsetzung der Steuer oder der Steuererlass kann nicht nur auf Antrag des Unternehmers, sondern auch von Amts wegen erfolgen. [4]§ 26 Abs. 3 UStG soll grundsätzlich im Festsetzungsverfahren angewandt werden, kann aber auch noch im Erhebungsverfahren Anwendung finden. [5]Die niedrigere Festsetzung der Steuer oder der Steuererlass kann nicht vor Entstehung der Steuer (§ 38 AO) ausgesprochen werden. [6]Vor Entstehung der Steuer kann die zuständige Finanzbehörde lediglich eine verbindliche Zusage erteilen, nach der bei Erfüllung der entsprechenden Voraussetzungen nach Steuerentstehung eine niedrigere Festsetzung der Steuer oder der Steuererlass ausgesprochen werden kann. [7]Die zuständige Finanzbehörde prüft in regelmäßigen Abständen von bis zu 3 Jahren, ob der betreffende Unternehmer die Voraussetzungen der niedrigeren Steuerfestsetzung oder des Steuererlasses grundsätzlich noch erfüllt.
3. [1]Bei Luftverkehrsunternehmern mit Sitz in Ländern, die in dem Verzeichnis der Länder, zu denen die Gegenseitigkeit festgestellt ist, nicht aufgeführt sind, ist das BMF zu beteiligen. [2]Das gilt auch, wenn sich

Zweifel ergeben, ob von dem Land, in dem das Luftverkehrsunternehmen seinen Sitz hat, die Voraussetzung der Gegenseitigkeit noch erfüllt wird.

Zu § 27 UStG

27.1 Übergangsvorschriften

Anwendung von § 15a UStG und § 44 UStDV

(1) [1] § 15a UStG in der Fassung des Artikels 5 Nr. 12 des Gesetzes zur Umsetzung von EU-Richtlinien in nationales Steuerrecht und zur Änderung weiterer Vorschriften vom 9.12.2004 (Richtlinien-Umsetzungsgesetz)[1)] findet nur in den Fällen Anwendung, in denen das Wirtschaftsgut nach dem 31.12.2004 angeschafft oder hergestellt bzw. die sonstige Leistung nach diesem Zeitpunkt bezogen wurde (§ 27 Abs. 11 UStG); zur zeitlichen Anwendung des § 15a Abs. 2 UStG vgl. BFH-Urteil vom 12.2.2009, V R 85/07, BStBl. 2010 II S. 76. [2] Ebenso findet die Neuregelung nur auf nach dem 31.12.2004 getätigte nachträgliche Anschaffungs- oder Herstellungskosten Anwendung. [3] Die Neuregelung des § 15a UStG gilt auch in den Fällen, in denen vor dem 1.1.2005 eine Voraus- oder Anzahlung für eine nach dem 31.12.2004 ausgeführte Leistung geleistet worden ist.

(2) [1] Die zum 1.1.2005 durch Artikel 6 Nr. 2 des Gesetzes zur Umsetzung von EU-Richtlinien in nationales Steuerrecht und zur Änderung weiterer Vorschriften vom 9.12.2004 (Richtlinien-Umsetzungsgesetz)[1)] erhöhten Beträge in § 44 UStDV finden nur in den Fällen Anwendung, in denen das Wirtschaftsgut nach dem 31.12.2004 angeschafft oder hergestellt bzw. die sonstige Leistung nach diesem Zeitpunkt bezogen wurde. [2] Ebenso findet die Neuregelung nur auf nach dem 31.12.2004 getätigte nachträgliche Anschaffungs- oder Herstellungskosten Anwendung. [3] Das Gleiche gilt in den Fällen, in denen vor dem 1.1.2005 eine Voraus- oder Anzahlung für eine nach dem 31.12.2004 ausgeführte Leistung geleistet worden ist.

(3) § 15a Abs. 3 und 4 UStG in der Fassung von Artikel 8 Nr. 1 des Ersten Gesetzes zum Abbau bürokratischer Hemmnisse insbesondere in der mittelständischen Wirtschaft vom 22.8.2006[2)] findet nur in den Fällen Anwendung, in denen die Gegenstände, die in das Wirtschaftsgut eingegangen sind, nach dem 31.12.2006 angeschafft oder hergestellt wurden bzw. in denen die sonstigen Leistungen nach dem 31.12.2006 bezogen wurden (§ 27 Abs. 12 UStG).

Anwendung von § 18 Abs. 3 UStG

(4) Die Übermittlung der Umsatzsteuererklärung für das Kalenderjahr nach amtlich vorgeschriebenem Datensatz durch Datenfernübertragung entsprechend § 18 Abs. 3 UStG in der Fassung von Artikel 4 Nr. 11 Buchstabe a des Jahressteuergesetzes 2010 vom 8.12.2010 (JStG 2010) ist für Besteuerungszeiträume anzuwenden, die nach dem 31.12.2010 enden.

[1)] BGBl. I 2004, 3310.
[2)] BGBl. I 2006, 1970.

Anwendung von § 27 Abs. 19 UStG

(5) Zur Anwendung von § 27 Abs. 19 UStG vgl. BMF-Schreiben vom 26.7.2017, BStBl. I S. 1001.[1])

Anwendung von § 27 Abs. 22 UStG

(6) Zur Anwendung von § 27 Abs. 22 UStG vgl. BMF-Schreiben vom 19.4.2016, BStBl. I S. 481.

Zu § 27a UStG

27a.1 Antrag auf Erteilung der Umsatzsteuer-Identifikationsnummer

(1) [1]Der Antrag ist schriftlich unter Angabe des Namens und der Anschrift des Antragstellers, des zuständigen Finanzamtes und der Steuernummer, unter der er umsatzsteuerlich geführt wird, an das Bundeszentralamt für Steuern – Dienstsitz Saarlouis –, 66740 Saarlouis, zu richten. [2]Anträge können auch über das Internet (www.bzst.de) gestellt werden. [3]Die USt-IdNr. wird dem Antragsteller schriftlich bekannt gegeben. [4]Bei der steuerlichen Neuaufnahme kann der Unternehmer die Erteilung einer USt-IdNr. auch bei dem zuständigen Finanzamt beantragen. [5]Dieser Antrag wird, zusammen mit den erforderlichen Angaben über die Erfassung für Zwecke der Umsatzsteuer, an das BZSt weitergeleitet. [6]Jeder Unternehmer erhält nur eine USt-IdNr. [7]Wegen der Besonderheiten bei Organgesellschaften und bei juristischen Personen des öffentlichen Rechts vgl. Absatz 3. [8]Den ständigen diplomatischen Missionen und berufskonsularischen Vertretungen, zwischenstaatlichen Einrichtungen und Streitkräften anderer Vertragsparteien des Nordatlantikvertrags wird grundsätzlich keine USt-IdNr. erteilt (vgl. auch Abschnitt 1c.1).

(2) Der Unternehmer kann schriftlich unter Angabe der ggf. bereits erteilten USt-IdNr. beim Bundeszentralamt für Steuern – Dienstsitz Saarlouis –, 66740 Saarlouis, beantragen, dass die Anschrift gespeichert wird, unter der er im innergemeinschaftlichen Geschäftsverkehr auftritt (sog. Euro-Adresse).

(3) [1]Organkreise erhalten eine gesonderte USt-IdNr. für den Organträger und jede einzelne Organgesellschaft, die innergemeinschaftliche Warenlieferungen (§ 18a Abs. 6 UStG), steuerpflichtige sonstige Leistungen im übrigen Gemeinschaftsgebiet im Sinne von § 3a Abs. 2 UStG (vgl. Abschnitt 3a.2), für die der in einem anderen EU-Mitgliedstaat ansässige Leistungsempfänger die Steuer dort schuldet, oder Lieferungen im Sinne von § 25b Abs. 2 UStG im Rahmen innergemeinschaftlicher Dreiecksgeschäfte ausführt. [2]Der Antrag ist vom Organträger zu stellen. [3]Der Antrag muss folgende Angaben enthalten:

- die Steuernummer, unter der der Organkreis für Zwecke der Umsatzsteuer geführt wird;
- den Namen und die Anschrift des Organträgers;

[1]) Siehe auch BFH v. 27.9.2018 V R 49/17, BStBl. II 2019, 109.

– die USt-IdNr. des Organträgers (soweit bereits erteilt);
– die Bezeichnung des Finanzamts, bei dem der Organkreis für Zwecke der Umsatzsteuer geführt wird;
– den Namen und die Anschriften der einzelnen Organgesellschaften, die am innergemeinschaftlichen Handelsverkehr teilnehmen;
– die Steuernummern, unter denen die Organgesellschaften ertragsteuerlich geführt werden;
– die Bezeichnung der zuständigen Finanzämter, bei denen die Organgesellschaften ertragsteuerlich geführt werden.

[4]Die Gebietskörperschaften Bund und Länder können für einzelne Organisationseinheiten (z. B. Ressorts, Behörden und Ämter) eine USt-IdNr. erhalten (vgl. Abschnitt 1a.1 Abs. 3). [5]Ist eine solche Organisationseinheit insgesamt nur hoheitlich tätig und hat sie bislang keine USt-IdNr. erhalten, weil sie keinen innergemeinschaftlichen Erwerb nach § 1a UStG zu besteuern hat, erhält sie nunmehr – auf Antrag – eine USt-IdNr., wenn sie diese für die Besteuerung der von ihr bezogenen sonstigen Leistungen benötigt, für die der Leistungsort nach § 3a Abs. 2 UStG im Inland liegt (vgl. Abschnitt 3a.2 Abs. 14).

Zu § 27b UStG

27b.1 Umsatzsteuer-Nachschau

(1) [1]Die Umsatzsteuer-Nachschau ist keine Außenprüfung im Sinne des § 193 AO. [2]Sie ist ein besonderes Verfahren zur zeitnahen Aufklärung möglicher steuererheblicher Sachverhalte. [3]Deshalb gelten die Vorschriften für eine Außenprüfung (§§ 193 ff. AO) nicht. [4]Die Umsatzsteuer-Nachschau wird nicht angekündigt.

(2) [1]Eine Umsatzsteuer-Nachschau kann insbesondere in folgenden Fällen angezeigt sein:
– Existenzprüfungen bei neu gegründeten Unternehmen;
– Entscheidungen im Zustimmungsverfahren nach § 168 Satz 2 AO;
– Erledigung von Auskunftsersuchen zum Vorsteuerabzug anderer Finanzämter (USt 1 KM);
– Erledigung von Amtshilfeersuchen anderer EU-Mitgliedstaaten.

[2]Mit dem Instrument der Umsatzsteuer-Nachschau sollen umsatzsteuerrechtlich erhebliche Sachverhalte festgestellt werden. [3]Solche Sachverhalte sind zum Beispiel:
– Unternehmerexistenz;
– Vorhandensein von Anlage- und Umlaufvermögen;
– einzelne Eingangs- oder Ausgangsrechnungen;
– einzelne Buchungsvorgänge;
– Verwendungsverhältnisse.

(3) Nach § 27b Abs. 1 Satz 1 UStG sind alle mit der Festsetzung und Erhebung der Umsatzsteuer betrauten Amtsträger befugt, Umsatzsteuer-Nachschauen durchzuführen.

(4) Sobald der Amtsträger
– der Öffentlichkeit nicht zugängliche Geschäftsräume betreten will,

– den Steuerpflichtigen auffordert, Aufzeichnungen, Bücher, Geschäftspapiere und andere umsatzsteuerrelevante Urkunden vorzulegen oder – wenn die Unterlagen mit Hilfe eines Datenverarbeitungssystems erstellt wurden – die gespeicherten Daten einzusehen oder
– den Steuerpflichtigen auffordert, Auskunft zu erteilen,

hat er sich auszuweisen.

(5) [1] Im Rahmen der Umsatzsteuer-Nachschau dürfen grundsätzlich nur Grundstücke und Räume betreten werden, die gewerblich oder beruflich selbständig genutzt werden; unschädlich ist, wenn sie auch zu Wohnzwecken genutzt werden. [2] Das Betreten muss dazu dienen, Sachverhalte festzustellen, die für die Umsatzbesteuerung erheblich sein können. [3] Ein Durchsuchungsrecht gewährt die Umsatzsteuer-Nachschau nicht. [4] Das bloße Betreten oder Besichtigen von Grundstücken und Räumen ist noch keine Durchsuchung. [5] Ein Betreten der Grundstücke und Räume ist während der Geschäfts- und Arbeitszeiten zulässig. [6] Die Umsatzsteuer-Nachschau kann auch außerhalb der Geschäftszeiten vorgenommen werden, wenn im Unternehmen schon oder noch gearbeitet wird. [7] Der Unternehmer hat auf Verlangen dem Amtsträger Aufzeichnungen, Bücher, Geschäftspapiere und andere Urkunden vorzulegen und Auskünfte zu erteilen. [8] Wurden die der Umsatzsteuer-Nachschau unterliegenden Sachverhalte betreffenden Unterlagen mit Hilfe eines Datenverarbeitungssystems erstellt, hat der Unternehmer dem Amtsträger auf Verlangen Einsicht in die gespeicherten Daten zu gewähren (§ 27b Abs. 2 Satz 2 UStG); es reicht nicht aus, wenn der Unternehmer nur entsprechende Papierausdrucke aus dem Datenverarbeitungssystem bereitstellt. [9] Soweit erforderlich, ist der Amtsträger befugt, das Datenverarbeitungssystem des Unternehmers zu nutzen (§ 27b Abs. 2 Satz 2 UStG). [10] Hierbei ist es dem Unternehmer freigestellt, ob er dem Amtsträger einen entsprechenden Lesezugriff einräumt oder ob er selbst bzw. eine von ihm beauftragte Person dafür sorgt, dass der Amtsträger unverzüglich Einsicht in die entsprechenden Daten erhält. [11] Zur Kostentragung durch den Unternehmer gilt § 147 Abs. 6 Satz 4 AO sinngemäß. [12] Kommt der Unternehmer seinen Mitwirkungspflichten im Rahmen der Umsatzsteuer-Nachschau nicht nach, liegt es im Ermessen des Amtsträgers, zu einer Außenprüfung nach § 193 AO überzugehen.

(6) [1] Da die Umsatzsteuer-Nachschau keine Außenprüfung im Sinne des § 193 ff. AO darstellt, finden insbesondere die §§ 147 Abs. 6 Satz 2, 201 und 202 AO keine Anwendung. [2] Ein Prüfungsbericht ist nicht zu fertigen. [3] Sollen auf Grund der Umsatzsteuer-Nachschau Besteuerungsgrundlagen geändert werden, ist dem Steuerpflichtigen rechtliches Gehör zu gewähren (§ 91 AO).

(7) [1] Der Beginn der Umsatzsteuer-Nachschau hemmt den Ablauf der Festsetzungsfrist nach § 171 Abs. 4 AO nicht. [2] Die Änderungssperre des § 173 Abs. 2 AO findet keine Anwendung. [3] Soweit eine Steuer nach § 164 AO unter dem Vorbehalt der Nachprüfung festgesetzt worden ist, muss dieser nach Durchführung der Umsatzsteuer-Nachschau nicht aufgehoben werden. [4] Im Anschluss an eine Umsatzsteuer-Nachschau ist ein Antrag auf verbindliche Zusage (§ 204 AO) nicht zulässig.

(8) [1]Ein Verwaltungsakt liegt dann vor, wenn der Amtsträger Maßnahmen ergreift, die den Steuerpflichtigen zu einem bestimmten Tun, Dulden oder Unterlassen verpflichten sollen. [2]Ein Verwaltungsakt liegt insbesondere vor, wenn der Amtsträger den Steuerpflichtigen auffordert,

- das Betreten der nicht öffentlich zugänglichen Geschäftsräume zu dulden,
- Aufzeichnungen, Bücher, Geschäftspapiere und andere umsatzsteuerrelevante Urkunden vorzulegen oder – wenn die Unterlagen mit Hilfe eines Datenverarbeitungssystems erstellt wurden – die gespeicherten Daten einzusehen oder
- Auskunft zu erteilen.

[3]Ein derartiger Verwaltungsakt ist grundsätzlich mit Zwangsmitteln nach §§ 328 ff. AO (insbesondere durch unmittelbaren Zwang nach § 331 AO) durchsetzbar.

(9) [1]Nach § 27b Abs. 3 UStG kann ohne vorherige Prüfungsanordnung (§ 196 AO) zu einer Außenprüfung nach § 193 AO übergegangen werden, wenn die bei der Umsatzsteuer-Nachschau getroffenen Feststellungen hierzu Anlass geben. [2]Da die Umsatzsteuer-Nachschau auf die Umsatzsteuer begrenzt ist, kann nach einem Übergang zu einer Außenprüfung nur die Umsatzsteuer geprüft werden. [3]Somit kommt nur die Durchführung einer Umsatzsteuer-Sonderprüfung in Betracht. [4]Die Anordnung einer darüber hinausgehenden Außenprüfung ohne Ankündigung bleibt nach § 197 Abs. 1 Satz 1 AO zulässig, wenn der Prüfungszweck durch eine vorherige Ankündigung gefährdet wird. [5]Die Entscheidung zum Übergang zu einer Umsatzsteuer-Sonderprüfung ist eine Ermessensentscheidung. [6]Der Übergang zu einer Umsatzsteuer-Sonderprüfung ist regelmäßig geboten, wenn die sofortige Sachverhaltsaufklärung (z. B. Feststellung der Besteuerungsgrundlagen, vollständige Erfassung von Umsätzen, rechtliche Beurteilung von steuerfreien Umsätzen) zweckmäßig erscheint und wenn anschließend auch die gesetzlichen Folgen einer Außenprüfung für die Steuerfestsetzung eintreten sollen. [7]Der Übergang zu einer Umsatzsteuer-Sonderprüfung ist dem Unternehmer bekannt zu geben. [8]Dies ist ein Verwaltungsakt, der an keine bestimmte Form gebunden ist. [9]Nach § 27b Abs. 3 Satz 2 UStG ist der Unternehmer auf diesen Übergang jedoch schriftlich hinzuweisen. [10]Die allgemeinen Grundsätze über den notwendigen Inhalt von Prüfungsanordnungen gelten entsprechend. [11]Insbesondere ist der Prüfungszeitraum und der Prüfungsumfang festzulegen. [12]Der Beginn einer Außenprüfung nach erfolgter Umsatzsteuer-Nachschau ist unter Angabe von Datum und Uhrzeit aktenkundig zu machen. [13]Für die Durchführung der Umsatzsteuer-Sonderprüfung gelten die §§ 199 ff. AO.

(10) [1]Im Rahmen der Umsatzsteuer-Nachschau ergangene Verwaltungsakte können nach § 347 AO mit dem Einspruch angefochten werden. [2]Der Amtsträger ist berechtigt und verpflichtet, den schriftlichen Einspruch entgegenzunehmen. [3]Der Einspruch hat keine aufschiebende Wirkung und hindert daher nicht die Durchführung der Umsatzsteuer-Nachschau, es sei denn, die Vollziehung des angefochtenen Verwaltungsakts wurde ausgesetzt (§ 361 AO, § 69 FGO). [4]Mit Beendigung der Umsatzsteuer-Nachschau sind oder

werden Einspruch und Anfechtungsklage gegen die Anordnung der Umsatzsteuer-Nachschau unzulässig; insoweit kommt lediglich eine Fortsetzungs-Feststellungsklage (§ 100 Abs. 1 Satz 4 FGO) in Betracht. [5]Wurden die Ergebnisse der Umsatzsteuer-Nachschau in einem Steuerbescheid berücksichtigt, muss auch dieser Bescheid angefochten werden, um ein steuerliches Verwertungsverbot zu erlangen. [6]Für die Anfechtung der Mitteilung des Übergangs zur Außenprüfung (§ 27b Abs. 3 UStG) gelten die Grundsätze für die Anfechtung einer Außenprüfungsanordnung entsprechend (vgl. AEAO zu § 196).[1)]

Zu § 29 UStG

29.1[2)] Zivilrechtliche Ausgleichsansprüche für umsatzsteuerliche Mehr- und Minderbelastungen

(1) [1]Die Vorschrift des § 29 UStG sieht für Lieferungen und sonstige Leistungen einschließlich der Teilleistungen unter bestimmten Voraussetzungen den Ausgleich umsatzsteuerlicher Mehr- und Minderbelastungen vor, die sich durch Gesetzesänderungen ergeben. [2]Den Vertragspartnern werden zivilrechtliche Ausgleichsansprüche in folgenden Fällen eingeräumt:

1. bei einer Erhöhung der umsatzsteuerlichen Belastung dem leistenden Unternehmer gegen den Leistungsempfänger und
2. bei einer Verringerung der umsatzsteuerlichen Belastung dem Leistungsempfänger gegen den leistenden Unternehmer.

[3]Das Gleiche gilt, wenn der Umsatz steuerpflichtig, steuerfrei oder nicht steuerbar wird. [4]Auf die Höhe der Belastungsänderung kommt es nicht an.

(2) Über die Berechtigung und die Höhe von Ausgleichsansprüchen nach § 29 UStG entscheiden in Streitfällen die ordentlichen Gerichte.

(3) [1]Als angemessen im Sinne des § 29 Abs. 1 Satz 1 UStG ist grundsätzlich der volle Ausgleich der umsatzsteuerlichen Mehr- oder Minderbelastung anzusehen (vgl. BGH-Urteile vom 22.3.1972, VIII ZR 119/70, BGHZ Bd. 58 S. 292, und vom 28.6.1973, VII ZR 3/71, BGHZ Bd. 61 S. 1013). [2]Ist die Höhe der umsatzsteuerlichen Mehr- oder Minderbelastung streitig, ist § 287 Abs. 1 ZPO entsprechend anzuwenden. [3]Danach entscheidet das Gericht über die Höhe der Mehr- oder Minderbelastung unter Würdigung aller Umstände nach freier Überzeugung.

(4) [1]Ein Ausgleichsanspruch entsteht nach § 29 Abs. 1 Satz 2 UStG nicht, soweit die Vertragspartner etwas anderes vereinbart haben. [2]Der Ausschluss eines Ausgleichsanspruchs kann ausdrücklich vereinbart werden. [3]Er kann sich

---

1) Nr. **800**.

2) Zu den Auswirkungen der befristeten Absenkung
- des allgemeinen Steuersatzes von 19 % auf 16 % (§ 28 Abs. 1 UStG),
- des ermäßigten Steuersatzes von 7 % auf 5 % (§ 28 Abs. 2 UStG) sowie
- des Steuersatzes für land- und forstwirtschaftliche Betriebe nach § 24 Abs. 1 Satz 1 Nr. 2 UStG von 19 % auf 16 % (§ 28 Abs. 3 UStG)

vom 1.7.2020 bis zum 31.12.2020 auf Altverträge vgl. BMF v. 30.6.2020 Rz. 15, BStBl. I 2020, 584. Ergänzend siehe BMF v. 4.11.2020, BStBl. I 2020, 1129.

aber auch aus einer allgemeinen vertraglichen Vereinbarung, z. B. durch die Vereinbarung eines Festpreises, ergeben. 4 Die Vertragspartner können einen Ausgleichsanspruch entweder ganz oder teilweise ausschließen.

(5) 1 Für bestimmte Leistungsbereiche sind Entgelte – Vergütungen, Gebühren, Honorare usw. – vorgeschrieben, in denen die Umsatzsteuer für die Leistung nicht enthalten ist, z. B. nach dem RVG, der *StBGebV,*[1] der *KostO*[1] und der HOAI. 2 Soweit Unternehmer in diesen Fällen berechtigt sind, die für die jeweilige Leistung geschuldete Umsatzsteuer zusätzlich zu berechnen, können etwaige umsatzsteuerliche Mehr- oder Minderbelastungen von vornherein in voller Höhe ausgeglichen werden. 3 Der Geltendmachung eines Ausgleichsanspruchs nach § 29 UStG bedarf es nicht.

(6) 1 Durch § 29 Abs. 1 UStG wird der Ausgleich einer umsatzsteuerlichen Mehr- oder Minderbelastung ausschließlich für Belastungsänderungen durch das UStG 1980 geregelt. 2 Diese Ausgleichsregelung ist nach § 29 Abs. 2 UStG auf Belastungsänderungen entsprechend anzuwenden, die sich durch Änderungen des UStG ergeben. 3 Ausgleichsansprüche kommen für Leistungen bzw. Teilleistungen in Betracht, die ab dem Inkrafttreten der jeweiligen Änderungsvorschrift bewirkt werden. 4 Das gilt auch insoweit, als dafür bei der Istversteuerung Steuer vor dem Inkrafttreten der Änderungsvorschrift entstanden ist (§ 13 Abs. 1 Nr. 1 Buchstabe a Satz 4 oder Buchstabe b UStG). 5 Voraussetzung für den Ausgleichsanspruch ist, dass der Vertrag, auf dem die Leistung beruht, nicht später als vier Kalendermonate vor dem Inkrafttreten der Gesetzesänderung abgeschlossen worden ist.

29.2[2] Anwendungszeitraum

1 Der UStAE gilt, soweit sich aus ihm nichts anderes ergibt, für Umsätze, die nach dem 31.10.2010 ausgeführt werden. 2 Früher ergangene Anordnungen, die mit dem UStAE im Widerspruch stehen, sind nicht mehr anzuwenden.

---

[1] Jetzt StBVV. – Jetzt Gerichts- und Notarkostengesetz (GNotKG).

[2] Gilt für die Urfassung v. 1.10.2010. – Die Änderungen durch spätere BMF-Schreiben und ihre Anwendung sind mit Ausnahmen erst nach dem umfassenden Änderungsschreiben v. 15.12.2020, BStBl. I 2020, 1374, nachgewiesen.

800. Anwendungserlass zur Abgabenordnung (AEAO)

Vom 31.1.2014 (BStBl. I 2014, 290)[1)·2)·3)]

(BMF IV A 4 – S 0062/14/10002; DOK 2014/0108334)

Geändert durch BMF-Schreiben vom 1.8.2014 (BStBl. I 2014, 1067), vom 3.11.2014 (BStBl. I 2014, 1393), vom 14.1.2015 (BStBl. I 2015, 76), vom 22.7.2015 (BStBl. I 2015, 571), vom 10.12.2015 (BStBl. I 2015, 1018), vom 26.1.2016 (BStBl. I 2016, 155),[4)] vom 23.5.2016 BStBl. I 2016, 490), vom 5.9.2016 (BStBl. I 2016, 974), vom 12.1.2017 (BStBl. I 2017, 51), vom 7.8.2017 (BStBl. I 2017, 1257), vom 6.12.2017 (BStBl. I 2017, 1603), vom 11.12.2017 (BStBl. I 2017, 1604), vom 12.1.2018 (BStBl. I 2008, 175), vom 18.1.2018 (BStBl. I 2018, 204), vom 24.1.2018 (BStBl. I 2008, 258), vom 29.5.2018 (BStBl. I 2018, 699), vom 19.6.2018 (BStBl. I 2018, 706), vom 31.1.2019 (BStBl. I 2019, 71), vom 5.4.2019 (BStBl. I 2019, 446), vom 17.6.2019 (BStBl. I 2019, 518), vom 27.9.2019 (BStBl. I 2019, 946), vom 20.12.2019 (BStBl. I 2020, 59), vom 4.5.2020 (BStBl. I 2020, 518), vom 28.5.2020 (BStBl. I 2020, 534), vom 27.8.2020 (BStBl. I 2020, 863), vom 20.1.2021 (BStBl. I 2021, 128), vom 28.1.2021 (BStBl. I 2021, 145), vom 6.8.2021 (BStBl. I 2021, 1036), vom 1.11.2021 (BGBl. I 2021, 2147), vom 4.11.2021 (BStBl. I 2021, 2156), vom 12.1.2022 (BStBl. I 2022, 82), vom 18.5.2022 (BStBl. I 2022, 665)

Nichtamtliche Inhaltsübersicht

1) Der neugefasste AEAO ist mit sofortiger Wirkung in allen offenen Fällen anzuwenden. Durch die Neufassung des AEAO werden die BMF-Schreiben v. 2.1.2008, BStBl. I S. 26; v. 21.4.2008, BStBl. I S. 582; v. 17.7.2008, BStBl. I S. 694; v. 2.1.2009, BStBl. I S. 8; v. 30.7.2009, BStBl. I S. 807, S. 2; v. 22.12.2009, BStBl. 2010 I S. 9; v. 28.7.2010, BStBl. I S. 630; v. 21.12.2010, BStBl. 2011 I S. 2; v. 17.3.2011, BStBl. I S. 241; v. 11.7.2011, BStBl. I S. 706; v. 17.1.2012, BStBl. I S. 83; v. 30.1.2012, BStBl. I S. 147; v. 15.8.2012, BStBl. I S. 850; v. 31.1.2013, BStBl. I S. 118; v. 23.7.2013, BStBl. I S. 933 und v. 1.10.2013, BStBl. I S. 1251 mit sofortiger Wirkung aufgehoben.

2) Die Satzzählung ist nicht amtlich.

3) Zum Datenschutz im Steuerverwaltungsverfahren seit dem 25.5.2018 durch die Datenschutz-Grundverordnung (DSGVO) siehe BMF v. 13.1.2020, BStBl. I 2020, 143, geänd. durch BMF v. 17.6.2021, BStBl. I 2021, 809.

4) Durch das Schreiben v. 26.1.2016 wird das BMF-Schreiben v. 11.12.1989, BStBl. I S. 470, geänd. durch BMF v. 2.1.2001, BStBl. I S. 40, aufgehoben.

auch geschäftliche Reisen. [7]Der Tatbestand des gewöhnlichen Aufenthalts kann bei einem weniger als sechs Monate dauernden Aufenthalt verwirklicht werden, wenn Inlandsaufenthalte nacheinander folgen, die sachlich miteinander verbunden sind, und der Steuerpflichtige von vornherein beabsichtigt, nicht nur vorübergehend im Inland zu verweilen (BFH-Urteile vom 27.7. 1962, VI 156/59 U, BStBl. III S. 429, und vom 3.8.1977, I R 210/75, BStBl. 1978 II S. 118).

2. [1]Der gewöhnliche Aufenthalt im Inland ist zu verneinen, wenn der Steuerpflichtige unter Benutzung einer im Ausland gelegenen Wohnung lediglich seine Tätigkeit im Inland ausübt (BFH-Urteil vom 25.5.1988, I R 225/82, BStBl. II S. 944). [2]Grenzgänger haben ihren gewöhnlichen Aufenthalt grundsätzlich im Wohnsitzstaat (BFH-Urteile vom 10.5.1989, I R 50/85, BStBl. II S. 755, und vom 10.7.1996, I R 4/96, BStBl. 1997 II S. 15). [3]Dasselbe gilt für Unternehmer/Freiberufler, die regelmäßig jeweils nach Geschäftsschluss zu ihrer Familienwohnung im Ausland zurückkehren (BFH-Urteil vom 6.2.1985, I R 23/82, BStBl. II S. 331). [4]Wer allerdings regelmäßig an Arbeitstagen am Arbeits-/Geschäftsort im Inland übernachtet und sich nur am Wochenende bzw. an Feiertagen und im Urlaub zu seiner Wohnung im Ausland begibt, hat an dem inländischen Arbeits-/Geschäftsort jedenfalls seinen gewöhnlichen Aufenthalt.

3. [1]Der gewöhnliche Aufenthalt kann nicht gleichzeitig an mehreren Orten bestehen. [2]Bei fortdauerndem Schwerpunktaufenthalt im Ausland begründen kurzfristige Aufenthalte im Inland, z. B. Geschäfts-, Dienstreisen, Schulungen, keinen gewöhnlichen Aufenthalt im Inland. [3]Umgekehrt führen kurzfristige Auslandsaufenthalte bei fortdauerndem Schwerpunktaufenthalt im Inland nicht zur Aufgabe eines gewöhnlichen Aufenthalts im Inland.

4. [1]Der gewöhnliche Aufenthalt im Inland ist aufgegeben, wenn der Steuerpflichtige zusammenhängend mehr als sechs Monate im Ausland lebt, es sei denn, dass besondere Umstände darauf schließen lassen, dass die Beziehungen zum Inland bestehen bleiben. [2]Entscheidend ist dabei, ob der Steuerpflichtige den persönlichen und geschäftlichen Lebensmittelpunkt ins Ausland verlegt hat und ob er seinen Willen, in den Geltungsbereich dieses Gesetzes zurückzukehren, endgültig aufgegeben hat (BFH-Urteil vom 27.7.1962, VI 156/59 U, BStBl. III S. 429). [3]Als Kriterien dafür können die familiären, beruflichen und gesellschaftlichen Bindungen herangezogen werden (z. B. Wohnung der Familienangehörigen im Inland, Sitz des Gewerbebetriebs im Inland). [4]Hält sich der Steuerpflichtige zusammenhängend länger als ein Jahr im Ausland auf, ist grundsätzlich eine Aufgabe des gewöhnlichen Aufenthalts im Inland anzunehmen.

AEAO zu § 12 – Betriebsstätte:[1)]

1. Die Begriffsbestimmung gilt auch für die freiberufliche Tätigkeit und Steuerpflichtige mit Einkünften aus Land- und Forstwirtschaft.

[1)] Vgl. auch Betriebsstättenerlass BMF v. 24.12.1999, BStBl. I 1999, 1076, zuletzt geänd. durch BMF v. 22.12.2016, BStBl. I 2016, 182 (**Steuererlasse** Nr. **800** § 12/1). – Zur Einkommensteuer vgl. R 2a Abs. 2 EStR (negative Auslandseinkünfte) bzw. R 4.12 EStR (Fahrten Wohnung-Betriebsstätte) (Nr. **1**), zur Gewerbesteuer vgl. R 2.9 GewStR (Nr. **450**).

2. [1]Auch nicht sichtbare, unterirdisch verlaufende Rohrleitungen (Pipelines) sind feste Geschäftseinrichtungen i. S. d. § 12 Satz 1 AO und damit Betriebstätten (BFH-Urteil vom 30.10.1996, II R 12/92, BStBl. 1997 II S. 12). [2]Zu den Betriebstätten zählen auch bewegliche Geschäftseinrichtungen mit vorübergehend festem Standort (z. B. fahrbare Verkaufsstätten mit wechselndem Standplatz).

3. Stätten der Erkundung von Bodenschätzen (z. B. Versuchsbohrungen) sind als Betriebstätten anzusehen, wenn die Voraussetzungen des § 12 Nr. 8 AO erfüllt sind.

4.[1)] [1]Soweit die Steuergesetze (insbes. EStG und GewStG) den Begriff „Betriebsstätte" verwenden, ohne ihn selbst abweichend von § 12 AO zu definieren (wie etwa § 41 Abs. 2 EStG), bestimmt sich dieser Begriff grundsätzlich nicht nach der Definition eines einschlägigen DBA, sondern nach innerstaatlichem Recht (vgl. BFH-Urteil vom 20.7.2016, I R 50/15, BStBl. 2017 II S. 230). [2]DBA legen lediglich fest, in welchem Umfang eine nach innerstaatlichem Recht – unter Berücksichtigung des § 12 AO – bestehende Steuerpflicht entfallen soll. [3]Eine in einem DBA[2)] vorgenommene, von § 12 AO abweichende Definition des Begriffs „Betriebsstätte" ist daher nur im Rahmen dieses DBA anwendbar, sofern im innerstaatlichen Recht nichts anderes bestimmt ist.

AEAO zu § 15 – Angehörige:

1. [1]Dem Angehörigenbegriff kommt überwiegend verfahrensrechtliche Bedeutung zu. [2]Für das materielle Recht können die Einzelsteuergesetze abweichende Regelungen treffen.

2. § 15 Abs. 1 Nr. 1 AO (Verlobte) setzt ein wirksames Eheversprechen bzw. ein wirksames Versprechen, eine Lebenspartnerschaft einzugehen, voraus.

3. [1]Zu den Geschwistern i. S. d. § 15 Abs. 1 Nr. 4 AO gehören auch die Halbgeschwister. [2]Das sind die Geschwister, die einen Elternteil gemeinsam haben; darunter fallen jedoch nicht die mit in eine Ehe oder Lebenspartnerschaft gebrachten Kinder, die keinen Elternteil gemeinsam haben.

4. Das Angehörigenverhältnis i. S. d. § 15 Abs. 1 Nr. 5 AO besteht lediglich zu den Kindern der Geschwister (Neffen oder Nichten), nicht jedoch zwischen den Kindern der Geschwister untereinander (z. B. Vettern oder Cousinen).

5. [1]Die Ehegatten bzw. Lebenspartner mehrerer Geschwister sind im Verhältnis zueinander keine Angehörigen i. S. d. § 15 Abs. 1 Nr. 6 AO. [2]Dasselbe gilt für Geschwister der Ehegatten bzw. Lebenspartner.

6. [1]Für die Annahme eines Pflegeverhältnisses gem. § 15 Abs. 1 Nr. 8 AO ist nicht erforderlich, dass das Kind außerhalb der Pflege und Obhut seiner leiblichen Eltern steht. [2]Ein Pflegeverhältnis kann z. B. auch zwischen einem Mann und einem Kind begründet werden, wenn der Mann mit der leiblichen Mutter des Kindes und diesem in häuslicher Gemeinschaft lebt. [3]Die Unterhaltsgewährung ist nicht Merkmal dieses Pflegekinderbegriffes. [4]Soweit Bestimmungen in Einzelsteuergesetzen auch daran anknüpfen, müssen dort besondere Regelungen getroffen sein.

[1)] Zu einer grenzüberschreitenden Betriebsaufspaltung siehe BFH v. 17.11.2020 I R 72/16, BStBl. II 2021, 484. – Zur Abgrenzung bei Einschaltung einer Dienstleistungsgesellschaft, auch zu § 10 und § 13 AO, siehe BFH v. 23.3.2022 III R 35/20, DStR 2022, 1661.

[2)] Alle DBA abgedruckt in **Doppelbesteuerungsabkommen**.

[3]Die Aufgabe besteht in der Sammlung und Auswertung von Informationen über die in § 3 Abs. 1 BVerfSchG erwähnten verfassungsfeindlichen Bestrebungen, die § 4 BVerfSchG zum Teil definiert. [4]So beinhaltet § 4 BVerfSchG im ersten Absatz eine Legaldefinition von Bestrebungen

a) gegen den Bestand des Bundes oder eines Landes
b) gegen die Sicherheit des Bundes oder eines Landes
c) gegen die freiheitliche demokratische Grundordnung.

Im zweiten Absatz des § 4 BVerfSchG werden die grundlegenden Prinzipien der freiheitlichen demokratischen Grundordnung aufgeführt.

[1]Gem. § 51 Abs. 3 Satz 1 AO ist eine Steuervergünstigung auch ausgeschlossen, wenn die Körperschaft dem Gedanken der Völkerverständigung zuwiderhandelt. [2]Diese Regelung nimmt Bezug auf § 3 Abs. 1 Nr. 4 BVerfSchG, der wiederum auf Artikel 9 Abs. 2 GG (gegen den Gedanken der Völkerverständigung gerichtete Bestrebungen) sowie Artikel 26 Abs. 1 GG (Störung des friedlichen Zusammenlebens der Völker) verweist. [3]Im Rahmen des § 51 Abs. 3 Satz 1 AO sind die Leistungen einer Körperschaft für das Gemeinwohl nicht im Wege einer Gesamtschau gegen Anhaltspunkte für eine verfassungsfeindliche tatsächliche Geschäftsführung abzuwägen (BFH-Urteil vom 14.3.2018, V R 36/16, BStBl. II S. 422).

10. [1]Der Tatbestand des § 51 Abs. 3 Satz 2 AO ist nur bei solchen Organisationen erfüllt, die im Verfassungsschutzbericht des Bundes oder eines Landes für den zu beurteilenden Veranlagungszeitraum ausdrücklich als extremistisch eingestuft werden (BFH-Urteil vom 11.4.2012, I R 11/11, BStBl. 2013 II S. 146). [2]Die Widerlegung der Vermutung erfordert den vollen Beweis des Gegenteils; eine Erschütterung ist nicht ausreichend (BFH-Urteil vom 14.3.2018, V R 36/16, BStBl. II S. 422). [3]Hat das Finanzamt die Körperschaft bisher als steuerbegünstigt behandelt und wird später ein Verfassungsschutzbericht veröffentlicht, in dem die Körperschaft als extremistisch aufgeführt wird, kommt ggf. eine Änderung nach § 173 Abs. 1 Nr. 1 AO in Betracht.

11. [1]Bei Organisationen, die nicht unter § 51 Abs. 3 Satz 2 AO fallen, ist eine Prüfung nach § 51 Abs. 3 Satz 1 AO vorzunehmen (vgl. Nr. 9 des AEAO zu 51). [2]Insbesondere eine Erwähnung als „Verdachtsfall" oder eine nur beiläufige Erwähnung im Verfassungsschutzbericht, aber auch sonstige Erkenntnisse bieten im Einzelfall Anlass zu weitergehenden Ermittlungen der Finanzbehörde, z. B. auch durch Nachfragen bei den Verfassungsschutzbehörden.

12. Die Finanzbehörden sind befugt und verpflichtet, den Verfassungsschutzbehörden Tatsachen i. S. d. § 51 Abs. 3 Satz 3 AO unabhängig davon mitzuteilen, welchen Besteuerungszeitraum diese Tatsachen betreffen.

AEAO zu § 52 – Gemeinnützige Zwecke:

1. [1]Die Gemeinnützigkeit einer Körperschaft setzt voraus, dass ihre Tätigkeit der Allgemeinheit zugutekommt (§ 52 Abs. 1 Satz 1 AO). [2]Dies ist nicht gegeben, wenn der Kreis der geförderten Personen infolge seiner Abgrenzung, insbesondere nach räumlichen oder beruflichen Merkmalen, dauernd nur klein sein kann (§ 52 Abs. 1 S. 2 AO).[1)] [3]Hierzu gilt Folgendes:

[1)] Zum geförderten Personenkreis als Ausschnitt der Allgemeinheit siehe BFH v. 26.5.2021 V R 31/19, BStBl. II 2021, 835 (Privatschule) und v. 1.2.2022 V R 1/20, DStR 2022, 1718 (Kinderbetreuungseinrichtung).

1.1. Allgemeines

Ein Verein, dessen Tätigkeit in erster Linie seinen Mitgliedern zugutekommt (insbesondere Sportvereine und Vereine, die in § 52 Abs. 2 Satz 1 Nr. 23 AO genannte Freizeitbetätigungen fördern), fördert nicht die Allgemeinheit, wenn er den Kreis der Mitglieder durch hohe Aufnahmegebühren oder Mitgliedsbeiträge (einschließlich Mitgliedsumlagen) klein hält.

Bei einem Verein, dessen Tätigkeit in erster Linie seinen Mitgliedern zugutekommt, ist eine Förderung der Allgemeinheit i. S. d. § 52 Abs. 1 AO anzunehmen, wenn

a) die Mitgliedsbeiträge und Mitgliedsumlagen zusammen im Durchschnitt 1023 € je Mitglied und Jahr und

b) die Aufnahmegebühren für die im Jahr aufgenommenen Mitglieder im Durchschnitt 1534 € nicht übersteigen.

1.2. Investitionsumlage

Es ist unschädlich für die Gemeinnützigkeit eines Vereins, dessen Tätigkeit in erster Linie seinen Mitgliedern zugutekommt, wenn der Verein neben den o. a. Aufnahmegebühren und Mitgliedsbeiträgen (einschließlich sonstiger Mitgliedsumlagen) zusätzlich eine Investitionsumlage nach folgender Maßgabe erhebt:

[1] Die Investitionsumlage darf höchstens 5113 € innerhalb von zehn Jahren je Mitglied betragen. [2] Die Mitglieder müssen die Möglichkeit haben, die Zahlung der Umlage auf bis zu zehn Jahresraten zu verteilen. [3] Die Umlage darf nur für die Finanzierung konkreter Investitionsvorhaben verlangt werden. [4] Unschädlich ist neben der zeitnahen Verwendung der Mittel für Investitionen auch die Ansparung für künftige Investitionsvorhaben im Rahmen von nach § 62 Abs. 1 Nr. 1 AO zulässigen Rücklagen und die Verwendung für die Tilgung von Darlehen, die für die Finanzierung von Investitionen aufgenommen worden sind. [5] Die Erhebung von Investitionsumlagen kann auf neu eintretende Mitglieder (und ggf. nachzahlende Jugendliche, vgl. Nr. 1.3.1.2 des AEAO zu § 52) beschränkt werden.

Investitionsumlagen sind keine steuerlich abziehbaren Spenden.

1.3. Durchschnittsberechnung

Der durchschnittliche Mitgliedsbeitrag und die durchschnittliche Aufnahmegebühr sind aus dem Verhältnis der zu berücksichtigenden Leistungen der Mitglieder zu der Zahl der zu berücksichtigenden Mitglieder zu errechnen.

1.3.1. Zu berücksichtigende Leistungen der Mitglieder

1.3.1.1. Grundsatz

[1] Zu den maßgeblichen Aufnahmegebühren bzw. Mitgliedsbeiträgen gehören alle Geld- und geldwerten Leistungen, die ein Bürger aufwenden muss, um in den Verein aufgenommen zu werden bzw. in ihm verbleiben zu können. [2] Umlagen, die von den Mitgliedern erhoben werden, sind mit Ausnahme zulässiger Investitionsumlagen (vgl. Nr. 1.2 des AEAO zu § 52) bei der Berechnung der durchschnittlichen Aufnahmegebühren oder Mitgliedsbeiträge zu berücksichtigen.

nahmen und der Betriebsausgaben zu ermitteln (vgl. Nrn. 4 bis 6 des AEAO zu § 64).

38. Wird der Überschuss nach § 64 Abs. 5 AO geschätzt oder nach § 64 Abs. 6 AO pauschal ermittelt, sind dadurch auch die damit zusammenhängenden tatsächlichen Aufwendungen der Körperschaft abgegolten; sie können nicht zusätzlich abgezogen werden.

39. [1] Wird der Überschuss nach § 64 Abs. 5 AO geschätzt oder nach § 64 Abs. 6 AO pauschal ermittelt, muss die Körperschaft die mit diesen Einnahmen im Zusammenhang stehenden Einnahmen und Ausgaben gesondert aufzeichnen. [2] Die genaue Höhe der Einnahmen wird zur Ermittlung des Gewinns nach § 64 Abs. 5 bzw. 6 AO benötigt. [3] Die mit diesen steuerpflichtigen wirtschaftlichen Geschäftsbetrieben zusammenhängenden Ausgaben dürfen das Ergebnis der anderen steuerpflichtigen wirtschaftlichen Geschäftsbetriebe – unabhängig vom Zeitpunkt der steuerlichen Erfassung oder veranlagungszeitraumübergreifend – nicht mindern.

40. Die in den Bruttoeinnahmen ggf. enthaltene Umsatzsteuer gehört nicht zu den maßgeblichen Einnahmen i. S. d. § 64 Abs. 5 und 6 AO.

AEAO zu § 65 – Zweckbetrieb:[1) · 2) · 3)]

1. [1] Der Zweckbetrieb ist ein wirtschaftlicher Geschäftsbetrieb i. S. v. § 14 AO. [2] Jedoch wird ein wirtschaftlicher Geschäftsbetrieb unter bestimmten Voraussetzungen steuerlich dem begünstigten Bereich der Körperschaft zugerechnet.

2. [1] Ein Zweckbetrieb muss tatsächlich und unmittelbar satzungsmäßige Zwecke der Körperschaft verwirklichen, die ihn betreibt. [2] Es genügt nicht, wenn er begünstigte Zwecke verfolgt, die nicht satzungsmäßige Zwecke der ihn tragenden Körperschaft sind. [3] Ebenso wenig genügt es, wenn er der Verwirklichung begünstigter Zwecke nur mittelbar dient, z. B. durch Abführung seiner Erträge (BFH-Urteil vom 21.8.1985, I R 60/80, BStBl. 1986 II S. 88). [4] Ein Zweckbetrieb muss deshalb in seiner Gesamtrichtung mit den ihn begründenden Tätigkeiten und nicht nur mit den durch ihn erzielten Einnahmen den steuerbegünstigten Zwecken dienen (BFH-Urteil vom 26.4.1995, I R 35/93, BStBl. II S. 767).

3. [1] Weitere Voraussetzung eines Zweckbetriebes ist, dass die Zwecke der Körperschaft nur durch ihn erreicht werden können. [2] Die Körperschaft muss den Zweckbetrieb zur Verwirklichung ihrer satzungsmäßigen Zwecke unbedingt und unmittelbar benötigen. [3] Dies ist z. B. nicht der Fall beim Betrieb einer Beschaffungsstelle (zentraler Ein- und Verkauf von Ausrüstungsgegenständen, Auftragsbeschaffung, etc.), da dieser weder unentbehrlich noch das einzige Mittel zur Erreichung des steuerbegünstigten Zwecks ist.

---

1) Zu Billigkeitsmaßnahmen bei vorübergehender Unterbringung von Bürgerkriegsflüchtlingen und Asylbewerbern siehe BMF v. 20.11.2014, BStBl. I 2014, 1613, ergänzt durch BMF v. 9.2.2016, BStBl. I 2016, 223, u. v. 5.2.2019, BStBl. I 2019, 116 für VZ 2014–2021.

2) Zur Gewinnpauschalierung bei wissenschaftlichen Tagungen siehe BFH v. 26.6.2019 V R 70/17, BStBl. II 2019, 654.

3) Zum Zweckbetrieb bei der Organisation des Zivildienstes siehe BFH v. 15.3.2022 V R 46/19, DStR 2022, 1535. – Zur Organisation und Durchführung der Jägerprüfung durch beliehenen Unternehmer als Zweckbetrieb siehe BFH v. 21.4.2022 V R 26/20.

4.[1), 2)] [1]Der Wettbewerb eines Zweckbetriebs zu nicht begünstigten Betrieben derselben oder ähnlicher Art muss auf das zur Erfüllung der steuerbegünstigten Zwecke unvermeidbare Maß begrenzt sein. [2]Wettbewerb i. S. d. § 65 Nr. 3 AO setzt nicht voraus, dass die Körperschaft auf einem Gebiet tätig ist, in der sie tatsächlich in Konkurrenz zu steuerpflichtigen Betrieben derselben oder ähnlicher Art tritt.[3)] [3]Der Sinn und Zweck des § 65 Nr. 3 AO liegt in einem umfänglichen Schutz des Wettbewerbs, der auch den potentiellen Wettbewerb umfasst (vgl. BFH-Urteile vom 27.10.1993, I R 60/91, BStBl. 1994 II S. 573 und vom 29.1.2009, V R 46/06, BStBl. II S. 560). [4]Ein Zweckbetrieb ist daher – entgegen dem BFH-Urteil vom 30.3.2000, V R 30/99, BStBl. II S. 705 – bereits dann nicht gegeben, wenn ein Wettbewerb mit steuerpflichtigen Unternehmen lediglich möglich wäre, ohne dass es auf die tatsächliche Wettbewerbssituation vor Ort ankommt. [5]Unschädlich ist dagegen der uneingeschränkte Wettbewerb zwischen Zweckbetrieben, die demselben steuerbegünstigten Zweck dienen und ihn in der gleichen oder in ähnlicher Form verwirklichen.

AEAO zu § 66 – Wohlfahrtspflege:

1. Die Bestimmung enthält eine Sonderregelung für wirtschaftliche Geschäftsbetriebe, die sich mit der Wohlfahrtspflege befassen.

2. [1]Die Wohlfahrtspflege darf nicht des Erwerbs wegen ausgeübt werden. [2]Eine Einrichtung wird dann „des Erwerbs wegen" betrieben, wenn damit Gewinne angestrebt werden, die den konkreten Finanzierungsbedarf des jeweiligen wirtschaftlichen Geschäftsbetriebs übersteigen, die Wohlfahrtspflege mithin in erster Linie auf Mehrung des eigenen Vermögens gerichtet ist. [3]Dabei kann die Erzielung von Gewinnen in gewissem Umfang – z. B. zum Inflationsausgleich oder zur Finanzierung von betrieblichen Erhaltungs- und Modernisierungsmaßnahmen – geboten sein, ohne in Konflikt mit dem Zweck der steuerlichen Begünstigung zu stehen (BFH-Urteil vom 27.11.2013, I R 17/12, BStBl. 2016 II S. 68). [4]Werden in drei aufeinanderfolgenden Veranlagungszeiträumen jeweils Gewinne erwirtschaftet, die den konkreten Finanzierungsbedarf der wohlfahrtspflegerischen Gesamtsphäre der Körperschaft übersteigen, ist widerlegbar (z. B. unbeabsichtigte Gewinne aufgrund von Marktschwankungen) von einer zweckbetriebsschädlichen Absicht der Körperschaft auszugehen, den Zweckbetrieb des Erwerbs wegen auszuüben. [5]Gewinne aufgrund staatlich regulierter Preise (z. B. auf Grundlage einer Gebührenordnung nach Maßgabe des § 90 SGB XI) sind kein Indiz dafür, dass der Zweckbetrieb des Erwerbs wegen ausgeübt wird.

[1]Der konkrete Finanzierungsbedarf im Sinne des Satzes 4 [in Abs. 1][4)] umfasst die Erträge, die für den Betrieb und die Fortführung der Einrichtung(en) der Wohlfahrtspflege notwendig sind, und beinhaltet auch die zulässige Rücklagenbildung nach § 62 Abs. 1 Nrn. 1 und 2 AO. [2]Zur wohlfahrtspflegerischen Gesamtsphäre im Sinne des Satzes 4 [in Abs. 1][4)] gehören

a) Wohlfahrtspflegeeinrichtungen im Sinne des § 66 AO,

---

1) Siehe auch BFH v. 20.3.2014 V R 4/13, DStR 2014, 1539 (steuerbare Leistungen eines Sportvereins nach EU-Recht und nationalem Recht).

2) Siehe auch BFH v. 10.8.2016 V R 14/15, BFH/NV 2017, 63, zu Pferdepensionsleistungen eines Vereins.

3) Siehe auch BFH v. 12.5.2022 V R 37/20, DStRE 2022, 1106 (gemeinnütziges, wissenschaftliches Editieren).

4) Redaktionell ergänzt.

5. Verjährung

Die Festsetzungsfrist beträgt vier Jahre (§ 191 Abs. 3 Satz 2 AO).

6. Auskunftserteilung bei Betriebsübernahme

[1] Ersucht ein Kaufinteressent das Finanzamt um Auskunft über Rückstände an Betriebssteuern und Steuerabzugsbeträgen, für die eine Haftung in Frage kommt, so kann diese Auskunft nur erteilt werden, wenn der Betriebsinhaber zustimmt (§ 30 Abs. 4 Nr. 3 AO). [2] Der anfragende Kaufinteressent ist ggf. auf die erforderliche Zustimmung sowie darauf hinzuweisen, dass der Erwerber auch dann nach § 75 Abs. 1 AO haftet, wenn ihm bei der Übereignung die Steuerschulden des Veräußerers nicht bekannt sind.

[1] Der haftungsbegründende Tatbestand ist mit der Eigentumsübertragung verwirklicht. [2] Da Steuerschuldner und Haftender nach § 44 Abs. 1 AO Gesamtschuldner sind, darf dem Erwerber nach erfolgter Eigentumsübertragung eine Auskunft über etwaige bekannte Steuerrückstände des Veräußerers insoweit erteilt werden, als eine Haftung nach § 75 Abs. 1 AO in Betracht kommt. [3] Es ist nicht erforderlich, dass gegen den Erwerber bereits ein Haftungsbescheid ergangen ist.

AEAO zu § 77 – Duldungspflicht:

1. [1] Eine Duldungspflicht kommt vor allem bei den in den §§ 34 und 35 AO genannten Personen in Betracht. [2] Als öffentliche Last ruht auf dem Grundbesitz die Grundsteuer (§ 12 GrStG).

2. Zum Erlass eines Duldungsbescheids wird auf § 191 AO hingewiesen, wegen weiterer Vorschriften über die Duldung der Zwangsvollstreckung auf die §§ 262, 264 und 265 AO.

AEAO zu § 78 – Beteiligte:

[1] Unter Beteiligten sind i. d. R. die Steuerpflichtigen (§ 33 Abs. 1 AO) zu verstehen. [2] Der Beteiligtenbegriff des § 78 AO gilt nicht im Zerlegungs- und Einspruchsverfahren (§§ 186, 359 AO; vgl. BFH-Beschluss vom 28.3.1979, I B 79/78, BStBl. II S. 538).

AEAO zu § 79 – Handlungsfähigkeit:[1)]

1. Kann ein Volljähriger seine Angelegenheiten ganz oder teilweise rechtlich nicht besorgen und beruht dies auf einer Krankheit oder Behinderung, bestellt das Betreuungsgericht nach § 1814 Abs. 1 BGB für ihn einen rechtlichen Betreuer (Betreuer).

Der Beschluss, mit dem die Betreuerbestellung erfolgt (§ 286 FamFG), und der Betreuerausweis (§ 290 FamFG) müssen den Aufgabenkreis unter Benennung der einzelnen Aufgabenbereiche, in dessen Rahmen der Betreuer für den Betreuten tätig werden darf, sowie die Anordnung etwaiger Einwilligungsvorbehalte (§ 1825 BGB) enthalten.

[1] Der Aufgabenkreis bzw. Aufgabenbereich „Vermögenssorge" beinhaltet auch die Erledigung der steuerlichen Angelegenheiten des Betreuten. [2] Die ausdrückliche Erwähnung der Erfüllung der steuerlichen Pflichten ist nicht

---

[1)] AEAO zu § 79 eingef. durch BMF v. 18.5.2022, BStBl. I 2022, 665, **mWv 1.1.2023.**

erforderlich, es genügt, wenn die Wahrnehmung der steuerlichen Belange in einem sachlichen Zusammenhang mit den übertragenen Aufgaben steht.

2. [1]Die Bestellung eines Betreuers lässt die Geschäftsfähigkeit des Betreuten und dessen Handlungsfähigkeit grundsätzlich unberührt, selbst wenn das konkrete Verwaltungsverfahren in den Aufgabenkreis fällt, für den der Betreuer bestellt ist. [2]Da der Betreuer gleichzeitig innerhalb seines Aufgabenkreises die Stellung eines gesetzlichen Vertreters des Betreuten hat (§ 1823 BGB i. V. m. § 34 Abs. 1 AO), besteht eine sog. Doppelzuständigkeit. [3]Sowohl der Betreute als auch der Betreuer können daher unabhängig voneinander steuerliche Verfahrenshandlungen wirksam vornehmen.

[1]Soweit der Betreuer in einem Besteuerungsverfahren stellvertretend für den Betreuten rechtswirksame Erklärungen abgeben will, muss er dies der Finanzbehörde mitteilen. [2]Der Betreuer muss dabei nicht ausdrücklich erklären, dass er von seiner Vertretungsbefugnis Gebrauch macht, er muss nur erkennbar als Betreuer für den Betreuten auftreten.

3. [1]Sobald aber das Gericht einen Einwilligungsvorbehalt (§ 1825 BGB i. V. m. § 79 Abs. 2 AO) angeordnet oder der Betreuer gegenüber der Finanzbehörde eine Ausschließlichkeitserklärung (§ 53 Abs. 2 Satz 1 ZPO i. V. m. § 79 Abs. 3 AO) abgegeben hat, kann nur noch der Betreuer Verfahrenshandlungen wirksam vor- und entgegennehmen. [2]Verfahrenshandlungen des Betreuten sind insoweit unwirksam bzw. unzulässig.

4. [1]Mit Eingang der Ausschließlichkeitserklärung steht der Betreute im weiteren Besteuerungsverfahren einer nicht handlungsfähigen Person gleich. [2]Dadurch verdrängt der Betreuer mit Wirkung für die Zukunft die eigene rechtliche Handlungsfähigkeit des Betreuten. [3]Etwaige bereits zuvor von einem geschäftsfähigen und damit gemäß § 79 Abs. 1 Nr. 1 AO handlungsfähigen Betreuten abgegebene Erklärungen bleiben hiervon unberührt und wirksam.

Die Ausschließlichkeitserklärung kann jederzeit gegenüber der Finanzbehörde schriftlich abgegeben, nach Maßgabe des § 87a Abs. 3 AO elektronisch übermittelt oder zur Niederschrift erklärt werden; Nr. 7 des AEAO zu § 46 gilt entsprechend.

Der Betreuer muss den zeitlichen und sachlichen Geltungsbereich der Ausschließlichkeitserklärung bezeichnen; fehlen hierzu eindeutige Angaben, muss ihr Geltungsbereich weiter aufgeklärt werden.

Der Betreuer kann eine von ihm abgegebene Ausschließlichkeitserklärung jederzeit mit Wirkung für die Zukunft wieder zurücknehmen (§ 53 Abs. 2 Satz 3 ZPO).

5. Eine Ausschließlichkeitserklärung gilt jeweils nur für das betroffene Besteuerungsverfahren, das in der Regel mit dem Steuerbescheid (ggf. bis zum Abschluss eines außergerichtlichen Einspruchsverfahrens) und dessen Vollzug endet, und nach Maßgabe der Erklärung ggf. auch für andere an diesem Verfahren beteiligte Finanzbehörden.

Für ein neues Verwaltungsverfahren, insbesondere für einen neuen Besteuerungszeitraum, oder ein gerichtliches Rechtsbehelfsverfahren wirkt die Ausschließlichkeitserklärung rechtlich nicht fort; der Betreuer hat deshalb in jedem einzelnen Besteuerungs- oder Gerichtsverfahren erneut zu prüfen, ob er eine Ausschließlichkeitserklärung abgibt.

6. Wegen der Bekanntgabe von Steuerverwaltungsakten in Fällen der Betreuerbestellung nach § 1814 Abs. 1 BGB Hinweis auf den AEAO zu § 122, Nr. 2.2.4.

AEAO zu § 80 – Bevollmächtigte und Beistände:[1)]

1. [1]Die Finanzbehörde kann den Nachweis einer Vollmacht jederzeit ohne besonderen Anlass und ohne Begründung fordern. [2]Dieser Nachweis kann in schriftlicher oder elektronischer Form oder durch mündliche Bestätigung des Vollmachtgebers an Amtsstelle erbracht werden. [3]Bei einer elektronisch erteilten Vollmacht genügt eine Unterzeichnung mittels Signaturpad. [4]Hat ein Bevollmächtigter i. S. d. § 80 Abs. 2 Satz 1 AO die ihm schriftlich erteilte Vollmacht gescannt und bewahrt er den Scan nach den berufsrechtlichen Vorgaben ordnungsgemäß auf, darf die schriftliche Originalvollmacht vernichtet werden. [5]Zum Nachweis der Bevollmächtigung in den Fällen des § 80a AO vgl. AEAO zu § 80a, Nr. 1.

[1]Umfasst eine Vertretungsvollmacht auch eine Datenabrufvollmacht, ist die Bevollmächtigung nachzuweisen, sofern die Bevollmächtigung nicht nach § 80a Abs. 2 oder 3 AO gesetzlich vermutet wird. [2]Zum Nachweis einer Empfangsvollmacht vgl. § 122 Abs. 1 Satz 4 AO.

2. [1]Eine Vollmacht ermächtigt zwar nicht zum Empfang von Erstattungen oder Vergütungen. [2]Der Bevollmächtigte kann jedoch in anderer Weise über das Guthaben des Steuerpflichtigen verfügen, indem er z. B. namens des Steuerpflichtigen gegenüber der Finanzbehörde aufrechnet (§ 226 AO). [3]Erstattungen an Bevollmächtigte oder andere Personen sind zulässig, wenn der Steuerpflichtige eine entsprechende Zahlungsanweisung erteilt; die Finanzbehörde ist jedoch nicht zur Zahlung an sie verpflichtet.

3. Bei der Unterzeichnung von Steuererklärungen ist, wenn die Einzelsteuergesetze die eigenhändige Unterschrift vorsehen, eine Vertretung durch Bevollmächtigte nur unter den Voraussetzungen des § 150 Abs. 3 AO zulässig.

4. [1]Der Schriftwechsel und die Verhandlungen im Besteuerungsverfahren sind mit dem Bevollmächtigten zu führen. [2]Nur bei Vorliegen besonderer Gründe soll sich die Finanzbehörde an den Beteiligten selbst wenden, z. B. um ihn um Auskünfte zu bitten, die nur er selbst als Wissensträger geben kann. [3]In diesem Fall ist der Bevollmächtigte zu unterrichten. [4]Inwieweit Verwaltungsakte, insbesondere Steuerbescheide, gegenüber dem Bevollmächtigten bekannt zu geben sind, richtet sich nach § 122 Abs. 1 Satz 3 und 4 AO.

5. [1]Mit der Bestellung eines Bevollmächtigten verliert der Steuerpflichtige nicht die Möglichkeit, selbst rechtswirksame Erklärungen gegenüber der Finanzbehörde abzugeben. [2]Er kann z. B. auch einen von dem Bevollmächtigten eingelegten Einspruch zurücknehmen.

6. Verfahrenshandlungen, die ein Bevollmächtigter oder Beistand vor seiner Zurückweisung vorgenommen hat, bleiben wirksam.

---

1) Zur Neufassung der amtlichen Muster für Vollmachten im Besteuerungsverfahren siehe BMF v. 8.7.2019, BStBl. I 2019, 594.

AEAO zu § 80a – Elektronische Übermittlung von Vollmachtsdaten an Landesfinanzbehörden:

1. [1]Die Finanzbehörde kann den Nachweis über das Vorliegen einer Vollmacht, deren Daten nach § 80a Abs. 1 AO elektronisch übermittelt wurden, jederzeit ohne besonderen Anlass und ohne Begründung fordern. [2]In diesem Fall kann der Nachweis der Bevollmächtigung und ihres Umfangs durch Vorlage oder Übersendung einer Ausfertigung, einer Ablichtung oder eines Scans der nach amtlichem Formular erteilten Vollmacht geführt werden. [3]Dies gilt auch bei mittels Signaturpad unterzeichneten elektronischen Vollmachten. [4]Hat ein Bevollmächtigter i. S. d. § 80a Abs. 2 oder 3 AO die ihm schriftlich erteilte Vollmacht i. S. d. § 80a AO gescannt und bewahrt er den Scan nach den berufsrechtlichen Vorgaben ordnungsgemäß auf, darf die schriftliche Originalvollmacht vernichtet werden.

2. Der Vollmachtgeber kann eine Vollmacht, deren Daten nach § 80a Abs. 1 AO elektronisch übermittelt wurden, nicht nur gegenüber dem Bevollmächtigten (vgl. § 80a Abs. 1 Satz 4 AO), sondern auch schriftlich, elektronisch oder mündlich an Amtsstelle gegenüber der Finanzbehörde widerrufen.

AEAO zu § 81 – Bestellung eines Vertreters von Amts wegen:

[1]Die Finanzbehörden haben im Allgemeinen keinen Anlass, die Bestellung eines Vertreters von Amts wegen zu beantragen. [2]Wegen der Bekanntgabe von Verwaltungsakten an Beteiligte im Ausland vgl. AEAO zu § 122, Nr. 1.8.4.

AEAO zu § 82 – Ausgeschlossene Personen:

1. Wegen der Rechtsfolgen bei einem Verstoß gegen diese Vorschrift wird auf §§ 125 und 127 AO hingewiesen.

2. [1]Hilfe in Steuersachen i. S. d. § 82 Abs. 1 Nr. 4 AO leisten nicht nur diejenigen, die nach dem StBerG ausdrücklich dazu befugt sind, sondern auch sonstige Personen, die ohne gesetzliche Befugnis Hilfe in Steuersachen leisten. [2]Zur Hilfe in Steuersachen zählen auch die nicht dem Erlaubnisvorbehalt des § 2 StBerG unterliegenden mechanischen Buchführungsarbeiten und die Erstattung wissenschaftlicher Gutachten (§ 6 StBerG).

3. Zum Begriff des Amtsträgers Hinweis auf § 7 AO.

AEAO zu § 83 – Besorgnis der Befangenheit:

1. Das in § 83 AO vorgeschriebene Verfahren ist nicht nur dann durchzuführen, wenn der Amtsträger tatsächlich befangen ist oder sich für befangen hält, sondern schon dann, wenn ein vernünftiger Grund vorliegt, der den Beteiligten von seinem Standpunkt aus befürchten lassen könnte, dass der Amtsträger nicht unparteiisch sachlich entscheiden werde.

2. [1]Die Entscheidung, ob sich ein Amtsträger der Mitwirkung an einem Verwaltungsverfahren zu enthalten hat, trifft der Behördenleiter bzw. der von ihm Beauftragte oder die Aufsichtsbehörde. [2]Über die Zulässigkeit der Mitwirkung des Amtsträgers im Verwaltungsverfahren ist ggf. im Rechtsbehelfsverfahren über den Verwaltungsakt zu entscheiden.

AEAO zu § 85 – Besteuerungsgrundsätze:

1. [1]Das Gesetz unterscheidet nicht zwischen dem Steuerermittlungsverfahren, das der Festsetzung der Steuer gegenüber einem bestimmten Steuerpflichtigen dient, und dem Steueraufsichtsverfahren, in dem die Finanzbehörden gegenüber allen Steuerpflichtigen darüber wachen, dass die Steuern nicht verkürzt werden. [2]Die Finanzbehörden können sich sowohl bei Ermittlungen, die sich gegen einen bestimmten Steuerpflichtigen richten, als auch bei der Erforschung unbekannter Steuerfälle der Beweismittel des § 92 AO bedienen. [3]Sie können mit der Aufdeckung und Ermittlung unbekannter Steuerfälle auch die Steuerfahndung beauftragen (§ 208 Abs. 1 Satz 1 Nr. 3 AO).

2. [1]Die Finanzbehörde hat die Grundlagen der Besteuerung bei jeder Veranlagung ohne Rücksicht auf die Behandlung desselben Sachverhalts in Vorjahren selbstständig festzustellen und die Rechtslage neu zu beurteilen. [2]Sie ist an die Sach- oder Rechtsbehandlung in früheren Veranlagungszeiträumen nicht gebunden. [3]Etwas anderes gilt nur dann, wenn dem Steuerpflichtigen wirksam eine bestimmte Behandlung zugesagt worden ist (vgl. § 89 Abs. 2 AO und §§ 204 ff. AO) oder die Finanzbehörde durch ihr früheres Verhalten außerhalb einer Zusage einen Vertrauenstatbestand geschaffen hat (vgl. BFH-Urteil vom 30.9.1997, IX R 80/94, BStBl. 1998 II S. 771, m. w. N.). [4]Fehlt es hieran, gebieten es die Grundsätze der Gesetzmäßigkeit der Verwaltung und der Gleichmäßigkeit der Besteuerung, dass die Finanzbehörde eine als falsch erkannte Auffassung vom frühestmöglichen Zeitpunkt an aufgibt, auch wenn der Steuerpflichtige auf sie vertraut haben sollte. [5]Diese Verpflichtung besteht auch, wenn die fehlerhafte Auffassung in einem Prüfungsbericht niedergelegt worden ist oder wenn die Finanzbehörde über eine längere Zeitspanne eine rechtsirrige, für den Steuerpflichtigen günstige Auffassung vertreten hat. [6]Die Finanzbehörde ist selbst dann nicht an eine bei einer früheren Veranlagung zugrunde gelegte Auffassung gebunden, wenn der Steuerpflichtige im Vertrauen darauf disponiert hat (vgl. BFH-Urteil vom 21.10.1992, X R 99/88, BStBl. 1993 II S. 289, m. w. N.).

3. [1]Die Finanzbehörde kann nach pflichtgemäßem Ermessen „betriebsnahe Veranlagungen" durchführen. [2]Die betriebsnahen Veranlagungen gehören zum Steuerfestsetzungsverfahren, wenn sie ohne Prüfungsanordnung mit Einverständnis des Steuerpflichtigen an Ort und Stelle durchgeführt werden; es gelten die allgemeinen Verfahrensvorschriften über Besteuerungsgrundsätze und Beweismittel (§§ 85, 88 und 90 ff. AO). [3]Eine betriebsnahe Veranlagung bewirkt keine Ablaufhemmung nach § 171 Abs. 4 AO (BFH-Urteil vom 6.7. 1999, VIII R 17/97, BStBl. 2000 II S. 306).

4. [1]Der gesetzliche Auftrag „sicherzustellen", dass Steuern nicht verkürzt werden usw., weist auf die Befugnis zu Maßnahmen außerhalb eines konkreten Besteuerungsverfahrens hin. [2]So sind den Finanzbehörden allgemeine Hinweise an die Öffentlichkeit oder ähnliche vorbeugende Maßnahmen gegenüber Einzelnen zur Erfüllung des gesetzlichen Auftrags gestattet. [3]Auf der Grundlage des § 85 AO können auch im Wege der Amtshilfe andere Behörden ersucht werden, Aufträge nur zu erteilen, wenn eine von der Finanzbehörde erteilte Bescheinigung in Steuersachen die Bewertung ermöglicht, dass der Bewerber seinen steuerlichen Pflichten im Wesentlichen nachkommt. [4]Wegen der allgemeinen Mitteilungspflicht von Behörden und Rundfunkanstalten wird auf die Mitteilungsverordnung[1)] hingewiesen.

AEAO zu § 87 – Amtssprache:

1. [1]Bei Eingaben in fremder Sprache soll die Finanzbehörde zunächst prüfen, ob eine zur Bearbeitung ausreichende Übersetzung durch eigene Bedienstete oder im Wege der Amtshilfe ohne Schwierigkeiten beschafft werden kann. [2]Übersetzungen sind nur im Rahmen des Notwendigen, nicht aus Prinzip anzufordern. [3]Die Finanzbehörde kann auch Schriftstücke in fremder Sprache entgegennehmen und in einer fremden Sprache verhandeln, wenn der Amtsträger über entsprechende Sprachkenntnisse verfügt. [4]Anträge, die ein Verwaltungsverfahren auslösen, und fristwahrende Eingaben sollen in ihren wesentlichen Teilen in deutscher Sprache aktenkundig gemacht werden. [5]Verwaltungsakte sind grundsätzlich in deutscher Sprache bekannt zu geben.

2. [1]Wegen der Führung von Büchern in einer fremden Sprache Hinweis auf § 146 Abs. 3 AO.

(Fortsetzung S. 117)

[1)] MitteilungsV v. 7.9.1993, BGBl. I 1993, 1554, zuletzt geänd. durch VO v. 25.5.2022, BGBl. I 2022, 816 (**Steuergesetze** Nr. **800f**). – Zur Anwendung siehe BMF v. 2.6.2022, BStBl. I 2022, 846.

oder der grundsätzlichen Bedeutung entscheidungserheblicher Rechtsfragen hinzuzuziehen, ist die dortige Bearbeitungszeit ebenfalls zu berücksichtigen, soweit sie dem konkreten Auskunftsantrag individuell zuzuordnen ist.

4.4. Gebührenfestsetzung

4.4.1. [1]Die Gebühr ist durch schriftlichen Bescheid gegenüber dem Antragsteller festzusetzen; Bekanntgabevollmachten sind zu beachten. [2]Der Antragsteller hat die Gebühr innerhalb eines Monats nach Bekanntgabe dieses Bescheids zu entrichten (§ 89 Abs. 3 Satz 3 AO).

[1]Auf die Gebühr sind die Vorschriften der AO grundsätzlich sinngemäß anzuwenden (vgl. im Einzelnen AEAO zu § 1, Nr. 3). [2]Die Gebührenfestsetzung kann nach §§ 129 bis 131 AO korrigiert werden. [3]Gegen die Gebührenfestsetzung ist der Einspruch gegeben (§ 347 AO).

4.4.2. [1]Die Entscheidung über den Antrag auf verbindliche Auskunft soll bis zur Zahlung der Gebühr zurückgestellt werden, wenn der Zahlungseingang nicht gesichert erscheint. [2]In derartigen Fällen ist im Gebührenbescheid darauf hinzuweisen, dass über den Antrag auf Erteilung einer verbindlichen Auskunft erst nach Zahlungseingang entschieden wird.

4.5. Ermäßigung der Gebühr

4.5.1. [1]Die Gebühr nach § 89 Abs. 3 bis 6 AO entsteht auch für die Bearbeitung eines Antrags auf verbindliche Auskunft, der die formalen Voraussetzungen nicht erfüllt (Beispiel: der Antrag beinhaltet keine ausführliche Darlegung des Rechtsproblems oder keine eingehende Begründung des Rechtsstandpunkts des Antragstellers). [2]Vor einer Ablehnung eines Antrags aus formalen Gründen hat die Finanzbehörde den Antragsteller auf diese Mängel und auf die Möglichkeit der Ergänzung oder Rücknahme des Antrags hinzuweisen.

4.5.2.[1)] [1]Wird ein Antrag vor Bekanntgabe der Entscheidung über den Antrag auf verbindliche Auskunft zurückgenommen, kann die Gebühr ermäßigt werden (§ 89 Abs. 7 Satz 2 AO). [2]Hierbei ist wie folgt zu verfahren:

– [1]Hat die Finanzbehörde noch nicht mit der Bearbeitung des Antrags begonnen, ist die Gebühr auf Null zu ermäßigen. [2]In diesem Fall kann aus Vereinfachungsgründen bereits von der Erteilung eines Gebührenbescheids abgesehen werden.
– Hat die Finanzbehörde bereits mit der Bearbeitung des Antrags begonnen, ist der bis zur Rücknahme des Antrags angefallene Bearbeitungsaufwand angemessen zu berücksichtigen und die Gebühr anteilig zu ermäßigen.

5. Anwendung der StAuskV[2)]

5.1. Die StAuskV gilt für alle verbindlichen Auskünfte, die ab Inkrafttreten des § 89 Abs. 2 AO (12.9.2006) erteilt worden sind.

5.2. [1]§ 1 Abs. 2 Satz 1, Abs. 3 und 4 und § 2 Abs. 2 bis 4 StAuskV in der am 20.7.2017 geltenden Fassung sind erstmals auf nach dem 1.9.2017 bei der

---

[1)] Zur Höhe der Gebühr bei Rücknahme eines Antrags auf verbindliche Auskunft und zur Ausübung des Ermessens siehe BFH v. 4.5.2022 I R 46/18, DStR 2022, 1759.

[2)] Steuer-AuskunftsV v. 30.11.2007, BGBl. I 2007, 2783, zuletzt geänd. durch VO v. 12.7.2017, BGBl. I 2017, 2360 (**Steuergesetze** Nr. **800i**).

zuständigen Finanzbehörde eingegangene Anträge auf Erteilung einer verbindlichen Auskunft anzuwenden. [2]Die neuen Regelungen sind nach Ablauf der Übergangsfrist auf alle Anträge anzuwenden, die ab diesem Zeitpunkt bei der zuständigen Finanzbehörde eingehen.

5.3. Für Auskünfte mit Bindungswirkung nach Treu und Glauben, die bis zum 11.9.2006 erteilt worden sind, sind die Regelungen in Nrn. 4 und 5 des BMF-Schreibens vom 29.12.2003, BStBl. I S. 742 weiter anzuwenden.

AEAO zu § 90 – Mitwirkungspflichten der Beteiligten:

Wegen der erhöhten Mitwirkungs- und Dokumentationspflichten nach § 90 Abs. 2 und 3 AO bei Auslandssachverhalten, der Grundsätze für die Prüfung der Einkunftsabgrenzung zwischen international verbundenen Unternehmen sowie der Folgen etwaiger Pflichtverletzungen wird auf das BMF-Schreiben vom 3.12.2020, BStBl. I S. 1325 verwiesen.

AEAO zu § 91 – Anhörung Beteiligter:

1. [1]Im Besteuerungsverfahren äußert sich der Beteiligte zu den für die Entscheidung erheblichen Tatsachen regelmäßig in der Steuererklärung. [2]Will die Finanzbehörde von dem erklärten Sachverhalt zuungunsten des Beteiligten wesentlich abweichen, so muss sie den Beteiligten hiervon vor Erlass des Steuerbescheids oder sonstigen Verwaltungsakts unterrichten. [3]Der persönlichen (ggf. fernmündlichen) Kontaktaufnahme mit dem Steuerpflichtigen kommt hierbei besondere Bedeutung zu. [4]Sind die steuerlichen Auswirkungen der Abweichung nur gering, so genügt es, die Abweichung im Steuerbescheid zu erläutern.

2. Eine versehentlich unterbliebene Anhörung der Beteiligten kann nach Erlass des Steuerbescheids nachgeholt und die Fehlerhaftigkeit des Bescheids dadurch geheilt werden (§ 126 Abs. 1 Nr. 3 AO).

3. [1]Ist die erforderliche Anhörung eines Beteiligten unterblieben und dadurch die rechtzeitige Anfechtung des Verwaltungsakts versäumt worden, so ist Wiedereinsetzung in den vorigen Stand zu gewähren (§ 126 Abs. 3 i.V.m. § 110 AO). [2]Die unterlassene Anhörung ist im Allgemeinen nur dann für die Versäumung der Einspruchsfrist ursächlich, wenn die notwendigen Erläuterungen auch im Verwaltungsakt selbst unterblieben sind (BFH-Urteil vom 13.12. 1984, VIII R 19/81, BStBl. 1985 II S. 601).

4. Wegen des zwingenden öffentlichen Interesses (§ 91 Abs. 3 AO) Hinweis auf § 30 Abs. 4 Nr. 5 und § 106 AO, deren Grundsätze entsprechend anzuwenden sind.

AEAO zu § 92 – Beweismittel:

[1]Die Finanzbehörden sind verpflichtet, die Steuern nach Maßgabe der Gesetze gleichmäßig festzusetzen und zu erheben (§ 85 AO). [2]Sie müssen dazu

(Fortsetzung S. 135)

Mitteilungsverordnung.[1] [2]Die Verpflichtung der Behörden und der Rundfunkanstalten zu Mitteilungen, Auskünften (insbesondere Einzelauskünften nach § 93 AO), Anzeigen (z.B. gem. § 116 AO) und zur Amtshilfe (§§ 111 ff. AO) aufgrund anderer Vorschriften bleibt unberührt. [3]Mitteilungspflichten, die sich aus Verträgen oder Auflagen in Verwaltungsakten ergeben (z.B. besondere Bedingungen in Zuwendungsbescheiden nach Maßgabe des Haushaltsrechts), bleiben ebenfalls unberührt.

Die Mitteilungspflichten für Zwecke der Feststellung von Einheitswerten des Grundbesitzes sowie für Zwecke der Grundsteuer sind in § 29 Abs. 3 BewG geregelt.

AEAO zu § 93c – Datenübermittlung durch Dritte:[1]

1. § 93c AO enthält die grundsätzlich für alle elektronischen Datenübermittlungspflichten Dritter einheitlich geltenden Verfahrensvorschriften.

2. [1]Zur Haftung der mitteilungspflichtigen Stelle bei vorsätzlicher oder grob fahrlässiger Pflichtverletzung vgl. § 72a Abs. 4 AO. [2]Zur Außenprüfung bei der mitteilungspflichtigen Stelle vgl. § 203a AO.

3. § 93c AO ist erstmals anzuwenden, wenn steuerliche Daten eines Steuerpflichtigen für Besteuerungszeiträume nach 2016 oder Besteuerungszeitpunkte nach dem 31.12.2016 auf Grund gesetzlicher Vorschriften von einem Dritten als mitteilungspflichtiger Stelle elektronisch an Finanzbehörden zu übermitteln sind (Art. 97 § 27 Abs. 2 EGAO).

AEAO zu § 95 – Versicherung an Eides statt:

[1]Aus der Weigerung eines Steuerpflichtigen, eine Tatsachenbehauptung durch eidesstattliche Versicherung zu bekräftigen, können für ihn nachteilige Folgerungen gezogen werden. [2]Im Übrigen wird auf § 162 AO hingewiesen.

AEAO zu § 99 – Betreten von Grundstücken und Räumen:

[1]Es dürfen auch Grundstücke, Räume usw. betreten werden, die nicht dem Steuerpflichtigen gehören, sondern im Eigentum oder Besitz einer anderen Person stehen. [2]Von der Besichtigung „betroffene" Personen sind alle, die an dem Grundstück usw. entweder Besitzrechte haben, sie tatsächlich nutzen oder eine sonstige tatsächliche Verfügungsbefugnis haben. [3]Wohnräume dürfen im Besteuerungsverfahren nicht gegen den Willen des Inhabers betreten werden (siehe aber § 210 Abs. 2 und § 287 AO).

AEAO zu § 101 – Auskunfts- und Eidesverweigerungsrecht der Angehörigen:

1. Der Beteiligte (Steuerpflichtige) selbst hat kein Auskunftsverweigerungsrecht; § 393 Abs. 1 AO ist zu beachten.

2. Ist nach § 101 Abs. 1 Satz 2 AO erforderliche Belehrung unterblieben, dürfen die auf der Aussage des Angehörigen beruhenden Kenntnisse nicht

---

[1] MitteilungsV v. 7.9.1993, BGBl. I 1993, 1554, zuletzt geänd. durch VO v. 25.5.2022, BGBl. I 2022, 816 (**Steuergesetze** Nr. **800f**). – Zur Anwendung siehe BMF v. 2.6.2022, BStBl. I 2022, 846.

verwertet werden (BFH-Urteil vom 31.10.1990, II R 180/87, BStBl. 1991 II S. 204), es sei denn, der Angehörige stimmt nachträglich zu oder wiederholt nach Belehrung seine Aussage (vgl. auch BFH-Urteil vom 7.11.1985, IV R 6/85, BStBl. 1986 II S. 435).

AEAO zu § 104 – Verweigerung der Erstattung eines Gutachtens und der Vorlage von Urkunden:

Trotz ihres Auskunftsverweigerungsrechts sind die Angehörigen der steuerberatenden Berufe verpflichtet, alle Urkunden und Wertsachen, insbesondere Geschäftsbücher und sonstige Aufzeichnungen, die sie für den Steuerpflichtigen aufbewahren oder führen, auf Verlangen der Finanzbehörde unter den gleichen Voraussetzungen vorzulegen wie der Steuerpflichtige selbst.

AEAO zu § 107 – Entschädigung der Auskunftspflichtigen und Sachverständigen:

1. [1]Die Entschädigungspflicht wird nur ausgelöst, wenn die Finanzbehörde Auskunftspflichtige, Vorlagepflichtige oder Sachverständige durch Verwaltungsakt zu Beweiszwecken herangezogen hat. [2]Freiwillig erteilte Auskünfte oder vorgelegte Unterlagen und Sachverständigengutachten führen selbst dann nicht zu einer Entschädigung, wenn die Finanzbehörde sie verwertet.

2. Für die Duldung der Einnahme des Augenscheins (§ 98 AO) besteht kein Anspruch auf eine Entschädigung nach § 107 AO.

3. Für die Vorlage von Urkunden (§ 97 AO) besteht in entsprechender Anwendung des § 24 des Justizvergütungs- und -entschädigungsgesetzes nur dann ein Anspruch auf Entschädigung nach § 107 AO, wenn das Vorlageersuchen ab dem 30.6.2013 gestellt wurde.

4. [1]Bei Vorlageersuchen, die vor dem 30.6.2013 gestellt wurden, gilt zur Entschädigung des Vorlagepflichtigen Folgendes:

Bei einem kombinierten Auskunfts- und Vorlageersuchen hat der ersuchte Dritte nach § 107 AO a. F. Anspruch auf Ersatz aller seiner mit dem Ersuchen zusammenhängenden Aufwendungen, d. h. auch jener, die ihm im Zusammenhang mit der Vorlage von Urkunden entstanden sind (BFH-Urteil vom 24.3.1987, VII R 113/84, BStBl. 1988 II S. 163).

[1]Ein (reines) Vorlageverlangen i. S. d. § 97 AO, das nach § 107 a. F. AO keinen Kostenerstattungsanspruch auslöst, liegt vor, wenn die Finanzbehörde die vorzulegenden Unterlagen so konkret und eindeutig benennt, dass sich die geforderte Tätigkeit des Vorlageverpflichteten auf rein mechanische Hilfstätigkeiten wie das Heraussuchen und Lesbarmachen der angeforderten Unterlagen beschränkt. [2]Das setzt bei der Anforderung von Bankunterlagen voraus, dass die Finanzbehörde die Konten- und Depotnummern benennt oder vergleichbar konkrete Angaben zu sonstigen Bankverbindungen macht (BFH-Urteil vom 8.8.2006, VII R 29/05, BStBl. 2007 II S. 80).

AEAO zu § 108 – Fristen und Termine:

1. [1]Fristen sind abgegrenzte, bestimmte oder jedenfalls bestimmbare Zeiträume (BFH-Urteil vom 14.10.2003, IX R 68/98, BStBl. II S. 898). [2]Termine sind bestimmte Zeitpunkte, an denen etwas geschehen soll oder zu denen eine Wirkung eintritt. [3] „Fälligkeitstermine" geben das Ende einer Frist an.

2. § 108 Abs. 3 AO gilt auch für die Dreitage-Regelungen (§ 122 Abs. 2 Nr. 1, Abs. 2a, § 122a Abs. 4, § 123 Satz 2 AO; § 4 Abs. 2 VwZG), die Monats-Regelungen (§ 122 Abs. 2 Nr. 2, § 123 Satz 2 AO), die Zweiwochen-Regelung (§ 122 Abs. 4 Satz 3 AO) zum Zeitpunkt der Bekanntgabe eines Verwaltungsakts (BFH-Urteil vom 14.10.2003, IX R 68/98, BStBl. II S. 898), die Erklärungsfrist (§ 149 AO) und für die Festsetzungsfrist (vgl. BFH-Urteil vom 20.1.2016, VI R 14/15, BStBl. II S. 380).

AEAO zu § 109 – Verlängerung von Fristen:

[1] § 109 AO i. d. F. des StModernG ist erstmals anzuwenden für Besteuerungszeiträume, die nach dem 31.12.2017 beginnen, und Besteuerungszeitpunkte, die nach dem 31.12.2017 liegen. [2] Für Besteuerungszeiträume, die vor dem 1.1.2018 beginnen, und Besteuerungszeitpunkte, die vor dem 1.1.2018 liegen, ist § 109 AO in der am 31.12.2016 geltenden Fassung weiterhin anzuwenden (Art. 97 § 10a Abs. 4 EGAO).

AEAO zu § 110 – Wiedereinsetzung in den vorigen Stand:

1. [1] § 110 Abs. 1 AO erfasst nur verfahrensrechtliche und materiell-rechtliche Fristen, die „einzuhalten" sind; das sind Handlungs- und Erklärungsfristen, die Beteiligte (§ 78 AO) oder Dritte gegenüber der Finanzbehörde zu wahren haben. [2] Nicht wiedereinsetzungsfähig sind dagegen die gesetzlichen Fristen, die von den Finanzbehörden als Verwaltungsträger im Verwaltungsverfahren zu beachten sind. [3] So fällt unter § 110 AO nicht der Ablauf von Festsetzungsfristen (BFH-Urteil vom 24.1.2008, VII R 3/07, BStBl. II S. 462). [4] Soweit das Gesetz eine Fristverlängerung vorsieht (§ 109 Abs. 1 AO), kommt nicht Wiedereinsetzung, sondern rückwirkende Fristverlängerung in Betracht.

2. [1] Zur Wiedereinsetzung in den vorigen Stand nach unterlassener Anhörung eines Beteiligten bzw. wegen fehlender Begründung des Verwaltungsakts (§ 126 Abs. 3 AO) vgl. AEAO zu § 91, Nr. 3 und AEAO zu § 121, Nr. 3. [2] Zur Wiedereinsetzung in den vorigen Stand nach Einspruchseinlegung bei einer unzuständigen Behörde vgl. AEAO zu § 357, Nr. 2.

3. Das Hindernis i. S. d. § 110 Abs. 2 Satz 1 AO ist weggefallen, wenn der Betroffene von der Fristversäumung Kenntnis erlangt hat oder bei Anwendung der gebotenen Sorgfalt hätte erlangen können und müssen.

4. Die Monatsfrist für den Antrag auf Wiedereinsetzung ist eine gesetzliche Frist i. S. d. § 108 AO und kann deshalb nicht nach § 109 AO verlängert werden.

5. [1] Wiedereinsetzungsgründe sind im Kern innerhalb der Antragsfrist gem. § 110 Abs. 2 Satz 1 AO vorzutragen. [2] Das erfordert eine substantiierte, in sich schlüssige Darstellung aller entscheidungserheblichen Umstände und Tatsachen, aus denen sich die schuldlose Verhinderung ergeben soll, innerhalb dieser Frist. [3] Es ist zulässig, dass unklare oder unvollständige Angaben nach Ablauf der Antragsfrist noch erläutert oder ergänzt werden, sofern der Kern der Wiedereinsetzungsgründe innerhalb der Antragsfrist schlüssig vorgetragen wurde. [4] Insbesondere können auch Nachweise zur Glaubhaftmachung der geltend gemachten Wiedereinsetzungsgründe nach Fristablauf beigebracht werden. [5]Nach Ablauf der Antragsfrist dürfen aber keine neuen Wiedereinsetzungsgründe mehr nachgeschoben und wesentliche Lücken in der Sachverhaltsdarstellung geschlossen werden (vgl. BFH-Urteil vom 31.1.2017, IX R 19/16, BFH/NV S. 885, m. w. N.).

6. Abweichend von § 110 Abs. 2 AO beträgt im finanzgerichtlichen Verfahren die Frist für den Antrag auf Wiedereinsetzung und die Nachholung der versäumten Rechtshandlung zwei Wochen (§ 56 Abs. 2 FGO).

AEAO zu § 111 – Amtshilfepflicht:

1. Die §§ 111 ff. AO sind auch dann anzuwenden, wenn sich Finanzbehörden untereinander Amtshilfe leisten.

2. [1]Für Verbände und berufsständische Vertretungen besteht, soweit sie nicht Behörden sind oder unterhalten, keine Beistandspflicht. [2]Sie sind jedoch ebenso wie die in § 111 Abs. 3 AO erwähnten Institutionen im Rahmen der §§ 88, 92 ff. AO zur Auskunftserteilung und Vorlage von Urkunden verpflichtet.

AEAO zu § 112 – Voraussetzungen und Grenzen der Amtshilfe:

[1]Andere Behörden, die von den Finanzbehörden im Besteuerungsverfahren um Amtshilfe ersucht werden, können die Amtshilfe nur unter den Voraussetzungen dieser Vorschrift ablehnen. [2]Die Bestimmungen des Verwaltungsverfahrensgesetzes und des SGB X über die Amtshilfe sind insoweit nicht anwendbar.

AEAO zu § 117 – Zwischenstaatliche Rechts- und Amtshilfe in Steuersachen:

1. Die Voraussetzungen, unter denen die Finanzbehörden für deutsche Besteuerungszwecke die Hilfe ausländischer Behörden in Anspruch nehmen dürfen, richten sich nach deutschem Recht, insbesondere den §§ 85 ff. AO.

2. [1]Gemäß § 117 Abs. 2 AO können die Finanzbehörden zwischenstaatliche Rechts- und Amtshilfe leisten aufgrund

a) innerstaatlich anwendbarer völkerrechtlicher Vereinbarungen. [2]Derartige Vereinbarungen enthalten vor allem die Doppelbesteuerungsabkommen und die Abkommen im Zollbereich. [3]Über den Stand der Doppelbesteuerungsabkommen veröffentlicht das BMF jährlich im BStBl. Teil I eine Übersicht;[1)]

b) innerstaatlich anwendbarer Rechtsakte der Europäischen Union (im Zollbereich und im Bereich der indirekten Steuern). [2]Als Rechtsgrundlagen kommen unmittelbar geltende Verordnungen in Betracht.[2)] [3]Hinweis auf die Verordnung (EU) Nr. 904/2010 des Rates vom 7.10.2010 über die Zusammenarbeit der Verwaltungsbehörden und die Betrugsbekämpfung auf

---

[1)] Übersicht (für 2021 BMF v. 18.2.2021, BStBl. I 2021, 265, für 2022 BMF v. 19.1.2022, BStBl. I 2022, 147) und sämtliche DBA abgedruckt in **Doppelbesteuerungsabkommen.**

[2)] EU-VOen im Umsatzsteuer-, Zoll- und Verbrauchsteuerrecht sowie im zugehörigen Verfahrensrecht abgedruckt in **Zölle und Verbrauchsteuern.**

dem Gebiet der Mehrwertsteuer (Amtsblatt Nr. L 268 vom 12.10.2010, S. 1);[1)]

c) des EU-Amtshilfegesetzes und des EU-Beitreibungsgesetzes.[2)]

3. Wegen der Voraussetzungen und der Durchführung der zwischenstaatlichen Amtshilfe wird auf folgende Merkblätter verwiesen:

– Merkblatt zur zwischenstaatlichen Amtshilfe durch Informationsaustausch in Steuersachen (BMF-Schreiben vom 29.5.2019, BStBl. I S. 480);[3)]
– Merkblatt zur zwischenstaatlichen Amtshilfe bei der Steuererhebung (Beitreibung) (BMF-Schreiben vom 23.1.2014, BStBl. I S. 188).

AEAO zu § 118 – Begriff des Verwaltungsakts:

[1]Da auch die Steuerbescheide Verwaltungsakte sind, gelten die §§ 118 ff. AO auch für die Steuerbescheide, soweit in den §§ 155 ff. AO nichts anderes bestimmt ist. [2]Ausgenommen sind insbesondere die §§ 130 und 131 AO, die kraft ausdrücklicher Regelung (§ 172 Abs. 1 Satz 1 Nr. 2 Buchstabe d AO) als Rechtsgrundlage für die Aufhebung oder Änderung von Steuerbescheiden ausgeschlossen sind.

AEAO zu § 120 – Nebenbestimmungen zum Verwaltungsakt:

1. [1]Nebenbestimmungen sind zulässig bei Verwaltungsakten, die auf einer Ermessensentscheidung der Finanzbehörden beruhen (z. B. Fristverlängerung, Stundung, Erlass, Aussetzung der Vollziehung). [2]Bei gebundenen Verwaltungsakten (z. B. Steuerbescheiden) sind gesetzlich ausdrücklich zugelassene Nebenbestimmungen der Vorbehalt der Nachprüfung (§ 164 AO), die Vorläufigkeitserklärung (§ 165 AO) und die Sicherheitsleistung (§ 165 Abs. 1 Satz 4 AO).

2. [1]Nebenbestimmungen müssen inhaltlich hinreichend bestimmt sein (§ 119 Abs. 1 AO). [2]Anderenfalls sind sie nichtig. [3]Wegen der Rechtsfolgen bei Nichtigkeit der Nebenbestimmung Hinweis auf § 125 Abs. 4 AO.

[1)] = „ZusammenarbeitsVO"; siehe auch VO (EU) Nr. 79/2012 v. 31.1.2012, ABl. EU 2012 Nr. L 29, 13 = „ZusammenarbeitsDVO" (**Zölle und Verbrauchsteuern** Nr. **530** u. **531**).

[2)] **Steuergesetze** Nr. **801** u. **801a.**

[3)] Siehe auch:

– BMF v. 10.11.2015, BStBl. I 2016, 138, zur Anwendung der Abkommen über den steuerlichen Informationsaustausch (Tax Information Exchange Agreement – TIEA)
– BMF v. 9.1.2017, BStBl. I 2017, 89: Merkblatt über koordinierte steuerliche Außenprüfungen mit Steuerverwaltungen anderer Staaten und Gebiete
– BMF v. 17.8.2017, BStBl. I 2017, 1228: Merkblatt zum verpflichtenden automatischen und spontanen Austausch verbindlicher Auskünfte, verbindlicher Zusagen und Vorabzusagen zu Verrechnungspreisen im Zusammenhang mit grenzüberschreitenden Sachverhalten
– BMF v. 11.7.2017, BStBl. I 2017, 974: Anforderungen an den länderbezogenen Bericht multinationaler Unternehmensgruppen (Country-by-Country Report)
– BMF v. 1.2.2017, BStBl. I 2017, 305, zuletzt geänd. durch BMF v. 15.6.2022, BStBl. I 2022, 963: Anwendungsfragen im Zusammenhang mit einem gemeinsamen Meldestandard sowie dem FATCA-Abkommen
– BMF v. 15.6.2022, BStBl. I 2022, 972: Merkblatt zur zwischenstaatlichen Rechtshilfe in Steuerstrafsachen
– Gleich lautender Ländererlass v. 28.1.2014, BStBl. I 2014, 538: Vereinfachung des Austauschs von Informationen und Erkenntnissen zwischen den Strafverfolgungsbehörden der EU-Mitgliedstaaten (sog. „Schwedische Initiative") im Bereich der Steuerfahndung.

3. Wegen der unterschiedlichen Folgen, die sich aus der Nichterfüllung einer Nebenbestimmung ergeben können, ist die Nebenbestimmung im Verwaltungsakt genau zu bezeichnen (z. B. „unter der aufschiebenden Bedingung", „unter dem Vorbehalt des Widerrufs").

4. [1]Der Widerrufsvorbehalt ermöglicht den Widerruf rechtmäßiger Verwaltungsakte nach § 131 Abs. 2 Nr. 1 AO. [2]Er ist aber für sich allein kein hinreichender Grund zum Widerruf, sondern lässt den Widerruf nur im Rahmen pflichtgemäßen Ermessens zu.

AEAO zu § 121 – Begründung des Verwaltungsakts:

1. Die Vorschrift gilt für alle Verwaltungsakte einschließlich der Steuerbescheide.

2. [1]Besteht eine Pflicht, den Verwaltungsakt zu begründen, so muss die Begründung nur den Umfang haben, der erforderlich ist, damit der Adressat des Verwaltungsakts die Gründe für die Entscheidung der Finanzbehörde verstehen kann. [2]Die Begründung von Ermessensentscheidungen soll erkennen lassen, dass die Finanzbehörde ihr Ermessen ausgeübt hat und von welchen Gesichtspunkten sie bei ihrer Entscheidung ausgegangen ist.

3. [1]Das Fehlen der vorgeschriebenen Begründung macht den Verwaltungsakt fehlerhaft. [2]Dieser Mangel kann nach § 126 Abs. 1 und 2 AO geheilt werden oder gem. § 127 AO unbeachtlich sein. [3]Wurde wegen der fehlenden Begründung die rechtzeitige Anfechtung des Verwaltungsakts versäumt, so ist auf Antrag Wiedereinsetzung in den vorigen Stand zu gewähren (§ 126 Abs. 3 i. V. m. § 110 AO; vgl. auch AEAO zu § 91, Nr. 3).

AEAO zu § 122 – Bekanntgabe des Verwaltungsakts:[1)]

Inhaltsübersicht

[1)] Zur Bekanntgabe eines Steuerverwaltungsaktes an Britische Limited mit Verwaltungssitz im Inland nach dem 31.12.2020 siehe BMF v. 30.12.2020, BStBl. I 2021, 46.

schrift des Vertreters genannt werden und angegeben wird, dass ihm der Bescheid „als gesetzlicher Vertreter" für den Inhaltsadressaten (Steuerschuldner) bekannt gegeben wird. [5]Ist der gesetzliche Vertreter nicht gleichzeitig auch der Empfänger, so braucht er i. d. R. nur mit seinem Vor- und Familiennamen bezeichnet zu werden.

2.2.2. [1]Soweit nicht ausnahmsweise die gesetzliche Vertretung nur einem Elternteil zusteht, sind die Eltern Bekanntgabeadressaten des Steuerbescheids für ihr **minderjähriges Kind.** [2]Die Bekanntgabe an einen von beiden reicht jedoch aus, um den Verwaltungsakt wirksam werden zu lassen. [3]Für die Zustellung von Verwaltungsakten ist es gem. § 6 Abs. 3 VwZG ausreichend, wenn der Verwaltungsakt einem von beiden Ehegatten zugestellt wird (BFH-Beschluss vom 19.6.1974, VI B 27/74, BStBl. II S. 640, und BFH-Urteil vom 22.10.1976, VI R 137/74, BStBl. II S. 762). [3]Diese vom BFH für die förmliche Zustellung von Verwaltungsakten aufgestellten Grundsätze sind auch bei der Bekanntgabe mit einfachem Brief anzuwenden.

Wenn die Eltern bereits beide als Empfänger des Steuerbescheids im Anschriftenfeld aufgeführt sind, kann darauf verzichtet werden, sie im Text des Bescheids noch einmal mit vollem Namen und in voller Anschrift als Bekanntgabeadressaten zu bezeichnen.

Beispiel:

Den Eltern Anton und Maria Huber steht gesetzlich gemeinsam die Vertretung für den minderjährigen Steuerschuldner Hans Huber zu. Sie sind die Bekanntgabeadressaten für den Steuerbescheid an Hans Huber.

Der Steuerbescheid ist zu übermitteln an:

Anschriftenfeld (Empfänger):
Herrn Anton Huber
Frau Maria Huber
Moltkestraße 5
12203 Berlin

Bescheidkopf
Als gesetzliche Vertreter (Bekanntgabeadressaten) von Hans Huber (Steuerschuldner und Inhaltsadressat)

Bei Empfangsvollmacht vgl. das Beispiel bei AEAO zu § 122, Nr. 1.5.2.

2.2.3. [1]Ermächtigt der gesetzliche Vertreter mit Genehmigung des Vormundschaftsgerichts den **Minderjährigen** zum selbständigen **Betrieb eines Erwerbsgeschäfts,** so ist der Minderjährige für diejenigen Rechtsgeschäfte unbeschränkt geschäftsfähig, die der Geschäftsbetrieb mit sich bringt (§ 112 BGB). [2]Steuerbescheide, die ausschließlich diesen Geschäftsbetrieb betreffen, sind daher nur dem Minderjährigen bekannt zu geben (vgl. AEAO zu § 122, Nr. 1.4 – Bekanntgabeadressat –). [3]Das Gleiche gilt bei einer Veranlagung nach § 46 EStG, wenn das Einkommen ausschließlich aus Einkünften aus nichtselbständiger Arbeit besteht und der gesetzliche Vertreter den Minderjährigen zur Eingehung des Dienstverhältnisses ermächtigt hat (§ 113 BGB). [4]Von der Ermächtigung kann im Regelfall ausgegangen werden.

[1]Hat der Minderjährige noch weitere Einkünfte oder Vermögenswerte und werden diese in die Festsetzung einbezogen, so kann der Steuerbescheid

nicht durch Bekanntgabe gegenüber dem minderjährigen Steuerschuldner wirksam werden. [2]Bekanntgabeadressat des Bescheids ist der gesetzliche Vertreter.

2.2.4.[1)] [1]Kann ein Volljähriger seine Angelegenheiten ganz oder teilweise rechtlich nicht besorgen und beruht dies auf einer Krankheit oder Behinderung, so bestellt das Betreuungsgericht nach § 1814 Abs. 1 BGB für ihn einen rechtlichen Betreuer (Betreuer). [2]Der Betreuer ist gesetzlicher Vertreter des Betreuten i. S. d. § 34 Abs. 1 AO.

Soweit bzw. solange der Betreuer gegenüber der Finanzbehörde noch keine Erklärungen nach § 1823 BGB und/oder § 53 Abs. 2 ZPO abgegeben hat, ist ein dem Betreuten selbst bekannt gegebener Bescheid wirksam.

[1]Hat der Betreuer entweder von seiner Vertretungsmacht nach § 1823 BGB Gebrauch gemacht oder eine Ausschließlichkeitserklärung nach § 53 Abs. 2 ZPO i. V. m. § 79 Abs. 3 AO abgegeben, sind Bescheide ab diesem Zeitpunkt ausschließlich dem Betreuer als Bekanntgabeadressaten bekannt zu geben. [2]Inhaltsadressat bleibt der Betreute (BFH-Beschluss vom 10.5.2007, VIII B 125/06, BFH/NV S. 1630).

Wird der Bescheid nach Abgabe einer Ausschließlichkeitserklärung dem Betreuten bekannt gegeben, ist er unwirksam; eine Heilung des Bekanntgabemangels ist nicht möglich (vgl. Nr. 4.1.3 des AEAO zu § 122).

2.3. Bescheide an Ehegatten mit Kindern oder Alleinstehende mit Kindern

2.3.1. Allgemeines

[1]Sofern Ehegatten mit ihren Kindern oder Alleinstehende mit ihren Kindern Gesamtschuldner sind, gelten für die Bekanntgabe von Bescheiden an diese Personen die Nrn. 2.1 und 2.2 des AEAO zu 122 entsprechend. [2]Insbesondere kann auch nach § 122 Abs. 7 AO (gleichzeitige Bekanntgabe; vgl. hierzu AEAO zu § 122, Nr. 2.1.2) und § 122 Abs. 6 AO (einverständliche Bekanntgabe an einen der Beteiligten; vgl. AEAO zu § 122, Nr. 2.1.3) bekannt gegeben werden. [3]Hierbei sind die nachfolgenden Besonderheiten zu beachten.

2.3.2. Bekanntgabe nach § 122 Abs. 7 AO

[1]Hat ein Familienmitglied Einzelbekanntgabe beantragt, so ist für die übrigen Familienmitglieder gleichwohl eine Bekanntgabe nach § 122 Abs. 7 AO möglich. [2]In diesem Fall ist eine Ausfertigung des zusammengefassten Bescheids an den Antragsteller und eine weitere Ausfertigung an die übrigen Familienmitglieder bekannt zu geben. [3]Im Bescheidkopf sind alle Steuerschuldner/Beteiligten als Inhaltsadressaten namentlich aufzuführen.

2.4. Personengesellschaften (Gemeinschaften)

Zu den Personengesellschaften (Gemeinschaften) i. S. dieser Regelung zählen die Handelsgesellschaften (vgl. AEAO zu § 122, Nr. 2.4.1.1) und die sonstigen nicht rechtsfähigen Personenvereinigungen (vgl. AEAO zu § 122, Nr. 2.4.1.2).

---

1) AEAO Nr. 2.2.4 zu § 122 neugef. durch BMF v. 18.5.2022, BStBl. I 2022, 665, **mWv 1.1.2023.**

Es ist zu unterscheiden zwischen Bescheiden, die sich an die Gesellschaft richten, und Bescheiden, die sich an die Gesellschafter richten.

2.4.1. Bescheide an die Gesellschaft (Gemeinschaft)

[1]Steuerbescheide und Steuermessbescheide sind an die Gesellschaft zu richten, wenn die Gesellschaft selbst Steuerschuldner ist. [2]Dies gilt z. B. für

a) die Umsatzsteuer (§ 13a UStG),
b) die Gewerbesteuer einschließlich der Festsetzung des Messbetrags und der Zerlegung (§ 5 Abs. 1 Satz 3 GewStG),
c) die Kraftfahrzeugsteuer, wenn das Fahrzeug für die Gesellschaft zum Verkehr zugelassen ist (§ 7 KraftStG; BFH-Urteil vom 24.7.1963, II 8/62, HFR 1964 S. 20),
d) die pauschale Lohnsteuer (§ 40 Abs. 3, § 40a Abs. 5 und § 40b Abs. 5 EStG),
e) die Festsetzung des Grundsteuermessbetrags, wenn der Gesellschaft der Steuergegenstand zugerechnet worden ist (§ 10 Abs. 1 GrStG),
f) die Grunderwerbsteuer, soweit Gesamthandseigentum der Personengesellschaft besteht (insbesondere bei GbR, OHG, KG und ungeteilter Erbengemeinschaft; BFH-Urteile vom 28.4.1965, II 9/62 U, BStBl. III S. 422, vom 27.10.1970, II 72/65, BStBl. 1971 II S. 278, vom 29.11.1972, II R 28/67, BStBl. 1973 II S. 370, vom 11.2.1987, II R 103/84, BStBl. II S. 325, und vom 12.12.1996, II R 61/93, BStBl. 1997 II S. 299),
g) die Körperschaftsteuer bei körperschaftsteuerpflichtigen nicht rechtsfähigen Personenvereinigungen

und entsprechend für

h) Haftungsbescheide für Steuerabzugsbeträge.

[1]Da eine typisch oder atypisch stille Gesellschaft nicht selbst Steuerschuldnerin ist, sind Steuerbescheide und Steuermessbescheide an den Inhaber des Handelsgeschäfts zu richten (BFH-Urteil vom 12.11.1985, VIII R 364/83, BStBl. 1986 II S. 311; R 5.1 Abs. 2 GewStR 2009).[1)] [2]Entsprechendes gilt bei einer verdeckten Mitunternehmerschaft (BFH-Urteil vom 16.12.1997, VIII R 32/90, BStBl. 1998 II S. 480).

[1]Eine Europäische wirtschaftliche Interessenvereinigung (EWIV) kann selbst Steuerschuldnerin sein. [2]Dies gilt jedoch nicht für die Gewerbesteuer. [3]Schuldner der Gewerbesteuer sind die Mitglieder der Vereinigung (§ 5 Abs. 1 Satz 4 GewStG), bei einer Bruchteilsgemeinschaft die Gemeinschafter; an diese sind Gewerbesteuermessbescheide und Gewerbesteuerbescheide zu richten.

2.4.1.1. Handelsgesellschaften

[1]Bei Handelsgesellschaften (OHG, KG, EWIV) sind Steuerbescheide der Gesellschaft unter ihrer Firma bekannt zu geben, wenn sie Steuerschuldner und damit Inhaltsadressat ist. [2]Die Handelsgesellschaft kann im Wirtschaftsleben mit ihrer Firma eindeutig bezeichnet werden; bei Zweifeln über die zutreffende Bezeichnung ist das Handelsregister maßgebend. [3]Ist eine Handelsgesellschaft Steuerschuldner und damit Inhaltsadressat, genügt deshalb zur Bezeichnung des Inhaltsadressaten die Angabe der Firma im Steuerbescheid

---

1) Nr. **450**.

(BFH-Urteil vom 16.12.1997, VIII R 32/90, BStBl. 1998 II S. 480). [4]Ein zusätzlicher Hinweis auf Vertretungsbefugnisse oder einzelne Gesellschafter (z.B. „zu Händen des Geschäftsführers Meier") ist zur Kennzeichnung des Inhaltsadressaten nicht erforderlich; wegen der Bekanntgabe an namentlich benannte Geschäftsführer usw. vgl. AEAO zu § 122, Nrn. 1.5.2 und 1.5.3.

Beispiel:

Ein Umsatzsteuerbescheid für die Firma Schmitz & Söhne KG muss folgende Angaben enthalten:

Steuerschuldner und Inhaltsadressat
(zugleich Bekanntgabeadressat und Empfänger):

Firma
Schmitz & Söhne KG
Postfach 11 47
50853 Köln

Zur Bekanntgabe von Feststellungsbescheiden vgl. AEAO zu § 122, Nr. 2.5.

2.4.1.2. Sonstige nicht rechtsfähige Personenvereinigungen[1)]

[1]Zu den sonstigen nicht rechtsfähigen Personenvereinigungen gehören insbesondere die nicht eingetragenen Vereine, Gesellschaften bürgerlichen Rechts, Partnerschaftsgesellschaften, Arbeitsgemeinschaften, Erbengemeinschaften (vgl. AEAO zu § 122, Nr. 2.12.6) und Bruchteilsgemeinschaften. [2]Sie haben formal keinen eigenen Namen und keine gesetzliche Vertretung, können aber ggf. durch Teilnahme am Rechtsverkehr eigene Rechte und

(Fortsetzung S. 157)

[1)] Zur Bekanntgabe eines Steuerverwaltungsaktes an Britische Limited mit Verwaltungssitz im Inland nach dem 31.12.2020 siehe BMF v. 30.12.2020, BStBl. I 2021, 46.

[1]Haben mehrere Beteiligte einen **gemeinsamen Verfahrensbevollmächtigten** bestellt, genügt es, dem Bevollmächtigten **eine** Ausfertigung des Dokuments mit Wirkung für alle Beteiligten zuzustellen (§ 7 Abs. 1 Satz 3 VwZG; BFH-Urteil vom 13.8.1970, IV 48/65, BStBl. II S. 839). [2]Dies gilt auch, wenn der Verfahrensbevollmächtigte selbst Beteiligter ist und zugleich andere Beteiligte vertritt.

3.3.2. Einem **Zustellungsbevollmächtigten** mehrerer Beteiligter sind so viele Ausfertigungen oder Abschriften zuzustellen, als Beteiligte vorhanden sind (§ 7 Abs. 2 VwZG).

3.3.3. [1]Haben mehrere Personen im Feststellungsverfahren einen gemeinsamen **Empfangsbevollmächtigten** (§ 183 AO; § 6 der V zu § 180 Abs. 2 AO), so vertritt dieser die Feststellungsbeteiligten auch bei Zustellungen (§ 7 Abs. 3 VwZG). [2]Dem Empfangsbevollmächtigten ist eine Ausfertigung des Dokuments zuzustellen und dabei darauf hinzuweisen, dass die Bekanntgabe mit Wirkung für und gegen alle von ihm vertretenen Feststellungsbeteiligten erfolgt (§ 183 Abs. 1 Satz 5 AO; § 6 Abs. 1 Satz 5 der V zu § 180 AO; vgl. AEAO zu § 122, Nr. 2.5.2).

3.3.4. [1]Soll eine **Einspruchsentscheidung** zugestellt werden (vgl. AEAO zu § 366, Nr. 2), hat die Finanzbehörde diese dem Verfahrensbevollmächtigten (vgl. AEAO zu § 122, Nr. 3.3.1) auch ohne Nachweis einer Vollmacht zuzustellen, wenn dieser den Einspruch eingelegt und die Finanzbehörde ihn als Bevollmächtigten in der Einspruchsentscheidung aufgeführt hat (BFH-Urteil vom 25.10.1963, III 7/60 U, BStBl. III S. 600). [2]Hat der Steuerpflichtige den Einspruch selbst eingelegt, ist jedoch im weiteren Verlauf des Einspruchsverfahrens ein Bevollmächtigter für den Steuerpflichtigen aufgetreten, ist die Einspruchsentscheidung nur dann dem Bevollmächtigten zuzustellen, wenn eine Empfangsvollmacht vorliegt oder das Interesse des Steuerpflichtigen an einer Bekanntgabe gegenüber dem Bevollmächtigten nach den Umständen des Einzelfalls eindeutig erkennbar ist (BFH-Urteil vom 29.7.1987, I R 367, 379/83, BStBl. 1988 II S. 242).

3.4. Zustellung an Ehegatten

Der Grundsatz der Nr. 3.2 des AEAO zu § 122 ist auch bei der Zustellung an Ehegatten zu beachten.

[1]Haben beide Ehegatten gegen einen zusammengefassten Steuerbescheid (vgl. AEAO zu § 122, Nr. 2.1.1) Einspruch eingelegt, so ist – falls die Finanzbehörde die förmliche Zustellung angeordnet hat (vgl. AEAO zu § 122, Nr. 1.8.3, und zu § 366, Nr. 2) – grundsätzlich jedem der Ehegatten je eine Ausfertigung der an beide zu richtenden einheitlichen Einspruchsentscheidung zuzustellen (BFH-Urteil vom 8.6.1995, IV R 104/94, BStBl. II S. 681; vgl. AEAO zu § 122, Nr. 3.1.1.3). [2]Dies gilt unabhängig davon, in welcher Weise (vgl. AEAO zu § 122, Nrn. 2.1.1 bis 2.1.5) der angefochtene Bescheid bekannt gegeben worden ist. [3]Bei einer Zustellung mittels Einschreiben (vgl. AEAO zu § 122, Nr. 3.1.2) können aber beide Ausfertigungen in einer an beide Eheleute gemeinsam adressierten Sendung zur Post gegeben werden (Urteil des FG Bremen vom 23.6.1992, II 87/91 K, EFG S. 758).

[1]Tritt gegenüber der Finanzbehörde nur einer der Ehegatten im Einspruchsverfahren auf, so ist im Zweifel zu klären, ob dieser den Einspruch nur im eigenen Namen oder auch für den anderen Ehegatten führt. [2]Bei Vorliegen einer „Vollmacht" ist zu unterscheiden, ob der Einspruchsführer **Zustellungsbevollmächtigter** (vgl. AEAO zu § 122, Nr. 3.3.2) oder **Verfahrensbevollmächtigter** (vgl. AEAO zu § 122, Nr. 3.3.1) ist. [3]Dem Ehegatten als Zustellungsbevollmächtigten **darf** mit Wirkung auch für den anderen Ehegatten zugestellt werden, wobei an ihn **je eine Ausfertigung** der Entscheidung für jeden Ehegatten zuzustellen ist. [4]Dem Ehegatten als Verfahrensbevollmächtigten **muss** mit Wirkung für den anderen Ehegatten zugestellt werden, wobei **eine Ausfertigung** genügt.

3.5.[1)] Zustellung bei gerichtlich bestellter Betreuung

[1]Die Zustellung hat gemäß § 6 Abs. 1 Satz 2 VwZG an den gerichtlich bestellten Betreuer zu erfolgen. [2]Dem Betreuten ist eine Zweitschrift des zugestellten Dokuments zu übermitteln (§ 6 Abs. 1 Satz 3 VwZG).

4. Folgen von Verfahrens- und Formfehlern

4.1. Unwirksamkeit des Verwaltungsakts wegen inhaltlicher Mängel

[1]Fehlen in einem Verwaltungsakt unverzichtbare wesentliche Bestandteile (siehe zum Steuerbescheid § 157 Abs. 1 Satz 2 AO), die dazu führen, dass dieser inhaltlich nicht hinreichend bestimmt ist (§ 119 Abs. 1 AO), so ist ein solcher Verwaltungsakt gem. § 125 Abs. 1 AO nichtig und damit unwirksam (§ 124 Abs. 3 AO). [2]Eine Heilung derartiger Fehler ist nicht möglich, vielmehr ist ein neuer Verwaltungsakt zu erlassen (BFH-Urteil vom 17.7.1986, V R 96/85, BStBl. II S. 834)..

4.1.1. [1]Wird der Steuerschuldner (Inhaltsadressat) im Steuerbescheid gar nicht, falsch oder so ungenau bezeichnet, dass Verwechslungen möglich sind, ist der Verwaltungsakt wegen inhaltlicher Unbestimmtheit nichtig und damit unwirksam. [2]Eine Heilung im weiteren Verfahren gegen den tatsächlichen Schuldner ist nicht möglich, es muss ein neuer Steuerbescheid mit richtiger Bezeichnung des Steuerschuldners (Inhaltsadressaten) verfügt und bekannt gegeben werden (BFH-Urteil vom 17.3.1970, II 65/63, BStBl. II S. 598).

Ist dagegen im Steuerbescheid eine falsche Person eindeutig und zweifelsfrei als Steuerschuldner (Inhaltsadressat) angegeben und wurde der Bescheid dieser Person bekannt gegeben, so ist der Bescheid nicht nichtig, sondern rechtswidrig und damit lediglich anfechtbar (BFH-Beschluss vom 17.11.1987, V B 111/87, BFH/NV 1988 S. 682).

4.1.2. [1]Konnte im Fall einer Gesamtrechtsnachfolge ein Steuerbescheid dem Rechtsvorgänger (Erblasser) nicht mehr rechtswirksam bekannt gegeben werden, ist der Bescheid an den Gesamtrechtsnachfolger als Steuerschuldner (Inhaltsadressaten) zu richten. [2]Ein gleichwohl an den Rechtsvorgänger gerichteter Bescheid ist unwirksam (BFH-Urteil vom 24.3.1970, I R 141/69, BStBl. II S. 501, vgl. AEAO zu § 122, Nr. 2.12.1).

---

1) AEAO Nr. 3.5 zu § 122 eingef. durch BMF v. 18.5.2022, BStBl. I 2022, 665, mWv 1.1.2023.

4.1.3. [1]Ein Verwaltungsakt, der dem Inhaltsadressaten selbst bekannt gegeben wird, obwohl eine andere Person der zutreffende Bekanntgabeadressat ist (vgl. AEAO zu § 122, Nr. 1.4.3), ist unwirksam (BFH-Beschluss vom 14.5.1968, II B 41/67, BStBl. II S. 503). [2]Eine Heilung ist nicht möglich; vielmehr ist ein neuer Verwaltungsakt mit Bezeichnung des zutreffenden Bekanntgabeadressaten (vgl. AEAO zu § 122, Nr. 1.4.3) zu erlassen. [3]Zu den Folgen einer nur fehlerhaften Bezeichnung des Bekanntgabeadressaten vgl. AEAO zu § 122, Nr. 4.2.3.

(Fortsetzung S. 187)

Beispiele:

a) Verlängerung oder Erhöhung einer Stundung,
b) weitere Fristverlängerung,
c) Gewährung ergänzender Buchführungserleichterungen,
d) Erhöhung des zu erlassenden Steuerbetrages.

5. Dementsprechend bedarf es bei demselben Sachverhalt nicht des Widerrufs, wenn zu einem nicht begünstigenden rechtmäßigen Verwaltungsakt lediglich ein weiterer rechtmäßiger Verwaltungsakt hinzutritt.

Beispiele:

a) Wegen einer Steuerschuld von 2500 € sind Wertpapiere im Werte von 1500 € gepfändet worden. Es wird eine weitere Pfändung über 1000 € verfügt.
b) Die Prüfungsanordnung für eine Außenprüfung umfasst den Prüfungszeitraum 1993 bis 1995. Die Prüfungsanordnung wird auf den Besteuerungszeitraum 1996 ausgedehnt.
c) Zur Klärung eines steuerlich bedeutsamen Sachverhalts wird das Kreditinstitut X um Auskunft über die Kontenstände des Steuerpflichtigen gebeten. Im Zuge der Ermittlungen wird auch die Angabe aller baren Einzahlungen über 5000 € verlangt.

AEAO zu § 138 – Anzeigen über die Erwerbstätigkeit:

1.[1)] [1]Die Verpflichtung, die Eröffnung eines Betriebs der Land- und Forstwirtschaft, eines gewerblichen Betriebs oder einer Betriebstätte anzuzeigen, besteht nur gegenüber der Gemeinde, in der dieser Betrieb oder die Betriebstätte eröffnet wird; diese hat unverzüglich das zuständige Finanzamt zu unterrichten. [2]Freiberuflich Tätige haben die Aufnahme ihrer Erwerbstätigkeit dem Wohnsitzfinanzamt (§ 19 Abs. 1 AO, ggf. Tätigkeitsfinanzamt nach § 19 Abs. 3 AO) mitzuteilen. [3]Unter Eröffnung ist auch die Fortführung eines Betriebs oder einer Betriebstätte durch den Rechtsnachfolger oder Erwerber zu verstehen (Hinweis auf § 75 AO).

[1]Die Meldefrist beträgt einen Monat. [2]Gewerbetreibende, die nach § 14 der GewO gegenüber der zuständigen Behörde (Ordnungs- bzw. Gewerbeamt) anzeigepflichtig sind, genügen mit dieser Anzeige gleichzeitig ihrer steuerlichen Anzeigepflicht nach § 138 Abs. 1 AO. [3]Die Anzeige ist auf einem Vordruck zu erstatten, dessen Muster durch die Anlagen 1, 2 und 3 zu § 1 Satz 1 der GewAnzV vom 22.7.2014 (BGBl. I S. 1208) bestimmt worden ist. [4]Steuerpflichtige, die nicht unter die Anzeigepflicht nach der GewO fallen, können die Anzeige formlos erstatten. [5]Sie können sich auch des Vordrucks gem. der GewAnzV bedienen.

2.[2)] [1]§ 138 Abs. 2 AO verpflichtet alle Steuerpflichtigen, Auslandsbeziehungen, insbesondere Auslandsbeteiligungen innerhalb der Fristen nach § 138 Abs. 5 AO dem Finanzamt mitzuteilen. [2]Eine Verletzung dieser Verpflichtung kann als Steuergefährdung mit einem Bußgeld geahndet werden (§ 379 Abs. 2 Nr. 1 AO). [3]Näheres zu Inhalt und Form der Mitteilungen regelt das *BMF-Schreiben vom 5.2.2018, BStBl. I S. 289,*[3)] *zuletzt geändert durch das BMF-Schreiben vom 28.12.2020, BStBl. I 2021 S. 55.*

[1)] Zur erstmaligen Anwendung der elektronischen Übermittlungspflicht nach § 138 Abs. 1b Satz 2 AO ab 1.1.2021 siehe BMF v. 17.9.2021, BStBl. I 2021, 1762.

[2)] Zur zentralen Sammlung und Auswertung von Unterlagen über steuerliche Auslandsbeziehungen (IZA-Erlass) siehe BMF v. 9.9.2019, BStBl. I 2019, 907.

[3)] Siehe jetzt BMF v. 26.4.2022, BStBl. I 2022, 576.

AEAO zu § 138a – Länderbezogener Bericht multinationaler Unternehmensgruppen:

Auf das BMF-Schreiben vom 11.7.2017, BStBl. I S. 974 wird verwiesen.

Datenquellen

[1]Das berichtende Unternehmen verwendet beim Ausfüllen des Formblatts Jahr für Jahr konsistent die gleichen Datenquellen. [2]Dem berichtenden Unternehmen ist es freigestellt, Daten aus seiner konsolidierten Unternehmensberichterstattung, aus den gesetzlich vorgesehenen Jahresabschlüssen der einzelnen Unternehmen, aus für aufsichtsrechtliche Zwecke erstellten Abschlüssen oder aus seiner internen Rechnungslegung zu verwenden.

Sekundärmechanismus

Ergänzend hierzu besteht die Verpflichtung zur Abgabe des länderbezogenen Berichts für die einbezogene inländische Konzerngesellschaft nur, sofern die folgenden Voraussetzungen erfüllt sind:

1. Die einbezogene Konzerngesellschaft hat ihre Geschäftsleitung oder ihren Sitz im Inland und
2. eine der folgenden Voraussetzungen ist erfüllt:
   a) die ausländische Konzernobergesellschaft ist in ihrem Ansässigkeitsstaat nicht zur Vorlage eines länderbezogenen Berichts verpflichtet,
   b) der Ansässigkeitsstaat der ausländischen Konzernobergesellschaft verfügt über eine geltende internationale Übereinkunft, dessen Vertragspartei die Bundesrepublik Deutschland ist, jedoch über keine geltende Vereinbarung über den Austausch der länderbezogenen Berichte zwischen den zuständigen Behörden zu dem in § 138a Abs. 6 Satz 1 AO festgelegten Zeitpunkt für die Vorlage des länderbezogenen Berichts für das Wirtschaftsjahr, oder
   c) es zu einem systemischen Versagen des Ansässigkeitsstaates der ausländischen Konzernobergesellschaft gekommen ist, über welches die einbezogene inländische Konzerngesellschaft vom Bundeszentralamt für Steuern unterrichtet wurde.

Systemisches Versagen bedeutet entweder, dass ein Staat zwar über eine geltende Vereinbarung über den Austausch der länderbezogenen Berichte zwischen den zuständigen Behörden mit der Bundesrepublik Deutschland verfügt, den automatischen Informationsaustausch (aus anderen als den in den Bestimmungen dieser Vereinbarung vorgesehenen Gründen) jedoch ausgesetzt hat, oder dass ein Staat auf andere Weise über einen längeren Zeitraum hinweg versäumt hat, die in seinem Besitz befindlichen länderbezogenen Berichte über einbezogene inländische Konzerngesellschaften der Bundesrepublik Deutschland automatisch zu übermitteln.

Die einbezogene inländische Konzerngesellschaft ist nicht zur Vorlage eines länderbezogenen Berichts verpflichtet, sofern die ausländische Konzernobergesellschaft in ihrem Ansässigkeitsstaat nicht zur Vorlage eines länderbezogenen Berichts verpflichtet ist, da die konsolidierten Umsatzerlöse im vorangegangenen Wirtschaftsjahr die in diesem anderen Staat geltende Umsatzschwelle, die im Januar 2015 etwa 750 Millionen Euro entsprach, nicht überstieg.

auf die steuerrechtliche Beurteilung von Tatsachen für vorläufig erklärt werden (BFH-Urteil vom 25.4.1985, IV R 64/83, BStBl. II S. 648). [3]Vorläufige Steuerfestsetzungen nach § 165 Abs. 1 Satz 1 AO sind insbesondere dann vorzunehmen, wenn eine Steuerfestsetzung unter Vorbehalt der Nachprüfung nicht zweckmäßig ist, z. B. weil keine Nachprüfung des gesamten Steuerfalles mehr zu erwarten ist oder weil sie aus Rechtsgründen nicht möglich ist (z. B. bei fortbestehender Ungewissheit nach einer Außenprüfung).

2. Die Tatsache, dass ein Doppelbesteuerungsabkommen nach seinem Inkrafttreten voraussichtlich rückwirkend anzuwenden sein wird, rechtfertigt eine vorläufige Steuerfestsetzung nach § 165 Abs. 1 Satz 2 Nr. 1 AO, um dem Steuerpflichtigen die Vorteile des Doppelbesteuerungsabkommens zu sichern.[1)]

3.[2)] Eine vorläufige Steuerfestsetzung nach § 165 Abs. 1 Satz 2 Nr. 2 oder Nr. 2a AO setzt voraus, dass die Entscheidung des Bundesverfassungsgerichts oder des Gerichtshofs der Europäischen Union bereits ergangen ist und die gesetzliche Neuregelung noch aussteht.

4.[3)] Zweifel an der Vereinbarkeit einer der Steuerfestsetzung zugrunde liegenden Rechtsnorm mit höherrangigem Recht (insbesondere mit dem Grundgesetz oder dem Europäischen Unionsrecht) rechtfertigen nur dann eine vorläufige Steuerfestsetzung nach § 165 Abs. 1 Satz 2 Nr. 3 AO, wenn dieselbe Frage Gegenstand eines Musterverfahrens bei dem Gerichtshof der Europäischen Union, dem Bundesverfassungsgericht oder einem obersten Bundesgericht ist.

Zum Rechtsschutzbedürfnis für einen Einspruch gegen eine hinsichtlich des strittigen Punktes bereits vorläufige Steuerfestsetzung vgl. AEAO zu § 350, Nr. 6.

5. [1]Nach § 165 Abs. 1 Satz 2 Nr. 4 AO kann eine Steuer vorläufig festgesetzt werden, soweit eine im Fall des Steuerpflichtigen entscheidungserhebliche Rechtsfrage Gegenstand eines Verfahrens beim Bundesfinanzhof ist. [2]Hierbei handelt es sich auch um solche Fälle, in denen eine strittige Rechtsfrage nicht nur unter verfassungsrechtlichen Aspekten zu beurteilen ist (und deretwegen bereits eine vorläufige Steuerfestsetzung nach § 165 Abs. 1 Satz 2 Nr. 3 AO erfolgt), sondern vom Bundesfinanzhof auf „einfachgesetzlichem" Wege, d. h. durch Anwendung bzw. Auslegung des einfachen Rechts, entschieden werden könnte.

6. [1]Die Entscheidung, die Steuer vorläufig festzusetzen, steht in sämtlichen Fällen des § 165 Abs. 1 AO im Ermessen der Finanzbehörde. [2]Von der Mög-

---

[1)] Zum Stand der DBA am 1.1.2021 siehe BMF v. 18.2.2021, BStBl. I 2021, 265, am 1.1.2022 siehe BMF v. 19.1.2022, BStBl. I 2022, 147 (**Doppelbesteuerungsabkommen** Nr. **0.1**).

[2)] Zu Einsprüchen gegen **Einheitswertfeststellungen** und Festsetzungen des **Grundsteuermessbetrags** siehe Allgemeinverfügung v. 18.1.2019, BStBl. I 2019, 26, ergänzt durch Allgemeinverfügung v. 3.6.2019, BStBl. I 2019, 470; zur vorläufigen Festsetzung des **Gewerbesteuermessbetrags** siehe gleich lautenden Ländererlass v. 28.10.2016, BStBl. I 2016, 1114. – Zu vorläufigen **Zinsfestsetzungen** siehe BMF v. 22.7.2022, BStBl. I 2022, 1220.

[3)] Zur vorläufigen Steuerfestsetzung wegen anhängiger Musterverfahren (§ 165 Abs. 1 Satz 2 AO), zur Aussetzung der Steuerfestsetzung nach § 165 Abs. 1 Satz 4 AO, zum Ruhenlassen von außergerichtlichen Rechtsbehelfsverfahren (§ 363 Abs. 2 AO) und zur Aussetzung der Vollziehung (§ 361 AO, § 69 Abs. 2 FGO) siehe BMF v. 15.1.2018, BStBl. I 2018, 2, geänd. durch BMF v. 31.1.2022, BStBl. I 2022, 131; Anlage i. d. F. des BMF v. 28.3.2022, BStBl. I 2022, 203.

lichkeit, eine Steuer nach § 165 Abs. 1 Satz 2 AO vorläufig festzusetzen, ist nur Gebrauch zu machen, soweit die Finanzbehörden hierzu durch BMF-Schreiben oder gleich lautende Erlasse der obersten Finanzbehörden der Länder angewiesen worden sind.

7. [1]Die Vorläufigkeit ist auf die ungewissen Voraussetzungen zu beschränken und zu begründen. [2]Die Begründung kann nachgeholt werden (§ 126 Abs. 1 Nr. 2 AO). [3]Wird eine vorläufige Steuerfestsetzung geändert, so ist in dem neuen Steuerbescheid zu vermerken, ob und inwieweit dieser weiterhin vorläufig ist oder für endgültig erklärt wird. [4]Ein ursprünglich angeordneter Vorläufigkeitsvermerk bleibt auch dann wirksam, wenn er in einem nachfolgenden Änderungsbescheid nicht ausdrücklich wiederholt wird (BFH-Urteil vom 9.9.1988, III R 191/84, BStBl. 1989 II S. 9). [5]Enthält aber der Änderungsbescheid einen Vorläufigkeitsvermerk, wird durch diesen der Umfang der Vorläufigkeit neu bestimmt (BFH-Urteile vom 19.10.1999, IX R 23/98, BStBl. 2000 II S. 282, und vom 16.6.2020, VIII R 12/17, BStBl. II S. 702). [6]Dies gilt auch, wenn ein sowohl auf § 165 Abs. 1 Satz 1 AO als auch auf § 165 Abs. 1 Satz 2 AO gestützter Vorläufigkeitsvermerk im Änderungsbescheid durch einen allein auf § 165 Abs. 1 Satz 2 AO gestützten Vorläufigkeitsvermerk ersetzt wird (BFH-Urteil vom 14.7.2015, VIII R 21/13, BStBl. 2016 II S. 371).

8. [1]Soweit wegen der Frage der Vereinbarkeit einer Rechtsnorm mit dem Grundgesetz eine Steuer nach § 165 Abs. 1 Satz 2 Nr. 3 AO vorläufig festgesetzt worden ist, sind Steuerbescheide auch dann nach § 165 Abs. 2 AO zu ändern, wenn das Bundesverfassungsgericht oder der Bundesfinanzhof die streitige Frage dadurch entscheidet, dass das Gericht die vom Vorläufigkeitsvermerk erfasste Rechtsnorm entgegen der bisherigen Verwaltungsauffassung verfassungskonform so auslegt, dass das betreffende Steuergesetz mit höherrangigem Recht vereinbar ist und diese Auslegung zu einer Steuerminderung führt (BFH-Urteil vom 30.9.2010, III R 39/08, BStBl. 2011 II S. 11). [2]Dies gilt auch, wenn der Vorläufigkeitsvermerk insoweit zusätzlich auf § 165 Abs. 1 Satz 2 Nr. 4 AO gestützt war.

Soweit eine Steuer (auch) nach § 165 Abs. 1 Satz 2 Nr. 4 AO vorläufig festgesetzt worden ist, sind die Steuerbescheide (zudem) auch dann nach § 165 Abs. 2 AO zu ändern, wenn der Bundesfinanzhof die vom Vorläufigkeitsvermerk erfasste Rechtsnorm aufgrund einfachgesetzlicher Auslegung eines Steuergesetzes entgegen der bisherigen Verwaltungsauffassung auslegt, diese Auslegung zu einer Steuerminderung führt und dieses Urteil über den entschiedenen Einzelfall hinaus anzuwenden ist.

9. [1]Die vorläufige Steuerfestsetzung kann jederzeit für endgültig erklärt werden. [2]Die Vorläufigkeit bleibt bis dahin bestehen; für den Ablauf der Festsetzungsfrist gilt § 171 Abs. 8 AO. [3]Wird die vorläufige Steuerfestsetzung nach Beseitigung der Ungewissheit geändert (§ 165 Abs. 2 Satz 2 AO), sind im Rahmen des Änderungsbetrages auch solche Fehler zu berichtigen, die nicht mit dem Grund der Vorläufigkeit zusammenhängen (BFH-Urteil vom 2.3.2000, VI R 48/97, BStBl. II S. 332).

10. [1]In den Fällen des § 165 Abs. 1 Satz 2 AO ist eine Endgültigkeitserklärung nicht erforderlich, wenn sich die Steuerfestsetzung letztlich als zutreffend erweist und der Steuerpflichtige keine Entscheidung beantragt. [2]Die Vorläu-

Änderung einer oder beider Festsetzungen (§ 172 Abs. 1 Satz 1 Nr. 2 Buchstabe d AO).

1.2. [1] Unter einem bestimmten Sachverhalt i. S. d. § 174 AO ist der einzelne Lebensvorgang zu verstehen, an den das Gesetz steuerliche Folgen knüpft. [2] Der Begriff erfasst nicht nur einzelne steuererhebliche Tatsachen, sondern den einheitlichen, für die Besteuerung maßgeblichen Sachverhaltskomplex (ständige BFH-Rechtsprechung; vgl. z. B. Urteil vom 16.4.2013, IX R 22/11, BStBl. 2016 II S. 432). [3] Im Rahmen des § 174 AO muss der dem geänderten sowie der dem zu ändernden Steuerbescheid zugrunde liegende Sachverhalt übereinstimmen. [4] Übereinstimmung setzt jedoch keine vollständige Identität voraus (BFH-Urteil vom 19.8.2015, X R 50/13, BStBl. 2017 II S. 15).

Mehrere Sachverhaltselemente bilden dann einen einheitlichen Lebensvorgang und Sachverhaltskomplex, wenn die betreffenden Sachverhaltselemente einen inneren Zusammenhang aufweisen (vgl. BFH-Urteil vom 12.2.2015, V R 38/13, BStBl. 2017 II S. 31 m. w. N.).

1.3. Die als Steuerfestsetzung unter dem Vorbehalt der Nachprüfung (§ 164 AO) wirkende Steueranmeldung (§ 168 AO) steht einem Steuerbescheid i. S. d. § 174 AO gleich (vgl. BFH-Urteile vom 19.12.2013, V R 5/12, BStBl. 2016 II S. 585, und V R 7/12, BStBl. 2017 II S. 841).

2. Zu § 174 Abs. 1 AO

[1] Nach § 174 Abs. 1 AO ist ein Steuerbescheid aufzuheben oder zu ändern, wenn ein bestimmter Sachverhalt mehrfach zuungunsten eines oder mehrerer Steuerpflichtiger berücksichtigt worden ist, obwohl er nur einmal hätte berücksichtigt werden dürfen. [2] Hierbei kann es sich um Fälle handeln, in denen z. B. dieselbe Einnahme irrtümlich verschiedenen Steuerpflichtigen, verschiedenen Steuern oder verschiedenen Besteuerungszeiträumen zugeordnet worden ist. [3] Auch die Fälle, in denen mehrere Finanzämter gegen denselben Steuerpflichtigen für dieselbe Steuer und denselben Besteuerungszeitraum Steuerbescheide erlassen haben, fallen hierunter.

[1] Der fehlerhafte Steuerbescheid ist in den Fällen des § 174 Abs. 1 AO nur auf Antrag aufzuheben oder zu ändern. [2] Hat der Steuerpflichtige fälschlich nur einen Antrag auf Änderung des rechtmäßigen Steuerbescheids gestellt, ist der Antrag allgemein als Antrag auf Beseitigung der widerstreitenden Festsetzung zu behandeln. [3] Die Antragsfrist (§ 174 Abs. 1 Satz 2 AO) ist eine gesetzliche Frist i. S. d. § 110 AO. [4] Über den fristgerecht gestellten Antrag kann auch noch nach Ablauf der Jahresfrist entschieden werden.

3. Zu § 174 Abs. 2 AO

[1] § 174 Abs. 2 AO regelt in entsprechender Anwendung des § 174 Abs. 1 AO die Fälle, dass ein bestimmter Sachverhalt mehrfach zugunsten eines oder mehrerer Steuerpflichtiger berücksichtigt worden ist. [2] Die Änderung des fehlerhaften Steuerbescheids ist von Amts wegen vorzunehmen. [3] Eine Änderung nach § 174 Abs. 2 AO ist nicht auf den Fall der irrtümlichen Doppelberücksichtigung eines bestimmten Sachverhaltes beschränkt, sie kommt auch bei bewusst herbeigeführten widerstreitenden Steuerfestsetzungen in Betracht (vgl. BFH-Urteil vom 6.9.1995, XI R 37/95, BStBl. 1996 II S. 148).

Unter den Begriff des Antrages oder einer Erklärung des Steuerpflichtigen i. S. d. Vorschrift fallen auch formlose Mitteilungen und Auskünfte außerhalb des Steuererklärungsvordrucks (vgl. BFH-Urteil vom 13.11.1996, XI R 61/96, BStBl. 1997 II S. 170) sowie für den Beteiligten von Dritten abgegebene Erklärungen (z. B. im Rahmen des § 80 Abs. 1 und 4 AO, § 200 Abs. 1 AO).

4. „Widerstreit" im Sinne des § 174 Abs. 1 und 2 AO

[1] Ein „Widerstreit" i. S. d. § 174 Abs. 1 und 2 AO setzt voraus, dass die in verschiedenen Steuerbescheiden vorgenommenen Feststellungen bzw. Besteuerungen aufgrund der materiellen Rechtslage nicht miteinander vereinbar sind. [2] Sie stehen im Widerspruch zueinander, da nur einer der beiden Steuerbescheide und die darin angeordnete Rechtsfolge zutreffend sein kann. [3] Nach materiellem Recht muss sich die mehrfache Erfassung eines bestimmten Sachverhaltes zwingend ausschließen.

5. Unionskonforme Auslegung des § 174 Abs. 1 und 2 AO

[1] In unionskonformer Auslegung des § 174 Abs. 1 und 2 AO kann auch ein Steuerbescheid, der von einer Finanzbehörde eines anderen Mitgliedstaates der Europäischen Union oder eines Staates, auf den das Abkommen über den Europäischen Wirtschaftsraum (EWR-Abkommen) Anwendung findet, erlassen wurde, eine widerstreitende Steuerfestsetzung i. S. d. § 174 Abs. 1 oder 2 AO begründen (BFH-Urteil vom 9.5.2012, I R 73/10, BStBl. 2013 II S. 566).[1)] [2] Die Änderung eines inländischen Steuerbescheids nach § 174 Abs. 1 oder 2 AO setzt voraus, dass eine aus innerstaatlicher Sicht rechtswidrige/fehlerhafte Behandlung des Sachverhaltes im inländischen Steuerbescheid vorliegt. [3] Ein rechtmäßiger Steuerbescheid kann nicht nach § 174 Abs. 1 oder 2 AO geändert werden (vgl. BFH-Urteil vom 17.6.2006, II R 48/04, BFH/NV S. 1611 m. w. N.). [4] Auch eine später eingetretene Rechtswidrigkeit aufgrund rückwirkender geänderter Rechtslage (neue oder geänderte Rechtsnorm) oder rückwirkender Ereignisse berechtigt nicht zu einer Änderung nach § 174 Abs. 1 und 2 AO.

[1] Bei einem Antrag auf Änderung eines von einer inländischen Finanzbehörde erlassenen Steuerbescheids zugunsten eines Steuerpflichtigen liegt die objektive Feststellungslast im Hinblick auf den ausländischen Steuerbescheid bei dem Steuerpflichtigen. [2] Zudem trifft ihn insoweit eine erhöhte Mitwirkungspflicht (§ 90 Abs. 2 AO).

Beispiel:

Die inländische Finanzbehörde hat bei der Festsetzung der Einkommensteuer Einkünfte als steuerpflichtig berücksichtigt. Der Einkommensteuerbescheid wird bestandskräftig. Der Steuerpflichtige beantragt ein Jahr später die Änderung dieses Einkommensteuerbescheids, da die fraglichen Einkünfte auch in den Niederlanden versteuert worden seien.

Zu prüfen ist zunächst, ob Deutschland insoweit ein Besteuerungsrecht hatte. Wenn dies zu verneinen ist, muss als weitere Voraussetzung eine mehrfache und mit dem materiellen Recht unvereinbare Berücksichtigung dieser Einkünfte in verschiedenen Steuerbescheiden vorliegen.

[1)] Ein Widerstreit zwischen einem inländischen und einem ausländischen Steuerbescheid liegt nicht vor, wenn derselbe Sachverhalt im Ausland bei der Bemessungsgrundlage für die Steuer und im Inland im Rahmen des Progressionsvorbehalts hätte berücksichtigt werden können, siehe BFH v. 20.3.2019 II R 61/15, BStBl. II 2020, 463.

Der Steuerpflichtige hat zum einen darzulegen, dass die Besteuerung im Inland rechtswidrig bzw. fehlerhaft war, und zum anderen nachzuweisen, dass eine Besteuerung des Sachverhalts in den Niederlanden stattgefunden hat.
Nach § 174 Abs. 1 AO ist der inländische Einkommensteuerbescheid zu ändern, wenn dieser aus innerstaatlicher Sicht rechtswidrig/fehlerhaft war und tatsächlich eine Besteuerung des gleichen Sachverhaltes (Einkünfte) in den Niederlanden stattgefunden hat.

[1] § 174 Abs. 1 und 2 AO findet keine Anwendung bei Unstimmigkeiten zwischen den Vertragsstaaten über die Ausübung von Besteuerungsrechten (z. B. Verrechnungspreisfälle, Cash-Pooling, konkurrierende Besteuerungen bzw. Anwendung von Rückfallklauseln etc.). [2] Die Regelungen des § 174 AO stehen auch nicht in Konkurrenz bzw. Widerspruch zu Verständigungs- oder Schiedsverfahren nach den DBA; vgl. dazu auch § 175a AO.

6.[1] Zu § 174 Abs. 3 AO

[1] § 174 Abs. 3 AO erfasst die Fälle, in denen bei einer Steuerfestsetzung ein bestimmter Sachverhalt in der erkennbaren Annahme nicht berücksichtigt worden ist, dass der Sachverhalt nur Bedeutung für eine andere Steuer, einen anderen Besteuerungszeitraum oder einen anderen Steuerpflichtigen habe. [2] Dieser andere Bescheid muss nicht notwendigerweise schon erlassen worden sein oder später erlassen werden (vgl. BFH-Urteil vom 29.5.2001, VIII R 19/00, BStBl. II S. 743). [3] Der Anwendung des § 174 Abs. 3 AO steht auch nicht entgegen, dass die Finanzbehörde in der (erkennbaren) Annahme, ein bestimmter Sachverhalt sei in einem anderen Steuerbescheid zu berücksichtigen, zunächst überhaupt keinen Steuerbescheid erlässt (BFH-Urteil vom 23.5.1996, IV R 49/95, BFH/NV 1997 S. 89).

[1] Die Annahme, der bestimmte Sachverhalt sei in einem anderen Steuerbescheid zu erfassen, muss für den Steuerpflichtigen erkennbar und für die Nichtberücksichtigung kausal geworden sein. [2] Die Erkennbarkeit ist gegeben, wenn der Steuerpflichtige die (später als fehlerhaft erkannte) Annahme des Finanzamts auch ohne entsprechenden Hinweis aus dem gesamten Sachverhaltsablauf allein aufgrund verständiger Würdigung des fehlerhaften Bescheids erkennen konnte (BFH-Urteil vom 21.12.1984, III R 75/81, BStBl. 1985 II S. 283, und BFH-Beschluss vom 15.10.1998, IV B 15/98, BFH/NV 1999 S. 449). [3] An der Kausalität fehlt es dagegen, wenn die Nichtberücksichtigung darauf beruht, dass das Finanzamt von dem bestimmten Sachverhalt gar keine Kenntnis hatte oder annahm, dieser Sachverhalt sei – jetzt und auch später – ohne steuerliche Bedeutung (BFH-Urteil vom 29.5.2001, VIII R 19/00, a. a. O.).

Beispiel:

Die Finanzbehörde hat bei der Festsetzung der Einkommensteuer am 31.12. entstandene Aufwendungen nicht zum Abzug als Sonderausgaben zugelassen, weil sie der Auffassung war, dass die Sonderausgaben erst im nächsten Veranlagungszeitraum abzugsfähig seien (§ 11 Abs. 1 Satz 2 EStG). [2] Stellt sich die Annahme später als unrichtig heraus, so kann die Steuerfestset-

[1] Zur zeitlichen Grenze der Rücknahme des Verzichts auf Steuerbefreiungen und Änderungsmöglichkeit nach § 174 Abs. 3 AO nach unterlassenem Steuerbescheid siehe BFH v. 19.12.2013 V R 7/12, BStBl. II 2017, 841, und V R 6/12, BStBl. II 2017, 837 (auch zu § 174 Abs. 4 und Abs. 5 AO).

zung, bei der die Berücksichtigung des Sachverhaltes unterblieben ist, insoweit, trotz etwa eingetretener Bestandskraft noch geändert werden, zeitlich jedoch nur bis zum Ablauf der für die andere Steuerfestsetzung laufenden Festsetzungsfrist.

Die irrige Annahme, der Sachverhalt sei in einem anderen Steuerbescheid zu berücksichtigen, muss von dem für die Steuerfestsetzung zuständigen Amtsträger gemacht worden sein (vgl. BFH-Urteil vom 29.5.2001, VIII R 19/00, a. a. O.).

7. Zu § 174 Abs. 4 AO

7.1. § 174 Abs. 4 AO ergänzt die Regelung des § 174 Abs. 3 AO um die Fälle, in denen eine Steuerfestsetzung auf Antrag oder im Rechtsbehelfsverfahren zugunsten des Steuerpflichtigen geändert worden ist.

7.2.[1)] [1]Der Änderung nach § 174 Abs. 4 AO steht nicht entgegen, dass der gleiche Sachverhalt sowohl in dem zugunsten des Steuerpflichtigen geänderten Steuerbescheid als auch in dem zu ändernden Bescheid steuerlich zu berücksichtigen ist (vgl. BFH-Urteil vom 18.2.1997, VIII R 54/95, BStBl. II S. 647). [2]Bei der Anwendung der Vorschrift ist zu berücksichtigen, dass § 174 Abs. 4 AO den Ausgleich einer zugunsten des Steuerpflichtigen eingetretenen Änderung bezweckt. [3]Derjenige, der erfolgreich für seine Rechtsansicht gestritten hat, muss auch die damit verbundenen Nachteile hinnehmen.

7.3. Beispiele:

a) Die Finanzbehörde hat einen Veräußerungsgewinn bei der Festsetzung der Einkommensteuer erfasst. Der Steuerpflichtige macht im Rechtsbehelfsverfahren mit Erfolg geltend, dass der Veräußerungsgewinn erst im folgenden Veranlagungszeitraum zu berücksichtigen sei. Unter den Voraussetzungen des § 174 Abs. 4 AO kann die Erfassung des Veräußerungsgewinns in dem folgenden Veranlagungszeitraum nachgeholt werden, auch wenn die hierfür maßgebliche Steuerfestsetzung bereits unanfechtbar geworden ist oder die Festsetzungsfrist bereits abgelaufen war.

b) Der Steuerpflichtige erreicht wegen eines in einem Veranlagungszeitraum erzielten Einnahmeüberschusses eine geänderte Beurteilung der Einkünfteerzielungsabsicht und damit die Berücksichtigung des Werbungskostenüberschusses in den angefochtenen Steuerbescheiden. Das Finanzamt kann den bisher unberücksichtigt gebliebenen Einnahmeüberschuss nachträglich durch Änderung des für diesen Veranlagungszeitraum bestandskräftig gewordenen Steuerbescheids nach § 174 Abs. 4 AO erfassen (vgl. BFH-Urteil vom 18.2.1997, VIII R 54/95, a.a.O.).

7.4. § 174 Abs. 4 AO lässt es hingegen nicht zu, dass die durch Rechtsbehelf oder sonstigen Antrag erwirkte Änderung eines Bescheides zugunsten des Steuerpflichtigen auf bestandskräftige andere Bescheide – ebenfalls zugunsten des Steuerpflichtigen – übertragen wird (BFH-Urteil vom 10.3.1999, XI R 28/98, BStBl. II S. 475).

8. Änderung nach § 174 Abs. 4 i. V. m. Abs. 5 AO zu Lasten eines Dritten

8.1. Nach § 174 Abs. 4 i. V. m. Abs. 5 AO können zur Richtigstellung einer irrigen Beurteilung eines bestimmten Sachverhalts steuerrechtliche Folgen auch zu Lasten eines bereits bestandskräftig beschiedenen Dritten gezogen werden.

---

1) Zur Folgeänderung eines Steuerbescheids nach § 174 Abs. 4 AO in einer anderen Steuerart siehe BFH v. 17.3.2022 XI R 5/19, DStR 2022, 1543.

8.2. [1]Dritter ist, wer im ursprünglichen Bescheid nicht als Inhaltsadressat (vgl. AEAO zu § 122, Nr. 1.3.1) angegeben war (vgl. BFH-Urteil vom 8.2.1995, I R 127/93, BStBl. II S. 764). [2]So ist im Besteuerungsverfahren der Organträgerin die Organgesellschaft regelmäßig Dritte i. S. v. § 174 Abs. 4 i. V. m. Abs. 5 AO (BFH-Urteil vom 19.12.2013, V R 5/12, BStBl. 2016 II S. 585). [3]Sie ist dann nicht mehr Dritte, wenn im Zeitpunkt der Aufhebung oder Änderung des Steuerbescheids Gesamtrechtsnachfolge (§ 45 AO) – wie im Falle der Verschmelzung – eingetreten ist (vgl. BFH-Urteil vom 19.12.2013, V R 6/12, BFH/NV 2014 S. 1126).

8.3. Inhaltsadressat eines Feststellungsbescheids – und damit nicht Dritter i. S. d. § 174 Abs. 5 AO – ist derjenige, dem der Gegenstand der Feststellung zuzurechnen ist. [2]Die Gesellschafter einer Personengesellschaft sind daher im Gewinnfeststellungsverfahren nicht Dritte i. S. d. § 174 Abs. 5 AO (BFH-Urteil vom 15.6.2004, VIII R 7/02, BStBl. II S. 914).

8.4. [1]Der Erlass oder die Änderung eines Steuerbescheids gegenüber dem Dritten setzt voraus, dass dieser vor Ablauf der Festsetzungsfrist für den gegen ihn gerichteten Steueranspruch zu dem Verfahren, das zur Aufhebung oder Änderung des fehlerhaften Steuerbescheids geführt hat, hinzugezogen oder beigeladen worden ist (BFH-Urteil vom 19.12.2013, V R 5/12, BStBl. 2016 II S. 585). [2]Die Finanzbehörde muss daher die Hinzuziehung eines in Betracht kommenden Dritten rechtzeitig vornehmen oder im finanzgerichtlichen Verfahren dessen Beiladung durch rechtzeitige Antragstellung veranlassen (zum Antrag auf Beiladung vgl. BFH-Beschluss vom 22.12.1988, VIII B 131/87, BStBl. 1989 II S. 314). [3]§ 174 Abs. 5 Satz 2 AO ist selbst Rechtsgrundlage für die Beteiligung des Dritten, ohne dass die Voraussetzungen des § 360 Abs. 3 AO und des § 60 FGO vorliegen müssen (vgl. BFH-Beschluss vom 17.5.1994, IV B 84/93, BFH/NV 1995 S. 87). [4]Schon die Möglichkeit, dass ein Steuerbescheid wegen irrtümlicher Beurteilung eines Sachverhalts aufzuheben oder zu ändern ist und hieraus Folgen für einen Dritten zu ziehen sind, rechtfertigt die Hinzuziehung des Dritten (BFH-Beschlüsse vom 4.1.1996, X B 149/95, BFH/NV S. 453, vom 30.1.1996, VIII B 20/95, BFH/NV S. 524, und vom 27.8.1998, III B 41/98, BFH/NV 1999 S. 156).

8.5. [1]Eine Hinzuziehung oder Beiladung kommt grundsätzlich nicht mehr in Betracht, wenn gegenüber dem Dritten im Zeitpunkt der beabsichtigten Hinzuziehung oder Beiladung die Festsetzungsfrist für den gegen ihn gerichteten Steueranspruch bereits abgelaufen ist (vgl. BFH-Urteil vom 5.5.1993, X R 111/91, BStBl. II S. 817). [2]Hat der Dritte aber durch eigene verfahrensrechtliche Initiativen auf die Änderung oder die Aufhebung des fehlerhaften Bescheids hingewirkt, kann er auch noch nach Ablauf der Festsetzungsfrist hinzugezogen oder beigeladen werden (vgl. BFH-Urteil vom 10.11.1993, I R 20/93, BStBl. 1994 II S. 327); es reicht aber nicht aus, dass der Dritte den Widerstreit von Steuerfestsetzungen lediglich kennt.

(Fortsetzung S. 255)

3. Die Zahlungsverjährung führt zum Erlöschen des Anspruchs (§§ 47, 232 AO).

AEAO zu § 229 AO – Beginn der Verjährung:

[1] Die Zahlungsverjährung beginnt grundsätzlich mit Ablauf des Kalenderjahres, in dem der Anspruch erstmals fällig geworden ist. [2] Wird durch eine Steueranmeldung oder Steuerfestsetzung erst die Voraussetzung für die Durchsetzung des Anspruchs geschaffen, so beginnt die Verjährung auch bei früherer Fälligkeit des Anspruchs (z. B. bei den sog. Fälligkeitssteuern) nicht vor Ablauf des Kalenderjahres, in dem die Steueranmeldung oder die Festsetzung, die Aufhebung oder Änderung der Festsetzung eines Anspruchs wirksam geworden ist. [3] Dies gilt unabhängig davon, ob der Bescheid angefochten wird oder nicht.

AEAO zu § 231 – Unterbrechung der Verjährung:

1. [1] Zu den Unterbrechungstatbeständen gehört auch die schriftliche Geltendmachung eines Zahlungsanspruchs durch den Steuerpflichtigen (§ 231 Abs. 1 Satz 1 Nr. 8 AO). [2] Bei elektronischer Übermittlung kann – vorbehaltlich der Eröffnung eines entsprechenden Zugangs durch die Finanzbehörde (§ 87a Abs. 1 AO) – auf eine qualifizierte elektronische Signatur und auch auf ein Verfahren nach § 87a Abs. 3 Satz 4 und 5 AO verzichtet werden, da kein Unterschriftserfordernis besteht (vgl. AEAO zu § 87a, Nr. 3.2.4).

2. Eine dem Zahlungspflichtigen von der Finanzbehörde bekannt gegebene Maßnahme i. S. d. § 231 Abs. 1 AO unterbricht die Zahlungsverjährung auch dann, wenn es sich bei dieser Maßnahme um einen Verwaltungsakt handelt, der rechtswidrig oder nichtig oder rückwirkend aufgehoben worden ist (vgl. BFH-Beschluss vom 21.6.2010, VII R 27/08, BStBl. 2011 II S. 331).

AEAO zu § 233a[1)] – Verzinsung von Steuernachforderungen und Steuererstattungen:

Inhaltsübersicht

---

1) **§ 233a i. V. m. § 238 Abs. 1 Satz 1 AO für Verzinsungszeiträume ab 1.1.2014 verfassungswidrig,** mit Fortgeltungsanordnung bis 31.12.2018; bis 31.7.2022 musste der Gesetzgeber für Verzinsungszeiträume ab 2019 eine alle bestandskräftigen Hoheitsakte erfassende rückwirkende Neuregelung treffen, siehe BVerfG v. 8.7.2021 1 BvR 2237/14, 1 BvR 2422/17, DStR 2021, 1934. Siehe nunmehr **G v. 12.7.2022, BGBl. I 2022, 1142**, mit den Änderungen der §§ 233, 233a, 238, 239 AO und Art. 97 § 15 Abs. 16 EGAO; hierzu BMF v. 22.7.2022, BStBl. I 2022, 1217 und 1220.

Allgemeines

1. [1]Die Verzinsung nach § 233a AO (Vollverzinsung) soll im Interesse der Gleichmäßigkeit der Besteuerung und zur Vermeidung von Wettbewerbsverzerrungen einen Ausgleich dafür schaffen, dass die Steuern trotz gleichen gesetzlichen Entstehungszeitpunkts, aus welchen Gründen auch immer, zu unterschiedlichen Zeitpunkten festgesetzt und erhoben werden. [2]Die Verzinsung ist gesetzlich vorgeschrieben; die Zinsfestsetzung steht nicht im Ermessen der Finanzbehörde. [3]Die Zinsen werden grundsätzlich im automatisierten Verfahren berechnet, festgesetzt und zum Soll gestellt. [4]Die Zinsfestsetzung wird regelmäßig mit dem Steuerbescheid oder der Abrechnungsmitteilung verbunden.

Sachlicher und zeitlicher Geltungsbereich

2. [1]Die Verzinsung nach § 233a AO ist beschränkt auf die Festsetzung der Einkommen-, Körperschaft-, Vermögen-, Umsatz- und Gewerbesteuer (§ 233a Abs. 1 Satz 1 AO). [2]Wegen der Verzinsung des Steuervergütungsanspruchs nach § 18 Abs. 9 UStG i. V. m. §§ 59 ff. UStDV und in Fällen des Mini-one-stop-shop-Verfahrens nach § 18 Abs. 4e UStG (MOSS-Verfahren) vgl. AEAO zu § 233a, Nr. 62. [3]Von der Verzinsung ausgenommen sind die übrigen Steuern und Abgaben sowie Steuervorauszahlungen und Steuerabzugsbeträge (§ 233a Abs. 1 Satz 2 AO); vgl. auch BFH-Beschluss vom 18.9.2007, I R 15/05, BStBl. 2008 II S. 332, und BVerfG-Beschluss vom 3.9.2009, 1 BvR 1098/08, BFH/NV S. 2115. [4]Auch bei der Nachforderung von Abzugsteuern gegenüber dem Arbeitnehmer (vgl. BFH-Urteil vom 17.11.2010, I R 68/10, BFH/NV 2011 S. 737), der Festsetzung der vom Arbeitgeber übernommenen Lohnsteuer sowie der Festsetzung der Umsatzsteuer im Abzugsverfahren erfolgt keine Verzinsung nach § 233a AO. [5]Kirchensteuern werden nur verzinst, soweit die Landeskirchensteuergesetze dies vorsehen. [6]Als Einfuhrabgabe unterliegt die Einfuhrumsatzsteuer den sinngemäß geltenden Vorschriften für Zölle, weshalb ein sich bei der Festsetzung von Einfuhrumsatzsteuer ergebender Unterschiedsbetrag nicht nach § 233a AO zu verzinsen ist (BFH-Urteil vom 23.9.2009, VII R 44/08, BStBl. 2010 II S. 334). [7]Der AO lässt sich im Übrigen kein allgemeiner Grundsatz des Inhalts entnehmen, dass Ansprüche des Steuerpflichtigen aus dem Steuerschuldverhältnis auch ohne einzelgesetzliche Grundlage stets zu verzinsen sind (vgl. BFH-Urteil vom 16.12.2009, I R 48/09, BFH/NV 2010, S. 827).

[1]§ 233a AO ist bei Wegzug in einen Mitgliedstaat der EU bzw. des EWR im Lichte der Niederlassungsfreiheit nach Art. 49 AEUV europarechtskonform auszulegen. [2]Hiernach ist die Wegzugsteuer nach § 6 Abs. 1 AStG bzw. die Steuer auf Entstrickungsgewinne bei Wegzug nach § 27 Abs. 3 Nr. 3 Satz 2 UmwStG 2006, § 21 Abs. 2 Satz 1 Nr. 2 UmwStG 1995 nicht der Vollverzinsung zu unterwerfen, soweit die Steuer nach § 6 Abs. 5 AStG zinslos zu stunden ist.

Zinsschuldner/-gläubiger

3. [1]Bei der Verzinsung von Steuernachzahlungen ist der Steuerschuldner auch Zinsschuldner. [2]Schulden mehrere Personen die Steuer als Gesamtschuldner, sind sie auch Gesamtschuldner der Zinsen. [3]Bei der Verzinsung von Erstattungsansprüchen ist grundsätzlich der Gläubiger des Erstattungsanspruchs Zinsgläubiger. [4]Die Aufteilung der Zinsen nach §§ 268 ff. AO hat für die Zinsberechnung keine Bedeutung. [5]Zur Abtretung eines Anspruchs auf Erstattungszinsen vgl. AEAO zu § 46, Nr. 1.

Zinslauf

4. [1]Der Zinslauf beginnt im Regelfall 15 Monate nach Ablauf des Kalenderjahres, in dem die Steuer entstanden ist (Karenzzeit nach § 233a Abs. 2 Satz 1 AO). [2]Er endet mit Ablauf des Tages, an dem die Steuerfestsetzung wirksam wird (§ 233a Abs. 2 Satz 3 AO). [3]Sind Steuern zu verzinsen, die vor dem 1.1.1994 entstanden sind, endet der Zinslauf spätestens vier Jahre nach seinem Beginn (Art. 97 § 15 Abs. 8 EGAO). [4]Der Zeitpunkt der Zahlung oder der Fälligkeit der Steuernachforderung oder der Steuererstattung ist grundsätzlich unbeachtlich.

5. [1]Bei Steuerfestsetzungen durch Steuerbescheid endet der Zinslauf am Tag der Bekanntgabe des Steuerbescheids (§ 124 Abs. 1 Satz 1 i. V. m. § 122 AO). [2]Bei Umsatzsteuererklärungen mit einem Unterschiedsbetrag zuungunsten des Steuerpflichtigen endet der Zinslauf grundsätzlich am Tag des Eingangs der Steueranmeldung (§ 168 Satz 1 AO). [3]Bei zustimmungsbedürftigen Umsatzsteuererklärungen mit einem Unterschiedsbetrag zugunsten des Steuerpflichtigen endet der Zinslauf grundsätzlich mit Ablauf des Tages, an dem dem Steuerpflichtigen die Zustimmung der Finanzbehörde bekannt wird (vgl. AEAO zu § 168, Nrn. 3 und 4). [4]Dies gilt auch in den Fällen, in denen die Zustimmung allgemein erteilt wird (vgl. AEAO zu § 168, Nr. 9).

6. [1]Ein voller Zinsmonat (§ 238 Abs. 1 Satz 2 AO) ist erreicht, wenn der Tag, an dem der Zinslauf endet, hinsichtlich seiner Zahl dem Tag entspricht, der dem Tag vorhergeht, an dem die Frist begann (BFH-Urteil vom 24.7.1996, X R 119/92, BStBl. 1997 II S. 6). [2]Begann der Zinslauf z. B. am 1.4. und wurde die Steuerfestsetzung am 30.4. bekannt gegeben, ist bereits ein voller Zinsmonat gegeben.

7. [1]Behauptet der Steuerpflichtige, ihm sei der Steuerbescheid bzw. die erweiterte Abrechnungsmitteilung später als nach der Zugangsvermutung des § 122 Abs. 2 AO zugegangen, bleibt der ursprüngliche Bekanntgabetag für die Zinsberechnung maßgebend, wenn das Guthaben bereits erstattet wurde. [2]Gleiches gilt, wenn der Steuerbescheid bzw. die Abrechnungsmitteilung nach einem erfolglosen Bekanntgabeversuch erneut abgesandt wird und das Guthaben bereits erstattet wurde. [3]Wurde bei einer Änderung/Berichtigung einer Steuerfestsetzung vor ihrer Bekanntgabe ein Guthaben bereits erstattet, ist allerdings die Zinsfestsetzung im bekannt gegebenen Bescheid so durchzuführen, als ob das Guthaben noch nicht erstattet worden wäre.

8. [1]Für die Einkommen- und Körperschaftsteuer beträgt die Karenzzeit 23 Monate (bei Steuern, die vor dem 1.1.2010 entstehen, 21 Monate; vgl. Art. 97 § 15 Abs. 11 EGAO), wenn die Einkünfte aus Land- und Forstwirtschaft bei der erstmaligen Steuerfestsetzung für das jeweilige Jahr überwiegen (§ 233a Abs. 2 Satz 2 AO); vgl. dazu auch das BFH-Urteil vom 13.7.2006, IV R 5/05, BStBl. II S. 881. [2]Unter dieser Voraussetzung beginnt der Zinslauf für die Einkommen- und Körperschaftsteuer 2010 daher nicht bereits am 1.4.2012, sondern am 1.12.2012. [3]Eine über die Karenzzeit hinaus gewährte Frist zur Abgabe der Steuererklärung ist für die Verzinsung unbeachtlich.

9. [1]Stellt sich später heraus, dass die Einkünfte aus Land- und Forstwirtschaft die anderen Einkünfte nicht überwiegen, bleibt es gleichwohl bei der Karenzzeit von 23 Monaten. [2]Umgekehrt bleibt es bei der Karenzzeit von 15 Monaten, wenn sich später herausstellt, dass entgegen den Verhältnissen bei der erstmaligen Steuerfestsetzung die Einkünfte aus Land- und Forstwirtschaft die übrigen Einkünfte überwiegen. [3]Sind die Einkünfte aus Land- und Forstwirtschaft negativ, überwiegen die anderen Einkünfte, wenn diese positiv oder in geringerem Maße negativ sind.

10. Zinslaufbeginn bei rückwirkenden Ereignissen und Verlustrückträgen

10.1. [1]Soweit die Steuerfestsetzung auf der erstmaligen Berücksichtigung eines rückwirkenden Ereignisses oder eines Verlustrücktrags beruht, beginnt der Zinslauf nach § 233a Abs. 2a AO erst 15 Monate nach Ablauf des Kalenderjahres, in dem das rückwirkende Ereignis eingetreten oder der Verlust entstanden ist. [2]Die steuerlichen Auswirkungen eines Verlustrücktrags bzw. eines rückwirkenden Ereignisses werden daher bei der Berechnung von Zinsen nach § 233a AO erst ab einem vom Regelfall abweichenden späteren Zinslaufbeginn berücksichtigt. [3]Soweit § 10d Abs. 1 EStG entsprechend gilt bzw. Verluste nach Maßgabe des § 10d Abs. 1 EStG rücktragsfähig sind, ist § 233a Abs. 2a AO entsprechend anzuwenden (vgl. z. B. § 10b Abs. 1 Sätze 4 und 5 und § 23 Abs. 3 Satz 9 EStG).

10.2. [1]Ob ein Ereignis steuerliche Rückwirkung hat, beurteilt sich nach dem jeweils anzuwendenden Steuergesetz (BFH-Urteil vom 26.7.1984, IV R 10/83, BStBl. II S. 786). [2]Beispiele vgl. AEAO zu § 175, Nr. 2.4.

§ 233a Abs. 2a AO ist auch dann anzuwenden, wenn ein rückwirkendes Ereignis bereits bei der erstmaligen Steuerfestsetzung berücksichtigt wird.

10.2.1. [1]Bei einem zulässigen Wechsel der Veranlagungsart (Zusammenveranlagung nach bereits erfolgter Einzelveranlagung – bis VZ 2012: getrennte Veranlagung – oder umgekehrt) beruhen sowohl die Aufhebung des/der ursprünglichen Bescheide(s) als auch der Erlass der/des neuen Bescheide(s) auf einem rückwirkenden Ereignis. [2]Dies gilt unabhängig davon, ob es sich um den antragstellenden Ehegatten oder den anderen Ehegatten handelt. [3]Dass die verfahrensrechtliche Umsetzung des Wechsels der Veranlagungsart beim antragstellenden Ehegatten nicht nach § 175 Abs. 1 Satz 1 Nr. 2 AO erfolgt, steht dem nicht entgegen. [4]§ 233a Abs. 2a AO findet sowohl bei der Aufhebung der ursprünglichen Veranlagung(en) als auch beim Erlass der/des neuen Steuerbescheide(s) für beide Ehegatten Anwendung. [5]Für Lebenspartner gelten diese Regelungen ab dem Veranlagungszeitraum 2013 entsprechend.

10.3 Ausnahmen:

10.3.1. [1]Durch den erstmaligen Beschluss über eine offene Gewinnausschüttung für ein abgelaufenes Wirtschaftsjahr wurde – im Rahmen des Anrechnungsverfahrens (§ 34 Abs. 12 Nr. 1 KStG) – kein abweichender Zinslauf gem. § 233a Abs. 2a AO ausgelöst. [2]Dies gilt auch dann, wenn dieser Beschluss erst nach Ablauf des folgenden Wirtschaftsjahres gefasst wurde (BFH-Urteil vom 29.11.2000, I R 45/00, BStBl. 2001 II S. 326). [3]Um einen erstmaligen Gewinnverteilungsbeschluss in diesem Sinne handelt es sich jedoch nicht, wenn der Beschluss einen vorangegangenen Beschluss der Gesellschaft ersetzte, durch den der Gewinn des betreffenden Wirtschaftsjahres thesauriert worden war (BFH-Urteil vom 22.10.2003, I R 15/03, BStBl. 2004 II S. 398).

10.3.2. [1]Die Korrektur eines für das Betriebsvermögen am Schluss des Wirtschaftsjahres maßgebenden Wertansatzes, der sich auf die Höhe des Gewinns der Folgejahre auswirkt, löst keinen abweichenden Zinslauf gem. § 233a Abs. 2a AO aus. [2]Zur Anwendung des § 175 Abs. 1 Satz 1 Nr. 2 AO vgl. AEAO zu § 175, Nr. 2.4.

10.4. [1]Bei verdeckten Gewinnausschüttungen unter Geltung des Anrechnungsverfahrens stellt die nachträgliche Vorlage einer Bescheinigung gem. §§ 44 bis 46 KStG über anrechenbare Körperschaftsteuer, aufgrund derer Einnahmen i. S. v. § 20 Abs. 1 Nr. 3 EStG zu erfassen sind, ein rückwirkendes Ereignis dar (vgl. BFH-Urteil vom 18.4.2000, VIII R 75/98, BStBl. II S. 423; siehe auch Art. 97 § 9 Abs. 3 EGAO). [2]Der besondere Zinslauf ist dabei sowohl auf die Steuerfestsetzung als auch auf die Anrechnung anzuwenden.

10.5. [1]Der besondere Zinslauf nach § 233a Abs. 2a AO endet mit Ablauf des Tages, an dem die Steuerfestsetzung wirksam wird (§ 233a Abs. 2 Satz 3 AO). [2]Sind Steuern zu verzinsen, die vor dem 1.1.1994 entstanden sind, endet der besondere Zinslauf spätestens vier Jahre nach seinem Beginn (Art. 97 § 15 Abs. 9 EGAO). [3]§ 233a Abs. 2a AO ist erstmals anzuwenden, soweit die Verluste oder rückwirkenden Ereignisse nach dem 31.12.1995 entstanden bzw. eingetreten sind (Art. 97 § 15 Abs. 8 EGAO).

Grundsätze der Zinsberechnung

11.[1)] [1]Die Zinsen betragen für jeden vollen Monat des Zinslaufs einhalb Prozent (§ 238 Abs. 1 Satz 1 AO). [2]Für ihre Berechnung wird der zu verzinsende Betrag jeder Steuerart auf den nächsten durch fünfzig Euro teilbaren Betrag abgerundet (§ 238 Abs. 2 AO). [3]Dabei sind die zu verzinsenden Ansprüche zu trennen, wenn Steuerart, Zeitraum oder der Tag des Beginns des Zinslaufs voneinander abweichen (vgl. AEAO zu § 238, Nr. 2). [4]Zinsen sind auf volle Euro zum Vorteil des Steuerpflichtigen gerundet festzusetzen (§ 239 Abs. 2 Satz 1 AO); sie werden nur dann festgesetzt, wenn sie mindestens zehn Euro betragen (§ 239 Abs. 2 Satz 2 AO). [5]Die durch das StEuglG geänderten Regelungen in §§ 238 Abs. 2 und 239 Abs. 2 AO gelten in allen Fällen, in denen Zinsen nach dem 31.12.2001 festgesetzt werden (Art. 97 § 15 Abs. 10 EGAO); entscheidend ist damit, wann die Zinsfestsetzung bekannt gegeben wird, und nicht, wann der Zinslauf begonnen oder geendet hat.

12. [1]Für die Zinsberechnung gelten die Grundsätze der sog. Sollverzinsung. [2]Berechnungsgrundlage ist der Unterschied zwischen dem festgesetzten Soll und dem vorher festgesetzten Soll (Vorsoll). [3]Bei der Berechnung von Erstattungszinsen gelten allerdings Besonderheiten, wenn Steuerbeträge nicht oder nicht fristgerecht gezahlt wurden (§ 233a Abs. 3 Satz 3 AO).

13. [1]Es ist grundsätzlich unerheblich, ob das Vorsoll bei Fälligkeit getilgt worden ist. [2]Ggf. treten insoweit besondere Zins- und Säumnisfolgen (z. B. Stundungszinsen, Säumniszuschläge) ein. [3]Nachzahlungszinsen nach § 233a AO

[1)] Siehe BMF v. 22.7.2022, BStBl. I 2022, 1220 zur Neuregelung der §§ 233 bis 239 AO und zur Übergangsregelung gem. Art. 97 § 15 EGAO.

sind andererseits auch dann festzusetzen, wenn das Finanzamt vor Festsetzung der Steuer freiwillige Leistungen auf die Steuerschuld angenommen hat und hierdurch die festgesetzte Steuerschuld insgesamt erfüllt wird. [4]Voraussetzung für die Verzinsung ist lediglich, dass die Steuerfestsetzung zu einem Unterschiedsbetrag nach § 233a Abs. 3 AO führt (§ 233a Abs. 1 Satz 1 AO). [5]Wegen des zeitanteiligen Erlasses von Nachzahlungszinsen in diesen Fällen vgl. AEAO zu § 233a, Nr. 70.

Zinsberechnung bei der erstmaligen Steuerfestsetzung

14. [1]Bei der erstmaligen Steuerfestsetzung (endgültige Steuerfestsetzung, vorläufige Steuerfestsetzung, Steuerfestsetzung unter Vorbehalt der Nachprüfung) ist Berechnungsgrundlage der Unterschied zwischen dem dabei festgesetzten Soll (festgesetzte Steuer abzüglich anzurechnender Steuerabzugsbeträge und anzurechnender Körperschaftsteuer) und dem Vorauszahlungssoll. [2]Maßgebend sind die bis zum Beginn des Zinslaufs festgesetzten Vorauszahlungen (§ 233a Abs. 3 Satz 1 AO). [3]Einbehaltene und anzurechnende Steuerabzugsbeträge sind unabhängig vom Zeitpunkt der Zahlung durch den Abzugsverpflichteten zu berücksichtigen.

15. [1]Vorauszahlungen können innerhalb der gesetzlichen Fristen (z. B. § 37 Abs. 3 Satz 3 EStG) von Amts wegen oder auf Antrag des Steuerpflichtigen angepasst werden (BFH-Urteil vom 10.7.2002, X R 65/96, BFH/NV S. 1567). [2]Leistet der Steuerpflichtige vor Ablauf der Karenzzeit eine freiwillige Zahlung, ist dies als Antrag auf Anpassung der bisher festgesetzten Vorauszahlungen anzusehen. [3]Zahlungen des Steuerpflichtigen, die ohne wirksame Festsetzung der Vorauszahlungen erfolgen, sind als freiwillige Zahlungen i. S. d. Nr. 70.1 zu behandeln. [4]Eine nachträgliche Erhöhung der Vorauszahlungen zur Einkommen- oder Körperschaftsteuer erfolgt nur dann, wenn der Erhöhungsbetrag mindestens 5000 € beträgt (§ 37 Abs. 5 Satz 2 EStG, § 31 Abs. 1 KStG; vgl. auch BFH-Urteil vom 5.6.1996, X R 234/93, BStBl. II S. 503).

16. [1]Bei der Umsatzsteuer kann der Steuerpflichtige eine Anpassung der Vorauszahlungen durch die Abgabe einer berichtigten Voranmeldung (§ 153 Abs. 1 AO) herbeiführen. [2]Die berichtigte Voranmeldung steht einer geänderten Steuerfestsetzung unter Vorbehalt der Nachprüfung gleich und bedarf keiner Zustimmung der Finanzbehörde, wenn sie zu einer Erhöhung der bisher zu entrichtenden Steuer oder einem geringeren Erstattungsbetrag führt (vgl. AEAO zu § 168, Nr. 12). [3]Eine nach Ablauf der Karenzzeit abgegebene (erstmalige oder berichtigte) Voranmeldung ist bei der Berechnung des Unterschiedsbetrages nach § 233a Abs. 3 Satz 1 AO nicht zu berücksichtigen. [4]In

(Fortsetzung S. 293)

aussetzung eines anderen Grundlagenbescheids und der hierauf beruhenden Folgebescheide gem. § 361 Abs. 3 Satz 1 AO oder § 69 Abs. 2 Satz 4 FGO auslöst, tritt die Verzinsung ein.

3. Bei teilweiser Aussetzung der Vollziehung eines angefochtenen Verwaltungsakts bezieht sich die Zinspflicht nur auf den ausgesetzten Steuerbetrag.

4. [1]Aussetzungszinsen sind zu erheben, soweit ein Einspruch oder eine Anfechtungsklage endgültig erfolglos geblieben ist. [2]Ohne Bedeutung ist, aus welchen Gründen der Rechtsbehelf im Ergebnis erfolglos war (BFH-Urteil vom 27.11.1991, X R 103/89, BStBl. 1992 II S. 319). [3]Aussetzungszinsen sind demnach zu erheben,

a) wenn der Steuerpflichtige aufgrund einer bestandskräftigen Einspruchsentscheidung oder aufgrund eines rechtskräftigen gerichtlichen Urteils ganz oder teilweise unterlegen ist,

b) wenn das Einspruchsverfahren oder gerichtliche Verfahren nach der Rücknahme des Einspruchs, der Klage oder der Revision rechtskräftig abgeschlossen wird,

c) wenn der angefochtene Verwaltungsakt – ohne dem Rechtsbehelfsantrag voll zu entsprechen – geändert wird und sich der Rechtsstreit endgültig erledigt,

d) soweit der Rechtsbehelf aufgrund einer unanfechtbar gewordenen Teil-Einspruchsentscheidung (§ 367 Abs. 2a AO) oder Allgemeinverfügung (§ 367 Abs. 2b AO) oder aufgrund eines unanfechtbar gewordenen Teilurteils (§ 98 FGO) endgültig keinen Erfolg hatte, unabhängig davon, inwieweit das Rechtsbehelfsverfahren im Übrigen wegen weiterer Streitpunkte anhängig bleibt.

[1]Wird ein ändernder oder ersetzender Verwaltungsakt nach § 365 Abs. 3 AO oder nach § 68 FGO Gegenstand des Rechtsbehelfsverfahrens, ist für die Verzinsung das Ergebnis des gegen den neuen Verwaltungsakt fortgeführten Einspruchs- bzw. Klageverfahrens maßgebend. [2]Dies gilt auch, wenn ein angefochtener Vorauszahlungsbescheid durch die Jahressteuerfestsetzung ersetzt wird (vgl. AEAO zu § 365, Nr. 2).

Für die Entscheidung, wann der Einspruch oder die Anfechtungsklage endgültig ohne Erfolg geblieben ist und somit die einjährige Frist für die Festsetzung von Aussetzungszinsen (§ 239 Abs. 1 Satz 2 Nr. 5 AO) in Lauf gesetzt wurde, ist auch dann auf den Zeitpunkt des Abschlusses des Einspruchsverfahrens oder des Verfahrens vor dem Finanzgericht oder dem BFH abzustellen, wenn sich hieran ein Verfassungsbeschwerdeverfahren anschließt (BFH-Urteil vom 11.2.1987, II R 176/84, BStBl. II S. 320; BFH-Beschluss vom 14.6.2007, VII B 185/06, BFH/NV S. 2055; vgl. auch AEAO zu § 361, Nr. 1.3).

5. Aussetzungszinsen sind nicht zu erheben, wenn die Fälligkeit des streitigen Steueranspruchs, z. B. aufgrund einer Stundung (§ 222 AO), hinausgeschoben war oder Vollstreckungsaufschub (§ 258 AO) gewährt wurde.

6. [1]Aussetzungszinsen sind vom Tag des Eingangs des außergerichtlichen Rechtsbehelfs, frühestens vom Tag der Fälligkeit an, oder von der Rechtshängigkeit an bis zu dem Tag zu erheben, an dem die nach § 361 AO oder nach § 69 FGO gewährte Aussetzung der Vollziehung endet. [2]Wird die Aussetzung der Vollziehung erst später gewährt, werden Zinsen erst vom Tag des Beginns der Vollziehungsaussetzung erhoben.

7. [1]Bei den Realsteuern obliegt die Festsetzung und Erhebung der Aussetzungszinsen den Gemeinden. [2]Diesen sind deshalb – soweit erforderlich – die für die Berechnung und Festsetzung der Zinsen notwendigen Daten mitzuteilen.

8. [1]Wegen der einjährigen Frist für die Festsetzung von Aussetzungszinsen wird auf den AEAO zu § 237, Nr. 4 (letzter Absatz) und auf § 239 Abs. 1 Satz 1, Satz 2 Nr. 5 AO verwiesen. [2]Soweit der Rechtsbehelf durch eine Teil-Einspruchsentscheidung (§ 367 Abs. 2a AO), eine Allgemeinverfügung (§ 367 Abs. 2b AO) oder ein Teilurteil (§ 98 FGO) zurückgewiesen wurde (vgl. AEAO zu § 237, Nr. 4 erster Absatz Buchstabe d), beginnt die Festsetzungsfrist bereits mit dem Eintritt der Unanfechtbarkeit dieser Entscheidung.

AEAO zu § 238 – Höhe und Berechnung der Zinsen:[1)]

1. Ein voller Zinsmonat (§ 238 Abs. 1 Satz 2 AO) ist erreicht, wenn der Tag, an dem der Zinslauf (ggf. unter Berücksichtigung des § 108 Abs. 3 AO) endet, hinsichtlich seiner Zahl dem Tag entspricht, der dem Tag vorhergeht, an dem die Frist begann (BFH-Urteil vom 24.7.1996, X R 119/92, BStBl. 1997 II S. 6).

2. [1]Abzurunden ist jeweils der einzelne zu verzinsende Anspruch. [2]Bei der Zinsberechnung sind die Ansprüche zu trennen, wenn Steuerart, Zeitraum (Teilzeitraum) oder der Tag des Beginns des Zinslaufs voneinander abweichen. [3]Im Falle von Teilzahlungen wird nur der Gesamtbetrag gerundet.

AEAO zu § 239 – Festsetzung der Zinsen:[1)]

1. [1]Zinsen werden durch Zinsbescheid festgesetzt; die Formvorschriften für Steuerbescheide (§ 157 Abs. 1, ggf. § 87a Abs. 4 AO) gelten entsprechend. [2]Der Mindestinhalt des Zinsbescheids richtet sich nach § 157 Abs. 1 Sätze 2 und 3, § 119 Abs. 3 AO. [3]Der Bescheid kann nach § 129 AO berichtigt oder nach §§ 172 ff. AO aufgehoben oder geändert werden. [4]Als Rechtsbehelf gegen den Zinsbescheid sowie gegen die Ablehnung, Erstattungszinsen nach §§ 233a, 236 AO zu zahlen, ist der Einspruch gegeben. [5]Zum Rechtsbehelfsverfahren gegen die Entscheidung über eine Billigkeitsmaßnahme vgl. AEAO zu § 347, Nr. 4.

2. [1]Nach Ablauf der Festsetzungsfrist von einem Jahr können Zinsen nicht mehr festgesetzt werden. [2]Die für Folgebescheide geltende Ablaufhemmung nach § 171 Abs. 10 Satz 1 AO wird im Verhältnis vom Steuerbescheid zum Zinsbescheid gemäß § 233a AO durch die speziellen Regelungen in § 239 Abs. 1 Sätze 1 bis 3 AO verdrängt. [3]Ergeht hingegen ein Zinsbescheid als Folgebescheid eines Zins-Grundlagenbescheids (§ 239 Abs. 3 AO), endet die Festsetzungsfrist für den Zinsbescheid nach § 171 Abs. 10 Satz 1 AO nicht vor Ablauf von zwei Jahren nach Bekanntgabe des Zins-Grundlagenbescheids

---

[1)] **§ 233a i. V. m. § 238 Abs. 1 Satz 1 AO für Verzinsungszeiträume ab 1.1.2014 verfassungswidrig,** mit Fortgeltungsanordnung bis 31.12.2018; bis 31.7.2022 musste der Gesetzgeber für Verzinsungszeiträume ab 2019 eine alle bestandskräftigen Hoheitsakte erfassende rückwirkende Neuregelung treffen, siehe BVerfG v. 8.7.2021 1 BvR 2237/14, 1 BvR 2422/17, DStR 2021, 1934. Siehe nunmehr **G v. 12.7.2022, BGBl. I 2022, 1142**, mit den Änderungen der §§ 233, 233a, 238, 239 AO und Art. 97 § 15 Abs. 16 EGAO; hierzu BMF v. 22.7.2022, BStBl. I 2022, 1217 und 1220.

Enthält die Einspruchsentscheidung entgegen § 366 AO keine oder eine unrichtige Rechtsbehelfsbelehrung, beträgt die Klagefrist nach § 55 Abs. 2 FGO ein Jahr statt eines Monats.[1)]

AEAO zu § 367 – Entscheidung über den Einspruch:

1. [1]Jeder nach Erlass eines Verwaltungsakts eintretende Zuständigkeitswechsel bewirkt auch eine Zuständigkeitsänderung im Einspruchsverfahren. [2]Die Einspruchsvorgänge sind daher mit den übrigen Akten abzugeben. [3]Die zunächst zuständige Behörde kann jedoch unter Wahrung der Interessen der Beteiligten aus Zweckmäßigkeitsgründen das Einspruchsverfahren fortführen, wenn das neu zuständige Finanzamt zustimmt. [4]Zu den Auswirkungen eines Zuständigkeitswechsels auf das Einspruchsverfahren siehe auch BMF-Schreiben vom 10.10.1995, BStBl. I S. 664.

2. Gem. § 132 AO gelten die Vorschriften über Rücknahme, Widerruf, Aufhebung und Änderung von Verwaltungsakten auch während des Einspruchsverfahrens (vgl. AEAO zu § 365, Nr. 2).

2.1. Aufgrund der im Einspruchsverfahren geltenden umfassenden Überprüfungsmöglichkeit nach § 367 Abs. 2 Satz 1 AO ist die Finanzbehörde jedoch nicht an die Voraussetzungen der Korrekturvorschriften §§ 130ff., 172ff. AO gebunden (BFH-Urteil vom 10.3.2016, III R 2/15, BStBl. II S. 508).

2.2. [1]Will die Finanzbehörde den angefochtenen Verwaltungsakt zum Nachteil des Einspruchsführers ändern, muss der Einspruchsführer auf die Möglichkeit einer verbösernden Entscheidung unter Angabe von Gründen hingewiesen und ihm Gelegenheit gegeben werden, sich hierzu zu äußern (§ 367 Abs. 2 Satz 2 AO). [2]Dieser Hinweis ist nur dann – ausnahmsweise – entbehrlich, wenn sich die Änderung zum Nachteil des Einspruchsführers durch Einspruchsrücknahme nicht hätte vermeiden lassen. [3]Ist zweifelhaft, ob eine solche Änderung noch möglich ist, darf auf diesen Hinweis nicht verzichtet werden (vgl. BFH-Urteil vom 22.3.2006, XI R 24/05, BStBl II S. 576).

2.3. Die Finanzbehörde ist auch dann noch zum Erlass einer verbösernden Einspruchsentscheidung gemäß § 367 Abs. 2 Satz 2 AO berechtigt, wenn

- sie zuvor einen Änderungsbescheid erlassen hat, in dem sie dem Einspruchsbegehren teilweise entsprochen, jedoch nicht in voller Höhe abgeholfen hat (sog. Teilabhilfebescheid; vgl. BFH-Urteil vom 6.9.2006, XI R 51/05, BStBl. 2007 II S. 83), oder
- ein Verwaltungsakt, mit dem die Finanzbehörde einem Antrag auf eine Billigkeitsmaßnahme nach §§ 163, 222 oder 227 AO nur teilweise stattgegeben hat, mit dem Einspruch angefochten wird (BFH-Urteil vom 10.3.2016, III R 2/15, BStBl. II S. 508).

2.4. Nimmt der Steuerpflichtige seinen Einspruch zurück, ist eine Änderung zum Nachteil des Steuerpflichtigen nur noch möglich, wenn dies nach den Vorschriften über Aufhebung, Änderung, Rücknahme oder Widerruf von Verwaltungsakten zulässig ist.

---

1) Zum Hinweis auf den elektronischen Rechtsverkehr in der Rechtsbehelfsbelehrung siehe BFH v. 20.11.2013 X R 2/12, BStBl. II 2014, 236, v. 18.3.2014 VIII R 33/12, BStBl. II 2014, 922; siehe auch § 357 Abs. 1 Satz 1 AO i. d. F. des G v. 25.7.2013, BGBl. I 2013, 2749.

3. Zu den Auswirkungen einer Teilabhilfe auf das Einspruchsverfahren vgl. AEAO zu § 365, Nr. 2.

[1]Stellt ein Steuerpflichtiger nach Einspruchseinlegung einen Antrag bezüglich eines bisher nicht geltend gemachten Streitpunkts, ist dieser Antrag als Erweiterung des Einspruchsantrags, verbunden mit der Anregung, dem Einspruch insoweit durch Erlass eines Teilabhilfebescheids stattzugeben, auszulegen. [2]Ist der Antrag begründet, kann während des Einspruchsverfahrens ein geänderter Verwaltungsakt erlassen werden. [3]Dieser wird dann gem. § 365 Abs. 3 AO Gegenstand des Einspruchsverfahrens. [4]Ist der Antrag unbegründet, ist über ihn in der Einspruchsentscheidung zu befinden; die Ablehnung durch gesonderten Verwaltungsakt ist während eines anhängigen Einspruchsverfahrens nicht zulässig.

4. Zur Möglichkeit der Änderung eines im Einspruchsverfahren bestätigten oder geänderten Verwaltungsakts vgl. AEAO zu § 172, Nrn. 3 und 4.

5. [1]Es ist zulässig, den Vorbehalt der Nachprüfung (§ 164 AO) auch in der Entscheidung über den Einspruch aufrechtzuerhalten (BFH-Urteil vom 12.6.1980, IV R 23/79, BStBl. II S. 527). [2]In diesen Fällen braucht die Angelegenheit nicht umfassender geprüft zu werden als in dem Verfahren, das dem Erlass der angefochtenen Vorbehaltsfestsetzung vorangegangen ist.

[1]Der Vorbehalt der Nachprüfung ist jedoch aufzuheben, wenn im Einspruchsverfahren eine abschließende Prüfung i. S. d. § 164 Abs. 1 AO durchgeführt wird. [2]Die Aufhebung des Vorbehalts bedarf regelmäßig keiner besonderen Begründung. [3]Insbesondere kann insoweit auch ein Hinweis nach § 367 Abs. 2 Satz 2 AO unterbleiben (BFH-Urteil vom 10.7.1996, I R 5/96, BStBl. 1997 II S. 5).

[1]Es ist auch statthaft, nach Hinweis auf die Verböserungsmöglichkeit einen Verwaltungsakt erstmalig in der Einspruchsentscheidung mit einer Nebenbestimmung zu versehen (BFH-Urteil vom 12.6.1980, IV R 23/79, a. a. O.). [2]Ist ein Bescheid, der auf einer Schätzung beruht, ohne Nachprüfungsvorbehalt ergangen und wird nach Klageerhebung die Steuererklärung eingereicht, kann der daraufhin ergehende Änderungsbescheid nur mit Zustimmung des Steuerpflichtigen unter Nachprüfungsvorbehalt gestellt werden (BFH-Urteil vom 30.10.1980, IV R 168–170/79, BStBl. 1981 II S. 150).

6. Teil-Einspruchsentscheidung[1)] [2)]

6.1. [1]Der Erlass einer Teil-Einspruchsentscheidung (§ 367 Abs. 2a AO) steht im Ermessen der Finanzbehörde, muss aber sachdienlich sein. [2]Dies ist der Fall, wenn ein Teil des Einspruchs entscheidungsreif ist, während über einen anderen Teil des Einspruchs zunächst nicht entschieden werden kann, weil z. B. insoweit die Voraussetzungen für eine Verfahrensruhe nach § 363 Abs. 2 Satz 2 AO vorliegen oder hinsichtlich des nicht entscheidungsreifen Teils des Einspruchs noch Ermittlungen zur Sach- oder Rechtslage erforderlich sind. [3]Zu unbenannten Streitpunkten besteht grundsätzlich Entscheidungsreife, es sei denn, die umfassende Prüfung des Steuerfalls (§ 367 Abs. 2 Satz 1 AO)

[1)] Erneuter Einspruch gegen Teil-Einspruchsentscheidung auch innerhalb der Einspruchsfrist unzulässig; siehe BFH v. 18.9.2014 VI R 80/13, BStBl. II 2015, 115.

[2)] Zur Reichweite einer Erledigungserklärung und zur Teileinspruchsentscheidung siehe BFH v. 17.3.2022 XI R 39/19, DStRE 2022, 1075.

ergibt Aufklärungsbedarf (BFH-Urteil vom 14.3.2012, X R 50/09, BStBl. II S. 536).

Eine Teil-Einspruchsentscheidung wird somit insbesondere dann sachdienlich sein, wenn

- der Einspruchsführer strittige Rechtsfragen aufwirft, die Gegenstand eines beim EuGH, beim BVerfG oder bei einem obersten Bundesgericht anhängigen Verfahrens sind,
- der Einspruchsführer sich auf dieses Verfahren beruft,
- der Erlass einer Fortsetzungsmitteilung gem. § 363 Abs. 2 Satz 4 AO (vgl. AEAO zu § 363, Nr. 4) nicht in Betracht kommt und
- der Einspruch im Übrigen entscheidungsreif ist.

6.2. [1]Eine Teil-Einspruchsentscheidung ist auch dann sachdienlich, wenn sie dem Interesse der Finanzverwaltung an einer zeitnahen Entscheidung über den entscheidungsreifen Teil eines Einspruchs dient, der ersichtlich nur zu dem Zweck eingelegt wurde, die Steuerfestsetzung nicht bestandskräftig werden zu lassen (BFH-Urteile vom 30.9.2010, III R 39/08, BStBl. 2011 II S. 11, und vom 14.3.2012, X R 50/09, BStBl. II S. 536). [2]Um neuen Masseneinsprüchen entgegenzuwirken, soll in Fällen, in denen mit dem Einspruch ausschließlich das Ziel verfolgt wird, im Hinblick auf anhängige Gerichtsverfahren mit Breitenwirkung den angefochtenen Verwaltungsakt nicht bestandskräftig werden zu lassen, möglichst zeitnah eine Teil-Einspruchsentscheidung erlassen werden, wenn und soweit der Einspruch nicht durch die Beifügung eines Vorläufigkeitsvermerks gem. § 165 Abs. 1 Satz 2 Nr. 3 oder 4 AO erledigt werden kann.

6.3. [1]Es besteht keine über § 367 Abs. 2 Satz 2 AO („Verböserungshinweis") hinausgehende Verpflichtung, dem Einspruchsführer vor Erlass einer Teil-Einspruchsentscheidung rechtliches Gehör zu gewähren, damit dieser prüfen kann, ob er noch Einwendungen vorträgt. [2]Die Finanzbehörde ist auch nicht verpflichtet, dem Einspruchsführer vor Erlass einer Teil-Einspruchsentscheidung eine Frist nach § 364b Abs. 1 Nr. 1 AO zu setzen (BFH-Urteil vom 14.3.2012, X R 50/09, BStBl. II S. 536).

6.4. [1]In der Teil-Einspruchsentscheidung ist genau zu bestimmen, hinsichtlich welcher Teile des Verwaltungsakts Bestandskraft nicht eintreten soll, um die Reichweite der Teil-Einspruchsentscheidung zu definieren. [2]Durch Angabe der betreffenden Besteuerungsgrundlage(n) wird hinreichend bestimmt, hinsichtlich welcher Teile Bestandskraft nicht eintreten soll; es ist nicht erforderlich und i. d. R. auch nicht möglich, den Teil der Steuer zu beziffern, dessen Festsetzung nicht bestandskräftig werden soll (BFH-Urteile vom 30.9.2010, III R 39/08, BStBl. 2011 II S. 11, und vom 14.3.2012, X R 50/09, BStBl. II S. 536). [3]Die Bestimmung, hinsichtlich welcher Teile des Verwaltungsakts Bestandskraft nicht eintreten soll, ist Teil des Tenors der Teil-Einspruchsentscheidung und weder Nebenbestimmung noch Grundlagenbescheid. [4]Sie kann daher nur durch Klage gegen die Teil-Einspruchsentscheidung angegriffen werden. [5]Soweit anhängige Verfahren vor dem EuGH, dem BVerfG oder einem obersten Bundesgericht Anlass für eine Teil-Einspruchsentscheidung/Verfahrensruhe sind (vgl. AEAO zu § 367, Nr. 6.1 zweiter Absatz), sind diese nicht im Tenor, sondern in der Begründung der Teil-Einspruchsentscheidung zu benennen.

Ist der Erlass einer Teil-Einspruchsentscheidung sachdienlich (vgl. AEAO zu § 367, Nrn. 6.1 und 6.2), ist das der Finanzbehörde eingeräumte Entschließungsermessen in einer Weise vorgeprägt, dass es keiner über die Darlegung der Sachdienlichkeit hinausgehenden Begründung bedarf, warum eine Teil-Einspruchsentscheidung erlassen wird (BFH-Urteile vom 30.9.2010, III R 39/08, und vom 14.3.2012, X R 50/09, jeweils a. a. O.).

6.5. [1]Ergeht vor Erlass der Teil-Einspruchsentscheidung ein Änderungsbescheid, wird dieser neue Bescheid Gegenstand des Einspruchsverfahrens (§ 365 Abs. 3 AO) und somit auch Gegenstand der Teil-Einspruchsentscheidung. [2]Bei der Bestimmung, inwieweit Bestandskraft nicht eintreten soll, ist vom Inhalt des neuen Bescheids auszugehen. [3]Soll nach Ergehen der Teil-Einspruchsentscheidung ein Änderungsbescheid erlassen werden, ist zuvor zu prüfen, inwieweit dem Änderungsbescheid die Bindungswirkung der Teil-Einspruchsentscheidung entgegensteht.

6.6. [1]Die Teil-Einspruchsentscheidung hat nicht zur Folge, dass stets noch eine förmliche „End-Einspruchsentscheidung“ ergehen muss. [2]Das Einspruchsverfahren kann beispielsweise auch dadurch abgeschlossen werden, dass die Finanzbehörde dem Einspruch hinsichtlich der zunächst „offen“ gebliebenen Frage abhilft, der Steuerpflichtige seinen Einspruch zurücknimmt oder eine Allgemeinverfügung nach § 367 Abs. 2b AO ergeht. [3]Wird die wirksam ergangene Teil-Einspruchsentscheidung bestandskräftig, kann im weiteren Verfahren über den „noch offenen“ Teil der angefochtenen Steuerfestsetzung nicht mit Erfolg geltend gemacht werden, die in der Teil-Einspruchsentscheidung vertretene Rechtsauffassung entspreche nicht dem Gesetz. [4]Dies ist auch in einem eventuellen Klageverfahren gegen eine „End-Einspruchsentscheidung“ zu beachten.

7. Allgemeinverfügung

7.1. Wegen der Erledigung von Masseneinsprüchen und Massenanträgen durch eine Allgemeinverfügung vgl. § 367 Abs. 2b sowie § 172 Abs. 3 AO.

7.2. [1]Ergeht eine Allgemeinverfügung nach § 367 Abs. 2b AO, bleibt das Einspruchsverfahren im Übrigen anhängig. [2]Gegenstand des Einspruchsverfahrens ist der angefochtene Verwaltungsakt und nicht ein Teil der Besteuerungsgrundlagen oder ein einzelner Streitpunkt. [3]Auch wenn sich die Allgemeinverfügung auf sämtliche vom Einspruchsführer vorgebrachte Einwendungen erstreckt, ist deshalb das Einspruchsverfahren im Übrigen fortzuführen. [4]Dies gilt nicht, soweit bereits eine Teil-Einspruchsentscheidung (§ 367 Abs. 2a AO) ergangen ist, die den „noch offen bleibenden“ Teil des Einspruchs auf den Umfang beschränkt hat, der Gegenstand der Allgemeinverfügung ist. [5]Über die Rechtsfrage, die Gegenstand der Allgemeinverfügung war, kann in einer eventuell notwendig werdenden Einspruchsentscheidung (§ 366, § 367 Abs. 1 AO) nicht erneut entschieden werden. [6]Zu berücksichtigen ist dann, dass für eine Klage nach einer Zurückweisung des Einspruchs durch Allgemeinverfügung und für eine Klage nach Erlass einer Einspruchsentscheidung durch die örtlich zuständige Finanzbehörde unterschiedliche Fristen gelten.

Für handschriftliche Notizen

Für handschriftliche Notizen

Für handschriftliche Notizen

Für handschriftliche Notizen

Für handschriftliche Notizen

Für handschriftliche Notizen

Für handschriftliche Notizen

Für handschriftliche Notizen